杨共乐 总主编

"一带一路"古文明书系

SERIES ON THE ANCIENT CIVILIZATIONS ALONG
THE BELT AND ROAD

古代印度波斯文明

周启迪 沃淑萍 著

The Civilizations of
Ancient India and
Persia

北京师范大学出版集团
BEIJING NORMAL UNIVERSITY PUBLISHING GROUP
北京师范大学出版社

哈拉巴文化遗址

摩亨佐·达罗遗址

哈拉巴文化的青铜和红铜工具。新德里印度国家博物馆藏

哈拉巴文化时期青铜女像

女性陶俑（古印度公元前 26 世纪）。新德里印度国家博物馆藏

哈拉巴文化滑石雕像。卡拉奇巴基斯坦国家博物馆藏

哈拉巴文化时期的滑石印章。卡拉奇巴基斯坦国家博物馆藏

哈拉巴文化遗址出土的棋盘。哈拉巴考古博物馆藏

手持《吠陀经》的创世之神——"梵天"。伦敦印度事务部图书馆藏

青铜毗湿奴神像（古印度约公元前 1000 年）。
伦敦大英博物馆藏

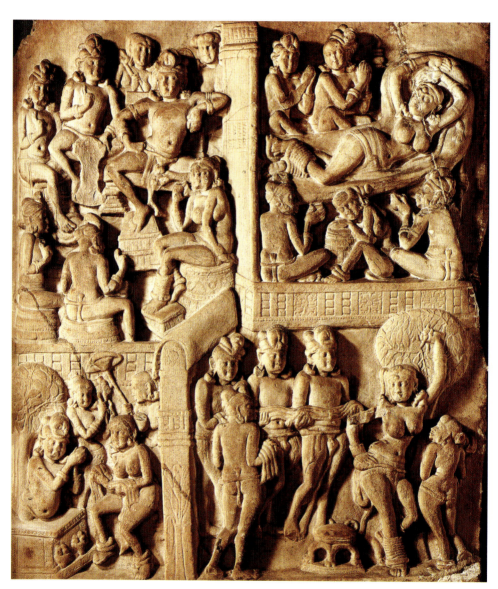

阿默拉沃蒂大塔浮雕。伦敦大英博物馆藏

桑奇大塔

卡拉石窟支提窟的门廊

阿旃陀石窟第 9 号窟

阿旃陀石窟第 10 号窟的佛陀画像

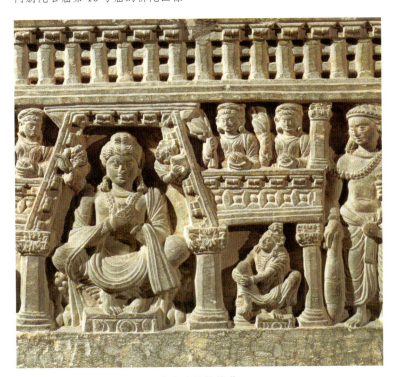

犍陀罗艺术：弥勒佛像。巴黎吉美博物馆藏

阿富汗巴米扬大佛

居鲁士圆柱铭文。伦
敦大英博物馆藏

帕塞波利斯大流士宫殿遗址

被征服地区人民向波斯国王进贡浮雕

波斯帝国"不死队"中的精英战士浮雕

手握权杖的波斯行省总督（萨特拉庇）
浮雕

琐罗亚斯德教火祠遗址

古代波斯狩猎图

市场上纺线的波斯
妇女雕刻残片

翼狮形金角杯（古波斯公元前5世纪）

异兽形银杯（古波斯公元前5世纪）

银质嵌金飞羊像（古波斯公元前5—前4世纪）

黄金马车（古波斯公元前5—前4世纪）。伦敦大英博物馆藏

"一带一路"古文明书系
编写委员会

总主编　杨共乐

顾　问　刘家和　廖学盛

编　委（按姓氏笔画排序）

于殿利　宁　欣　刘家和

杨共乐　易　宁　周启迪

蒋重跃　廖学盛

总　序

　　2013 年 9 月和 10 月，中国国家主席习近平在出访中亚和东南亚国家期间，先后提出共建"丝绸之路经济带"和"21 世纪海上丝绸之路"（简称"一带一路"）的重大倡议，主旨是通过"一带一路"建设，与世界其他参与国共同打造政治互信、经济融合、文化包容的利益共同体、命运共同体和责任共同体。这一倡议得到了国际社会的高度关注。目前已有 100 多个国家和国际组织积极响应支持，愿意参与的国家还在不断增加中。经过数年的努力，各种建设项目陆续上马。"一带一路"建设必将对世界文明的发展产生巨大影响。

　　"一带一路"倡议源于历史。历史上众多的政治家、政府使者和商人等都为东西方交往道路的构建作出了贡献。

　　就陆道而言，西段的建设者应该上溯至亚历山大。公元前 334 年，马其顿国王亚历山大亲率 3 万余精兵东征波斯。波斯国王大流士三世仓促应战，最终为亚历山大所败。公元前 327 年，亚历山大率军来到中亚，灭波斯的地方政权巴克特里亚，并于锡尔河上游筑亚历山大里亚城，派兵加强其对这一地区的统治。欧洲势力开始进驻亚洲腹部邻近中国的地区。此后百余年间，中亚巴克特里亚地区的政权一直掌控在马其顿人和希腊人手里。中国与西方之间在当时虽还没有建立起直接的联系，但西方已经知道了一些中国的消息。希腊人克泰夏斯在其作品中首次提到了东方远国"赛里斯"（Seres）。"赛里斯"也从此成了希腊对包括中国在内的东方远国的重要称呼。

东段的开拓者显然要数汉武帝的使者张骞。他于公元前138年至公元前126年和公元前119年至公元前115年两次出使西域,史称张骞"凿空"。张骞"凿空"不但打通了东西方交往的连接点,而且大大开阔了中国人的视野,开创了中西交流的新纪元。此后,东西方陆上交通大开。从中国西去求"奇物"者"相望于道";"一岁中使多者十余,少者五六辈,远者八九岁,近者数岁而反";"一辈大者数百,少者百余人"。① 中国的丝绸随使者不断输出国外。中亚、西亚与罗马都因此留下了中国丝绸的痕迹。罗马的文献中还出现了罗马元老院通过反对男子穿丝绸衣服的禁令。②

东汉时,班超为西域都护,曾经营西域31年,政绩卓著,成效明显。西域"五十余国悉纳质内属。其条支、安息诸国至于海濒四万里外,皆重译贡献"。公元97年,班超派部下甘英出使大秦(罗马),抵条支,欲渡,为安息船人所阻,只得"穷临西海而还"③。甘英走南道赴大秦,虽中途而归,但其西行的路程远比张骞要长,其实际影响也远比张骞要大。就在甘英出使大秦后不久,也就是公元100年,"西域蒙奇、兜勒二国遣使内附"④。东汉朝廷对"蒙奇、兜勒"遣使之事高度重视,还特意"赐其王金印紫绶"。"蒙奇、兜勒"正是"Macedones"(马其顿,时属罗马帝国)之音译。西域远国马其顿遣使内附打通了中西间的直接交往,在中西交往史上占有十分重要的地位。而这件事本身也印证了中国和罗马间陆上交通的存在。

就海道而言,中国至印度一线,为中国人所开拓。海船一般沿着印度半岛与中南半岛海岸航行。公元前111年,汉朝用兵南越并在当地置南海、苍梧与合浦等郡。有关合浦以南至印度路线的记载皆保存于《汉书·地理志》中。据《汉书·地理志》记载:"自合浦徐闻(海康)南入海,得大州,东

---

① (西汉)司马迁:《史记》卷123《大宛列传》。
② Tacitus, *Annals*, 2, 33.
③ (南朝宋)范晔:《后汉书》卷88《西域传》。
④ (南朝宋)范晔:《后汉书》卷4《孝和孝殇帝纪》。

西南北方千里，武帝元封元年略以为儋耳、珠崖郡。……自日南障塞、徐闻、合浦船行可五月，有都元国；又船行可四月，有邑卢没国；又船行可二十余日，有谌离国；步行可十余日，有夫甘都卢国。自夫甘都卢国船行可二月余，有黄支国……平帝元始中，王莽辅政，欲耀威德，厚遗黄支王，令遣使献生犀牛。自黄支船行可八月，至皮宗；船行可二月，到日南、象林界云。"据考证，黄支就是印度东岸之 Kanchipura，即后来玄奘《大唐西域记》第 10 卷中所记的达罗毗荼国的建志补罗城。

至于印度至罗马的海路则多为罗马人所开创。船队最初皆绕着南阿拉伯海岸航行。据罗马地理学家斯特拉波的《地理学》记载，在奥古斯都时期，每年都有多达 120 艘船只从埃及的红海港口起航，远航至曼德海峡之外各地，有的甚至远达恒河。[①] 大约在提比略执政时期，有一位名叫希帕鲁斯的罗马商人在长期实践的基础上发现了印度洋季风的规律。罗马人利用季风不但能够直接跨越印度洋，而且还能大大缩短罗马至印度的距离。按英国学者赫德逊测算，从意大利到印度的一次旅程，只要花费 16 个星期。[②] 约在 2 世纪中叶稍前，有一位名叫亚历山大的罗马人越过孟加拉湾，到达日南北部的卡提加拉（Cattigara）。[③] "至桓帝延熹九年（166），大秦王安敦（指罗马元首马尔库斯·奥理略）遣使自日南徼外献象牙、犀角、玳瑁"，来到中国，中西海道"始乃一通"。[④] 当时世界上最强大的两个国家——中国与罗马间开始通过海道直接发生联系。印度和西方古典文献中出现的"秦尼"（Sinae，Thinae）实际上就是西方人对中国的尊称。这一消息应该来源于南部海道。

---

① Strabo, *Geography*, 2, 118; 15, 686; 17, 708.

② 参见［英］赫德逊：《欧洲与中国》，李申、王遵仲、张毅译，北京：中华书局，1995年版，第 47 页。

③ Ptolemy, *Geography*, 1, 16.

④ （南朝宋）范晔：《后汉书》卷 88《西域传》。

在中西陆、海两道开通之时，有许多中国的商品随使者输往西方。据中国的正史记载，从陆道西去的使者常"赍金币帛直数千巨万"①，从海道西航的译使也携"黄金、杂缯而往"②。由此可见，丝织品和黄金一样，都是出访人员必备的物品。

丝织品之所以成为使者出访时首选的重要物品，最根本的原因就在于中国是桑蚕的故乡，在相当长的时间内，中国又是唯一掌握养蚕（Bombyx mori）技术的国家。根据传说，我国"养蚕取丝"的发明者为黄帝元妃嫘祖。她教民育蚕，治丝茧以制衣服。考古发掘也表明，在距今约6000—5600年的仰韶文化时期，我们的祖先就懂得了"养蚕取丝"的技术。著名学者夏鼐先生曾指出，至迟在殷商时代，我国已能"充分利用蚕丝的优点，并且改进了织机，发明了提花装置，能够用蚕丝织成精美的丝绸"。此后，丝织技术随着时代和社会的变化，又有新的改进和发展。

《史记·大宛列传》有言："自大宛以西至安息……其地皆无丝漆。"这显然是客观事实的真实反映。实际上，不但当时的安息无丝，就是安息以西的罗马也不产丝，所以穿戴中国的丝绸一直是罗马贵族身份的象征。为获取丝绸衣料，罗马人不惜远赴赛里斯，正是"靠着如此长距离的谋求，罗马的贵妇们才能够穿上透明的衣衫，耀眼于公众场合"③。老普林尼坦言："据最低估算，每年从我们帝国流入印度、赛里斯和阿拉伯半岛的金钱，不下1亿塞斯退斯。"④在罗马，不仅有销售中国丝绸的丝绸市场、丝绸商人，还有具体负责丝绸产品再加工的丝绸作坊。丝绸交易的价格曾一度与黄金相等。

随着丝绸西向输出，我国的养蚕和织绸技术也不断西传。5世纪时，

---

① （西汉）司马迁：《史记》卷123《大宛列传》。
② （东汉）班固：《汉书》卷28下《地理志》。
③ Pliny the Elder, *Natural History*, 6, 20, 54.
④ Pliny the Elder, *Natural History*, 12, 41, 84.

中原的种桑、养蚕、缫丝织绸法已传至和阗；到 6 世纪的查士丁尼时代，更传到了罗马的东部世界。从此以后，"在罗马的土地上也能生产蚕丝了"，西方对中国丝绸的依赖逐渐消失。

历史表明，在中国的汉代，也即西方的罗马共和国晚期及帝国时期，世界上确实存在着以丝绸为重要交易物的陆、海大道。19 世纪以后，这两条大道被分别冠以"陆上丝绸之路"和"海上丝绸之路"之称，总称为"丝绸之路"。丝绸之路的起点是中国，终点在罗马。中亚、南亚、西亚是陆上丝绸之路的必经之地，南海、红海、地中海是海上丝绸之路的必过之海，而印度洋则是海上丝绸之路的必跨之洋。丝绸之路的形成既拉近了亚欧各国与各地区间的距离，密切了沿途各国人民之间的关系，又加强了沿途各民族之间的交往，大大地推进了人类文明的进步。

"一带一路"建设植根于历史，面向未来，源自中国，属于世界。当今，中国正通过"一带一路"与世界建立"互联互通"的关系，并取得了令人瞩目的成就。为使"一带一路"建设更好地服务于社会，服务于世界，我们还很有必要对世界上主要的古文明进行深入研究。因为孕育这些文明的几大古国大多分布于"一带一路"沿线，其文化对后世的影响既广泛持久又深远厚重。深入了解这些文明，不仅有利于人们从源头上认清各文明间的差异与特点，整体把握人类文明的发展规则，更有利于人们正确认识中国主倡的"开放包容"、"文明互鉴"精神的重要价值，有效推进"一带一路"朝着更好更快的方向发展。

从 2013 年年末开始，我们在刘家和先生和廖学盛先生的悉心指导下，充分利用和吸纳多年苦读积累的成果，殚精竭虑，协同钻研，经过多年的努力，终于完成了多卷本"'一带一路'古文明书系"的研究和写作任务。

"'一带一路'古文明书系"以"一带一路"所经行且在历史上有重要影响的古文明为研究对象，以中西文明比较为研究特色，既注重宏观的理论思考与对历史的反思，从当下观察古代文明的整体性变迁，以宏大的视角展示古文明的兴衰；又注重具体问题的实证性研究，并反映学术研究的最新动态，用中国人特有的视角审视世界文明的源头，展示人类文明的发展历程及辉煌成就。内容包括古代美索不达米亚文明、古代埃及文明、古代中国文明、古代印度文明、古代波斯文明、古代希腊文明、古代罗马文明，范围涉及非洲、西亚、南亚、东亚和欧洲五大地区。本书系试图回答的问题有：(1)古代文明的成果主要体现在哪些方面？(2)多源产生的文明各有什么特点？(3)各文明区域所产生的成果对后世有何影响？(4)各文明古国的国家治理体系如何构建？政治治理如何运行？(5)国家的经济保障主要体现在哪些方面？居民的等级特点与国家政权之间的关系如何？(6)在古代埃及、两河流域有没有像公元前8—前3世纪的中国、印度和希腊那样出现过精神觉醒的时代？(7)各文明古国所实行的文化政策有何特点？对居民有何影响？(8)古代文明兴起的具体原因以及个别文明消亡的关键因素是什么？(9)中华文明连续不中断的原因究竟在哪里？等等。这些问题或以专题论述，或寓论于事实叙述之中。当然，也有一些问题只是在书中提出而已，要给予很好的解决还有待于新材料的不断出现。

"'一带一路'古文明书系"追求雅俗共赏的行文风格，在保证体例基本一致的情况下，充分发挥作者的学术特长，体现作者的主体思想。为使读者更好地领略古代作家的写作风采，书系中还刻意保存了原作中的部分重要内容。我们衷心希望我们的研究能为学界提供一种新的视角，为我国的"一带一路"建设贡献微薄的力量。

杨共乐

北京师范大学历史学院

北京师范大学史学理论与史学史研究中心

2017 年 3 月 15 日

目　录

下编　古代波斯文明

前　言

古代世界有五大文明区域，即古代埃及、古代两河流域（即美索不达米亚）、古代印度、古代希腊罗马和古代中国。

古代印度文明晚于埃及和美索不达米亚文明。它大约始于公元前 2500年，其最早时期是哈拉巴文化（约公元前 2500—前 1750 年）。关于哈拉巴文化的创造者，一般认为是达罗毗荼人，但也有不同看法。公元前 1750 年，哈拉巴文化突然衰落了，其原因尚不明确，说法不一。大约在公元前 2000年代中期，一部分雅利安人的部落从南俄罗斯草原南下，其中一支来到伊朗高原西部，就是他们建立了米底国家和稍晚的波斯国家；另外一支则来到了印度河流域，他们创造了后来的古代印度文明。

雅利安人属于印欧语系，白色人种。他们创造的古代印度文明和其他古代文明相较而言，有不少特点，如他们严格的等级制度——种姓制度或称为瓦尔那制度；他们在列国时代创立的佛教，在很长的时期是不相信有神存在的，也不拜偶像；他们的宗教文献很多（如吠陀经、佛经等），而世俗文献却很少。世俗文献有孔雀王朝时期阿育王的铭文和此前的侨底利耶的《政事论》等；他们的法律文献基本上都是宗教文献，而不是世俗的国家颁布的法律文献，如著名的《摩奴法典》等；他们基本上没有像中国的《史记》《汉书》，希腊的希罗多德的《历史》、修昔底德的《伯罗奔尼撒战争史》等这样的历史著作。研究历史的主要资料基本上也是宗教文献，而这些文献既没有标明写作的年代，也没有注明其反映的年代；古代印度存在贵族与平民的差别，但很少有反映贵族与平民斗争的资料，其民主制政体是如何形成的，也没有资料说明，等等。

古代印度人民充满了智慧，有许多创造，对人类文明做出了很大的贡献，如现在人们所熟知的阿拉伯数字，就是古代印度人民创造出来的，只是后来经过阿拉伯人传到了西方，被西方人称为阿拉伯数字；另外，现在世界上三大宗教之一的佛教，也是古代印度人释迦牟尼创立的，虽然佛教后来在印度逐渐衰落，但它一直到现在都对世界上许多地方有着很大的影响。

印度和中国自古以来在经济和文化方面就交流不断，汉代司马迁的《史记·大宛列传》中就记载了张骞曾经在印度看到过邛竹杖和蜀布，以后中国历代文献中都记载了印度和中国的经济、文化交往情况。印度的佛教在公元1世纪分裂为大乘佛教和小乘佛教以后，大乘佛教经过中亚传入中国，并经过中国传入朝鲜半岛和日本，小乘佛教则经过东南亚传入我国的云南，影响至今犹存。除了邛竹杖和蜀布早已传入印度以外，中国的丝绸也至少在公元前5世纪传入了印度，此外，中国的造纸术也在古代就传入了印度。不过，在古代，中国和印度在政治上却几乎没有什么交往。

同处在古代丝绸之路上的，还有古代波斯。古代波斯和古代印度是近邻，而且他们还同属于雅利安人，是印欧语系的一支。当其中的一支到了印度河流域时，另外一支则到了伊朗高原。来到伊朗高原的这支雅利安人中的米底人定居在伊朗高原的西北部，他们建立了自己的国家，即米底国家。其中的另外一部分人即波斯人则定居在了伊朗的西南部，靠近波斯湾的地方，他们先是依附于米底王国，后来，在公元前558年，在自己的领袖居鲁士的领导下建立了波斯人自己的国家，并推翻了米底人的统治。

波斯帝国存在的时间不长，也就200多年，但他们却建立了古代世界第一个地跨亚非欧三大洲的大帝国，兴建了古代世界最长的驿道（从地中海到苏撒和从巴比伦尼亚到印度河），在亚述帝国时代的行省制度的基础上发展出了比较完整的行省制度和赋税制度，对东西方的文化交流起过重大的作用，中国的丝绸就是通过波斯传入西方的希腊和罗马的。

与留下不多铭文的印度人不同，波斯人留下了许多铭文，但波斯人留下的文献却相对要少，虽然印度人的文献主要是宗教文献。波斯人和印度人一样，都没有自己的历史著作传世，他们的历史主要也是靠其他国家的历史著作才为人们所了解，如希波战争、小居鲁士叛乱、亚历山大东征和波斯帝国的灭亡过程等。只有冈比西斯被推翻一事是有波斯人自己的文献记载的，即大流士一世的贝希斯吞铭文。不过，即使如此，这个事件中的若干细节，还是靠希腊人的历史著作（如希罗多德的《历史》、修昔底德的《伯罗奔尼撒战争史》等）来补充，才更加清楚。

波斯帝国存在的时间之所以不长，是因为它内部的阶级矛盾、民族矛盾极其尖锐而复杂，再加上波斯人内部争权夺利的斗争，使得波斯人在同希腊人两次大的较量中遭到惨败：第一次是希波战争，第二次是亚历山大东征。而且，虽然从表面上看，是波斯人处于绝对强势，而希腊人处于绝对弱势，但结果却是希腊人大胜、波斯人大败，而亚历山大东征更是让波斯人败得很惨，甚至亡国灭种。

波斯帝国和中国在古代虽然没有什么直接的政治联系，但在经济和文化方面还是有联系的：通过中亚的巴克特里亚，中国的丝绸、造纸术等传至西方，直到地中海沿岸的希腊和罗马等地。

我虽然在通史课中多次讲过印度史，而且对印度史的资料做过一些梳理，但对印度历史和文化没有更多的深入研究。此次编写古代印度文明，算是首次比较多地看了一些相关的书籍，想了一些问题。但因为时间较短，看的书不是很多，思考的问题也不是很深，只能是提出了一些看法而已。

大约在20世纪90年代末，我对波斯帝国史产生了较浓的兴趣。在我国，对波斯帝国史研究最多、成就最大的是李铁匠同志。他发表了若干有关波斯帝国历史的文章，翻译出版了一本《古代伊朗史料选辑》，还出版了一部《伊朗古代历史和文化》，但此书并非专门写古代波斯帝国历史的。因此，可以说，一直到 21 世纪初，在我国还没有一部系统阐述波斯帝国历史的专著。2013 年，我与懂古代波斯楔形文字的沃淑萍同志合作撰写了一部《波斯帝国史》，但自己感觉不甚满意。这次，借"一带一路"古文明书系出版的机会，我在撰写古代印度文明后，又对古代波斯帝国史做了新的补充和修订，合编成了这部《古代印度波斯文明》。沃淑萍同志参加了古代波斯部分的书写，张弩同学对本书做了认真的校对，在此特表谢忱！由于我自身水平有限，写作时间又短，书中肯定存在不少错误，请读者批评指正。

周启迪

2017 年 4 月

上编

古代印度文明

第一章　古代印度的
自然环境和居民

作为地理概念，古代印度与当代印度不同，它包括现在的印度、巴基斯坦、孟加拉国、尼泊尔和不丹等国所在的南亚广大地区。古代印度是世界文明古国之一，它也曾创造了灿烂的古代文化，对人类文明做出了重要贡献。印度处在古代中国和西方交流的丝绸之路上，所以，从很早的时候起，古代印度就和中国在经济与文化方面有了交流。

一、古代印度的自然环境

"印度"一词来源于印度河。古希腊历史学家希罗多德是第一个把印度河及其以东的地区称为印度的人。其后，西方人一直沿用了这一名称。我国汉代把它称为"身毒"或"天竺"，至唐代，玄奘所著《大唐西域记》中才将其称为印度。古代印度实际上是包括今天的印度、巴基斯坦、尼泊尔、孟加拉国和不丹等国家在内的南亚广大地区。古代印度史也就是南亚地区各国古代的历史。

印度位于亚洲南部，北倚喜马拉雅山，南临印度洋，东接孟加拉湾，西濒阿拉伯海，是一个高山和海洋环绕的大陆。就地理形势而言，印度全境分为北、中、南3部分：北部是喜马拉雅山岳地带，中部是印度河和恒河平原，温迪亚山以南是德干高原。通常人们把北部高山地带和中部平原地区称为北印度，这里是古代印度文明的发源地，也是古代印度重要的经济区和历史的主要舞台。南部德干高原雨量充沛，气候良好，有丰富的森林和矿产资源，但不宜农耕，而且交通非常不便。印度各地自然条件差异很大，发展极不平衡。

北部印度除了恒河、印度河以外，还有东北部的发源于中国西藏的布拉马普特拉河（其上游是中国的雅鲁藏布江），德干高原以南有几条较小的河流：纳巴达河、马哈纳底河、戈达瓦里河、克里希纳河以及柯弗里河等。南部的几条河比北部的 3 条河要短得多。

古代印度北部由于有喜马拉雅山脉的缘故，因此和外界的交往不多，只有西北部有几个山口可以和外界交往，如兴都库什山脉上的开伯尔山口和古马勒山口、基尔塔尔山脉上的波伦山口等。这些山口既是印度和外界商业贸易和文化交往的通道，也是古代历史上一些民族入侵印度的通道。

印度在喜马拉雅山脉以南至德干高原之间，是平原地区。但这片平原地区在生态方面却很不相同，这与其降雨量有关。西部的印度河流域雨水稀少，每年的降雨量只有 250～370 毫米；恒河和亚穆纳河之间的地区有 600～1250 毫米；恒河中下游—布拉马普特拉河流域的降雨量达到 1250～2500 毫米之多。但印度河流域的水量却不少，因为这个地区除了降雨之外，还有其他水源，那就是雪山融化的水注入。

印度河流域和部分恒河—亚穆纳河流域地区，属热带和亚热带干旱气候，这个地区农作物以小麦、大麦和棉花为主。恒河中下游和布拉马普特拉河流域的生态系统和印度河流域几乎完全不同。这里的气候潮湿多雨，属热带气候。这里的农作物是稻谷。其动物也和印度河流域不同，有老虎，而没有狮子、骆驼。不过，这一带的文明比印度河流域出现得晚。德干高原及其以南的印度半岛地区在古代由于交通不便，因而文明发展较晚。

古代印度的资源非常丰富，例如用作建筑材料和燃料的森林资源。在哈拉巴文明时期建筑用的砖是用木材烧制的，后来著名的华氏城是用木材建成的。再如，印度有丰富的铜矿和铁矿。铜矿集中在拉贾斯坦和比哈尔等地，早在公元前 3000 年代就已经开发利用了。哈拉巴文明是青铜文明。

印度的铁矿也很丰富，主要集中在比哈尔南部、中央邦以及卡纳塔克一带。其开发利用大约在公元前 8 世纪，即晚期吠陀时代。印度也盛产宝石和珍珠。

我国史籍中对印度多有记载，现仅摘录玄奘的若干记载。

《大唐西域记》是唐朝玄奘访印的见闻录。这里摘录的是该书的第二卷《印度总述》：

名称　详夫天竺之称，异议纠纷，旧云身毒，或曰贤豆，今从正音，宜云印度。印度之人，随地称国，殊方异俗，遥举总名，语其所美，谓之印度。印度者，唐言"月"。月有多名，斯其一称。言诸群生轮回不息，无明长夜莫有司晨，其犹白日既隐，宵烛斯继，虽有星光之照，岂如朗月之明。苟缘斯致，因而譬月。良以其土圣贤继轨，导凡御物，如月照临。由是义故，谓之印度。印度种姓族类群分，而婆罗门特为清贵，从其雅称，传以成俗，无云经界之别，总谓婆罗门国焉。

疆域　若其封疆之域，可得而言。五印度之境，周九万余里。三垂大海，北背雪山。北广南狭，形如半月。画野区分，七十余国。时特暑热，地多泉湿。北乃山阜隐轸，丘陵舄卤；东则川野沃润，畴陇膏腴；南方草木荣茂；西方土地硗确。斯大概也，可略言焉。

数量　夫数量之称，谓逾缮那。旧曰由旬，又曰逾阇那，又曰由延，皆讹略也。逾缮那者，自古圣王一日军行也。旧传一逾缮那四十里矣；印度国俗乃三十里；圣教所载惟十六里。穷微之数，分一逾缮那为八拘卢舍。拘卢舍者，谓大牛鸣声所极闻，称拘卢舍。分一拘卢舍为五百弓，分一弓为四肘，分一肘为二十四指，分一指节为七宿麦，乃至虮、虱、隙尘、牛毛、羊毛、兔毫、铜、水，次第七分，以至细尘，细尘七分，为极细尘。极细尘者，不可复析，析即归空，故曰极微也。

岁时 若乃阴阳历运，日月次舍，称谓虽殊，时候无异，随其星建，以标月名。时极短者，谓刹那也。百二十刹那为一呾刹那，六十呾刹那为一腊缚，三十腊缚为一牟呼栗多，五牟呼栗多为一时，六时合成一日一夜，昼三夜三，居俗日夜分为八时。昼四夜四，于一一时各有四分。月盈至满谓之白分，月亏至晦谓之黑分，黑分或十四日、十五日，月有小大故也。黑前白后，合为一月。六月合为一行。日游在内，北行也；日游在外，南行也。总此二行，合为一岁。又分一岁以为六时：正月十六日至三月十五日，渐热也；三月十六日至五月十五日，盛热也；五月十六日至七月十五日，雨时也；七月十六日至九月十五日，茂时也；九月十六日至十一月十五日，渐寒也；十一月十六日至正月十五日，盛寒也。如来圣教岁为三时：正月十六日至五月十五日，热时也；五月十六日至九月十五日，雨时也；九月十六日至正月十五日，寒时也。或为四时，春、夏、秋、冬也。春三月谓制呾逻月、吠舍佉月、逝瑟吒月，当此从正月十六日至四月十五日；夏三月谓頞沙荼月、室罗伐拿月、婆达罗钵陀月，当此从四月十六日至七月十五日；秋三月谓頞湿缚庚阇月、迦剌底迦月、末迦始罗月，当此从七月十六日至十月十五日；冬三月谓报沙月、磨祛月、颇勒窭拿月，当此从十月十六日至正月十五日。故印度僧徒依佛圣教坐雨安居，或前三月，或后三月。前三月当此从五月十六日至八月十五日，后三月当此从六月十六日至九月十五日。前代译经律者，或云坐夏，或云坐腊，斯皆边裔殊俗，不达中国正音，或方言未融，而传译有谬。又推如来入胎、初生、出家、成佛、涅槃日月，皆有参差，语在后记。

宫室 若夫邑里间阎，方城广峙；街衢巷陌，曲径盘迂。阛阛当涂，旗亭夹路。屠、钓、倡、优、魁脍、除粪，旌厥宅居，斥之邑外，行里往来，僻于路左。至于宅居之制，垣郭之作，地势卑湿，城多垒砖，暨诸墙壁，或编竹木，室宇台观，板屋平头，泥以石灰，覆以砖墼。诸异崇构，制同中夏。苫茅苫草，或砖或板，壁以石灰为饰，地涂牛粪为净，时花散布，斯其异也。诸僧伽蓝，颇极奇制，隅楼四起，重阁三层，榱栌栋梁，奇形雕镂，户牖垣墙，图画众彩。黎庶之居，内侈外俭，陕室中堂，高广有异，层台重阁，形制不拘。门辟东户，朝座东面。至于坐止，咸用绳床，王族、大人、士、庶、豪右，庄饰有殊，规矩无异。君主朝座。弥复高广，珠玑间错，谓师子床，敷以细毡。蹈以宝几。凡百庶僚，随其所好，刻雕异类，莹饰奇珍。

衣饰 衣裳服玩，无所裁制，贵鲜白，轻杂彩，男则绕腰络腋，横巾右袒，女乃襜衣下垂，通肩总覆。顶为小髻，余发垂下。或有剪髭，别为诡俗。首冠花鬘，身佩璎珞。其所服者，谓㤭奢耶衣及氍布等。㤭奢耶者，野蚕丝也；蒭摩衣，麻之类也；顺钵罗衣，织细羊毛也；褐剌缡衣，织野兽毛也。兽毛细软，可得缉绩，故以见珍，而充服用。其北印度，风土寒烈，短制褊衣，颇同胡服。外道服饰，纷杂异制，或衣孔雀羽尾，或饰髑髅璎珞，或无服露形，或草板掩体，或拔发断髭，或蓬鬓椎髻，裳衣无定，赤白不恒。沙门法服，惟有三衣及僧却崎、泥嚩些那。三衣裁制，部执不同，或缘有宽狭，或叶有小大。僧却崎唐言掩腋。旧曰僧祇支，讹也。覆左肩，掩两腋，左开右合，长裁过腰。泥嚩些那唐言裙，旧曰涅槃僧，讹也。既无带襻，其将服也，集衣为褶，束带以绦，褶则诸部各异，色乃黄赤不同。刹帝利、婆罗门清素居简，洁白俭约。国王、大臣服玩良异，花鬘宝冠以为首饰，环钏璎珞而作身佩。其有富商、大贾，唯钏而已。人多徒跣，少有所履。

染其牙齿，或赤或黑，齐发穿耳，修鼻大眼，斯其貌也。

馔食 夫其洁清自守，非矫其志。凡有馔食，必先盥洗，残宿不再，食器不传，瓦木之器，经用必弃，金、银、铜、铁，每加摩莹。馔食既讫，嚼杨枝而为净。澡漱未终，无相执触。每有溲溺，必事澡灌。身涂诸香，所谓栴檀、郁金也。君王将浴，鼓奏弦歌。祭祀拜祠，沐浴盥洗。

文字 详其文字，梵天所制，原始垂则，四十七言。寓物合成，随事转用，流演枝派，其源浸广，因地随人，微有改变，语其大较，未异本源。而中印度特为详正，辞调和雅，与天同音，气韵清亮，为人轨则。邻境异国习谬成训，竞趋浇俗，莫守淳风。

至于记言书事，各有司存。史诰总称，谓尼罗蔽荼唐言清藏，善恶具举，灾祥备著。

教育 而开蒙诱进，先导十二章。七岁之后，渐授五明大论：一曰声明，释诂训字，诠目疏别。二工巧明，伎术机关，阴阳历数。三医方明，禁咒闲邪，药石针艾。四曰因明，考定正邪，研核真伪。五曰内明，究畅五乘因果妙理。

其婆罗门学四吠陀论旧曰毗陀，讹也。：一曰寿，谓养生缮性。二曰祠，谓享祭祈祷。三曰平，谓礼仪、占卜、兵法、军阵。四曰术，谓异能、伎数、禁咒、医方。

师必博究精微，贯穷玄奥，示之大义，导以微言，提撕善诱，雕朽励薄。若乃识量通敏，志怀逋逸，则拘絷反关，业成后已。

年方三十，志立学成，既居禄位，先酬师德。其有博古好雅，肥遁居贞，沈浮物外，逍遥事表，宠辱不惊，声闻已远，君王雅尚，莫能屈迹。然而国重聪睿，俗贵高明，褒赞既隆，礼命亦重。故能强志为学，忘疲游艺，访道依仁，不远千里，家虽豪富，志均羁旅，口腹之资，巡丐以济，有贵知道，无耻丐财。娱游、堕业、媮食、靡衣，既无令德，又非时习，耻辱俱至，丑声载扬。

佛教　如来理教，随类得解，去圣悠远，正法醇璃，任其见解之心，俱获闻知之悟。部执峰峙，诤论波腾，异学专门，殊途同致。十有八部，各擅锋锐；大小二乘，居止区别。其有宴默思惟，经行住立，定慧悠隔，谊静良殊，随其众居，各制科防。无云律、论，纬是佛经，讲宣一部，乃免僧知事；二部，加上房资具；三部，差侍者祗承；四部，给净人役使；五部，则行乘象舆；六部，又导从周卫。道德既高，旌命亦异。时集讲论，考其优劣，彰别善恶，黜陟幽明。其有商榷微言，抑扬妙理，雅辞瞻美，妙辩敏捷，于是驭乘宝象，导从如林。至乃义门虚辟，辞锋挫锐，理寡而辞繁，义乖而言顺，遂即面涂赭垩，身坌尘土，斥于旷野，弃之沟壑。既旌淑慝，亦表贤愚。人知乐道，家勤志学。出家归俗，从其所好。罹咎犯律，僧中科罚，轻则众命诃责，次又众不与语，重乃众不共住。不共住者，斥摈不齿，出一住处，措身无所，羁旅艰辛，或返初服。

族姓　若夫族姓殊者，有四流焉：一曰婆罗门，净行也，守道居贞，洁白其操。二曰刹帝利，王种也，旧曰刹利，略也。奕世君临，仁恕为志。三曰吠奢，旧曰毗舍，讹也。商贾也，贸迁有无，逐利远近。四曰戍陀罗，旧曰首陀，讹也。农人也，肆力畴陇，勤身稼穑。凡兹四姓，清浊殊流，婚娶通亲，飞伏异路，内外宗枝，姻媾不杂。妇人一嫁，终无再醮。自余杂姓，实繁种族，各随类聚，难以详载。

兵术　君王奕世，惟刹帝利。篡弑时起，异姓称尊。国之战士，骁雄毕选，子父传业，遂穷兵术。居则宫庐周卫，征则奋旅前锋。凡有四兵，步、马、车、象。象则被以坚甲，牙施利距，一将安乘，授其节度，两卒左右，为之驾驭。车乃驾以驷马，兵帅居乘，列卒周卫，扶轮挟毂。马军散御，逐北奔命。步军轻捍，敢勇充选，负大橹，执长戟，或持刀剑，前奋行阵。凡诸戎器，莫不锋锐，所谓矛、楯、弓、矢、刀、剑、钺、斧、戈、殳、长稍、轮索之属，皆世习矣。

刑法 夫其俗也，性虽狷急，志甚贞质，于财无苟得，于义有余让，惧冥运之罪，轻生事之业，诡谲不行，盟誓为信，政教尚质，风俗犹和。凶悖群小时亏国宪，谋危君上，事迹彰明，则常幽图圄，无所刑戮，任其生死，不齿人伦。犯伤礼义，悖逆忠孝，则劓鼻、截耳、断手、刖足，或驱出国，或放荒裔。自余愆犯，输财赎罪。理狱占辞，不加荆朴，随问款对，据事平科。拒违所犯，耻过饰非，欲究情实，事须案者，凡有四条：水、火、称、毒。水则罪人与石，盛以连囊，沈之深流，校其真伪，人沈石浮则有犯，人浮石沈则无隐。火乃烧铁，罪人踞上，复使足蹈，既遣掌案，又令舌舐，虚无所损，实有所伤；软弱之人，不堪炎炽，捧未开花，散之向焰，虚则花发，实则花焦。称则人石平衡，轻重取验，虚则人低石举，实则石重人轻。毒则以一羖羊，剖其右髀，随被讼人所食之分，杂诸毒药置剖髀中，实则毒发而死，虚则毒歇而苏。举四条之例，防百非之路。

致敬 致敬之式。其仪九等：一、发言慰问，二、俯首示敬，三、举手高揖，四、合掌平拱，五、屈膝，六、长跪，七、手膝踞地，八、五轮俱屈，九、五体投地。凡斯九等，极惟一拜。跪而赞德，谓之尽敬。远则稽颡拜手，近则舐足摩踵。凡其致辞受命，褰裳长跪。尊贤受拜，必有慰辞，或摩其顶，或拊其背，善言诲导，以示亲厚。出家沙门既受敬礼，惟加善愿，不止跪拜。随所宗事，多有旋绕，或唯一周，或复三匝，宿心别请，数则从欲。

病死 凡遭疾病，绝粒七日。期限之中，多有痊愈；必未瘳差，方乃饵药。药之性类，名种不同；医之工伎，占候有异。终没临丧，哀号相泣，裂裳、拔发、拍额、椎胸。服制无闻，丧期无数。送终殡葬，其仪有三：一曰火葬，积薪焚燎。二曰水葬，沈流漂散。三曰野葬，弃林饲兽。国王殂落，先立嗣君，以主丧祭，以定上下。生立德号，死无议谥。丧祸之家，人莫就食；殡葬之后，复常无讳。诸有送死，以为不洁，咸于郭外，浴而后入。至于年耆寿耄，死期将至，婴累沈疴，生涯恐极，厌离尘俗，愿弃人间，轻鄙生死，希远世路，于是亲故知友，奏乐饯会，泛舟鼓棹，济殑伽河，中流自溺，谓得生天。十有其一，未尽鄙见。出家僧众，制无号哭，父母亡丧，诵念酬恩，追远慎终，实资冥福。

赋税 政教既宽，机务亦简，户不籍书，人无徭课。王田之内，大分为四：一充国用，祭祀粢盛；二以封建辅佐宰臣；三赏聪睿硕学高才；四树福田，给诸异道。所以赋敛轻薄，徭税俭省，各安世业，俱佃口分。假种王田，六税其一。商贾逐利，来往贸迁，津路关防，轻税后过。国家营建，不虚劳役，据其成功，酬之价值。镇戍征行，宫庐宿卫，量事招募，悬赏待人。宰牧、辅臣、庶官、僚佐，各有分地，自食封邑。

物产 风壤既别，地利亦殊，花草果木，杂种异名。所谓庵没罗果、庵弭罗果、末杜迦果、跋达罗果、劫比他果、阿末罗果、镇杜迦果、乌昙跋罗果、茂遮果、那利蓟罗果、般㮈娑果，凡厥此类，难以备载，见珍人世者，略举言焉。至于枣、栗、椑、柿，印度无闻；梨、柰、桃、杏、蒲萄等果，迦湿弥罗国已来，往往间植；石榴、甘橘，诸国皆树。

垦田务农，稼穑耕耘，播植随时，各从劳逸。土宜所出，稻、麦尤多。

蔬菜则有姜、芥、瓜、瓠、荤陀菜等，葱、蒜虽少，啖食亦希，家有食者，驱令出郭。

至于乳、酪、膏、酥、沙糖、石蜜、芥子油、诸饼麨，常所膳也。鱼、羊、獐、鹿，时荐肴馔。牛、驴、象、马、豕、犬、狐、狼、师子、猴、猨，凡此毛群，例无味啖，啖者鄙耻，众所秽恶，屏居郭外，希迹人间。

若其酒醴之差，滋味流别：蒲萄、甘蔗，刹帝利饮也；麹蘖醇醪，吠奢等饮也；沙门、婆罗门饮蒲萄、甘蔗浆，非酒醴之谓也。杂姓卑族，无所流别。

然其资用之器，功质有殊；什物之具，随时无阙，虽釜镬斯用，而炊甑莫知。多器坯土，少用赤铜。食以一器，众味相调，手指斟酌，略无匕箸，至于病患，乃用铜匙。

若其金、银、鍮石、白玉、火珠，风土所产，弥复盈积；奇珍杂宝，异类殊名，出自海隅，易以求贸。然其货用，交迁有无，金钱、银钱、具珠、小珠。

印度之境，疆界具举，风壤之差，大略斯在，同条共贯，粗陈梗概，异政殊俗，据国而叙。①

阿里安关于印度的记载：

Ⅵ.……印度人与埃西屋庇亚人的外貌并非完全不同。因为，南印度人比较相似于埃西屋庇亚人，他们的容貌是黑的，头发也

---

① （唐）玄奘：《大唐西域记》，章巽校点，上海：上海人民出版社，1977年版，第31～42页。

是黑的，只不过他们不像埃西屋庇亚人那样短鼻子、卷头发；而和这些人比较起来，北印度人的外貌则更像埃及人。

Ⅶ. 麦伽斯蒂尼说，印度部族共计有一百八十个。印度部族很多，这一点我是同意麦伽斯蒂尼的；但是我不理解，他如何能确切地知道的并指出这个数字，因为他只在印度人的一小部分人土地上居住过，而在当时，并不是在一切部落之间都有着相互的交往。在古代，印度人本是游牧人，他们不像斯基泰人，而像那些带着自己的车子游荡的斯基泰人，他们从斯基泰的一个地方转到另一个地方，不居住在城市里，也不崇敬神庙。所以，在印度人那里，既无城市，也没有畏威神建筑的庙，他们穿着自己所打到的牲畜的兽皮，吃树的皮，用印度的话说，这些树被称为塔拉。

Ⅹ. 他又说到，印度人不为死者立纪念碑，但是他们认为，正是男人们的忠勇以及他们所唱的歌，已足够纪念死者了。至于印度城市的数目，由于太多，无法统计。近河或近海的城市以木头建成，因为砖筑城市由于大雨和洪水而不能耐久，这种洪水在附近河流泛滥时就会注满平原。但是，那些建于比较高与高而突出的地方的城市还是用砖和土建成的。印度最大的城市名叫巴里姆勃特拉，位于埃兰诺布亚河与恒河汇合处的普拉西人的土地上。恒河是（印度）最大的河流。埃兰诺布亚河虽然是印度的第三条大河，但是比较其他地方的河水来说，还是大的。不过，埃兰诺布亚河逊于恒河，因为它的水注于恒河。麦伽斯蒂尼说到城市每一边的长度，其最长者，长达八十诺塔德；阔则达十五斯塔德；环城水沟阔为六普列特拉，深为三十肘；在城墙上有着五百七十个塔，六十四个门。在印度土地上的奇迹是：全部印度人都是自由人，没有一个印度人是奴隶。

Ⅺ. 印度人主要分为七个等级。一个等级是智者，他们人数比其他等级少得多，但是却享受尊敬和荣誉。因为，他们既不需参加任何体力劳动，也不需从他们所得之中取出任何东西给予公社。实际上，除了为印度人的公社向神献祭之外，智者没有其他任何义务。如果有任何一个以私人的方式献祭，那么就要有一个智者作为祭品的导引者，否则他的祭品将不能使神满意。他们也是印度人中唯一善于孟提卡（即占卜）的人，并且除了智者男子以外，其余人也是不许作任何预言的。他们预言一切关于季节的事，以及公社可能遭受到的任何灾祸；至于个别人的私人问题，他们照例不作预言；此外，孟提卡不能俯就于较小的事，或者是因为在这些事上不值得劳累他。当一个人的预言错达三次时，他也不受任何其他损害，但是他应从此永远沉默不语。并且没有一个人来迫使这样被责成不说话的人去说一句话。这些智者裸体地生活，冬天住在露天里日光下，夏天烈日炎炎，就住在草地与沼泽地的大树下面。尼亚尔库说，这种大树的影子周围达到五普列特拉，一棵树的影子下可以荫避万人；这些树是如此之大。他们吃的是果实和树皮，其甜美与滋养，不亚于椰枣。

次于智者之第二等级为农民，他们在印度人中占最多数。他们没有武器，也不关怀战争事务，但耕作土地，并把赋税交给国王或自治城市。即使在印度人中发生了战争，他们也不能触及这些土地上的劳动者，并且也不能蹂躏这种土地。一些人在互相战争杀戮，另一些就在附近的人则和平地耕着地，或者收集葡萄，或者摘下水果，或者就是在收割。

印度人的第三个等级为牧人，牧羊人和牧牛人。这些人既不住于城市，也不住于村庄，他们是游牧人，居住于山上，他们从牲畜中带来赋税，同时他们也在全国各地猎取鸟和野兽。

XII. 第四个等级是手工业者和商人。这些人各依自己的职业来履行义务与纳税，只是制造武器的人除外。因为武器是由公社缴纳的。列入这一等级的还有造船匠与沿河航行的水手。

印度人的第五个等级是军人，他们为数之多，仅次于农民；他们享有最大的自由和愉快。他们只操练军事。武器是别人给他们做的。马也是别人送来的，在军营中还有别人伺候，这些人帮他们照料马匹、擦亮武器、管理大象、整顿战车并驾驶战车。当需要作战的时候，他们就自己去作战，但和平到来的时候，他们就享乐；并且他们从国库所得报酬是如此之多，以至于他们能够很容易地用它来养活别人。

印度人的第六等级是所谓监督人。这些人监视着在乡村或城市中发生的每一件事。在印度人臣服于国王政权治下的地方，他们就把这些报告给国王；在印度人自治的地方，他们就把这些报告给地方当局。他们不得报告任何假事，并且从来也没有一个印度人因其作伪而被控告。

第七等级是那些和国王在一起议论公事的人；或者在自治的城市中，这就是和城市当局一起议论公事的人。这个等级的人数是不多的，但是智慧与公正却高过一切人。长官和一切诺玛尔赫、希帕尔赫、宝物保管者、军事长官、那瓦尔赫、司军官以及农业工作的监督官，都是从这个等级里选拔出来的。

从其他等级中娶妻，例如农民从手工业者方面娶妻或者与此相反，都是不可以的。同一个人从事两种手工业，或者从一个等级转入另一个等级，例如从畜牧业等级转入农业等级，或者由手工业等级转入畜牧业等级，也都是不许可的。许可人们的只有一点，即从任何等级都可变成智者，因为智者的生活不是娇柔的，而是最穷困的。

ⅩⅥ.如尼亚尔库所说，印度人穿用亚麻布的衣裳，而亚麻是从树上得来的；关于这种树，我在前面已经说过。这种亚麻也许是颜色比其他任何亚麻布都洁白，也许是因为印度人本身颜色黑，所以看来比较白净，印度人也有长及小腿一半的亚麻袍。披肩一部分披在肩上，一部分则包在颈的周围。很富有的印度人还戴有象牙耳环，并非所有的印度人都戴它们。尼亚尔库说，印度人的胡子也涂上各种颜色，例如，一些人要让它看来是白的，就涂成最白的颜色，而另一些则又涂成黑的，有一些人还把胡子涂成紫红色的，又有很多人则涂成绛红色的，另一些人则涂成浅绿色的。他又说到，显贵的印度人在夏天都带着伞。凉鞋用白皮做成，并且上面还有丰富的装饰；印度人的凉鞋的鞋底是画有彩画并且是高的，为的是使穿的人看起来更高一些。

印度人没有同一形式的武器，他们的步兵有弓，弓长与持弓人相等；他们把弓向下安置在地上，并用自己的脚支住它，就这样来射击，同时把弓弦尽可能地向后拉开，因为他们的箭长近三肘。印度射手所射出的箭，没有任何东西能经受得住，不管是盾牌、胸甲或者即使是更为坚固的任何（盔甲）。在他们的左手里拿的是用来加工的皮革制的庞尔特，它比我们的盾窄，而长度则相差不多。有些人则以标枪代替弓。所有的人带有宽阔的剑，其长度不少于三肘；而当白刃战斗开始的时候——印度人不容易遇到这样的战斗——他们就双手举起这种剑来击刺，以使击刺更为有力。印度人的骑兵则有两个类似矛的投枪，而盾牌则较步兵的盾牌为小。

XII. 印度人的体形瘦而高，在行动上比其他人轻便得多。大多数的印度人的交通工具是骆驼、马、驴子，而富人的交通工具则是象。因为象在印度人那里乃是国王的坐骑。荣誉次于象而为第二等的是四马驾的车，第三等则是骆驼。骑一匹马是不光彩的……

　　印度人，至少是那些不住在山地的印度人，都吃粮食，并从事农业；山地人则吃野兽的肉。①

二、居民

　　古代印度的居民成分十分复杂，他们来到印度的时间也先后不一。早在旧石器时代印度就已经有人居住了。到新石器时代，文明的遗迹几乎遍及了整个南亚次大陆。这些文明的创造者是什么人？一般认为是尼格罗型的尼格利陀人，有学者断定，达罗毗荼人是尼格利陀人和欧罗巴人种混合的产物，这种混合发生于公元前4000—前3000年。在尼格利陀人之后来到印度的是原始澳大利亚人，继原始澳大利亚人之后来到印度的是地中海人种。公元前2000年—前1500年雅利安人进入印度以前，达罗毗荼人曾经是居住和活动于印度北部、西部和中部广大地区的主要民族。公元前2000—前1500年进入印度的雅利安人，其特点是身材较高，皮肤白皙，头长，鼻子窄而高，头发是金黄色，呈波浪形，蓝眼睛。在公元前1000年代以后又先后有蒙古人、波斯人、希腊人、大月氏人、嚈哒人等侵入南亚次大陆。使次大陆的居民成分更加复杂。②不同的人种成分，其外形特征也很明显，如达罗毗荼人的特点是身材矮小，皮肤深褐色或黑色，头长，鼻子宽而扁平，头发是波浪弯曲或卷曲，嘴唇外翻。而雅利安人的特征是中等身材，体形修长，皮肤呈褐色，头长，鼻窄，眼大，下巴突出。

---

① 北京师范大学历史系、吉林师范大学历史系编：《世界古代史史料选辑》，刘家和译，1959年。

② 陈峰君主编：《印度社会述论》，北京：中国社会科学出版社，1991年版，第181～184页。

第二章　哈拉巴文化、早期吠陀时代和晚期吠陀时代

第一节　哈拉巴文化

一、哈拉巴文化的发现、分布地区、年代范围和创造者

古代印度的文明史是从哈拉巴文化开始的。

在 20 世纪 20 年代以前，人们根本不知道在古代历史上还曾经有过哈拉巴文化。那时的古代印度历史是从《吠陀》中记载的传说开始的，最早可以上溯到公元前 15 世纪，即所谓雅利安民族入侵印度的时代。1922 年，考古学者在印度河流域的信德和旁遮普地区发现了摩亨佐·达罗和哈拉巴两个文化遗址，印度河流域的上古文明才为世人所知。从那以后，考古学者在印度河流域各地陆续发现了许多属于同一文化系统的遗址，共有城市村落 200 余处，统称为"哈拉巴文化"。

哈拉巴文化的分布：从现在发现的该文化遗址看，哈拉巴文化分布的区域十分广大，东起今印度的北方邦恒河—亚穆纳河上游的阿拉姆吉尔普尔，西到今巴基斯坦的俾路支海滨的苏特卡跟-多尔，长约 1600 千米，北边紧靠喜马拉雅山脉下的鲁帕尔（今巴基斯坦的旁遮普），南达今印度的纳尔马达河和塔普迪河之间的一条小河吉姆河河口的薄加特拉弗（属古吉拉特邦），相距约 1100 千米，超过苏美尔和埃及最古文明所覆盖的面积的总

图 2.1 摩亨佐·达罗遗址

和，或者说，哈拉巴文化的面积大约是埃及古王国时期国土的两倍，是苏美尔和阿卡德的4倍①，覆盖面积大约有200多万平方千米，几乎从德里绵延到孟买。如果将来发现新的遗址的话，那么，其范围可能会更大。

哈拉巴文化的年代范围：据现在学者们的意见，现在发现的哈拉巴文化延续的时间有700多年，约为公元前2500—前1750年，其主要依据是：（1）在西亚发现的属于印度河文化的印章的年代，这些印章中有7枚可以测定的年代为两河流域的萨尔贡统治时期（约公元前2300年），还有一枚属前萨尔贡时期，就是说比公元前2300年更早；（2）据对摩亨佐·达罗等遗址进行的碳14测定为公元前2400—前1700年。而在摩亨佐·达罗还有尚未测定的更深的地层，因此，这一文化的开始年代有可能比公元前2400年更早。所以，现在把哈拉巴文化的时间划定在公元前2500年，比我国现在能够确定的传说中的夏代（公元前21—前16世纪）稍早。

———————

① ［印度］D. P. 辛加尔：《印度与世界文明》上卷，庄万友等译，北京：商务印书馆，2015年版，第13页。

辛加尔甚至认为最早的著名文明在印度、埃及和美索不达米亚几乎同时创建。① 在另一个地方他又说，尽管哈拉巴文明即印度河文明的确切范围和时期还有待确定，但是人们现在承认它向东和向南远远超出了印度河流域，承认它无疑与其他最早的已知文明埃及和美索不达米亚属于同一时期，两个非雅利安的种族苏美尔人和闪米特人在那里创造了令人惊奇的文明。②

哈拉巴文化的创造者：一般认为哈拉巴文化的创造者是土著的达罗毗荼人，因为创造了后来的雅利安人文化的雅利安人在公元前1500年左右进入印度时就碰到了达罗毗荼人，正是他们把达罗毗荼人驱赶到了德干高原一带。但也有人认为哈拉巴文化是由最先进入印度的雅利安人创造的，甚至有的人认为是来自西亚的苏美尔人创造的。有的学者根据出土的人骨和各类人像分析得出结论说，印度河流域当时的居民大约有原始澳大利亚人种、蒙古利亚人种和地中海人种等，所以哈拉巴文化可能是几个种族的人共同创造的结果。到现在为止，关于哈拉巴文化的创造者究竟是谁的问题，还不能完全肯定。

二、哈拉巴城市文明出现的背景、内容、特点和性质

从考古发掘的材料来看，哈拉巴文化已进入了城市文明时代。已经发现的属于这个文化的比较大的可以称为城市的遗址，除了众所周知的哈拉巴（在拉维河畔）、摩亨佐·达罗（在印度河下游）和甘瓦里瓦拉（这3个城市的居民数可能有35000人，每个城市占地约1平方千米）以外，还有位于拉贾斯坦的现在已经干涸了的加加尔河左岸的卡利班根（其占地约0.22平方千米），距离阿拉伯海湾不远的洛塔尔，属于现在的古吉拉特的艾哈迈达巴德西北的苏尔戈达德等。

城市的兴起离不开农业的发展和手工业的发展。

---

① ［印度］D. P. 辛加尔：《印度与世界文明》上卷，第11页。
② ［印度］D. P. 辛加尔：《印度与世界文明》上卷，第13页。

关于哈拉巴城市文明兴起的背景和条件，刘欣如《印度古代社会史》一书中说：

从村落向城镇的转化则是印度河流域本身的产物。印度河平原为农业和牧业的发展提供了极其有利的条件。上游的五河地区为下游带来很大的水量和泥沙。一年一度的泛滥虽然比不上尼罗河泛滥的规模，但可以给沿河地带的耕作带来足够的淤泥。这里不需要极发达的农具和灌溉就能收获庄稼。河间平地则是良好的牧场。但是，从另一方面看，河流经常改道和泛滥对人类的定居又是一种威胁。要想利用河水泛滥之利而又不受其害，光靠小村落的力量是不够的。为了发展生产潜力和控制自然，迫使人们在较大范围内组织起来。同时河流和平原本身又为人们提供了交通之利，便于人们互通信息和组织合作。于是，在公元前三千纪上叶，在印度河的中下游的阿姆利（Amri，约公元前3000—前2300年）和科特底基（Kot Diji，公元前2600年左右）以及其他一些地点，出现了向城市文明发展的尝试。它们的规模大于俾路支斯坦村庄的城镇，是印度河大城市的雏形。

山区河谷里的村落组织向平原地区的发展绝对不是一场简单的全体移民。多年来，那些小型社会里已经形成了一些社会劳动分工。生活在低谷的农业部落和山坡上的牧业、采集狩猎部落之间也是互相依存的。同时，大部分矿产品产自山区。最热衷于向印度河平原迁移的当然是农民。铜匠、陶匠等手工业者安土重迁，不那么愿意远离他们的原料和燃料产区。然而他们的服务对象是农业居民，而要移居平原地区的农业居民也极需要他们合作，这样，在迁移过程中，必须组织好原料燃料的交换和运输，也就是说要妥善安排和改进社会分工。这种移民和转化是如何进行的我们不清楚。从考古角度上，看不到很多通过暴力和战争强迫移民的迹象。当时的铜制和石制武器的形式很像是用来狩猎，而不是用来作战的，而且数量也不大。有一种猜测是部落中的政治权力通过宗教活动来组织这些移民活动。[①]

从考古发掘的情况看，这些城市都有很好的规划和布局，都有卫城和下城之分。一般说，卫城在西部，而下城在东部。卫城都是要塞堡垒式的建筑，它的存在是当时经常发生战争的反映。这些卫城有的是用烧制的砖建成的（如摩亨佐·达罗和哈拉巴的），有的则是用砖坯建成的（如卡利班根和洛塔尔）。在摩亨佐·达罗的卫城里，有许多大型的建筑，如大浴池、学校、粮仓和会议厅等，都是用烧制的砖建成的。其大浴池南北长 12 米，宽 7 米，深 2.5 米，浴池能防渗漏，四壁还加上一层防潮湿的沥青。有梯下到池底。人们认为，大浴池不仅用于沐浴，可能还兼有宗教的用途（在卡利班根的卫城里面，建有一座礼拜堂之类的建筑）。在哈拉巴的卫城城墙外面，建有矩形塔楼。在这里，谷仓不像摩亨佐·达罗那样建造在卫城的里面，而是建在外面。卡利班根卫城是用砖坯建成的，厚 7 米，在墙上隔一段就建造有一座塔楼，用于防卫。苏尔戈达德的卫城高 4.5 米，是哈拉巴文明中少见的用石头建造的。

哈拉巴文化遗址的下城的大街小巷似乎都是根据预定的规划建设的。主要街道平直、整齐，大都是东西向或南北向的道路，或平行排列，或直角交叉，建筑物转弯处的墙角都砌成圆形。主要街道很宽，如卡利班根的主要街道宽达 7.2 米，其他南北向街道的宽度则是它的 3/4，而横街和小巷的宽度又是它们的一半或 1/3。街道两旁房屋排列整齐，一般用烧砖砌成。

① 刘欣如：《印度古代社会史》，北京：中国社会科学出版社，1990 年版，第 11～12 页。

图 2.2　摩亨佐·达罗遗址浴池

有些住宅较大，有两三层，并有排水设施，下水道同街上的排水沟相连。多数房屋都有自己的水井，此外还有公用水井。另外有一长串形状相同的简陋小屋，很像是一些给征召的士兵、劳工或奴隶居住的宿舍。可能这些城市已经有了明显的阶级分化。

哈拉巴文化已进入青铜器时代。有大量的铜器和青铜器被发现，如斧、镰、锯、刀、鱼叉等，人们还学会了冶炼金、银、铜、青铜、铅等金属，但尚无铁器。① 冶炼青铜，除了需要铜以外，还需要锡。但印度本身不产锡。它冶炼青铜需要的锡，显然是从国外输入的。

在印度河流域的各个城市中，有许多的商铺，而为这些商铺提供产品的当然是手工业作坊。哈拉巴时代的各个城市中当然会有手工业者的作坊，如纺织作坊、染坊、装饰品作坊、制作印章的作坊、冶炼金属和制作金属器皿的作坊、制作蚌器的作坊，以及制作天青石、红玛瑙、闪长石等珠宝的作坊等。这些作坊当然是位于下城。据说，砖窑、烧制陶器的窑址也在

---

① 刘欣如：《印度古代社会史》，第 7 页。

城市里面，不过值得怀疑，因为这些窑在生产时对居民生活影响会很大，一般人似乎很难忍受它们对空气的污染。有学者认为，甚至商人的商铺和住处也多半是在下城。

哈拉巴的城市周边应当还有不少的农业地区，因为，城市居民是需要粮食来养活的；此外，在哈拉巴地区，还应当有不少的地方可以放牧，甚至有居民从事采集或狩猎。刘欣如说："……哈拉帕、摩亨焦-达罗和甘瓦里瓦拉三座大城市在经济上和政治上控制了一个广泛的农村地区……印度河流域城市所统治的广大区域内除了沿河谷的村镇外，不一定都是农业区。在河流间的广大半干旱地区，牧业经济很可能占主要地位……另外，在边缘山区森林地带从事采集和狩猎以及少量农业的人民也必然保持他们自己的社会组织形态。这些地区都和城市以及农业有相互依存的经济关系。"①

有越来越多的证据表明，哈拉巴文化同外界已有了很多联系。首先是同两河流域的联系：（1）在两河流域的许多遗址发现了来自印度河流域的印章，或是模仿印度河流域的印章。另外，在波斯湾的巴林岛（古代称为"狄尔蒙"）也发现有这类印章。（2）在苏美尔的遗址中发现的多节的陶制花瓶、棉花是来自印度河流域的；（3）从楔形文字的记载和两河流域出土的物品来看，从印度出口的大宗商品有铜、木料（如柚木）、石料（如闪长石、雪花石膏），奢侈品有象牙制品、天青石、红玛瑙、珍珠以及制成的装饰品等。②

关于印度河流域文明，即哈拉巴文化与西亚的交往已经有许多证据，辛加尔在其《印度与世界文明》一书中用很多例子作了说明：

> 然而，印度与其西面各古代文明接触的证据是确凿的。多节的陶花瓶是从印度运到苏美尔的，棉花也是如此。棉花的历史发

---

① 刘欣如：《印度古代社会史》，第14～15页。
② 关于印度河流域文明和美索不达米亚交往的存在，参见［印度］D. P. 辛加尔：《印度与世界文明》上卷第1章，第14～18页。

源地不那么肯定，但印度棉花贸易的古老是毋庸置疑的。在阿卡德方言中，印度棉花用意思为"植物布"的表意文字表示。阿苏尔巴尼帕尔（按：亚述帝国时期的一个国王，公元前668—前626年）栽培包括印度"长羊毛的树"在内的印度植物。希腊人第一次见到印度人时，后者穿着"长在树上的羊毛"。希罗多德提到印度棉花，底普拉斯图斯在公元前350年最先谈到在印度本部边界之外的棉花，他描绘了第尼（巴林）的"长羊毛的树"，说棉花在印度也得到栽培。多年生长的棉花植物——最初只土生于印度——最早什么时间在西亚种植也许只能猜测。但是，"由于知道摩亨焦-达罗与同时代的巴比伦王国各文明之间有接触，印度河流域的棉花籽看起来很可能沿着波斯海岸播撒，且由于多年生长的植物得以成功种植而远达波斯湾。"

图2.3　印章文字

  在美索不达米亚发现的哈拉巴制造品，也证明印度河和底格里斯河—幼发拉底河文明之间的商业交往。半宝石如天河石来自古吉拉特甚至尼尔吉里丘陵；食料和金属来自拉贾斯坦或俾路支斯坦，还有带柄的贝壳来自南印度。所有这些物品，是在公元前第三千纪后半叶期间抵达美索不达米亚的。的确，印度河商人的殖民地肯定已在苏美尔的城市建立。另一方面，白色大理石印章、手斧、陶环和有角的雕像，是从苏美尔进口到印度河地区的物品的一部分。还有，在印度河诸城市发现的大量自然主义的烧陶小雕像中，一部分描绘的是具有蒙古人种特征的人物。考古研究人员在苏联中亚的南土库曼，也发现属于公元前2000—前1000年的印度河遗迹。

  法国发掘者在阿富汗南部发现与哈拉巴的大谷仓相似的大谷仓，还有属于公元前第三千纪的带有半截圆柱的正面巨大泥砖建筑，这使人联想起美索不达米亚。就对国际接触的进一步了解而言，这些遗迹的全部意义已得到适当的估计；但是，它们的发现使伦纳德·伍利爵士提出：苏美尔人是来自东方的移民，他们带来了自己的艺术和工艺，这两个民族大概有共同的起源，作为对印度河文明和苏美尔文明之间相似之处的解释。[①]

  有学者推断，印度河文明已经同埃及有了直接或间接的交往。如埃及和印度对牛神、太阳神、蛇神等的崇拜是共同的。柴尔德在《上古东方新证》一书中说：存在于印度河流域的铜匾和三枚埃及印章上的绳纹，是两个国家之间最引人注目的联系。[②] 在埃及文物中发现的天青石、玛瑙等的

---

① ［印度］D. P. 辛加尔：《印度与世界文明》上卷，第14～15页。
② 参见该书俄文版第170页。

原料很可能来自印度河流域。

该书还对印度河文明与其他一些古代文明之间的联系提出了若干间接的证据，并谈了自己的看法。

哈拉巴文化时期已经有文字，主要保存在石、陶、象牙等制成的印章上。迄今所知的文字符号已有 500 个，其中有些是表音符号，有些是表意符号。这种文字至今尚处于解读过程中，还没有满意的结果。不过，文字的出现本身就说明其文明已达到了较高的水平。

哈拉巴文化显然已经是一个高度发达的文明，有城市，有能够供应城市居民的衣食住行的可以说是比较发达的经济，即农业、手工业，可能还有畜牧业等，出现了文字，明显有了阶级分化。但是，这么发达的城市文明，是怎么管理的？通过什么机构来管理？由于其文字尚未解读成功，所以我们对此一无所知。关于这个时代人们的宗教信仰，我们也是一无所知。另外，考古发掘出哈拉巴文化有很多城市，而哈拉巴文化又占地极广，那么，这些城市像希腊、两河流域一样是一些独立国家的中心呢，还是一个统一国家下的城市？或者，它们曾经是一个个的独立国家，后来被统一了？如果是后来统一了，那么是怎么统一的？是和平统一的，还是武力统一的？在一些遗址中发现了似乎是战争的痕迹，但那是统一战争的痕迹呢，还是其他的战争留下的痕迹？我们不得而知。刘欣如说是通过战争的方式统一的："这座城市（按：该城镇在德拉伊斯梅尔罕地区的一个营地附近）的灭亡很可能是哈拉巴国家统一战争的结果。印度河文明的统一，至少部分地是通过暴力完成的。"[1]

哈拉巴文化存在了几百年，以后就衰亡了。衰亡的原因不清楚。

哈拉巴文化虽然衰亡了，但这一古代文明的某些因素却保留了下来，并同后来的雅利安文明结合，成为印度文明的基础。例如在哈拉巴遗址发

---

[1] 刘欣如：《印度古代社会史》，第 19 页。

现的印章上有一种三面有火神像，很像印度教的大神湿婆，其坐姿也同后来印度教苦行僧打坐的姿势相似。此外，在哈拉巴发现的赌博用品——骰子，也使人联想起梵文文献中常提到的赌博用品。赌博在古代印度很盛行，人们常因赌博而沦为奴隶。史诗《摩诃婆罗多》中两族混战的原因也与赌博输赢有关。这些骰子说明赌博之风起源很古，雅利安人也可能是从达罗毗荼人那里学来的。

从哈拉巴文化的衰落到雅利安人大举入侵这几百年间的历史，基本上是模糊不清的。古代印度的历史从吠陀时代开始，才有文献记载。

第二节　早期吠陀时代（公元前 1500—前 900 年）

早期吠陀时代亦即梨俱吠陀时代，是雅利安人的军事民主制时代。

雅利安人原来可能是居住在南俄罗斯草原和中亚地区的游牧民族，大概在阿姆河、锡尔河、咸海和里海一带。公元前 2000 年代上半叶，他们开始大举向外移民。一支向西南进入伊朗高原，其中有些又继续西进，闯入两河流域、希腊和意大利半岛，劫掠了这些文明地区，对这些地区的文明发展产生了深刻的影响。向东南的一支则经阿富汗，过兴都库什山口，于公元前 1500 年前后进入印度河河谷。这些在后来创造了印度文明的雅利安人和在伊朗高原创造了米底和波斯文明的雅利安人，原来可能是具有亲缘关系的。

关于雅利安人侵入印度之后的历史的史料主要保存在《吠陀》以及解释《吠陀》的《梵书》、《森林书》、《奥义书》和两部大史诗中。《梨俱吠陀》是最古老的一部《吠陀》，其编纂年代大约在公元前 12—前 9 世纪，反映了公元前 1500—前 900 年这一时期雅利安人的情况。史学界一般都把《梨俱吠陀》所反映的时代称作"早期吠陀时代"。晚于《梨俱吠陀》的有《娑摩吠陀》、《耶柔吠陀》和《阿闼婆吠陀》。《娑摩吠陀》是从《梨俱吠

图 2.4 吠陀经

陀》里摘录下来的颂歌节句，按其在祭祀仪式中使用的需要排列而成。《耶柔吠陀》是祭祀和奉献牺牲时使用的祷文集，是祭司主持祭仪时用的手册。《阿闼婆吠陀》成书较晚，是驱魔禳灾、平息神怒的咒语，其中夹杂着许多世俗生活方面的内容，与《梨俱吠陀》大不相同。这后 3 种《吠陀》成书较晚，所反映的时代为公元前 900—前 600 年或更晚，史称"晚期吠陀时代"。

侵入印度河河谷的处于原始氏族公社末期的这些游牧部落自称"雅利安人"，意为"高贵者"。其实，他们比原来住在印度河流域的土著居民要落后得多。这些雅利安人带着他们的战车、人马、畜群、食物和供奉的神龛，一股接一股地涌进印度河河谷，把原来在印度河流域的居民赶到东部和南部。《梨俱吠陀》反映了定居在旁遮普地区的雅利安人的状况：他们不熟悉城市，并放弃了城市。他们与原来的土著居民发生了激烈战争，劫掠并占领土著居民的农业地区。他们不住城市，而是建立了一些散布在各地的村落。从《梨俱吠陀》中提到的资料看，雅利安人居住在旁遮普的五条河地区，基本上是在印度河文明的范围之内，而且还不是印度河文明的全部地区。例如，在《梨俱吠陀》中，就没有提到印度河的下游地区，说明他们在那时还没有占领那里。他们称土著居民为"达萨"（或"达休"），把达萨说成是黑皮肤的、没有鼻子或鼻子扁平的、说邪恶语言的人。很显然，在外表上他们与土著居民有着很大的区别。整个吠陀时代，雅利安人对达萨进行了不断的战争。《梨俱吠陀》中提到他们须应付敌人"一百个有柱子的堡垒"，歌颂他们的战神因陀罗是"城市的摧毁者"。先前的居民或遭杀戮，或被赶走，或被奴役。

最初进入次大陆的雅利安人以从事畜牧业为主，驯养的家畜有牛、马、羊等。牲畜是雅利安人的重要财产，他们常常以牛马的头数作为财产的计算单位，后来进入定居时期以后，他们又从当地居民那里学会了木犁牛耕、人工灌溉。当时种植的作物主要是大麦。随着农业和畜牧业的发展，商品交换也开始出现，主要的交换方式是以物易物，不过牛也开始成为交换的媒介物。例如《梨俱吠陀》中曾经说到，有一位哲人准备以 10 头牛的价格出卖他的因陀罗神像。另一处又说到一位哲人，他的因陀罗神像就是给 100 头、1000 头牛也不卖。

雅利安人初到印度的时候还过着氏族部落生活，不过氏族部落制度已开始走向解体。每个部落包括若干个村落，这种村落古代印度人称为"哥罗摩"，村长叫作"哥罗摩尼"。每个村落由许多父权制大家庭组成。氏族、部落组织有种种会议。其中最古老的一种叫作"维达塔"。这个会议由全体部落成员参加，它主要负责战利品的分配，主管军事和宗教祭祀，还选举祭司。维达塔会议在早期吠陀时代曾经很盛行，到晚期吠陀时代就衰落了。早期吠陀时代，还有两种会议，一种叫"萨巴"，一种叫"萨米提"。萨巴可能是部落的长老会议，由部落中少数上层分子即长老组成。萨米提是部落的民众大会，由部落的全体成年男子组成。它们与军事首领"罗阇"一起构成军事民主制时期的主要权力机构。

战争频繁是这个时代的主要特点。早期吠陀时代的战争，一开始主要是在雅利安人与达萨之间进行的。后来，在雅利安人各部落之间也不断发生掠夺财富和争夺地盘的战争，而且战争规模越来越大，《梨俱吠陀》中所描写的十王之战以及史诗《摩诃婆罗多》中所描述的居楼族与般度族之间的战争都是典型的例子。不断的战争给僧俗贵族带来了巨大的财富，《梨俱吠陀》的《因陀罗赞歌》就说到"夺取敌人的财富"。罗阇的权势也因而得到了提高。随着贵族财富拥有量的增多以及罗阇权力的增大，原先经济上平均、政治上平等的氏族社会已经出现了裂痕，出现了阶级分化，有了"贫贱者"达萨或达休（奴隶）。并且作为等级制度的瓦尔那制度（汉译种姓制度）萌芽了，当时只有两个瓦尔那，即雅利安瓦尔那和达萨瓦尔那。国家的出现也只是个时间问题了。

阶级分化的原因，除了战争、社会经济的发展以外，可能还与当时雅利安人中赌博之风盛行有关。《梨俱吠陀》中有一篇"赌博之歌"可以为证。

第三节　晚期吠陀时代（公元前 900—前 600 年）

一、晚期吠陀时代的社会经济

晚期吠陀时代是印度雅利安人国家形成的时代。

在早期吠陀时代后期，特别是梵书时期，雅利安部落开始从印度河上游逐渐向东迁徙，进入恒河流域。由于从喜马拉雅山流下的河流在山的南麓一带水量不大，可以涉水而过，所以，东迁的雅利安人迁徙的路线基本上是沿着喜马拉雅山南麓的丘陵地带向东。在迁徙时，他们尽量避开河流附近森林密布的地区。在晚期吠陀时代，雅利安人势力主要是在恒河的上游和中游。雅利安人不断向东扩展，与印度土著居民的频繁接触和新的结合，促进了次大陆生产力的发展和社会结构的变化。

在晚期吠陀时代，南亚次大陆已经比较广泛地使用了铁器，在《阿闼婆吠陀》中提到了铁，而且，考古发掘也发现了这个时期的冶铁遗址。随着铁制工具的出现，南亚次大陆的耕地面积迅速扩大，原先无人居住的森林地区和沼泽地区皆被大量开垦。农业在经济中已居主要地位。耕地使用重犁，往往用好几头牛牵引。播种也按不同的季节分期进行。农作物除麦、豆类外，又增添了水稻和棉花等品种。

手工业较以前有了发展，已经出现矿产、冶金、纺织、陶器、竹木器等行业，同时出现了许多专门从事某一行业的工匠，如铁工、木工、织工、金工、陶工、石工等。据希腊史料记载，波斯王大流士一世于公元前518年占领印度河以西的大片土地后，每年向其居民勒索赋税360塔兰特（1塔兰特等于26千克）砂金。①

农业和手工业的发展，为城市的出现奠定了基础。这时可能已经出现了雅利安人的城市。虽然没有当时的资料说明城市出现的过程，以及最早出现的城市是哪个或哪些，但晚后的佛经资料在说到私有制、国家产生的过程时，也说到出现了婚姻、家庭和城市。如《长阿含经》卷第二十二第四分《世记经·世本缘品》第十二②说：

> 其后众生便共取粳米食之，其身粗丑，有男女形，互相瞻视，遂生欲想，共在屏处，为不净行。余众生见言，咄此为非。云何众生，共生有如此事，彼行不净男子者，见他呵责，即自悔过，言："我所为非。"即身投地。其彼女人，见其男子以身投地，悔过不起，女人即便送食。余众生见，问女人言："汝持此食，欲以与谁？"答曰："彼悔过众生堕不善行者，我送食与之。"因此言故，世间便有不善夫主之名，以送饭与夫，因名之为妻。其后众生，遂为淫逸，不善法增，为自障蔽，遂造屋舍，以此因缘，故

---

① ［古希腊］希罗多德：《历史》第3卷，94，王以铸译，北京：商务印书馆，1997年版。

② 本书所用《大藏经》为日本《大正新修大藏经》版本，河北省佛教协会2008年影印本。

始有舍名。其后众生淫逸转增，遂成夫妻。有余众生，寿行福尽，
从光音天命终，来生此间，在母胎中，因此世间有处胎名。尔时
先造瞻婆城，次造伽尸婆罗捺城，其次造王舍城。日出时造，即
日出时成。以此因缘，世间便有城郭、郡邑，王所治名。

在这里说到了最早出现的几个城市：鸯伽的瞻婆城、伽尸的婆罗捺
（即波罗奈）城和摩竭陀的王舍城。这些城市都位于恒河流域，是列国时代
一些大国的首都。列国时代有 16 个大国，还有一些小国，它们都应当有一
个城市作为首都。所以，除了这些城市以外，在晚期吠陀时代还应当建造
了一些城市，不过规模不会很大，佛经的这段话里说这些城市都是"日出
时造，即日出时成"，即在短时间里建造而成，大概很简陋。但城市出现的
原因是什么？亦即这些城市的功能是什么？佛经说这些城市都是"郡邑，
王所治名"，即行政官邸，而与商业贸易似乎没有关系。但从印度的情况
看，它们也应当是一些商业中心，是当时社会经济发展的结果。此外，当
时有频繁的战争，所以这些城市大概还有城墙。

在此时，随着社会经济的发展，雅利安人与土著居民间以及雅利安人
内各部落间争夺财富和土地的战争更加频繁，使得阶级分化日益加剧，奴
隶制发展起来，奴隶人数逐渐增多。奴隶制已经成为社会本质的一个组成
部分。当时除战俘奴隶外，已开始有了债务奴隶，因赌博而出卖为奴的现
象也时有发生。"达萨"的概念也完全从"敌人"变成了"奴隶"。瓦尔那
制度也在这时从两个瓦尔那变成了四个瓦尔那。

二、国家的形成

随着这一切变化，雅利安人原先的氏族部落机构逐渐变成了镇压和压
迫民众的暴力机器。过去民主选举产生的部落首领罗阇，也逐渐演变成了
世袭君主。萨巴和萨米提虽仍存在，但作用越来越小。由于雅利安各个部

落发展的不平衡，他们向国家过渡的时间也不一致。如恒河上游的居楼和般陀罗在公元前9—前8世纪就已过渡到了国家，但大多数是在公元前7世纪以后才完成这种过渡的。

这时的国家是如何形成的？没有当时的资料可以直接说明这样一个过程。晚后佛经既然说到了城市形成，那么这实际上也就是说到了国家的形成，因为最初形成的城市，其作用除了作为商业中心之外，就是一个国家的首都、行政中心。上面我们引用了佛经关于城市产生问题的一段话，即《长阿含经》卷第二十二第四分《世记经·世本缘品》第十二中的那段话，在那段话后面还有一段话讲到王权的产生，即讲到国家的产生：

> "'……有田宅，疆畔别异，故生诤讼，以致怨仇，无能决者。我等今者，宁可立一平等主，善护人民，赏善罚恶。我等众人，各共减割，以供给之。'时彼众中，有一人形质长大，容貌端正，甚有威德，众人语言：'我等今欲立汝为主，善护人民，赏善罚恶，当共减割，以相供给。'其人闻之，即受为主，应赏者赏，应罚者罚。于是始有民主之名……由此本缘，有刹利名。"

这里的刹利就是刹帝利，即王。而王的出现，正是国家形成的标志。

在《长阿含经》卷第六第二分初《小缘经》第一中也说到王的出现，即说到国家的形成：

> 如是我闻，一时佛在舍卫国清信园林鹿母讲堂，与大比丘众千二百五十人俱。尔时有二婆罗门，以坚固信，往诣佛所，出家为道，一名婆悉吒，二名婆罗堕。尔时世尊于静室出，在讲堂上彷徉经行。时婆悉吒，见佛经行，即寻速疾诣婆罗堕，而与之言：

"汝知不耶？如来今者，出于静室，堂上经行。我等可共诣世尊所，傥闻如来有所言说。"时婆罗堕闻其语已，即共诣世尊所，头面礼足，随佛经行。尔时世尊告婆悉吒曰："汝等二人，出婆罗门种，以信坚固，于我法中，出家修道耶？"答曰："如是。"佛言："婆罗门，今在我法中，出家为道，诸婆罗门得无嫌责汝耶？"答曰："唯然，蒙佛大恩，出家修道，实自为彼诸婆罗门所见嫌责。"佛言："彼以何事而嫌责汝？"寻白佛言："彼言：'我婆罗门种最为第一，余者卑劣；我种清白，余者黑冥；我婆罗门种，出自梵天，从梵口生，于现法中得清净，解后亦清净。汝等何故，舍清净种，入彼瞿昙异法中耶？'世尊，彼见我于佛法中出家修道，以如此言而呵责我。"佛告婆悉吒："汝观诸人，愚冥无识，犹如禽兽，虚假自称：'婆罗门种，最为第一，余者卑劣；我种清白，余者黑冥；我婆罗门种出自梵天，从梵口生，现得清净，后亦清净。'婆悉吒，今我无上正真道中，不须种姓，不恃吾我憍慢之心，俗法须此，我法不尔。若有沙门婆罗门，自恃种姓，怀憍慢心，于我法中终不得成无上证也。若能舍离种姓，除憍慢心，则于我法中，得成道证，堪受正法。人恶下流，我法不尔。"……佛告婆悉吒："今者现见婆罗门种，嫁娶产生，与世无异，而作诈称：'我是梵种，从梵口生，现得清净，后亦清净。'婆悉吒，汝今当知，今我弟子，种姓不同，所出各异，于我法中，出家修道，若有人问，汝谁种姓，当答彼言：'我是沙门释种子也。'……婆悉吒，今当为汝说四姓本缘。天地始终，劫尽坏时，众生命终，皆生光音天。自然化生，以念为食。光明自照，神足飞空。其后此地，尽变为水，无不周遍。当于尔时，无复日月星辰，亦无昼夜，年月岁数，唯有大冥。其后此水，变成大地。光音诸天，福尽命终，来生此间。虽来生此，犹以念食。神足飞空，身光自照。

于此住久，各自称言，众生众生。其后此地，甘泉涌出，状如酥蜜。彼初来天性轻易者，见此泉已，默自念言：'此为何物，可试尝之。'即内指泉中，而试尝之。如是再三，转觉其美。便以手抄，自恣食之。如是乐著，遂无厌足。其余众生，复效食之。如是再三，复觉其美，食之不已。其身转粗，肌肉坚硬，失天妙色。无复神足，履地而行。身光转灭，天地大冥。婆悉吒，当知天地常法，大冥之后，必有日月星象，现于虚空，然后方有昼夜晦明，日月岁数。尔时众生，但食地味，久住世间。其食多者，颜色粗丑。其食少者，色犹悦泽。好丑端正，于是始有。其端正者，生憍慢心，轻丑陋者。其丑陋者，生嫉恶心，憎端正者。众生于是，各共忿诤。是时甘泉，自然枯涸，其后此地，生自然地肥，色味具足，香洁可食。是时众生，复取食之，久住世间。其食多者，颜色粗丑。其食少者，色犹悦泽。其端正者，生憍慢心，轻丑陋者。其丑陋者，生嫉恶心，憎端正者。众生于是，各共诤讼。是时地肥，遂不复生。其后此地，复生粗厚地肥，亦香美可食，不如前者。是时众生，复取食之，久住世间。其食多者，色转粗丑。其食少者，色犹悦泽。端正丑陋，迭相是非，遂生诤讼。地肥于是，遂不复生。其后此地，生自然粳米，无有糠粞，色味具足，香洁可食。是时众生，复取食之，久住于世，便有男女。互共相视，渐有情欲，转相亲近。其余众生，见已语言：'汝所为非，汝所为非。'即排摈驱遣，出于人外。过三月已，然后还归。"佛告婆悉吒："昔所为非者，今以为是。""时彼众生，习于非法。极情恣欲，无有时节。以惭愧故，遂造屋舍，世间于是，始有房舍。玩习非法，淫欲转增，便有胞胎，因不净生，世间胞胎，始于是也。时彼众生，食自然粳米，随取随生，无可穷尽。时彼众生，有懒堕者，默自念言：'朝食朝取，暮食暮取，于我劳勤。今欲并取，以终一日。'即寻并取。于后等侣，唤共取米。其人答曰：
'我已并取，以供一日。汝欲取者，自可随意。'彼人复自念言：
'此人黠慧，能先储积。我今亦欲积粮，以供三日。'其人即储三
日余粮。有余众生，复来语言：'可共取米。'答言：'吾已先积三
日余粮，汝欲取者，可往自取。'彼人复念：'此人黠慧，先积余
粮，以供三日。吾当效彼积粮，以供五日。'即便往取。时彼众
生，竟储积已，粳米荒秽，转生糠粃，刈已不生。时彼众生，见
此不悦，遂成忧迷，各自念言：'我本初生，以念为食，神足飞
空，身光自照，于世久住。其后此地，甘泉涌出，状如酥蜜，香
美可食。我等时共食之，食之转久。其食多者，颜色粗丑。其食
少者，色犹悦泽。由是食故，使我等颜色有异。众生于是各怀是
非，迭相憎嫉，是时甘泉，自然枯竭。其后此地生自然地肥，色
味具足，香美可食。时我曹等，复取食之。其食多者，颜色粗丑。
其食少者，颜色悦泽。众生于是，复怀是非，迭相憎嫉。是时地
肥，遂不复生。其后复生，粗厚地肥，亦香美可食。时我曹等，
复取食之。多食色粗，少食色悦，复生是非，共相憎嫉。是时地
肥，遂不复现。更生自然粳米，无有糠粃。时我曹等，复取食之，
久住于世，其懒怠者，竟共储积。由是粳米荒秽，转生糠粃，刈
已不生。今当如何？'复自相谓言：'当共分地，别立标帜。'即寻
分地，别立标帜。婆悉吒，犹此因缘，始有田地名生。彼时众生，
别封田地，各立疆畔，渐生盗心，窃他禾稼。其余众生，见已语
言：'汝所为非。汝所为非。自有田地，而取他物。自今以后，无
复尔也。'其彼众生，犹盗不已。其余众生，复重诃责，而犹不
已，便以手加之，告诸人言：'此人自有田稼，而盗他物。'其人
复告：'此人打我。'时彼众人，见二人诤已，愁忧不悦，懊恼而
言：'众生转恶，世间乃有此不善生，秽恶不净。此是生老病死之

原，烦恼苦报，堕三恶道。由有田地，致此诤讼。今者宁可立一人为主，以治理之，可护者护，可责者责。众共减米，以供给之，使理诤讼。'时彼众中，自选一人，形体长大，颜貌端正，有威德者，而语之言：'汝今为我等作平等主，应护者护，应责者责，应遣者遣。当共集米，以相供给。'时彼一人，闻众人言，即与为主，断理诤讼。众人即共集米供给。时彼一人，复以善言，慰劳众人。众人闻已，皆大欢喜，皆共称言：'善哉大王，善哉大王。'于是世间，便有王名，以正法治民，故名刹利。于是世间，始有刹利名生。时彼众中，独有一人，作如是念：'家为大患，家为毒刺，我今宁可舍此居家，独在山林，闲静修道。'即舍居家，入于山林，寂默思惟，至时持器，入村乞食。众人见已，皆乐供养，欢喜称赞：'善哉此人，能舍家居，独处山林，静默修道，舍离众恶。'于是世间始有婆罗门名生。彼婆罗门中，有不乐闲静，坐禅思惟者，便入人间，诵习为业，又自称言：'我是不禅人。'于是世人称不禅婆罗门。由入人间，故名为人间婆罗门。于是世间有婆罗门种。彼众生中，有人好营居业，多积财宝，因是众人名为居士。彼众生中，有多机巧，多所造作，于是世间始有首陀罗工巧之名。婆悉吒，今此世间，有四种名。第五有沙门众名。所以然者，婆悉吒，刹利众中，或时有人，自厌己法，剃除须发，而披法服，于是始有沙门名生。婆罗门种，居士种，首陀罗种，或时有人，自厌己法，剃除须发，法服修道，名为沙门。……"

在这段经文中，阐述了有关私有制、阶级矛盾、王权的产生、国家机器——法庭的出现、赋税制度的出现，以及瓦尔那制度的产生等内容，这段话是在佛陀批判婆罗门教所谓四个瓦尔那神创说时说的。佛陀的这种说法有些社会契约论的味道，就是说，在佛陀看来，王权（实际上就是国家）

的出现是大家商量的结果。这段话还说到了国家、王权的职责——解决争讼。解决什么争讼？解决因为私有制的出现而引起的矛盾。什么矛盾？实际上就是阶级矛盾。王权是国家权力的象征，国王的权力之一就是司法权；国王的职责是"正法治民"，即运用法律来保护有产阶级、统治阶级，统治人民；国家产生的标志之一就是暴力机关——法庭的设立；国家产生后，就出现了赋税："众人即共集米供给。"

在《长阿含经》卷第二十二第四分《世记经·世本缘品》第十二以及《中阿含经》卷第三十九《梵志品·婆罗婆堂经》第三中也说到雅利安人国家形成的问题，其内容和前两篇的内容非常相似，只是没有说到城市出现的问题。

从世界上许多早期文明来看，最初形成的国家都是小国寡民的，如古代埃及和两河流域就是如此。那么，晚期吠陀时期形成的国家的状况如何？从佛经的资料看，公元前6—前4世纪时期，即列国时代，印度的国家也都是小国寡民的。虽然说当时北部印度有16个大国，但其实那些大国也并不大，这些大国的形成是一些强国不断兼并弱小国家的结果，更何况那时还有不少的小国。

晚期吠陀时代形成的这些国家的政体如何？没有这个时期的资料说明，前述佛经的资料中说最早出现的国家是共和国，因为国王是选举出来的。后来，在列国时代，印度还有一些共和国，它们应当是晚期吠陀时代传下来的，如迦毗罗卫、末罗、跋祇等。当时有没有君主国？如果有，其君主的权力如何？如果没有，那么，在列国时代的众多国家中的君主制国家是如何出现的？很可能是因为当时战争很多，而刹帝利在战争中的权力也会越来越大，从而形成了君主国。

（一）瓦尔那制度的固定化

"瓦尔那"或译为种姓，原意为"颜色"、"品质"，是在印度发展起来的一种严格的等级制度。这一制度产生于雅利安人侵入次大陆之初。不过，当时只有"雅利安瓦尔那"和"达萨瓦尔那"两个等级。在早期吠陀时代晚期，随着雅利安人社会的分化，在雅利安人内部也出现了 3 个不同的等级划分，即婆罗门、罗阇尼亚和吠舍。原来的达萨成为首陀罗，从而形成四个瓦尔那。到晚期吠陀时代，原来的罗阇尼亚转化为刹帝利。这样就形成婆罗门（僧侣阶级）、刹帝利（武士阶级）、吠舍（一般平民大众），以及这 3 个等级以外的、社会地位最低的被征服的土著居民首陀罗 4 个等级。各个等级除了地位不同以外，还有其严格的职业范围。

婆罗门种姓属于第一等级。他们的职业是充任祭司，研究并传授婆罗门教经典（包括研究、解释法经和法论），为自己和别人进行祭祀。他们不从事任何生产劳动，不承担国家的任何赋税和徭役，但允许其手下从事农业和手工业。婆罗门的人身不可侵犯。他们不仅掌握宗教和文化方面的大权，而且其中一些人还直接参与政权，充当国王的顾问。他们的生活来源主要是接受布施和赠礼。

刹帝利属于第二等级，他们的本职是"进行统治，惩罚犯罪，并且从事战争"。王公贵族及官吏皆属于这一种姓。他们可以研究婆罗门教经典、祭神、进行施舍，但不能像婆罗门那样传授经典，为人祭祀。他们不从事任何劳动，但从征收赋税和"战争虏获品"中得到大量的产业和财富，并掌握国家的军事、行政大权。

吠舍种姓属于第三等级。他们的职业是从事"农业、畜牧业和商业"。他们可以学习婆罗门教经典、祭神、进行施舍，但是他们和刹帝利一样没有婆罗门所享有的宗教特权，又不可能享有刹帝利那样的军事和行政权力。他们必须把自己收入的一部分作为赋税交给国王。他们是没有任何特权的普通公民。

首陀罗种姓属于第四等级。他们的职业是为以上 3 个种姓服务，"从事手工业与做奴仆"。他们一般不参加婆罗门教的宗教活动，也没有任何权利。他们中的大多数属于雇工，但也有奴隶。

4个种姓中的前3个种姓都为雅利安族，是再生族。因为按婆罗门的说法，他们皆可以举行再生仪式，死后可以转世为人，所以称为"再生族"。第四种姓首陀罗不能举行再生仪式，死后也不能转世为人，所以称为"一生族"。他们只许从事被认为是卑贱的职业和杂役，并且有明文规定，为前3个种姓服务是他们的天职。

各种姓间有严格的界限，不能通婚，不得一起饮食。首陀罗与前3个种姓之间的界限尤其严格。这显然是因为首陀罗是被征服的异族，它同前3个种姓之间有种族差别。至于前3个种姓，其成因与首陀罗有着明显的不同，它们是雅利安氏族内部阶级分化的结果。

此外，还有那些不在这4个"种姓"之列的仆役，被称为"不可接触的贱民"（旃陀罗，又作旃荼罗），其地位是最低的。

那时，高等种姓的人连身体都不能接触旃荼罗，如果接触了旃荼罗，就要回去洗澡；就连看到了旃荼罗都不行，如果看了，就要洗眼睛。例如《摩登伽本生》就讲了这样一个故事：一个商主的女儿，名叫见吉，一天，她和随从去花园玩，但在路上碰到了一个旃荼罗。虽然这个旃荼罗见到见吉时立即闪到了路旁，站着不动，但当这个见吉问随从在路旁站着的人是谁，随从告诉她那个人是个旃荼罗时，见吉就说："哎呀，我们看了看不得的东西了！"她用香水洗了洗眼睛，就转身回家去了。跟她出来的随从朝着旃荼罗吼叫道："你这可恶的旃荼罗！就是你，毁了我们今天的一顿美酒佳肴。"他们火冒三丈，拳打脚踢地打得这个旃荼罗不省人事，然后扬长而去。①

佛经中有一个故事说，一个婆罗门青年和一个旃荼罗青年，一天同行时，旃荼罗青年带了吃的，而婆罗门青年没有带吃的，中午时分吃饭时，旃荼罗青年问婆罗门青年要不要吃点他带的饭，婆罗门青年想自己出身高

---

① 《佛本生故事选》，郭良鋆、黄宝生译，北京：人民文学出版社，1985年版，第330页。

贵，不能吃旃荼罗带的饭，所以没有吃；到下午该吃晚饭时，这个旃荼罗青年就自己吃饭，而不管那个婆罗门青年了。但这时婆罗门青年实在是饿得不行了，便向旃荼罗青年要了一点吃的。但在吃了以后，这个婆罗门青年又后悔了，他想，自己出身如此高贵，怎么能为了这么一点小事而蒙受耻辱呢，于是他连饭带血都吐了出来，并走入丛林孤独地死了。这个故事说明了等级的隔阂有多深。

《白幢本生》中说到一个名叫白幢的人，出身于一个婆罗门家族，一天他和别的学生一道出城，在回城的路上，看见一个旃荼罗，他怕吹过旃荼罗身上的风会沾着自己身体，便喊道："滚开，黑耳朵旃荼罗！"说罢，他迅速跑往上风，而旃荼罗以更快的速度跑到上风站着。白幢厉声咒骂道："滚开，黑耳朵！"这也说明了旃荼罗的地位之低。

瓦尔那制度形成的原因是什么？雅利安人的统治集团为了维护他们的特权地位，编造神话来说明"种姓制度"的"合理性"，妄图通过一种所谓神的旨意来把4个瓦尔那的现实地位固定下来。据婆罗门教的经典《梨俱吠陀》的说法，瓦尔那的形成是众神分割布路沙（Purusa）的结果："唯布路沙，诸神祭祀，用为牺牲……唯布路沙，既被切割，多少部分，如何划分？其口为何？两手何用？尚有两腿、两脚何名？其口转化，为婆罗门，两手制成，拉阇尼亚；尚有两腿，是为吠舍；至于两脚，作首陀罗。"[①] 这么说的结果就是将瓦尔那制度神圣化，并将婆罗门瓦尔那抬到最高的地位。

时间较晚的文献《伐育·普兰那》中，对这4个瓦尔那的职业是这样说的："主梵天规定了他们的职业和义务。不过，当4个瓦尔那的结构在一切方面都已经完成的时候，人们还不曾就开始执行这些义务而无所迷惑。他们不按瓦尔那的义务生活，并且互相敌对。主梵天知道事情是这样以后，

---

① 林志纯主编：《世界通史资料选辑》（上古部分），北京：商务印书馆，1962年版，第195～197页。

图 2.5　梵天神像

就命令刹帝利进行统治，惩罚犯罪，并且从事战争。主指示婆罗门从事祭祀、科学和收取赠礼。他把畜牧业、商业和农业交给了吠舍，而首陀罗，主则命令从事手工业与作奴仆。"①

但佛教反对这种说法，佛教认为，4 个瓦尔那是由于社会分工的结果。《中阿含经》卷第三十九《梵志品·婆罗婆堂经》第三第四中有一段说到四个种姓的起源：

> 因守田故，便共诤讼……我等宁可于其众中举一端正形色极妙最第一者，立为田主……若我曹等所得稻谷，当以如法输送与彼……是田主，是田主谓之刹利也……是谓初因初缘。世中刹利种，旧第一智，如法非不如法，如法人尊。于是彼异众生，以守为病，以守为痛，以守为箭刺，便弃舍守，依于无事，作草叶屋而学禅也。彼从无事，朝朝平旦，入村邑王城，而行乞食。彼多

---

① 林志纯主编：《世界通史资料选辑》（上古部分），第 198～199 页。

众生，见便施与，恭敬尊重，而作是语："此异众生，以守为病，以守为痈，以守为箭刺，便弃舍守，依于无事，作草叶屋。"

《长阿含经》卷第六第二分初《小缘经》第一也说：

"……由有田地，致此诤讼。今者宁可立一人为主，以治理之，可护者护，可责者责。众共减米，以供给之，使理诤讼。"时彼众中，自选一人，形体长大，颜貌端正，有威德者，而语之言："汝今为我等作平等主，应护者护，应责者责，应遣者遣。当共集米，以相供给。"时彼一人，闻众人言，即与为主，断理诤讼。众人即共集米供给。时彼一人，复以善言，慰劳众人。众人闻已，皆大欢喜，皆共称言："善哉大王，善哉大王。"于是世间，便有王名，以正法治民，故名刹利。于是世间，始有刹利名生。时彼众中，独有一人，作如是念："家为大患，家为毒刺，我今宁可舍此居家，独在山林，闲静修道。"即舍居家，入于山林，寂默思惟，至时持器，入村乞食。众人见已，皆乐供养，欢喜称赞："善哉此人，能舍家居，独处山林，静默修道，舍离众恶。"于是世间始有婆罗门名生。彼婆罗门中，有不乐闲静，坐禅思惟者，便入人间，诵习为业，又自称言："我是不禅人。"于是世人称不禅婆罗门。由入人间，故名为人间婆罗门。于是世间有婆罗门种。彼众生中，有人好营居业，多积财宝，因是众人名为居士。彼众生中，有多机巧，多所造作，于是世间始有首陀罗工巧之名……

另外，《长阿含经》卷第二十二第四分《世记经·世本缘品》第十二也说：

"……有田宅，疆畔别异，故生诤讼，以致怨仇，无能决者。我等今者，宁可立一平等主，善护人民，赏善罚恶。我等众人，各共减割，以供给之。"时彼众中，有一人形质长大，容貌端正，甚有威德，众人语言："我等今欲立汝为主，善护人民，赏善罚恶，当共减割，以相供给。"其人闻之，即受为主，应赏者赏，应罚者罚。于是始有民主之名……由此本缘，有刹利名。尔时有一众生作是念言："世间所有，家属万物，皆为刺棘痈疮，今宜舍离，入山行道，静处思惟。"时即远离家刺，入山静处，树下思惟，日日出山，入村乞食。村人见已，加敬供养，众共称善："此人乃能舍离家累，入山求道"。以其能离，恶不善法，因是称曰，为婆罗门。婆罗门众中，有不能行禅者，便出山林，游于人间，自言："我不能坐禅。"因是名曰无禅婆罗门。经过下村，为不善法，施行毒法，因是相生，遂便名毒。由此因缘，世间有婆罗门种。彼众生中，习种种业，以自营生，因是故世间有居士种。彼众生中，习诸技艺，以自生活，因是世间有首陀罗种……

这几段经文都说明这4个等级的人与其社会分工有关。

不过，在我们看来，瓦尔那制度的形成不仅和雅利安人的社会分工有关，更和雅利安人内部的等级分化和阶级分化有关。因为，雅利安人内部分成三个等级，就不仅是分工的不同，还和他们之间的社会经济条件差别有关。

在婚姻上，各瓦尔那的人原则上只应在本种姓内进行婚配。不过，法规对高等种姓男子娶低等种姓的女子比较宽容，娶比自己低一等种姓的女子，所生子女还可以保持父亲的种姓；但如果低等种姓的男子要娶高等种姓的女子，那就是大逆不道，其子女就可能降低到旃荼罗的地位。

种姓制度界限森严，异常牢固，自形成后，沿袭了许多世代，严重地束缚了生产力的发展，阻碍了社会的进步，直至今日对南亚的社会生活仍有极大的消极影响。

（二）婆罗门教

在晚期吠陀时代，作为统治阶级压迫工具的除了国家和等级制度外，还有婆罗门教。

雅利安人也和其他民族一样，其原始宗教信仰是自然崇拜。晚期吠陀时代，婆罗门教形成，它不但保留和利用了原始宗教的多神崇拜，而且还给诸神赋予了新的内容。天神梵伦那变成了司法之神，雷电神因陀罗也变成了国王和贵族的保护神。同时，又创造了大神婆罗摩，即大梵天。认为大梵天是宇宙的创造者和最高主宰，世界万物不仅皆为梵天所创，而且只有梵天是实，其他一切皆为虚幻。婆罗门教把原始的万物有灵和灵魂转移的观念加以改造，并在此基础上创造出一种"业力轮回"的理论。按照这种理论，人一造业（即行动的后果）必有果报，有了果报就要产生轮回。这样，在现世中为"善"者则得"善"报，为"恶"者则得"恶"报。婆罗门教的最高理想是达到"梵我一致"。婆罗门教竭力宣扬"四种姓说"，并且为四种姓的人们规定了各自所要遵循的行为规范——"法"（达磨），各个等级只有按照这种"法"行动，才能得到所谓的"善"报。此外，婆罗门教还主张杀生祭祀，甚至杀人祭祀，其原始性和野蛮性可见一斑。

第三章　列国时代

公元前 6—前 4 世纪为次大陆大国争霸的时代，历史上通称为"列国时代"。又因佛教创立于这一时代，所以亦称"早期佛教时代"。在这个时代，雅利安人逐渐从印度河流域东迁到了恒河流域，并且把恒河流域变成了北部印度主要的政治经济中心。

第一节　列国时代的社会经济

一、社会经济

在列国时代，雅利安人的活动中心已转移到恒河中下游地区。恒河中下游地区地势平坦，土地肥沃，雨水充沛，气候适宜于粮食作物的生长，再加上铁器普遍使用，因此这个时期印度的社会生产力有了很大的发展。

当时大多数印度人居住在农村，农村居民主要从事农业生产，他们大多是一对夫妇带着孩子的个体家庭，占有一小块土地。当时的人们已经知道了利用不同季节种植不同作物以便提高粮食产量的道理。农民种植水稻和其他谷物，还种植甘蔗、水果、蔬菜等。每个农村通常都是一个自给自足的单位，农民共同修建蓄水池、灌溉渠、道路以及保护全村共同利益的围墙等公共设施。每村都有公共牧场，供各户所养的牲畜食草。从事农业的主要是吠舍，不过，也有刹帝利耕种土地的。

铁器的使用提高了农业生产率，这不仅满足了人们的口粮需要，而且也为手工业提供了极其丰富的原料，促进了手工业的发展。据《佛本生故事》（亦称《佛本生经》）记载，当时次大陆有许多种手工业匠人：缝皮匠、铁匠、油漆匠、木匠、猎人、渔夫、屠夫、制革匠、耍蛇人、演戏人、舞蹈者、奏乐者、象牙工、纺织工、茶点工、珠宝工、金属工、陶工、理发匠、制弓箭者、编花环者等，他们分别在冶金、纺织、建筑、造车、武器制造、象牙雕刻、农具制作、制陶、珠宝制造等部门劳动。当时就连佛教徒也从事手工业。《中阿含经》卷第四十九《双品》第一《大空经》第五说：

> 尊者阿难与众多比丘在加罗释精舍中，集作衣业。尊者阿难遥见佛来，见已出迎，取佛衣钵，还敷床座，汲水洗足。佛洗足已，于加罗释精舍坐尊者阿难所敷之座，告曰："阿难，加罗差摩释精舍敷众多床座，众多比丘于中住止？"尊者阿难白曰："唯然，世尊，加罗差摩释精舍敷众多床座，众多比丘于中住止，所以者何？我今作衣业……"

各重要手工行业都组成了行会，一些接近国王的有势力的人成为行会的头目，他们负责监督和检查产品的质量。

随着农业、手工业的发展，商业也发展起来。从佛经的资料看，这时商业不仅在各国内部进行，还在列国之间进行，也经常有印度人到印度境外进行。当时从国外输入的产品主要有金银、宝石、金刚石和珊瑚等，输往国外的主要有织物、香料、药草和金银宝石加工品等。在当时贸易的商品中比较著名的有波罗奈斯的布、迦尸的纺织品和檀香木、犍陀罗的毛毯、喜马拉雅山脚和恒河河谷的象牙以及信德的马匹等。

佛经中有关这个时期商业贸易的资料很多。

《中阿含经》卷第六十《例品·八城经》第六说道：

我闻如是，一时佛般涅槃后不久，众多上尊名德比丘游波罗利子城，住在鸡园，是时第十居士八城，持多妙货，往至波罗利子城治生贩卖。于是第十居士八城彼多妙货，货卖速售，大得财利，欢喜踊跃。

《佛本生故事》中反映的商业贸易的事情很多，如：

《真理本生》说，当梵授王在迦尸国波罗奈城治理国家的时候，菩萨转生在一个商队长家中。长大成人后，带着500辆车，从东到西，四处经商。在波罗奈城还有另外一个商队长的儿子。经商中竞争时，菩萨的商队胜利了，而另外那个商队却全军覆灭。①

《小商主本生》说，当梵授王在迦尸国波罗奈城治理国家的时候，菩萨转生在一个商主家里。长大成人后，也成为商主，得名"小商主"。他聪明睿智，懂得各种预兆，因此，他让一个家道中落的青年从捡到的一只死耗子起家，逐渐发展，富有了起来。②

商品货币贸易的发展，使一些人因"买卖之利，多获财富"。佛经中讲到一个家道中落的青年，靠善于经营，了解行情和信息，由一个经营本小利薄生意的小人物，很快变成一个拥有20万钱财的大商人。

佛经资料还记载，一个叫迦拔吒的商人，开始时很富，但后来破了产，"遂至贫穷，其宗亲眷属，尽皆轻慢，不以为人"。不久，他"遂弃家去，其诸伴党，至大秦国，大得财富，还归本土。时诸宗亲，闻是事已，各设饮食、香案、妓乐于路往迎"。这个故事既讲述了在商品货币关系发展情况下的世态炎凉，也道出了在这种情况下贫富涨落的急速。

———————

① 《佛本生故事选》，第1页。
② 《佛本生故事选》，第5页。

有的商人极其富有。玄奘的《大唐西域记》记载说，在那烂陀，有一个"本庵没罗园，五百商人以十亿金钱买以施佛，佛于此处三月说法，诸商人等亦证圣果"①。

可能当时印度的海外贸易相当发达，所以佛经中关于商人们出海经商的故事很多。律藏中的《根本说一切有部毗奈耶药事》卷二至卷三中，说到一个名叫圆满的人，靠经营旃檀木发了大财，后来又与其他人一起去海外经商，从一个坐商成为大财主。

《根本说一切有部毗奈耶药事》卷第十五说500商人乘船出海经商：

> 乃往古昔，菩萨尔时在不定聚，于大海中，作一龟王。复于后时，有五百商人，乘船入海，乃被海兽打破船舶。其龟取五百商人，置于背上，渡出海中。尔时商人皆悉安稳，全其身命。

卷第十八说到钩心斗角的商人：

> 乃往古昔，有一大城，于此城中，有二商主，善能兴易。缚持舶已，为求宝故，入于海际，因顺风力，至其宝洲。一筹量载宝，一不筹量贪心满舶。
>
> 后入海内，不筹量者，其舶欲没，告伴商主言："愿仁救济，容我上舶。"其人斟酌，随力量宝，安于舶内。牵取其手，令使在舶。
>
> 其溺舶者，作如是念："我与共彼，同至宝洲，我所采者，舶没皆失。岂容其人，将宝归家？穿舶为孔，令宝散失。"
>
> 作是念已，窃在一边，持杖穿舶。商主遂见，告言："仁者，

---

① （唐）玄奘：《大唐西域记》，第216页。

勿为是事，非但财宝散失，我等俱亡。"彼内怀嫉，妒心炽盛，竟
不纳谏，同前欲穿。

其伴商主，见不从谏，即持利枪，刺之令死。

当时还有两国的商人互相做对方的商业经纪人或代理商，如《增一阿
含经》卷第二十二《须陀品》第三十中说道：

> 尔时有长者名阿那邠邸，饶财多宝、金银珍宝、车𤦲马瑙、
> 真珠虎魄、水精琉璃、象马牛羊、奴婢仆使，不可称计。尔时满
> 富城中有长者名满财，亦饶财多宝、车𤦲马瑙、真珠虎魄、水精
> 琉璃、象马牛羊、奴婢仆使，不可称量，复是阿那邠邸长者少小
> 旧好，共相爱敬，未曾忘舍然。复阿那邠邸长者恒有数千万珍宝
> 财货，在彼满富城中贩卖，使满财长者经纪将护然。满财长者亦
> 有数千万珍宝财货在舍卫城中贩卖，使阿那邠邸长者经纪将护。

当时，商人们组织起商会，商会会长由国王指定或继承。组成商会的
目的是控制价格，谋求厚利。

随着商品货币关系的发展，过去的物物交换已被淘汰，货币也就应运
而生。以银和铜铸成的货币成了新的交换媒介。在北印度，大约公元前 6
世纪或更早，就出现了正规的银币。这些银币的流通范围从摩竭陀到呾叉
始罗以至波斯。此外，在佛经文献中还经常提到金币。如《佛本生故事》
的《骗子本生》中，就说到一个财主把 100 金币埋在地下；[①] 在《豺本生》
这个故事中，豺狼骗一个贪财的婆罗门说，它有 200 金币，只要这个婆罗

---

① 《佛本生故事选》，第 66 页。

门能把它带出城，就给他这 200 金币。① 在《剑相本生》中，说到波罗奈斯的国王梵授王为了要拆散他的外甥和自己的女儿的婚姻，便召来一个女卜师，说只要她能拆散俩人的婚事，就给她 1000 金币。② 可能这时还有用黄金来衡量财富的，如前述商人圆满曾经赚得 18 亿，在这里不是说 18 亿金币，而是说 18 亿两金。

随着商品货币关系的发展，城市也更加普遍地发展起来。这可以说是这一时代的主要特征之一。

按《大般涅槃经》卷中的说法，在释迦牟尼时代，次大陆有 8 大城市，即王舍城（摩竭陀首都）、吠舍釐城（跋祇首都）、舍卫城（居萨罗首都）、波罗奈斯城（迦尸首都）、阿逾陀城（居萨罗的早期首都）、瞻波城（鸯伽首都）、憍尝弥城（拔沙首都）、呾叉始罗城（印度西北部犍陀罗的首都）。

《中阿含经》卷第十四《王相应品·大善见王经》第四记载，当时佛在拘尸城时，告诉阿难，他要在此涅槃。尊者阿难说，这是个小城，你不如到一个大城去涅槃吧。"尊者阿难叉手向佛白曰：'世尊，更有余大城，一名瞻波、二名舍卫、三名鞞舍离、四名王舍城、五名波罗捺、六名加维罗卫。世尊，不于彼般涅槃，何故正在此小土城？诸城之中，此最为下。'"但世尊告诉阿难说，这个拘尸城现在虽然是个小城，但当年"此拘尸城名拘尸王城，极大丰乐，多有人民……城长十二由延，广七由延"。就是说，当年这个拘尸城也是一座大城，所以他愿意在此涅槃。但佛陀没有说这个城市什么时候是一座大城，后来衰落的原因是什么，是因为战争还是由于社会经济发展不够而衰落，或是因为自然灾祸，不得而知。

《长阿含经》卷第三《游行经》第二中记载说，佛准备灭度（即涅槃）的拘尸城，过去也曾经是一座繁华的大城市，可是当时佛的大弟子阿难却

---

① 《佛本生故事选》，第 75 页。
② 《佛本生故事选》，第 79 页。

说这是个荒毁之土。他对佛陀说，有那么些大城你不去，为什么在此灭度呢？阿难说了7个大城：

> 尔时阿难即从座起，偏袒右肩，长跪叉手，而白佛言："莫于此鄙陋小城荒毁之土取灭度也。所以者何？更有大国瞻婆、大国毗舍离国、王舍城、婆祇国、舍卫国、迦维罗卫国、波罗棕国。其土人民众多，信乐佛法，佛灭度已，必能恭敬供养舍利。

但世尊说，你不要这样说，今天这座城虽然鄙陋荒毁，当年却是座大城：

> 佛言："止止，勿造斯观，无谓此土以为鄙陋。所以者何？昔时此国有王，名大善见，此城时名拘舍婆提，大王之都城，长四百八十里，广二百八十里，是时谷米丰贱，人民炽盛，其城七重，绕城栏楯，亦复七重，雕纹刻镂，间悬宝铃。其城下基深三仞，高十二仞，城上楼观高十二仞，柱围三仞，金城银门，银城金门，琉璃城水精门，水精城琉璃门。其城周圆，四宝庄严，间错栏楯，亦以四宝。金楼银铃，银楼金铃。宝堑七重，中生莲花……"

这说明这个城市原来不仅是一座大城，而且其建设是非常豪华的。

关于这时的城市建设情况，佛经中也常常说到，这些城市都是"人民炽盛"的政治、经济和文化中心。

这个时期的新兴城市都坐落在交通要道上，或在两个生态系统的交点上。例如舍卫城就在北方的大道上，王舍城在恒河和德干高原东部的交叉点上，后来兴起的华氏城则在恒河岸边，西北印度的呾叉始罗城位于印度河和海达斯庇斯河的交叉处。这个呾叉始罗城在当时及以后的相当长的一个时期里，都是印度西北部的一个非常重要的经济文化中心。在佛经中常常提到王室贵胄把自己的子弟送到那里去学习技艺。

《名字本生》说呾叉始罗有举世闻名的老师，此老师有 500 弟子。①

《犁柄本生》说，菩萨转生在一个婆罗门富豪家，长大成人后，在呾叉始罗学会一切技艺，成为波罗奈全城闻名的老师，教授 500 个学生。②

《桑耆沃本生》也说，菩萨转生在一个婆罗门富豪家，长大成人后，在呾叉始罗学会一切技艺，成为波罗奈全城闻名的老师，教授 500 个学生。③

《不喜本生》说，呾叉始罗有一个闻名四方的老师，他在波罗奈任教。④

《思想本生》说，一个波罗奈婆罗门的儿子长大成人后，在呾叉始罗学会了一切技艺，回到波罗奈，娶妻成家。⑤

《一把芝麻本生》说，虽然波罗奈有闻名四方的老师，但梵授王还是喜欢将自己的儿子送到呾叉始罗。当梵授王在波罗奈治理国家的时候，他的儿子梵授童被送到呾叉始罗去学习技艺。⑥

《柔手本生》说，波罗奈国家的年轻人被送到呾叉始罗去学习技艺。⑦

《妙生本生》也说，波罗奈国家的年轻人被送到呾叉始罗去学习技艺。⑧

《忍辱法本生》说，迦尸国的一个出身于拥有 800 万钱财的富有婆罗门的孩子，长大成人后也去呾叉始罗学习技艺。⑨

---

① 《佛本生故事选》，第 71 页。
② 《佛本生故事选》，第 77 页。
③ 《佛本生故事选》，第 96 页。
④ 《佛本生故事选》，第 109 页。
⑤ 《佛本生故事选》，第 147 页。
⑥ 《佛本生故事选》，第 150 页。
⑦ 《佛本生故事选》，第 164 页。
⑧ 《佛本生故事选》，第 207 页。
⑨ 《佛本生故事选》，第 184 页。

《秕糠本生》说，古时候，菩萨是呾叉始罗闻名的老师，他向许多国王的儿子和婆罗门的儿子传授技艺。波罗奈国王的儿子 16 岁时，也来到他的身边求学。王子学会一切技艺后，向老师辞别。①

《盖萨婆本生》说，迦尸国的一个帕勒摩的儿子名叫迦波，他长大以后，在呾叉始罗学会一切技艺。后来当了苦行者。再后来又成为一个名叫盖萨婆的苦行者的学生。②

《挑拨本生》说，古时候，当梵授王在波罗奈治理国家的时候，菩萨是王子。他在呾叉始罗学会技艺，父亲死后，依法治国。③

《小弓术师本生》说，一个波罗奈的青年在呾叉始罗学会一切技艺，尤其精通弓术，得名"小弓术师"。他的老师把自己的女儿嫁给了他，后来他偕妻子又回到波罗奈。④

《白幢本生》说，白幢是波罗奈的一个名师的学生，后来又到呾叉始罗，在一个闻名四方的老师门下学习，学会了一切技艺。然后，他征得老师同意，离开呾叉始罗，周游各地，学习一切实用技艺。⑤

《怀疑本生》说，迦尸国的一个婆罗门青年到呾叉始罗去学会技艺。⑥

据《四分律》第三十九卷，列国时代摩竭陀国著名的医生时缚迦，是在呾叉始罗学的医术，他的老师姓阿提梨，字宾迦罗，也是"极善医道"。

《非时啼本生》说，在波罗奈城也有名师，教授 500 学生。⑦

《验德本生》说，古时候，当梵授王在波罗奈治理国家的时候，菩萨转生在帕勒摩家族中。长大成人后，受业于波罗奈闻名四方的老师，在 500

---

① 《佛本生故事选》，第 200 页。
② 《佛本生故事选》，第 204 页。
③ 《佛本生故事选》，第 206 页。
④ 《佛本生故事选》，第 208 页。
⑤ 《佛本生故事选》，第 222 页。
⑥ 《佛本生故事选》，第 225 页。
⑦ 《佛本生故事选》，第 77 页。

个学生中名列前茅，精通各种技艺。①

玄奘的《大唐西域记》中记载了古代印度的王舍城：

> 石柱东北不远，至曷罗阇姞利呬城唐言王舍。外郭已坏，无复遗堵，内城虽毁，基址犹峻，周二十余里，面有一门。初，频毗沙罗王都在上茆宫城也，编户之家频遭火害，一家纵逸，四邻雁灾，防火不暇，资产废业，众庶嗟怨，不安其居。王曰："我以无德，下民罹患，修何福德可以禳之？"群臣曰："大王德化邕穆，政教明察，今兹细民不谨，致此火灾，宜制严科，以清后犯。若有火起，穷究先发，罚其首恶，迁之寒林。寒林者，弃尸之所，俗谓不祥之地，人绝游往之迹。令迁于彼，同夫弃尸。既耻陋居，当自谨护。"王曰："善。宜遍宣告居人。"顷之，王宫中先自失火。谓群臣曰："我其迁矣。"乃命太子监摄留事，欲清国宪，故迁居焉。时吠舍釐王频毗沙罗王野处寒林，整集戎旅，欲袭不虞。边候以闻，乃建城邑，以王先舍于此，故称王舍城也，官属、士、庶咸徙家焉。或云：至未生怨王乃筑此城，未生怨太子既嗣王位，因遂都之。逮无忧王迁都波吒釐城，以王舍城施婆罗门，故今城中无复凡民，惟婆罗门减千家耳。②

当然，古代印度地区广大，各地社会经济发展极不平衡，有的地方商品货币关系比较发达，有的地方商品货币关系却没有发展起来，所以，《长阿含经》卷第二十第四分《世记经·忉利天品》第八说："阎浮提人以金银珍宝谷帛奴仆治生贩卖以自生活，拘耶尼人以牛羊珠宝市易生活，弗于逮

---

① 《佛本生故事选》，第181页。
② （唐）玄奘：《大唐西域记》，第215页。

人以谷帛珠玑市易自活，郁单曰人无有市易治生自活。"

二、阶级关系的变化

社会经济的发展，尤其是商品货币经济的发展，使列国时代的阶级关系发生了新的变化，旧的等级制度开始受到破坏。

首先，婆罗门等级本来是祭司阶级，是神权贵族，靠接受施舍过活，但在这一时期却有了明显的变化。一部分因占有大片土地，拥有大量资财，而成为大奴隶主。他们不再以祭祀为业，而是"以家事为业"，"供养父母、瞻视妻子、供给奴婢、当输王租"。佛经中常常提到富有的婆罗门。一个摩竭陀国的婆罗门叫作考塞亚果陀，他的稻田农庄就有1000迦梨沙（1迦梨沙约合1英亩，即约4047000平方米）。这种农庄一部分由自己的奴隶和仆人耕种，一部分交给雇工。另一位名叫毗罗摩的婆罗门，在布施时就用8.4万银钵，盛满碎金，复有8.4万金钵，盛满碎银。据《弥沙塞部和醯五分律》卷第一说，在须赖婆国，有一个毗兰若邑，"其邑有婆罗门，波斯匿王以此邑封之"。可是也有许多婆罗门没落了。他们从事过去被他们看不起的低级种姓的职业，有的当了医生、樵夫、商人、农民、牧人、猎人和屠夫等，也有的以赌博、斗鸡、念咒为生。这些人的实际地位已经下降，但他们仍属第一等级。这样就更加促使本来就不甘心居于婆罗门之下的刹帝利起来反对婆罗门的最高地位。

其次，在原来的统治阶级中，以国王为首的刹帝利贵族，地位有了很大的提高。他们不但在新形成的大国中据有重要的政治地位，而且通过战争和掠夺，在经济上也拥有最多的财富，按佛教的惯用术语来说，他们是"七宝俱全"。

最后，在原先的被统治阶级中，吠舍的分化也很明显。许多吠舍处境恶化，地位逐渐接近于首陀罗。可是也确有不少吠舍靠经商或放高利贷致富。他们占有许多土地和财产，成了新的奴隶主。佛经中讲到一个名叫鞞陀提的居士妇，"极大富乐，多有钱财，畜牧产业，不可称计，封户食邑，米谷丰饶"，家里有许多奴隶，由一位女奴任管家，主管他们的劳动。有的甚至成了百万富翁。例如舍卫城长者须达多，曾以黄金敷地之资为释迦牟尼买了一座用于传教活动的园林。还有一位舍卫城长者婆提，传说在他死的时候，曾遗留下"纯金八万斤"。《中阿含经》卷第三十九《梵志品》第一《须达哆经》第四说道：

> 昔过去时，有梵志大长者，名曰随蓝。极大富乐，资财无量。封户食邑，多诸珍宝。畜牧产业，不可称计。彼行布施，其像如是：八万四千金钵，盛满碎银，行如是大施；八万四千银钵，盛满碎金，行如是大施；八万四千金钵，盛满碎金，行如是大施；八万四千银钵，盛满碎银，行如是大施；八万四千象庄玹严饰白络覆上，行如是大施；八万四千马庄严玹饰白络金合霏那，行如是大施；八万四千牛衣绳衣覆犟之，皆得一斛乳汁，行如是大施；八万四千女，姿容端正，睹者欢悦，众宝璎珞，严饰具足，行如是大施……

这虽说有些夸张，但说明当时富者极富。随着经济地位的改变，富有吠舍的政治地位也有了提高，有些人还参加了地方政府的管理工作，挤进了统治阶级的行列。他们当然不满于婆罗门的特权和说教。然而，在这一时期内，社会上更多的人是沦落了。社会地位、生活状况下降的趋势，在下级种姓中尤为明显。

佛经中说到饥荒年代，人民饥饿，乞求难得，连佛教徒化缘都困难。如《弥沙塞部和醯五分律》卷第一分初波罗夷法说："佛在须赖婆国，与大比丘众五百人俱，诣毗兰若邑住林树下……尔时彼国，信向邪道，邑里未有，精舍讲堂。城北有山林流清净，佛与大众，即而安居。时世饥馑，乞求难得，入里分卫，都无所获。"当一个养马的人给他们一些马食时，他们也收下作为食粮。所以时有叛乱发生。

第二节　列国时代的政治

一、十六个大国

据佛经的资料，列国时代，在公元前 6 世纪初，在北部印度有 16 个大国。例如，据《长阿含经》卷第五第一分《阇尼沙经》第四，这 16 个大国是："鸯伽国、摩竭国、迦尸国、居萨罗国、拔祇国、末罗国、支提国、拔沙国、居楼国、般阇罗国、颇漯波国、阿般提国、婆蹉国、苏罗婆国、乾陀罗国、剑洴沙国。彼十六大国有命终者，佛悉记之。"

《中阿含经》卷第五十五《晡利多品·持斋经》第一中，也说到有此 16 个大国："……有十六国，谓一者鸯迦、二者摩竭陀、三者迦尸、四者拘萨罗、五者拘楼、六者般阇罗、七者阿摄贝、八者阿和檀提、九者枝提、十者跋耆、十一者跋蹉、十二跋罗、十三苏摩、十四苏罗吒、十五喻尼、十六剑浮。"耆那教的资料中也说有 16 个大国，但所说的和佛教文献所说的不完全相同。据佛教文献，这 16 个国家的位置是：恒河下游的鸯伽国（在今比哈尔），恒河中游的摩竭陀国（在今南比哈尔）、迦尸国（在今贝拿勒斯），以上三国分布在恒河三角洲以上地区的南岸；居萨罗国（在迦尸西北，今奥德）、跋祇国（即弗栗恃，在摩竭陀以北，今比哈尔）、末罗（在居萨罗东北，今哥拉克浦尔县）、拔沙（即梵萨，在迦尸以西，今阿拉哈巴德一带）、支提（在拔沙以南）；恒河上游则有般阇罗（在居萨罗西北，今巴雷利一带）、居楼（在般阇罗西北，今德里、密拉特一带）、婆蹉（在居楼以南，今斋浦尔一带）、苏罗娑（在居楼以南，今马土腊一带）、阿般提（在支提西南，马尔瓦高原），上述这些大国基本上都在北部印度的恒河流域及其支流上。只有阿湿波在南印度，在文底耶山脉以南，佛教文献认为这是在南部的哥达瓦里河一带的国家，又有文献认为它在西北角地；犍陀罗（或称乾陀罗）和剑浮沙，这两国在印度西北方的印度河上游。

除了 16 国之外，在次大陆还有许多小国。佛教文献中提到的科利耶、巴迦、摩利亚等都属于这类小国。

还有一个国家名叫鸯骑国，它也是一个小国。《中阿含经》卷第四十八《双品》第四《马邑经》第二说："我闻如是，一时佛游鸯骑国，与大比丘众俱往至马邑，住马林寺……"

《尸毗王本生》说，还有一个尸毗国也是小国，其首都叫阿梨陀波罗。尸毗国曾经有一个国王叫尸毗王。①

《结节镇头迦树本生》说，古代印度有一个金毗罗国，其首都是北般遮罗城，国王叫般遮罗，他"不遵行正道，不依法治国。这样，他的大臣也都违法乱纪。由于苛捐杂税的重压，百姓们偕老婆孩子逃进森林，像动物一样到处游荡。村庄荒芜。人们害怕皇家差役，白天不敢住在家里。他们白天受皇家差役掠夺，夜间受强盗掠夺"。后来在佛陀的教育下，这个国王才改邪归正。②

《拘舍本生》说，古代印度有一个末罗国，其首都是拘舍婆提城，有一个国王叫乌伽格王，他有 1.6 万个嫔妃，正宫王后是希罗婆提。③

二、列国时代各国的政体

在政治体制上，列国时代的 16 个大国中大多数国家是君主国，如迦尸（首都是波罗奈）、居萨罗（或译为侨萨罗、拘萨罗、俱萨罗，首都是舍卫城）、摩竭陀（首都是王舍城、华氏城）、拔沙（首都是侨赏弥）、阿般提

---

① 《佛本生故事选》，第 340 页。
② 《佛本生故事选》，第 367 页。
③ 《佛本生故事选》，第 374 页。

（有两个首都，北部是邬阇衍那，南部是玛醯湿摩提）、鸯伽（首都是瞻波城）、阿湿波（首都是波坦那）、婆蹉（首都是毗罗陀）、苏罗婆（首都是婆蹉）、乾陀罗（首都是呾叉始罗）、剑浮沙（首都是罗阇补罗）、般阇罗（首都是毗罗陀）等。

在君主国中，国王有比较多的权力和特权，如征收土地税、各种商业税，处置山林和无主的财产，还有权征发劳役。国王还掌握军事、行政和司法方面的最高权力。有许多大臣辅佐国王，如顾问、大将军。有时是王子担任大将军，其权力就更大，他不仅掌握军事大权，而且还包括司法方面的一些权力。大臣们分别主管审判、军队、度量衡，以及其他方面的事务。还有一些法官从事审判工作。一些大国还设立副王。王子往往担任副王的职务。据《欲望本生》说，古时候，波罗奈的梵授王有两个儿子。他立长子为副王、次子为将军。不久，梵授王去世，大臣们立长子为王，但长子不仅不愿为王，而且也不愿为副王。①

16 国中的共和国有跋祇（亦称弗栗恃）、末罗（它有两个重要城市，即拘夷那竭和白婆），此外还有一些小共和国，如支提（首都是索底瓦提城）、释迦（首都是迦毗罗卫）、科利耶（在释迦以东）、莫利耶（在释迦以南）等。有个别国家原来是君主国，后来成了共和国，如居楼、剑浮沙和般阇罗等国就是如此。

在印度河流域，还有一些部落杂处在众多的君主国和共和国之间，在亚历山大远征印度时，就曾有一些部落起来抵抗亚历山大远征军。

从佛经的资料看，最初出现的国家应当是共和国。《长阿含经·小缘经》中说，人们推举一个田主来"使理净讼"，这个田主就是王、刹帝利。这个王是推举出来的，不是继承来的。所以，这个国家应当是共和国，而不是君主国。在《中阿含经》中又说到这个问题。

---

① 《佛本生故事选》，第 287 页。

　　在古代，国家刚刚形成时，大概都可能有君主国和共和国这两种政体形式。其主要原因在于，原始社会解体时期有 3 种力量互相斗争，即王、贵族和平民。在有的国家，王权取得了胜利，那么就会形成君主国；而如果贵族取得了胜利，就会形成贵族共和国；再如果平民在和贵族的斗争中取得了胜利，那就可能形成第三种政体，即民主共和国（不过，我们在印度没有见到过这种政体形式的国家）。大多数国家是王权取得了胜利，因而成为君主国（如古代的埃及和美索不达米亚最初形成的国家）。古代的雅典是民主共和国的典型，而罗马则是贵族共和国的典型。

　　在古代印度，具体形成君主国和共和国的原因是什么，没有资料来说明。我们只是看到有这么一些共和国或君主国。当时肯定没有形成君主专制，因为我们只在列国时代晚期至孔雀王朝时期才看到君主专制。也很难说古代印度有雅典那样的民主共和国，因为在印度的晚期吠陀时代和列国时代，我们没有见到像雅典那样经历过平民与贵族的斗争，没有平民在与贵族的斗争中彻底将贵族势力打败的资料。在雅利安人的国家形成后，贵族的实力还是很强的，所以，在当时的印度，共和国只能是贵族共和国，而不可能有民主共和国。但为什么在晚期吠陀时代及以后，一些国家中的王权会消失？是怎么消失的？没有资料说明。

　　共和国的组织形式不尽相同。例如，释迦和科利耶等国是由单一的部落组成，而跋祇却是由八九个部落组成联盟（如毗提诃、梨车、跋祇、杰那特利迦等），不同的共和国的政治体制也不尽相同。例如，在印度河流域的尼沙国，是由一个首领和一个 300 人的会议统治的，属于寡头政治性质的共和；帕塔勒尼则由从两个家族中产生的两个国王，还有一个掌握最高权力的长老会议进行统治；而释迦国虽然有一个王（罗阇），但实际上是一个选出的首领，当国家有大事时，就在一个四面无墙、只有顶棚的会场里集会讨论，再作决定（如在阿阇世讨伐释迦国时，释迦国就开过这种会讨论该如何应对）。据佛经资料记载，跋祇国遇有大事（如和或战），便

"数相集会，讲议政事"。《佛般泥洹经》中也常提到该国掌权的长老"数相聚会，讲议政事，修备自守"。

关于释迦牟尼出生的迦毗罗卫共和国，据《增一阿含经》卷第二十六《等见品》第三十四记载，当波斯匿王要娶迦毗罗卫的女人做妻子时，是和五百释种谈的，而不是和它的国王谈的：

> ……闻如是。一时佛在波罗㮈仙人鹿野苑中。尔时如来成道未久，世人称之为大沙门。尔时波斯匿王新绍王位。是时波斯匿王便作是念："我今新绍王位，先应取释家女。设与我者，乃适我心。若不见与我，今当以力往逼之。"尔时波斯匿王即告一臣曰："往至迦毗罗卫，至释种家，持我名字，告彼释种云：'波斯匿王问讯，起居轻利，致问无量。'又语彼释：'吾欲娶释种女，设与我者，抱德永已。若见违者，当以力相逼。'"尔时大臣受王教敕，往至迦毗罗国。尔时迦毗罗卫释种五百人集在一处。是时大臣即往至五百释种所，持波斯匿王名字语彼释种言："波斯匿王，问讯殷勤，起居轻利，致意无量。吾欲娶释种之女。设与吾者，是其大幸。若不与者，当以力相逼。"时诸释种闻此语已，极怀瞋恚："吾等大姓，何缘当与婢子结亲？"其众中或言当与，或言不可与。尔时有释，集彼众中，名摩呵男，语众人言："诸贤勿共瞋恚，所以然者，波斯匿王为人暴恶，设当波斯匿王来者坏我国界，我今躬自当往与波斯匿王相见，说此事情。"时摩呵男家中婢生一女，面貌端正，世之希有。时摩呵男沐浴此女，与著好衣，载宝羽车，送与波斯匿王，又白王言："此是我女，可共成亲。"时波斯匿王得此女，极怀欢喜，即立此女为第一夫人。

这段资料说明，这时的释迦是一个共和国。

关于另一个共和国末罗国，在《长阿含经·游行经》中说到佛涅槃前，让阿难前往末罗国的拘尸那竭城告知那里的人民，他将涅槃。阿难奉命前往末罗国的拘尸那竭城：

> 见五百末罗，以少因缘，集在一处，时诸末罗见阿难来，即起作礼，于一面立，白阿难言："不审尊者，今入此城，何甚晚暮，欲作何为？"阿难垂泪言："吾为汝等欲相饶益，故来相告。卿等当知，如来夜半，当般涅槃。汝等可往，咨问所疑，面受教诫。"

这里的五百末罗，实际上就是末罗国的贵族们，他们代表这个国家，阿难见他们，而不是见国王，说明这个国家应当是没有国王的。

关于跋祇的情况，《长阿含经》卷第二第一分《游行经》第二分之一说，当时跋祇这个国家发生了大事时，就"数相集会，讲议正事"：

> 如是我闻，一时佛在罗阅祇城耆阇崛山中，与大比丘众千二百五十人俱。是时摩竭王阿阇世欲伐跋祇。王自念言："彼虽勇健，人众豪强，以我取彼，未足为有。"时阿阇世王命婆罗门大臣禹舍而告之曰："汝诣者阇崛山，至世尊所，持我名字，礼世尊足，问讯世尊，起居轻利，游步强耶？又白世尊，跋祇国人自恃勇健，民众豪强，不顺伏我。我欲伐之。不审世尊，何所诫敕？若有教诫，汝善忆念，勿有遗漏。如所闻说，如来所言，终不虚妄。"大臣禹舍，受王教已，即乘宝车，诣者阇崛山，到所止处，下车步进，至世尊所。问讯毕，一面坐，白世尊曰："摩竭王阿阇世稽首佛足，敬问殷勤，起居轻利，游步强耶？又白世尊，跋祇国人自恃勇健，民众豪强，不顺伏我，我欲伐之，不审世尊，何

所诚敕？"尔时阿难在世尊后，执扇扇佛。佛告阿难："汝闻跋祇国人数相集会，讲议正事不？"答曰："闻之。"佛告阿难："若能尔者，长幼和顺，转更增盛，其国久安，无能侵损。阿难，汝闻跋祇国人君臣和顺，上下相敬不？"答曰："闻之。""阿难，若能尔者，长幼和顺，转更增盛，其国久安，无能侵损。阿难，汝闻跋祇国人奉法晓忌，不违礼度不？"答曰："闻之。""阿难，若能尔者，长幼和顺，转更增盛，其国久安，无能侵损。阿难，汝闻跋祇国人孝事父母，敬顺师长不？"答曰："闻之。""阿难，若能尔者，长幼和顺，转更增上，其国久安，无能侵损。阿难，汝闻跋祇国人恭于宗庙，致敬鬼神不？"答曰："闻之。""阿难，若能尔者，长幼和顺，转更增上，其国久安，无能侵损。阿难，汝闻跋祇国人，闺门真正，洁净无秽，至于戏笑，言不及邪不？"答曰："闻之。""阿难，若能尔者，长幼和顺，转更增盛，其国久安，无能侵损。阿难，汝闻跋祇国人，宗事沙门，敬持戒者，瞻视护养，未尝懈倦不？"答曰："闻之。""阿难，若能尔者，长幼和顺，转更增盛，无能侵损。"时大臣禹舍白佛言："彼国人民，若行一法，犹不可图，况复具七？国事多故，今请辞还归。"佛言："可宜知。"是时禹舍即从座起，绕佛三匝，揖让而退。

在这里，佛陀实际上是向跋祇的使者讲了跋祇不可能取得胜利，因而摩竭陀的使者只能回去告诉国王阿阇世，说佛陀认为不能取胜。

不过即使是在共和国，当时的低等瓦尔那的人、雇工、奴隶等也无权享有民主权利，无权出席议事会，那里的民主基本上还是代表刹帝利等高等瓦尔那的利益。

在列国时代晚期，君主国里的王权在逐步加强，君主专制在某些国家逐步形成，佛经中常讲到一些国王为所欲为，因而时常发生人民起义推翻暴君的事。一些小国的政治制度可能还很原始。

三、王权的加强

王权加强的原因或背景是什么？

列国时代战争的频繁、阶级矛盾的发展，使得一些国家的统治阶级感觉到必须加强统治阶级的国家机器，加强王权，所以，君主专制逐渐发展。在列国时代的战争中，国王可能因为领导本国不断取得胜利而提高了威信，王权通过战争等手段而加强了自己的经济实力等。从其他古代文明国家如埃及、两河流域的君主专制形成的历史看，这些原因也是能够成立的。

从佛经的资料中，我们可以看到列国时代一些国家国王的权力在逐渐加强，例如，国王有权任命宰相，甚至列土封邑或封国。

《长阿含经》卷第五第一分《典尊经》第三说：

……诸贤当知，过去久远，时世有王，名曰地主。第一太子，名曰慈悲。上有大臣，名曰典尊。大臣有子，名曰焰鬘。慈悲有朋友，其朋友亦与六刹利大臣而为朋友。地主大王欲入深宫游戏娱乐时，即以国事委付典尊大臣，然后入宫，作倡妓乐，五欲自娱。时典尊大臣，欲理国事，先问其子，然后决断，有所处分，亦问其子。其后典尊，忽然命终。时地主王，闻其命终，悯念哀伤，抚膺而曰："咄哉，何辜失国良干？"太子慈悲，默自念宫："王失典尊，以为忧苦，今我宜往，谏于大王，无以彼丧，而生忧苦。所以然者，典尊有子，名曰焰鬘，聪明多智，乃过其父。今可征召，以理国事。"时慈悲太子，即诣王所，具以上事，白其父王。闻太子语已，即召焰鬘，而告之曰："吾今以汝，补卿父处，授汝相印。"彼时焰鬘，受相印已，王欲入宫，复付后事。时相焰矕，明于治理。父先所为，焰矕亦知。父所不及，焰矕亦知。其后名称流闻，海内天下，咸称为大典尊。时大典尊，后作是念："今王地主，年已朽迈，余寿未几，若以太子，绍王位者，未为难也。我今宁可先往，语彼六刹利大臣：今王地主，年已朽迈，余寿未几，若以太子，绍王位者，未为难也；君等亦当，别封王土，居位之日，勿相忘也。"时大典尊即往，诣六刹利大臣，而告之曰："诸君当知，今王地主，年已朽迈，余寿未几。若以太子，绍王位者，未为难也。汝等可往，白太子此意。我等与尊，生小知旧。尊苦我苦，尊乐我乐。今王衰老，年已朽迈，余寿未几。今者太子，绍王位者，未为难也。尊设登位，当与我封。"时六刹利大臣，闻其语已，即诣太子说如上事。太子报言："设吾登位，列土封国，当更与谁?"时王未久，忽然而崩。国中大臣，寻拜太子，补王正位。王居位已，默自思念："今立宰相，宜准先王。"复自思念："谁堪此举? 正当即任，大典尊位。"时王慈悲，闻告大典尊："我今使汝，即与相位，授以印信。汝当勤忧，综理国事。"时大典尊，闻王教已，即受印信。王每入宫，辄以后事，付大典尊。大典尊复自念言："吾今宜往六刹利所，闻其宁忆，昔所言不?"即寻往诣，语刹利曰："汝今宁忆，昔所言不? 今者太子，以登王位，隐处深宫，五欲自娱。汝等今者，可往问王：王具天位，五欲自娱，宁复能忆昔所言不?"时六刹利，闻是语已，即诣王所，白大王言："王居天位，五欲自娱，宁复能忆，昔所言不? 列土封邑，谁应居之?"王曰："不忘昔言。列土封邑，非卿而谁?"王复自念："此阎浮提地，内广外狭，谁能分此，以为七分?"复自念言："唯有大典尊，乃能分耳。"即告之曰："汝可分此阎浮提地，使作七分。"时大典尊，即寻分之。王所治城、村、邑、郡国，皆悉部分。六刹利国，亦与分部。王自庆言："我愿已果。"时六刹利，复自庆幸："我愿以果。得成此业，大典尊力也。"六刹利王，复自思念："吾国初建，当须宰辅。谁能堪任，如大典尊，即当使之，通领国事。"尔时六刹利王，即命典尊，而告之曰："吾国须相，卿当为吾，通领国事。"于是六国，各授相印。时大典尊，受相印已，六王入宫，游观娱乐，时皆以国事，付大典尊。大典尊理七国事，无不成办。

这段话也说明，列国时代的王虽然有一定的权力，但贵族的势力也不弱。他们可以拥立国王，并要求被他们拥立的国王给予其好处：列土封邑。而被拥立的新王也答应他们的要求，在成功之后，更兑现了承诺。这似乎与中国西周初年的王权与贵族的关系有些类似。

在列国时代晚期，一些大国的王权可能正在向君主专制转化。例如，有的国王把国家当作私产，《增一阿含经》卷第十八《四意断品》第二十六说：

一时佛在舍卫国祇树给孤独园。尔时王波斯匿即敕臣佐严羽葆之车，欲出舍卫城观地讲堂。当于尔时，波斯匿王母，命过年，极衰老，垂向百岁，王甚尊敬念，未曾离目。是时，波斯匿王边有大臣，名不奢蜜，高才盖世，世人尊重，时大臣便作是念："此波斯匿王母，年向百岁，今日命终，设当闻者，王甚愁忧，不能饮食，而得重病，我今当设方便，使王不愁忧，亦使不病。"是时大臣，即严驾五百白象，亦严驾五百匹马，复严五百步兵，复严驾五百妓女，复严驾五百老母，复严驾五百婆罗门，复有五百沙门，复严驾五百衣裳，复严驾五百珍宝，与亡者作好大棺彩画，极令使妙，悬缯幡盖，作倡妓乐，不可称计，出舍卫城。是时，波斯匿王，还来入城。是时，王波斯匿有少事。是时，王遥见亡者，问左右曰："此是何人？供养乃至于斯？"时不奢蜜曰："此舍卫城中，有长者母无常，是彼之具。"时王复告曰："此诸象马车乘复用为？"大臣报曰："此五百老母者用，奉上阎罗王，持用赎命。"时王便笑，而作是说："此是愚人之法。命也难保，有何可克？如有人堕摩竭鱼口，欲求出者，实复难得。此亦如是。堕阎罗王边欲求出，实难可得。""此五百妓女亦用赎命。"王报曰："此亦难得。"时大臣曰："若此妓女不可得者，当用余者赎之。"王曰："此亦难得。"大臣曰："若此不可得者，当用五百珍宝赎之。"王报曰："此亦难得。"大臣曰："若此不可得者，用五百衣裳赎之。"王曰："此亦难得。"臣曰："若此衣裳不可得者，当用此五百梵志咒术，咒术取之。"王曰："此亦难得。"大臣曰："若此五百梵志不可得者，复当持此沙门高才说法持用赎之。"王曰："此不可得。"大臣曰："若说法不可得者，当集兵众，共大战斗而取之。"时波斯匿王大笑而曰："此是愚人之法，以堕摩竭鱼口，终不得出。"时王曰："汝当知之，颇有生而不死乎？"时大臣曰："此实不可得也。"时大王报曰："实不可得，诸佛亦作是说。夫生有死命亦难得。"是时不奢蜜跪白王曰："是故大王，甚莫愁忧。一切众生，皆归于死。"时王问曰："我何故愁忧？"时臣白王："王当知之，大王母者，今日已死。"是故，波斯匿王闻此语已，八九叹息，而语大臣曰："善哉，如汝所言，乃能知善权方便。"是时王波斯匿还入城，办种种香华，供养亡母。供养亡母已，便还驾乘，至世尊所。到已，头面礼足，在一面坐。是时世尊问曰："大王何故尘土坌身？"王白世尊："天母命终，向送至城外，今来诣世尊所，问其所由。然天母在时，持戒精进，恒修善法，年向百岁，今日已命终，故来至世尊所耳。若当我持象赎命可得者，便亦当用象赎之；若当马赎命可得者，当用马赎之；若当车乘赎命可得者，便当用车乘赎之；若当金银珍宝赎命可得者，当用金银珍宝赎之；若当以奴婢、仆从、城郭、国界赎命可得者，得以城郭、国界赎命；若以加尸国界人民赎命可得者，当以加尸人民赎之。莫令我天母命终。"世尊告曰："是故，大王甚莫愁忧。一切众生，皆归于死。一切变易之法，欲令不变易者，终不有此事。大王当知，人身之法，犹如雪揣，要当归坏，亦如土坏，同亦归坏，不可久保；亦如野马幻化，虚伪不真；亦如空拳，以诳小儿。是故大王，莫怀愁忧，恃怙此身。大王当知，有此四大恐怖来至此身，不可障护，亦不可以言语咒术药草符书所可除去。云何为四？一者名为老坏败少壮，使无颜色；二者名病尽坏败无病；三者名为死尽坏败命根；四者有常之物归于无常。是谓大王，有此四法，不可障护，非力所能伏也。大王当知，犹如四方有四大山，从四方来，使压众生，非力所却……"尔时波斯匿王闻佛所说，欢喜奉行。

虽然波斯匿王最后听从了佛陀的话，没有愚蠢到拿国家、人民、城郭等去为自己的老母赎命，但若是佛陀说可以赎命的话，那么，这个波斯匿王就有可能拿自己的国家、人民、城郭去为其老母赎命。这段话也说明，这时王权正在发展、膨胀，向君主专制转化。

四、列国时代的战争和大国争霸

列国时期的最大特色是各国之间无穷无尽的战争。这个时期的战争包括大国争霸、大国欺负小国甚至灭亡小国，一些小国成为大国的附属国。

在列国时代，虽然氏族部落的血缘传统还没有完全打破，但军队已成为国家专政工具，而不再是部落武装。军队由各阶级出身的人构成，国家供给薪金，指挥官由国王任命。列国时代的文献中常常提到四兵，即当时的兵种有四个，它们是象兵、战车兵、骑兵和步兵。这应当是常备军，他们充当了大国争霸的工具。

那么，争霸的原因，或列国时代战争不断的原因是什么？大概有这样一些：争夺领土，扩大自己的统治范围，从而扩大剥削范围；掠夺资源和财富；掠夺劳动力（包括奴隶）等。

最初，恒河中游的迦尸国强盛一时，它同居萨罗进行了长期的争霸战争。后来居萨罗征服了迦尸，发展成为强国。与此同时，摩竭陀开始强大起来，并逐渐走上了向外扩张的道路。

摩竭陀国强盛于频毗沙罗王当政之时（约公元前544—前493年）。他对外采取远交近攻的政策，与犍陀罗、居萨罗等国通好，然后，集中全力吞并邻国鸯伽；对内则加强专制统治，以严刑峻法维护王权。据说，他治下的村镇有8万个之多。其子阿阇世（约公元前493—前462年）即位后，也大肆兴兵，向外扩张。他与居萨罗国争夺迦尸，并最后将其吞并。后来又经10余年征战灭了跋祇国。从此，摩竭陀开始在列国中称霸。在阿阇世以后，首都由王舍城迁至华氏城（今巴特那）。华氏城位于恒河和宋河的汇合处，水陆交通十分方便，对摩竭陀的发展具有十分重要的意义。摩竭陀国在难陀王朝时期（约公元前364—前324年）征服了最大劲敌居萨罗，基本上完成了统一恒河流域的任务，为孔雀帝国的建立奠定了基础。

大国争霸战争主要有摩祇陀和鸯伽之间的战争、摩祇陀和跋祇之间的战争、迦尸和居萨罗之间的战争、迦尸与鸯伽和摩竭陀之间的战争等。

在列国时代的争霸战争中，在北印度诸国中最先兴起的是迦尸国。它地处居萨罗、鸯伽和摩竭陀之间，因此，它与这些国家长期进行战争。它先是与居萨罗进行争夺霸权的战争，还一度兼并了居萨罗。但后来，居萨罗又反过来兼并了迦尸，并将迦毗罗卫等都兼并了进来。关于这次战争的前半段，在《佛本生故事选》里有一个故事说，迦尸国王梵授王死后，毗邻的居萨罗的国王听说后心想："这个国家虚弱了。"于是，他率领大军包围波罗奈城，但新生的梵授王的儿子却打败了居萨罗，并抓住了居萨罗的国王。这个故事虽然有些像神话，但它反映了列国时代居萨罗和迦尸战争的历史事实。

摩竭陀也是北印度的一个大国。初都王舍城，后迁都华氏城（此城是阿阇世王时建造的，其建造的原因一是为了对居萨罗进行战争；二是因为华氏城毗邻恒河，交通方便）。

在佛陀时代，摩竭陀的频毗沙罗王（即瓶沙王，约公元前544—前493年在位）是一个颇有作为的国王。他建都于王舍城，对内加强对国家机构的控制，实行严刑峻法，同时支持佛教，从而也得到佛教的支持。对外，他以联姻的方式与居萨罗、跋祇等国建立起友好关系，从而稳定了自己的西部和北部边界。在此基础上，他集中力量去征服东方的鸯伽。鸯伽这个国家控制了恒河三角洲地区的一些重要港口，在商业贸易方面占有重要地位。占领鸯伽大大增强了摩竭陀的经济实力。

频毗沙罗王晚年，他的儿子阿阇世（约公元前493—前462年在位）弑父篡位。阿阇世的母亲是居萨罗的一个公主，她以迦尸的村庄作为嫁妆，嫁给了瓶沙王。她对阿阇世弑父十分悲痛和不满，不久即死去。于是，居萨罗国王要求阿阇世交回其母作为嫁妆的迦尸村。双方因此发生了战争。关于这次战争，据《佛本生故事》记载，本来是摩竭陀的阿阇世王取得了胜利，但后来，由于居萨罗国王波斯匿采纳了弓术师蒂萨的意见，采用车阵战术，而最终战胜了阿阇世，阿阇世被俘。但两国最后联姻，阿阇世被释放，算是和平解决了，迦尸村仍然归阿阇世，即归了摩竭陀国。关于阿阇世同居萨罗之间的战争，在《撰集百缘经》第一卷中也有记载。

阿阇世还对跋祇进行了战争。在《长阿含经》中记载阿阇世派遣大臣禹舍去请教佛陀，看能否战胜跋祇，佛陀就说出了对跋祇战争的七不退法，认为如果摩竭陀发动对跋祇的战争，是不可能取胜的，因此，禹舍只好如此回去复命。

虽然当时在佛陀的劝告下，摩竭陀没有去征服跋祇，但阿阇世并没有放弃对跋祇的战争，而是积极地备战。为此他命令禹舍建造了华氏城作为要塞。在《长阿含经》中说到阿阇世建造华氏城的目的，而佛陀也似乎认为可以建，"世尊知而故问阿难，谁造此巴陵弗城（即华氏城）。阿难白佛，此是禹舍大臣所造，以防御跋祇国。佛告阿难，造此城者正得天意……此城最胜，诸方所推，不可破坏。此城久后若欲坏时，必以三事：一者大水，二者大火，三者中人与外人谋，乃坏此城……"

关于这个巴陵弗城，玄奘的《大唐西域记》记为巴连弗："昔者，人寿无量岁时，号拘苏摩补罗城唐言香花宫城。王宫多花，故以名焉。逮乎人寿数千岁，更名波吒釐子城旧曰巴连弗邑，讹也。"①

在经过比较充分的准备以后，阿阇世发动了对跋祇国的战争。战争长达16年之久，最终获胜。佛经《摩诃僧祇律》曾有一段描述两军水上战斗的情节："时阿阇世王闻大目连语，宽闲不怖，徐徐顺恒水而上渡河。时师子将军奄其未阵，逆战大破。时阿阇世非济而渡危而得免，单马还国。"此后，阿阇世又使迦尸国屈服于自己，从而使摩竭陀成为当时印度的一个霸国。阿阇世还曾一度在提婆达兜的挑唆下反对佛教，但后来还是成为佛教的信徒。传说正是在他统治时期，发生了佛教史上的第一次结集。

佛经中记载的列国时代的战争举例如下。

（一）流离王征伐释迦

前文所引《增一阿含经》卷第二十六《等见品》第三十四，说到波斯匿王娶了释迦族的一个婢女为妻，并立为第一夫人。此夫人很快怀孕生子，取名流离，并立为太子。文献接着说，流离太子长大后，知道自己是一个婢女之子，很是气愤，便发兵讨伐释迦。

> 时波斯匿王得此女，极怀欢喜，即立此女为第一夫人。未经

---

① （唐）玄奘：《大唐西域记》，第171页。

数日，而身怀妊。复经八九月，生一男儿，端正无双，世所殊特。时波斯匿王集诸相师，与此太子立字。时诸相师，闻王语已，即白王言："大王当知，求夫人时，诸释共诤，或言当与，或言不可与，使彼此流离。今当立名，名曰毗流勒（毗流离）。"相师立号已，各从坐起而去。时波斯匿王爱此流离太子，未曾离目前。然流离太子年向八岁，王告之曰："汝今已大，可诣迦毗罗卫学诸射术。"是时波斯匿王，给诸使人，使乘大象，往诣释种家，至摩呵男舍，语摩呵男言："波斯匿王使我至此学诸射术，唯愿祖父母事事教授。"时摩呵男报曰："欲学术者善，可习之。"是时摩呵男、释种集五百童子，使共学术。时流离太子与五百童子共学射术。尔时迦毗罗卫城中新起一讲堂，天及人民魔若魔天在此讲堂中住。时诸释种各各自相谓言："今此讲堂，成来未久，画彩已竟，犹如天宫，而无有异，我等先应请如来于中供养及比丘僧，令我等受福无穷。"是时释种即于堂上，敷种种坐具，悬绘幡盖，香汁洒地，烧众名香，复储好水，燃诸明灯。是时流离太子将五百童子，往至讲堂所，即升师子之座。时诸释种见之，极怀瞋恚，即前捉臂，逐出门外，各共骂之："此是婢子。诸天世人，未有居中者，此婢生物，敢入中坐？"复捉流离太子，扑之著地。是时流离太子即从地起，长叹息而视后。是时有梵志子名好苦。是时流离太子语好苦梵志子曰："此释种取我毁辱，乃至于斯。设我后绍王位时，汝当告我此事。"是时好苦梵志子报曰："如太子教。"时彼梵志子曰："三时白。"太子曰："忆释所辱。"便说此偈："一切归于尽，果熟亦当堕；合集必当散，有生必有死。"

是时波斯匿王，随寿在世，后取命终，便立流离太子为王。是时好苦梵志至王所，而作是说："王当忆本释所毁辱。"是时流离王报曰："善哉善哉，善忆本事。"是时流离王便起瞋恚，告高群臣曰："今人民主者为是何人?"群臣报曰："大王，今日之所统领。"流离王时曰："汝等速严驾集四部兵，吾欲往征释种。"诸臣对曰："如是大王。"是时群臣受王教令，即运集四种之兵。是时流离王将四部之兵，往至迦毗罗越。尔时众多比丘闻流离王往征释种，至世尊所，头面礼足，在一面立，以此因缘，具白世尊。是时世尊闻此语已，即往逆流离王，便在一枯树下，无有枝叶，于中结加趺坐。是时流离王遥见世尊在树下坐，即下车至世尊所，头面礼足在一面立。尔时流离王白世尊言："更有好树，枝叶繁茂，尼拘留之等，何故此枯树下坐。"世尊告曰："亲族之荫，故胜外人。"是时流离王便作是念："今日世尊故为亲族，然我今日应还本国，不应往征迦毗罗越。"是时流离王即辞还退。是时好苦梵志复白王言："当忆本为释所辱。"是时流离王闻此语已，复兴瞋恚："汝等速严驾集四部兵，吾欲往征迦毗罗越。"是时群臣即集四部之兵出舍卫城，往诣迦毗罗越，征伐释种。是时众多比丘闻已，往白世尊："今流离王兴兵众，往攻释种。"尔时世尊闻此语已，即以神足往在道侧，在一树下坐。时流离王遥见世尊在树下坐，即下车至世尊所，头面礼足，在一面立。尔时流离王白世尊言："更有好树，不在彼坐，世尊今日何故在此枯树下坐?"世尊告曰："亲族之荫，胜外人也。"是时世尊便说此偈："亲族之荫凉，释种出于佛；尽是我枝叶，故坐斯树下。"

　　是时流离王复作是念："世尊今日出于释种，吾不应往征，宜可齐此还归本土。"是时流离王即还舍卫城。是时好苦梵志复语王曰："王当忆本释种所辱。"是时流离王闻此语已，复集四种兵出舍卫城，诣迦毗罗越。是时大目乾连闻流离王往征释种，闻已，至世尊所，头面礼足，在一面立。尔时目连白世尊言："今日流离王集四种兵往攻释种，我今堪任，使流离王及四部兵掷著他方世界。"世尊告曰:"汝岂能取释种宿缘,著他方世界乎?"时目连白佛言:"实不堪任,使宿命缘著他方世界。"尔时世尊语目连曰:"汝还就坐。"目连复白佛言:"我今堪任移此迦毗罗越著虚空中。"世尊告曰:"汝今堪能移释种宿缘著虚空中乎?"目连报曰:"不也世尊。"佛告目连:"汝今还就本位。"尔时目连复白佛言:"唯愿听许,以铁笼疏覆迦毗罗越城上。"世尊告曰:"云何目连,能以铁笼疏覆宿缘乎。"目连白佛:"不也世尊。"佛告目连:"汝今还就本位。释种今日,宿缘已熟,今当受报。"尔时世尊便说此偈:"欲使空为地,复使地为空;本缘之所系,此缘不腐败。"

是时流离王往诣迦毗罗越。时诸释种闻流离王将四部之兵来攻我等,复集四部之众一由旬中往逆流离王。是时诸释一由旬内遥射流离王。或射耳孔,不伤其耳;或射头髻,不伤其头;或射弓坏,或射弓弦,不害其人;或射铠器,不伤其人;或射床座,不害其人;或射车轮坏,不伤其人;或坏幢麾,不害其人。是时流离王见其事已,便怀恐怖,告群臣曰:"汝等观此箭为从何来?"群臣报曰:"此诸释种,去此一由旬中,射箭使来。"流离王报言:"彼设发心,欲害我者,普当死尽。宜可于中,还归舍卫。"是时好苦梵志前白王言:"大王勿惧,此诸释种皆持戒,虫尚不害,况害人乎?今宜前进,必坏释种。"是时流离王渐渐前进,向彼释种。是时诸释退入城中。时流离王在城外而告之曰:"汝等速开城门,若不尔者,尽当取汝杀之。"尔时迦毗罗越城有释童子,年向十五,名曰奢摩,闻流离王今在门外,即著铠持仗至城上,独与流离王共斗。是时奢摩童子多杀害兵众,各各驰散,并作是说:"此是何人,为是天也?为是鬼神也?遥见如似小儿。"是时流离王便怀恐怖,即入地孔中而避之。时释种闻坏流离王众,是时诸释即呼奢摩童子,而告之曰:"汝年幼小,何故辱我等门户?岂不知诸释修行善法乎？我等尚不能害虫，况复人命乎？我等能坏此军众，一人敌万人。然我等复作是念：然杀害众生不可称计。"世尊亦作是说："夫人杀人命，死入地狱。若生人中，寿命极短。汝速去，不复住此。"是时奢摩童子即出国去，更不入迦毗罗越。是时流离王复至门中，语彼人曰："速开城门，不须稽留。"是时诸释自相谓言："可与开门，为不可乎？"尔时弊魔波旬在释众中，作一释形，告诸释言："汝等速开城门，勿共受困于今日。"是时诸释即与开城门。是时流离王即告群臣曰："今此释众，人民极多，非刀剑所能害尽，尽取埋脚地中，然后使暴象蹴杀"。尔时群臣受王教敕，即以象蹴杀之。时流离王敕群臣曰："汝等速选面手释女五百人。"时诸臣受王教令，即选五百端正女人，将诣王所。是时摩呵男释至流离王所，而作是说："当从我愿。"流离王言："欲何等愿？"摩呵男曰："我今没在水底，随我迟疾，使诸释种并得逃走。若我出水，随意杀之。"流离王曰："此事大佳。"是时摩呵男释即入水底，以头发系树根，而取命终。是时迦毗罗越城中诸释，从东门出，复从南门入；或从南门出，还从北门入；或从西门出，而从北门入。是时流离王告群臣曰："摩呵男父何故隐入水中如今不出？"尔时诸臣闻王教令，即入水中出摩呵男，已取命终。尔时流离王以见摩呵男命终，时王方生悔心："我今祖父已取命终，皆由爱亲族故。我先不知，当取命终。设当知者，终不来攻伐此释。"是时流离王杀九千九百九十万人，流血成河，烧迦毗罗越城，往诣尼拘留园中。是时流离王语五百释女言："汝等慎莫愁忧。我是汝夫，汝是我妇，要当相接。"是时流离王便舒手捉一释女而欲弄之。时女问曰："大王欲何所为？"时王报言："欲与汝情通。"女报王曰："我今何故与婢生种情通？"是时流离王甚怀瞋恚，敕群臣曰："速取此女，刖其手足，著深坑中。"诸臣受王教

令，刖其手足，掷著坑中。及五百女皆骂王言："谁持此身，与婢
生种共交通？"时王瞋恚，尽取五百释女，刖其手足，著深坑中。
是时流离王悉坏迦毗罗越已，还诣舍卫城。

玄奘的《大唐西域记》第六卷中也记载了此事。①

（二）羯陵伽国与阿瑟格国之战

《小羯陵伽王本生》说，当时的强国羯陵伽国的国王羯陵伽攻打阿瑟格
国，因骄傲自满而失败。

古时候，羯陵伽王在羯陵伽国檀德城治理国家，阿瑟格王在阿瑟格国
波德利城治理国家。

羯陵伽王有一支强大的军队，自己也力大如象，所向无敌。他渴望打
仗，与大臣们商议道："我想打仗，可是找不到对手，怎么办？"大臣们说
道："大王啊！有一个办法。你的4个女儿美貌绝伦，让她们打扮打扮，坐
在篷车里，由士兵护卫，漫游各国的乡村、城镇和京都。如果哪个国王企
图把她们带进自己的宫中，你就与他开战。"羯陵伽王照此做了。但是，所
到之处，由于那里的国王害怕羯陵伽王，都不敢放她们进城，而是送给她
们礼物，让她们住在城外。就这样，她们走遍全赡部洲，最后来到阿瑟格
波德利城。阿瑟格王吩咐关上城门，派人送给她们礼物。阿瑟格王有个足
智多谋的大臣，名叫乐军。他思忖道："据说，这些公主走遍全赡部洲，没
有遇上一个应战者。如果真是这样，赡部洲也就徒有虚名了。我要跟羯陵
伽王交战。"于是，他走到城门口，吩咐卫兵打开城门，念了一首偈颂：
"请打开城门，让公主进城。我乃智勇狮，护国尽责任。"说罢，他打开城
门，领着公主们去见阿瑟格王。他对国王说："你别害怕。如果挑起战争，
我会有办法对付的。你让这些美貌绝伦的公主做你的王后吧。"他为公主们

---

① （唐）玄奘：《大唐西域记》，第129～131页。

灌顶，然后，打发随行的侍从说："回去禀告你们的国王：公主们已经做了阿瑟格王的王后了。"他们回国禀报。羯陵伽王说道："难道他不知道我的威力吗？"于是，率领大军出发。乐军得知羯陵伽王领兵前来，便派人传话说："你在你的边界待着，不要进入我们的边界，战斗将在两国交界处进行。"羯陵伽王把军队驻扎在自己边境内，阿瑟格王也把军队驻扎在自己边境内。

那时，菩萨出家当苦行者，就住在两国交界处的一间树叶屋里。羯陵伽王思忖道："谁知道我们两国谁胜谁败？出家人无所不知，我要问问这个苦行者。"他来到菩萨跟前，行过礼，坐在一旁，说了几句问候话，然后问道："尊者！羯陵伽王和阿瑟格王在各自的边境屯兵，准备交战。你看他们两人谁胜谁败？""大德者啊！我不知道哪个会胜，哪个会败。不过，众神之王帝释天要来这里，我可以问问他。明天你来，我就告诉你。"

帝释天来到菩萨身边坐下。菩萨问他这个问题。帝释天回答说："尊者啊！羯陵伽王将获胜，阿瑟格王将失败。到时候能看见如此这般的预兆。"第二天，羯陵伽王来询问，菩萨就告诉了他。但是，羯陵伽王没有问一问能看见什么样的预兆，只想着我会获胜，就心满意足地走了。这个消息广为传播。阿瑟格王听到后，召来乐军，问道："听说羯陵伽王将获胜，我将失败，怎么办？"乐军回答说："大王啊！谁知道谁胜谁败？请不要费这心思！"他安慰了国王之后，来到菩萨跟前，行过礼，坐在一旁，问道："尊者！谁将获胜？谁将失败？""羯陵伽王将获胜，阿瑟格王将失败。""尊者！胜者的预兆是什么？败者的预兆是什么？""大德者啊！胜者的保护神是全白的公牛，败者的保护神是全黑的公牛。这两个保护神将会参战，决出胜败。"乐军听后，起身告辞。他带了1000名效忠国王的勇士，登上附近的山峰，问道："你们能为王上献身吗？""我们能。""那么，从这悬崖跳下！"他们刚要跳，乐军拦住说："行啦，别跳了！你们要效忠王上，奋勇作战！"勇士们一致允诺。

双方开始交战。羯陵伽王想着"我肯定得胜",便漫不经心。他的将士也想着"我们肯定得胜",也漫不经心。他们穿上盔甲,乱哄哄,闹嚷嚷,松松垮垮地出发了。到了冲锋陷阵的时刻,他们都不奋勇向前。

两位国王骑在马上,互相走近,准备交锋。两个保护神走在他们前面:羯陵伽王的保护神是全白公牛,阿瑟格王的保护神是全黑公牛。这两个保护神越走越近,互相做出战斗的姿态。可是,除了两位国王,谁也看不见这两个保护神。乐军问阿瑟格王:"大王啊!你看见保护神了吗?""看见了。""是什么样?""羯陵伽王的保护神是全白公牛;我的保护神是全黑公牛,看上去疲惫无力。""大王啊,你别害怕!我们将获胜。羯陵伽王将失败。请你从这匹训练有素的宝马上下来,拿着这支矛,用左手按一下宝马的侧腹,与1000名勇士一起猛冲过去。你用矛将羯陵伽王的保护神打翻在地,然后,我们用1000支矛捅死它。羯陵伽王的保护神一死,他就会失败,我们就会获胜了。"

"好吧!"国王按照乐军的指示,持矛前去攻击全白公牛;众大臣也跟随他,用1000支矛攻击全白公牛。羯陵伽的保护神当场丧命。羯陵伽王败下阵去。见此情景,1000个大臣高喊道:"羯陵伽王逃跑了!"羯陵伽王怕死,一边逃跑,一边责备苦行者,念了第二首偈颂:"胜者羯陵伽王,败者阿瑟格王,这是你的预言,贤者不该撒谎!"

他这样责备苦行者,逃回自己城里,甚至不敢回头瞧一瞧。过了几天,帝释天来到苦行者那里。苦行者与他交谈,念了第三首偈颂:"真言无价宝,众神不说谎;请问帝释天,为何你说谎?"帝释天听后,念了第四首偈颂:"难道你未听说,众神不妒人能;自制沉着奋勇,阿瑟格王获胜。"

羯陵伽王逃跑,阿瑟格王掠取战利品回城。乐军派人向羯陵伽王传话:"请把四位公主嫁妆送来。如果不送来,我就要采取行动了。"羯陵伽王听后,吓得浑身颤抖,派人送去公主们的嫁妆。从此,大家和睦相处。

当时有的强国因为自己强大而任意而为,倚强凌弱,四处打仗,征服弱小的国家，如《增一阿含经》卷第八《安般品》第十七之二说：

> 有转轮圣王，名曰顶生。复有千子，勇猛强壮，能降伏诸恶，统领四天下，不加刀杖。尔时顶生圣王便生此念："我今有此阎浮地，人民炽盛，多诸珍宝。我亦曾从耆年长老边闻，西有瞿耶尼土，人民炽盛，多诸珍宝，我今当往统彼国土。"尔时阿难顶生适生斯念，将四部兵，从此阎浮地没，便往至瞿耶尼土。尔时彼土人民见圣王来，皆悉前迎，礼跪问讯："善来大王，今此瞿耶尼国人民炽盛，唯愿圣王，当于此治化诸人民，使从法教。"尔时阿难，圣王顶生，即于瞿耶尼统领人民，乃经数百千年。是时圣王顶生，复于余时，便生此念："我有阎浮提，人民炽盛，多诸珍宝。亦雨七宝，乃至于膝。今亦复有此瞿耶尼，人民炽盛，多诸珍宝。我亦曾从长年许闻，复有弗于逮，人民炽盛，多诸珍宝，我今当往统彼国土，以法治化。"

于是，他又将四部兵，从瞿耶尼往弗于逮，并征服之。他还想征服郁单越，因为郁单越也是"人民炽盛，多诸珍宝，所为自由，无固守着者"。

这是说国王顶生利用自己国家的势力迫使瞿耶尼归顺自己后，又依靠自己的实力去强迫弗于逮以及郁单越归顺自己。

有的大国原来"其土人民众多"，但后来却由于战争等原因而衰落了，就如我们前面说到的释迦牟尼曾经想要涅槃的僻陋小城拘尸城等，其衰落的原因是什么，佛经中未说，我们猜想可能是战争的结果，也可能是因自然灾害。而战争导致衰落的可能性更大一些，因为列国时代的战争很多。

列国时代的一些大国，可能有若干个小国依附，如一个名叫须赖婆的国家，可能就是迦尸国的附属国，因为迦尸国的国王波斯匿王将这个附属国的一处地方作为封邑给了一个婆罗门，这个地方名叫毗兰若。

大国国王可能经常巡视小国，以显示自己对这些小国的权威。在大国的国王对小国进行巡视时，小国要向大国进贡。如《长阿含经》卷第六第二分《转轮圣王修行经》第二说：

　　……时转轮王即召四兵，向金轮宝偏露右臂，右膝着地，复以右手摩扪金轮语言："汝向东方，如法而转，勿违常则。"轮即东转。时王即将四兵，随从其后……尔时东方诸小国王见大王至，以金钵盛银粟，银钵盛金粟，来趣王所，拜首白言："善来大王。今此东方，土地丰乐，人民炽盛，志性仁和，慈孝忠顺。唯愿圣王，于此治正。我等当给使左右，承受所当。"时转轮大王语小王言："止止诸贤，汝等则为供养我已，但当以正法治，勿使偏枉，无令国内有非法行。此即名曰'我之所治'。"时诸小王，闻此教已，即从大王，巡行诸国，至东海表……随轮所至，其诸国王，各献国土，亦如东方诸小国。比时转轮王既随金轮周行四海，以道开化，安慰民庶，已还本国。

《根本说一切有部毗奈耶药事》卷第十五说到列国时代的大国和小国、强国和弱国的关系：

　　乃往古昔，于婆罗痆斯，有梵德王，正绍王位。去此不远，有尾提诃国起逆。其梵德王，常欲伐彼不臣。其梵德王，兵众强盛，其尾提诃国，虽兵马驱胜，而常心行慈悲于梵德王。其梵德王贪爱其国，兴举四兵，往击尾提诃国。其王闻梵德王四兵欲来，即令扫洒城邑，无诸瓦石，悬缯幡花，办诸饮食。又敕诸臣等，令城内人民，出城预前二十五里，香花迎接，复作百种言词，赞美王德。其梵德王闻此事已，瞋心乃息。便作是念："既逆善言，不相违逆，今可回军。"时尾提诃国群臣等赞梵德王曰："愿王过国，所有军众，广陈设会。"……尔时二王，共为和合。其梵德王，即归本国。尾提诃国一切人民悉皆无畏。

再如《长阿含经》卷第十八《世记经·转轮圣王品》第三说：

时转轮王即将四兵，随其后行。金轮宝前，有四神导。轮所住处，王即止驾。尔时东方诸小国王见大王至，以金钵盛银粟，银钵盛金粟，来诣王所，拜首白言："善哉大王，今此东方，土地丰乐，多诸珍宝，人民炽盛，志性仁和，慈孝忠顺。唯愿圣王，于此治政，我等当给使左右承受所。"当时转轮王语小王言："止止诸贤，汝等则为供养我已，但当以正法治化，勿使偏枉，无令国内有非法行。身不杀生，教人不杀生、偷盗、邪淫、两舌、恶口、妄言、绮语、贪取、嫉妒、邪见之人。此即名曰'我之所治'。"……其诸国王各献国土，亦如东方诸小王……

这些小国为什么会依附于大国？是战争的结果还是别的什么原因？如果是战争的结果，为什么不是直接灭亡了这些小国，而是让它们相对独立，形成一种依附关系？有的小国之所以依附于大国，还可能是由于当时复杂的国际环境使然，某些小国为了在非常激烈的大国争霸中自保而去寻求大国的保护，从而依附于大国。究竟什么原因，没有资料说明，只能是推测。

图 3.1 转轮圣王像（公元前 1 世纪）

弱国可能还要给强国送人质，如《根本说一切有部毗奈耶药事》卷第十四："尔时北方有一国王，送二童子与胜光王，以为国信。一名驮索迦，一名波洛迦。其驮索迦能作饮食，波洛迦解敷床坐。"

五、边城建设

由于列国时代战争很多，所以，大概所有国家都很重视边城（即边疆的要塞城市）的建设。这在佛经中也有反映。据佛经资料，边城建设应当包括七个方面，即造立楼橹、筑地，使坚不可毁；掘凿池堑，极使深广，修备可依；周匝通道，开除平博；集四种军（象军、马军、车军和步军）；预备军器，弓矢鉾（按：即矛，有时"鉾"与"矛"互用）戟；立守门大将，明略智辩，勇毅奇谋，善则听入，不善则禁；筑立高墙，令极牢固，泥涂垩洒等。

据《中阿含经》卷第一《七品法》第一《城喻经》第三说：

　　我闻如是，一时佛游舍卫国，在胜林给孤独园。尔时世尊告诸比丘："如王边城，七事具足，四食丰饶，易不难得，是故王城不为外敌破，唯除内自坏。云何王城，七事具足？谓王边城，造立楼橹，筑地使坚，不可毁坏，为内安隐，制外怨敌，是谓王城，一事具足。复次如王边城，掘凿池堑，极使深广，修备可依，为内安隐，制外怨敌，是谓王城，二事具足。复次如王边城，周匝通道，开除平博，为内安隐，制外怨敌，是谓王城，三事具足。复次如王边城，集四种军，象军、马军、车军、步军，为内安隐，制外怨敌，是谓王城，四事具足。复次如王边城，豫备军器，弓矢鉾戟，为内安隐，制外怨敌，是谓王城，五事具足。复次如王边城，立守门大将，明略智辩，勇毅奇谋，善则听入，不善则禁，为内安隐，制外怨敌，是谓王城，六事具足。复次如王边城，筑立高墙，令极牢固，泥涂垩洒，为内安隐，制外怨敌，是谓王城，七事具足也。云何王城四食丰饶，易不难得？谓王边城，水草樵木，资有豫备，为内安隐，制外怨敌，是谓王城，一食丰饶，易不难得。复次如王边城，多收稻谷，及储畜麦，为内安隐，制外怨敌，是谓王城，二食丰饶，易不难得。复次如王边城，多积秔豆，及大小豆，为内安隐，制外怨敌，是谓王城，三食丰饶，易不难得。复次如王边城，畜酥油蜜，及甘蔗糖，鱼盐脯肉，一切具足，为内安稳，制外怨敌，是谓王城，四食丰饶，易不难得。如是王城，七事具足，四食丰饶，易不难得，不为外敌破，唯除内自坏。

不断的战争带来的后果必然是人民的灾难。

六、列国时代各国的内政

虽然印度的自然条件不错，但列国时代的战争很多，再加上自然灾害、统治阶级内部矛盾以及统治者的荒淫无道，也导致时有饥荒发生，甚至佛教徒连乞食都得不到。如律藏《弥沙塞和醯五分律》卷第一中说到佛与徒弟在一处山林中安居：

> 时世饥馑，乞求难得，入里分卫，都无所获。有贩马师……愍念比丘，乞求无获，便作是言："正有马麦，若能食者，当减半分，一升相与，足以支身，可以行道。"诸比丘言："佛未听我，食于马分。"以是白佛，佛以是事，集比丘僧，种种赞叹，少欲知足。告诸比丘："自今已后，听食马分。"

就是说，佛教徒乞食难得，所以佛陀允许佛教徒在这种情况下可以吃马食。连佛教徒乞食都难得，其他人的生活之艰难就更可想而知了。因而当时盗贼四起。

《根本说一切有部毗奈耶药事》卷第十三提到列国时代的国内状况时说：

> 乃往古昔，于般遮萝国，有二王，一在北界，一在南界。其北界王名曰财，城名龙阁，其王以法化世，人民炽盛，丰乐安稳，无诸诈伪、贼盗、疾疫，牛羊稻蔗，在处充满。其王以法治国……其南界王，性行险恶凶粗，非法治国，常以枷禁，打棒百姓。天不降雨，人并惊忙，舍投北界龙阁城，以求活命。其南界王出城游猎，乃见村舍空闲，神庙破坏，闻群臣曰："村中人物，今并何之？"诸臣答曰："比为饥俭，人皆饥急，投北界王。大王

施我无畏，即具说因缘。"王言："恣汝无畏。"臣等答言："北界
有王，名曰财。以法持国，以法化世，人民炽盛，安稳丰乐，无
诸诈伪、贼盗、疫疾，牛羊稻蔗，在处充满。常好布施于沙门婆
罗门，饮食资具，受用丰足。大王性行粗恶，枷禁打棒，百姓惶
怖，走投北界龙阁城中。"

《根本说一切有部毗奈耶药事》卷第十四说，有个国王，由于婆罗门的
挑拨离间，与王子发生矛盾，后来国王悔悟，与太子和解。国王"即与金
银、真珠等种种杂宝，而为资遣。是时善财（即王子），以紧那罗力，速疾
还诣那布罗城。当入城时，由紧那罗作种种香气，遍满城内。父王闻善财
来，敕令作诸鼓乐，扫洒城邑，除瓦石沙砾，皆令鲜洁，作诸音乐，悬缯
幡盖，烧众名香，散诸妙花。善财共诸百千眷属围绕，入那布罗城……"

据《榕鹿本生》，波罗奈的国王梵授王热衷打猎，他每餐都要吃肉。为
此，他停止国内一切行业，召集城乡全体居民，天天出外捕鹿，以供给国
王鹿肉。因而耽误了人们的工作。①

《欲望本生》说，古时候，波罗奈的梵授王有两个儿子。他立长子为副
王，次子为将军。不久，梵授王去世，大臣们立长子为王，但长子不仅不
愿为王，而且也不愿为副王。他离开了波罗奈，去边境地区住到一个商人
家里，靠自己的双手干活为生。后来，人们知道了他是一个王子。一次，
朝廷的官员到这个村子来丈量土地，以便征税。于是商人让王子给他的弟
弟写信，求他免去商人的税。王子这么做了，商人的税被免了。村子里的
其他人也来求王子写信，希望免去自己的税，王子也这么做了。人们把免
去的税交给了这个王子。这样一来，王子的收入和声誉日增，他的贪欲也
日增。他不仅要求所有乡村的税收，而且还要求副王的地位。他的弟弟都

---

① 《佛本生故事选》，第8页。

给了他。但他还不满足，而是要求整个王国，并率领乡民到波罗奈去逼迫其弟交出王位。他的弟弟交出了王位，他当上了国王，其弟当了副王。但他的贪欲并未到此为止，他不满足于统治一个国家，而是想要统治两个、三个国家。①

据《增一阿含经》卷第八《安般品》第十七，当时，有一个王子名叫婆罗留支，他受一个名叫提婆达兜的恶人的教唆，把自己的父王锁至铁牢中并杀死，而自立为王：

> 闻如是，一时佛在罗阅城迦兰陀竹园所，与大比丘五百人俱，尔时提婆达兜恶人便往至婆罗留支王子所，告王子言："昔者民氓，寿命极长。如今人寿，不过百年。王子当知，人命无常，备不登位，中命终者，不亦痛哉？王子时可断父王命，统领国人。我今当杀沙门瞿昙，作无上至真等正觉，于摩竭国界新王新佛，不亦快哉？如日贯云，靡所不照。如月云消，众星中明。"尔时婆罗留支王子即收父王，著铁牢中，更立臣佐，统领人民。

《佛本生故事》中常常说到由于国王残暴、荒淫无道等原因，而发生推翻国王统治的事。如《箴言本生》说梵授王的儿子，名叫"恶少"。一次，由于洪水的缘故，使得一条蛇、一只老鼠、一只鹦鹉和这个恶少一起被洪水卷走，菩萨发现了他们，于是将他们一一救起。但在救起他们时，菩萨先救起了蛇、老鼠、鹦鹉，然后才救起了这个恶少。于是恶少心想，你不先救我，而是先救那些动物，将来我一定要整治你。后来，他继承了王位，真的整治菩萨了。菩萨向人们讲述了事情的经过，人们无不义愤填膺，说道："这个无情无义的国王，对自己的救命恩人居然毫不感恩。这样的国王

---

① 《佛本生故事选》，第287页。

怎能为我们造福呢？去把他抓起来！"于是，他们从四面八方蜂拥而上，用弓箭、梭镖、石块、棍棒等武器，杀死坐在国象上的国王，倒拖他的双脚，把他扔进沟壑。然后，他们为菩萨灌顶，立他为王。①

《佛本生故事》说，迦尸国王梵授王，可能是干的恶事太多，所以，一天他在王宫看到来觐见的人很多，就怀疑："这些人是来杀我，夺取王位的。"于是，连忙让他的七个儿子和儿媳妇赶快逃命去。②

《佛本生故事》说，梵授王因为贪恋女色，便设计要杀害一个已婚妇女的丈夫，但却阴差阳错杀错了人，把国王自己给杀了。众神之王帝释天为菩萨灌顶，立菩萨为王："众位大臣、婆罗门、长者……满心欢喜，说道：'无道昏君死了，现在，我们得到帝释天赐给我们的圣明法王。'"③

《戏弄本生》说到梵施王在波罗奈治理国家时，容不得衰老之物，不论是象、马、牛，还是别的什么，只要一看到，他就追逐戏弄。看到老妪，他就下令召来，抽打肚子，推倒拽起，威胁恫吓；看到老翁，他就勒令其像杂技演员那样，趴在地上翻筋斗，逗笑取乐。即使没有看到，而只是听说谁家有老人，他也要派人找来，戏弄一番。国王的随从也戏弄老人。④

由于种种原因，列国时代各国社会很不安宁，时有盗贼扰乱。如《长阿含经》卷第六第二分《转轮圣王修行经》第二说到一个名叫转轮圣王的国王自动退位，出家修行，其子即位以后，不像以前的几代国王那样以正法治国，而是：

> 自用治国，不承旧法，其政不平，天下怨诉，国土损减，人
> 民凋落。时有一婆罗门大臣，往白王言："大王当知，今者国土损

① 《佛本生故事选》，第57页。
② 《佛本生故事选》，第57页。
③ 《佛本生故事选》，第57页。
④ 《佛本生故事选》，第202页。

减，人民凋落，转不如常。王今国内，多有知识，聪慧博达，明于古今，备知先王治政之法，何不命集，问其所知，彼自当答。"时王即召集群臣，问其先王治政之道。时诸智臣，具以事答。王闻其言，即行旧政，以法护世，而由不能拯济孤老，施及下穷。时国人民，转至贫困，遂相侵夺，盗贼滋甚。伺察所得，将诣王所，白言："此人为贼，愿王治之。"王即问言："汝实为贼耶？"答曰："实尔。我贫穷饥饿，不能自存，故为贼耳。"时王即出库物，以供给之。而告之曰："汝以此物，供养父母，并恤亲族，自今已后，勿复为贼。"余人转闻："有作贼者，王给财宝。"于是复行，劫盗他物。复为伺察所得，将诣王所，白言："此人为贼，愿王治之。"时王复问言："汝实为贼耶？"答曰："实尔。我贫穷饥饿，不能自存，故为贼尔。"王复出库财，以供给之。复告之曰："汝以此物，供养父母，并恤亲族，自今以后，勿复为贼。"复有人闻有作贼者，王给财宝，于是复行劫盗他物……

国王一看，这样不行，于是便把贼抓起来杀头。老百姓一看这样下去不行了，便"为自防护，遂造兵杖、刀剑、弓矢，迭相残害，攻劫掠夺"。

《佛本生故事》中常常说到强盗，说明那时社会秩序很乱。

第三节　意识形态领域的"百家争鸣"

列国时代社会和经济的巨大变革，不仅对政治产生了巨大的影响，也深深地影响了思想意识形态。与经济上和政治上的剧烈变动一样，在当时的思想意识形态领域里，形成了为数众多的学说和学派。其中著名的学者有"六师"（六师是富兰那迦叶、末伽黎拘舍罗、阿耆多翅舍钦婆罗、婆浮陀迦旃延、珊闍夜毗罗胝子和尼犍陀若提子）。据有的学者说，佛教的创始人释迦牟尼还应当是这六师的晚辈。① 学说有"六十二见"（即见解）和"九十六种外道"。学者们各自代表着不同的阶级或阶层，在意识形态领域里展开了激烈的争论，形成了"百家争鸣"的局面。他们讨论的问题包括：世界与自我有常还是无常，世界是有限还是无限，一切有因还是无因，死后有灵魂还是断灭，解脱之道如何的问题，等等。

那时，影响大的有耆那教、祈婆迦派、阿什斐迦派和佛教。

耆那教是公元前 6 世纪时在印度兴起的一个宗教。据说，其渊源很古，到公元前 6 世纪时已经传了 24 祖（不过，是否真实很难确认）。直到传说中的第 23 祖白史婆，在历史上才确有其人。根据传说，白史婆可能是公元前 8 世纪的人。他原来是迦尸国的王子，30 岁时出家，苦修 84 天后得道，以后传教 70 年，活了 100 岁。他不搞祭祀，也不敬诸神，反对瓦尔那制度，主张各瓦尔那的人都可以通过修行而得道，也不歧视妇女。他还初步组成传教团体，制定了一些教规和誓戒。

耆那教的真正创立者是筏驮摩那，他的父亲是一个部落首领，他是次子。其父母都在他 30 岁时绝食而死，他本人自幼也受到父母思想的影响。他曾经结过婚，有一个女儿。他 30 岁时出家修行，冥思苦想了 12 年，在 42 岁或 43 岁时自以为得道，成为"耆那"（意为战胜情欲者）、尼乾陀（意为解脱束缚者），被称为耆那大雄，即战胜情欲的伟大英雄。跟随他的教徒也被称为耆那。他四方传教，信徒越来越多，并得到摩竭陀、阿般提等国国王的支持。他 72 岁时去世（其卒年应当比佛陀略早），信徒达 14 万。他被尊称为耆那教的第 24 代教祖，也是耆那教的最后一位祖师。

---

① 见《长阿含经》卷第十七第三分《沙门果经》第八。

图 3.2　耆那教寺院

图 3.3　耆那教大雄像

耆那教认为，世界上没有绝对的真理，只有相对的真理，如瞎子摸象，摸到不同部位的就认为那个部位是大象。如摸到大象耳朵的，就认为大象是一把巨大的用来扇谷子以除去糠皮的扇子；摸到大象腿部的，就认为大象是一根大圆柱等。所以所有的判断都具有局限性，都是有条件的。

耆那教认为，世界是永恒的，是无始无终的，只有形式上的变化，而不是像婆罗门教所说的那样是神创造的。世界的一切包含两部分，即物质的和精神的两种因子。具体地说，就是上起天神，中含人类，下至各种动物、植物以至于无生物，都有灵魂，和什么样的身体结合，那是由自我的行为决定的。行善者的灵魂可以转生为天神、为善人，行不善者的灵魂可以转生为动物、植物以至于无生物。婆罗门教的杀生祭祀不仅无助于人在来世的幸福，而且杀生本身就是造下了恶业。耆那教不仅反对作恶以致得到恶报，而且也不把行善以求善报当作最高理想。因为他们认为，即使因行善而转生为天神，也没有最终摆脱转生或轮回的痛苦。他们的最高理想是使灵魂脱离躯体，超越轮回，处于无所不知、无所不能的极乐状态。

耆那教认为，要使灵魂超越轮回，必须奉持"三宝"，即正信、正知和正行。正信就是要完全彻底地信仰大雄和他的教义；正知就是要正确地习学和理解耆那教的教义；正行就是要求在家的信徒实行五项誓戒，即不伤害生物（耆那教不杀生的思想，比佛教和印度教还要严格。据说耆那教徒在街上行走时，一定要带上一把笤帚，看到有蚂蚁挡道，必须拿笤帚把蚂蚁扫开；而且脸上也要戴口罩，以免飞虫不慎飞到口腔里或鼻孔里而死于非命）、不说谎话、不偷盗、不奸淫、不贪私财。出家的苦行者就更严格，可以在苦行 12 年以后逐渐绝食而死。耆那教认为，只有这种极端的苦行才能不造新"业"，消除前"业"。

耆那教反对用其他生物作牺牲祭神以求自己解脱，而主张用战胜自己的情欲的办法来求得自己的解脱；反对以神为主宰的思想，而强调人可以决定自己的命运；否定人的种姓差别，而强调人的宗教修养的差别。这具有反对婆罗门教的倾向。但它又主张极端的苦行以求灵魂的快乐，甚至主张用自杀的方式以求得理想的永生，这就把人的生命当成了儿戏。①

斫婆迦派（或称顺世论）是古印度的一个唯物主义学派。佛教文献称他们为"顺世外道"（意为流行于民间的）。这一派的重要代表人物是阿耆多翅舍钦婆罗，在佛教文献中他被列为当时的"六师"之一。

斫婆迦派不相信吠陀经典的权威，也不相信婆罗门教的其他文献。他们认为世界万物都由地、水、火、风四大物质构成，根本没有灵魂，生命和自觉只不过是物质复合的产物。尽管物质没有生命和自觉，可是某些物质复合起来就有了它们原来没有的生命和自觉，这正如某两种颜色调和起来就能产生第三种新颜色，以及原来不能醉人的蜜糖经过酿造后就能变成酒一样。人死就是原来组合为生命的物质的离散，死后就没有灵魂，也不

---

① 关于耆那教，刘家和先生著有论述，可参见吴于廑、齐世荣主编：《世界史·古代史编》上卷，北京：高等教育出版社，2011 年版，第 134～136 页。

会有来生，人一死一切也就结束了。因此，他们主张珍惜生命，要使生存成为享乐，而不相信所谓行善作恶在来世有不同报应。这不仅否定了婆罗门教的轮回说，也否定了一切宗教的基础。在认识论方面，斫婆迦派不承认推理的有效性，他们认为，除了直接被感知的事物以外，没有可以确认的东西；因为间接知识必须经过中间环节，而一经过中间环节就会有不可靠的因素混杂进来。他们甚至认为，即使某一推理成为事实，那也是偶然的幸中，其中没有确实性。他们重视直接的感知知识，这是正确的，但否定间接知识和推理，就又错误地走向了另一个极端。他们的论敌谴责他们不信宗教，说他们没有道德责任感，因而把他们贬称为"斫婆迦派"，意思是说他们只讲现世享乐而不讲宗教修养。

阿什斐迦派（或译为"邪命外道"）是一个主张彻底的宿命论的学派，其代表人物是末伽黎拘舍罗，他也是"六师"之一，其影响是很大的。据说，他原来也是耆那教的实际创始人大雄的弟子，但因为和老师的学说不和而分道扬镳，自己创立新的学派。他认为，整个世界都是按既定的程序绝对地安排好的，在这个既定的世界上，每一个生命单子都必须反复再生84000次，从以太、气、火、水、地的基本分子开始，逐步经过地质的、生物的、动物的诸存在阶段，然后又以人的形态出现；每个生命单子在各个阶段再生的次数、时间与进度也都是既定的，每个生命单子在反复再生过程中的相互关系也是被严密地规定了的。他认为，人的意志和行为，不论是善和恶都影响不了整个的既定过程，修行并不能加快解脱的进程，作恶也不能起延缓的作用。人生历程不由自己决定，而是由宿命来定。一个人肯刻苦修行，只能说明他在命运安排的全过程中已经走到了比较接近解脱的地步。他认为，修行唯一能起的就是这种标志的作用。在他看来，修行与否，本身也不是由一个人的意志决定的，而是由命运前定的。这种彻底的宿命论在一方面固然否定了各种宗教的善恶各有报应的说教，但在另一方面也否定了人的一切能动作用，这只能使人安于无所作为。①

当时，各国的言论颇为自由，《长阿含经》卷第八第二分《散陀那经》第四说，梵志们在一处议论国家大事："时诸梵志，众聚一处，高声大论，俱说遮道浊乱之言，以此终日。或论国事，或论战斗兵杖之事，或论国家义和之事，或论大臣及庶民事，或论车马游园林事，或论坐席衣服饮食妇女之事，或论山海龟鳖之事，但说如是遮道之论，以此终日。"这些学派常常以宗教派别的形式表现出来，佛经中把佛教以外的那些学派叫作"外道"或"异学"。如《中阿含经》卷第五十七《晡利多品》第三《箭毛经》第六中说到这样的一个学派："我闻如是，一时佛游王舍城，在竹林伽兰哆园，与大比丘众俱千二百五十人而受夏坐。尔时世尊，过夜平旦，著衣持钵，入王舍城，而行乞食。行乞食已，收举衣钵，澡洗手足，以尼师檀，著于肩上，往至孔雀林异学园中。尔时孔雀林异学园中，有一异学，名曰箭毛，名德宗主，众人所师，有大名誉，众所敬重，领大徒众，五百异学之所尊也。彼在大众，喧闹娆乱，放高大音声，说种种畜生之论，谓论王、论贼、论斗、论食、论衣服、论妇人、论童女、论淫女、论世间、论空野、论海中、论国人民。彼共集坐，论如是比畜生之论。"

列国时代的众多学派所形成的百家争鸣与公元前8—前4世纪的希腊文化繁荣和中国的春秋战国时期的百家争鸣一起，构成了人类历史上精神觉醒的巨流，为人类文明的发展做出了重要贡献。

在印度列国时代的各种学派中，虽然有唯物主义、唯心主义之别，但在客观上，它们有一个共同的目标，即反对婆罗门教以及由它所维护的婆罗门等级的特权地位。在反对婆罗门教和婆罗门的特权地位的斗争中，对社会影响最大的当数佛教。

---

① 关于阿什斐迦派学派这一部分参考了上述吴于廑、齐世荣主编《世界史·古代史编》上卷中刘家和所写有关部分。

第四章　佛　教

第一节　佛教的创立

一、佛教的创立

佛教是现代世界三大宗教之一，在东亚和东南亚有很大的影响。

佛教创立于公元前 6 世纪，其创立的社会背景是，当时在恒河流域雅利安人统治的地区，婆罗门及婆罗门教的统治地位引起了广泛的不满；列国时代各国之间不断的战争给人民带来无数的苦难；社会经济发展虽然使一部分人富裕了起来，但大多数人却很贫穷。这一切苦难使被压迫者找不到出路，因而就希望从宗教中寻求解脱；统治阶级中的一些人在当时非常混乱的情况下，也希望从宗教中去寻求解脱；当时思想意识形态中的百家争鸣的环境等，都为耆那教、佛教等宗教的发展创造了客观环境。

佛教是释迦牟尼所创立的。按我国传统的说法，释迦牟尼生于公元前566 年，死于公元前 486 年，是迦毗罗卫城（在今尼泊尔境内）的统治者净饭王之子，属于刹帝利种姓。《长阿含经》卷第一第一分初《大本经》第一中，以释迦牟尼的口吻说："我父名净饭，刹利王种，母名大清净妙。王所治城名迦毗罗卫。"释迦牟尼原名为悉达多（Siddhārtha），姓乔达摩（Gautama）。"释迦牟尼"（Śākyamuni）是他得道后所获的称号，意为"释迦族的圣人"。其母在释迦牟尼出生后不久即去世，他是由姨母抚养长大的。悉达多自幼过着舒适无忧的生活，也受过严格的教育。29岁出家，先后到过吠舍釐、王舍城等地，向那里的修道者学道，但不得要领，于是又修了6年的苦行。

图4.1　乔达摩·悉达多降生。犍陀罗建筑浮雕

　　苦行不仅没有使他得到解脱，反而让他认识到这条道路行不通，于是在35岁时，他来到摩竭陀国迦叶城附近的前正觉山西南十四五里地方的一棵菩提树下，进行了长达7天7夜的冥思苦想，终于认为自己已经得道。以后在恒河流域的摩竭陀等国收徒传教40多年，被门人奉为"佛陀（Buddha）"，意为"觉悟者"。

　　关于释迦牟尼出家的传说，现代学者认为，释迦牟尼应当是一个真实的历史人物，但关于他的经历却充满了神奇色彩。例如说他出生自他的母亲的右胁下，生下来就能站立、走路和说话，说他下地以后，向四方各走

图 4.2　鹿野苑首次说法（左）及乔达摩·悉达多之死（右）。犍陀罗建筑浮雕局部

七步，每步脚踏之处，都生出莲花；说他生下来后就说"世间之中，我为最胜"；说在他生下来后婆罗门相师就说他将来会出家修道，证得无上正等正觉（即成佛）等。

关于释迦牟尼出家的原因，据佛经说，一是释迦牟尼在出生时相师就说他后来会出家；二是在一次出行时看见农民犁田，十分辛苦，而且许多小虫子被犁出来，被鸟吃了，觉得难受。在《长阿含经》中更具体地说到他出家的情况。《长阿含经》卷第一第一分初《大本经》第一说：

> 于时菩萨，欲出游观，告敕御者，严驾宝车，诣彼园林，巡行游观。御者即便，严驾讫已，还白："今正是时。"太子即乘宝车，诣彼园观。于其中路，见一老人，头白齿落，面皱身偻，拄杖羸步，喘息而行。太子顾问侍者："此为何人？"答曰："此是老人。"又问："何如为老？"答曰："夫老者，生寿向尽，余命无几，故谓之老。"太子又问："吾亦当尔，不免此患耶？"答曰："然！

生必有老，无有豪贱。"于是太子怅然不悦，即告侍者，回驾还宫。静默思惟："念此老苦，吾亦当有。"尔时父王问彼侍者："太子出游，欢乐不耶？"答曰："不乐。"又问其故。答曰："道逢老人，是以不乐。"尔时父王默自思念："昔日相师，占相太子，言当出家。今者不悦，得无尔乎？当设方便，使处深宫，五欲娱乐，以悦其心，令不出家。"即便严饰宫馆，简择婇女，以娱乐之。

又于后时，太子复命御者，严驾出游。于其中路，逢一病人，身羸腹大，盲目熏黑，独卧粪除，无人瞻视，病甚苦毒，口不能言。顾问御者："此为何人？"答曰："此是病人。"曰："何如为病？"答曰："病者众痛迫切，存亡无期，故曰病也。"又曰："吾亦当尔，未免此患耶？"答曰："然！生则有病，无有贵贱。"于是太子怅然不悦。即告御者，回车还宫。静默思惟："念此病苦，吾亦当然。"尔时父王复问御者："太子出游，欢乐不耶？"答曰："不乐。"又问其故：答曰："道逢病人，是以不乐。"于是父王默然思惟："昔日相师，占相太子，言当出家。今者不悦，得无尔乎？吾当更设方便，增诸伎乐，以悦其心，使不出家。"即复严饰宫馆，简择婇女，以娱乐之。

又于异时，太子复敕御者，严驾出游。于其中路，逢一死人。杂色缯幡，前后导引，宗族亲里，悲号哭泣，送之出城。太子复问："此为何人？"答曰："此是死人。"问曰："何如为死？"答曰："死者尽也。风先火次，诸根坏败，存亡异趣，室家离别，故谓之死。"太子又问御者："吾亦当尔，不免此患耶？"答曰："然！生必有死，无有贵贱。"于是太子怅然不悦，即告御者，回车还宫。静默思惟："念此死苦，吾亦当然。"尔时父王复问御者："太子出游，欢乐不也？"答曰："不乐。"又问其故，答曰："道逢死人，是故不乐。"于是父王默自思念："昔日相师，占相太子，言当出家。今者不悦，得无尔乎？吾当更设方便，增诸伎乐，以悦其心，使不出家。"即复严饰宫馆，简择媒女，以娱乐之。

又于异时，复敕御者，严驾出游。于其中路，逢一沙门，法服持钵，视地而行。即问御者："此为何人？"御者答曰："此是沙门。"又问："何谓沙门？"答曰："沙门者，舍离恩爱，出家修道，摄御诸根，不染外欲，慈心一切，无所伤害，逢苦不戚，遇乐不欣，能忍如地，故号沙门。"太子曰："善哉！此道真正永绝尘累，微妙清虚，惟是为快。"即敕御者，回车就之。尔时太子问沙门曰："剃除须发，法服持钵。何所志求？"沙门答曰："夫出家者，欲调伏心意，永离尘垢，慈育群生，无所侵娆，虚心静寞，唯道是务。"太子曰："善哉！此道最真。"寻敕御者："赍吾宝衣，并及乘舆。还白大王：'我即于此，剃除须发，服三法衣，出家修道。所以然者，欲调伏心意，舍离尘垢，清净自居，以求道术。'"于是御者即以太子所乘宝车及与衣服还归父王。太子于后即剃须发，服三法衣，出家修道。

在《根本说一切有部毗奈耶药事》卷第十一中，佛陀还就弶伽河的名字的由来，说到人对生老病死的恐惧：

是时世尊渡弶伽河，左右顾视此河。时诸苾刍请世尊曰："由何是故，顾视看河？"佛告诸苾刍："汝等乐闻此弶伽河缘起不？"白言："世尊，今正是时，善逝，今正说时，唯愿说之，我等乐闻。"佛告诸苾刍："乃往古昔有王，名曰实竹，以法化世，人民炽盛，丰乐安稳，甘雨应时，花果茂实，无诸诈伪，贼盗疾疫，常以法化。"至于春月，王与宫媒，出游芳园，见一丈夫，发白面皱，年几迈朽，羸弱憔悴，诸根不明，倚杖而行。王见问曰："是何丈夫，广说乃至，倚杖而行?"答言:"大王，少行亏尽，老苦来现。"王曰:"我亦如是，同此老法?"答言:"大王，一切皆然。"王遂忧愁，前进而去。复见一人，遍体疮溃，皮肤皱涩，腹胀如山，脓血流出，支节分离，以物缠裹，长嘘喘气，倚杖跛足，缓缓而行。王既见已，告诸群臣:"此何丈夫，广如上说，乃至跛足而行?"臣白王言:"此名病者。"王问:"我亦同此?"答言:"大王，一切皆然。由于先身，作诸恶业，受斯业报。"王便作念:"若如是者，凡诸恶业，而不应为。"作是念已，前进而去。又见一舆，以青、黄、赤、白缯彩严饰，而用盖之。吹螺打鼓，男女大小，多诸人众，四人共舆，复持柴火，逆前而行。复多人众，随舆而后，悲啼号哭，唱言:"父父、兄兄、主主。"而作大声。王既见已，告诸臣曰:"此是何物，广如上说，乃至而作大声?"诸臣答言:"大王，此名为死。"王曰:"我亦同此死法?"答言:"大王，一切皆然，非但独此。"时王见斯老病死事，深怀忧恼，回驾入宫，住幽静处。于王境内，有一婆罗门，名曰应时，大贵豪族，多饶财宝，学超四典。时彼闻王，见老病死，深怀忧恼，住幽静处，与无量婆罗门众围绕，乘白车，驾白马，执持金杖金瓶，来诣实竹王所。诸臣启王:"应时婆罗门来诣门首。"王便出宫，升其御座，时婆罗门起居王已，就座而坐。白大王言:"大王，何故住于幽静之处?"王即为彼广陈老病死缘。应时白言:"大王，世间各各，自食业果，勿为忧恼。自有有情，造诸善业。自有有情，作诸恶业。自有有情，造善恶业。大王今是转轮圣王，常做善业，临命终时，必得生天。大王当知，是转轮圣王，超胜诸人，受诸安乐，得生天上，倍受安乐。然今大王，应作施会。"王告诸臣:"宜应击鼓宣令，大王作大无遮施会:境内诸人，有所须者，皆来受食取施。"诸臣受令已，严饰施场。须食者与食，须衣者与衣。涤米泔水，成大壕坑，泛涨流溢，名曰无热池。经于十二年中，米泔饭汁，共为凑聚，泛流成河，是故世人号为浆水河。

关于释迦牟尼得道时的菩提树也有种种传说。如据玄奘《大唐西域记》说，玄奘到访时，此菩提树：

周垣叠砖，崇峻险固。东西长，南北狭，周五百余步。奇树名花，连阴接影，细莎异草，弥漫缘被。正门东辟，对尼连禅河，南门接大花池，西阨险固，北门通大伽蓝。……菩提树垣正中，有金刚座……金刚座上菩提树者，即毕钵罗之树也。昔佛在世，高数百尺，屡经残伐，犹高四五丈，佛坐其下成等正觉，因而谓之菩提树焉。茎干黄白，枝叶青翠，冬夏不凋，光鲜无变。每至如来涅槃之日，叶皆凋落，顷之复故。……如来寂灭之后，无忧王之初嗣位也，信受邪道，毁佛遗迹，兴发兵徒，躬临翦伐，根茎枝叶，分寸斩截，次西数十步而积聚焉，令事火婆罗门烧以祠天，烟焰未静，忽生两树，猛火之中，茂叶含翠，因而谓之灰菩提树。无忧王睹异悔过，以香乳溉余根，洎乎将旦，树生如本。王见灵怪，重深欣庆，躬修供养，乐以忘归。王妃素信外道，密遣使人，夜分之后，重伐其树。无忧王旦将礼敬，惟见蘖株，深增悲慨，至诚祈请，香乳溉灌，不日还生，王深敬异，叠石周垣，其高十余尺，今犹见在。近设赏迦王者，信受外道，毁嫉佛法，坏僧伽蓝，伐菩提树，掘至泉水，不尽根柢，乃纵火焚烧，以甘蔗汁沃之，欲其燋烂，绝灭遗萌。数月后，摩竭陀国补剌拿伐摩王唐言满胄，无忧王之末孙也，闻而叹曰："慧日已隐，惟余佛树，今复摧残，生灵何睹！"举身投地，哀感动物，以数千牛构乳而溉，经夜树生。其高丈余。恐后翦伐，周峙石垣，高二丈四尺。
故今菩提树隐于石壁，上出二丈余。①

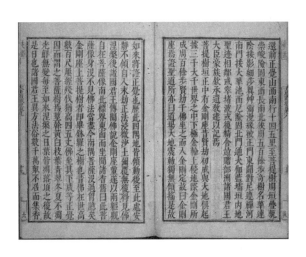

图 4.3　《大唐西域记》书影

二、佛教的基本教义

早期佛教最初是作为一个反对婆罗门教的宗教派别出现的。它反对婆
罗门教所坚持的种姓制度，认为人的解脱与否，不凭种姓出身，而全靠自
己的所作所为，各个种姓的人都能修道，都可以凭自己的努力求得解脱，
用不着婆罗门，也用不着求神。

佛教教义的根本点是超脱轮回和自我解脱。佛教认为，解脱不是通过
一条信仰和献祭的捷径所能达到的，必须通过道德的生活和苦行的戒律，
同时从苦行和沉迷的泥淖中得到解脱。

佛教不承认种姓间的区别，提倡"众生平等"，当然这里的平等仅仅是
指宗教范围内的平等。但无可否认，这对于婆罗门所极力维护的种姓血统
论是一种否定。

① （唐）玄奘：《大唐西域记》，第 186～188 页。

《芒果本生》这个故事中，说到一个出身婆罗门的青年，向一个旃荼罗学习了一门咒语技艺，能在任何季节得到芒果。但这个旃荼罗老师对他说，不论谁问他的老师是谁，他都不能隐瞒，如果隐瞒了，他的咒语就不灵验了。这个婆罗门青年答应了老师的嘱咐。可是，他没有兑现自己的承诺，当国王问他的老师是谁时，他没有说实话，结果，他学习的咒语就忘了，不灵验了。于是他向人们说他的老师是一个旃荼罗。国王在一首偈颂中说："刹帝利和婆罗门，吠舍以及首陀罗，旃荼罗和波拘萨（按：波拘萨和旃荼罗一样，是印度最低种姓之一），不管他是何种姓，谁个能够授法道，谁个就是王中王。"

早期佛教的基本教义是"四谛"说。四谛意即四种"真理"：苦谛、集谛、灭谛和道谛。

苦谛，主要讲现实存在的种种痛苦。佛教认为人生一切皆苦，主要是八苦：生苦、老苦、病苦、死苦、怨憎会苦、爱别离苦、求不得苦、五盛阴苦。

集谛，是说明人生多苦的原因。佛教认为，人生之所以产生上述八苦，其根源在于"欲爱"。人们总是有追求淫乐的欲望，有希望长生的欲望，也有掌握权力的欲望，可是世界上的一切都是变化无常的，连"我"都是多种因素的暂时结合，并非真实的存在，因此人的欲望总会落空。而人的欲望一旦落空，就会产生痛苦。佛教还吸取了婆罗门教的轮回说，认为人有欲望就会有言行，有因果循环，就会有生死轮回之苦。

灭谛，就是指消灭痛苦、消灭苦因、消灭欲望的真理，佛教称这种境界为"涅槃"。所谓涅槃，意即灭、灭度或圆寂，这是佛教所幻想出来的不生不灭、永远超脱轮回的一个寂静的境地，是佛教全部修行所要达到的最高理想。

道谛，是指为实现佛教理论所应遵循的手段和方法。佛教认为，要消灭痛苦，其方法是学习教义，遵守戒律和八正道。

所谓戒律，主要是指信徒在道德实践中所要做到的"五戒"和"十善"。五戒是"不杀生、不偷盗、不邪淫、不妄语、不饮酒"。十善是以五戒为基础扩充而来的，包括"不杀生、不偷盗、不邪淫、不妄语、不两舌（不挑拨离间）、不恶口（不骂人，不说人坏话）、不绮语（不花言巧语）、不贪欲、不嗔恚（不愤怒）、不邪见（不违背佛教的见解）"。五戒和十善实际上就是世俗道德的神圣化。"八正道"意为八种通向涅槃的正确方法或途径，以四谛为标准。八正道包括"正见"（信仰正）、"正思维"（决心正）、"正语"（语言正）、"正业"（行为正）、"正命"（生活正）、"正精进"（努力正）、"正念"（思念正）、"正定"（精神集中）。其中最根本的一道是正见，即坚定不移地信奉佛教的教义，其余七道则是在正见的基础上言论行动的不懈修行。

佛教认为，按此修行，便可不断去"恶"积"善"，修成阿罗汉或成佛，到达智慧和解脱的彼岸。

佛陀认为，除了他的四谛（即四种神圣的真理）和八正道，"其他学说主张都是虚空无实的"。

在汉译佛经中，关于四谛的译法，在不同篇目中不尽相同。如在《大般涅槃经》中译为"苦、集、灭、道"；在《增一阿含经》卷第十七《四谛品》第二十五中译为"初苦谛"、"苦集谛"、"苦尽谛"、"苦出要谛"；在《佛说四谛经》中译为"苦、习、尽、道"等。其意义是一样的。《大般涅槃经》说：

> 尔时世尊，与诸比丘，即从座起，趣于象村，庵婆罗村，阎浮村，乃至到于善伽城。到彼城已，与诸比丘，前后围绕，在一处坐。于是世尊，告诸比丘："有四圣谛，当勤观察。一者苦谛，二者集谛，三者灭谛，四者道谛。比丘，苦谛者，所谓八苦：一生苦、二老苦、三病苦、四死苦、五所求不得苦、六怨憎会苦、

七爱别离苦、八五受阴苦。汝等当知，此八种苦，及有漏法，以逼迫故，谛实是苦。集谛者，无明及爱，能为八苦，而作因本，当知此集谛是苦因。灭谛者，无明爱灭，绝于苦因，当知此灭谛实是灭。道谛者，八正道：一正见、二正念、三正思惟、四正业、五正精进、六正语、七正命、八正定。此八法者，谛是圣道。若人精勤，观此四法，速离生死，到解脱处。汝等比丘，若于此法已究竟者，亦当精勤，为他解说。我若灭后，汝等亦应，勤思修习。"

佛教认为，应当灭贪欲。《增一阿含经》卷第五《不逮品》第十一说：

闻如是，一时佛在舍卫国祇树给孤独园。尔时世尊告诸比丘："当灭一法，我证卿等，成阿那含。云何为一法？所谓贪欲。诸比丘当灭贪欲，我证卿等，得阿那含。"尔时世尊便说此偈："贪淫之所染，众生堕恶趣，当勤舍贪欲，便成阿那含。"

佛教认为，应当灭瞋恚。

闻如是，一时佛在舍卫国祇树给孤独园，尔时世尊告诸比丘："当灭一法，我证汝等，成阿那含。云何为一法？所谓瞋恚是。诸比丘当灭瞋恚，我证汝等，得阿那含。"尔时世尊便说此偈："瞋恚之所染，众生堕恶趣，当勤舍瞋恚，便成阿那含。"

佛教认为，应当灭愚痴。

闻如是，一时佛在舍卫国祇树给孤独园，尔时世尊告诸比丘：

'当灭一法，舍离一法，我证汝等，成阿那含。云何为一法？所谓愚痴。是故诸比丘，当灭愚痴。我与卿等，证阿那含。"尔时世尊便说此偈："愚痴之所染，众生堕恶趣，当勤舍愚痴，便成阿那含。"

佛教认为，应当灭悭贪。

闻如是，一时佛在舍卫国祇树给孤独园，尔时世尊告诸比丘："当灭一法，舍离一法，我证汝等，成阿那含。云何为一法？所谓悭贪。是故诸比丘，当灭悭贪，我证汝等阿那含。"尔时世尊便说此偈："悭贪之所染，众生堕恶趣，当勤舍悭贪，便成阿那含。"

关于爱别离苦，《增一阿含经》卷第六《利养品》第十三中，有这样一个故事：

……是时竹膊婆罗门受夫人教敕，寻往至祇洹精舍，到世尊所，共相问讯。共相问讯已，在一面坐。时彼梵志，白世尊曰："摩利夫人，礼世尊足，问讯如来，兴居轻利，游步康强乎？训化盲冥，得无劳耶？"复作是语："此舍卫城内，普传此言：'沙门瞿昙，而作是教，恩爱别离怨憎之会，此乐快哉。'不审世尊，有是言教耶？"尔时世尊告竹膊婆罗门曰："于此舍卫城内，有一长者，丧失一子。彼念此子，狂惑失性，东西驰走，见人便问，谁见我子。然婆罗门，恩爱别离苦，怨憎会苦，此皆无有欢乐。昔日此舍卫城中，复有一老母无常，亦复狂惑，不识东西，复有一老父无常，亦复有兄弟姊妹皆悉无常。彼见此无常之变，生狂失性，不识东西。婆罗门，昔日此舍卫城中有一人新迎妇，端正无双。

107

尔时彼人未经几时，便自贫穷。时彼妇父母，见此人贫，便生此念：'吾当夺女，更嫁与余人。'彼人窃闻妇家父母欲夺吾妇更嫁与余人，尔时彼人衣里带利刀，便往至妇家。当于尔时，彼妇在墙外纺作。是时彼人往至妇父母家，问：'我妇今为所在？'妇母报言：'卿妇在墙外阴中纺作。'尔时彼人便往至妇所。到已，问妇曰：'云卿父母欲夺汝更余嫁耶？'妇报言：'信有此语。然我不乐闻此言耶。'尔时彼人即拔利剑取妇刺杀，复取利剑自刺其腹，并复作是语：'我二人俱取死。'"

佛教得到人们的广泛支持，这可能与佛陀曾经为民除害、为民造福有关。《根本说一切有部毗奈耶药事》卷第九说：

尔时世尊，至军底城。于其城中，有女药叉，名曰军底，常住此城，心怀暴恶，而无畏难，一切人民，所生男女，常被食啖。然彼城中，婆罗门居士等，闻世尊到军底城侧，现在其处。诸人闻已，共为集会，一时出城，往诣佛所。到已，顶礼世尊双足，退坐一面。于时世尊，与婆罗门居士等，为说法要示，教利喜已，乃至如上，默然而住。

尔时婆罗门居士等，从坐而起。整理衣服，于世尊前，合掌而白佛言："唯愿世尊及苾刍众，明旦食时，受我微供。"乃至饭食讫，收衣钵，洗手已，即持金瓶，在世尊前，有所求乞，而作是言："世尊，彼诸毒龙，及恶药叉，皆已调伏。然此军底女药叉，于长夜中，而与我等，非怨为怨，非仇为仇，我常恩义，彼常怨害，所生孩子，皆被侵夺。唯愿世尊，哀悯我等，调伏军底女药叉。"尔时药叉，亦在会中。于时世尊告女药叉曰："汝今闻此诸人语不？"药叉白言："善逝，而我已闻。"复问女药叉："汝今闻不?"答言:"世尊,我今已闻。"佛言:"汝久远来,作此非法罪业。"答言:"诸人共我立契,若能为我造寺,即当永断。"

尔时世尊告婆罗门居士:"汝等闻此女药叉语不?"诸人答言:"世尊,我今已闻。"佛言:"汝今云何?"诸人白言:"世尊,我等必为造寺。"尔时世尊调伏此女药叉,并眷属已,便舍而去。

《根本说一切有部毗奈耶药事》卷第十说:佛陀在末土罗城驴药叉园苑,该城的婆罗门居士对佛陀说,当地的驴药叉为害他们,"我等所生孩子,皆被侵夺"。因此,这些婆罗门居士希望佛陀能帮助他们,调伏这些驴药叉。佛陀听后,就问这些驴药叉是否有此事,驴药叉说确有此事。佛陀说,你们这样做是错误的,"此非法事,汝当厌离"。这些药叉说,我们可以离开,但要求婆罗门居士为他们"造五百毗诃罗"。佛陀调伏了这些药叉,而婆罗门居士也为药叉建造了毗诃罗,矛盾得到解决。

佛陀之所以广受欢迎,还与他曾经对贫者施舍有关,《根本说一切有部毗奈耶药事》卷第十一中说到佛陀施舍的事情:

是时世尊,游至童长城……次至施宝城,告具寿阿难陀曰:"菩萨往昔,而于此处,施多珍宝,是故此城,名为施宝。"……次至金升城,告阿难陀曰:"于此城中,菩萨昔时,为檀施会,以升量金,奉施乞者。是故此城,世号金升。"

佛陀传教时用的是印度北部的居萨罗方言和印度东部的摩竭陀方言。

三、佛教的经典

在世界三大宗教(基督教、伊斯兰教和佛教)中,佛教的典籍是最丰富的,可以说是浩如烟海。佛教经典的内容就是三藏,即经、律、论。在佛教分裂成大乘佛教和小乘佛教以后，大乘有大乘的经、律、论，小乘有小乘的经、律、论。《大藏经》将这两种经、律、论都收入了。各种版本的《大藏经》中收入的汉译佛经有 1000 多部。

"经"的字面意思是"一根线"，引申为连接许多论题论述的线索。佛经对于所有僧伽成员、菩萨和俗世弟子，应当都具有权威性。经藏是我们了解佛法的主要原始资料，虽然有的不是由佛本人宣讲的，而是由经他同意或他授意的弟子宣讲的。从广义上讲，佛经有大乘经和小乘经之分，但小乘派不承认大乘经的可靠性，而大乘派却并不否认小乘经的可靠性。小乘经包括四大经集，即用梵文写成的《阿含经》和用巴利文写成的《部类》。《阿含经》有《长阿含经》、《中阿含经》、《增一阿含经》和《杂阿含经》等，《增一阿含经》和《杂阿含经》这两部经集的部分内容来自前两部《阿含经》，部分内容来自原始的甚至远古的资料。巴利文经典还包括一个《小部经典》，即《小部》，它由《法句经》、《长老偈》、《长老尼偈》和《佛本生经》等构成，皆用巴利文写成。它们要么是出自正典的其他地方（大多出自律藏），要么是在正典之外，以独立的半正典的面目出现。

佛教徒出身各异，经历各异，他们如何能齐集在佛陀之下呢？这除了有佛陀学说的影响、佛陀个人的魅力的影响以外，还靠佛陀提出的若干约束、规范佛教徒的思想行为的规定，即戒律。例如，佛教徒的戒酒、戒淫律等。佛教的戒律并不是一开始就有的，而是在佛教的发展过程中逐渐提出和完善的。这些戒律对佛教的发展起过重要的作用。但是，也应当看到，这些戒律并不能让所有的佛教徒都遵守，不是所有的佛教徒都时时、事事都遵守，所以，才会有佛教徒中的某些人违反教规而被惩罚，才会发生后来佛教分裂成很多宗很多派。在公元 1 世纪时，最后形成了大乘佛教和小乘佛教。当然，大多数佛教徒还是遵守佛教的戒律的，或者说基本上是遵守佛教的戒律的，所以，佛教才能在今天还有如此大的影响。

"律"，梵文毗奈耶，这个词的意思是"脱离（邪恶）"，是佛教的戒律，包括《律分别论》和《律事》两个部分，附有历史和教义问答的补遗。《律分别论》即毗奈耶解，包括由150条戒律构成的《戒本经》及其注疏《经分别》，此两书在内容上紧密相关。《戒本经》包括用来约束过隐士生活的僧伽成员的各种戒律；《经分别》则对每条戒律逐字加以解释，并且叙述各条戒律得以传播的具体环境。《律事》包括《犍度书》（即"品类"）。根据不同的修订本，《犍度书》有17品或更多。这些经文构成了寺院制度的全部规章（如受戒、雨季安居、医药、食物、衣袍、僧房，等等）。此外，律藏不仅记载了寺院生活的规则，还记载了亚洲大部分地区，特别是印度的风俗、习惯、见解、知识、迷信等。律藏和经藏可以说是佛陀时代印度的历史、地理、社会等方面的最丰富的资料来源之一。律藏现存7种完整的版本。

佛教戒律举例如下。

《根本说一切有部毗奈耶杂事》卷三十四：

> 有一长者，大富多财。妇生一子，情大欢喜，命诸亲眷，共为喜乐。其妇及夫，别房睡著，天明不起。时有乞食苾刍，见彼多门，遂入家内，迷其出处，遂便深入至长者房前，彼即警觉。苾刍遂向妇边而过。长者见云："此与我妇，共行非法。"即打苾刍，头破血出，钵盂亦破。妇觉报云："苾刍无过，可放令出。"时苾刍持此容仪至逝多林。苾刍问曰："何故如是？"即便具说。苾刍以缘白佛。佛言："苾刍乞食，不应造次，入多门家。应将饼麨，门前为记，然后方入。"苾刍入时默然而入，见其妇女露形走去，俗人嫌耻。佛言："欲入舍时，作声警觉。"彼即呵呵作声，喧闹而入。家人报曰："仁岂小儿，呵呵作声，而入我家？"答曰："佛令作声而入，为此呵呵。"答曰："更无方便，可使作声，唯此呵呵，能为警觉？"苾刍默尔。苾刍白佛，佛言："苾刍不应呵呵

作声，入他人舍。"佛制不听，遂拳打门扇，作声而入。家人怪问："何故打破我门？"默尔无对。佛言："不应打门，可作锡杖。"苾刍不解。佛言："杖头安镮，圆如盏口，安小镮子，摇动作声，而为警觉。"狗便出吠，用锡杖打。佛言："不应以锡杖打狗，应举怖之。"时有恶狗，怖时瞋剧。佛言："取一抄饭，掷地令食。"至不信家，久摇锡时，遂生疲倦。而彼家人，竟无出问。佛言："不应多时摇动，可二三度摇，无人问时，即须行去。"

又：

……时有长者，请佛及僧，家中设食，苾刍僧伽，皆去赴供。佛在寺中，令人取食……时彼长者，权为叶舍，命众令坐。时属寒雨，长者行粥，次行干饼，次授炉饼，并与萝卜。时有苾刍，喝粥作呼呼声；嚼干饼者，作百百声；吃博炉者，作猎猎声；屋上雨下，作索索声；瓶中饮水，作骨骨声。此等诸声殊响合。时有苾刍，先能歌舞，闻其声韵，忆旧管弦，抑忍不禁，即从座起，随其音曲，手舞逐之。告大众曰："大德，此是呼呼声。""大德，此是百百声。""大德，此是猎猎声。""此是索索声。""此是骨骨声。"弹指相扣，无不合节。于大众中，有不住心者，即便微笑。其用意者，悉皆惊愕。行食诸人，无不大笑，或生讥耻。施主深怪，请食苾刍，情大羞耻。将食至寺，置在一边，礼世尊足。世尊法尔，共取食人，欢言致问："大众颇得美食饱不？"白言："大德，美食虽足，然施主致怪。"问曰："何故？"以缘具白。世尊食讫，出外洗足。还入房中，宴坐而住。至于晡时，方从定起，于苾刍众中，就座而坐。便告作舞苾刍曰："汝以何心，于施主家，而作舞耶？"答言："大德，有讥彼意。及掉举心，而作于舞。"佛告诸苾刍："若苾刍作掉举而为舞者，得越法罪。若作讥彼心者，无犯。汝诸苾刍，此等皆由作声啖食，致斯过失。是故苾刍不作声食。作者得越法罪。"……

又：

……时有长者，请佛及僧，就舍受食。时诸苾刍，不一时去，各作伴行。既到彼家，更待余者。人未尽集，报长者曰："宜可行食？我等前餐，食饱便去。更有人来，复令行食。"如是展转，施主疲劳。报言："圣者，待一时坐，我并行食。"既生扰恼。苾刍白佛。佛言："受他请时，不应乱去。在前去者，至门相待，一时方入。若乱去者，得越法罪。"

"论"，梵文阿毗达摩（意为法），是一种注释并解说经藏的高度学术性的部论集，对教义进行系统的哲学阐述，建立了一套连贯的精神修持方法。现存两种不同的论藏，一种是上座部编撰的，一种是一切有部编撰的。上座部的论藏中，最重要的是《法集论》和内容庞大的《法趣论》。按照上座部传统，论藏是正典。

主要的佛教经典文献只能在汉译本和藏译本中找到。

但佛经并不是在佛教的创始人释迦牟尼在世时写成的（他在世时没有写过任何经典），而是在他去世后才逐渐写成的，是佛陀的弟子们在佛陀涅槃后回忆追记佛陀的言论，或假托佛陀的名义写定的，经过几次结集后才形成文字。据文献记载，在佛教历史上有四次结集（所谓结集，即佛教的高僧集会，统一佛教的教义）。第一次结集，是在佛陀涅槃后不久进行的，由大迦叶主持，但当时并没有形成文字。

古代印度的民族成分极其复杂，语言也很复杂，再加上时代不同、地区和教派不同，所以印度佛教典籍是用不同的文字写成的。其中有的用巴利文写成，有的用梵文写成，还有的用混合梵文写成。例如大乘佛教的经典是用梵文写成的；小乘佛教的经典是用巴利文写成的，其所用语言是印度西部的方言。

第二节　佛教与王权的关系

一、佛教与王权的关系

释迦牟尼在世时，和当时的一些统治者的关系是很融洽的。这表现在：（1）国王和释迦牟尼经常相互问讯；（2）国王有大事时，去征求释迦牟尼的意见；（3）国王在经济上给予佛教支持，或捐赠给释迦牟尼或佛教以财富；（4）后来在阿育王统治时期还免去了释迦牟尼出生地的赋税等。

《中阿含经》卷第五十九《例品》第四《一切智经》第一说：

我闻如是，一时佛游郁头随若，在普棘刺林。尔时拘萨罗王波斯匿闻沙门瞿昙游郁头随若，在普棘刺林。拘萨罗王波斯匿闻已，告一人曰："汝往诣沙门瞿昙所，为我问讯，圣体康强，安快无病，起居轻便，气力如常耶？作如是语：'拘萨罗王波斯匿问讯，圣体康强，安快无病，起居轻便，气力如常耶？'"又复语曰："拘萨罗王波斯匿欲来相见。"彼人受教，往诣佛所，共相问讯。却坐一面，白曰："瞿昙，拘萨罗王波斯匿问讯，圣体康强，安快无病，起居轻便，气力如常耶？拘萨罗王波斯匿欲来相见。"世尊答曰："今拘萨罗王波斯匿安隐快乐，今天及人、阿修罗、捷塔和、罗刹及余若干身安隐快乐。拘萨罗王波斯匿若欲来者，自可随意。"彼时使人闻佛所说，善受持诵，即从座起，绕三匝而去。

尔时尊者阿难住世尊后,执拂侍佛,使人去后,于是世尊回顾告曰:"阿难,汝来共诣,东向大屋,开窗闭户,住彼密处。今日拘萨罗王波斯匿一心无乱,欲听受法。"尊者阿难白曰:"唯然。"于是世尊将尊者阿难至彼东向大屋,开窗闭户,密处布座,敷尼师檀,结跏趺坐。彼时使人还诣拘萨罗王波斯匿所,白曰:"天王,我已通沙门瞿昙。沙门瞿昙今待天王,唯愿天王,自当知时。"拘萨罗王波斯匿告御者曰:"汝可严驾,我今欲往见沙门瞿昙。"御者受教,即便严驾。尔时贤及月姊妹与拘萨罗王波斯匿共坐食,时闻今日拘萨罗王波斯匿当往见佛,白曰:"大王,若今往见世尊者,愿为我等稽首世尊,闻讯圣体康强,安快无病,起居轻便,气力如常耶?"作如是语:"贤及月姊妹稽首世尊,问讯圣体康强,安快无病,起居轻便,气力如常耶?"拘萨罗王波斯匿为贤及月姊妹默然而受。彼时御者严驾已讫,白曰:"天王,严驾已办。随天王意。"时王闻已,即便乘车,从郁头随若出,往至普棘刺林。尔时普棘刺林门外众多比丘露地经行,拘萨罗王波斯匿往诣诸比丘所,问曰:"诸贤,沙门瞿昙今在何处?我欲往见。"诸比丘答曰:"大王,彼东向大屋开窗闭户,世尊在中。大王欲见者,可诣彼屋,在外住已,声咳敲户,世尊闻者,必为开户。"拘萨罗王波斯匿即便下车,眷属围绕,步往至彼东向大屋,到已住外,声咳敲户,世尊闻已,即为开户。拘萨罗王波斯匿便入彼屋,前诣佛所,白曰:"瞿昙,贤及月姊妹稽首世尊,问讯圣体康强,安快无病,起居轻便,气力如常耶?"世尊问:"王、贤及月姊妹更无人使耶?"拘萨罗王波斯匿白曰:"瞿昙,当知今日贤及月姊妹我共坐食,闻我今当欲往见佛,便白曰:'大王,若往见佛者,当为我等稽首世尊,问讯圣体康强,安快无病,起居轻便,气力如常耶?'"故如是白世尊:'贤及月姊妹稽首世尊,问讯圣体康强,安快无病，起居轻便，气力如常耶?'瞿昙，彼贤及月稽首世尊问讯圣体康强，安快无病，起居轻便，气力如常耶?"世尊答曰："大王，今贤及月姊妹安隐快乐，今天及人、阿修罗、捷塔和、罗刹及余若干身安隐快乐。"于是，拘萨罗王波斯匿与佛共相问讯，却坐一面，白曰："瞿昙，我欲有所问，听乃敢陈。"世尊告曰："大王，欲问者恣意所问。"

另见《中阿含经》卷第五十九《例品》第四《法庄严经》第二。

《四分律》卷第四十《衣捷度》之二说，一次，释迦牟尼病了，于是一些国王先后到佛陀病榻前去问候："尔时王瓶沙，闻佛有患，与八万四千人俱，前后导从，诣世尊所，问讯世尊，头面礼足，却坐一面。时忧填王闻世尊患，亦将七万人俱。波罗殊提王与六万人俱。梵施王与五万人俱。波斯匿王与四万人俱……往世尊所，头面礼足，却住一面……问讯世尊。"

又如《增一阿含经》卷第三《弟子品》第四说："……诸王敬待，群臣所宗。所谓月光比丘是"；同卷《比丘尼品》第五："我声闻中第一比丘尼久出家学，国王所敬，所谓大爱道瞿昙弥比丘尼是。"

《增一阿含经》卷第三《清信士品》第六说：

"我弟子中第一优婆塞，好喜惠施，所谓毗沙王是。所施狭少，所谓光明王是。建立善本，所谓王波斯匿是。得无根善信，起欢喜心。所谓王阿阇世是。至心向佛，意不变易，所谓优填王是。承事正法，所谓月光王子是。供奉圣众，意恒平等，所谓造祇洹王子是。常喜济彼，不自为己，师子王子是。善恭奉人，无有高下，无畏王子是。颜貌端正，与人殊胜，所谓鸡头王子是。"

《增一阿含经》卷第十三《地主品》第二十三说：世尊为波斯匿王说

法，波斯匿王邀请世尊接受三个月之请（即在雨季的三个月里，波斯匿王给了他一个安身立命之地，在那里去吃、住，不用在雨季乞食），世尊接受了邀请。

时王波斯匿……便退而去，还至舍卫城，敕诸群臣曰："吾欲饭佛及比丘僧三月供养，给所须物，衣被饮食床卧具，病瘦医药，汝等亦当发欢喜心。"诸臣对曰："如是。"时王波斯匿即于官门外作大讲堂，极为殊妙，悬缯幡盖，作倡妓乐，不可称计。施诸浴池，办诸油灯，办种种饭食，味有百种。是时王波斯匿即白："时到，唯愿世尊，临顾此处。"尔时世尊以见时到，著衣持钵，将诸比丘僧前后围绕，入舍卫城，至彼讲堂所。到已，就座而坐，及比丘僧各随次而坐。是时王波斯匿将诸宫人手自行食，供给所须，乃至三月，无所短乏……

下文亦说到世尊接受波斯匿王悔过。

《根本说一切有部毗奈耶药事》卷第二说到，摩竭陀国的影胜王以所有家资总为供养佛陀：

佛在摩竭陀国人间游行，至王舍城，住羯阑铎迦竹林园中。时影胜王闻佛游行，来到国界，闻已，作是思惟："我愿先时，频供养佛，犹未曾请三月夏安居，以所有家资，总为供养。"作是念已，尽其所有，请佛及僧，三月安居供养，并遣侍缚迦医王，供给所须病瘦医药。时影胜王作是念已，将诸臣佐，前后围绕，从宫而出，往诣佛所。到已，稽首作礼，退坐一面。尔时世尊为王种种方便，说微妙法，示教利喜，默然而住。是时大王，从坐而起，偏袒右肩，右膝著地，合掌向佛，白佛言："唯愿世尊受我三

117

月夏安居请，于我宫内，所有资财，供身之物，悉持供养，并遣
医王侍缚迦，疗诸病苦。"尔时世尊，默然而许。时王殷重请世尊
已，礼佛而去，还至宫中，办诸供具，于夏三月，而为供养。尔
时憍萨罗国胜光大王，闻影胜王请佛及僧，三月安居，种种供养，
并大医王侍缚迦供给汤药，闻已，作是思惟："彼是大国王，能以
家资及侍缚迦等而为供养。我今亦是大国之主。世尊若来此国，
我亦当以一切家资，及医人阿帝耶，而为供养。"乃至世尊，住王
舍城，三月安居。作衣已竟，执持衣钵，大众围绕，欲往室罗伐
城，渐渐游行，遂到彼国给孤独园。时胜光王闻佛来至，住给孤
独园，闻已往诣，到给孤独园，见世尊已，稽首作礼，退坐一面。
尔时世尊为王种种方便，说微妙法，示教利喜已，默然而住。时
胜光王从坐而起，偏袒右肩，双膝著地，合掌向佛，白言："世
尊，唯愿世尊，及苾刍僧伽，受我三月安居请，总以一切资具，
并医人阿帝耶，而为供养。"尔时世尊默然受请。时憍萨罗主胜光
大王见佛许已，顶礼佛足，奉辞而去。还至宫中，办诸供具，并
遣医人，于三月中，供给所须，供养于佛及苾刍僧伽。时胜光王
为性慈悯，每于晨朝，至毗诃罗，亲礼佛足，闻讯起居，遍观大
众，知其安不……

　　但这个医人阿帝耶却因为自己是个外道，不信佛，也不给苾刍治病，
还辱骂佛陀，佛陀给他的处治是让他下了地狱，死得很惨。

　　关于佛陀与国王的关系，《根本说一切有部毗奈耶药事》卷第十至第十
一也说到，佛陀在世时，与很多国王关系很好，他们都愿意供养佛陀，如
说到一个名叫火授的婆罗门出身的国王，其国"国土丰饶，人民安乐，居
者充满"，当他知道佛陀在他的国家后，便作是念："沙门乔达摩，诸大国
王恭敬供养，尊重赞叹。我亦应可供给供养，免被邻国讥嫌笑弄。"因此，

他也想在夏三月供养佛陀及苾刍僧。他将他的想法当面告诉了佛陀，佛陀也"默然受彼火授王请"。他很高兴，还敕诸臣曰："卿等宜应日日广办十八种饭，及诸美味。"复于国中，而遍告敕："汝等诸人，夏三月中，不得辄供沙门乔达摩，若辄请者，当断其命。"不过，这个火授王做了一个梦，他让国师解析其梦，这个国师说："如王所梦，决定失位，或当致死。"并说，为了不失位或致死，只有在这个夏天"住幽隐处，勿令人见"。于是错过了这次对佛陀的承诺，使得佛陀在这几个月里没有吃的。而这时，有一个商人带了500匹马来到此处，他给了佛陀一些马粮吃。后来国王知道此事以后，"王便闷绝，从座而倒"，冷水洒面，方得醒悟。他请佛陀原谅他的这个过失。佛陀还答应满足那个给佛陀马粮的商人的心愿："当来作转轮王，其乘智马，当为太子，五百匹马，而为我子，佛所记女，为我女宝，余五百女，为我宫媒女。"

另据《频毗沙罗王请佛缘》说，频毗沙罗王曾经希望终身供养诸比丘，但佛陀没有答应。频毗沙罗王又问能否供养12年，佛陀也没有答应。频毗沙罗王又问能否供养12个月，佛陀也没有答应，最后，佛陀答应让频毗沙罗王每年供养3个月，"受三月四事供养"。这些事实说明，当时佛教以及佛陀本人和印度一些国家的统治者的关系是很亲密的。

二、佛教的伦常观

在我们中国，人们拜天、地、君、亲、师。佛教不拜天、地、君，因为佛教在释迦牟尼时代是不拜神的，佛陀并不认为有神存在。而我们中国人却是把天地当作神来拜的。在佛陀时代也不拜君。但佛教教人孝顺父母，《增一阿含经》卷第十一《善知识品》第二十说："闻如是，一时佛在舍卫国祇树给孤独园。尔时世尊告诸比丘：'教二人作善，不可得报恩。云何为二？所谓父母也。若复比丘有人以父著左肩上，以母著右肩上，至千万岁，衣被、饮食、床褥、卧具、病瘦医药，即于肩上放于屎溺，犹不能得报恩。

比丘，当知父母恩重，抱之育之，随时将护，不失时节。得见日月，以此方便，知此恩难报。是故，诸比丘，当供养父母，常当孝顺，不失时节。如是诸比丘，当作是学。'尔时诸比丘闻佛所说，欢喜奉行。"

在《白幢本生》中也说："父母可以称作方，老师美称也是方。家主供给衣食住，称之为方名实副；方是至高无上者，痛苦靠它变幸福。"①

佛教的这种伦常观在佛经中多有反映，这种伦常观不仅反映在子女对父母的关系上，而且还表现在其他方面，如师生关系、夫妻关系、与亲族的关系、主仆关系以及教徒与施主的关系等方面。这就是佛教的六方伦常观。在《长阿含经》卷第十一第二分《善生经》第十二中详细地阐述了佛陀的六方伦常观：

如是我闻，一时佛在罗阅祇耆阇崛山中，与大比丘众千二百五十人俱，尔时世尊时到，著衣持钵，入城乞食。时罗阅祇城内有长者子，名曰善生，清旦出城，诣园游观，初沐浴讫，举身皆湿，向诸方礼，东西南北上下诸方，皆悉周遍。尔时世尊见长者善生诣园游观，初沐浴讫，举身皆湿，向诸方礼。世尊见已，即诣其所，告善生言："汝以何缘，清旦出城，于园林中，举身皆湿，向诸方礼？"尔时善生白佛言："我父临命终时，遗敕我言：'汝欲礼者，当先礼东方、南方、西方、北方、下方、上方。'我奉承父教，不敢违背，故澡浴讫，先叉手东面，向东方礼。南西北方，上下诸方，悉皆周遍。"尔时世尊告善生曰："长者子有此方名耳，非为不有。然我贤圣法中，非礼此六方以为恭敬。"善生白佛言："唯愿世尊，善为我说圣贤法中礼六方法。"佛告长者子："谛听谛听，善思念之，当为汝说。"善生对曰："唯然，愿乐欲

---

① 《佛本生故事选》，第223页。

闻。"佛告善生："若长者、长者子知四结业不？于四处而作恶行，又复能知？六损财业，是为善生。长者、长者子离四恶行，礼敬六方，今世亦善，后获善报。"……佛告善生："当知六方，云何为六方？父母为东方，师长为南方，妻妇为西方，亲党为北方，僮仆为下方，沙门、婆罗门、诸高行者为上方。善生，夫为人子，当以五事，敬顺父母。云何为五？一者供奉，能使无乏；二者凡有所为，先白父母；三者父母所为，恭顺不逆；四者父母正令，不敢违背；五者不断父母所为正业。善生，夫为人子，当以此五事敬顺父母。父母复以五事敬亲其子。云何为五？一者制子，不听为恶；二者指授，示其善处；三者慈爱，入骨彻髓，四者为子求善婚娶；五者随时供给所须。善生，子于父母，敬顺恭奉，则彼方安隐，无有忧畏。善生，弟子敬奉师长，复有五事。云何为五？一者给侍所须；二者敬礼供养；三者尊重戴仰；四者师有教敕，敬顺无违；五者从师闻法，善持不忘。善生，夫为弟子，当以此五法敬事师长。师长复以五事敬视弟子。云何为五？一者顺法调御；二者诲其未闻；三者随其所闻，令善解义；四者示其善友；五者尽以所知，诲授不恪。善生，弟子于师长，敬顺恭奉，则彼方安隐，无有忧畏。善生，夫之敬妻，亦有五事。云何为五？一者相待以礼，二者威严不嬻，三者衣食随时，四者庄严以时，五者委付家内。善生，夫以此五事敬待于妻，妻复以五事恭敬于夫。云何为五？一者先起，二者后坐，三者和言，四者敬顺，五者先意承旨。善生，是为夫之于妻，敬待如是，则彼方安隐，无有忧畏。善生，夫为人者，当以五事，亲敬亲族。云何为五？一者给施，二者善言，三者利益，四者同利，五者不欺。善生，是为五事，亲敬亲族。亲族亦以五事亲敬于人。云何为五？一者护放逸，二者护放逸失财，三者护恐怖者，四者屏相教戒，五者常相称叹。善生，如是敬视亲族，则彼方安隐，无有忧畏。善生，主于僮使，以五事教授，云何为五？一者随能使役，二者饮食随时，三者赐劳随时，四者病与医药，五者纵其休假。善生，是为五事教授僮使。僮使复以五事奉事其主。云何为五？一者早起，二者为事周密，三者不与不取，四者作务以次，五者称扬主名。是为主待僮使，则彼方安隐，无有忧畏。善生，檀越当以五事供奉沙门、婆罗门。云何为五？一者身行慈，二者口行慈，三者意行慈，四者以时施，五者门不制止。善生，若檀越以此五事供奉沙门、婆罗门。沙门、婆罗门当复以六事而教授之。云何为六？一者防护，不令为恶；二者指授善处；三者教怀善心；四者使未闻者闻；五者已闻能使善解；六者开示天路。善生，如是檀越恭奉沙门、婆罗门，则彼方安隐，无有忧畏。"……尔时善生白世尊言："甚善世尊，实过本望，逾我父教，能使覆者得仰，闭者得开，迷者得悟。冥室燃灯，有目得视。如来所说，亦复如是，以无数方便，开悟愚冥，现清白法。所以者何？佛为如来至真等正觉，故能开示，为世明导。今我归依佛，归依法，归依僧。唯愿世尊，听我于正法中，为优婆塞。自今日始，尽形寿，不杀、不盗、不淫、不欺、不饮酒。"尔时善生闻佛所说，欢喜奉行。

在《中阿含经》卷第三十三《大品》第一《善生经》第十九中，也讲到"六方"，其内容和《长阿含经》相似，但不是在一个场合讲的，即不是在罗阅祇耆阇崛山，而是在王舍城饶虾蟆林。

我闻如是，一时佛游王舍城，在饶虾蟆林，尔时善生居士子父临终时，因六方故遗敕其子，善教善诃曰："善生，我命终后，汝当叉手，向六方礼。东方若有众生者，我尽恭敬供养礼事彼。

我尽恭敬供养礼事彼已，彼亦当恭敬供养礼事我。如是南方、西方、北方、下方、上方若有众生者，我尽恭敬供养礼事彼。我尽恭敬供养礼事彼已，彼当恭敬供养礼事我。"善生居士子闻父教已，白父曰："唯当如尊敕。"于是善生居士子父命终后，平旦沐浴，著新刍磨衣，手执生拘舍叶，往至水边，叉手向六方礼："东方若有众生者，我尽恭敬供养礼事彼。我尽恭敬供养礼事彼已，彼亦当恭敬供养礼事我。如是南方、西方、北方、下方、上方若有众生者，我尽恭敬供养礼事彼。我尽恭敬供养礼事彼已，彼亦当恭敬供养礼事我。"彼时世尊过夜平旦，著衣持钵，入王舍城，而行乞食。世尊入王舍城乞食时，遥见善生居士子平旦沐浴，著新刍磨衣，手执生拘舍叶，往至水边，叉手向六方礼……世尊见已，往至善生居士子所问曰："居士子，受何沙门梵志教，教汝恭敬供养礼事，平旦沐浴，著新刍磨衣，手执生拘舍叶，往至水边，叉手向六方礼……"善生居士子答曰："世尊，我不受余沙门梵志教也。世尊，我父临命终时，因六方故遗敕于我，善教善诃曰：'善生，我命终后，汝当叉手，向六方礼……'"世尊闻已，告曰："居士子，我说有六方，不说无也……居士子，圣法律中有六方，东方、南方、西方、北方、下方、上方。居士子，如东方者，如是子观父母，子当以五事奉敬供养父母。云何为五？一者增益财物，二者备办众事，三者所欲则奉，四者自恣不违，五者所有私物尽以奉上。子以此五事奉敬供养父母，父母亦以五事善念其子。云何为五？一者爱念儿子，二者供给无乏，三者令子不负债，四者婚娶称可，五者父母可意所有财物尽以付子。父母以此五事善念其子，居士子，如是东方二俱分别。居士子，圣法律中，东方者，谓子父母也。居士子，若慈孝父母者，必有增益，则无衰耗。居士子，如南方者，如是弟子观师。弟子当以五事恭敬供养于师。

云何为五？一者善恭顺，二者善承事，三者速起，四者所作业善，五者能奉敬师。弟子以此五事恭敬供养于师，师亦以五事善念弟子。云何为五？一者教技术，二者速教，三者尽教所知，四者安处善方，五者付嘱善知识。师以此五事善念弟子。居士子，如是南方二俱分别。居士子，圣法律中，南方者，谓弟子师也。居士子，若人慈顺于师者，必有增益，则无衰耗。居士子，如西方者，如是夫观妻子。夫当以五事爱敬供给妻子。云何为五？一者怜念妻子，二者不轻慢，三者为作璎珞严具，四者于家中得自在，五者念妻亲亲。夫以此五事爱敬供给妻子，妻子当以十三事善敬顺夫。云何十三？一者重爱敬夫，二者重供养夫，三者善念其夫，四者摄持作业，五者善摄眷属，六者前以瞻待，七者后以爱行，八者言以诚实，九者不禁制门，十者见来赞善，十一者敷设床待，十二者施设净美、丰饶饮食，十三者供养沙门梵志。妻子以此十三事善敬顺夫。居士子，如是西方二俱分别。居士子，圣法律中，西方者，谓夫妻子也。居士子，若人慈愍妻子者，必有增益，则无衰耗。居士子，如北方者，如是大家观奴婢使人，大家当以五事愍念给恤奴婢使人。云何为五？一者随其力而作业，二者随时食之，三者随时饮之，四者及日休息，五者病给汤药。大家当以此五事愍念给恤奴婢使人。奴婢使人当以九事善奉大家。云何为九？一者随时作业，二者专心作业，三者一切作业，四者前以瞻待，五者后以爱行，六者言以诚实，七者急时不远离，八者行他方时则便赞叹，九者称大家庶几。奴婢使人以此九事善奉大家。居士子，如是北方二俱分别。居士子，圣法律中北方者，谓大家奴婢使人也。居士子，若有人慈愍奴婢使人者，必有增益，则无衰耗。居士子，如下方者，如是亲友观亲友臣。亲友当以五事爱敬供给亲友臣。云何为五？一者爱敬，二者不轻慢，三者不欺诳，四者施与珍宝，五者拯念亲友臣。亲友以此五事爱敬供给亲友臣，亲友臣亦以五事善念亲友。云何为五？一者知财物尽；二者知财物尽已，供给财物；三者见放逸教诃；四者爱念；五者急时可归依。亲友臣以此五事善念亲友。居士子，如是下方二俱分别。居士子，圣法律中，下方者谓亲友、亲友臣也。居士子，若人慈愍亲友臣者必有增益，则无衰耗。居士子，如上方者，如是施主观沙门梵志。施主当以五事尊敬供养沙门梵志。云何为五？一者不禁制门，二者见来赞善，三者敷设床待，四者施设净美、丰饶饮食，五者拥护如法。施主以此五事尊敬供养沙门梵志，沙门梵志亦以五事善念施主。云何为五？一者教信、行信念信，二者教禁戒，三者教博闻，四者教布施，五者教慧、行慧立慧。沙门梵志以此五事善念施主。居士子，如是上方二俱分别。居士子，圣法律中，上方者，谓施主、沙门梵志也。居士子，若人遵奉沙门梵志者，必有增益，则无衰耗。"

在这里面的夫妻关系中，丈夫对妻子，仍然是 5 项，而妻子对丈夫却从 5 项变成了 13 项；原来大家对奴婢使人仍然是 5 项，而奴婢使人对大家却变成了 9 项。这说明什么呢？说明妻子对丈夫的义务更多了，奴婢使人对奴隶主的义务更多了。此外，在安世高翻译的《佛说尸迦罗越六方礼经》和支法度翻译的《佛说善生子经》中也阐述了佛教的六方伦理道德观。

三、佛教的社会观、王权观——社会契约论

在近代资产阶级革命时期，曾经出现过法国卢梭的社会契约论，这种社会契约论实际上并不是新的东西，而是在古代就已经有了。如在古代印度的佛经中多次表述了国家形成的社会契约论。在佛教看来，王权、法庭和赋税的出现，即国家的形成，是社会成员共同协商的结果。

如《长阿含经》卷第二十二第四分《世记经·世本缘品》第十二说：

……佛告比丘，劫初众生，食地味已，久住于世。其食多者，颜色粗悴；其食少者，颜色光润。然后乃知，众生颜色，形貌优劣。互相是非，言我胜汝，汝不如我，以其心存彼我，怀诤竞故，地味消竭。又地皮生，状如薄饼，色味香潔。尔时众生，聚集一处，懊恼悲泣，椎胸而言，咄哉为祸。今者地味，初不复见，犹如今人，得盛美味，称言美善，后复失之，以为忧恼。彼亦如是，忧恼悔恨。后食地皮，渐得其味。其食多者，颜色粗悴，其食少者，颜色润泽。然后乃知，众生颜色，形貌优劣。互相是非，言我胜汝，汝不如我，以其心存彼我，怀诤竞故，地皮销竭。其后复有地肤出，转更粗厚，色如天华，软若天衣，其味如蜜。时诸众生，复取共食，久住于世。食之多者，颜色转损；食甚少者，颜色光泽。然后乃知，众生颜色，形貌优劣。互相是非，言我胜汝，汝不如我，以其心存彼我，怀诤竞故，地肤销竭。其后复有自然粳米，无有糠粃，不加调和，备众美味。尔时众生，聚集而言，咄哉为祸，今者地肤，忽不复现，犹如今人，遭祸逢难，称言苦哉。尔时众生，亦复如是，懊恼悲叹。其后众生，便共取粳米食之，其身粗丑，有男有女形，互相瞻视，遂生欲想，共在屏处，为不净行。余众生见言，咄此为非。云何众生共生，有如是事。彼行不净男子者，见他呵责，即自悔过，言："我所为非。"即身投地，其彼女人，见其男子以身投地，悔过不起，女人即便送食。余众生见，问女人言："汝持此食，欲以与谁？"答曰："彼悔过众生，堕不善行者，我送食与之。"因此言故，世间便有不善夫主之名。以送饭与夫，因名之为妻。其后众生，遂为淫泆，不善法增，为自障蔽，遂造屋舍。以此因缘，故始有舍名。其后众生，淫泆转增，遂成夫妻。有余众生，寿行福尽，从光音天命终，来生此间，在母胎中，因此世间有处胎名。尔时先造瞻婆城，次造伽尸婆罗捺城，其次造王舍城。日出时造，即日出时成。以此因缘，世间便有城郭、郡邑，王所治名。尔时众生，初食自然粳米，时朝收暮熟，暮收朝熟，收后复生，无有茎秆。时有众生，默自念言："日日收获，疲劳我为，今当并取，以供数日。"即时并获，积数日粮。余人于后，语此人言："今可相与，共取粳米？"此人答曰："我已先积，不须更取。汝欲取者，自随意去。"后人复自念言："前者能取二日粮，我岂不能取三日粮耶。"此人即积三日余粮。复有余人语言："共取粮去来？"此人答曰："我已取三日余粮，汝欲取者，自随汝意。"此人念言："彼人能取三日粮，我岂不能取五日粮耶？"取五日粮已。时众生竞积余粮。故是时粳米，便生糠秕，收已不生，有枯秆现。尔时众生集在一处，懊恼悲泣，拍胸而言，咄此为哉，自悼责言："我等本皆化生，以念为食，身光自照，神足飞空，安乐无碍。其后地味始生，色味具足。时我等食此地味，久住于世。其食多者，颜色转粗；其食少者，色犹光泽。于是众生，心怀彼我，生骄慢心，言我色胜，汝色不如。诤色憍慢。故地味销灭，更生地皮，色香味具。我等时复，共取食之，久住于世。其食多者，色转粗悴；其食少者，色犹光泽。于是众生，心怀彼我，生憍慢心，言我色胜，汝色不如。诤色憍慢，故地皮消灭，更生地肤，转更粗厚，色香味具，我等时复共取食之，久住于世。其食多者，色转粗悴；其食少者，色犹光泽。于是众生，心怀彼我，生憍慢心，言我色胜，汝色不如。诤色憍慢，故地肤灭，更生自然粳米，色香味具。我等时复，共取食之，朝获暮熟，暮获朝熟，收以随生，无有载收，由我尔时，竞共积聚，故便生糠秕，收已不生，现有根秆。我等今者，宁可共封田宅，以分疆畔。"时即共分田，以异疆畔，计有彼我，其后遂自藏己米，盗他田谷。余众生见已，语言："汝所为非，汝所为非。云何自藏己物，盗他财物？"即呵责言："汝后勿复为盗。"如是不已，犹复为盗。余人复呵言："汝所为非，何故不休？"即便以手杖打，将诣众中，告众人言："此人自藏粳米，盗他田谷。"盗者复言："彼人打我。"众人闻已，懊恼涕泣，拊胸而言："世间转恶，乃是恶法生耶？"遂生忧结，热恼苦报，此是生老病死之原，坠堕恶趣。时彼众中，有一人形质长大，容貌端正，甚有威德。众人语言："我等今欲立汝为主，善护人民，赏善罚恶，当共减割，以相供给。"其人闻之，即受为主，应赏者赏，应罚者罚。于是始有民主之名。

在这篇经文中，说到了人类的起源，人类从采集经济过渡到种植农业的发展，两性和家庭的起源，城市的兴起，私有制的起源，王权（国家）的起源和四个瓦尔那的起源等。其关于国家的起源的论述中，有社会契约论的思想，认为最初王权是推举出来的。"即有田宅，疆畔别异，故生诤讼，以致怨仇，无能决者。我等今者，宁可立一平等主，善护人民，赏善罚恶。我等众人，各共减割，以供给之。"从这段经文中我们看到，佛教认为，王权是在私有制出现以后才出现的，是保护私有制的；王权是国家权力的象征，是阶级矛盾不可调和的产物；其职责之一是解决争讼，即解决阶级矛盾，国王的权力之一就是司法权；国王的职责是"正法治民"，即运用法律来保护统治阶级，统治人民；国家产生的标志之一就是暴力机关——法庭的设立；国家产生后，就出现了赋税："众人即共集米，以供给之"。实际上等级制和王权的出现是同时的。

我们前面说到关于雅利安人国家形成时曾经引用过佛经中同上述几乎完全相同的有关社会契约论的观点。那篇经文就是《中阿含经》卷第三十九《梵志品》第一《婆罗婆堂经》第三：

　　……有时此世，皆悉败坏。此世坏时，若有众生，生晃昱天。彼于其中，妙色意生，一切支节，诸根具足，以喜为食，自身光明，升于虚空，净色久住。婆私吒，有时此大地满其中水。彼大水上，以风吹搅，结构为精，合聚和合，犹如熟酪，以抒抒乳，结构为精，合聚和合……从是生地味，有色香味。云何为色？犹如生苏及熟苏色。云何为味？如蜜丸味。婆私吒，有时此世，还复成时。若有众生，生晃昱天，寿尽业尽，福尽命终，生此为人。生此间已，妙色意生，一切支节，诸根具足，以喜为食，自身光明，升于虚空，净色久住。婆私吒，尔时世中，无有日月，亦无星宿，无有昼夜，无月半月，无时无岁。婆私吒，当尔之时，无父无母，无男无女，又无大家，复无奴婢，唯等众生。于是有一众生，贪饕不廉，便作是念："云何地味？我宁可以指抄此地味尝。"彼时众生，便以指抄此地味尝。如是众生，既知地味，复欲得食。彼时众生，复作是念："何故以指，食此地味，用自疲劳？我今宁可以手撮此地味食之。"彼时众生，便以手撮此地味食。于彼众生中，复有众生，见彼众生各以手撮此地味食，便作是念："此实为善，此实为快，我等宁可亦以手撮此地味食。"时彼众生，即以手撮此地味食。若彼众生，以手撮此地味食已，如是如是，身生转厚，转重转坚。若彼本时，有清净色，于是便灭，自然生暗。婆私吒，世间之法，自然有是。若生暗者，必生日月。生日月已，便生星宿。生星宿已，便成昼夜。成昼夜已，便有月半月，有时有岁。彼食地味，住世久远。婆私吒，若有众生，食地味多者，便生恶色，食地味少者，便有妙色。从是知色，有胜有如。因色胜如，故众生众生，共相轻慢，言我色胜，汝色不如。因色胜如，而生轻慢及恶法，故地味便灭。地味灭已，彼众生等，便共聚集，极悲啼泣，而作是语："奈何地味，奈何地味。"犹如今人含消美物，不说本字，虽受持而不知义。此说观义，亦复如是。婆私吒，地味灭后，彼众生生地肥，有色香味。云何为色？犹如生酥及熟酥色。云何为味？如蜜丸味。彼食此地肥，住世久远。婆私吒，若有众生，食地肥多者，便生恶色，食地肥少者，便有妙色。从是知色，有胜有如。因色胜如，故众生众生，共相轻慢，言我色胜，汝色不如。因色胜如，而生轻慢及恶法，故地肥便灭。地肥灭已，彼众生等，便共聚集，极悲涕泣，而作是语："奈何地肥，奈何地肥。"犹如今人，为他所啧，不说本字，虽受持而不知义。此说观义，亦复如是。婆私吒，地肥灭后，彼众生生婆罗，有色香味。云何为色？犹加昙华色。云何为味？如淖蜜丸味。彼食此婆罗，住世久远。婆私吒，若有众生，食婆罗多者，便生恶色；食婆罗少者，便有妙色。从是知色，有胜有如，因色胜如，故众生众生，共相轻慢，言我色胜，汝色不如。因色胜如，而生轻慢及恶法，故婆罗便灭。婆罗灭已，彼众生等，便共聚集，极悲啼泣，而作是语："奈何婆罗，奈何婆罗。"犹如今人，苦法所触，不说本字，虽受持而不知义。此说观义，亦复如是。婆私吒，婆罗灭后，彼众生生自然粳米，白净无皮，亦无有糩藁，长四寸，朝刈暮生，暮刈朝生，熟有盐味，无有生气。众生食此自然粳米，如彼众生食此自然粳米已，彼众生等便生若干形，或有众生而生男形，或有众生而生女形。若彼众生生男女形者，彼相见已，便作是语："恶众生生，恶众生生。"婆私吒，恶众生生者，谓说妇人也。若彼众生生于男形及女形者，彼众生等则更相伺。更相伺已，眼更相视。更相视已，则更相染。更相染已，便有烦热。有烦热已，便相爱著。相爱著已，便行于欲。若见行欲时，便以木石或以杖块而掷打之，便作是语："咄，弊恶众生，作非法事。"
云何众生，共作是耶？犹如今人迎新妇时，则以襈华散，或以华
鬘垂，作如是言："新妇安隐，新妇安隐。"本所可憎，今所可爱。
婆私吒，若有众生，恶不净法，憎恶羞耻，怀惭愧者，彼便离众
一日、二日至六、七日，半月、一月乃至一岁。婆私吒，若有众
生欲得行此不净行者，彼便作家而作是说："此中作恶，此中作
恶。"婆私吒，是谓初因初缘世中起家法，旧第一智，如法非不如
法，如法人尊。于中有一事懒惰众生，便作是念："我今何为日日
常取自然粳米？我宁可并取一日食直耶。"彼便并取一日食米。于
是有一众生语彼众生曰："众生汝来，共行取米耶？"彼则答曰：
"我已并取，汝自取去。"彼众生闻已，便作是念："此实为善，此
实为快。我亦宁可并取明日所食米耶！"彼便并取明日米来。复有
一众生语彼众生曰："众生汝来，共行取米耶？"彼则答曰："我已
并取明日米来，汝自取去。"彼众生闻已，便作是念："此实为善，
此实为快。我今宁可并取七日米来耶！"时彼众生即便并取七日米
来。如彼众生，自然粳米，极取积聚，彼宿粳米，便生皮䅎，刈
至七日，亦生皮䅎，随所刈处，即不复生。于是彼众生便共聚集，
极悲啼泣，作如是语："我等生恶不善之法，谓我曹等储畜宿米，
所以者何？我等本有妙色意生，一切支节，诸根具足，以喜为食，
自身光明，升于虚空，净色久住。我等生地味，有色香味。云何
为色？犹如生酥及熟酥色。云何为味？如蜜丸味。我等食地味，
住世久远。我等若食地味多者，便生恶色；食地味少者，便有妙
色。从事知色有胜有如，因色胜如，故我等各各共相轻慢，言我
色胜，汝色不如。因色胜如，而生轻慢及恶法，故地味便灭。地
味灭后，我等生地肥，有色香味。云何为色，犹如生酥及熟酥色。
云何为味？如蜜丸味。我等食地肥，住世久远。我等若食地肥多

者，便生恶色；食地肥少者，便有妙色。从是知色，有胜有如。因色胜如，故我等各各共相轻慢，言我色胜，汝色不如。因色胜如，而生轻慢及恶法，故地肥便灭。地肥灭后，我等生婆罗，有色香味。云何为色？犹加昙华色。云何为味？如淖蜜丸味。我等食婆罗，住世久远。我等若食婆罗多者，便生恶色；食婆罗少者，便有妙色。从是知色，有胜有如。因色胜如，故我等各各共相轻慢，言我色胜，汝色不如。因色胜如，而生轻慢及恶法，故婆罗便灭。婆罗灭后，我等生自然粳米，白净无皮，亦无有糠藁，长四寸，朝刈暮生，暮刈朝生，熟有盐味，无有生气。我等食彼自然粳米。如我等自然粳米极取积聚，彼宿粳米，便生皮糠，刈至七日，亦生皮糠，随所刈处，即不复生。我等宁可造作田种，立标榜耶？"于是众生等造作田种，竖立标榜。于中有一众生，自有稻谷，而入他田，窃取他稻。其主见已，便作是语："咄咄，弊恶众生，云何作是？汝自有稻，而入他田，窃取他稻。汝今可去，后莫复作。"然彼众生，复至再三，窃取他稻，其主亦至，再三见已，便以拳扠，牵诣众所，语彼众曰："此一众生，自有稻谷，而入我田，窃取我稻。"然彼一众生，亦语众曰："此一众生，以拳扠我，牵来诣众。"于是彼诸众生，共聚集会，极悲啼泣，而作是语："我等生恶不善之法，谓守田也。所以者何？因守田故，便共诤讼，有失有尽，有相道说，有拳相扠。我等宁可于其众中，举一端正形色极妙最第一者，立为田主。若可诃者，当令彼诃。若可摈者，当令彼摈。若我曹等，所得稻谷，当以如法，输送与彼。"于是彼众生中，若有端正形色极妙最第一者，众便共举，立为田主。若可诃者，彼便诃啧。若可摈者，彼便摈弃。若有稻者，便以如法，输送与彼是田主。是田主谓之刹利也。令如法乐，众生守护行戒是王，是王谓之王也。

此段经文下面也讲了四个种姓的形成。

此外，在律藏《根本说一切有部毗奈耶破僧事》卷第一中还有一段有关印度雅利安人国家形成的类似于社会契约论的论述：

……此之世界，初成之时，尔时大地，为一海水，由风鼓激，和合一类，犹如熟乳。既其冷已，有凝结生。其海水上，亦复如是。上有地味，色香美味，悉皆具足。此界成时，一类有情，福命俱尽，从光音天殁，而来生此。诸根具足，身有光耀，乘空往来，喜乐为食，长寿而住。时此世界，无有日月星辰，昼夜时节。亦莫能辩男女贵贱，但相唤言，萨埵萨埵。

是时众中有一有情，禀性耽嗜。忽以指端，尝彼地味。随尝之时，情生爱著。随爱著故，段食是资。尔时方名，初受段食。诸余有情，见此食时，即相学食。既食味已，身渐坚重，光明隐没，悉皆幽暗。由此食量，不调停故，形色损减。由色减故，互相告曰："我形光悦，汝形损减。"彼光悦者，恃形色故，遂生憍慢，起不善根，缘不善故，地味遂灭。

地味灭已，是诸有情，共相聚集，互生怨叹，悲啼愁恼，作如是语："奇哉美味，奇哉美味！"如今世人，曾食美食，后常忆念，先时香味。便作是言："奇哉美味，奇哉美味！"虽作是言，然犹不识其义好恶。缘何故说，地味灭没？有情业故。地饼即现，色香美味，悉皆具足，如金色花，如新熟蜜，食此地饼，长寿而住。若少食者，身有光明，因相轻慢。广如前说，乃至地饼皆没。时诸有情，共集一处，愁恼相视，作如是语："苦哉苦哉！我昔曾遭，如是恶事。"是诸有情，地饼没时，亦复如是，然不知此所铨何义。仁等当知，地饼没已。

时诸有情，由福力故，有林藤出，色香具足，如雍菜花，如新熟蜜，食此林藤，长寿而住。若少食者，身有光明，因相轻慢。广如前说，乃至林藤没故。时诸有情，共集一处，忧愁相视，作如是语："汝离我前，汝离我前。"犹如有人，极相嗔恨，不许当前。广如上说，林藤没已。是诸有情，有妙香稻，不种自生，无糠秒，长四指。旦暮收刈，苗即随生，至暮旦时，米便成熟。虽复数取，而无异状。以此充食，长寿而住。

时彼有情，由段食故，滓秒在身，为欲蠲除，便成二道。由斯遂有男女根生，便相染著。生染著故，遂相亲近，因造非法。诸余有情，见此事时，竞以粪扫瓦石而弃掷之，作如是语："汝是可恶有情，作如是非法。咄哉！汝今何故，污辱有情。"始从一宿，乃至七宿，不共同居，摈于众外。犹如今日，初为嫁娶，皆以香花杂物而散掷之。愿言常得安乐。仁等当知，昔时非法，今时为法。昔时非律，今时为律。昔时嫌贱，今为美妙。由彼时人，驱摈出故，乐行恶者，遂共聚集。造立房舍，覆蔽其身，而作非法。此为最初营立家宅，便有家室。诸仁当知，昔因贪淫，故造立屋舍……

彼诸有情，若日暮时，若日朝时，由饥取稻，每日充足，不令余残。有一有情者，为慵懒故，旦起取稻，遂乃兼将暮时稻来。至其暮时，有一同伴，唤共取稻。此人报曰："汝自取去，我旦来取稻，已兼两时粮讫，汝应自去，我不烦去。"

时彼同伴，闻斯语已，心便赞曰："此亦大好。我今取时，亦兼二日粮稻来耳。"

尔时别有一伴，闻此语已，复言："我取三日稻来。"复有一伴，闻此语已，复言："我取七日稻来。"即将七日稻归。

复有一伴，来唤其人，共相取稻。其人报曰："我先以取七日稻讫，勿烦更去。"彼人闻已，心复欢喜。唱言："此是好便。我今日去取若半月或一月稻来。"

如是渐渐，倍于前数。由此贪心，日增盛故，遂令稻中，生诸糠秽。先初之时，朝刈暮生，暮刈朝生，其实尚好。以贪爱故，一刈之后，更不再生。设生之时，实渐小恶。于是诸人，竞来收采。或有遗余，渐渐小恶。

时诸有情，复集一处，更相悲叹曰："我等昔时，身体光悦，飞腾自在，端严具足，欢喜充实。后以地味为食，犹得香好。为食地味多故，我等诸人，身即坚重，光明遂灭，神通便谢。因遇种种暗损之事。诸人悲泣感生，日月星辰，广如上说。食多之者，身色转暗；食少之者，身犹光悦。此二食故，遂成二种颜状。由此二种颜状，故递相轻贱曰：我是端正，汝是丑陋。因此诸人，互相轻毁。展转生不善心，故尔时地味并皆灭尽。诸人悲叹，后生地饼，色香美味，悉皆具足。我等食之，长寿而住。食多之者，身光转暗；食少之者，身犹光悦。由此二种颜状故，遂成二种好恶之类，乃至递相轻毁。由轻毁故展转各生不善心，故地饼尽灭。我等悲恼。如是缘故，复生林藤，色香美味，亦皆具足。我等食之，年寿长远，而住于世。食之多者，身光转暗；食少之者，身犹光悦。乃至林藤灭，故复生稻谷，不种自生，无诸糠秽，如四指大，香味具足。我等食之，身体充盛。食此稻者，年寿长远，久住于世。以贪心积聚，故其稻小恶。糠秽转盛，其稻无力，采收不生，或有余遗。诸人见已，更相告曰：我等分取地界。尔时封量地段疆界。各各分之。此是汝地，此是我地。"因此义故，世间田地，始为耕种。遂立疆畔。

又一有情，虽自有田，私盗他谷。一有情见，而告之曰："汝今何故，取他稻谷？此一度盗，后更勿为。"

然其有情，盗意不息。于第二日，及第三日，亦复盗将。众人见之，而复告曰："汝前三度私盗，频劝不休。"有诸有情，便行推捉，往诣众中，具陈上事。众共告曰："汝自有田，何以三度盗他田谷？"劝此语已，即便放之。其盗稻者，告大众曰："此有情等，为少稻谷，今故捶我，对着大众，毁辱于我。"大众复告："何以为少稻谷，捉有情捶毁，对众辱之？后不应然。"因此盗故，递相毁辱。由此缘故，大众共集，递相告曰："汝等具见此事，为稻他谷，对众递相毁辱。不知二人，是谁有罪。我等意欲众中简一有情，颜色端正，形容具足，智慧通达，立为地主。有过者治罚，无过者养育，我等众人，所种之田，各各依法，六分之中，与其一分。"尔时众中，拣得如上具足德人，便即立为地主。

尔时众人，告地主言："众中若有犯者，请如法治罚。若无犯者，应当养育。我等众人，所种之田，各各依法，六分之中，与其一分。"由此因缘，立为地主。

尔时地主，见彼诸人，若有过过，如法治罚；若无犯者，如法养育。尔时众人，所种之田，各各依法，六分之中，与其一分。众既同意，立为地主，故得太同意名；能拥护劣弱，故得刹帝利名；如法治国，能令一切众生欢喜，戒行智慧，故号为大同意王。

在佛教看来，人类社会从采集经济发展到农业的出现，从产品的私有到土地的私有，从争夺产品到法庭的出现，再到王权的产生，都是自然而然地发生的。国王的产生是通过选举的方式；王权产生后就需要赋税，于是赋税出现了；随着王（刹帝利）的出现，又出现了婆罗门、吠舍和首陀罗，这些也是自然而然发生的。

佛教的社会契约论出现的背景是什么？我想至少有 3 个方面：第一，佛教与婆罗门教斗争的需要，反对印度所特有的等级制度——瓦尔那制度，即种姓制度，反对瓦尔那制度所规定的人与人之间的不平等；第二，反对婆罗门教主张的君权神授说，而提出了王权的人民推举说；第三，欧洲资产阶级革命时期的民约论是和反对君主专制、反对社会不平等相联系的，在古代印度，在佛陀时代虽然有等级制——瓦尔那制度和阶级的不平等，但还没有君主专制，因此，佛陀只是由于他自身出自一个共和国，就自然而然地说出了这样的社会契约论的观点。但佛教在佛陀时代并没有成文的佛经，佛经是在佛陀去世几个世纪后才形成文字的，而在佛经形成文字时已经有了君主专制（如孔雀王朝时期的君主专制），因此，不排除当时的佛教徒对君主专制的厌恶，虽然孔雀帝国时期的阿育王是皈依了佛教的，并且大力弘扬佛教。

佛经中论述的这种社会契约论在若干国家的古代文献中也有所见。如《旧约圣经》中所记载的以色列人的国家形成、王权的产生和佛经的社会契约论就有相似之处。

《旧约·撒母耳记》第七章说：

撒母耳平生作以色列的士师。他每年巡行到伯特利、吉甲、米斯巴，在这几处审判以色列人。随后回到拉玛，因为他的家在那里；也在那里审判以色列人，且为耶和华筑了一座坛。

第八章说：

撒母耳年纪老迈，就立他儿子作以色列士师。长子名叫约珥，次子名叫西比亚；他们在别是巴作士师。他儿子不行他的道，贪图财利，收受贿赂，屈枉正直。

以色列的长老都聚集，来到拉玛见撒母耳。对他说："你年纪老迈了，你儿子不行你的道。现在求你为我们立一个王治理我们，像列国一样。"撒母耳不喜悦他们说"立一个王治理我们",他就祷告耶和华。耶和华对撒母耳说:"百姓向你说的一切话,你只管依从;因为他们不是厌弃你,乃是厌弃我,不要我作他们的王。自从我领你们出埃及到如今,他们常常离弃我,事奉别神。现在他们向你所行的,是照他们素来所行的,故此你要依从他们的话,只是当警戒他们,告诉他们将来那王怎样管辖他们。"

撒母耳将耶和华的话,都传给求他们立王的百姓,说:"管辖你们的王必这样行:他必派你们的儿子为他赶车、跟马,奔走在前。又派他们做千夫长、五十夫长,为他耕种田地,收割庄稼,打造军械和车上的器械。必取你们的女儿为他制造香膏,做饭烤饼。也必取你们好的田地、葡萄园、橄榄园,赐给他的臣仆。你们的粮食和葡萄园所出的,他必取 1/10,给他的太监和臣仆。又必取你们的仆人婢女、健壮的少年人和你们的驴,供他的差役。你们的羊群他必取 1/10,你们也必作他的仆人,那时你们必因所选的王哀求耶和华,耶和华不应允你们。"

百姓竟不听撒母耳的话,说:"不然,我们定要一个王治理我们,使我们像列国一样:有王治理我们,统领我们,为我们征战。"撒母耳听见百姓这一切话,就将这话陈明在耶和华面前。耶和华对撒母耳说:"你只管依从他们的话,为他们立王。"撒母耳对以色列人说:"你们各归各城去吧。"

第九章说:

有一个便雅悯人,名叫基士。是便雅悯人亚斐亚的元孙,比歌拉的曾孙,洗罗的孙子,亚别的儿子,是个大能的勇士(或作"大财主")。他有一个儿子,名叫扫罗。又健壮,又健美,在以色列人中没有一个能比他的，身体比众民高过一头。

……撒母耳看见扫罗的时候，耶和华对他说："看哪，这人就是我对你说的，他必治理我的民。"……撒母耳对扫罗说："要吩咐仆人先走。（仆人就先走了）你且站在这里，等我将神的话传与你听。"

第十章说：

撒母耳将百姓召聚到米斯巴耶和华那里，对他们说："耶和华以色列的神如此说：'我领你们以色列人出埃及，救你们脱离埃及人的手，又救你们脱离欺压你们的各国之人的手。'你们今日却厌弃了救你们脱离一切灾难的神，说：'求你立一个王治理我们。'现在你们应当按着支派宗族，都站在耶和华面前。"

于是撒母耳使以色列众支派近前来掣签，就掣出便雅悯支派来；又使便雅悯支派按着宗族近前来，就掣出玛特利族；从其中又掣出基士的儿子扫罗……他站在百姓中间，身体比众民高过一头。撒母耳对民众说："你们看耶和华所拣选的人，众民中有可比他的吗？"众民就大声欢呼说："愿王万岁。"

撒母耳将国法对百姓说明，又记在书上，放在耶和华面前。然后遣散众民，各回各家去了……

在希罗多德的《历史》一书中记载了有关米底国家形成的这样一个故事：

……亚述人把上亚细亚统治了五百二十年（公元前 1229 年—前 709 年）之后，他们的臣民才开始起来反抗他们，在这中间首先就是美地亚人（即米底人）。他们为了争取自由而拿起武器来对亚述人进行战争，他们的英勇战斗使他们挣脱了奴役的枷锁并变成了自由的人民。美地亚人的成功榜样使其他民族也随着起来反抗了。

这样，大陆上的各个民族便都获得了独立，然而他们却再一次回到了僭主的统治之下，经过的情况有如下述。一个叫作戴奥凯斯的美地亚人，是普拉欧尔铁斯的儿子。这个人非常聪明，他既然想取得僭主的地位，因此，便着手实行了下面的一个计划。当时的美地亚人是分成各个部落散居各处的，而且在全部美地亚又是一片无法无天的状态，因此当时在本部落知名的戴奥凯斯便比以前更忠诚和热心地努力在他的同部落人中间执行正义。他相信正义和非正义是相互敌对的。因此，在他这样做以后，立刻同部落的人看到他的正直行为而推举他为一切争端的仲裁者。由于心中向往着统治权，他便表现出自己是一个忠诚和正直的人物。用这样的办法，他不单是博得本部落人们的赞赏，甚至长期以来受着不公的审判的痛苦的其他诸部落的人们，在他们知道只有戴奥凯斯正直无私，能给以公正的审判的时候，他们便时常愿意到戴奥凯斯这里来请求他审判他们的争端。直到后来人们只相信他一个人，而不再相信其他任何人的裁判了。

找他来帮忙的人越来越多了，因为人们都听说他的裁判是公正的。戴奥凯斯感到自己已得到一切人的信赖，便宣布说他不愿再出现于他经常坐下来进行审判的那个位子之上，并不想再做法官了。因为他认为整天用来调解邻人的事情而不去管自己的事情，这对他自己是毫无利益可言的。结果，在各部落之中，掠夺与不法的行为发生得甚至比以前更要猖獗了。于是美地亚人便集会到一处来讨论当前的局势（我想，讲话的主要都是戴奥凯斯一派的人）。他们说："如果事情这样继续下去，我们就不能在这个地方住下去了。让我们给自己立一个国王吧，这样这个地方才能治理得好，这样我们自己才能各安其业，不致由于无法无天的情况而被弄得家破人亡了。"在听到这样的话之后，他们便决定推立一个国王来统治他们了。

随后他们立刻便提出了推选谁担任国王的问题。大家一致愿意推举和拥戴戴奥凯斯，结果他们便同意他来担任国王了。他要求他们给他修建一所与他的国王身份相适合的宫殿并要求拨给他一支保护他个人的亲卫队。美地亚人同意了他的意见，他们在他自己所指定的地方给他建造了坚固的大宫殿，并且听任他从全国人民当中给自己选一支亲卫兵。在他做了国王以后，他进而又强制美地亚人给他修建一座城寨，他要他们几乎不去管其他的城市而单是注意经营这个新都。美地亚人在这一点上也听从了他，给他建造了一座今日称作阿格巴塔拿的城市，这座城寨的城墙既厚重又高大，是一圈套着一圈建造起来的。这个地方的结构是这样：每一圈城墙都因为有女墙的关系而比外面的一圈要高。（即内圈比外圈只高那一道女墙的高度。）由于城寨是在平原上的一座小山之上，这种地势当然可以有一些帮助，但这主要还是由于人工的缘故才做到这一点的。城墙一共有七圈：皇宫和宝库是在最内的一圈城墙里面。最外面城墙和雅典城的城墙约略等长。最外面一圈女墙的颜色是白色的，第二圈是黑色的，第三圈是紫色的，第四圈是蓝色的，第五圈是橙色的；外部这五道城墙都是涂着颜色的，最后两圈则是包着的，第六圈是用银包着的，最里面一圈则是用金包着的。

戴奥凯斯修筑这些城壁都是为了他自己和他自己的宫殿，人民则要定居在城寨的周边。而当一切都修建起来以后，戴奥凯斯首先便定出了一个规则，即任何人都不能直接进见国王，一切事项都要通过报信人来办理并且禁止臣民看到国王。他还规定，任何人在国王面前笑或是吐唾沫都特别被认为是一件可耻的冒渎行为。他所以小心地把自己用这种办法隔离起来，目的是在于保证自己的安全，因为他害怕如果和他一起长大，同出名门而且在一个男子的主要才能方面比起他来毫无逊色的同年辈的人经常见到他的话，他们会感到恼怒并且有可能暗算他；如果他们看不到他的话，那末他们就会以为戴奥凯斯已和先前判若两人了。

在戴奥凯斯把这一切都办理停妥并且把王位稳稳地坐定之后，他便仍然像先前那样地一丝不苟地执行正义的审判。诉讼案件都要写下来交到国王那里去，国王根据所写的内容进行审判，然后把他的判词送还当事人；他便是这样地判案的，其他的事情他也管。在全国各地都有他的密探和偷听者：如果他听到有人横暴不法，他就把这个人召来对他的罪行给以相应的惩罚。

这样，戴奥凯斯便只把美地亚人这个民族统一起来，并统治了他们。美地亚人是由下述的一些部落构成的：布撒伊人、帕列塔凯奈人、斯特路卡铁斯人、阿里桑托伊人、布底奥伊人、玛果伊人。属于美地亚人的部落就是这些了。

戴奥凯斯统治了五十三年之后死了，他的儿子普拉欧尔铁斯继承了他。这个王子继承了王位之后不满足于单单统治美地亚人这一个民族，便开始征伐波斯人。他先把军队开入波斯人的国土，这样首先便使波斯人变成了美地亚人的臣民。后来，他成了两个强大民族的主人以后，更进而征讨亚细亚，一个民族接着一个民族地把它征服了。直到最后，他竟和亚述人打了起来：亚述人是居住在尼诺斯（尼尼微）城的，他们先前是整个亚细亚的霸主。现在，由于盟国的叛离，他们已经孤立了，然而除去上述的一点之外，他们国内情况仍旧是和先前一样繁荣的。普拉欧尔铁斯向这些亚述人进攻，但是在一次战役中他和他的大部分军队都战死了，这是他统治米底二十二年之后的事情。①

希罗多德在这里所讲的米底人的国家形成是否也和佛经中所说的印度雅利安人的国家形成中的社会契约论相似呢？

这几个国家在形成时，都存在矛盾。什么矛盾呢？都是在私有制出现以后产生的矛盾，就是阶级矛盾。矛盾产生了，就需要解决矛盾，于是就出现了法庭、国王，出现了赋税等，而这就意味着国家的形成。

问题是，这种社会契约论产生的背景是什么？为什么在古代会出现这种社会契约论？为什么在不同国家会出现这样类似的理论？

在近代的资产阶级革命时代，法国的卢梭提出过社会契约论，那是针对封建社会的君主专制以及社会的不平等而提出的。

第三节 佛教的广泛传播

一、佛教的传播

释迦牟尼从鹿野苑首次布道说法，直到 80 岁高龄，最后涅槃，他一生几乎走遍了摩竭陀国和居萨罗的所有地方，为那些追随他的信徒们传道几十年。

由于佛陀的辛勤布道，佛教自其创立后得到快速发展，并成为当时最有影响的一个新教派。到释迦牟尼去世后的一两个世纪，佛教在南亚次大陆得到了广泛的传播，以后又逐渐传入中国和东南亚的许多国家和地区。

---

① ［古希腊］希罗多德：《历史》第 1 卷，95～102。

其原因在于释迦牟尼曾经得到统治阶级中的许多人的支持（包括与当时的一些国王有着十分亲密的关系）；佛教不排斥低等种姓的人入教，而且释迦牟尼传道说法深入浅出，教义也通俗易懂，对信徒既不要求其花费大量的金钱从事祭祀，又不要求其从事折磨自己的苦行。佛陀的弟子来自社会各个阶层，有男有女，有在家的俗世弟子，也有一批出家的比丘和比丘尼。佛教严格意义上的僧伽就是由这些比丘和比丘尼组成的。

佛陀的第一批弟子是其父王派去跟踪他的那些人。佛教的第一个尼姑是释迦牟尼母亲的妹妹大爱道，在释迦牟尼的母亲摩耶去世后，她就嫁给了净饭王，替代摩耶抚养释迦牟尼。在净饭王去世后，大爱道率净饭王宫中的妃女眷属去见佛陀，请求出家，佛陀开始时不愿意，后经过阿难的劝说，才最终同意。所以，大爱道是佛教的第一个尼姑，以后才有了比丘尼僧团。她一生中教化了不少的女性，从而成为尼姑的首领。

图 4.4　铸有释迦牟尼（左）和国王（右）的迦腻色迦金币。贵霜。
公元 1 世纪末—2 世纪初

虽然佛教得到了广泛的传播，但其他学说并没有消失，甚至婆罗门的势力也依然存在。婆罗门教在以后更发展成了印度教，并将佛教排挤出了印度。

释迦牟尼在得道成佛并在印度各地传播佛教后，也曾经受到外道的排挤、诬陷。据《大唐西域记》记载，在室罗伐悉底国，当年"胜军王大臣善施为佛建精舍，昔为伽蓝"。"伽蓝后不远，是外道梵志杀淫女以谤佛处。如来十力无畏，一切种智，人、天宗仰，圣贤遵奉。时诸外道共相议曰：'宜行诡诈，众中谤辱。'乃诱雇淫女，诈为听法，众所知已，密而杀之，埋尸树侧，称怨告王。王命求访，于逝多园得其尸焉。是时外道高声唱言：'乔答摩大沙门常称戒忍，今私此女，杀而灭口。既淫既杀，何戒何忍？'诸天空中随声唱曰：'外道凶人为此谤耳。'"①

佛陀受到异道的攻击，见《根本说一切有部毗奈耶药事》卷第九：

于时世尊游憍萨罗，人间行往婆罗门聚落。时诸异道闻沙门乔达摩来，闻已，匆忙往诣婆罗门居士族姓家。到已，便作是语："愿言增福增福，我辞去。"彼诸人曰："圣者，何故而去？"答言："我等以见汝等富足，我不喜见汝败散，所以且去。"诸人间曰："圣者，我等有何败散？""汝等当知，乔达摩沙门，与千二百人，随从渐来，皆雨刀雹，无量无数。有子妇人，悉令无子。"诸人报言："圣者，若实如是，应合住此，与我相助，岂合舍去？此是不善，我等决定坏灭。"外道答言："汝等共我立契，然可住此。汝等可害乔达摩沙门？"诸人言曰："我等当害。"即各执刀杖弓箭，擐甲而出于衢路间。时释种中，有一老人，见彼诸人，便即问曰："汝等欲诣何处？"彼即答言："为害怨故。"又问："谁是汝怨？"彼即答言："乔达摩沙门是也。"老人报曰："世尊大师，若是汝怨，更有何人，为汝亲友？汝等可回。"彼诸人等，皆不肯回。是时老人，便作是念："此等之辈，不以说法，而能调伏。应设种种威力，可令押伏。"是时老人便即入村，四边放火，烧其聚落。对内诸人，并皆号叫。害佛人等，即闻叫声，并皆惊忙，共相谓曰："乔达摩沙门，去此既远，今乃现

---

① （唐）玄奘：《大唐西域记》，第126、128页。

有极大损失，聚落被烧，应可却回。且救其火。彼等既回，救火不得。"须臾之间，世尊便至，问诸人曰："何为惊忙?"诸人答言："今被火烧，不能救得。"佛便报曰："我今为汝，灭却其火。"诸人白言："唯愿世尊，为我灭火。"是时如来言语才讫，佛威力故，其火并灭。时诸人等，皆生信心，而白佛言："世尊，今者何故得来?"佛即报言："利益汝等，而来至此。"

释迦牟尼也受到斛饭王之子提婆达多的陷害。据《大唐西域记》记载：

提婆达多……精勤十二年，已诵持八万法藏。后为利故，求学神通，亲近恶友，共相议曰："我相三十，减佛未几；大众围绕，何异如来?"思惟是已，即事破僧。舍利子、没特伽罗子奉佛指告，承佛威神，说法诲喻，僧复和合。提婆达多恶心不舍，以恶毒药置指爪中，欲因作礼，以伤害佛。方行此谋，自远而来，至于此也，地遂坼焉，生陷地狱。其南复有大坑，瞿伽梨苾刍毁谤如来，生身陷入地狱。瞿伽梨陷阬南八百余步，有大深坑，是战遮婆罗门女毁谤如来，生身陷入地狱之处。佛为人、天说诸法要，有外道弟子，遥见世尊，大众恭敬，便自念曰："要于今日辱乔达摩，败其善誉，当令我师独擅芳声。"乃怀系木盂，至给孤独园，于大众中扬声唱曰："此说法人与我私通，腹中之子乃释种也。"邪见者莫不信然，贞固者知为讪谤。时天帝释欲除疑，故化为白鼠，啮断盂系，系断之声震动大众，凡诸见闻增深喜悦。众中一人起持木盂，示彼女曰："是汝儿耶?"是时也，地自开坼，全身坠陷，入无间狱，具受其殃。凡此三坑，洞无涯底，秋夏霖雨，沟池泛溢，而此深坑，尝无水止。①

在《增一阿含经》卷第九《惭愧品》第十八中说到，提婆达兜挑唆阿阇世王，要害瞿昙：

闻如是，一时佛在罗阅城迦蓝陀竹园所，与大比丘众五百人俱。尔时王阿阇世有象，名那罗祇梨，极为凶弊，暴虐勇健，能降外怨。缘彼象力，使摩竭一国，无不靡伏。尔时提婆达兜便往至王阿阇世所，到已而作是说："大王当知，今此象恶，能降伏众怨，可以醇酒，饮彼象醉，清旦沙门瞿昙必来入城乞食，当放此醉象，蹋蹈杀之。"时王阿阇世闻提婆达兜教，即告令国中，明日清旦，当放醉象，勿令人民在里巷游行。是时提婆达兜告王阿阇世曰："若彼沙门瞿昙有一切智，知当来事者，明日必不入城乞食。"王阿阇世曰："亦如尊教，设有一切智者，明日清旦不入城乞食。"尔时罗阅城的男女大小事佛之者，闻王阿阇世清旦当放醉象害于如来，闻已，各怀愁忧，便往至世尊所，头面礼足，在一面住，白世尊曰："明日清旦，愿世尊勿复入城。所以然者，王阿阇世今有教令，敕语城内人民之类，明日勿复在里巷行来，吾欲放醉象害沙门瞿昙。设沙门有一切智，明日清旦不入城乞食。唯愿世尊，勿复入城，伤害如来，世人丧目，无复救护。"世尊告曰："止止，诸优婆塞勿怀愁恼，所以然者，如来之身，非俗数身，然不为他人所害，终无此事……伊罗钵龙王犹不能动如来一毛，况复此象欲害如来哉……如来出世，终不为人所伤害也。汝等各归所在，如来自当知此变趣……"时优婆塞、优婆斯闻正法

① （唐）玄奘：《大唐西域记》，第128～129页。

已，各从坐起，头面礼足，便退而去。

佛教在传播中也曾经受到抵制和反对。《增一阿含经》卷第十八《四意断品》第二十六说：

> ……是时尊者大目揵连到时，著衣持钵，欲入罗阅城乞食。是时执杖梵志遥见目连来，各各相诣谓曰："此是沙门瞿昙弟子中，无有出此人上，我等尽共围已而取打杀。"是时彼梵志便共围捉，各以瓦石打杀，而便舍去，身体无处不遍，骨肉烂尽，酷痛苦恼，不可称计。大目揵连而作是念："此诸梵志围我取打，骨肉烂尽，舍我而去。我今身体，无处不痛，极患疼痛，又无气力，可还至园。我今可以神足还至精舍。"

玄奘的《大唐西域记》记载说，在摩竭陀国的上茅宫城北门外有窣堵波，是提婆达多与未生怨王共为亲友，乃放护财醉象，欲害如来，如来指端出五狮子，醉象于此驯伏而前。

> 舍利子证果北不远，有大深坑，傍建窣堵波，是室利毱多唐言胜密以火坑毒饭欲害佛处。胜密者，崇信外道，深著邪见。诸梵志曰："乔达摩国人尊敬，遂令我徒无所恃赖，汝今可请至家饭会，门穿大坑，满中纵火，栈以朽木，覆以燥土，凡诸饭食，皆杂毒药，若免火坑，当遭毒食。"胜密承命，便设毒会。城中之人皆知胜密于世尊所起恶害心，咸皆劝请，愿佛勿往。世尊告曰："无得怀忧。如来之身，物莫能害。"于是受请而往。足履门阃，火坑成池，清澜澄鉴，莲花弥漫。胜密见已，忧惶无措，谓其徒曰："以术免火，尚有毒食。"世尊饭食已讫，为说妙法，胜密闻已，谢咎

归依。①

在佛教发展过程中，有些人虽然也加入了佛教，但他们和佛教的创始人释迦牟尼从根本上说就不是一路人，他们从根本上就反对释迦牟尼而和佛教闹分裂，如前述释迦牟尼的叔父斛饭王之子提婆达多（也译为调达、天授），他本来是随释迦牟尼出家的，但后来，他不仅迫害佛陀，还自称大师，另立僧团，反对释迦②。在《增一阿含经》卷第九《惭愧品》第十八中说到，此人曾经教唆王子婆罗留支把自己的父王锁在铁牢中，并加以杀害，而后自立为王，即瓶沙王。《增一阿含经》卷第八《安般品》第十七说，后来，他又企图教唆瓶沙王杀害释迦牟尼。

二、佛教的分派

佛教在其发展途中还发生了分派的情况。

佛教发展初期的教义比较简单。这种情况一直延续到公元前 2 世纪。佛教在其传播过程中，特别是在释迦牟尼去世后，逐渐分裂成为数众多的教派。最早形成的是以大迦叶为首的上座部和以阿难为首的大众部。③

以后，佛教的部派越来越多，据《大史》的资料说，由上座派大迦叶主持编纂的真正达磨称作上座达磨。在最初的 100 年间，上座派是一个统一的派别。但是后来出现了其他学派。1 万名异端比丘被举行第二次结集的长老们征服后，创造了名叫大众部的派别。④

在此基础上出现了鸡胤部和一说部。从鸡胤部中又分出说假部和多闻

---

① （唐）玄奘：《大唐西域记》，第 207～208 页。
② 《佛本生故事选》，第 44 页，注（2）。
③ （唐）玄奘：《大唐西域记》，第 214～215 页。
④ 第二次结集后，出现佛教的部派分裂，形成上座和大众两部，在佛教史上被称为根本分派。——译者注

部，又从这些部中分出制多山部。除了加上大众部在内的这 6 部以外，还
有两个派别与上座部的信徒们分道扬镳：化地部和金刚子部。而法上部和
贤乘部、六成部、正量部和犊子部也同样离开了上座部的信徒们。化地部
又分成两部分：说一切有部和法藏部。从说一切有部又分裂出饮光部，从
这些派别中又兴起经量部，最后又分出经部。加上上座部共 12 个派别，此
外加上那 6 个派别，共 18 部。

这样，在第二世纪出现了 17 个派别，以后又出现了其他派别。雪山
部、王山部、义城部、东山部、西山部和金刚部，这六者是阎浮提洲从其
他派别分离出来的，法乐部和海部在锡兰岛也从其他派别中分离出来。

佛教分派的原因是什么？为什么佛陀最亲近的两个大弟子大迦叶和阿
难会分裂成两派的头，而且是佛教中最早分裂的？学者认为，一个重要原
因是对释迦牟尼的教义的理解发生了分歧。众所周知，佛教在佛陀在世时，
其教义是靠口头传授的，没有成文的佛经，所以，不同的人传授的经文往
往会有差别，对经文和教义的理解也有所不同。

但除了对教义的理解有分歧以外，还有其他原因吗？例如是否与争权
夺利有关？因为，如果不是这个原因，那为什么大迦叶和阿难二人都是佛
陀的声闻弟子，会分道扬镳呢？是否可以说，佛教的戒律并不能完全约束
其信徒的思想和行为？据玄奘的《大唐西域记》，大迦叶不让阿难参加第一
次结集时，说阿难"汝未尽漏，宜出圣众"。而阿难说，他自己"随侍如
来，多历年所，每有法议，曾未遗弃。今将结集，而见摈斥，法王寂灭，
失所依怙"，非常委屈。大迦叶却说："汝亲侍佛，诚复多闻，然爱惑未尽，
习结未断。"阿难辞屈而出……①从玄奘的这段话看，阿难没能参加第一次
结集，感觉到非常委屈，而这是不是大迦叶在排斥异己呢？如果是的话，
那这种分派的原因就非常值得重视了，因为这说明，虽然佛教有"律"规

---

① （唐）玄奘：《大唐西域记》，第 213～214 页。

范僧团的行为，但其作用是很有限的，特别是在佛陀寂灭以后，对一些在佛教中影响很大的上层，没有人可以制约他们的时候，戒律对他们能有什么作用呢？据《弥沙塞部和醯五分律》卷第三十第五分之九《五百集法》，大迦叶和阿难似乎有着很深的矛盾，所以他才会诘难阿难，并在第一次结集时排斥阿难。

邓殿臣说："佛陀入灭后，僧团似乎很快走向了腐败堕落，持正法者日少，逐名利者渐多。这很自然地引起了长老们的不满和忧虑，并且反映在他们诵出的诗偈里。"①

但有人认为这个命题不能成立，如在巴沙姆的《印度文化史》一书中，由僧伽罗克悉多比丘写的"佛教"一章说："佛教也悄然消失了。诚如某些人所说，寺院里没有任何精神生活堕落的迹象，更没有任何道德沦丧的迹象。"②

这两个人的看法几乎是针锋相对的，但他们却没有作过多的说明，因此对他们的看法我们似乎无法肯定或否定。

不过，不可否认，佛教中的个别人有腐败堕落的思想和行为，佛教中也确实有腐败的行为和现象。但问题是能否说这是僧团的腐败呢？并且如果说僧团的腐败这个命题能够成立，那么这种腐败堕落的原因是什么？腐败堕落表现在什么地方？其后果是什么？下面这些算不算是腐败堕落的表现？如：接受土地等捐赠，在接受捐赠的同时又接受捐助者入教甚至封为罗汉等作为奖励；接受一些国王的所谓忏悔，从而为一些统治者、剥削者"放下屠刀，立地成佛"大开方便之门，等等。

如果这些算是佛教腐败堕落的表现的话，那么，佛教出现这些腐败堕

---

① 邓殿臣译：《长老偈·长老尼偈》，北京：中国社会科学出版社，1997年版，前言第2页。

② ［澳］A.L.巴沙姆主编：《印度文化史》，闵光沛、陶笑虹、庄万友、周柏青等译，北京：商务印书馆，1997年版，第145页。

落现象的原因是什么？下面这些方面是否可以成为原因呢？如印度的商品货币关系非常发达，对佛教僧团会否产生腐蚀性的影响呢？又如佛教上层的某些人因为急于发展而急功近利、贪图享受、争权夺利等，是否也与这个问题有关呢？

再有就是这种腐败堕落的后果是什么？如果我们认为佛教僧团的腐败堕落这个命题能够成立，那么也许一个重要的后果是加快了佛教的分裂。另一个后果是使佛教的声誉受到影响，很可能以后佛教在印度发展不下去，被排挤出印度就与此有关。第三个后果是佛教僧团成为大土地占有者，佛教徒中的许多人不事生产，或者完全脱离生产，从而使佛教与劳动者相对立。

教派的形成可能还有其他一些原因，如佛教徒的出身各异、每个人的经历也非常复杂，他们往往会以自己的思想、感情、经历来理解教义，甚至歪曲教义，等等。这些对佛教教派的形成也必定会有很大的影响。以后，随着佛教的广泛传播，又出现了一些新的思想和倾向，使得佛教的教派分化越来越多。虽然在佛教史上曾经有过几次大的结集，力图统一教徒对教义的认识，但终于不能完全统一。公元1世纪，佛教分裂成摩诃衍那（即大乘佛教）和希那衍那（即小乘佛教）两大派。"小乘"是大乘对小乘的贬称，大乘佛教认为自己的解脱道路是宽广的道路，而认为小乘的解脱道路是狭窄的道路。一般认为，小乘坚持了早期佛教的基本教义。

小乘的理论是：个人可以通过宗教修行成为阿罗汉，从而达到解脱的境界。与此相反，大乘的目标不是寻求个人的解脱，而是普度众生，使人类摆脱痛苦，获得解脱。一种理论是个人的，另一种则是群体的。小乘认为，个人可修得阿罗汉果，即成为完美的门徒。大乘认为，个人虽然可以成佛，但首先应达到成佛之前的一个等级，即菩萨，以帮助、下化众生。在佛教的精神等级中，最高的一级就是佛。成佛即摆脱了生命亦即生和物质的羁绊。

比佛低一级的是菩萨，其目标是求菩提，即求得涅槃。乔达摩·悉达多在成佛之前曾为菩萨。比菩萨低一级的是阿罗汉，即完美的门徒，还须为达到涅槃的境界而继续修行。[①]

在佛陀在世时和他去世后不久，佛陀可能已经被神化，所以，在佛经中，也有一些佛陀神化自己以及神化一些佛陀的大弟子（如神足升空、能掐会算等，实际上也是神化释迦牟尼，把释迦牟尼当作神）的实例。

如据《增一阿含经》卷第九《惭愧品》第十八，当提婆达兜鼓动阿阇世谋害释迦牟尼时，释迦牟尼不是用自己的教义去说服阿阇世，而是说有天上诸神来保佑他，还用他的所谓的神力来解决问题：

> 伊罗钵龙王犹不能动如来一毛，况复此象欲害如来哉！终无是处，所以然者，如来神力，不可思议。如来出世，终不为人所伤害也……侍者阿难见醉象来，在世尊后，不自安处，白世尊曰："此象暴恶，将恐相害，宜可远之。"世尊告曰："勿惧阿难，吾今当以如来神手降伏此象。"如来观察暴象，不近不远，便化左右，作诸师子王，于彼象后，作大火坑。时彼暴象，见左右师子王，及见火坑，即失尿放粪，无走突处，便前进向如来。尔时世尊便说此偈："汝莫害于龙，龙现甚难遇，不由害龙已，而得生善处。"尔时暴象闻世尊说此偈，如被火燃，即自解剑向如来，跪双膝投地，以鼻舐如来足……

在《长老尼偈》中说到一个名叫苏巴的长老尼因为自己长得漂亮，受

---

① ［巴基斯坦］穆罕默德·瓦利乌拉·汗：《犍陀罗艺术》，陆水林译，北京：商务印书馆，1997年版，第54～55页。

到一些恶少的纠缠，她问这些恶少为何纠缠她，恶少说她的眼睛漂亮，于是为了不让他们纠缠，她就抠下了自己的眼睛。"佛以慈悲之力，使苏巴的眼睛复旧如初。"[1] 据长老尼凯玛小传，凯玛是摩竭陀国的萨格拉（Sagala）城的一个公主，长得非常漂亮，被频毗沙罗王纳为王后。频毗沙罗王一再向她宣扬竹林精舍如何富丽堂皇，使凯玛非常向往。后来，她随侍从去竹林精舍。佛陀知道凯玛将至，便幻化出一个美女站在自己身旁摇扇。这个幻化的美女一会儿变成了一个中年妇女，很快又变成了一个老太婆，白发掩面，骨瘦如柴，动弹不得。从而使这个王后茅塞顿开，悟到了人生无常的真谛。于后又听到佛陀说法，立即成为罗汉。[2] 甚至一些佛教徒也有此功能，如据《增一阿含经》卷第十八《四意断品》第二十六之一，佛陀的弟子大目揵连在被外道殴打后也说："我今可以神足还至精舍。"在有关阿育王设置人间地狱的故事中，说到一个小和尚就能如此："沙门既证圣果，心夷生死，虽入镬汤，若在清池，有大莲花而为之座。狱主惊骇……"

佛经中常常说到释迦牟尼能掐会算，如《四分律》卷第四十《衣揵度》之二说，当时释迦牟尼病了，著名医生耆婆给他开了药方，让阿难拿去，但耆婆忘了让阿难用暖水给释迦牟尼治病，"尔时世尊知耆婆心所念，即唤阿难取暖水来。尔时阿难闻世尊教，即取暖水与佛，佛即饮一掌暖水，患即消除，风亦随顺"。

三、佛教接受赠礼的原因及后果

佛教创立后，佛陀自己和他的信徒常常靠乞食为生；在雨季时，佛教为使自己的僧徒有 3 个月的时间集中修行，就需要一个场所，还需要食物，才能不去乞食，而且，在印度长达 3 个月的雨季，也无法乞食。所以，佛

---

[1] 《长老偈·长老尼偈》，第 296 页。
[2] 《长老偈·长老尼偈》，第 262 页。

教徒要接受别人的施舍。在佛经中常常可以看到佛陀接受国王或其他人给予的长达 3 个月的施舍。因而，在六方伦常中有关于佛教徒与施主（按：在佛经中的有些地方施主也称为檀越）关系的论述，在佛经中常常有佛陀和佛教僧团接受施舍的事情。

如毗舍离城的庵婆婆利园的庵婆婆利女赠送给佛陀一个园子。此女先是请世尊吃饭，而后便提出要将庵婆婆利园送给世尊，世尊欣然接受。《增一阿含经》卷第十《劝请品》第十九说："尔时女白世尊曰：'此暗婆婆利园，用奉上如来及比丘僧，使当来过去现在众僧得止住中，愿世尊受此园。'尔时世尊为彼女故，便受此园。"

据《稻田本生》，一个婆罗门将 1000 迦哩娑土地送给菩萨，菩萨只要了 800 迦哩娑。

又如憍萨罗国婆罗门种昙弥克将祇园精舍赠送给佛。[①] 乌萨跋长老系憍萨罗国富家出身，曾将祇园精舍布施给佛陀，因而被吸收入教。[②] 在《长老尼偈》中说有一个名叫妲媞卡的长老尼，她的父亲是居萨罗国的宰相，将祇园精舍赠送给了佛陀，这应当是同一回事，妲媞卡的父亲应当是乌萨跋。

阿巴帕里长老尼把自己的花园布施给僧众而入教，证得罗汉果位。[③]

佛陀或佛教僧团在接受他人的礼品时，往往给人以好处，如坎札苏玛纳长老，曾经以茉莉花献佛，"以此功德得生天上"[④]。

佛教和一些富有者的关系也非常亲密，佛及其弟子接受富有者的供养 3 月，如《根本说一切有部毗奈耶药事》卷第一说：

---

① 《长老偈·长老尼偈》，第 96 页。
② 《长老偈·长老尼偈》，第 48～49 页。
③ 《长老偈·长老尼偈》，第 282 页。
④ 《长老偈·长老尼偈》，第 43 页，"坎札苏玛纳小传"。

尔时世尊在荻苗国人间游行，到波罗疵斯仙人堕处施鹿林中，于彼城内，有一长者，名曰大军，富贵饶财，多诸受用。彼人有妻，名大军女，敬信三宝，贤善质直，意乐清净。彼闻世尊于荻苗国游行，来到波罗疵斯，在仙人堕处施鹿林中，闻已念曰："此应是我大师世尊。我虽频为供养，由未周备。今以我现有家赀，悉持奉上无上慈尊，略申供养。"作是念已，即往佛所。到已礼足。退坐一面。

尔时世尊，为大军长者随顺说法，示教利喜……尔时大军长者既闻法已，心大欢喜。即从坐起，偏袒右肩，合掌礼佛，而白佛言："唯愿世尊及苾刍众，受我三月夏安居请，我以供养衣服、饮食、卧具、医药。"

尔时世尊默然受请。

《根本说一切有部毗奈耶药事》卷第十二也说，有一个胜光王：

诣世尊所，顶礼佛足，退坐一面，佛即为王说微妙法，示教利喜。王闻法已，从坐而起，合掌恭敬，双膝著地，而白佛言："大德世尊，哀悯我故，与苾刍僧伽于三月日，受我衣食、汤药、卧具。"佛便默然受王所请。王于月，每日营办百种微妙甘美香馔，一一苾刍，价值百千衣服……

玄奘的《大唐西域记》记载说，佛陀接受了500商人以10亿金钱购买的庵没罗园，"佛于此处三月说法，诸商人等亦证圣果"[①]。

凡是赠送东西给佛或佛教僧团的人只要愿意入教，大都能得道。那么，

---

① （唐）玄奘：《大唐西域记》，第216页。

这里面有没有行贿的嫌疑？会不会对佛教的发展、腐败产生影响？另外，佛教内部后来产生那么多的教派，与其成分的复杂、入教者的动机不纯有没有关系？佛教创始于印度，发展、繁荣于印度，但为什么以后却在印度得不到进一步的发展呢？我认为有这样几点值得思考：

佛教的信徒的成分比较复杂，许多王室成员、官吏、商人、婆罗门等参加到了佛教中来，他们中的许多人，最初是接受了佛教的教义，成为佛教的忠实信徒，成为断除一切烦恼、居于山林、远离尘世喧嚣、在幽静的自然环境中参禅悟道、具有很高的德行的僧人。如因为常住林中而被佛陀称为"林居第一"的须菩提长老偈颂说："茅棚已搭起，可避风和雨；好雨快降落，我心甚宽慰。心念已入定，烦恼尽断离；勇猛求精进，祈请天下雨。"[1] 舍卫城波斯匿王的一个大臣的儿子维拉长老虽婚后得子，但一心向佛，一天，他正在修禅，其妻子来挑逗他，虽百般撩拨，却未能使其动心，他也没有还俗。他的偈颂说："我曾难调御；圣道生喜悦，除疑无污垢。涅槃心坚定，维拉不返俗。"[2] 长老满金也是如此。其偈颂曰："今生的解脱，内心及外表；贪欲彻底断，进入涅槃道。心意甚宁静，一切无执著；世界之生灭，我亦悉知晓。"[3] 被佛陀誉为"头陀第一"的大迦叶的偈颂中说："应当独自居，不宜在群体；群聚心散乱，难得三摩地。应酬各类人，亦使人厌腻；既知事如此，不当喜群居。"[4] 再如被佛陀誉为"神通第一"的大目捷连的偈颂说："林居而托钵，乞食常知足；心境常持定，灭除魔眷属。林居而托钵，乞食常知足；撼退众魔军，如象毁竹屋。"但无可讳言，入教者中的有些人未必能长期坚持。正如帕拉萨利耶的偈颂中所说："无漏修禅

---

[1] 《长老偈·长老尼偈》，第1页。
[2] 《长老偈·长老尼偈》，第45页。
[3] 《长老偈·长老尼偈》，第5～6页。
[4] 《叶偈颂》，第1056页。

者，可敬大长老；如今俱入灭，贤者亦甚少。"① "善法智慧退，胜教已灭了；今世多罪恶、污垢和烦恼。有人尚清闲，善教唯遗响。"② 再如菩须长老的偈颂中说："懒惰懈怠者，利养唯追逐；不愿林中居，只喜村镇住。"③ 所以正如邓殿臣在《长老偈·长老尼偈》一书的前言中所说："佛陀入灭后，僧团似乎很快走向了腐败堕落，持正法者日少，逐名利者渐多。"④

入教者的成分举例：加入佛教的人的成分非常复杂，有婆罗门、商人、富人、王子（如一个名叫高提克的人，是末罗国的一个王子，他和另外三个同族王子苏巴忽、瓦里亚和乌迪亚一起加入佛教。⑤ 安加纳瓦尼耶长老系吠舍尼跋祇的王族出身，同其他几个王子一起出家为僧⑥）、农民（一个名叫苏曼格拉的人入教）。⑦ 王子维摩勒峤陈如是瓶沙王和妓女庵婆巴利之子。

Ekudaniya（意为"自说"）长老出身于舍卫城的一个富裕的婆罗门家庭。⑧ 尼德长老出自婆罗门种。⑨ 苏那迦长老出自婆罗门种。⑩

瓦恰巴拉出身于王舍城一个富有的婆罗门家庭。⑪

车匿长老是净饭王宫中一个奴仆之子。⑫

布那长老，平民出身，青年时曾经经商。⑬

---

① 《叶偈颂》，第 928 页。
② 《叶偈颂》，第 929~930 页。
③ 《叶偈颂》，第 962 页。
④ 《长老偈·长老尼偈》，第 2 页。
⑤ 《长老偈·长老尼偈》，第 24 页。
⑥ 《长老偈·长老尼偈》，第 25 页。
⑦ 《长老偈·长老尼偈》，第 20~21 页。
⑧ 《长老偈·长老尼偈》，第 31 页。
⑨ 《长老偈·长老尼偈》，第 37 页。
⑩ 《长老偈·长老尼偈》，第 38 页。
⑪ 《长老偈·长老尼偈》，第 32 页。
⑫ 《长老偈·长老尼偈》，第 31~32 页。
⑬ 《长老偈·长老尼偈》，第 32 页。

苏亚摩长老，出身于吠舍离的婆罗门种。①

苏萨拉得长老，婆罗门种。②

比央加哈长老，吠舍离城离车的王族出身。③

萨弥迪古德长老，舍卫城婆罗门种。④

悉哈长老，末罗国王族出身。⑤

那盖得长老，出自释迦种（王族）。⑥

阿主那，从耆那教转而成为佛教长老。⑦

拉迦达得长老，出身于舍卫城一个商人家庭。他成年后赶 500 车队到王城经商，因为与日收千金的妓女交往，荡尽家财，沦落到衣食无着，遂入教。

维吉得塞那长老，侨萨罗国的驯象师家庭出身。⑧

亚瑟达得长老，末罗国王族出身。

帕维彻长老，摩竭陀的婆罗门种。⑨

提沃萨婆长老，一个太守之子，自己也曾经为官。⑩

萨弥达得长老，王舍城婆罗门种。⑪

维阇耶长老，舍卫城婆罗门种，初入外道。

艾罗克，舍卫城平民。⑫

---

① 《长老偈·长老尼偈》，第 33 页。
② 《长老偈·长老尼偈》，第 34 页。
③ 《长老偈·长老尼偈》，第 34 页。
④ 《长老偈·长老尼偈》，第 36 页。
⑤ 《长老偈·长老尼偈》，第 37 页。
⑥ 《长老偈·长老尼偈》，第 38 页。
⑦ 《长老偈·长老尼偈》，第 39 页。
⑧ 《长老偈·长老尼偈》，第 105 页。
⑨ 《长老偈·长老尼偈》，第 39 页。
⑩ 《长老偈·长老尼偈》，第 40 页。
⑪ 《长老偈·长老尼偈》，第 40 页。
⑫ 《长老偈·长老尼偈》，第 41 页。

迈达吉长老，舍卫城婆罗门种。①

迦库巴拉长老，舍卫城平民之子。②

坎札苏玛纳长老，出身于末罗国王族。③

帝须长老，楼卢城的王子，后来还继承了王位。④

阿跋耶长老，出身于舍卫城的婆罗门种。⑤

贝拉札尼克长老，舍卫国婆罗门种。⑥

塞杜洽长老，一个地方太守之子，后继承其父的职位，不久又失去其位。⑦

亥陀克长老，婆罗门种。⑧

玛里得汪巴长老，婆罗门种。⑨

苏亥曼得长老，出身偏远地方一个富贵之家。⑩

昙摩萨沃长老，摩竭陀国婆罗门种（其父也入教）。⑪

僧加拉克得长老，舍卫城富家出身。⑫

乌萨跋长老，侨萨罗国富家出身，曾将祇园精舍布施给佛陀。⑬

金得长老，出身摩竭陀国金得镇地方太守之家。⑭

---

① 《长老偈·长老尼偈》，第 42 页。
② 《长老偈·长老尼偈》，第 42 页。
③ 《长老偈·长老尼偈》，第 43 页。
④ 《长老偈·长老尼偈》，第 43 页。
⑤ 《长老偈·长老尼偈》，第 43～44 页。
⑥ 《长老偈·长老尼偈》，第 45 页。
⑦ 《长老偈·长老尼偈》，第 45 页。
⑧ 《长老偈·长老尼偈》，第 46 页。
⑨ 《长老偈·长老尼偈》，第 46 页。
⑩ 《长老偈·长老尼偈》，第 47 页。
⑪ 《长老偈·长老尼偈》，第 47 页。
⑫ 《长老偈·长老尼偈》，第 48 页。
⑬ 《长老偈·长老尼偈》，第 48～49 页。
⑭ 《长老偈·长老尼偈》，第 49 页。

瓦洽高达长老，王舍城婆罗门种。①

林犊长老，婆罗门种，家庭富有②，偈曰："山有怡人水，复有白石广。猴兽常出没，青苔满山冈。山林惬我意，不愿居城巷。"

宾头庐长老，憍赏弥国王优填王的宰相之子。③

赛里萨里耶，青年时曾经是迦毗罗卫的一个将军，因为该国国王出家，所以他也出家成为佛教徒。④

维萨卡长老，本是摩竭陀国的一个王子，并曾经继承过王位。后来出家。⑤

达尼耶长老，王舍城一个陶工的儿子，长大后也成为一个陶工。⑥

阿努帕摩长老，出身于憍萨罗国一个佣人家庭。⑦

瓦吉德长老，出身于憍萨罗国一个佣人家庭。⑧

帕洽耶长老，是罗希（Rohī）城的刹帝利王子，曾继位为王，后出家⑨。

玛当格子长老，憍萨罗国贱民之子。⑩

阿巴帕里长老尼，是个妓女⑪，等等。

佛教徒的成分复杂，其入教的动机也多种多样，这对佛教的分派乃至分裂不能不产生影响。

佛教徒入教的原因以及佛教接受入教者的原因举例：苏曼格拉长老本

---

① 《长老偈·长老尼偈》，第49页。
② 《长老偈·长老尼偈》，第50页。
③ 《长老偈·长老尼偈》，第55页。
④ 《长老偈·长老尼偈》，第73页。
⑤ 《长老偈·长老尼偈》，第77页。
⑥ 《长老偈·长老尼偈》，第82页。
⑦ 《长老偈·长老尼偈》，第78页。
⑧ 《长老偈·长老尼偈》，第79页。
⑨ 《长老偈·长老尼偈》，第81页。
⑩ 《长老偈·长老尼偈》，第82页。
⑪ 《长老偈·长老尼偈》，第282页。

是一个农民，一次，波斯匿王向佛教弟子们供斋时，臣民们也去供奉斋品，苏曼格拉也去了。他看到僧人们生活优裕，尊贵无比，于是也入教了。他的一首偈颂反映了这种情况："我已得解脱，不需三弯腰；弯腰扶犁把，弯腰扬锄头，弯腰使镰刀，如是世间苦，与生相伴随，你苏曼格拉。应了尔处境，精进务禅观。"① 即他之所以入教，是为了逃离农民的处境。

有人因听佛说法心生敬仰而入教，如乌凯帕卡扎瓦恰长老就是如此。②

一个名叫听一法的长老因为听佛说了"诸行无常，是生灭法"诸语而顿悟"无常"之理，随佛出家。③

萨弥迪古德长老，听佛说法而皈依出家。④

迦叶长老，听佛说因缘法而出家。⑤

一个名叫巴达坤扎拉盖萨的女尼，因为婚姻不幸，其夫要杀死她，未能得逞，反而被她所杀。⑥ 这应当是一个杀人犯，但却被吸收入教。

有的因为不愿娶妻而出家，如阿杜摩长老。⑦

玛纳沃长老因为七岁入学时见到老人和死人，顿生人生无常之理，遂出家。⑧ 这和释迦牟尼出家的原因几乎是一样的。他的偈颂说："我见老人苦，复见病死苦；断除五贪欲，出家的剃度。"

尼德长老因为见佛及弟子不愁吃住，坐享清福，便出家为僧。⑨ 为僧以后，还曾只是饱餐足睡，与僧友聊天。

---

① 《长老偈·长老尼偈》，第30页。
② 《长老偈·长老尼偈》，第30页。
③ 《长老偈·长老尼偈》，第31页。
④ 《长老偈·长老尼偈》，第36页。
⑤ 《长老偈·长老尼偈》，第36~37页。
⑥ 《长老偈·长老尼偈》，第255页。
⑦ 《长老偈·长老尼偈》，第33页。
⑧ 《长老偈·长老尼偈》，第33页。
⑨ 《长老偈·长老尼偈》，第37~38页。

一些人仅仅是因为听佛说法就入了教，如苏那迦长老①、那盖得长老②、提沃萨婆③、萨弥达得④等人都是听佛说法后就入教了。

还有的人是因为佛陀接受了人家的供养而被佛陀吸收入教的，如悉沃利长老，自其母受孕之日起，家族便享财运；田地里粮食增产，粮仓之谷取之不尽，施舍布施后也不减少。自悉沃利入教以后，僧团供养更加充裕丰盛。因此佛陀称他为"应供第一"⑤。

一个名叫罗陀的长老，年老不得子女赡养，感到世俗的可恶，遂去一个寺院祈求剃度，但寺院长老嫌他年老，不愿给他剃度。⑥

一个名叫乔达摩的长老，在 16 岁时，因为耐不住色欲而用千金给一个女子，梵身遂破。但他在当日即对此女子由喜爱变为厌恶，并听佛说法，出家坐禅，当日即成罗汉。但这也说明尽管有戒律管束，僧人还是可能出轨的。⑦

一个名叫乌帕格的人，是一个猎人供养的正命论僧人，他看上了猎人的女儿佳帕，猎人叫他还俗，和自己的女儿结婚。乌帕格还俗后，和佳帕结了婚，并生了一个儿子。佳帕在哄儿子时说："乌帕格的儿子，沙门的儿子。"乌帕格觉得这是讽刺自己，于是决定再度出家，皈依佛门。⑧

更有一些人可能根本没有入教的思想，但为了某种目的而混入佛教。例如据《长老偈》中的婆蹉长老说，有一个狡诈僧就混入了佛教，他"心怀贪婪却装出苦行状，欺世盗名"⑨。

而佛教的许多主张未必能让其信徒长期坚持。如它那些清心寡欲的主

①　《长老偈·长老尼偈》，第 38 页。
②　《长老偈·长老尼偈》，第 38 页。
③　《长老偈·长老尼偈》，第 39 页。
④　《长老偈·长老尼偈》，第 40 页。
⑤　《长老偈·长老尼偈》，第 27 页。
⑥　《长老偈·长老尼偈》，第 57 页。
⑦　《长老偈·长老尼偈》，第 58 页。
⑧　《长老偈·长老尼偈》，第 287 页。
⑨　《长老偈·长老尼偈》，第 59 页。

张，未必能让其信徒中的商人、婆罗门等长期坚持。佛教的这种状况，使一些长老们忧虑和不满。这在一些长老偈中表现了出来。例如，帕拉萨利耶长老的多首偈颂中就对此表现出忧虑："大雄世间主，往昔曾住世；而今比丘僧，行同世尊否？"① "出家修道人，已弃财、妻、子；却因一勺饭，竟为不义事。"② "心情常烦躁，好奇诸般艺；如此出家人，远离沙门仪。"③《阿跋耶长老偈》说到阿跋耶长老入教后，一天去化缘时，看见一位雍容华贵的妇人，顿生爱慕之心。④ 这说明，一些佛教徒的信念并不坚定。在他的偈颂中说道："喜好姿色者，思看美人像；常见常执迷，贪色以为享。沉沦此念中，诸漏必增长。轮回不能脱，烦恼转盛旺。"乌蒂耶长老是迦毗罗卫一个释迦种，皈依佛教后，一天入城化缘，途中听到一个女子优美的歌声，心离正念，顿生爱欲。⑤

佛教虽然有戒律，但信徒能否长期坚持，能否时时、事事、处处坚持，还很难说。特别是由于：（1）古代印度，商品货币关系相当发达，这对佛教徒的影响是不可小觑的；（2）佛教对信徒的监管并不严格，其信徒并非全部都能自行约束自己。所以一些佛教徒走向腐败并不奇怪。例如，据《弥沙塞部和醯五分律》卷第一记载，一次，佛陀向僧迦尸国辗转游历，后之毗舍离，当时有一个长者迦籣陀子，名叫须提那，向佛陀表示要出家修行。佛陀说，这要看父母同意不同意。须提那经过努力，得到父母同意后出家修行了。但是他经受不住艰苦环境的考验，出家未久，时世饥馑，他想，今此饥馑乞求难得，我所生处，饮食丰乐，于是就回到了他家附近的一片树林中去修行。他的父母听说后，就劝他回家，并让他的妻子也去劝他，用财富等去说服他：

---

① 《长老偈·长老尼偈》，第176页。
② 《长老偈·长老尼偈》，第177页。
③ 《长老偈·长老尼偈》，第177页。
④ 《长老偈·长老尼偈》，第43～44页。
⑤ 《长老偈·长老尼偈》，第44页。

"'尔虽吾子，今为释种，违我以道，夫复何言？但祖宗辍祠，人伦情重，王宪嗣绝，财物没官，吾备之矣。汝岂不知，余愿所期，在汝续种。汝其思之。吾言尽矣。'时须提那闻诲，悲泣默然奉命，便与妇同归，在于本室三反行欲……其妇月满，生子聪达，名曰续种。"

关于佛教徒吃肉，《根本说一切有部毗奈耶药事》卷第一记载：

是时长者，见佛许已，生大欢喜，礼佛而去。时彼长者，供给世尊三月安居，种种供养，及诸苾刍，无所阙乏。长者每日清旦，礼世尊足，即复观察诸病苾刍。有一苾刍，身婴重病，往问医人。时彼医人，令食肉羹。长者问已，归到家中，语其妇曰："贤首，有病苾刍，医人令食肉羹，方能疗疾。汝可为办，宜速送往病苾刍处。"时彼长者即令小婢，将其钱物，往诸屠家，欲买其肉。即于此日，国王诞子，遂皆断屠，若有犯者，与其重罪。假令贵买，亦不可得。时彼小婢，具以上事，白大家知。

时长者妇，作是思惟："我于三月，供养世尊，及苾刍僧，所有家资，不令有乏。若今不得此药，交恐苾刍，因斯命过，使我不善。"如是思已，即持利刃，入己房中，以割髀肉，授与小婢，令其细切，煮作美羹，急送与彼病苾刍食……病遂除愈。

关于佛教徒吃龙肉，《根本说一切有部毗奈耶药事》卷第一有言：

尔时世尊，住赡波城揭伽池岸精舍而住，于彼池中有龙王，名曰瞻箄耶，信心贤善。每于月八日、十四日，从宫而出，变作人形，诣苾刍所，受八支学处。受已，于显露处，还复本形，亦不损恼所余众生。时既饥馑，有羸瘦人，及牧牛羊人，并采樵人、游行人、正道活命人、耶道活命人。此等诸人，共来剜割，持归而食。是时六众苾刍著衣持钵，入城乞食，至长者家。然此家中，现煮龙肉。釜中气出，即入舍从乞。长者妻曰："我今无食。"苾刍问曰："釜中气出，是何物耶？"报言："圣者，此是龙肉，仁等岂可食龙肉耶？"答言："我等唯凭施主而活。若汝等食者，我等亦食，可将施我？"妻即持肉，授与苾刍，由此诸人更多取肉。时彼龙妇，作如是念："由诸苾刍，食龙肉故，人皆共食，欲遣我夫何时免受如斯苦痛？我以此缘，宜行问佛。"既过初夜，往诣佛所，礼佛足以，在一面坐……时龙女合掌恭敬，白世尊言："大德，我之夫主，信心贤善，每月八日、十四日，从宫而出，变作人形，诣苾刍所，受八支学处，于显露处，还复龙身，亦不损恼所余众生。时逢俭岁，月彼饥人，共割其肉。因此苾刍皆取充食。欲遣我夫何时免苦？唯愿世尊，慈念哀悯，制诸苾刍，勿食龙肉。"

尔时世尊，闻是语已，默然而住。是时龙女，知佛默许，奉辞而退。

后来，释迦牟尼告诫弟子，不要食龙肉，否则就是"非释迦子"，"食者得越法罪"。

许多人入教前和入教后并没有经过长期的修炼，所以信仰并不一定很坚定。虽然佛教也制定了教规即律，来管束僧团和佛教徒，但不能从根本上防止僧徒的堕落。

佛教徒中嫌贫爱富的例子，可参见阿吉那长老偈。阿吉那出身于舍卫城一个贫民家庭，他缺衣少食，出家后，僧众对他多有讥讽嘲笑。他的偈颂说："有人虽得食，无德有罪性；反遭庸俗辈，优待与尊重。"[①]

---

① 《长老偈·长老尼偈》，第56～57页。

四、佛陀圆寂

佛陀圆寂的地方在拘尸那城附近的一个村庄。此拘尸那城是什么地方？乃喜马拉雅山麓的一个小国——北末罗国的首都。当时在那里还有一个南末罗国。这南、北末罗国皆是共和国。这两个国家的分界是一条不大的河。[①] 那时，佛感觉到自己行将灭度，便让阿难去北末罗国，告诉人们，他将涅槃，谁有什么问题都可以去问他。

末罗的人们听说他将涅槃，十分悲痛。《长阿含经》卷第四第一分《游行经》第二说："举声悲号，婉转躄地，绝而复苏，譬如大树根拔，枝条摧折"。

佛陀涅槃时，大迦叶不在佛陀身边，据《弥沙塞部和醯五分律》卷第三十第五分之九《五百集法》：

> 尔时世尊泥洹未久，大迦叶在毗舍离猕猴水边重阁讲堂，与大比丘僧五百人俱，皆是阿罗汉，唯除阿难，告诸比丘："昔吾从波旬国向拘夷城二国中间，闻佛世尊已般泥洹，我时中心迷乱，不能自摄。诸聚落比丘、比丘尼、优婆塞、优婆夷，或躄或踊，宛转于地，莫不哀号，叹速叹疾，世间空虚，世间眼灭……"

但阿难当时却在佛陀身边，因为佛陀涅槃前感到自己即将去世，所以让阿难去告诉末罗的人。

佛陀涅槃后，其弟子更是悲痛欲绝，《长阿含经》卷第四第一分《游行经》第二说：

> 佛般涅槃已，时诸比丘，悲恸殒绝，自投于地，宛转号咷，

---

① ［英］渥德尔：《印度佛教史》，北京：商务印书馆，1987年版，第74页。

不能自胜，嘘唏而言："如来灭度，何其速哉！世尊灭度，何其疾哉！大法沦翳，何其速哉！群生长衰，世间眼灭，譬如大树根拔，枝条摧折。又如斩蛇，宛转回遑，莫知所奉。"时诸比丘亦复如是，悲恸殒绝，自投于地，宛转号咷，不能自胜……

图4.5　八王分舍利。犍陀罗建筑浮雕

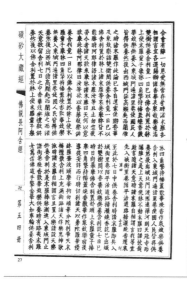

图4.6　《大藏经》书影

五、佛教史上的几次结集

佛陀去世后，佛教徒对佛陀的教义理解产生分歧，为了统一教义，佛教的高僧们聚集在一起开会。这种统一教义的会议被称为结集，在佛教史上一共有 4 次。

（一）第一次结集

无与伦比的世尊具有 5 只眼①，享年 84 岁。他尽力地完成了世上的一切义务。于毗舍佉月②的圆月之日，在拘尸那揭罗的两棵沙罗树之间的圣地，这盏世界明灯熄灭了。

于是众比丘在这里集会，与会者之多难以数计，刹帝利、婆罗门、吠舍和首陀罗，还有诸神。其中有 70 万比丘，当时长老大迦叶是僧伽上座。

在对世尊的遗体及遗物完成了所有的仪式后，这位伟大的长者大迦叶为使世尊的教训能长久持续，就在兼具十力的世尊涅槃 7 天之后，想起年迈的须跋陀对他的恶言诽谤，同时也想起世尊曾给与他一件长袍，使他处于与之相等的地位，想起世尊曾让创立神圣的真谛，最后还想起正觉者③指定 500 杰出的比丘继续整理圣法。这些比丘战胜了烦恼，他们牢记九种教义，并谙熟其中的每一部分；但由于阿难陀长者的缘故，差一人不足 500。在众比丘的再三恳求之下，阿难陀决定同他们一起整理圣法，因为这项工作没有他就无法进行。

---

① 除一般人有的两只眼外，还有智慧之眼、理解之眼、全知之眼。——译者注
② 古印度岁时的春三月的第二个月，当从 2 月 16 日至 3 月 15 日。——译者注
③ 正觉者，指世尊。——译者注

　　半个月后（包括 7 天葬礼仪式，7 天向遗物表示敬意），这些对整个世界抱有慈悲之心的长者作出以下决定："我们将利用雨季在王舍城整理达磨，其他僧侣不得在此留住。"随后他们到阎浮提洲朝拜，一路上安慰悲痛的人们，他们怀着为使美德能长久不衰这一愿望，在阿沙陀月①明月皎洁之时来到了王舍城，因为这里能为他们提供充足的四种必需品（衣、食、住、药）。

　　以大迦叶为首的这些长者具有坚定的美德，并熟知正觉者思想，他们在这里雨季的第一个月为修缮所有的房子而忙碌，然后他们将此禀告阿阇世王。

　　当精舍修缮完毕后，他们对国王说："现在我们要举行会议。"国王问："该做些什么？"他们回答说："应该为会议准备一个场所。"国王又问道："应该设在哪里？"他们便指出选好的地点，国王就命令以最快的速度在七叶窟入口处的毗婆罗山侧建造了一座宏伟的大厅，就像诸神的会议厅一样。大厅装饰精美，并按比丘人数安排好贵重的蒲团。② 坐南朝北的一个高雅的座位是为长老准备的，大厅中央面朝东的另一个高高的坐席是为说教者准备的。

　　于是国王派人向长老们宣布："我的任务完成了。"长老们对幸福使者阿难陀长老说："阿难陀，明天举行会议；既然你还在为进入最高境界而辛劳，就不必参加会议了，你行善不辍，继续努力吧。"在大家的鼓励之下，这位长老付出了应有的努力，达到了阿罗汉境界③，并未受 4 种姿态④中任何一种姿态的限制。

---

　　① 古印度岁时的夏三月的头一个月，当从 4 月 16 日至 5 月 15 日。——译者注
　　② 比丘们打坐、诵经时跪用的垫具，用蒲草编成，故名。——译者注
　　③ 阿罗汉境界，亦译作阿罗汉果（梵文 Arhat），即小乘佛教修行的最高果位。——译者注
　　④ 4 种姿态，指苦行的行、住、坐、卧 4 种姿态。阿难陀是在躺着的时刻达到阿罗汉境界的。——译者注

在雨季第二个月的第二天，众比丘会聚在这座宏伟的大厅里。阿罗汉果位修行者们按级别坐在那里，并为阿难陀留出了位置。阿难陀长老为了使大家都知道他达到阿罗汉境界，就故意没有和大家一起来到大厅。当有人问："阿难陀长老现在在哪里？"这时他突然出现在自己的座位上，如从地下升起，又如从空中飞来。

长老们选举优波离长老讲律藏，选举阿难陀讲其余的达磨。大长老（大迦叶）亲自就律藏提出各种问题，优波离长老（准备）解释。大长老坐在长老席上提出律藏的各种问题，而坐在讲道席上的优波离长老给予详细解释。在这位最好的律藏大师逐一讲解各条内容的时候，众比丘依照惯例跟着他朗读律藏。

接着大长老（大迦叶）本人就达磨的问题提出疑问。在经常聆听经义的众长老之中阿难陀居于首位，他掌握着先知（佛陀）的真谛。阿难陀长老坐在讲道席上，解释全部达磨的含义。众长老都熟悉教义中的各项内容，他们跟着毗提诃国的哲人齐声朗读达磨。

于是在7个月内，这些致力于普教众生的长老们完成了这里达磨的任务。"大迦叶长老使佛陀的教训流传了500年"，在这种思想的激励之下，会议结束时，被众海环绕的大地跃动了6次，世界上出现了各种各样的异常征兆。由于这个教规是由长老们编纂的，因此叫作长老歌。那些参加第一次结集的长老们，因为给世界带来了洪福，当他们寿终正寝时都进入涅槃。

长老们用内心的灵光战胜了黑暗，犹如用光芒四射的明灯征服了漫漫长夜，但他们自己的生命之灯却在死亡的风暴之中被吹灭了。因此，智慧的人宁愿放弃逸乐的生活。

《大史》第三章"第一次结集"到此结束，编写这一章的目的是使一切虔诚的信徒读后感到宁静愉悦。①

因为第一次结集时，并没有将佛陀的教义文字化，所以，在佛教的传播过程中，对教义理解的分歧并没有消除，因此在释迦牟尼去世将近一个世纪后发生了第二次结集。

玄奘《大唐西域记》记载了佛教史上的第一次结集的情况：

（如来寂灭）迦叶闻已，谓其徒曰："慧日沦照，世界暗冥，善导遐弃，众生颠坠。"懈怠苾刍更相贺曰："如来寂灭，我曹安乐，若有所犯，谁能诃制？"迦叶闻已，深更感伤，思集法藏，据教治犯。遂至双树，观佛礼敬。既而法王去世，人、天无导，诸大罗汉亦取灭度。时大迦叶作是思惟："承顺佛教，宜集法藏。"于是登苏迷庐山，击大犍椎，唱如是言："今王舍城将有法事，诸证果人宜时速集！"犍槌声中传迦叶教，遍至三千大千世界，得神通者闻皆集会。是时迦叶告诸众曰："如来寂灭，世界空虚，当集法藏，用报佛恩。今将集法，务从简静，岂特群居，不成胜业？其有具三明，得六通，闻持不谬，辩才无碍，如斯上人，可应结集。自余果学，各归其居。"于是得九百九十九人，除阿难在学地，大迦叶召而谓曰："汝未尽漏，宜出圣众。"曰："随侍如来，多历年所，每有法议，曾未弃遗，今将结集，而见摈斥，法王寂灭，失所依怙。"迦叶告曰："勿怀忧恼。汝亲侍佛，诚复多闻，然爱惑未尽，习结未断。"阿难辞屈而出，至空虚处，欲取无学，勤求不证，既已疲怠，便欲假寐，未及伏枕，遂证罗汉。往结集

---

① 崔连仲等选译：《古印度吠陀时代和列国时代史料选辑》，北京：商务印书馆，1998年版，第102～104页。

所，叩门白至。迦叶问曰："汝结尽耶？宜运神通，非门而入。"阿难承命，从钥隙入，礼僧已毕，退而复坐。是时安居初十五日也。于是迦叶扬言曰："念哉谛听！阿难闻持，如来称赞，集素呾缆旧曰修多罗，讹也。藏。优波釐持律明究，众所知识，集毗奈耶旧曰毗那耶，讹也。藏。我迦叶波集阿毗达摩藏。"雨三月尽，集三藏讫。①

（二）第二次结集

优陀耶跋陀杀死父王阿阇世篡夺王位，统治了 16 年。优陀耶跋陀的儿子阿奴房陀又杀了他，后来阿奴房陀的儿子文荼又同样杀了阿奴房陀。这些叛逆者和愚蠢者统治着王国；这两个国王统治了 8 年。

文荼的儿子那迦达萨克杀父篡权，这个坏人统治了 24 年。

于是人民极其愤怒地说："这成了一个杀父的朝代。"当他们放逐了那迦达萨克国王后，聚集一起，为大臣修苏那迦行灌顶即位礼，推举他为国王，因为他关心大家的利益，有资格当国王。他作为国王统治了 18 年。他的儿子迦腊索伽统治了 28 年。到迦腊索伽统治的第十个年头，距正觉者涅槃已一个世纪了。

那时在吠舍釐，许多跋祇部族的比丘在说法时竟无耻地告诉人们"十事"是合法的。"十事"名曰："角盐净"，"二指净"，"他聚落净"，"住处净"，"随意净"，"所习净"，"生和合（不攒

---

① （唐）玄奘：《大唐西域记》，第213~214页。

摇）净”，“饮阇楼嶷净”，“无缘坐具净”，“金银净”①。

当这件事传到上座耶舍的耳中时，他决心为解决此事前往摩诃伐那（精舍）。耶舍是婆罗门羯坎达迦的儿子，具有6种非凡之力，当时正在跋祇国漫游。在受戒大厅，僧侣们放置一个金属器皿并盛上水，对俗人们说：“请大家发善心赏给几个卡哈怕那②吧!”这位长老阻止他们说：“这是非法的。什么也不许给!”于是他们就用一种名叫“请求俗人原谅”的惩罚方式来威胁上座耶舍。耶舍找了一人做伴进城向市民宣布，他所讲的都是符合达磨的。

众比丘听了耶舍同伴的话，前来攻击谩骂耶舍并包围了他的房子。这位长老离开了那里，腾空而起，停在恬赏弥，他立刻派人送信给白婆③和阿槃提的比丘们；他自己来到阿呼山，向三浮陀·萨纳瓦西长老讲述一切。

60位来自白婆的大长老和80位来自阿槃提的大长老，他们都摆脱了烦恼④，一起来到阿呼山。来自各地的比丘总共有9万人。他们在一起商量之后，了解到学识渊博的须离⑤长老离婆多没有烦恼，是他们当时的首领，他们就出发去寻找他。

当这位长老用他非凡的听力得知这个决定后，马上出发去吠

① 这“十事”中的“角盐净”，即听贮食盐于角器之中；“二指净”，即当计日影的日晷，未过日中之后（横列）二指的日影时，如未吃饱，仍可更食；“他聚落净”，即在一食之后，仍可到另一聚落复食；“住处净”，即同一教区（界内）的比丘可不必同在一处布萨；“随意净”，即于众议处决之时，虽不全部出席，但仍有效，只要求得他们于事后承诺即可；“所习净”，随顺先例；“生和合（不攒摇）净”，即得饮未经搅拌去脂的牛乳；“饮阇楼嶷净”，阇楼嶷是未发酵或半发酵的椰子汁，得取而饮之；“无缘坐具净”，即缝制坐具可不用贴边，并随意大小；“金银净”，即听受金银。——译者注
② 卡哈怕那（Kahāpanas），货币单位。——译者注
③ 白婆，末罗共和国的首城之一。——译者注
④ 烦恼，佛教术语，泛指与佛教宣扬的宁静、涅槃境界相对立的一切思想观点和精神情绪。——译者注
⑤ 须离，地名，位于西北印度呾叉始罗附近。——译者注

舍釐，希望旅途顺利。一天天过去了，一日晚上长老们来到某处，得知贤人于当天早上刚离开该处，他们跟踪而去，终于在莎呵加提遇见他（离婆多）。

长老耶舍按照长老三菩提的告诫，在背诵完圣言之后，向大长老离婆多致意，并向他就"十事"提出问题。长老否决了"十事"，当他听到此事后，说："让我们结束（争论）吧。"

持不同意见的比丘为了赢得支持也去寻找离婆多，为苦行者准备了充足的必需品，他们乘船全速驶向莎呵加提。进餐时间，他们提供了奢侈的食物。

住在莎呵加提的长者沙罗，摆脱了烦恼，冥想后领悟道："白婆的长老们掌握真正的教义。"梵天大神到他跟前对他说："在教义上要坚定不移。"他回答说在教义上他将永远坚定不移。

他们①带着那些必需品（作为礼物带来的东西），寻找长老离婆多，但是这位长老没有站在他们一面，反而开除了站在他们一面的学生。他们来到吠舍釐，又厚着脸皮从那里到了华氏城，告诉迦腊索伽王："为保卫世尊的香斋，我们住在跋祇国的摩诃伐那精舍；但是住在这个国家的比丘要来了，大王，他们要占有精舍，阻止他们！"

他们欺骗国王后回到了吠舍釐。在莎呵加提，9.11万名比丘在长老离婆多的感召下，齐集在一起，以便用和平方式结束这场争论。但这位长老不愿结束这场争论，除非那些引起争论的人在场。于是众比丘前往吠舍釐。

受蒙蔽的国王也派大臣到那里，但由于诸神谋划引入歧途，他们去了别的地方。而这位君主派出大臣后，一天夜里做了个梦，

---

① 即跋祇诸比丘。——译者注

梦里他被投入一个叫铜釜的地狱。国王非常恐惧，为使他平静下来，他的妹妹难陀，这位摆脱烦恼的长老尼排空驭气飘然来到他跟前。

"这恶果是你自己种下的！你要与这些令人尊敬的比丘，真正的信徒们和好，你要站在他们一边，保护他们的信仰。如果照此行事，你将获得洪福！"说毕她便消失了。次日清晨国王立即动身去吠舍釐。他来到摩诃伐那（寺院），这里集合着众比丘，当他听完对立双方的讲演之后，决定了自己真正的信仰。当这位国王与具有正确信仰的比丘和好，宣布他赞成正确信仰后，他说："就照你们的想法弘扬教义吧！"在他答应做他们的保护人之后，就回首都了。

此后，佛门弟子聚在一起就那些问题①作出决定；然后，在（比丘们的）集会上，大家又说了一些无关紧要的话。然后，长老离婆多来到大家中间，决定通过断事人来解决此事。他任命来自东方和白婆的比丘各4名作为断事人使争执平息。来自东方的4位长老是萨婆伽罗、沙罗、富阇苏弥罗和婆娑伽眉；来自白婆的4位长老是离婆多、三菩提、耶舍（羁坎达伽之子）和须摩那。

此时，这8位脱离烦恼的长老为了解决这些问题，来到安静而又偏僻的沙树林。这些懂得圣贤思想的长老住在青年阿夷哆为他们准备的美丽的住所。大长老离婆多善于提问，他就每项内容逐次向大长老萨婆伽罗提出问题。对他的问题大长老萨婆伽罗作出这样的判断："按传统，所有这些内容都是非法的。"在他们于此时完成任务之后，又在众比丘面前，同样地以问答方式进行了一遍。长老们就此驳倒了1万名坚持"十事"的比丘们的邪说。

---

① 那些问题指"十事"。——译者注

　　萨婆伽罗是当时世上的僧伽上座，自从他受戒已有 120 年了。萨婆伽罗、沙罗、离婆多、富阇苏弥罗、耶舍（羯坎达伽之子）和三菩提，这 6 位长老是阿难陀长老的学生；而婆娑伽眉和须摩那，这两位长老是阿泥类驮长老的学生。这 8 位幸运的长老在过去都见到过如来。1.2 万比丘聚合起来，离婆多长老成为所有这些比丘的首领。那时离婆多长老为了举行会议，使真正的信念得以长期持续，从所有比丘中选出 700 人，这些（被选出来的）阿罗汉都具有 4 种特别知识，懂得许多含义，通晓三藏等。

　　所有这些在沙树林受到迦腊索伽王保护的长老，在离婆多长老的领导下，编纂整理达磨。由于他们采纳了过去早已确定，以后仍然适用的，他们在八个月内就完成了这项工作。

　　当这些具有很高声望的长老进行了第二次结集之后，所有的恶行在他们中间消失了，最后他们都达到了涅槃境界。

　　当我们想到世尊的这些孩子的死时，他们都有完美的洞察力，达到了至善至美，他们赐福于三界，我们便可以在内心深处领悟到世间一切皆为虚妄，从此以后为了解救灵魂而不懈地奋斗。

　　《大史》第四章"第二次结集"到此结束，编写这一章的目的是使一切虔诚的信徒读后感到宁静愉悦。①

在玄奘的《大唐西域记》中说到此事：

　　吠舍釐……城东南行十四五里，至大窣堵波，时七百贤圣重结集处。佛涅槃后百一十年，吠舍釐城有诸苾刍，远离佛法，谬行戒律。时长老耶舍陀住㤭萨罗国，长老三菩伽住秣菟罗国，长老釐波

---

① 崔连仲等选译：《古印度吠陀时代和列国时代史料选辑》，第 104～108 页。

多住韩若国，长老沙罗住吠舍釐国，长老富阇苏弥罗住婆罗梨弗国，诸大罗汉心得自在，持三藏，得三明，有大名称，众所知识，皆是尊者阿难弟子。时耶舍陀遣使告诸贤圣，皆可集吠舍釐城。犹少一人，未满七百。是时富阇苏弥罗以天眼见诸大贤圣集议法事，运神足至法会。时三菩伽于大众中右袒长跪，扬言曰："众无哗！钦哉，念哉！昔大圣法王善权寂灭，岁月虽淹，言教尚在。吠舍釐城懈怠苾刍谬于戒律，有十事出，违十力教。今诸贤者深明持犯，俱承大德阿难指诲，念报佛恩，重宣圣旨。"时诸大圣莫不悲感，即召集诸苾刍，依毗奈耶诃责制止，削除谬法，宣明圣教。①

在桑普提长老偈中，也说到了此事。在桑普提小传中说，桑普提出身于平民家庭。他从阿难说法，出家修得罗汉果。佛灭百年后，吠舍离的跋耆比丘提出十事，耶舍等百名长老宣布十事为非法，并重新结集律、经，桑普提为表明自己不同意跋耆比丘的立场而诵出了四偈颂。②

佛教经典第三次结集是在孔雀王朝的阿育王统治时期，第四次结集是在贵霜王朝的迦腻色迦国王统治时期。

---

① （唐）玄奘：《大唐西域记》，第 164 页。
② 《长老偈·长老尼偈》，第 94 页。

第五章 孔雀帝国时代

第一节 孔雀帝国的建立

一、摩竭陀的强盛

据说阿阇世在晚年为其子优陀耶拔陀所杀。阿阇世以后的几代继位者都是暴君，引起人民不满。最后一个暴君被起义人民推翻，一个名叫希苏那迦的大臣登上了王位（一说约在公元前430年，也有人说为公元前414年）。在他统治时期，将首都迁回了王舍城，其主要目的是为了抵御阿般提的威胁。最后他征服了阿般提，并且，还可能兼并了居萨罗和拔沙。

希苏那迦王朝的末王被一个叫作摩诃帕德摩·难陀的人所杀，其时间可能是公元前364年，不过，关于这个时间说法不一。难陀在杀了希苏那迦王朝的末王后，自己建立了难陀王朝（约公元前364—前324年）。关于难陀的出身，一种说法是，他的父亲为希苏那迦王朝的最后一个国王，而其母亲则是一个首陀罗。另一种说法是，他的父亲是一个理发匠，而母亲是一个妓女。还有一种说法是，他本人是一个理发匠，与希苏那迦王朝最后一个国王的王后私通，二人勾结杀死国王及其诸王子后，篡夺了政权。

在难陀王朝统治时期，迦尸、羯陵伽、居楼、般阇罗等国均被其吞并，北部印度的恒河流域基本上都处于难陀王朝的统治之下，这为以后孔雀王朝的统一奠定了基础。据希腊作家说，难陀王朝是很强大的，它有骑兵 2 万，步兵 20 万，战车 2000 辆，战象 3000 头。根据其他一些说法，难陀王朝的兵力比这个还要强大得多。具有如此强大实力的难陀王朝在统一了恒河流域以后，还准备向印度河一带发展，但被正在向这里入侵的马其顿亚历山大所阻止。

二、孔雀帝国的建立

古代印度列国时代各国社会经济的发展，特别是商品货币经济的发展，使各国之间的经济联系大为增强，为帝国的建立奠定了经济基础；列国时代大国争霸战争不断，许多小国被吞并，以及一些霸国中王权的加强，为君主专制的形成奠定了基础；佛经中出现了有关统一的思想，阶级矛盾的激化，外族的入侵（波斯人的入侵和统治，亚历山大的入侵和统治）激发起来的民族情绪等，这些时代背景为孔雀帝国的建立创造了政治、经济、思想的基础。

公元前 517 年，大流士征服了印度河流域，将其作为一个行省纳入波斯帝国的版图。他每年向该地区征收 360 塔兰特金沙作为赋税。公元前 327 年，亚历山大东征波斯帝国时，也征服了印度河流域。当时，犍陀罗地区的呾叉始罗的国王因为和该国东边邻国的波鲁斯国王相互敌对，便投向了亚历山大，他给亚历山大送去了大量的白银以及牛、羊和大象，还有 700 骑兵。还有一些部落也追随了他。但亚历山大却遇到了强大的波鲁斯王的抵抗。后来，波鲁斯王战败被俘虏后投降了亚历山大。亚历山大征服了整个旁遮普地区。当他企图进一步东侵时，却遇到了当地人民的顽强抵抗，使亚历山大的军队受到很大的损失。他的军队不愿继续战争，亚历山大只好作罢。

图 5.1　征服者雕像

在旁遮普地区，亚历山大一方面派总督治理，并有军队驻防；另一方面又扶植了两个当地人做傀儡。公元前 325 年，旃陀罗笈多（公元前 324—前 300 年在位）在愀底利耶①的辅佐下，领导印度河流域人民推翻了希腊侵略者的傀儡的统治。他自立为王，建立孔雀王朝（公元前 324—前 187 年），并东进推翻了统治恒河流域的难陀王朝，统一了北部印度。

公元前 305 年，塞琉古王国曾派兵入侵印度河流域，企图将该地区置于自己统治之下，但遭失败。塞琉古被迫将现今阿富汗、俾路支一带的大片土地割让给孔雀王朝，还把女儿嫁给旃陀罗笈多。旃陀罗笈多则送给塞琉古 500 头战象作为回报。

旃陀罗笈多之子频头沙罗统治时期（公元前 300—前 273 年）继续东征西讨，扩大孔雀王朝的统治范围。他的统治遭到人民反对，特别是呾叉始罗地区人民曾多次起义。其子阿育王曾奉命前去镇压起义。

----

　　① 据《得赫迦卡尼长老小传》介绍，愀底利耶曾因嫉妒一个名叫苏磐图的人的智慧，而劝国王旃陀罗笈多把苏磐图投入监狱，迫使其子逃离家乡，出家为僧。见《长老偈·长老尼偈》，第 109 页。

阿育王统治时期（公元前 273—前 236 年），孔雀王朝的统治地区进一步扩大。孔雀帝国的版图达于半岛南端，成为古代南亚统治地区最广的一个王朝，南亚也由此进入帝国时代。

第二节　孔雀帝国时期的政治制度

孔雀帝国时期实行的是君主专制。国王总揽一切大权，任命官吏、颁布法律、统率军队、掌握最高司法权、控制国家土地和其他资源，对外代表国家。

孔雀帝国时期，建立了一套比较完备的官僚体系。国王之下有一个由贵族组成的咨询会议，称为"帕利沙德"。在行政方面，宰相主持日常政务（据说辅佐旃陀罗笈多建立孔雀王朝的侨底利耶担任了第一任宰相），宰相之下有管理行政、军事、经济、司法、城市和乡村等事务的各类机构。据说孔雀帝国的政治、经济、司法、军事等制度是由侨底利耶所规划的，这反映在他的著作《政事论》中。据麦伽斯提尼记载，孔雀帝国时期有三类官吏，第一类官吏负责维持河流畅通，重新测量土地，检查堵塞的沟渠，以便大家能平均用水。他们也管理猎人，收税，主管与土地相关的行业，如伐木者、木匠、黄铜匠和矿工、道路修筑工。第二类官吏分为 6 组，每组 5 人。他们监督手工业者的技艺，接待外国人，负责生死登记，主管出售和易货，主管工匠的制品并按印记出卖这些东西，征收商品售价的什一税。这 6 个组的人都有责任照料私人和公共的事情，整修公共设施，监管价格、市场，管理港口和神庙等。第三类官吏主管军事。《政事论》中也说到总税务官、农业总监、城市长官等官职及其职责。

司法方面，孔雀帝国的中央设有最高法院，国王往往亲自过问司法事宜。孔雀帝国没有法典传世。据多种资料显示，当时的刑罚十分残酷。据斯特拉波记载，任何人如果犯有伪证罪，就要砍掉手足；任何使他人致残者，不仅会受到同样的报复，而且还要砍掉双手；假如有人使工匠丧失其手和眼，则要被处以死刑。佛教文献也说到阿育王设立人间地狱，其中有种种酷刑。

孔雀帝国有一支庞大的军队，据说旃陀罗笈多时可征集到60万兵力。据麦伽斯提尼记载，孔雀帝国时期专管军事的官吏也分为6组，每组5人。其中第一组管舰队，第二组管运输军械、人畜的粮草及其他军需，第三组管步兵，第四组管骑兵，第五组管战车兵，第六组管象兵。

孔雀帝国除用军队、法院等机构实行严刑峻法以维护其统治外，还利用特务组织进行统治。《政事论》中说有固定的密探和活动的密探。他们既监视一般的人民群众，也监视"国内大臣、王室祭司、军队统帅、太子、宫廷守门人、后宫总管、监狱看守、税务官、司库、地方行政长官、将军、城市大法官……"他们不仅进行监视，而且进行暗杀、投毒活动。

但学者们认为，现存的《政事论》未必是侨底利耶的原著，实际上可能是在侨底利耶原著的基础上发展来的。

孔雀帝国时期，全国被划分为若干行省，设总督治理。主要边远行省的总督往往由王族成员担任（阿育王就曾担任过西北省总督。羯陵伽被征服后，阿育王也曾派皇亲国戚去统治）。一些落后地区享有自治权，由各部族首领统治。

阿育王

阿育王柱头

阿育王柱头

阿育王铭文

图5.2　阿育王相关图片

第三节　阿育王的统治

一、阿育王崇佛

阿育王是频头沙罗的一个妃子之子，孔雀王朝第三代国王。据《阿育王传》卷第一《本施土缘》说，他是通过政变而成为国王的。原来其父并不喜欢他，派他去平定呾叉始罗的人民起义时，给他的"唯有四兵，无有刀杖"。频头沙罗晚年，咀叉始罗再次起义，王子苏深摩（亦作宿尸魔）被派去镇压，但未能完成任务，致使频头沙罗"即生疾病"。他立苏深摩为太子，并改派阿育王去镇压起义。但阿育王的谋士让他装病，"诈称阿输伽（即阿育王）得吐血病，不胜征伐"。频头沙罗病情加重后，阿育王趁太子不在，挟天子以令诸侯，在频头沙罗死后，抢先即了王位，以其谋士罗提掘多为相，并杀了王位继承人苏深摩：

　　……花氏城频头莎罗子名宿尸魔。时瞻婆罗国有婆罗门，生一女宝。相师占言："必为王后，为王宠爱。当生二宝子，一者当作转轮圣王四分之一，二者出家当得罗汉。"婆罗门闻，极大欢喜。便将是女至花氏城，众宝璎珞，以庄严之，嫁与频头莎罗王为妻。王即纳娶，置于后宫……共相爱乐，而生一子。母言："我忧患尽除，即为作字，名阿恕伽。"阿恕伽者（晋言无忧），复生一子，名为尽忧。阿恕伽身体粗涩，父不爱念。频头莎罗，亦于诸妃，多生子息，集诸相师，相诸子等。有一相师，名宾陵伽婆嗟，王语此相师："占我诸子，谁中为王。"相师答言："王将诸子，向金地园，就彼相之。"王与诸子至金地园中。母敕阿恕伽言："今王相子于金地园，汝亦可往。"阿恕伽言："王不爱我，何为至彼？"母复告言："汝当必去。"阿恕伽言："我去之后，送食与我。"即辞而去。出花氏城，见辅相子罗提掘多。罗提掘多问阿恕伽言："欲何处去？"答言："王集诸子，诣金地园，我今欲往。"尔时掘多乘一老象，语阿恕伽言："可乘此象。"阿恕伽即乘此象，向金地园，即到园所，从象而下，于诸子边，在地而坐。诸子皆食种种肴膳，阿恕伽食粳米饭，盛以瓦器，用酪和之，渴则饮水。王语相师言："和上，愿相诸子，我死之后，谁中为王。"相师念言："阿恕伽者，必应为王。我答王言，彼应王者。王不爱之，必当杀我。"便答王言："不中说名字，可说形相。其所服用事第一者，相应为王。"诸王子等各自以乘第一乘，坐第一坐，食第一食，用第一器，饮第一浆。阿恕伽念言："我应为王，所以者何？象为第一乘，地为第一座，粳米为第一饭，瓦器为第一盛，酪为第一味，水为第一浆。以是义故，我应为王。"相师相已，王将诸子，还入城中。相师语阿恕伽母言："阿恕伽必得为王。"母语相师言："且莫复道，并远藏避，如护身命。待阿恕伽得绍王位，汝可来出。"

频头莎罗王以得叉尸罗城叛逆不顺，即遣阿恕伽往讨彼国，唯与四兵，不与刀杖。时阿恕伽受命，即出华氏之城，左右人言："无有刀杖，如何得共怨敌斗战？"阿恕伽言："我有福力，应为王者，所须刀杖，自然当有。"作是语已，地神开地，授刀杖与。遂便前进，四兵围绕，到得叉尸罗国。国中人民，闻阿恕伽来，自然归伏，庄严城池，平治道路，各各持瓶，盛满中物，以花覆上，名为吉瓶，以现伏相，半由旬迎，而作是言："我不叛于王，亦不叛王子，唯逆王边诸恶臣耳。"供养恭敬，随从入城。人民调顺，还来归国。王复遣阿恕伽罚佉沙国。彼国人民，承迎调顺，如前无异……渐渐征罚，四海之内，悉皆归伏。

阿恕伽兄，名苏深摩者，方入花氏城。第一辅臣，复欲出城，道中相逢。辅臣头秃落，苏深摩戏笑，故以手打辅臣头。辅臣念言："此王子者，未绍王位，便用权势，毁我头上，若绍王位，必当以刀而斩我首。"即向五百辅相说苏深摩过状，言不中为王，唯阿恕伽者相师记言当作转轮圣王四分之一，我等诸臣应共立之。后得叉尸罗国为恶臣所教，复还叛逆，王即遣苏深摩往彼讨之。苏深摩到，不能令彼人民调顺。频头莎罗王闻其不能调伏彼国，即生疾病，便敕诸臣，唤苏深摩，以为太子，令阿恕伽而往讨罚。

时辅臣为其作计，便以黄物涂阿恕伽身，以罗叉汁洗盛而弃之，诈称阿恕伽得吐血病，不任征伐。尔时频头莎罗王疾病唯笃，余命无几。辅相庄严阿恕伽已，而白王言："请当立阿恕伽为王，以理国事。苏深摩来，当还废之。"阿恕伽念言："我若有福德，力应为王者，天当以天缯结我顶上。"作是语已，应言即结。王见阿恕伽天缯结顶，极大瞋恚，沸血从面出，而便命终。立阿恕伽为王，罗提掘多作第一辅相。苏深摩闻父王命终，阿恕伽得立为王，心生忿怒，还花氏城。阿恕伽闻苏深摩来，严备一大力士置第一门下，第二力士置第二门下，第三力士置第三门下；置罗提掘多东门之下，阿恕伽而自当之；置机关白象，象上画作阿恕伽像，周匝四边，造大火坑，粪草覆上。苏深摩来，向第三门下，罗提掘多语苏深摩言："今阿恕伽在东门下，从彼入去，若得入者，即为汝臣，若不能害阿恕伽，从此门入，亦无所能。"于是苏深摩即往东门，直趣象上，欲捉阿恕伽，不觉堕于火坑而自灭没。时苏深摩有一力士，名曰贤踊，将数万军众入于佛法中，出家得阿罗汉道。

阿育王即位之初，众臣"轻蔑阿恕伽"，"阿恕伽密欲治之"，于是便借一点小事而杀"五百大臣"：

> 诸辅相大臣轻蔑阿恕伽。阿恕伽密欲治之，即语诸大臣斫取好花果树围于棘刺。大臣白言："由来正闻以诸棘刺围花果林，不闻以好花果之树以围棘刺。"乃至三敕，臣固不从。王极瞋恚，即便杀此五百大臣。

后又借故杀了宫中的 500 宫女，《阿育王传》说：

更至后春时，（阿育王）与诸宫人共相围绕，至园林间。有树名阿恕伽，华极可爱。阿恕伽以此树与己同名，爱念此树。阿恕伽身体粗涩，诸婇女等以阿恕伽身体粗涩，情不爱敬，不喜亲近，伺其眠时，园中游戏，见阿恕伽树，即时折其花枝。王于眠觉，见树毁坏，问左右言："谁毁此树?"答言："宫人毁之。"王大忿怒，捉五百宫人，绕树烧杀。举国人民，皆称暴恶，遂号名为恶阿恕伽。

阿育王还听信罗提掘多的主张，设立了"人间地狱"。时罗提掘多向阿育王建言：

"自行杀害，非王所宜。王今应当简选恶人，以治有罪。"王可其言，即便遣使，募觅恶人。于国边陲山下，有一织师，生育一子，名曰耆梨，为人极恶，骂父骂母，手则挈网，脚则顿机，毒涂草叶，虫兽触者，无不即死。凡是众人，称为大恶。举国号之，为恶耆梨。使往其所，语耆梨言："汝能为阿恕伽王治罪人不?"耆梨答言："天下恶人，使我治者，犹故能为，何况一阿恕伽，岂可不能?"使闻此语，具以启王。王即召之。耆梨闻使来召，即辞父母。父母不听，即便杀之。使问耆梨："何以故迟?"耆梨答言："父母不听，我乃杀之，以是故迟。"于是随使见王，而白王言："为我作狱，极令严峻，使可爱乐。"作狱已竟，名"爱乐狱"。又白王言："若有人入，要不听出。"王即听可。

时彼恶耆梨，往到鸡头末寺。时彼寺中，有一比丘，诵恶婴愚经言："憙镬汤者，以碓捣之；喜碓舂者，以镬煮之。在地狱中，吞大铁丸，融铜灌口。"闻是语已，即自念言："我狱城中，亦当作此。"

时有长者夫妻，相将入海采宝。到于海中，生一男儿，即为立字，名之为海。经十二年，乃出于海。逢五百贼，窃其财物，杀害长者。于是子海便出家学道，展转乞食。至华氏城，不识村落，入爱乐狱中，而作是言："外相可爱，内如地狱。"便欲出去。耆梨不听，语比丘曰："如今于此，当受死罪，如何欲出？"比丘闻已，即便大哭。耆梨问言："何为大哭，如婴儿也？"比丘答言："我不畏死，而作是哭。畏失善利。何以故？我新出家，未证道法。人生难得，佛法难值，是故哭耳。"耆梨言："王先听我，入此城者，不令使出，必索治罪。"比丘言："活我七日，随汝杀之。"即便听许。

时阿恕伽王见其宫人共他男子有爱著语，便生瞋恚忿，付爱乐狱。耆梨寻时，即以碓捣，杵下打头，眼睛脱出。比丘见已，得厌恶心，而作是念："呜呼大悲，所言诚谛。说色危脆，犹如聚沫，不坚速朽，无有暂停。端正容貌，今安所在？好颜薄皮，亦具败坏。怪哉生死，婴愚所乐，非是圣法，见此境界，不没有悔。"于是比丘通夜观察，断众结使，得成须陀洹果。如是精勤，乃至复获阿罗汉道。已满七日，耆梨语言："七日已过，八日欲出，可受刑罚？"比丘答言："我夜已过，我日已出，利益时到，随汝刑治。"……便设大镬，以水置中。脂膏血髓、屎尿秽恶，俱充满之。即以比丘，提掷著中，下然大火，薪草欲尽，不能令热。于是耆梨瞋然火者，以杖打之。手自著火，薪柴都尽，亦复不热。又以屋椽。涂苏众叠，悉然使尽，水冷如故。怪其所由，便看镬中，见向比丘，结跏趺坐，坐千叶莲花上。尔时耆梨，甚惊所以，便往白王，王即来看，坏墙而入。一切人民，随从王者，数千亿万，观此比丘。是时比丘，见无量众，应受化者，皆以聚集，即

189

从镬出，衣服洁净。一切大众，无不睹见，踊身虚空，作种种变。身上出水，身下出火。譬如大山，显于虚空中。王见此已，生希有心，瞻仰恭敬，合掌观察，而作是言："今此比丘，同与我等，俱禀人身，威德尊妙，出过世表，踊在虚空，现大神足。我今未解，唯愿善说，便得了知，汝之圣事，随我力能，而当服习。"

尔时比丘，知阿育王是大檀越，必能分布佛之舍利，饶益天人。时佛说言："我是大悲断结使者，佛之法子，于三有中，已得解脱。为调御者所调，为寂灭者所灭，为解脱者所解。大王当知，佛亦记汝，将来佛灭百年后，王华氏城，号阿恕伽，转轮圣王四分之一，为正法王，广分舍利，而起八万四千宝塔。王今乃返，造大狱城，如似地狱，残害百千众生之命。大王，汝今应当施于一切众生无畏，亦复应当满足佛意。人中帝释，必施无畏，起悲悯心，分布舍利，广作真济。"王闻是语，于佛法中，深生信悟，合掌恭敬，十力之子，而作是言："我先所作，极有罪过，听我忏悔，今皈依佛，皈依如来，所说胜法，当开福业，庄严大地。"尔时比丘，即乘空出。王亦欲出，恶者梨言："王先与我有要，入此狱者，尽不听出。"王便语言："欲杀我耶？"答言："欲杀。"王言："汝为先入，我在前入耶？"答王言："我在前入。"王言："汝在前入，应前受罪。"王即遣人捉耆梨置胡胶舍中，以火烧杀，坏爱乐狱，施众生无畏……

法显的《佛国记》中记载了关于阿育王设人间地狱的事情：

王自念言："鬼王尚能作地狱治罪人，我是人主，何不作地狱治罪人耶？"即问臣等："谁能为我作地狱主治罪人者？"臣答言："唯有极恶人能作耳！"王即遣臣遍求恶人，见泄水边有一长壮，黑色、发黄、眼青，以脚钩兼鱼，口呼禽兽，禽兽来便射杀，无得脱者。得此人已，将来与王。王密敕之："汝作四方高墙，内殖种种华果，并好谷池，庄严校饰，令人渴仰。牢作门户。有人入者辄捉，种种治罪，莫使得出……"①

玄奘的《大唐西域记》中关于这个"人间地狱"记载说：

> 初，无忧王嗣位之后，举措苛暴，乃立地狱，作害生灵。周垣峻峙，隅楼特起，猛焰洪炉，铦锋利刃，备诸苦具，拟像幽途，招募凶人，立为狱主。初以国中犯法罪人，不校轻重，总入涂炭。后以行经狱次，擒以诛戮，至者皆死，遂灭口焉。时有沙门，初入法众，巡里乞食，遇至狱门，狱吏凶人擒欲残害。沙门惶怖，请得礼忏，俄见一人，缚来入狱，斩截手足，磔裂形骸，俯仰之间，肢体糜散。沙门见已，深增悲悼，成无常观，证无学果。狱卒曰："可以死矣。"沙门既证圣果，心夷生死，虽入镬汤，若在清池，有大莲花而为之座。狱主惊骇，驰使白王，王遂躬观，深赞灵佑。狱主曰："大王当死。"王曰："云何。"对曰："王先垂命，令监刑狱，凡至狱垣皆从杀害，不云王入而独免死。"王曰："法已一定，理无再变。我先垂令，岂除汝身？汝久滥生，我之咎也。"即命狱卒，投之洪炉。狱主既死，王乃得出，于是颓墙埋壍，废狱宽刑。②

此地狱在什么地方？据玄奘《大唐西域记》说在邬阇衍那国："邬阇衍

---

① 林志纯主编：《世界通史资料选辑》（上古部分），第230页。
② （唐）玄奘：《大唐西域记》，第173页。

191

那国，周六千余里，国大都城周三十余里……去城不远有窣堵波，无忧王作地狱之处。"①

阿育王统治时期，不断进行扩张战争，战争的规模极大，尤其是同羯陵伽的战争不仅规模最大，也最为惨烈。据他的诏令铭文说，在对羯陵伽的战争中"有15万人和牲畜被俘并从这个国家带走，有10万人死于疆场，更有数倍于此数者死亡于战祸"。这些战争的结果是几乎整个印度半岛得到了统一。但南部印度的迈索尔地区没有处在他的统治之下，这个地方有朱罗王国、潘迪亚王国、基腊罗普特拉王国和萨蒂亚普特拉王国存在。②

在征服羯陵伽后，阿育王表示悔恨，并说要放弃杀戮性的战争："征服羯陵伽国以后，天爱见王便一心致力于践行正法所要求的种种责任……这是由于天爱见王对于征服羯陵伽国感到了悔恨的缘故。""我的儿子和曾孙们将不再把新的武力悬为值得向往的目标……"据他的诏令铭文说，在征服羯陵伽后，他的国内外政策均发生了变化，因为"在征服被征服的国家时，在那里出现屠杀、死亡与把人掠为俘虏，那是残忍的和严重的罪行"。于是，他决心实行正法。所谓正法，包括"少行不义，多做善事，慈悲、慷慨、真诚纯洁"。据他刻在石柱上的诏令铭文看，就是放弃杀戮性的战争、主持公道、尊重师长、讲道德，政府官员要秉公办事、积极办事、不懒散倦怠。关于实行正法的方法，一是按照正法的原则加强制约，二是说服规劝。他自己也努力专心研究道德，喜爱道德，宣扬道德，并皈依了佛教。而据前述《阿育王传》，他之所以皈依佛教，是因为一个小和尚显示了自己的功力，使阿育王受到教育，从而皈依了佛教，并曾经去圣地即释迦牟尼的老家朝拜，在那里竖立纪念石柱，在石柱上注明释迦牟尼生于该地。石柱高四五丈，宽二尺多，磨制光滑，其柱头雕刻精美，反映了当时的工

---

① （唐）玄奘：《大唐西域记》，第270页。
② ［澳］A.L. 巴沙姆主编：《印度文化史》，第64页，并见该书第865页地图。

艺水平。他豁免了佛陀出生地的部分税收："由于世尊佛陀诞生在这里，所以他下令豁免蓝毗尼村的土地年贡，并废除普通税率，厘定只交收成的1/8。"

阿育王的所谓正法在他留下的很多诏令铭文中反映了出来，这些诏令铭文刻在山岩上、石柱上、洞壁上，为研究他统治时期以及整个孔雀王朝时期的政治、经济、文化、外交、民族、宗教政策等提供了十分重要的第一手资料。

第十二号诏令铭文（沙巴兹格尔西文本）说：

> 天爱喜见王以种种布施和礼遇对各派宗教团体的人表示敬意，无论他们是出家行者，还是居家俗人。但是，天爱王认为施赠礼物和敬重他人尚不及如下一事更有价值，那就是使正法的基本精神在一切教派的信徒中发扬光大。
>
> 正法基本精神的发扬光大可以表现在很多方面，而它的根本所在则是出言谨饬，就是说，不在不当的场合称扬自己的教派或贬低别人的教派；不论情况如何，即使场合允许，说话也要保持适当的节制。相反，每一个人倒是都应该在所有的场合，并以一切方式对别人的教派给予充分的尊重。
>
> 倘若一个人这样做了，他便不仅促进了自己教派的发展，而且也使别的教派得到好处。但是，假如一个人不这么做，他便不仅败坏了自己的教派，而且也损害了别的教派。毫无疑问，一个人如果仅仅因为自己隶属于某一教派，就称扬本派而贬低别派，以期为本派增光，他就会由于这种行为而严重损害自己的教派。所以，出言谨饬才是值得表扬的，因为人们理应学习和尊重别人的法的基本原则。
>
> 天爱王的真实心愿是所有各派的人们都能广泛了解不同宗教

的学说，从中学到纯粹的知识。应该把下面的话告诉那些只顾自己而不管其他教派的人：天爱王认为如下一事比施赠礼物和敬重他人更有价值，那就是使正法的基本精神在一切教派的信徒中发扬光大。

我的很多官员都在积极工作，以实现这一目标。他们之中有主持正法事务的摩诃马陀罗，有监管皇室女眷诸事的摩诃马陀罗，有负责我的牛群和牧场的官员以及其他官员。他们活动的结果正如我的期望一样，一方面促进了各个教派的发展，一方面又增加了正法的荣光。①

公元前 253 年，阿育王召集佛教高僧，在首都华氏城举行了佛教史上的第三次结集。据说阿育王在华氏城的鸡园寺供养了上万的出家人，许多非佛教徒也混杂其中，弄得很不团结，所以引起了重新结集。其目的是整理三藏，统一佛教的教义，解决佛教在传播过程中因对教义的不同理解而产生的分歧，把教义固定化，编纂整理佛经。参加结集的有上千人。据说这次结集的成果是编辑了一部《论事》，所谓"论事"就是议题，把各派不同的论点罗列出来，总计有千条之多（不过，现存只有 200 多条）。阿育王还到处修建窣堵坡（塔），刊刻诏令，以宣扬佛教。他把佛教定为国教，并派遣佛教僧团到国外去宣传佛教。在他的诏令石刻中说，他派了 5 个使节到地中海东岸诸国宣传法治，而在佛教的资料中却说，有十几个上座部分成几批被派遣出去宣传佛教：东到了金地（即今之缅甸东部），西到西北印度和国外的大夏等地，南到狮子国（即今之斯里兰卡）（按：事见南传佛教的《善见律》）。阿育王虽然对佛教特别重视，但又要求对别的宗教也要尊重："不在不当的场合称扬自己的教派或贬低别人的教派……每一个人倒是

---

① 崔连仲等选译：《古印度帝国时代史料选辑》，第 66～67 页。

都应该在所有的场合，并以一切方式对别人的教派给予充分的尊重。"阿育王也派遣了一个叫作末阐提的人到犍陀罗去传教。他在娑罗睹进行了第一次传教活动，使一些人成为佛教徒。现在这里是个小村庄，名叫拉奥尔，著名梵文文法学家帕尼尼就诞生于此地。

附：佛教史上的第三次结集

由上座大迦叶主持编纂的真正达磨称作上座达磨。在最初的100年间，上座派是一个统一的派别。但是后来出现了其他学派。1万名异端比丘被举行第二次结集的长老们征服后，创立了名叫大众部的派别。①

在此基础上出现了鸡胤部和一说部。从鸡胤部中分出说假部和多闻部，又从这些部分中分出制多山部。除了加上大众部在内的这六部以外，还有两个派别与上座部的信徒们分道扬镳：化地部和金刚子部。而法上部和贤乘部、六成部、正量部和犊子部也同样离开了上座部的信徒们。化地部又分成两部分：说一切有部和法藏部。从说一切有部又分裂出饮光部，从这些派别中又兴起经量部，最后又分出经部。加上上座部共12个派别，此外加上那6个派别，共18部。

这样，在第二世纪出现了17个派别，以后又出现了其他派别。雪山部，王山部，义城部，东山部，西山部和金刚部这六者是阎浮提洲从其他派别分离出来，法乐部和海部在锡兰岛也从其他派别分离出来。

这里就结束了阿阇梨派别的史话。

---

① 第二次结集后，出现佛教的部派分裂，形成上座和大众两部，在佛教史上被称为根本分派。——译者注

迦腊索伽有 10 个儿子，他们统治了 22 年。以后 9 个难陀相继为王，他们也统治了 22 年。

后来有一位出身高贵的孔雀族的光荣青年，名叫旃陀罗笈多，他怀着满腔仇恨杀死了第九个难陀——丹那难陀。① 于是婆罗门阇那迦为他行涂油礼，把他立为阎浮提洲的国王。

他统治了 24 年，他的儿子频头沙罗统治了 28 年。频头沙罗有 101 个光荣的儿子；阿育王在勇猛、智慧、威力、神效等方面都比其他人高出一筹。他杀了同父异母所生的 99 个兄弟后，赢得了整个阎浮提洲的独裁君权。请记住，从世尊涅槃到阿育王进行登基献祭仪式中间相隔 218 年。

阿育王取得独裁统治 4 年之后，以国王的身份在华氏城举行献祭。献祭后他的命令立刻远播四方，上达碧空，下及黄泉。

渐渐地，诸神带来了 8 人担的阿耨达湖水；国王将水分给他的臣民。诸神从喜马拉雅山带来了足以供数千人洁净身躯用的纳加蔓藤，同时又带来了色香味俱佳的樱桃、李子和芒果这些有利于健康的果子。天神带来五彩缤纷的衣服，做头巾用的黄色布料，还有六牙湖的圣水。众龙从龙王国带来了没有一个线缝、颜色像茉莉花一样的织物，还有神圣的荷花、洗眼剂和药膏；鹦鹉天天从六牙湖衔来稻谷，总数可达 9 万马车。老鼠使这些稻谷脱去外皮，成为粮食，并以此供应皇室。蜜蜂不停地为他采蜜，熊为他挥舞着铁锤制造铁器。迦陵频伽鸟（美声鸟），声音优美悦耳，来为国王演奏欢乐的音乐。作为神圣的国王，阿育王提拔他最年幼的与他同一个母亲的弟弟蒂沙为副王。

阿育王献祭的故事到此结束。

---

① 丹那，难陀王朝的末帝。——译者注

　　（阿育王的）父亲对 6 万名精通婆罗门教义的婆罗门很友善，他供养了他们 3 年。但是当他看到他们在分配食物时缺乏自我控制的情景，便对大臣们说："我将按照我的选择来供给他们食物。"这位精明的国王吩咐大臣把不同学派的追随者带到他面前，把他们集中起来考试，并给他们吃的，然后让他们回去。

　　有一次，当他们站在窗前，看见一位安静的苦行者沙弥尼拘律陀沿着大街走去，便对他产生了很友好的感情。这个青年是须摩那王子的儿子，频头沙罗所有儿子中最年长的一个。

　　当频头沙罗陷入病魔困扰之时，阿育王离开了父亲任命他统治的优禅尼来到华氏城，并掌握了该城的大权，在他父亲死后，他派人杀了他的长兄，使自己成为这座宏伟城市的独裁者。

　　须摩那王子的妻子名字也叫须摩那，她怀孕时从东门逃跑，来到茆茶罗村，在那里尼拘律陀树①保护神呼唤她的名字，并建造一间小屋送给她。就在那天，她生了一个漂亮的小男孩，她给儿子取名尼拘律陀，以表示对保护神的感谢。当茆茶罗首领看到这位母亲时，便把她当作自己的妻子，对她以礼相待达 7 年之久。后来，当长老摩诃伐汝那看到那个男孩相貌不凡时，这个阿罗汉询问了他的母亲，并且授予他圣职。就在那间他们为他剃度的房子里，他成了阿罗汉。然后他去看望他的母后，他从南门进入这座宏伟的城市，当他沿着通往村子的路走去时，他经过国王的宫殿。国王不但对他庄重的举止感到满意，而且因为他们从前曾生活在一起，更对他产生出特殊的好感。

　　从前，有 3 个兄弟靠卖蜂蜜为生；通常是一人卖蜜，两人采

---

① 尼拘律陀树，即榕树。——译者注

蜜。有一天，一个辟支佛①受了伤；另一个辟支佛想为他去寻找蜂蜜，他沿着平时常到城里去化缘的那条路走着。一位到河边打水的少女看见了他。当她得知他想寻找蜂蜜时，用手指着一边说："先生，那边是蜂蜜店，去那儿吧。"

这位蜂蜜商怀着虔诚的心给那位化缘的辟支佛盛了满满一碗蜂蜜，当他看到蜂蜜从碗边溢出，淌到地上时，他充满信心地祝祷，"但愿由于这个礼物我能获得阎浮提洲的独裁统治，但愿我的命令也能远播四方，上达碧空，下达黄泉。"当蜂蜜商的哥哥们回来时，他对他们说："我给了一位辟支佛蜂蜜；当然蜂蜜也是你们的，所以希望你们同意我的做法。"长兄勉强地说："那一定是个旃荼罗②，因为旃荼罗总是穿黄衣服。"二哥说："去你的辟支佛吧！"但当他答应让他们分享由此得到的报答时，他们也就同意了。于是那位曾给辟支佛指出蜂蜜店的少女一心想成为正宫娘娘，因此盼望自己长得更加美丽，肢体格外匀称。

阿育王就是提供蜂蜜的人，王后阿沙母帝米塔就是那个少女，尼拘律陀就是说"旃荼罗"的那个人，蒂沙就是说"去你的辟支佛"的那个人。说"旃荼罗"的尼拘律陀（为赎罪）在一个旃荼罗村住下，但由于他渴望解救，在第七年时他得到了解救。

国王对尼拘律陀产生了好感，传唤他以最快的速度来见他；但他却很沉着很平静地去那里。国王对他说："亲爱的，坐在适当的位置上吧。"因他看到王座附近没有其他比丘，就走近国王宝座。当他向御座走去时，国王心想："今天这个沙弥在我的王国里将成为君主。"在国王的搀扶下，这个比丘登上了宝座，坐在白色

---

① 辟支佛（Paccekabuddha），意译独觉，因不逢佛世而独自悟道，故名。——译者注
② 旃荼罗，古代印度的贱民。——译者注

华盖下的御座上。看到他坐在那里，阿育王很高兴，因为自己赐给他应有的地位。当他把为自己准备的食物给了他，使他精力恢复时，他问这个沙弥有关正觉者所讲的教义，于是这个沙弥就向国王讲述了"不放逸品"①。

当这位君主得知他已赢得了世尊的教义，就对尼拘律陀说："亲爱的，我给你八种永恒的供应品。"他回答说："我将把这些献给我的夫子。"当他再次得到 8 种供应品时，他把这些给了他的老师；当他第三次得到这些东西时，他把它们送给了僧团。当他以后又得到 8 种供应品时，他心领神会地答应收下。次日，他与 32 名比丘一起上路了，他已经受到国王的亲自招待，也已经为这个统治者布了道，他用自己避难和戒律方面的经验使国王的权力得到了巩固。

沙弥尼拘律陀拜访国王的故事就到此结束。②

从阿育王的铭文可以看出，在他统治时期，比较重视国内建设，如打井、开渠、种树、保护野生动物、不因祭祀和宴请而杀生、发展人和畜的医药事业等。他的铭文中说："在天爱见王（即阿育王）版图内的每一块地方……都安排了两种医疗设施，即人用的医疗设施和动物用的医疗设施。凡是缺乏益人益兽的药草的地方已经派人将它们引入并加以栽培。在大路上，我还派人凿了很多井，种了很多树，为的是给人和动物享用。"国王不杀生，其他的人包括国王的猎手和渔夫在内，也都放弃了渔猎："在这里不准杀生献祭，也不准举行宴乐和集会，因为天爱见王在宴乐集会中看到了种种弊端。"

---

① 经的品名。——译者注
② 崔连仲等选译：《古印度吠陀时代和列国时代史料选辑》，第 109～113 页。

据大乘佛教的资料记载，阿育王晚年十分不幸。他处于第二个王后帝失罗的控制之下，她弄瞎了他的爱子俱那罗的双眼。

　　此太子正后生也，仪貌妍雅，慈仁凤著。正后终没，继室憍淫，纵其昏愚，私逼太子，太子沥泣引责，退身谢罪。继母见违，弥增忿怒，候王闲隙，从容言曰："夫呾叉始罗国之要领，非亲子弟，其可寄乎？今者，太子仁孝著闻，亲贤之故，物议斯在。"王惑闻说，雅悦奸谋，即命太子，而诫之曰："吾承余绪，垂统继业，唯恐失坠，忝负先王。呾叉始罗，国之襟带，吾今命尔作镇彼国。国事殷重，人情诡杂，无妄去就，有亏基绪。凡有召命，验吾齿印。印在吾口，其有谬乎？"于是太子衔命来镇。岁月虽淹，继室弥怒，诈发制书，紫泥封记，候王眠睡，窃齿为印，驰使而往，赐以责书。辅臣跪读，相顾失图。太子问曰："何所悲乎？"曰："大王有命，书责太子，抉去两目，逐弃山谷，任其夫妻随时生死。虽有此命，尚未可依。今宜重请，面缚待罪。"太子曰："父而赐死，其敢辞乎？齿印为封，诚无谬矣。"命旃茶罗抉去其眼。眼既失明，乞贷自济，流离展转，至父都城。其妻告曰："此是王城。嗟乎，饥寒良苦！昔为王子，今作乞人！愿得闻知，重伸先责。"于是谋计，入王内厩，于夜后分，泣对清风，长啸悲吟，箜篌鼓和。王在高楼闻其雅唱，辞甚怨悲，怪而问曰："箜篌歌声，似是吾子，今以何故而来此乎？"即问内厩，谁为歌啸？遂将盲人，而来对旨。王见太子，衔悲问曰："谁害汝身，遭此祸衅？爱子丧明，犹不觉知，凡百黎元，如何究察？天乎，天乎，何德之衰！"太子悲泣，谢而对曰："诚以不孝，负责于天，某年月日，忽奉慈旨，无由致辞，不敢逃责。"其王心知继室为不轨

也，无所究察，便加刑辟……①

据说，后来阿育王在一次宫廷政变中被夺了权。

阿育王的统治扩大了孔雀帝国的版图，促进了南亚政治、经济和文化的繁荣，为佛教在南亚及其境外的传播做出了贡献。

二、古代印度大国梦的破灭

辛哈和班纳吉著的《印度通史》说："政治统一的理想在后期吠陀文献中是一个很熟悉的概念。'灌顶大礼'授予主祭人以一种称为'联邦帝国'的高级王位。阿因陀罗·摩诃毗希伽的目的是获得独王，即世界唯一统治者的尊严……可是就我们现在所知，在公元前 4 世纪摩诃坡德摩·难陀将北印度的大部分以及可能也有德干的某些部分统一在摩竭陀帝国旗帜之下以前，印度是否曾经真正建立过任何大帝国是很难说的。"② 孔雀帝国经过旃陀罗笈多、频头沙罗和阿育王三代的努力，曾经把南亚次大陆的大部分地区囊括在一个帝国的版图之内将近一个世纪之久。但在孔雀帝国崩溃之后，印度的大一统梦想终于破灭。正如《印度通史》所说："第一个巨大的印度帝国就这样消失了……随着孔雀帝国结构的瓦解，印度历史上这种政治的和行政的统一局面就消失了。"③ 而佛教典籍中曾经说到过佛陀的大一统思想，以及佛陀的大国国王梦。如《佛本生故事》、《宽心本生》说："从此，瞻部洲全归菩萨统治，任何仇敌都不敢犯上作乱。菩萨长到 7 岁，灌顶为王，号称宽心王。他依法治国，死后升入天国。"当时的瞻部洲就是古代印度神话中的印度。那么佛陀是否有过统一印度的思想？是否有过当印

---

① （唐）玄奘：《大唐西域记》，第 68～69 页。
② ［印度］辛哈、班纳吉：《印度通史》，张若达、冯金辛、王伟译，北京：商务印书馆，1964 年版，第 61 页。
③ ［印度］辛哈、班纳吉：《印度通史》，第 96 页。

度国王的思想？这个问题值得研究。但佛陀后来死了，佛教后来被挤出了印度。所以，佛教的大一统思想没有实现，即使阿育王的统治也没有将大一统的国家巩固下来。实际上，即使是阿育王统治时期，也没能统一整个印度，即并没能占领半岛的最南端。

第六章　贵霜帝国

公元前 187 年，孔雀帝国末代国王被杀，出身巽伽族的普沙弥多罗建立巽伽王朝。但其统治地区比孔雀帝国小得多，主要是恒河流域的中下游，而且统治时间也不长，仅百余年。公元前 75 年，巽伽王朝末王为一女奴所杀，出身婆罗门的伐苏迪跋（属甘婆族）夺得王位，建立甘婆王朝。该王朝也是短命王朝，仅统治 45 年。公元前 30 年，甘婆王朝为南印度的安度罗灭亡。此后一个时期，北印度的政治情况一片模糊。

此时，安度罗和羯陵伽曾一度强盛，但它们的统治难以达到北印度。

公元前 2 世纪以后，大夏希腊人、安息人和斯基泰人、大月氏人先后入侵印度。

第一节　中国史书中关于大月氏人的记载

公元前 1 世纪中叶，大月氏人建立贵霜帝国，其版图最大时包括了中亚和北印度的广大地区，其首都原在中亚，后迁至富楼沙（今巴基斯坦的白沙瓦）。

贵霜人对古代世界的历史和文明做出过自己的贡献，但有关贵霜帝国的资料却极其贫乏。在有关贵霜帝国的资料中，有用中文、藏文、希腊文、拉丁文、亚美尼亚文、阿拉伯文及梵文等写成的，但却很少有直接述及贵霜历史的，而且上述各种述及贵霜帝国的文字资料都是极其琐碎和零散的。为了书写贵霜的历史，运用碑铭资料、古钱币资料以及其他考古发掘的资料是极其必要的。

在中国的史籍记载中，贵霜人是大月氏部落的一支。在西方资料中，他们被称为陶克瑞人（Tochari）。印度史籍中称其为杜萨拉人（Tukhara）。而贵霜一词在印度史籍中却很少出现，只在贵霜诸王及其藩臣的碑铭和钱币资料中，以及后来的萨珊王朝、亚美尼亚人和阿拉伯人的记载中见到过。

司马迁的《史记·大宛列传》记载说：

> 骞（按：即张骞）身所至者大宛、大月氏、大夏、康居……大月氏在大宛西可二三千里，居妫水北。其南则大夏，西则安息，北则康居。行国也，随畜移徙，与匈奴同俗。控弦者可一二十万。故时强，轻匈奴。及冒顿立，攻破月氏。至匈奴老上单于，杀月氏王，以其头为饮器。始月氏居敦煌、祁连间，及为匈奴所败，乃远去，过宛，西击大夏而臣之，遂都妫水北，为王庭。其余小众不能去者，保南山羌，号小月氏。

《史记》中记载的有关大月氏的情况是张骞告诉司马迁的。

班固的《汉书·西域传》记载的有关大月氏的情况如下：

> 大月氏国，治监氏城，去长安万一千六百里，不属都护。户十万，口四十万，胜兵十万人。东至都护治所四千七百四十里，西至安息四十九日行，南与罽宾接。土地风气，物类所有，民俗钱货，与安息同。出一封橐驼。
>
> 大月氏本行国也，随畜移徙，与匈奴同俗。控弦十余万，故强轻匈奴。本居敦煌、祁连间，至冒顿单于攻破月氏，而老上单于杀月氏，以其头为饮器，月氏乃远去，过小宛，西击大夏

而臣之，都妫水北为王庭。其余小众不能去者，保南山羌，号小月氏。

大夏本无大君长，城邑往往置小长，民弱畏战，故月氏徙来，皆臣畜之，共禀汉使者。有五翕侯，一曰休密翕侯，治和墨城，去都护二千八百四十一里，去阳关七千八百二里；二曰双靡翕侯，治双靡城，去都护三千七百四十一里，去阳关七千七百八十二里；三曰贵霜翕侯，治护澡城，去都护五千九百四十里，去阳关七千九百八十二里；四曰肸顿翕侯，治薄茅城，去都护五千九百六十二里，去阳关八千二百二里；五曰高附翕侯，治高附城，去都护六千四十一里，去阳关九千二百八十三里。凡五翕侯，皆属大月氏。

《汉书》中有关大月氏的记载可能也是根据张骞的资料写成的。范晔的《后汉书·西域传》中，关于大月氏的记载是：

大月氏国居蓝氏城，西接安息，四十九日行，东去长史所居六千五百三十七里，去洛阳万六千三百七十里，户十万，口四十万，胜兵十余万人。初，月氏为匈奴所灭，遂迁于大夏，分其国为休密、双靡、贵霜、肸顿、都密，凡五部翕侯。后百余岁，贵霜翕侯丘就却攻灭四翕侯，自立为王，国号贵霜。侵安息，取高附地。又灭濮达、罽宾，悉有其国。丘就却年八十余死，子阎膏珍代为王。复灭天竺，置将一人监领之。月氏自此以后，最为富盛，诸国称之皆曰贵霜王。汉本其故号，言大月氏云。

……

安帝元初中，疏勒王安国以舅臣磐有罪，徙于月氏，月氏王亲爱之。后安国死，无子，母持国政，与国人共立臣磐同产弟子遗腹为疏勒王。臣磐闻之，请月氏王曰："安国无子，种人微弱，若立母氏，我乃遗腹叔父也，我当为王。"月氏乃遣兵送还疏勒，国人素敬爱臣磐，又畏惮月氏，即共夺遗腹印绶，迎臣磐立为王，更以遗腹为磐槀城侯。后莎车连畔于寘，属疏勒，疏勒以强，故得与龟兹、于寘为敌国焉。

第二节　贵霜帝国的建立和发展

公元前128年，大月氏人在阿姆河北部地区建立国家。汉朝的张骞就是在这时和他们发生联系的。公元前100年左右，他们渡过阿姆河，征服了阿姆河以南的大夏人（也有人认为，大月氏人是在公元前2世纪移居大夏的）。公元前1世纪时，5个月氏部落由头领俱居罗伽费沙王统一为贵霜王国。纪元初期，他带领部落民翻山南下到达犍陀罗，并在喀布尔建立了他们的朝廷。大约公元1世纪中期，他的儿子维马伽费沙王继承了他的王位，并成为印度历史上第一位仿照罗马铸造金币的统治者。[①] 他把自己的国土划分为五个翕侯领地，其中之一是贵霜领地，也是最强大的一个领地。海劳斯统治时期，发行了有海劳斯半身像的钱币，并自称为贵霜王。在占领了大夏100多年之后，贵霜王丘就却征服了其他翕侯。公元1世纪初，丘就却凭借贵霜翕侯的资格奠定了贵霜帝国的基础。在此以后，贵霜帝国才实际上是大月氏的国家。

公元1世纪至2世纪之初，在丘就却和阎膏珍统治时期，贵霜以大夏为中心逐渐向外扩张，兼并了从康居到克什米尔和旁遮普的地区。

---

① 参见叶公贤、王迪民编著：《印度美术史》，昆明：云南人民出版社，1991年版，第77页。

公元 2 世纪，在贵霜帝国的保护下，人们开辟了从中国至东地中海的一条陆上商路，这就是丝绸之路。

公元 2 世纪初到 3 世纪中叶，在迦腻色迦及其继承者瓦西色伽、弗维什伽和婆苏提婆统治时期，贵霜继续向外扩张，在差不多 100 年的时期里，从康居扩张到了印度东部的比哈尔，从北部的帕米尔以西扩张到了印度南部的文底耶山（或西部起自马尔加，东部濒临和田，北面到达里海南岸，囊括了花剌子模和索格底亚那，而南部则包括今天的阿富汗、整个印度河流域及除印度半岛尖端以外的印度大部分地区，还有一个约略平行到东部海岸的狭长地带）。从公元 3 世纪中叶到 4 世纪中叶，在婆苏提婆的几个继承者统治时期，以及臣属于萨珊王朝而统治大夏和白沙瓦的贵霜诸王时期，还有阿拉哈巴德的萨摩陀笈多碑铭中提到的可能位于西北部的一些飞地的"王中之王、天之子"的统治时期，贵霜帝国开始衰落、分裂，领土缩小到它原来的大夏中心，最后归于灭亡。

在丘就却、阎膏珍以及迦腻色迦等人统治时期，贵霜帝国可以说是当时世界上的 4 个大国之一，其他三国是东方的秦汉时期的中国、西方的罗马帝国和帕提亚王国。迦腻色迦在自己的碑铭中自称"王中之王"（Rajati-raja）、"大王"（Maharaja）。

在迦腻色迦统治时期，发生了佛教历史上的第四次结集。此次结集由胁尊者召集，推世友为上座，共 500 人参加。据《大唐西域记》说：

> 健驮逻国迦腻色迦王，以如来涅槃之后第四百年，应期抚运，王风远被，殊俗内附。机务余暇，每习佛经，日请一僧入宫说法，而诸异议部执不同。王用深疑，无以去惑。时胁尊者曰："如来去世，岁月逾邈，弟子部执，师资异论，各据闻见，共为矛盾。"时王闻已，甚用感伤，悲叹良久。谓尊者曰："猥以余福，丰遵前绪，去圣虽远，犹为有幸，敢忘庸鄙，绍隆法教，随其部执，具

释三藏。"……是五百贤圣，先造十万颂《邬波第铄论》旧曰《优波
提舍论》，讹也。释《素呾缆藏》旧曰《修多罗藏》，讹也。次造十万颂
《毗奈耶毗婆沙论》，释《毗奈耶藏》旧曰《毗那耶藏》，讹也。后造
十万颂《阿毗达摩毗婆沙论》，释《阿毗达摩藏》或曰《阿毗昙藏》，
略也。凡三十万颂，九百六十万言，备释三藏，悬诸千古，莫不穷
其枝叶，究其浅深，大义重明，微言再显，广宣流布，后进赖焉。
迦腻色迦王遂以赤铜为鍱，镂写论文，石函缄封，建窣堵波，藏
于其中。命药叉神周卫其国，不令异学持此论出，欲求习学，就
中受业，于是功既成毕，还军本都。出此国西门之外，东面而跪，
复以此国总施僧徒。①

玄奘的书中记载了不少有关迦腻色迦时期修建的窣堵波等建筑，有的
学者说有数以万计的寺院、窣堵波和和尚的宿舍，其中在犍陀罗地方修建
的一座窣堵波颇具传说特点。这座窣堵波建在犍陀罗国的都城布路沙布逻
城东南八九里，那里有一棵卑钵罗树，《大唐西域记》记载说，窣堵波就建
筑在此树南：

 ……迦腻色迦王以如来涅槃之后第四百年，君临膺运，统赡
部洲，不信罪福，轻毁佛法。田游草泽，遇见白兔，王亲奔逐，
至此忽灭。见有牧牛小竖，于林树间作小窣堵波，其高三尺。
王曰："汝何所为？"牧竖对曰："昔释迦佛圣智悬记，当有国王
于此胜地建窣堵波，吾身舍利多聚其内。大王圣德宿殖，名符
昔记，神功胜福，允属斯辰，故我今者先相警发。"说此语已，
忽然不现。王闻是说，喜庆增怀，自负其名，大圣先记，因发

---

① （唐）玄奘：《大唐西域记》，第75～76页。

正信，深敬佛法，周小窣堵波，更建石窣堵波，欲以功力弥覆其上。随其数量，恒出三尺，若是增高，逾四百尺，基址所峙，周一里半，层基五级，高一百五十尺，方乃得覆小窣堵波。王用喜庆，复于其上更起二十五层金铜相轮，即以如来舍利一斛而置其中，式修供养。营建才讫，见小窣堵波在大基东南隅下傍出其半。王心不平，便即掷弃，遂住窣堵波第二级下石基中半现，复于本处更出小窣堵波。王乃退而叹曰："嗟夫，人事易迷，神功难掩，灵圣所持，愤怒何及！"惭惧既已，谢咎而归。其二窣堵波今犹现在，有婴疾病欲祈康愈者，涂香散花，至诚归命，多蒙瘳差。[1]

玄奘还记载说，在此"大窣堵波西有故伽蓝，迦腻色迦王之所建也。重阁累榭，层台洞户，旌召高僧，式昭景福。虽则圮毁，尚曰奇工"[2]。

据玄奘记载，在迦腻色迦去世后（关于迦腻色迦即位的确切年代不能确定，说法很多，如公元78年、128年、144年等，他统治了21年），被称为讫利多的奴隶起义再次爆发，并嫉恶佛法，但再次遭镇压：

迦腻色迦王既死之后，讫利多种复自称王，斥逐僧徒，毁坏佛法。睹货逻国呬摩呾罗王……闻讫利多毁灭佛法，招集国中敢勇之士，得三千人，诈为商旅，多赍宝货，挟隐军器，来入此国，此国之君特加宾礼。商旅之中，又更选募，得五百人，猛烈多谋，各袖利刃，俱持重宝，躬赍所奉，持以献上。时雪山下王去其帽，即其座，讫利多王惊懊无措，遂斩其首，令群下曰："我是睹货逻

① （唐）玄奘：《大唐西域记》，第48～49页。
② （唐）玄奘：《大唐西域记》，第50页。

国雪山下王也。怒此贱种公行虐政，故于今者诛其有罪。凡百众庶，非尔之辜。"然其国辅宰臣，迁于异域。既平此国，召集僧徒，式建伽蓝，安堵如故……其讫利多种屡以僧徒覆宗灭祀，世积其怨，嫉恶佛法。岁月既远，复自称王。故今此国不甚崇信，外道天祠，特留意焉。①

第三节　贵霜帝国的社会生活

据因伐尔特记载，佛陀的人格化也是在迦腻色迦统治时期："佛的人格化最初出现在迦腻色迦时的某些钱币上，那自然是无可争议的史实。"②

司马迁的《史记》中记载，据张骞报告，在大夏到处有城邑，后来的考古发掘证实了这一点，张骞还说他在大宛看到了"七十余城"，应当也是真实的。

贵霜帝国靠征服起家，它征服的地方很多，因此其民族必然众多，居民的成分也必然非常复杂，如伊朗人、希腊人、西徐亚人（或称斯基泰人）、帕提亚人、印度人等。

贵霜人长期生活在阿姆河一带，那里水源丰沛，土地肥沃，物产丰富，所以大夏人口稠密。张骞曾经说过："大夏民多，可百余万。"张骞是在公元前128年来到大夏的，当时大月氏人还没有到达大夏，而大月氏来到大夏以后，其势力大增，生活方式也发生了较大的变化。他们很快就适应了大夏的生活，从事农业、畜牧业和混合经济。据《汉书》记载，到公元1世纪时，大月氏人统治的地区人口已经达到40万，虽然其中的大月氏人只

---

① （唐）玄奘：《大唐西域记》，第76～77页。
② 见［美］H. 因伐尔特：《犍陀罗艺术》，李铁译，上海：上海人民美术出版社，1991年版，第20页。

占少数。在贵霜人统治之下，五翕侯统一，形成了一个统治集团。到公元1世纪贵霜人在大夏或巴克特里亚建立国家时，统治者与被统治者的比例大约是1∶3或1∶4。但大月氏人有一支强大的军事力量，司马迁说其控弦者可一二十万，班固和范晔都说其胜兵十万，这使其足以控制其统治的地区。

关于贵霜帝国的社会生活，张骞说，大夏人是过定居生活的，大月氏人在征服大夏以后，也从过去的游牧生活逐渐转入定居。大夏原来的居民有手工业者、商人、农民。大夏以土地肥沃、矿产丰富而著名。阿姆河及其支流被最大限度地用来灌溉农田。波斯帝国统治时期建的坎儿井——地下水道，能把水从山上引下来，灌溉更多的农田。考古发现证明，大月氏人没有中断这种水利系统，而是保存了它，而且在质量和数量上都有所改进。大月氏人自己并不一定有很多人从事农业，但他们作为这个地方的统治者，必定非常重视扩大农业基础。大月氏人统治时期来到这里的人，如斯基泰人等，可能都从游牧转入了农业。

大夏人"兵弱畏，但善贾市"，他们有一些有市场的城镇，市场上有各种货物，随着大月氏人来到大夏，中国人也随之来到了大夏，经营商业。张骞甚至见到中国竹子，人们推测它们可能是到大夏来经商的中国人带来的，或是到大夏经商的印度人从中国带来的。所以，大夏不仅有国内的商业贸易，还有对外的商业贸易。贵霜帝国充分利用了自己同中国、中亚和南亚地区的关系，把丝绸之类的中国货带进了西方的市场。由于贵霜帝国曾经控制了犍陀罗和印度河河口之间的地区，因此，它也就统治过今天的阿富汗一带，有这样一个有利的特殊地位，从而也控制了从中国经过开伯尔隘口到达印度河河口的巴巴里坎，继而西去的丝绸贸易。经过这里的商旅可以得到安全保障，并通过海路由波斯湾到达两河流域的三角洲地带。有学者认为，可以肯定的是，贵霜帝国给当地带来了政治的稳定与和平，使粟特人和大夏人加强了他们的商业活动。为了加强同罗马世界的联系，他们开通了新的道路。贵霜帝国的商业情况可以从其丰富的钱币中得到证明。他们同外部世界尤其是同罗马的贸易顺差，可以从他们发行了大量的金币，以及在印度发现了罗马钱币的窖藏这两件事情上得到清楚的印证。因伐尔特认为："如果一经考察由迦腻色迦发行的其他金币，一个相当令人吃惊的事实就会显露出来，这就是他的铸币，并不是为了国内使用，而是为了对外贸易。这不仅表现在币面的铭文使用的是希腊文，就连那描绘在一个奇特台座边沿外表上的 30 来个神像，也都是采用希腊、印度和伊朗语的名字，并且，其中的大多数也是来自巴比伦和查拉塞尼王国。"①

贵霜人使用金铜复本位制。他们发行的铜币数量很大，其流通地区也非常广。考古发现的事实证明，贵霜帝国的经济和城市生活是很繁荣的。

4 世纪时，笈多王朝兴起于摩竭陀，并很快统治了北印度广大地区，印度进入封建时代。5 世纪，哌哒人（白匈奴）占领大夏和印度河流域，贵霜帝国灭亡。

---

① ［美］H. 因伐尔特：《犍陀罗艺术》，第 21～22 页。

第七章 古代印度的土地关系和奴隶制度

第一节 古代印度的土地制度

一、土地制度

古代印度的土地制度问题是个颇为复杂的问题。现代学者提出了种种说法：国有（或者王有）说、私有说、农村公社所有说和多种所有制说等。古代的多种资料提到，土地归国王所有。如《摩奴法论》认为，国王是"大地的主人"。佛经也说"国王是田主"。斯特拉波引用麦迦斯提尼的话说："整个国土归国王所有"。在古代南亚，国王可能占有不少土地，组成王室经济。正如李兹契尔和斯切特里契所认为的，国王是部分土地的所有者，这种王室土地是不大的领地，其个别地段在农村公社中间；另外，国王对于其他土地并没有实际的所有权，而只能代表国家征税。应当看到，国有土地与王有土地是有区别的。有些资料中所说的王有土地，实际上应当是国有土地，如国王封赏的土地（包括梵封、梵分）、罚没的土地等。属于国有的土地除耕地以外，还应当包括森林、草地、荒地等。《政事论》说，农业总监"用奴隶、雇工和罪奴在多次翻耕过的、适于（生长）不同作物的土地上播种"。这种土地显然也是国家的土地，而不是国王的土地，其收入应入国库。

关于梵分和梵封，佛经中多有提及，如《长阿含经》卷第七第二分《弊宿经》第三说：

> 尔时童女迦叶与五百比丘游行拘萨罗国，渐诣斯波醯婆罗门村。时童女迦叶在斯波醯村北尸舍婆林止。时有婆罗门，名曰弊宿，止斯波醯村。此村丰乐，民人众多，树木繁茂，波斯匿王别封此村与婆罗门弊宿，以为梵分。

《长阿含经》卷第十三第三分《阿摩昼经》第一说：

> 如是我闻，一时佛进俱萨罗国，与大比丘众千二百五十人俱，至伊车能伽罗俱萨罗婆罗门村，即于彼伊车林中止宿。时有沸伽罗娑罗婆罗门，止郁伽罗村，其村丰乐，人民炽盛。波斯匿王即封此村与沸伽罗娑罗婆罗门，以为梵分……

《长阿含经》卷第十五第三分《种德经》第三说：

> 如是我闻，一时佛在鸯伽国，与大比丘众千二百五十人俱，游行人间，止宿瞻婆城伽伽池侧。时有婆罗门，名曰种德，住瞻婆城。其城人民众多，炽盛丰乐，波斯匿王即封此城与种德婆罗门，以为梵分……

《长阿含经》卷第十七第三分《露遮经》第十说：

> 如是我闻，一时佛在拘萨罗人间游行，与大比丘众千二百五十人俱，往诣婆罗婆提婆罗门村北尸舍婆林中止宿。时有婆罗门

名曰露遮。住婆罗林中，其村丰乐，人们炽盛。波斯匿王即封此村与婆罗门，以为梵分……

《中阿含经》卷第四十一《梵志品·梵摩经》第十说：

我闻如是，一时佛游鞞陀提国，与大比丘众俱。尔时弥萨罗有梵志，名曰梵摩，极大富乐，资财无量，畜牧产业，不可称计，封尸食邑，种种具足食丰。弥萨罗乃至水草木，谓摩竭陀王未生怨鞞陀提子，特与梵封……

《弥沙塞部和醯五分律》卷第一第一分初《波罗夷法》说：

佛在须赖婆国，与大比丘众五百人俱，诣毗兰若邑，住林树下。其邑有婆罗门，名毗兰若，波斯匿王以此邑封之。

这种梵分或梵封的土地是不是可以继承、转让、出卖的私有土地，不得而知。它们是否要交赋税，也不得而知。有的学者认为，受封者只是得到土地上的收益，而无土地所有权。

关于私人占有的土地，马克思指出："柯瓦列夫斯基在《摩奴》中发现了存在着公社土地占有制并且同时产生了私人土地所有制的痕迹"，"在《摩奴法典》时代土地共同所有制是占统治地位的形式，可是也已有了私有制；关于栅栏、关于有人掠夺他人田地等等的记载，就证明了这一点。"[①] 马克思认为，土地私有制在这里产生的途径是：通过公社田地划分出个人

---

① 马克思：《马·柯瓦列夫斯基〈公社土地占有制，其解体的原因、进程和结果〉（第一册，1879 年莫斯科版）一书摘要》，见《马克思恩格斯全集》第 45 卷，北京：人民出版社，1985 年版，第 244～245 页。

份地的途径，即个人份地的私有化；新来移民占有了公社荒地和林地的某一地段，并将其加以耕耘。其中前者是主要的途径。

从佛经的资料看，古代印度确实已经出现了土地的私有制。佛经说，以前，人们采集自然生长的粳米，但由于怠惰与贪婪，竞相储积自然生长之谷物粳米，"由是粳米荒秽，转生糠粰，刈已不生。今当如何？复自相谓言：当共分地，别立标帜。即寻分地，别立标帜……由此因缘，始有田地名生。时彼众生，别封田地，各立疆畔……"佛经还说："生者多忧。忧父母、兄弟、妻子、亲属、奴婢、知识、畜生、田宅。"这里的田宅（包括田地与房屋）当然是私有物。佛经资料表明，有的人占有的田地数量不少。一个名叫婆罗豆遮婆罗门的人，有 500 具犁耕田；摩竭陀国都城王舍城东北有个婆罗门村子，名叫萨林底耶，村中有个名叫乔希耶瞿多的婆罗门，有 1000 迦梨沙土地，种植稻米。他要将这些土地赠给菩萨，而菩萨没全要，只要了他 800 迦梨沙土地。于是，此婆罗门便拔去界石，将田地给了菩萨。这说明他的土地是可以自由转让的私有土地。

尽管《摩奴法论》说，出卖贮水池或花园是犯罪行为，但也有少量关于土地买卖的资料保存下来。如佛经记载说，佛教徒用钱买了一个花园献给佛。佛经还说到一个名叫檀腻崎的人得到国王赏赐给他的一坛藏于树下的金子，此人"掘取彼金，贸易田宅"。《政事论》的资料表明，当时买卖土地似乎要受到某些限制。它规定亲属、邻居和债主应按此顺序购买（出卖的）地产，然后是其他的人。可能土地买卖有一个从不合法到合法的过程。

佛教僧团也占有土地。从佛陀时代起，佛教寺院就开始接受土地的赠予，从而开始占有土地，以后赠予的土地越来越多，寺院也就成为大土地占有者。

二、农村公社

在古代印度的土地关系中，一个重要问题是关于农村公社的问题。

古代印度一直存在农村公社（英文用的是 village community 这个词），这差不多已成定论。至少在现代有关古代印度的著作中，大都认为在古代印度一直存在农村公社，认为古代印度的土地制度是农村公社所有制。有的学者甚至认为，古代印度的社会不是奴隶制社会或其他性质的社会，而是村社性质的社会。所以，在古代印度史上，农村公社问题不是一个小问题，不是一个一般的问题，而是一个带全局性的问题，它不仅涉及了土地关系问题，而且涉及了古代印度的社会性质问题。但从古代印度的历史文献中，例如佛经的资料中，我们能看到农村公社的影子吗？能说明那时一直存在农村公社吗？我们查了汉译佛经的资料和英译《佛本生故事》的资料，看不到古代印度一直存在农村公社的证据。

什么是农村公社？马克思在《给维·伊·查苏利奇的复信草稿》中说，农村公社与氏族公社不同，氏族公社是建立在自己社员的血统亲属关系上的，而农村公社是最早的没有血统关系的自由人的社会联合。他还指出农村公社在所有制方面的两重性，即一方面在农村公社中，房屋及其附属物——园地，是农民私有的；而另一方面，农村公社的耕地则是不准转卖的公共财产，定期在公社社员中进行重分。马克思还根据公社在所有制方面的两重性，说明了公社的两种前途，即在阶级社会形成后很快瓦解和长期存在这两种前途。[①] 那么，在古代印度，曾经存在过的农村公社的命运是什么？它一直存在吗？让我们来看一看古代印度的实际情况。

虽然柯瓦列夫斯基从《摩奴法论》中发现了公社的痕迹，现代学者也大多认为古代印度一直存在农村公社，而且还有学者提出古代印度农村公

---

① 《马克思恩格斯全集》第 19 卷，北京：人民出版社，1963 年版，第 449 页。

社是土地的主要所有者，但是古代印度没有留下关于农村公社的具体资料，现代学者也没有拿出有关农村公社的实际资料。

亚历山大部将尼亚库斯记载说："另一些部落中间，不同集团在亲缘关系的基础上共同种植作物；当他们收割庄稼时，各自只取足够维持一年生计的谷物，而将其余部分烧毁。"这说明，在公元前4世纪后期，当亚历山大东征进入南亚时，当地有的地区还处于氏族部落阶段，土地归氏族部落所有，其成员过着同耕共种的生活。不过，这只是在一些边远落后的地区，而在一些经济发达的地区，这种状况早已消失了。但在经济发达地区是否存在农村公社呢？我们没有直接的资料。

现代研究印度的学者也没有说到塞琉古王国驻印度孔雀王朝的大使麦迦斯蒂尼曾记载有关印度的农村公社的事。这说明，至少古代希腊人并不认为古代印度从列国时代到孔雀王朝时代存在过农村公社。

憍底利耶的《政事论》说，应当"在以前建过或从未建过村庄的地方设置村庄"，"大部分由首陀罗农民构成的村庄，少则一百家，多则五百家，边界相距一拘卢舍，以便于互相防守。应在边界确定河流、山脉、森林、不毛之地、山洞、堤坝……为标志"。这种新建的村庄是否与农村公社是同一概念，甚至它在孔雀王朝时期是否真正实施过，均不得而知。或许它只是一种设想、一种理想化的计划？当然，也不排除它有一定的现实做基础。

从佛经的资料可以看出，古代南亚有各种村庄：婆罗门村、旃陀罗村、木匠村、渔村等。不过，农业村庄当然是最多的。而农业村庄中不全是农民，还有从事其他职业的居民，如手工业者、猎人、婆罗门、鼓手、束发苦行僧、商人等。

一个村庄中的居民，其阶级地位和等级地位也不同：有的人占有很多的土地，由奴隶和其他劳动者（如雇工等）耕种，有的人已失去了土地；有的人是奴隶主，有的人是奴隶；有婆罗门等级的人，也有首陀罗和其他瓦尔那的人。正如马克思所说："这些小小的公社带着种姓划分和奴隶制度的污痕……"①

前引佛经的资料说明，在印度，国家形成时，土地私有制即已出现："别封田地，各立疆畔。""即寻分地，别立标帜。"土地由国家派人进行了丈量，目的是为了征税，税率为收成的 1/4 或 1/5。赋税可以豁免，属于每个村庄的森林可能随时被开垦。

每个村有村长、长者（可能是长老会议的成员），各村除向国家缴纳赋税以外，还要被征发劳役和兵役。《榕鹿本生》说，在波罗奈斯国王梵授王时，他热衷于打猎，每餐必吃肉，"他停止国内一切行业，召集全体城乡居民，天天出去打猎"。此事弄得民怨沸腾。②

社会经济的发展、商品货币关系的发展也影响到农村。土地的私有化、土地的买卖反映了这种影响。另外，农村中高利贷的存在也反映了这种影响。佛经的资料说明，有人在青黄不接的时候放债，以致全村都去借债。农村与城市并非完全绝缘，而是有千丝万缕的联系。资料说到一个乡村商人将 500 具犁土地拿到城里去卖。商品货币关系侵入农村，必然引起农村的阶级分化。所以有的人除拥有很多土地外，还有很多钱财。有的人成了雇工、看田人、靠挣工资为生的女仆，甚至以行乞为生的穷人。资料说到一个以行乞为生的穷艺人，其子长大成人了，依然穷困潦倒，以行乞为生。

有的学者认为古代印度长期存在农村公社，那么，他们认为它长期存在的原因又是什么呢？他们认为，古代印度的农村公社长期存在的原因之一，是古代印度的商品货币关系不发达，而商品货币关系不发达的重要原因又在于农业同手工业的紧密结合，公社的居民基本上不用到市场上去购买任何东西，在本公社内部就能解决几乎所有需要（包括生产和生活的需要，如生产工具、生活必需品等），只有剥削阶级需要的奢侈品才会到市场

---

① 马克思：《不列颠在印度的统治》，见《马克思恩格斯选集》第 1 卷，北京：人民出版社，1995 年版，第 766 页。

② 《佛本生故事选》，第 8 页。

上去购买。公社内有一些专门的手工业者，他们生产的东西也不拿到市场上去卖，只供本公社成员用。因此，交换就没有存在的余地了。事实果真如此吗？让我们来看一看事实。我们只要研究一下佛经的资料就能证明，说古代印度商品货币关系不发达是没有根据的。

佛经的资料表明，在列国时代，商品货币关系相当发达。佛经中经常说到商人们结伴出海经商，"我念往昔，此阎浮提内，五百商人。是商人中，有一商主，名曰慈者，最为守首。时诸商人，皆共集会，各相议言：'我等今可办具资粮入海之具，诣彼大海，为求财故，必应当获种种珍宝来还其家。……'尔时彼等五百人，具办所需入海货物有三千万。持一千万，拟道路中资用粮食。又一千万，与彼商人，以为本货。第三千万，拟治舟船，及船师价。"《佛本行集经》第五十卷《说法仪式品》下第四十九卷《五百比丘因缘品》第五十卷中也有相似的记载。《佛本生故事》第五卷《佛说清信士阿夷善持父子经》第五十三的一个故事说，一个名叫阿夷善持的人家，借买卖之利，多获财富。在《佛本生故事》中，讲到商人、货币、经商等内容的很多。如它的第一篇说的就是两个商队长的儿子经商竞争的故事："古时候，当梵授王在迦尸国波罗奈斯城治理国家的时候，菩萨转生在一个商队长家中，长大成人后，带着 500 辆车，从东到西，从西到东，四处经商。在波罗奈斯城，另外有个商队长的儿子，生性愚蠢，缺乏智慧。"竞争的结果当然是菩萨赢了，而那个愚蠢的商人输了。那个愚蠢的商人不仅损失了全部财产，而且连性命都搭进去了。在另一篇中，讲到一个聪明的年轻商主如何用一只死老鼠发家的故事。这个故事不仅说明了他的聪明，而且说明了在那样一个商品货币关系相当发达的时代，只要动脑筋，就能通过正当的途径——经商发家致富。《佛本生故事》中还讲到货币，而铸币的存在及其在商品交换中的广泛使用，既是商品货币关系发达的反映，也是其发展的条件。众所周知，在古代世界，虽然埃及和两河流域的文明发展很早，但一直到公元前 1000 年代中叶，也没有自己的铸币。在它们被波斯帝国征服后，虽然大流士改革铸造了金币，并允许各行省铸造银币、各自治市可铸造铜币，但是铸币一直未能流行起来。在这两个地方，基本上还是用一定重量的金或银来估价商品和交换商品，很少用金或银的铸币。另外，古代印度列国时代阶级分化的剧烈也说明了它的商品货币关系的发展。商品货币关系的发展，使一些人因买卖之利多获财富。佛经中讲到一个家道中落的青年，靠善于经营、了解行情和信息，在经商过程中，由一个小人物很快就发展成拥有 20 万钱财的大商人。佛经中还有一个故事说，一个名叫伽拔吨的商人，开始时很富，但后来破产了，"遂至贫穷，其宗亲眷属，尽皆轻慢，不以为人"。后来他"遂弃其家，其诸伴党，至大秦固，大得财富，还归本土。时诸宗亲，闻是事已，各设饮食、香案、妓乐，于路往迎"。这个故事既体现了在商品货币关系发展情况下的世态炎凉，也反映了在这种情况下贫富涨落的急速。因此，说古代印度的商品货币关系不

图 7.1　货币及商船

发达，因而导致农村公社长期存在的论据是不充分的。而农村里的手工业者生产的产品也并不是只在本地区消费，他们也把产品拿到城市里去出售。《佛本生故事》里有一个故事清楚地说明了这一点。故事说，一个城市商人和一个农村商人合伙做生意，农村商人把自己的犁暂时寄放在城市商人那里，但那个城市商人却把这些犁私吞了，当农村商人来找他要回自己寄放在他那里的犁时，他说农村商人没有在他那里寄放东西。这个农村商人的犁当然是他本人或农村的。

所有这些情况表明，在列国时期和孔雀帝国时期，是否还存在农村公社，值得研究。

第二节　古代印度的奴隶制度

塞琉古王国驻孔雀王朝大使麦迦斯提尼说："所有的印度人都是自由民，连一个奴隶也没有，印度的这一特点是很突出的。在这方面，拉西第梦（又译拉栖第梦或拉凯戴梦）人和印度人是相似的。但拉西第梦人把希洛特当作奴隶，叫他们干奴隶所应干的事情。但在印度人那里，谁也不是奴隶，印度人更没有当奴隶的。"他的话成为一些西方学者认为古代印度不存在奴隶制的根据。

但麦迦斯提尼的话在古代就已引起争论。例如，斯特拉波在引用过他的话以后指出："但是奥尼希克利图宣称，在穆希康努斯地方，奴隶制是印度人特有的。"

麦迦斯提尼的论断也与古代印度本身的资料相矛盾。古代印度留下的史诗、法论、法经、《政事论》、佛经的资料都证实，古代印度存在过奴隶制。

例如，《那罗陀法典》说，有 15 种奴隶：奴产子、买来的、赠送的、继承的、被救活的、典押的、战俘、赌输的、自言"我是你的"的、背誓的隐者、定期奴隶、养活期奴隶、因爱女奴而委身者、自卖奴、债奴。

《摩奴法论》中提到7种奴隶：战俘、求食者、奴产子、买来的、赠送的、继承的、自卖的。

《政事论》中提到5种奴隶：奴产子、战俘、自卖奴、债奴和刑奴。

佛经中也常常提到奴隶。

古代印度的奴隶也像其他国家和地区的奴隶一样，是奴隶主的财产，可以买卖、转让和继承。

有一个故事说，到勒那泼弥国太子迦良那迦梨在与弟弟争夺王位时，受到迫害，遇一牧人相救。后来，他与另一国的公主结了婚，并复了国，其岳父赏赐给那个牧人"名衣上服、象马车乘、田园宅舍、金银宝物、奴婢仆使……"

还有一个佛经故事说，在那梨国有两兄弟，在分家时，奴隶作为财产的一部分被瓜分。兄长得到父母的居家财物，而弟弟只得到一个叫分那的奴隶。此奴隶识得一种叫牛头檀香的药材，从而使弟弟发了财，且比其兄富足十倍。此弟弟感念奴隶分那之恩，将其放为良人，即释放其为自由民。

古代印度的奴隶既从事家务劳动，也从事生产性劳动，即也从事农业、畜牧业、建筑业、水利灌溉和采矿等劳动。《摩奴法论》中说到耕田奴和耕牛是分家的对象。佛经文献也说到一个名叫所有的梵志，当他问自己的奴、婢有何要求时，奴言："欲得车牛复耕田具。"婢言："欲得碓磨，舂粟碾面以安。"佛经文献还说到婆罗门残酷役使奴隶作田的事。《政事论》中说到农业总监应该使用包括奴隶在内的劳动者耕种土地，看管菜园、围栅、牛等。

在王室和贵族家中，有不少从事诸如侍女、舞女、歌女、乐手等职业的奴隶。一个名叫般娜的女奴隶，后来由于其主人解除了她的奴隶身份，于是她出家为尼。她说了一首偈颂，道出了她为奴时的心情："我怕主人罚，又怕主人骂；唯恐出差错，担心且受怕。常常冒寒冷，下河把水打。"①

不少资料说到奴隶主残酷虐待奴隶。《政事论》说到对奴隶的惩罚。佛经的资料说到一个奴隶主将一个名叫护财的女奴"推倒在门口，用绳索抽打"，责怪她没有交出挣来的工钱。《中阿含经》卷第五十《大品》第二《牟梨破群那经》第二讲到一个名叫鞞陀提的女奴隶主，自称善待奴隶。其女奴黑本侍者要试试看其主人是否真的善待奴隶，结果挨了一顿毒打，"头破血流"：

> ……昔时有居士妇，名鞞陀提，极大富乐，多有钱财，畜牧产业，不可称计，封户食邑，米谷丰饶，及若干种诸生活具。尔时居士妇鞞陀提如是大有名称，流布诸方。居士妇鞞陀提忍辱堪耐，温和善制，善定善息。尔时居士妇鞞陀提有婢，名黑本侍者，有妙善言，少多行善。彼黑婢作是念："我大家居士妇鞞陀提如是有大名称，流布诸方，居士妇鞞陀提忍辱堪耐，温和善制，善定善息。我今宁可试大家居士妇鞞陀提为实瞋、为实不瞋耶？"于是黑婢卧不早起，夫人呼曰："黑婢何不早起耶？"黑婢闻已，便作是念："我大家居士妇鞞陀提，实瞋非不瞋也。但因我善能料理家业，善经营善持，故令我大家居士妇鞞陀提如是有极大名称，流布诸方。居士妇鞞陀提忍辱堪耐，温和善制，善定善息。我今宁可复更大试大家居士妇鞞陀提为实瞋、为实不瞋耶？"于是黑婢卧，极晚不起。夫人呼曰："黑婢，何以极晚不起耶？"黑婢闻已，作是念："我大家居士妇鞞陀提，实瞋非不瞋也。但因我善能料理家业，善经营善持，故令我大家居士妇鞞陀提如是有极大名称，

---

① 《长老偈·长老尼偈》，第279页。

流布诸方。居士妇鞞陀提忍辱堪耐，温和善制，善定善息耳。我
今宁可复更极大试大家居士妇鞞陀提为实瞋、为实不瞋耶？"于是
黑婢卧，至晡时乃起。夫人呼曰："黑婢，何以乃至晡时起？既不
自作，亦不教作？此黑婢不随我教。此黑婢轻慢于我。"便大瞋
恚，而生憎嫉，额三脉起，皱面自往，闭户下关，手执大杖，以
打其头，头破血流。于是黑婢头破血流，便出语比邻，讼声纷纭，
多所道说："尊等，见是忍辱，行人堪耐，温和善制，善定善息行
耶？骂我曰：'黑婢，何以乃至晡时起？既不自作，亦不教作？此
黑婢不随我教。此黑婢轻慢于我。'便大瞋恚，而生憎嫉，额三脉
起，皱面自来，闭户下关，手执大杖，以打我头，头破血流。"尔
时居士妇鞞陀提如是便有极大恶名，流布诸方。

佛教宣称"众生平等"，但却不容奴隶："佛告诸比丘，不应度负债人，
与受具足戒……若度若受，皆突吉罗……度奴亦如是。"即佛教不度负债人
和奴隶。

和古代世界其他国家一样，古代印度的奴隶受到残酷的压迫和剥削，
因此奴隶也进行了各种形式的反抗。上述鞞陀提的奴隶黑本侍者"既不自
作，亦不叫作"，即进行怠工形式的反抗。

据资料记载，有一个女奴不满于自己的奴隶地位，在为其主人打水时，
多次打破用于盛水的瓮。

更为激烈的反抗形式是杀死奴隶主和起义。《佛本生故事》中讲到波罗
奈斯有一个商主的女儿，人称刁娘。她生性暴戾，经常打骂奴隶，结果被
奴隶推进河里。巽伽王朝的末代国王也是被女奴杀死的。

文献中多次记载奴隶进行起义，如《弥沙塞部和醯五分律》中记载说：
"尔时诸释五百奴叛，住阿练若处。诸释妇女欲往问询布施众僧，诸奴闻
已，共议言：'我等当于道中抄取。'"

玄奘的《大唐西域记》也记载说：迦湿弥罗国在"如来寂灭之后第五十年，阿难弟子末田底迦罗汉者……便来至此……立五百伽蓝，于诸异国买鬻贱人，以充役使，以供僧众。末田底迦寂灭后，彼诸贱人自立君长，邻境诸国鄙其贱种，莫与交亲，谓之讫利多。"该书还记载说，在贵霜帝国的迦腻色迦死后，迦湿弥罗国的讫利多种（买来的奴隶）"复自称王，斥逐僧徒，毁坏佛法"①。这两个例子反映了奴隶与奴隶主的斗争，尤其反映了奴隶与已成为奴隶主的佛教僧团的斗争。

南亚的奴隶制萌芽于早期吠陀时期，形成于晚期吠陀时期，发展于列国时期，繁荣于孔雀帝国时期，此后逐步解体，至笈多王朝时期为封建制度所取代。

附：《摩奴法论》（中文译名又作《摩奴法典》）中关于奴隶制的条文。

415：在旗下被俘的，为了给养的奴隶，在家中生的，买来的，赠与的，继承来的和由于处罚而为奴的——七种奴隶就是这样。

416：妻、子与奴隶，此三者被认为没有财产，他们所获得的财富属于他们的所有者。

417：婆罗门可以确信不疑地享有首陀罗（奴隶）（按：此处首陀罗当指沦为奴隶的首陀罗而言）的财产，因为他们没有任何财产，其主人可以占有他的财产。②

附：《那罗陀法典》中关于奴仆和奴隶的条文。《那罗陀法典》最后编成时间约在公元4—5世纪，较《摩奴法论》晚。

---

① （唐）玄奘：《大唐西域记》，第73～74页。

② 《摩奴法典》，[法] 迭朗善译，马香雪转译，北京：商务印书馆，1982年版，第209～210页；另外可参见蒋忠新译：《摩奴法论》，北京：中国社会科学出版社，1986年版，第173页。

Ⅴ.22：雇佣奴仆有3种：上等的、中等的和下等的。他们的劳动报偿依其技能及贡献的价值而定。

Ⅴ.23：士兵属于上等的，农夫属于中等的，制陶工属于下等的。这就是3种雇佣奴仆。

Ⅴ.25：……其余就是奴隶，从事不洁净的劳动。奴隶有15种：

Ⅴ.26：家生的，买得的，得自赠送的，得自继承的，饥荒时受给养的，由其合法主人抵押来的，

Ⅴ.27：免除重债的（按：即欠了重债，以人身抵偿为奴的），战时俘虏的，赌博赢得的，来投说"我是你的（奴隶）"的，为苦行而变节的，在约定期间为奴的，

Ⅴ.28：为得给养而沦为奴隶的，因与女奴婚配而为奴的，自卖为奴的。这些就是法定的15种奴隶。

Ⅴ.29：以上奴隶中的前4种，除非出于其主人的好意，不得免于奴籍。他们的奴籍是世代相承的。

Ⅴ.31：在饥荒时受给养的，如果交纳两头公牛，就可以释免奴籍。只靠劳动，是抵偿不了饥荒时消耗了的食物的价值的。

Ⅴ.32：抵押来的，当其原主还债来赎时，（便得释免）。不过，如果原主不还债而以（抵押者）抵债，他就变成了相当于买得的奴隶。

Ⅴ.33：债务人要连本带利还清，才能释免奴籍。在约定期间为奴的，期尽即恢复自由。

Ⅴ.34：来投说"我是你的（奴隶）"的，战时俘虏的，赌博赢得的，如果交出工作能力与之相当的代替者，便得释免。

Ⅴ.35：为苦行而变节的人，成为国王的奴隶，他永远得不到

释免，也得不到宽恕。

Ⅴ.36：为求给养而作奴隶的，如果谢绝给养，即时可得释免。因与女奴隶婚配而为奴的，如果离开女奴隶，便得释免。

Ⅴ.37：那种曾享自由而自卖的可耻的人，是奴隶中最下贱的。他不得释免奴籍。

Ⅴ.39：奴隶制关系不得违反（四）种姓的秩序而成立，除非一个人玷污了他的种姓固有的职责······①

---

① 林志纯主编：《世界通史资料选辑》（上古部分），第238～239页。

第八章　古代印度的婚姻、家庭和妇女的状况

古代印度妇女的地位如何？

从《摩奴法典》可以清楚地看出，古代印度的妇女在婚姻、家庭等方面都受到种姓制度的束缚和摧残。它反映了古代印度妇女地位的低下。

《摩奴法典》中关于婚姻、家庭和妇女的条文：

第三卷：

4. "学习期满的再生族，得教师同意，按照规定沐浴洁身后，可娶一个同种姓具有吉相的妻子。

5. "非其母系或父系六代祖先①以内的后人，又在家族名称所证实的共同出身方面，不属于父系或母系家族的女子，完全适合于和头三个种姓的男子结婚与性交。

6. "下列十种家庭，即使很有势力，富于牝牛，羊、山羊，财产和谷物，但择配时应该避免，即

7. "忽视祭祀的家庭，不生男孩的家庭，不学盛典的家庭，其成员长毛被体的家庭，或患痔疾，或患肺痨，或患消化不良，或患癫痫，或患白癞，或患象皮病的家庭。

8. "不要娶头发红褐，或多一四肢，或多病，或身无一毛，

---

① 原文作：非母亲或父亲的撒宾陀（Sapinda）亲族。

或有毛太多，或饶舌令人生厌，或红眼睛。

9. "或有星宿、树木、河流、蛮夷、山岳、禽鸟、蛇虫、奴隶等名称，或其名称引人恐怖的女子。

10. "要娶一个体格完好，名称宜人，步履优美如仙鹤或幼象，体被轻软纤毛，发致密，齿小而四肢柔媚的女子。

11. "有见识的男子不应娶一个没有兄弟或其父不知为何人的女子；在第一种情况下，唯恐父亲把女儿给他只是为了过继她可能生的儿子，在第二种情况下，是怕结一个非法的婚姻。

12. "规定再生族初次结婚要娶同种姓女子；但如愿再娶，要依种姓的自然顺序优先择配。

13. "首陀罗只应该以首陀罗女子为妻，吠舍可在奴隶种姓或本种姓中娶妻；刹帝利可在上述两个种姓和本种姓中娶妻，婆罗门可在这三个种姓和僧侣种姓中娶妻。

14. "婆罗门或刹帝利虽处困境①，但以奴隶种姓女子为正妻，是古来任何史书所不曾记述过的。

15. "糊涂到娶最后一个种姓的女子为妻的再生族，很快就使家庭和子孙堕落到首陀罗境地。

16. "根据阿多利②（Arti）和优多利耶（Outathya）之子足目③（Gotama）的意见，娶首陀罗女子者，如为僧侣种姓，立即成为堕姓人；根据苏那迦④（Sonaka）的意见，如属武士种姓，生子时立即成为堕姓人；根据跋梨求⑤（Bhrigou）的意见，如为

---

① 处困境指没有同种姓女子时。

② 阿多利是六造物主之一，被认为是目前还存在的一本现行法律书的作者。

③ 足目是立法家，其立法条文今天还被人引用。

④ 苏那迦是赫赫有名的圣者，迦尸（kasi）国王首诃陀罗（Souhotra）的后人。

⑤ 跋梨求是六造物主之一，《摩奴法典》的讲述者，这里以第三者身份自述，人们将他列入立法家中。

商人种姓，当此子生一男儿时立即成为堕姓人。

17. "不娶本种姓女子，而与首陀罗妇女同床的婆罗门堕入地狱；如从她生一个儿子，即被剥夺其为婆罗门的资格。

18. "婆罗门使首陀罗妇女参与其祭神，供祖灵和留客的义务时，诸神和祖灵不享其祭供，本人也不得以天界为其留客的果报。

19. "对于唇为首陀罗妇女之唇所污的人①，为她的气息所玷的人，从她生儿育女的人，法律上没有宣布任何赎罪的规定。

20. "现在你们可以扼要习学四种姓间通行的八种婚姻形式；其中有些是好的，其他一些则无论今世和来世都是不好的。

21. "即梵天的，诸神的，圣仙的，造物主的，阿修罗的，天界乐师的，罗刹的，以及第八级和最卑鄙的，吸血鬼的形式。

22. "我将向你们详细说明，什么是每一种姓的合法形式，每一形式有何得失，以及由之而生的孩子们有何优缺点。

23. "要知道上述前六种婚姻可行于婆罗门，后四种可行于刹帝利，又同样的四种除罗刹形式外可行于吠舍和首陀罗。

24. "立法家认为前四种只适用于婆罗门，对刹帝利只规定了罗刹形式，对吠舍和首陀罗只规定了阿修罗形式。

25. "但此处（本书）在后五种婚姻中，三种被认为合法，两种被认为不合法；吸血鬼和阿修罗形式决不可实行。

26. "上述两种婚姻，即天界乐师和罗刹的婚姻在法律上可行于刹帝利，得分别采用或合并采用。②

27. "父亲把长衫和装饰品授给女儿，将她嫁给一位亲自请

---

① 原文作：对于饮首陀罗妇女之唾者。

② 当刹帝利和所爱的女子同谋，以武力夺取该女子为妻时，两种婚姻形式合并举行。（注疏）在题为《房克密尼（Rukmini）婚姻》的《薄伽－往事书》剧本中曾有两种婚礼合并举行的例子。

来、恭敬接待、精通吠陀的有德之士。这种合法婚姻，叫作梵天的婚姻。

28."牟尼们称之为诸神形式的婚姻是：以此种形式，祭祀开始举行，父亲打扮女儿之后，把她给予主持祭祀的僧侣。

29."当父亲以按照规定，从新郎手里接受一只牝牛和一只雄牛，或类似的两对之后，将姑娘的手授给他，以完成宗教的仪式，或把它们给予姑娘，但并不作为馈赠。这种形式叫作圣仙的形式。

30."当父亲以应有的礼仪嫁出女儿时说：'你们两人应双双履行规定的义务'，此种形式叫作造物主的形式。

31."如果新郎自愿接受姑娘的手，按照自己财力赠与父母和姑娘礼品。这种婚姻叫作阿修罗的婚姻。

32."青年男女由于互相誓愿而成功的婚姻，叫作天界乐师的婚姻；它是由欲望产生的，以色情的快乐为目的。

33."用武力自父家夺取号泣呼救的姑娘，杀伤要反对这种暴行的人，并在墙上打破缺口者，叫作罗刹的婚姻。

34."情人潜入在睡眠中、醉酒中，或精神错乱的妇女身旁时，这种可诅咒的婚姻叫作吸血鬼婚姻，是第八级和最卑鄙的婚姻。

35."僧侣种姓嫁女前，以先举行奠水式为得体，但在其他种姓，仪式随各人意愿举行。

36."婆罗门啊，现在你们可以通过我要对你们做的全盘说明，来学习摩奴为每一种婚姻指定的特性。

37."按照梵天形式结婚的妇女所生的儿子，从事善行，可拯救十个祖先，十个后代，并二十一人，即自己，使脱离罪孽。

38."按照诸神形式结婚的妇女所生的儿子，上可救七位祖先，下可救七个后代；按照圣仙形式结婚所生的儿子，可各救其三，而按照造物主形式结婚所生的儿子，可各救其六。

39. "按照顺序，以梵天形式为首的前四种婚姻，出生闪耀圣学光辉并为善人推重的儿子。

40. "他们貌美悦人，性格善良，富有资财，声名显赫，享受各种快乐，恪尽职守，且百年长寿。

41. "但从其余四种坏婚姻中出生的儿子，则残暴、欺诈，憎嫌圣典及其规定的义务。

42. "从无可非议的婚姻，出生无可非议的子孙，从应受非难的婚姻，出生应受轻蔑的子孙；因而应该避免给人轻视的婚姻。

43. "当妻子和丈夫同种姓时，规定举行握手式①；不同种姓时，婚礼中应该遵循的规定如下：

44. "武士种姓姑娘嫁给婆罗门，应该手拿一支箭，同时丈夫应该换执她的手；商人种姓姑娘嫁给婆罗门或刹帝利，应该手执刺针；首陀罗姑娘与头三个种姓男子结婚，应该手执上衣的边缘。

45. "丈夫可从妻子月信来潮，所预示的适合于生育的时节接近她，而经常忠实地依恋她，除太阴禁日外，其他任何时间都可以在情欲的引诱下，含情接近她。

46. "每月从月信来潮起十六个昼夜，连同被善人禁止的特殊的四天，构成妇女的自然期。

47. "这十六夜中，前四夜以及第十一和第十三是被禁止的，其他十个夜是被许可的。

48. "这最后十个夜中，偶数夜适于生男；奇数夜适于生女；因而欲得男子者应于适当时机和偶数夜接近妻子。

49. "但是，如果男性的精液量较大则生男，反之则生女，两者相等则生半阴阳，或男女双生；微弱且衰竭者不受胎。

---

① 新夫妇握手是婚礼的重要部分，梵语叫作 Panigraha，意为"手的结合"。

50. "禁夜和其他八夜避免性交者，无论处于何住期，家住期或林栖期，和梵志生一样纯洁。

51. "通晓法律的父亲嫁女时不应该接受些微的馈赠；因为人若由于贪婪而接受这样的馈赠，被认为是鬻女。

52. "亲族们利令智昏，占有妇女的财产、车辆、衣服时，这些坏人要堕入地狱。

53. "某些识者说，在圣仙形式的婚姻中，新郎所送的牝牛和牡牛礼品是给予父亲的馈赠；但这是错误的，凡父亲嫁女时所接受的馈赠不论多寡都构成鬻卖。

54. "当父母不把与姑娘的礼品取为己用时则非鬻卖，这纯粹是取悦新娘，也是珍爱的证据。

55. "如果父亲，兄弟，丈夫的弟兄们愿意子孙众多，则他们应尊敬已婚妇女并多多馈赠。

56. "妇女到处受人尊敬则诸神欢悦；但是，如果她们不被尊敬，则一切敬神事宜都属枉然。

57. "凡妇女生活在愁苦中的家庭，不久就趋于衰灭；但她们未遭不幸的家庭则日渐昌盛而诸事顺遂。

58. "未给予家中妇女以应有的尊敬，而被她们所诅咒的家庭，有如为魔术祭所消灭一样，全部毁灭。

59. "因而欲得财富者，应尊敬其家庭中的妇女，每逢佳节和大祭，要给予她们装饰品，衣服和精制的食品。

60. "夫妇相得的每一个家庭中，永久幸福不渝。

61. "因为，妻子打扮得不容光焕发，就不能取悦丈夫之心，丈夫不悦，则结婚而不能生育子女。

62. "妇女打扮得容光焕发，整个家庭亦同样生辉，如果她不容光焕发，则家庭亦暗淡无光。

63. "结应受责难的婚姻，疏于规定的仪式，怠于圣典的习学，缺乏对婆罗门的尊敬，家庭要陷于败亡。

64. "学习类如绘画的技艺，经营类如高利贷的商业，仅和首陀罗妇女一起生育子女；买卖牛、马、车辆，耕种土地，服务国王；……"①

第九卷：

56. "……现在我要将关于无子妇女的法律加以阐述。

57. "兄的妻应被看作弟弟的岳母。弟弟的妻应被看作兄的儿妇。

58. "兄和弟妻性交，弟和兄妻性交，除已婚无子者外，虽然是被丈夫和父母邀请做的，都成为堕姓人。

59. "无子时，其所希求的子孙，可由经过适当许可的妻子与兄弟或其他（撒宾陀）亲族交合来取得。

60. "承担此任的亲族，被浇以酥油后，可保持缄默地在夜间接近寡妇或无子的妇女而生一子，但绝不可生第二子。

61. "一些熟知此问题的人，基于此举的目的可能不因只生一子而完全达到，认为妇女可以合法地以此方式生第二子。

62. "此举的目的一经达到，根据法律，大伯和弟妇互相对待如翁媳。

63. "然而，承担此任的兄或弟不守规定的义务，但求满足自己的欲乐者，在两种情况下将成为堕姓人；如为兄长，有如奸污其儿妇；如为弟，有如奸污其师母。

64. "寡妇或无子之妇，再生族不宜准予从另一男子妊娠；因为准许她从另一男子妊娠的人，破坏古来的法律。

---

① 《摩奴法典》，第54～60页。

65. "在关于婚姻的圣典原文中从未谈到这样一种委任，婚姻法中也没有提到过寡妇可以再婚。

66. "因为这种仅仅适用于禽兽的行为，曾为婆罗门学者严加谴责；但据说它曾在吠那（Véna）统治时期在人们中间流行过。

67. "这位国王过去曾将全世界置于其统治之下，并仅仅为了这一点而被认为是罗遮仙①中最著名的，他利令智昏，使种姓之间产生混乱。

68. "自此以后，有德之士就对为欲得子而妄自邀请寡妇或无子妇女接受另一男子的抚爱者加以责难。

69. "然而，当少女的丈夫于订婚后死去，丈夫的胞弟，可根据以下规定，娶以为妻：

70. "按照礼制，将此应该着白服，操行纯洁的少女娶过后，可常在适当时期接近她一次，直到她妊娠为止。

71. "贤明的人将姑娘给予某人后，不可考虑给予他人；因为姑娘已经给人而再另外给予时，和在关于人的诉讼中作伪证的人一样，同属有罪。

72. "虽按照规定娶过一个少女，但如果她有凶相，有病容，或有被奸污的迹象，或有人骗娶过她，男子仍得遗弃她。

73. "如果一个人将有缺陷的姑娘字人，事先未加以说明，丈夫可取消将姑娘给他的这个坏人的契约。

74. "丈夫有事出国，应在保证其妻的生活后方可离去；因为即使是有德的妇女，为穷苦所迫，也容易失足。

75. "如果丈夫行前给了她生活所需，她要过苦行的生活；如果没有留给她任何东西，可操正当的手工业如纺线等维持生活。

---

① 罗遮仙（Râdjarchis），王族种姓的圣者或仙家。

76."如果丈夫为履行宗教义务而离去，要等待他八年的时间；为学问或荣誉而去，可等待六年；为快乐而去，可只等待三年；逾期，可去和他再会面。

77."丈夫可忍受妻子的憎嫌达一年之久，一年后仍然憎嫌，丈夫可取去她私有的东西，仅留给她衣食之需，停止和她同居。

78."妻子轻视嗜赌、好酒，或染病的丈夫，应被遗弃三个月，并被剥夺装饰品和动产。

79."但憎嫌丈夫疯癫、犯大罪、去势、阳痿，或染象皮病、肺痨者，不应被遗弃或剥夺财产。

80."妇女耽于酗酒，操行不正，经常和丈夫冲突，染有类如癞病的不治之症，性格不好，挥霍财产者，应被另一妇女所代替。①

81."不妊之妻可在第八年被代替；儿子都死者十年；只生姑娘者十一年；说话尖酸者立刻。

82."但虽病而操行贞洁的好妻子，只有在她同意后才能被代替，又决不可加以慢待。

83."被人合法代替的妇女，愤怒离弃夫家者，可立即当全家面加以拘禁或休弃。

84."妇女受到禁止后，还在节日酗酒，时常看戏、参加集会者，处六柯利什那罗罚金。

85."再生族在本种姓和其他种姓中娶妻时，其席次、尊敬和住室，应该按照种姓等次安排。

86."对于一切再生族，应该由同种姓的而不是由不同种姓的妻子来侍奉丈夫，和执行每天的宗教义务。

---

① 原文作"停止其职务"——其丈夫可易娶。（注疏）

87．"但身边有同种姓妻子在，而愚昧地以其他种姓的妻子尽其义务，这种人始终被认为是生于婆罗门妇女和首陀罗男子的旃陀罗。

88．"姑娘虽未达八岁的及笄年龄，父亲应按法律将她字给形貌宜人、同种姓出身的卓越青年。

89．"姑娘虽已及笄，与其被父亲给与没有好品质的丈夫，不如老死父家为好。

90．"姑娘虽已及笄，可等待三年，逾期，可自行在同种姓择婿。

91．"不被字人的姑娘自动觅婿者，不犯任何罪过。其所觅的夫婿亦然。

92．"自择夫婿者不应带走得自父母或兄弟的装饰品，如果带走，犯盗窃罪。

93．"娶已及笄姑娘者不要给她父亲聘礼；因为父亲延迟她做母亲的时间，已失去对姑娘的支配权。

94．"三十岁的男子应该娶他所喜爱的十二岁的女子；二十四岁的男子娶八岁的；如宁愿结束学生期，以便家长义务不被推迟的人，可迅即结婚。

95．"丈夫虽娶诸神给与而对之并无情意的妻子，但如果她有德，也应常加保护，以悦诸神。

96．"妇女为产子而被创造，男子为生子而被创造；因而在吠陀中规定了应该由夫妇一起履行共同的义务。

97．"如果未婚夫给予姑娘聘礼，准备娶其为妻，如果未完婚死去，则姑娘同意时，可嫁给未婚夫的弟兄。

98．"虽首陀罗也不应该在嫁女时接受聘礼，因为父亲接受聘礼，是暗自鬻卖自己的女儿。

99．"将姑娘许人后又另行字人，在古今善人中绝无先例。

100.　"即使在以前的创世中，我们也从未听说善人们接受所谓聘礼，暗自鬻卖自己的女儿。

101.　"总之，互相忠实，直至老死，这是夫妇应遵守的首要义务。

102.　"因此以婚姻结合的夫妇切忌离异和互失信约。

103.　"夫妇恩爱的义务以及结婚无子时得子之道，都已对你们宣示了……"①

第五卷：

154.　"丈夫操行虽有可指摘，虽另有所欢和品质不好，但有德的妻子，应经常敬之如神。"②

第九卷：

3.　"妇女幼时处在父亲监护下，青春期处在丈夫监护下，老年时处在儿子保护下；妇女决不应任意行动。"③

46.　"出卖和遗弃都不能使妇女脱离丈夫的权力……"④

虽然在《摩奴法典》第九卷第 91 条说："不被字人的姑娘自动觅婿者，不犯任何罪过。其所觅的夫婿亦然。"就是说可以自由恋爱结婚，但在大多数情况下，古代印度男女婚姻还是父母之命媒妁之言。如一个名叫穆妲的婆罗门的女儿，是居萨罗国的人，她的父母将她嫁给了一个弯腰驼背的婆罗门。结婚后，她整天要舂米做饭以及做其他繁杂的家务劳动，所以她很厌恶这桩婚事，后来她出家为尼，证得罗汉果位。⑤

---

①　《摩奴法典》，第 216～220 页。
②　《摩奴法典》，第 130 页。
③　《摩奴法典》，第 211 页。
④　《摩奴法典》，第 215 页。
⑤　《长老偈·长老尼偈》，第 229 页。

据《摩奴法典》，古代印度男女结婚是要讲等级（即瓦尔那制度）的。此外，在婚姻实践中还要讲门第。虽然《摩奴法典》中说嫁女不应要财礼，但在婚姻实践中，不仅要财礼，而且还要相当多的聘礼。如据佛经记载，一个名叫阿那邠邸的大商人，他有一个女儿叫修摩提。一天，阿那邠邸在商业上的一个名叫满财的朋友到他家来，看见了他的女儿，就提出要为自己的儿子求婚，阿那邠邸同意了，双方商定聘金为六万两金。①

《增一阿含经》卷第二十二《须陀品》第三十说：

> 闻如是，一时佛在舍卫国祇树给孤独园。尔时世尊与大比丘众千二百五十人俱。尔时有长老名阿那邠邸，饶财多宝，金银珍宝、车𤧛马瑙、真珠虎魄、水精琉璃、象马牛羊、奴婢仆使，不可称计。尔时满富城中有长者名满财，亦饶财多宝，车𤧛马瑙、真珠虎魄、水精琉璃、象马牛羊、奴婢仆使，不可称量。复是阿那邠邸长者少小旧好，共相爱敬，未曾忘舍然。复阿那邠邸长者恒有数千万珍宝财货，在彼满富城中贩卖，使满财长者经纪将护然。满财长者亦有数千万珍宝财货在舍卫城中贩卖，使阿那邠邸长者经纪将护。是时，阿那邠邸有女名修摩提，颜貌端正，如桃华色，世之希有。尔时满财长者有少事缘到舍卫城，往至阿那邠邸长者家。到已，就座而坐。是时修摩提女从静室出，先拜跪父母，后复拜跪满财长者，还入静室。尔时满财长者见修摩提女颜貌端正，如桃华色，世之希有，见已，问阿那邠邸长者曰："此是谁家女？"阿那邠邸报曰："向者女者，是我所生。"满财长者曰："我有小息，未有婚对，可得适贪家不？"是时阿那邠邸长者报曰："事不宜尔。"满财长者曰："以何等故事不宜尔？为以姓望？为以

---

① 《增一阿含经》卷第二十二《须陀品》第三十。

财货耶？"阿那邠邸长者报曰："种姓财货，足相州匹，但所事神祠，与我不同。此女事佛，释迦弟子，汝等事外道异学。以是之故，不赴来意。"时满财长者曰："我等所事，自当别祀，此女所事，别自供养。"阿那邠邸长者曰："我女设当适汝家者，所出财宝，不可称计，长者亦当出财宝，不可称计。"满财长者曰："汝今责几许财宝？"阿那邠邸长者曰："我今须六万两金。"是时，长者即与六万两金。时阿那邠邸长者复作是念："我以方便前却，犹不能使止。"语彼长者曰："设我嫁女，当往问佛。若世尊有所教敕，当奉行。"是时阿那邠邸长者假设事务，如似小行，即出门往至世尊所，头面礼足，在一面立。尔时阿那邠邸长者白世尊曰："修摩提女为满富城中满财长者所求，为可与、为不可与乎？"世尊告曰："若当修摩提女适彼国者，多所饶益，度脱人民，不可称量。"是时阿那邠邸长者复作是念："世尊以方便智应适彼土。"是时长者头面礼足，绕佛三匝，便退而去，还至家中，供办种种甘馔饮食与满财长者。满财长者曰："我用此食为？但嫁女与我不耶？"阿那邠邸曰："意欲尔者，便可相从，却后十五日，使儿至此。"作此语已，便退而去。是时满财长者办具所须，乘宝羽之车，从八十由延内来。阿那邠邸长者复庄严已女，沐浴香熏，乘宝羽之车，将此女往迎满财长者男，中道相遇。时满财长者得女，便将至满富城中。尔时满富城中人民之类各作制限："若此城中有女出适他国者，当重刑罚。若复他国取妇将入国者，亦重刑罚。"尔时彼国有六千梵志，国人所奉制限，有言设犯制者，当饭六千梵志。尔时长者自知犯制，即饭六千梵志。然梵志所食，均食猪肉，及猪肉羹、重酿之酒。又梵志所著衣服，或被白氎，或披氀衣。然彼梵志之法，入国之时，以衣偏著右肩，半身露见。尔时长者即白："时到，饮食已具。"是时六千梵志皆偏著衣裳，半身

露见，入长者家。时长者见梵志来，膝行前迎，恭敬作礼。最大
梵志举手称善，前抱长者项，往诣坐所。余梵志者，各随次而坐。
尔时六千梵志坐已定讫，时长者语修摩提女曰："汝自庄严，向我
等师作礼。"修摩提女报曰："止止大家，我不堪任，向裸人礼。"
长者曰："此非裸人，非不有惭，但所著衣者，是其法服。"修摩
提女曰："此无惭愧之人，皆共露形体在外，有何法服之用……?"

　　虽然这桩婚事双方父亲都通过了，甚至女孩的父亲还请示了如来，如
来也答应了，但女孩自己在结婚仪式举行后拜见男方的亲属时却碰到了宗
教习俗的问题，不配合了，闹得很尴尬。

　　跨国婚姻及因王位继承而引起的矛盾，见律藏《根本说一切有部毗奈
耶破僧事》卷第一：

　　于时，有一国王女，甚端正，堪册为后。群臣知已，即来白
王："臣等今知某国王女颜貌端正，堪为王后。"

　　王曰："可尔。"即发国使，往彼女所，见彼国王，问讯起居。

　　王问使曰："此国幽僻，如何至此?"

　　尔时使者白彼王曰："我军将王国大夫人已终殒殁，闻王有
女，堪为国后，故遣我来咨论此事。"彼王闻已，即便听许，复告
使曰："汝王若欲与我为亲，应先与我立于盟信。我女有息，必令
绍位。"使者闻已，白彼王曰："我还本国，当具陈此意。"

　　尔时使者还至本国，稽首王已，具陈上事。

　　王曰："我有长子，彼设生子，岂令绍位?"

　　时诸群臣共王议曰："王但册取，彼或生男，或复生女，或是
石女。王今如何先忧此事?愿王早索，共为欢乐。"

　　王曰："可尔。"即令一使速往女国，立先盟誓，即依国法，

迎归为后。

时增长王与其夫人在深宫内，娱乐快乐，贪爱恣盛，无时暂舍。因即怀胎，十月满足，诞生一子。容仪端正，人所爱念。时增长王，以八乳母共令养育。先取女时，王及诸臣共立誓言："此女生男，当立为王，名之爱乐。"后时见长，譬如莲花出水，颜色敷盛。时增长王，为欲册立长息以为太子，不册爱乐。时后父王闻斯语已，即令使者持书，告增长王："何因今者违先立誓？若违先誓，我当兴兵，往罚汝国。汝当严兵，以待于我。"

时增长王见此书已，集诸群臣，而告示曰："皇后父王今附书来，具陈上事，我等如何设计待彼？"

群臣议曰："彼王有大事威力，可立爱乐为太子。"

增长王曰："我有长子，如何立彼小者以为太子？"

尔时群臣复白王曰："彼之国王，四兵强盛，王若不许，必被相侵。今请大王，册彼爱乐，立为太子。其余四子，令出国界。"

时增长王告群臣曰："我之四子，先无愆过，如何弃之，令出国外？"

群臣白曰："我是王臣，欲为利益。我实不能于无过人辄便摈弃，有罪过人不可令住。"王闻是已，默然而住。

时彼大臣，总集一处，共相议曰："诸仁当知，共为筹议。我等设计，令王憎彼四子。"因修一园，扫洒田地，散诸香花，悬诸幡盖，以为严饰。时四王子，因出游戏，遥见其园，心生贪爱，至于园门，其修园官庄严以毕，从门而出。

四子问曰："今此之园，是谁所有？"

其官报曰："是国王园。"

四子闻已，却回即去。臣复白曰："云何回去，不入园内？"

四子报曰："是父王园，我等何敢得入？"

群臣白曰:"王及王子,俱得游戏,此有何过?"

王子闻已,即入游戏。群臣见已,驰诣王所,而白王言:"大王当知,王令修园,今以严洁。愿王亲往,以为游戏。"

时增长王即敕曰:"谁为此乐?"

诸臣白言:"是四王子在中娱乐。"

王闻是语,即大瞋怒:"汝可往彼,为吾杀却。"

群臣咸皆跪白王曰:"愿王慈悲,莫断其命。王若嫌者,且令出国。"

王闻依请。尔时群臣奉王令已,即唤王子,来至王所,告令出国。尔时四子,四轮著地,合掌白王:"我等四子,乞请一愿,所有眷属,欲随去者,愿王怀慈,许其随去。"

王告子曰:"随汝所愿。"

时四王子,各将其妹,欲出国去。时国人民,亦愿随去。于七日内,国中人众,随去欲尽。尔时诸臣白王:"若闭此城门,恐百姓尽。"

王告臣曰:"急闭城门,无令尽去。"

昙摩长老尼原本出生在王舍城的一个高等种姓的家庭,由于种种原因,婚后想要出家,但丈夫不准,她只好在丈夫死后才出家。说明她在婚后处于丈夫的管束之下,没有了信仰的自由。

佛教也吸收妓女入教,这可能与它宣称众生平等有关。维摩拉长老尼是吠舍釐城的一个妓女,她的女儿也是一个妓女。一天,她见到托钵乞食的目犍连,便心生爱慕,就跟随他到了他住锡之地,还显露自己的身体,百般挑逗、撩拨,被目犍连训斥后皈依了佛教,剃发为尼。[1]

---

① 《长老偈·长老尼偈》,第249页。

当时，印度的婚姻基本上是一夫一妻制，但这大概主要还是对一般平民百姓而言，对于王室和贵族来说，又是另外一回事了。所以，国王三妻四妾是常事，有权有钱的人有两个妻子的也不少见。佛经中就多次说到有一夫二妻的事。如《长阿含经》卷第七第二分《弊宿经》第三说，斯婆醯村有一梵志老者，他有两个妻子，其中一个生有一子，第二个怀了一个未生。此梵志死后，有子的那个老婆说这个家的财产都应当归她和她的儿子。而另一个老婆说，待我生了孩子以后再说，如果我生了一个儿子，那么财产应当均分；如果我生了一个女儿，那么你可以将其嫁了，财产你得。

> 昔者此斯婆醯村有一梵志，耆旧长宿，年百二十。彼有二妻，一先有子，一始有娠。时彼梵志，未久命终，其大母子语小母言："所有财宝，尽应与我，汝无分也。"时小母言："汝为小待，须我分娠。若生男者，应有财分。若生女者，汝自嫁娶，当得财物。"彼子殷勤，再三索财。小母答如初。其子又逼不已，小母即以利刀自决其腹，知为男女……

在鸠摩罗什翻译的《众经撰杂誓喻经》卷下第三七也说到一夫二妻：

> 昔有一人两妇，大妇无儿，小妇生一男……大妇心内嫉之……以针刺儿囟上，七日便死……（小妇）知为大妇所伤，便欲报仇。行诣塔寺，问诸比丘："欲求心中所愿，当修何功德？"诸比丘答言："欲求所愿者，当受持八关斋。"所求如意，即从比丘受八斋戒便去，却后七日便死。转身来生大妇，为女端正，大妇爱之。年一岁死，大妇悲咽摧感，剧欲小妇。如是七反返。或二年，或三四年，或六七年。后转端正，倍胜于前。最后年十四，已许人。垂当出门，即夜便卒死。大妇忧恼不可言，停尸棺中，

不肯盖之。日日看视，死尸光颜益好，胜于生时。有阿罗汉往欲度脱，到其人家，从乞。沙门见妇颜色憔悴，言："何为乃尔？"妇言："前后生七女，诘慧可爱，便亡。此女最大，垂当出门，便复死亡，令我忧愁。"沙门言："汝家小妇本坐何等死？小妇儿为何等死？"妇闻此语，默然不答，心中惭愧。沙门言，汝杀人子，令其母忧愁懊恼，故来为汝作子，前后七返，是汝怨家欲以忧毒杀汝。汝试往视棺中死女，知复好否？妇往视之，便尔坏烂，臭不可近。问何故念之？妇即惭愧，便埋藏之，从沙门求受戒。沙门言，明日来诣寺中。女死，便作毒蛇，知妇当行受戒，于道中待之，欲啮杀之。妇行，蛇遂遮前，不得前去。沙门知之。沙门谓蛇曰："汝后时世更作他小妇，共相酷毒，不可穷尽。大妇一反杀儿，汝令懊恼已七返，汝前后过恶皆可度。此妇今行受戒，汝断其道。汝世世当入泥犁中。今现蛇身，何如此妇身？"蛇闻沙门语，自知宿命。持头著地，不喘息。沙门咒愿言，今汝二人宿命更相懊恼，罪过从此各毕，于是世世莫勿恶意相向。二俱忏悔讫，蛇即命终。便生人中，受戒作优婆夷。

从冈伽帝利耶之母——莲花色尼的经历的故事可以看出，当时印度也是存在一夫多妻的：冈伽帝利耶的母亲前世曾经是舍卫城一个商人的妻子，她刚一受孕，丈夫就离家远游，到王舍城经商。其母见儿子不在家时儿媳怀孕，怀疑有奸情，就把儿媳赶出家门。儿媳走投无路，决定去王舍城寻夫，结果在客栈生下儿子。当她放下婴儿到室外洗东西时，一个车夫将她儿子带走。一个盗贼见其貌美，把她抢占为妻。不久她与此盗贼生下一女。一天她与盗贼发生口角，于是她弃女而去。她到王舍城无法寻到丈夫，生活无着，沦为倡妓。若干年后，她与商人所生的儿子长大成人，他因为不知根底、姓名，居然娶生母作为妻室，不久又收留一个年轻女子作二房。

一天，正房为二房梳头时，发现她头上有一个伤疤，询问其出身经历，方知是自己与盗贼所生的女儿，而她们二人的丈夫正是她自己的儿子。震惊、羞愧、悲痛之余，她出家为尼。[1]

在古代印度还有乱婚或近亲结婚的，如《根本说一切有部毗奈耶药事》卷第八说：

> 尔时世尊告菴没罗曰："摩纳婆，昔有国王，号曰甘蔗。王有四子，一曰炬面，二曰长耳，三曰象肩，四曰足钏。时彼四子，因有愆过，被王放逐。时彼四子，既被王逐，各将亲妹，往他国境，近雪山下，弶伽河岸边，去劫比罗仙人住处不远，各剪草菴，互娶别生之妹而为居住，因诞男女。"后时甘蔗王念此四子，问群臣曰："我之四子，今何所在？"群臣答曰："王之四子，因犯愆过，被王放逐。今在他境，大雪山下，弶伽河岸边，乃生男女等。"时甘蔗王告群臣曰："我之四子等，能如是耶？"答曰："能。"尔时甘蔗王从容举其右手，唱言："我儿能，最极能。"由大威德，人言极能，故因名释迦（唐言能也）。

古代印度的妇女中有两种人，她们没有正常的家庭生活，构成了妇女中的两端，而且是十分突出的两端：一端是极其纯洁的圣女，这就是尼姑；另一端是妓女。古代印度的妓女不少，其原因是什么？一个重要的原因可能是穷苦人家境不好，因而沦为妓女，当然也有由于别的原因而沦为妓女的，因为我们看到有一些家境并不坏的妇女也成了妓女。如帕杜玛沃蒂，出身于一个高贵的种姓，因其美貌而成为当地的一个名妓，频毗沙罗王指

---

[1] 《长老偈·长老尼偈》，第 276 页。

图 8.1　有关古代印度婚姻与家庭的雕像

使人将其带入宫中，和她生了一个王子。[1] 还有的是因为家道中落。例如，迦尸国的一个富商的女儿阿扎迦尸，因为家道中落，沦为妓女，每天的收入是 1000 金币（据说相当于当时迦尸国一天的税收），但嫖客大都出不起这个价，所以她就要一半的价钱。后来，她认识到红颜易老，又厌倦风尘中事，于是决定出家为尼。当她去王舍城受具足戒时，一群好色之徒堵在路上，拦住她的去路，她便让一个使者去见佛陀，佛陀随机应变，通过这个使者为她授了具足戒，并立下了一条方便的戒规，说明在特殊情况下，可通过使者传授戒法。[2] 一个名叫阿巴帕里的长老尼，出生在一棵芒果树下，一个园丁将其带回家中抚养成人，因为她有姿色，当了妓女。宫中的王子们争相向她求亲，可能她不愿被这些富家子弟纠缠和欺凌，于是出家披剃为尼。[3] 再如古代印度著名的医生耆婆，其母也是一个妓女，因为被王子看中，便和王子生下了耆婆。

---

[1]　《长老偈·长老尼偈》，第 238 页。

[2]　《长老偈·长老尼偈》，第 235～236 页。

[3]　《长老偈·长老尼偈》，第 282 页。

第九章　"一带一路"中的古代印度和中国的经济文化交往

印度处在古代中国通往西方的丝绸之路交通带上。在古代，中国和印度也有很多的交往。虽然从印度文献中我们没有见到古代中国和印度之间在政治上有什么交往，但从中国的文献中却可以看到古代中国和印度在物质文化方面有很多直接和间接的交往。

张星烺《中西交通史料汇编》第六册中对中印交通的状况作了梳理。

该书从上古时代中国和印度交往的情况一直叙述到明代，既有陆上的交往，也有海上的交往。引用的资料非常丰富。

关于上古时代中印交通，张星烺认为，上古时代：

> 唐尧之世，西见王母，渠搜来宾。中国与中央亚细亚之印度日耳曼民族，已有往来。越裳入贡，印度洋上航路已通。爰及周代，与西方交通更繁。王嘉《拾遗记》载成王之世，有旃涂国、祇因国、燃丘国来献方物。老子撰《道德经》有浮提国人相助。庄子《山木篇》有建德国，似皆指印度而言。念常《佛祖历代通载》卷四，记周穆王时，西极有化人来。反山川，移城邑，入水火，贯金石，千变万化，不可穷矣。王敬之若圣，筑中天台以居之（见《列子·周穆王》篇）。化人乃是佛弟子曼殊室利目连等示相也……上古之世，西方开化文明之邦，与我最近而最易有交通者，莫若印度。况印度，克什弥尔自古即以幻术著闻乎。化人虽

未必为佛弟子，而为印度人，则或可信也。《佛祖历代通载》卷五，又记秦始皇帝癸未年（始皇二十九年，即耶苏幻元前二百十八年），"沙门室利防等一十八人来自西域。帝恶其异俗，以付狱。俄有金刚神，碎狱门而出之。帝惧，即厚礼遣之……"此节仅言来自西域，而未标明为印度也。然室利防为普通印度人名 Sribandhu 之译音。其来自印度，可无疑也。更翻阅印度史，孔雀朝阿输迦大王（Asoka，又作阿育王或无忧王）适与秦始皇同时。大王奉佛，遣僧人至四邻诸国，传布佛教，远如埃及、马其顿、西藏，皆有佛徒踪迹。《佛祖统记》卷三十五，记迦叶摩腾谓汉明帝曰："昔阿育王藏佛舍利八万四千塔，震旦之境，有十九处。"故其有人来至中国，亦意中之事也……德国柏林雅各比教授（Prof. Hermann Jacobi）查得耶苏纪元前三百余年，印度孔雀王旃陀罗笈多王在位时，其臣某著有《考铁利亚》（*Koutiliya*）一书，书中载支那（Cina）产丝。其丝货有贩至印度之语。此亦可以证明上古时代，中印已有交通矣。①

关于古代中国和印度之间在物质文化方面的交往，最早的可信的资料要算《史记》中记载的张骞通西域及其回来后的有关报告。而从汉代以后，关于印度的记载就一直不断。

如《史记·大宛列传》记载说：

骞曰："臣在大夏时，见邛竹杖、蜀布。问曰：'安得此？'大夏国人曰：'吾贾人往市之身毒（按：即印度）。身毒在大夏东南可数千里。其俗土著，大与大夏同，而卑湿暑热云。其人民乘象

---

① 张星烺：《中西交通史料汇编》第6册，北京：中华书局，1977年版，第22～26页。

以战。其国临大水焉。'以骞度之，大夏去汉万二千里，居汉西南。今身毒国又居大夏东南数千里，有蜀物，此其去蜀不远矣。今使大夏，从羌中，险，羌人恶之；少北，则为匈奴所得；从蜀宜径，又无寇。"

……

骞因分遣副使使大宛、康居、大月氏、大夏、安息、身毒、于寡、扜罙及诸旁国。乌孙发导译送骞还，骞与乌孙遣使数十人，马数十匹报谢，因令窥汉，知其广大。

……而汉始筑令居以西，初置酒泉郡以通西北国。因益发使抵安息、奄蔡、黎轩、条枝、身毒国……

《史记·西南夷列传》载：

及元狩元年，博望侯张骞使大夏来，言居大夏时见蜀布、邛竹杖，使问所从来，曰："从东南身毒国，可数千里，得蜀贾人市。"或闻邛西可二千里有身毒国。骞因盛言大夏在汉西南，慕中国，患匈奴隔其道，诚通蜀、身毒国道便近，有利无害。于是天子乃令王然于、柏始昌、吕越人等，使间出西夷西，指求身毒国。至滇，滇王尝羌乃留，为求道西十余辈。岁余，皆闭昆明，莫能通身毒国。

这里说到张骞在大夏看到了从身毒运到大夏的中国四川生产的布匹和邛竹杖，其传播途径应当是从四川经云南、东南亚而后达到印度。

在班固的《汉书·地理志》中也有关于中国与印度交往的记载：

自日南障塞、徐闻、合浦船行可五月，有都元国。又船行可四月，有邑卢没国；又船行可二十余日，有谌离国。步行可十余日，有夫甘都卢国。自夫甘都卢国船行可二月余，有黄支国（按：有学者认为，黄支国，即印度泰米尔纳德邦的康契普腊姆的古称），民俗略与珠崖相类。其州广大，户口多，多异物，自武帝以来皆献见。有泽长，蜀黄门，与应募者俱入海市明珠、璧流离、奇石异物，赍黄金杂缯而往。所至国皆禀食为耦，蛮夷贾船，转送致之。亦利交易，剽杀人。又苦逢风波溺死，不者数年来还。大珠至围二寸以下。平帝元始中，王莽辅政，欲耀威德，厚遗黄支王，令遣使献生犀牛。自黄支船行可八月，到皮宗；船行可二月，到日南、象林界云。黄支之南，有已程不国，汉之译使自此还矣。

《汉书·西域传》记载：

嗣宾国，王治循鲜城，去长安万二千二百里。不属都护，户口胜兵多，大国也。东北至都护治所六千八百四十里，东至乌秅国二千二百五十里，东北至难兜国九日行，西北与大月氏、西南与乌弋山离接。

昔匈奴破大月氏，大月氏西君大夏，而塞王南君嗣宾。塞种分散，往往为数国。自疏勒以西北，休循、捐毒之属，皆故塞种也。

嗣宾地平，温和，有目蓿、杂草奇木，檀、槐、梓、竹、漆。种五谷、蒲陶诸果，粪治园田。地下湿，生稻，冬食生菜。其民巧，雕文刻镂，治宫室，织罽，刺文绣，好治食。有金银铜锡，以为器。市列。以金银为钱，文为骑马，幕为人面。出封牛、水牛、象、大狗、沐猴、孔爵、珠玑、珊瑚、虎魄、璧琉璃。它畜与诸国同。

自武帝始通罽宾，自以绝远，汉兵不能至，其王乌头劳数剽杀汉使。乌头劳死，子代立，遣使奉献。汉使关都尉文忠……杀其王，立阴末赴为罽宾王……后军候赵德使罽宾……阴末赴锁琅当德……遣使者上书谢。孝元帝以绝域不录，放其使者于县度，绝而不通。

成帝时，复遣使献，谢罪，汉欲遣使者报送其使，杜钦说大将军王凤曰："前罽宾王阴末赴本汉所立，后卒畔逆……前亲逆节，恶暴西域，故绝而不通。今悔过来，而无亲属贵人，奉献者皆行贾贱人，欲通货市买，以献为名，故烦使者送至县度，恐失实见欺。凡遣使送客者，欲为防护寇害也。起皮山南，更不属汉之国四五……今遣使者承至尊之命，送蛮夷之贾，劳吏士之众，涉危难之路，罢弊所恃以事无用，非久长计也。使者业已受节，可至皮山而还。"于是凤白从钦言。罽宾实利赏赐贾市，其使数年而壹至云。

《后汉书·西域传》记载：

天竺国一名身毒，在月氏之东南数千里。俗与月氏同，而卑湿暑热。其国临大水，乘象而战。其人弱于月氏，修浮图道，不杀伐，遂以成俗。从月氏、高附国（按：今阿富汗首都喀布尔）以西，南至西海（按：即波斯湾），东至磐起国（按：即孟加拉国），皆身毒之地。身毒有别城数百，城置长。别国数十，国置王。虽各小异，而俱以身毒为名，其时皆属月氏。月氏杀其王而置将，令统其人。土出象、犀、玳瑁、金、银、铜、铁、铅、锡，西与大秦通，有大秦珍物。又有细布，好氍毹、诸香、石蜜、胡椒、姜、黑盐。和帝时，数遣使贡献，后西域反畔，乃绝。至桓帝延熹二年（公元 159 年）、四年，频从日南徼外来献。

公元 1 世纪中叶的汉明帝时，佛教已经传入中国，一些皇帝和皇室家族的人开始崇奉佛教，但佛教是怎么传入中国的？是印度人传来的，还是中国人去学来的？据《后汉书·西域传》记载，是汉明帝"遣使天竺问佛道法"，即是派人去印度学来的：

> 世传明帝梦见金人（按：指汉明帝于永平七年梦金人的传说），长大，顶有光明，以问群臣。或曰："西方有神，名曰佛，其形长丈六尺而黄金色。"帝于是遣使天竺，问佛道法，遂于中国图画形象焉。楚王英始信其术，中国因此颇有奉其道者。后桓帝好神，数祀浮图、老子，百姓稍有奉者，后遂转盛。
>
> ……
>
> 至于佛道神化，兴自身毒，而二汉方志莫有称焉。张骞但著地多暑湿，乘象而战，班勇虽列其奉浮图，不杀伐，而精文善法、导达之功，靡所传述……汉自楚英始盛斋戒之祀，桓帝又修华盖之饰。将微义未译，而但神明之邪？详其清心释累之训，空有兼遣之宗，道书之流也。且好仁恶杀，蠲敝崇善，所以贤达君子多爱其法焉。

《后汉书·光武十王列传·楚王英传》载：

> 英少时好游侠，交通宾客，晚节更喜黄老，学为浮屠斋戒祭祀。八年，诏令天下死罪皆入缣赎。英遣郎中令奉黄缣白纨三十四，诣国相曰："托在藩辅，过恶累积，欢喜大恩，奉送缣帛，以

赎愆罪。"相国以闻,诏报曰:"楚王诵黄老之微言,尚浮屠之仁祠,洁斋三月,与神为誓,何嫌何疑,当有悔吝? 其还赎,以助伊蒲塞(按:伊蒲塞即居家信佛的居士)、桑门(按:即和尚)之盛馔。"因以班示诸国中傅。英后遂大交通方士,作金龟玉鹤,刻文字以为符瑞。

东汉末年,佛教在中国得到更进一步传播,宫廷中公开地奉事佛教:

延熹九年,楷自家阙上疏……十余日,复上书曰:"……闻宫中立黄老、浮屠之祠。此道清虚,贵尚无为,好生恶杀,省欲去奢。今陛下嗜欲不去,杀罚过理,既乖其到,岂获其祚哉! 或言老子入夷狄为浮图。浮图不三宿桑下,不欲久生恩爱,精之至也。天神遗以好女,浮图曰:'此但革囊盛血。'遂不眄之。其守一如此,乃能成道。今陛下淫女艳妇,极天下之丽,甘肥饮美,单天下之味,奈何欲如黄老乎?"

书上,即召诣尚书问状……帝以楷言虽激切,然皆天文恒象之数,故不诛,犹司寇论刑。[1]

西汉哀帝时,中国文献中开始记载大月氏人来中国传播佛教:

昔汉哀帝元寿元年(按:即公元前2年),博士弟子景卢受大月氏王使伊存口受《浮屠经》,曰复立者其人也。《浮屠》所载临蒲塞、桑门、伯闻、疏问、白疏间、比丘、晨门,皆弟子好也。《浮屠》所载与中国《老子经》相出入。盖以为老子西出关,过西

---

[1] (南朝宋)范晔:《后汉书·郎颛襄楷列传》。

域之天竺，教胡。《浮屠》属弟子别号，合有二十九，不能详载，故略之如此。①

晋朝时，东晋孝武帝太元六年（公元 381 年），天竺国献火浣布于苻坚（《晋书·苻坚传》）。法显于晋朝时赴印度求法。他是由锡兰乘商船回来的，说明当时从印度到中国的海路已经是没有问题的了。

印度处在中国通往西方的丝绸之路的交通带上，公元前 5 世纪波斯帝国时代，中国的丝绸就已经出现在波斯。所以，中国的丝绸也应当在很早的时候，至少不会晚于公元前 5 世纪，就已经传入了印度。在佛教文献中我们见到在列国时代印度人就已经有用丝绸的记载：波罗奈斯国王的王后把儿子打扮整齐，裹在丝绸褓褓里。②

在佛经中多处记载了使用丝绸的事。如《根本说一切有部毗奈耶药事》卷第二中曾经说到一个人去世后，他的几个儿子"严饰葬具，以五色缯彩，间错其舆"。在《根本说一切有部毗奈耶药事》卷第十一中说到一个人死后，在装饰其棺材时用了丝绸，"又见一舆，以青、黄、赤、白缯彩严饰，而用盖之"。这里的缯可以说就是丝。

《根本说一切有部毗奈耶药事》卷第五中说"复以种种上妙缯彩"，卷第十四说"悬缯幡盖"。

《增一阿含经》卷第十三说到波斯匿王为请如来而"悬缯幡盖，作倡妓乐"，该书还多次说到"悬缯幡盖"，等等。

玄奘的《大唐西域记》说，古代印度还有野蚕丝制作的衣服："衣裳服玩，无所裁制，贵鲜白，轻杂彩，男则绕腰络腋，横巾右袒，女乃襜衣下垂，通肩总覆。顶为小髻，余发垂下。或有剪髭，别为诡俗。首冠花鬘，

---

① （西晋）陈寿：《三国志·魏书》卷三十裴注引曹魏鱼豢撰《魏略·西戎传》。
② 参见《宽心本生》，见《佛本生故事选》，第 97～100 页。

身佩璎珞。其所服者，谓愍奢耶衣及氎布等。愍奢耶者，野蚕丝也……"①

那么，古代印度人的丝绸是自产的还是从中国运过去的呢？我国学者似乎看法不一。

例如，崔连仲认为古代印度人使用的丝绸是自产的：

> 作为高级纺织原料的丝，从什么时候开始生产，这是一个引人注目的问题。有的学者提出，甚至在吠陀时代就知道了丝；有的学者说，在吠陀里面没有讲到丝的问题，那是吠陀时代以后的事。从列国时代开始，印度确已有了养蚕事业，佛教文献有大量资料可资证明。例如在《四分律》中有一段写道："尔时佛在旷野国界，时六群比丘作新杂野蚕绵卧具。彼索未成绵，或索已成绵，或索已染未染，或索新者，或索故者，至养蚕家语言，我等须绵。彼报小待，须蚕熟时来。彼六群比丘在边住待看，彼暴茧时蚕蛹作声。诸居士见尽共讥嫌言，沙门释子无有惭愧害众生命。"诸如此类的记载不少，在另一律藏中当佛陀得知有些比丘"数数从彼婆罗门居士等乞野蚕丝"时，呵责曰："汝等难满难养，不顺少欲知足之行。"养蚕、造丝、纺纱、织布，这是相联系的生产过程。前面讲到各种丝绸，在较晚的佛典中还提到用丝绸做的衣服等物。……②

但季羡林先生则认为，印度的丝绸是从中国运过去的：

> 总之，中国的丝通过"丝绸之路"也传到了印度。中印古书

---

① （唐）玄奘：《大唐西域记》，第 35 页。
② 崔连仲：《从佛陀到阿育王》，沈阳：辽宁大学出版社，1991 年版，第 80～81 页。

上有很多记载，我在这里只举印度一部古书。这就是 kautαlya 的
《政事论》（*Arthasàstra*）。关于这一部书的真伪问题，产生的时间
问题，学者间有激烈的争论……有的学者认为这是写于公元前 4
世纪的一部书，我姑从其说，从其中引用一句话："Kauśeyam ci-
napattāsca cīnabhūmijāh."［"丝（憍奢耶）及丝衣产于支那国。"］
"憍奢耶"，玄奘在《大唐西域记》卷二说："憍奢耶者，野蚕丝
也。"此字往往泛指蚕丝，不一定就是野蚕丝。不管怎样，中国丝
在这样早就已经传入印度，却是一个无法否认的历史事实。①

玄奘还记载了桑蚕传入印度的经过：

　　昔者，此国（按：即瞿萨旦那国）未知桑蚕，闻东国有之，
命使以求。时东国君密而不赐，严敕关防，无令桑蚕种出也。瞿
萨旦那王乃卑辞下礼，求婚东国，国君有怀远之志，遂允其请。
瞿萨旦那王命使迎妇，而诫曰："尔致辞东国君女，我国素无丝绵
桑蚕之种，可以持来，自为裳服。"女闻其言，密求其种，以桑蚕
之子置帽絮中，既至关防，主者遍索，唯王女帽不敢以检，遂入
瞿萨旦那国，止鹿舍伽蓝故地，方备仪礼，奉迎入宫，以桑蚕种
留于此地。阳春告始，乃植其桑，蚕月既临，复事采养。初至也，
尚以杂叶饲之，自时厥后，桑树连荫。王妃乃刻石为制，不令杀
伤，蚕蛾飞尽，乃得治茧，敢有犯违，明神不祐，遂为先蚕建此
伽蓝。数株枯桑，云是本种之树也。故今此国有蚕不杀，窃有取
丝者，来年辄不宜蚕。②

---

① 季羡林：《中印文化交流史》，北京：新华出版社，1991 年版，第 18 页。
② （唐）玄奘：《大唐西域记》，第 301～302 页。

关于丝绸最初传入印度的途径，没有直接的资料，应当既可能是从北线传入，也可能是从南线传入，即从四川经云南到东南亚再到印度，即走蜀布和邛竹杖进入印度的道路。因为，在汉朝时，既然布匹和竹杖可以从这条路传入印度，那么，丝绸也完全可能从这条路传过去。当然，走北边也是可能的，因为张骞就是走北边的路线到达西域各国。

除了中国的丝绸传入印度以外，中国四大发明之一的造纸术是否也传入了印度呢？季羡林先生认为："纸是中国人民伟大发明之一，传遍了世界，也包括印度。"① 他说，印度原来书写的材料是桦树皮和树叶，写在树叶上的佛经即贝叶经传入了中国，原来重庆梁平县有一座佛教寺院双桂堂，就收藏有贝叶经（现在据说被盗了，不知道查找到了没有）。中国在汉代已经发明了造纸术，纸张书写起来比较方便，它传入印度应当是完全可能的，但具体途径是什么尚不太清楚。

---

① 季羡林：《中印文化交流史》，第19页。

第十章 上古印度文化

作为人类文明发源地之一的南亚，其人民创造了独具特色的文化，对人类文明做出了重大的贡献。

第一节 文字、文学和哲学

一、文字

哈拉巴文化时期，印度河流域人民创造和使用的文字，因刻于印章之上，故称为"印章文字"。这种文字就现在所知有 500 多个符号。可惜这种文字至今还未释读成功，其所属语系亦不清楚。后来，属印欧语系的所谓雅利安人入居次大陆，他们在吸收哈拉巴文化成果的基础上，创造了一种新的文化，其语言和文字都与哈拉巴文化时期大不相同。他们使用的是婆罗米文、佉卢文和梵文，其中流传最广的是梵文。梵文是一种字母文字，受阿拉美亚文字的影响创造而成，由 47 个字母构成。吠陀等文献就是用梵文写成的。

二、文学

古代南亚人民留下了丰富的文学作品，其中最早的是吠陀文献。四部吠陀是宗教文献，也是文学作品集。另外，古代南亚人民还创作了两部著名史诗：《摩诃婆罗多》和《罗摩衍那》。它们都是用梵文写成的，比希腊

图 10.1　梵文、婆罗米文

的《荷马史诗》还要长。其中《摩诃婆罗多》约 10 万颂（每颂 2 行，每行 16 个音），《罗摩衍那》2.4 万颂。前者的作者相传是毗耶婆（广博仙人），后者的作者相传是蚁垤仙人。

《摩诃婆罗多》原意为婆罗多的战争。原书 18 篇，2109 章，最后还有第 19 篇作为补遗。其中心故事是讲述婆罗多王的后裔俱卢族的堂兄弟之间的斗争。俱卢族的持国王有 100 个儿子和 1 个女儿，其弟般度王有 5 个儿子。王国被一分为二，一部分为持国王之子统治，一部分为般度之子统治。但持国王之子放逐了般度之子。当他们从流放地回来后，便要求归还自己的王国，于是引起 18 天大战。战争进行得十分激烈、残酷，最后持国王的 100 个儿子尽皆战死，般度诸子获胜。该史诗包括了丰富的知识，是古代南亚的一部百科全书。

《摩诃婆罗多》原书 18 篇篇名如下：《初篇》、《大会篇》、《森林篇》、《毗罗吒篇》、《斡旋篇》、《毗湿摩篇》、《德罗纳篇》、《迦尔纳篇》、《沙利耶篇》、《夜袭篇》、《妇女篇》、《和平篇》、《教诫篇》、《马祭篇》、《林居篇》、《杵战篇》、《远行篇》、《升天篇》。

各篇的内容是：

《初篇》：国王豆扇陀和仙人的义女沙恭达罗自主结婚，生下威震环宇的婆罗多王。婆罗多王下传若干代，其子孙称作婆罗多族。婆罗多王的后裔俱卢王下传几代，其子孙又称作俱卢族。

图 10.2　《摩诃婆罗多》插图

福身是婆罗多族和俱卢族的一代名王。他先与恒河女神结婚，生子天誓。恒河女神归位后，他爱上了渔家女贞信。渔父提出苛刻的嫁女条件：王位要由贞信之子继承。天誓为了父亲，不要王位，并发誓永不结婚。天誓由此得名毗湿摩（意为令人敬畏的人）。

但贞信在婚前曾经和仙人生了 1 个儿子，名叫岛生，号黑仙，又名毗耶娑。贞信和福身婚后又生了 2 个儿子，名叫花钏和奇武。花钏战死，而奇武又病死。他们都未能留下子嗣。贞信用意念召来儿子毗耶娑，让他和奇武的两个遗孀生下持国和般度，又与一个女奴生下 1 个儿子，名叫维杜罗。

持国先天失明，般度继承王位。持国娶犍陀罗国的公主甘陀利为妻，生百子，长子名叫难敌。般度娶贡提国公主贡蒂和摩德罗国公主玛德利为妻。般度遭到仙人诅咒，不能与妻子同房，否则会猝死。贡蒂服从丈夫的要求，召来正法神阎摩，生子坚战；召来风神，生子怖军；召来天帝因陀罗，生子阿周那。贡蒂又为玛德利召来双马神童，生子无种和偕天。这便是般度五子。般度五子和持国百子中，坚战居长。贡蒂婚前与太阳神生子迦尔纳，遗弃河中，被一车夫收为养子。

般度未能逃脱厄运，玛德利殉葬。持国执政。般度五子和持国百子一起生活在宫中。但难敌觊觎王位，想要先害死怖军，但未能得逞。阿周那因为武艺超群而引起难敌的嫉恨。难敌便封迦尔纳为鸯伽王，以便让他和阿周那相对抗。

坚战长大后应当继承王位，持国表面同意，却不甘心自己的子孙不能继承王位。而难敌也想霸占王位，于是设计将般度五子从首都象城赶至多象城，并勾结大臣布罗旃，企图烧死般度五子及其母亲。但由于维杜罗暗中相助，母子六人逃出火海，进入森林。

怖军在森林中杀死了一个吃人的罗刹，娶其妹为妻，他们有一个儿子，名叫瓶首。般度母子按照毗耶娑的指点，乔装成婆罗门进了独轮城，靠乞食度日。怖军在此为民除害，杀死了罗刹钵迦。在般遮罗国的木柱王之女黑公主举行选婚大典时，般度五子前往应试。阿周那战败无数对手，五兄弟赢得黑公主为共同的妻子。持国在毗湿摩和上师德罗纳的劝说下，召回了般度五子，并分给他们一半荒芜的国土。五兄弟在天帝城建都。

阿周那又两度结婚，并前往多门城拜访雅度族王子黑天。黑天的父亲是婆薮提婆（他是贡蒂的亲兄弟，阿周那的舅父）。但阿周那爱上了黑天的妹妹妙贤公主。阿周那抢走妙贤，并生子，名叫激昂。阿周那还和黑天火烧甘味林，开辟国土。

《大会篇》：阿周那从森林大火中救出一个名叫摩耶的阿修罗，摩耶为般度五子修建了恍若天宫的宝殿。来往于天上人间的那罗陀大仙提议坚战举行王祭，以示称霸。坚战征求黑天的意见，得到黑天的支持。

坚战等除掉了强大的对手摩竭陀国王妖连，解救出了被囚禁在山道中的许多国王。随后，他们又征服世界。坚战举行王祭大典称帝，各国的国王和王子应邀出席。在典礼中，车底国的童护自恃其勇，欲争首座，被黑天诛杀。

难敌看到天帝城的繁华和王祭大典的盛况，十分嫉妒，再加上遭到怖军的嘲笑，于是和母舅沙恭尼设下圈套，邀请坚战掷骰子赌博，维杜罗试图阻止，未果。结果，坚战五兄弟加上他们共同的妻子黑公主都沦为难敌的奴隶。黑公主被侮辱，怖军怒不可遏，发誓要撕开难敌的二弟难降的胸膛并喝他的血，还要打断难敌的大腿。后来，在黑公主的请求下，坚战五兄弟被释放。难敌再次提出赌博，坚战再次大败，五兄弟和黑公主被流放12年，第13年还要躲藏起来，如被发现，要再流放12年。因此，般度族的五兄弟和难敌的俱卢族，结下了深仇大恨。

《森林篇》：坚战五兄弟和黑公主前往森林，众多婆罗门追随而去。坚战谢绝了各种好意，而决心恪守流放森林12年的诺言。阿周那上雪山求神，和化身为山野猎人的毁灭大神湿婆作战，深受湿婆的嘉许，赐他兽主法宝。阿周那的生父因陀罗又赐他甘狄拨弓箭。他潜心习学，受到天帝的称赞。

坚战在森林中过着极苦的生活。有一位巨马仙人向他讲述了那罗王掷骰子赌博失国又复国，夫妻离散又团圆的故事；拔发仙人向他讲述了阿周那在天宫的情景。坚战等人去朝拜圣地，一路上听到许多有关圣地的传说和故事。

难敌为了羞辱般度族，曾经率军去森林耀武扬威，没想到半路招摇过头，得罪了在此度假的乾闼婆王奇军，奇军的军队打败难敌的军队并俘获了难敌。坚战不记前仇，让阿周那救出难敌。在流放生活的最后一年，黑公主被信度国胜车王劫走，后被怖军救回。坚战等人感觉到受辱，心情郁闷。摩尔根德耶仙人为了解除他们的烦恼，向他们讲述了罗摩王的妻子悉达被罗刹王掳走，罗摩兵伐楞伽岛救回悉达的故事；还向他们讲述了太阳神的女儿莎德维利以智取胜，向死神间摩索回丈夫生命的故事。

12 年流放生活期限届满，坚战及其 4 个兄弟解决了各种难题，般度族得到恩典，向西方行去。

《毗罗吒篇》：流放的第 13 年，般度族离开森林，乔装进入摩差国。他们隐姓埋名，在国王毗罗吒的王宫中充当各种仆役。摩差国的国舅企图侮辱黑公主，被杀。难敌乘机联合三穴国入侵摩差国，劫掠牲畜。坚战五兄弟协助摩差国击败强敌，但也暴露了他们的真实身份。不过，他们的 13 年流放期也满了。阿周那在战场上的表现赢得了毗罗吒的喜爱，毗罗吒提出将自己的公主许配给阿周那，而阿周那只是让她做了儿媳妇，让她嫁给了儿子激昂。

《斡旋篇》：般度族要求难敌归还另一半国土，同时联合盟国，积极备战，难敌也在厉兵秣马。般度族和难敌都向黑天求援，黑天却将自己和自己的军队分作两份，让他们各选一份。难敌选黑天的军队，而阿周那却选黑天本人做自己的军师。双方大战似乎难以避免。坚战曾经做出让步，但谈判未果。般度族和俱卢族的大军集结于俱卢之野。般度族选出黑公主的哥哥猛光为统帅，而俱卢族的统帅是老族长毗湿摩。难敌向般度族方面送去战书，般度族强硬地回复了难敌。

《毗湿摩篇》：俱卢之野大战，双方共投入 18 个大军的兵力，一个大军有战车 21870 辆、战象 21870 头、战马 65610 匹、将士 19350 人。印度境内几乎所有的王国和部族都卷入了这场大战。持国亲临前线。阿周那面对同族相残，十分不安。但担任御者的黑天以《薄伽梵歌》（尊神之歌）这篇宗教哲理长诗开导他，要他履行个人对社会的义务和职责。

般度族初战失利，但难敌一方人心涣散，所以并没有大胜。统帅毗湿摩告诫难敌，不义之战必然失败，但难敌责怪毗湿摩心向敌人、不肯尽力。大将迦尔纳认为毗湿摩轻视自己，所以便擅自离开战场。毗湿摩身先士卒，杀死上万个战车武士。9 天过去，双方各有伤亡，战局变幻莫测。这天夜里，坚战五兄弟和黑天求教于毗湿摩，毗湿摩为之出谋划策，指示他们躲在武士束发身后向他射箭。毗湿摩认定束发是女子，发誓不与其交战。大战第 10 天，阿周那躲在束发身后放箭，毗湿摩从战车上倒下，双方停止战斗。毗湿摩告诉众人，他要躺在箭床上，直至太阳移到赤道北。

《德罗纳篇》：金星贯日，对般度族显示了胜利的吉兆；野兽哀号，对俱卢族显示了失败的凶相。德罗纳接替毗湿摩担任了俱卢族的统帅。双方首领都是他的徒弟。他一方面不满难敌，不愿作战，另一方面又忠心耿耿地为俱卢族效命。他派出敢死队突袭阿周那，将其赶出战场。难敌的妹夫信度国胜车王杀死了激昂，阿周那怒不可遏，闯入敌阵，横扫俱卢族 7 个大军，杀死胜车王，歼灭了俱卢族的敢死队，为儿子报了仇。德罗纳杀死了黑公主的父亲般遮罗国的木柱王和摩差国国王毗罗吒，迦尔纳杀死了怖军之子瓶首。般度族用黑天的计谋杀死了担任统帅才五天的德罗纳。

《迦尔纳篇》：迦尔纳继德罗纳之后担任了俱卢族的统帅。由于前一次战役中杀伐损失惨重，所以，在迦尔纳担任统帅的第一天，战事平静；第二天，担任迦尔纳的御者的摩德罗国王沙利耶在途中对迦尔纳恶言相向，使迦尔纳心烦意乱。

在一场鏖战中，怖军和难降肉搏。怖军摔倒难降，撕开他的胸膛，喝他的血，为黑公主雪了耻，实现了当初的誓言。

太阳神之子迦尔纳和天帝因陀罗之子阿周那二人本是一母同胞，但在战场上相逢，一对一决战，迦尔纳被杀。

《沙利耶篇》：俱卢之野大战进入第 18 天，摩德罗国王沙利耶担任俱卢族第四任统帅。此时，军中大将几乎都已阵亡，俱卢族败局已定，沙利耶也无力回天。在双方车战之后，沙利耶和坚战对阵，阵亡，其担任统帅仅仅半天。难敌的母舅、犍陀罗王沙恭尼也被杀。难敌亲任统帅，以图最后一搏。般度族大军迅猛出击，俱卢族全军覆灭。难敌孤身一人逃离战场，怖军等人追来，与难敌恶战。怖军以杵击难敌腹部以下，打断了难敌的大腿，为黑公主洗雪了耻辱，实现了当初的又一誓言。

《夜袭篇》：怖军等人离开后，俱卢族残存的三员大将来到难敌身边，发誓要将般遮罗族、般度族及其同盟者斩尽杀绝。他们定计夜袭般度族军营，偷营劫寨，杀了猛光和全体般遮罗人，消灭了黑公主的五个儿子和般度族的残军。只有坚战五兄弟和黑天因为不住在军营而得幸免，还有一个武将脱险。难敌在得知夜袭成功后欣慰死去。黑公主为儿子死亡而悲伤，为父兄被杀而哀痛，决心绝食自杀。怖军狠命追杀对般度族造成重大伤亡的德罗纳之子马嘶，马嘶刺伤了激昂的妻子至上公主的胎儿，但阿周那逼迫马嘶交出了他的神奇珠宝，黑天则救活了至上公主的胎儿。同时，毗耶娑和黑天发出诅咒，要那些偷袭的人永远被孤立，永远被排除在人类之外。

《妇女篇》：第18天的战斗结束了，俱卢之野血流成河、尸横遍野。两族18个大军将士死亡殆尽：般度族剩下7人，俱卢族剩下3人。

持国、甘陀利和贡蒂以及众多妇女来到战场，坚战五兄弟前来拜见他们。甘陀利用目光灼伤了坚战的脚指甲，持国用双臂挤碎了怖军的一尊铁像。后来，他们的感情渐渐平息，仁慈地对待坚战五兄弟。

妇女们鉴于自己的儿子、兄弟、父亲被杀死在战场上，永远不能回来，痛苦如焚。甘陀利诅咒黑天，认为他是这场悲剧的罪魁祸首，他的家族也应当这样被毁灭。应持国的要求，坚战为所有的阵亡将士举行了葬礼。

《和平篇》：坚战因为父兄辈、子弟辈等的死亡感到深深的忧伤。在众人的劝说下，他登基为王。在黑天的陪同下，坚战五兄弟请躺在箭床上的毗湿摩传授为王之道。毗湿摩解说了国王在正常时期的职责、在危难时期的职责和应变之策，还详细讲述了摈弃世俗生活而获得解脱的方法。

《教诫篇》：坚战虽然受到毗湿摩的一番训导，但他的思想仍然不能平静，良心不安。所以毗湿摩继续对他进行教诫，向他说明了追求正法应当具备的全部行为，回答了他的种种问题。而毗湿摩的死期也已经到来，他离开了尘世。

《马祭篇》：大战之中，坚战五兄弟都失去了儿子。阿周那的儿子激昂的一个遗腹子，这时诞生了，取名继绝，因为他诞生在婆罗多族濒于灭绝之时。

坚战的老祖父毗湿摩和兄长迦尔纳之死，也使坚战深感内疚。毗耶娑劝告坚战举行祭祀，以消除一切罪孽。阿周那跟随放出的祭马漫游，一路上到处战斗，击败了祭马经过的所有王国的王子。一年后，阿周那和祭马回到象城。毗耶娑选定吉日，为坚战举行了马祭的大典。

《林居篇》：坚战担任国王后，仁慈宽厚，对持国和甘陀利仍然十分敬重。但怖军却不听坚战的规劝，经常冒犯持国。持国忍耐了 15 年后，决定前往森林过隐居生活。甘陀利等人也随他一起前往。心地善良的贡蒂见持国离去，也放弃了宫廷生活，随持国进入森林。两年后，持国等人死于森林大火。般度族闻讯，前往恒河祭奠持国、甘陀利和贡蒂等人。

《杵战篇》：黑天的雅度族在大海岸边酗酒，他们拔起灯芯草，这些灯芯草却突然变成了一根根金刚杵。于是这些酗酒大醉的人挥舞起金刚杵，互相厮杀起来。雅度族几乎因此而彻底灭亡。黑天虽然没有在此厮杀中死去，但当他在一棵树下凝神沉思时，被一个猎人当成一头睡兽而射死。

阿周那目睹了雅度族的惨象，哀伤不已。他安葬了舅父婆数提婆，并为黑天及其兄长大力罗摩等人举行了葬礼，然后率领雅度族的老人和儿童离开了多门城，回到了象城。他感到世事无常，向坚战要求弃世出家。

《远行篇》：坚战当国王 36 年，得知黑天逝世和雅度族灭亡的消息后，将王位传给了雅度族的继绝。

坚战五兄弟和黑公主决定结束自己的尘世生活，去须弥山修道。在登山途中黑公主、偕天、无种、阿周那和怖军相继倒下死去，只剩下坚战和一条狗。天帝因陀罗乘坐天车前来迎接坚战，鉴于坚战的功德，赐以特殊恩惠，允许他带着肉身升天。

《升天篇》：坚战到达天上，见难敌等一班恶人坐在神位上面，又听说自己的弟弟等身陷地狱。坚战表示绝不与难敌等恶人共住天堂，只愿和亲人同处地狱。所以，他毅然决然前往地狱。他隐隐约约看到自己的弟兄们受苦的惨状，听见自己妻子和儿子们悲切的呼唤。因陀罗告诉他，这只是幻象。最后，坚战和黑天、俱卢族和般度族的所有死者，都成了天国的神祇。①

《罗摩衍那》即罗摩的故事，全诗共7篇，其中心故事是讲述阿瑜陀国十车王的长子罗摩远征楞伽岛（今斯里兰卡）的恶魔十首王罗波那。原来罗波那具有战胜天神的本领，于是大梵毗湿奴下凡到大地上，他就是罗摩。十车王选定罗摩为王位继承人，但后来又选定第二个妻子之子婆罗多继承王位，并将罗摩放逐到森林里14年。罗摩之妻悉多和弟弟罗什曼那也一同前往。罗波那将悉多抢到了岛上，罗摩在寻找悉多时遇到了猴王，并帮助他恢复了王位。为了报答罗摩，猴王帮他杀死了罗波那，解救了悉多。这时罗摩的放逐期满，他回到了阿瑜陀，继承了王位。

《根本说一切有部毗奈耶药事》卷第十五中有一段关于六牙白象的故事。故事说，此前，当菩萨做六牙象王的时候，他的妻子名叫拔陀。一次，象王与一头雌象发生关系，并甚为恩爱，"行住相随，意不相离，心相系著"。此事被象后拔陀知晓后，她很愤怒，就想杀了象王和那头雌象。不过，这是在拔陀死了"转世"以后才发生的。她死后投生在一个大夫人的腹中，长大以后，嫁给了一个邻国的国王梵德，为第一夫人：

---

① 《摩诃婆罗多》第1卷，第1～13页。

……乃往古昔，于一方所丛林中，多饶河涧，花果滋茂。尔时菩萨在不定聚，作六牙象王，在其林内，其象王妻，名曰拔陀，于母象中，为最尊贵。是时象王出群，在于闲僻之处，有别雌象，端正悦意，诣象王处，共为私窃，既为夫妇，甚加怜爱，行住相随，意不相离，心相系著。时拔陀母象，便生嫉妒，即自思念，作何方针，便我当得杀六牙象王并彼母象。正住思惟，心大嫉妒，无计可得，遂便发愿："愿我生生之处，能害二人。"作是愿已，于山顶上，投身而下，即便命终，生毗提国大夫人腹，而处其胎。十月满已，诞生一女，众相具足，渐渐长大，嫁与邻国梵德大王，为第一夫人，由彼宿业，于六牙白象等，生大嗔恨。然而夫人有宿命智，即白梵德王言："于彼方所，有六牙大象，我今要此象牙，愿王令取。"于时王敕诸城，所有猎师，皆悉唤集，令取六牙大象。猎师集已，告曰："汝等往取象牙将来。"时诸猎师，王即敕已，依命即去。其猎师大将告猎人曰："汝等并散，各归本业，我独自往，取其象牙。"是时，大将即取祭祀之物，并著衣甲、毒箭等物，造诣方所，见彼象王并及母象二俱别住于闲静处，各离象群而住，见已，远至遥望。尔时猎师身被忍服，覆其弓箭，所有衣甲，藏在草中，欲为杀害。尔时母象遥见猎师，即告夫曰："我等速向余处，今有人来，欲杀我等。"象王曰："其人作何形貌？"答曰："身被忍衣，外现慈相。""若如是者，当须无畏。在袈裟中，无不善事。此之幢相，覆盖之人，心住慈悲，当须无怖，勿生疑惑。如月无热，斯人亦如是。"于时母象及以象王，并无疑惑，随意进行。尔时猎师既得其便，即放毒箭，射彼象王，中于要处。母象告曰："如何乃言著袈裟人无有害心？"尔时象王以颂答曰：

"心非生过患，亦非衣所作。此过由烦恼，由心离慈悯。如金里铜叶，入火铜性现。患人虽不了，智者善能知。弓箭人俱毒，咸由彼为恶。袈裟本寂静，皆悉由心作。"

尔时母象心生嗔恚，告其夫曰：

"我不违君语，如君今所说。我欲碎斯人，节节令其断。"

是时象王闻此语已，生如是念："作何医疗此烦恼事？若是菩萨妇，起怨害心者，此不应也。"说伽他曰：

"如彼多鬼所著心，见医即作非供养。医人见彼常非恨，应生如是欢喜心。"

尔时母象闻其菩萨象王所说，默然而住。时诸群象诣象王处，便作是念："勿此母象损害猎师。若菩萨在傍生趣中，常行菩萨行。"是时象王往猎师边，以人言音告猎师曰："汝莫怪畏。"恐损猎师，象王以鼻绕取猎师，抱在胸前，又令母象别向余处，然后告曰："丈夫，母象已去，汝若须我身上物者，任意取之。"是时猎师，心极怪愕："此乃是人，我非人也。我是人中象，汝是象中人。汝在傍生，有是情智。我居人类，反无斯慧。"悲啼泣泪。菩萨问曰："为何啼泣？"猎师答曰："汝已损我。"时象王闻已，作是思惟："我现相救，不曾有损。"复更思惟："不是雌象而来损耶？"又问猎师曰："谁损汝耶？"猎师答曰："象王，汝身有无量功德，无辜加害，即是损我。汝身被箭所伤，可有治疗。我心被射，愚痴无智，难可治疗。"而说颂曰：

"我今观察象王行，功德广大犹如海。起害之人犹发慈，此之菩萨心难得。假说我今身是人，了无如是真智觉。但有如斯嗔害毒，身空无有少功德。庄严形貌似人身，不如生在傍生趣。汝在傍生有人智，象王为最象中尊。不言形貌即成人，不以傍生非是人。若有人慈功德者，彼乃当知即是人。"

尔时象王告曰："不劳广说多言语，不用多述巧言辞。汝今云何箭射我？速说斯事令我知。"猎师答曰："我奉王教，须汝身牙。缘此射之。"象王告曰："仁所须者，幸时早取。菩萨为怀，无不舍者。任汝拔牙，将所利益。"说伽陀曰：

"利益一切有情等，速离漂流生死海。常证无上菩提智。唯愿早入涅槃城。"

尔时猎师，心生羞耻，告象王曰："我须汝牙。"象王告曰："任意拔将。"答曰："我不能拔。若令我拔，愿住慈悲，我方能拔。若其不住慈悲之心，正拔之时，手必堕落。"象王告曰："若汝不能拔者，我自拔与。"象王曰："为我牙根入肉深远，当拔之时，白血流注。"拔已，欲与猎师。象王身色鲜白，如优昙钵花，血流遍身，如山雪覆，亦如褐文。

尔时象王自心睹见身相如是，恐有退转，欲坚其心，不令娆乱。由彼菩萨多习性故而行其施，岂有退耶？至于死路，唯归佛陀。于彼时中，有种种异相，为空中诸天，心得满足，便生喜悦，现希有事，然由象王作是苦行，空中有天，而说颂曰：

"我等诸天见，象王行苦行。当正拔牙时，受于无量苦。内心犹喜悦，必不退菩提。"

别有一天，而问彼天曰：

"如此拔牙身受苦，云何能发趣菩提？犹如地狱受苦人，必不能发慈悲意。"

尔时象王拔牙已，默然而住。猎师念曰："云何拔牙，执持而住，欲生悔耶？不予我耶？"于时象王，观知彼意，即持优昙钵花白色六牙，引其前足，而以六牙，欲舍与之，告曰："待住少时，待住少时，我今极痛。"象王又作此念："受者现前，何须久住？如何不施？本为此牙，欲杀于我，今既无牙，何虑余事？"告猎师曰："汝应善听。"说伽他曰：

"贤首汝应弃恶事，所持利剑弓箭物。被此袈裟仁者衣，我今见此心欢悦。或有施净受亦净，或有施净受不净。我今观汝净应供，施者受者二俱净。"

尔时象王见彼被离欲衣，心自喜悦，即与六牙。告曰：

"若实毒箭射我身，不生少许瞋恨意。此实愿速证菩提，当救轮回得解脱。"

佛告大王："于意云何？"彼时六牙大象王者，莫作异见，即我身是。我以慈悲，苦行布施，故而由未证菩提。由彼因缘，正见积集善根，而证无上菩提。

佛经不仅是佛教的经典，从文学的角度看，它也是非常宝贵的作品。佛经中包含许多散文故事，绝大部分都是寓言、童话等小故事，生动活泼。在信仰小乘佛教的东南亚各国，大概没有一本古代的书能像《佛本生故事》那样受欢迎。《佛本生故事》是用巴利文写成的。汉译佛经中也有许多内容与《佛本生故事》是相同的。

在佛经中还包含了许多诗歌（偈颂和伽他），其中有佛陀在给教徒讲经时所说的偈颂。下面这首偈颂是佛陀感谢一个婆罗门请他和自己的弟子吃饭时说的："若以饮食，衣服卧具，施持戒人，则获大果。此为真伴，终始相随，所至到处，如影随形。是故种善，为后世根，福为根基，众生以安。福为天护，亦不危险，生不遭难，死则上天。"① 一次，佛陀在降伏恶龙后，说了如下一首偈颂："龙出甚为难，龙与龙共集，龙勿起害心，龙出甚为难，过去恒沙数，诸佛般涅槃。汝竟不遭遇，皆由瞋恚火，善心向如来，速舍此恚毒，便得生天上。"② 也有佛教徒作的偈颂。由邓殿臣译的《长老

---

① 《佛说长阿含经》卷第二第一分《游行经》第二之一。
② 《增一阿含经》卷第十四《高幢品》第二十四之一。

偈·长老尼偈》中有长老偈 1291 首、长老尼偈 521 首。

有的偈颂是描写自然风景的，如大迦叶的一首偈颂中有几句就是描写风景的："山水何其清，石岩何广平；猴鹿常出没，树花时坠溪……"有的偈颂是颂扬佛陀的，如乌陀夷长老的偈颂中说："尘世生佛陀，未染一世尘；犹如水中莲，出水自清新。"有的偈颂揭示了佛陀离世后佛教僧团腐败的情景："出家修道人，舍弃财、妻、子；却因一勺饭，而为不义事。""懒惰懈怠者，利养唯追逐；不愿林中居，只喜村镇住。"

《根本说一切有部毗奈耶药事》卷第二中记载说，一个长者有 3 个儿子是大老婆生的，还有 1 个儿子是小老婆生的。在长者临终前，他要众兄弟团结，不要分家。他让几个儿子每人拿了一把柴火，将这些柴火放在一起，点燃了柴火。然后，又让每人分去一些点着的柴火，火很快就灭了。他对儿子们说了一首伽他，曰："众火相因成光焰，若其分散光便灭。兄弟同居亦如此，若辄分析还当灭。"其意思就是要兄弟团结，以保持家族财产的传承。

古代印度关于大洪水的故事有 2 个版本，一个版本的故事说：

> 一天，他（隐圣吠伐斯伐多）在毗利尼（Virini）河岸苦行既毕，忽有一条小鱼对他讲话，请求使它脱离河水，因为在河中，它不可避免地要成为比它大的鱼类的食饵。于是吠伐斯伐多取鱼放在储满水的缸内。最后，小鱼体积增大，缸不能容。摩奴不得已，又将它放在湖内，以后，放在恒河内，最后又放在海内，因为鱼的身体始终增长不已。每当摩奴给它换地方的时候，不论它身体如何庞大，却都易于携带，鼻嗅手触，都觉宜人。鱼被放入海内时，对圣者声言："不久，大地一切所有都要毁灭，这是世界沉沦的时期，亦即一切动和不动的物类可怕的解体时期到来。你要造一只大船，备有船缆，你将各种谷物装船后，要同七仙一起

上船。你要在船上等我,我要去找你。我头上有一只角,你即可认识我。"吠伐斯伐多从命,造了一只船,搭上去,想起了那鱼,鱼不久即行出现。圣者将一条很大的船缆系在鱼角上,时虽风浪澎湃汹涌,水天不辨,但鱼却使船在海面上高速航行。鱼曳船航行很多年月,最后使船在喜马拉雅山顶靠岸。于是,鱼命令众圣仙系船,说:"我是梵天,万有之主,没有高于我的存在物,我借鱼形,救你们出险。摩奴,你要在此实施造化之功。"说完不见……①

另一个版本的关于大洪水的故事载于《百道梵书》,它比《摩奴法典》中的故事长。故事说:

1. 早上,按照每天给摩奴打水洗手的习惯,人们把水给他送来。摩奴正准备盥洗,一条鱼跳到他的手上。

2. 它对他说:"收养我吧,我将拯救你!""这拯救从何说起呢?"摩奴问。"一场洪水将会把所有的生物冲走。我就是要把你从洪水中救出来。""那么我怎样养活你呢?"

3. 它说:"我们鱼类只要还小,就不免面临灾祸。因为大鱼总要吃小鱼的。你可以先把我养在一只罐子里,等到它装不下我时,再挖一个坑,把我移进去。到了坑也装不下我的时候,你就把我放回大海,那时就没有什么灾祸能威胁我了。"

4. 它很快长成了一条大鱼。"当我完全长大的时候,那一年就会有大洪水。"它说,"你要准备好一条大船,乘它来找我。一旦水涨起来,你就到船上去。我将救你脱离洪水。"

---

① 《摩奴法典》,第16~17页。

5. 于是摩奴便按照它的要求把它养成一条巨大的鱼，然后把它送入大海。就在这一年，他照鱼的嘱咐造了一条船，等洪水来到时，他便进入船内。这时大鱼游上前来。摩奴把缆绳系在鱼的角上，由它拽着，飞快地驶向遥远的北山。

6. 这时鱼说："我已经救了你。你可以把船系在树上。当心你在山上的时候不要让水把船冲走。以后大水渐渐退去，你再一步步下来。"就这样，（当大水退去的时候）他就慢慢回到山下。此后，北山的这一面就被称作"摩奴坡"。洪水扫荡了所有的生物，只有摩奴留了下来。

7. 摩奴亟盼能有后代，便举行祭祀，并做各种苦行。这期间他也举行了巴迦祭。他向水中投献了精制的酥油、酸奶、乳浆和奶酪。不到一年，长出一个女人。她一站起来就很壮实，行走时留下的全是精细的酥油的足迹。密特罗和伐卢纳碰到了她。

8. 他们问他："你是谁呀？""摩奴的女儿。"她回答。他们要求她："说你是我们的吧。""不！"她说，"谁生了我，我就是谁的女儿。"他们想在她身上分享一份（功劳）。她不置可否，就从他们的身边走了过去，来到摩奴面前。

9. 摩奴问她："你是谁呀？""我是你的女儿。"她回答。"多么光彩照人啊！你真的是我的女儿吗？"他又问。她说："你把精制的酥油、酸奶、乳浆和奶酪作为供品投献到水里。你就是用它们生育了我。我是祝福之身，在祭祀的时候用我吧。如果你在祭祀时用我，你会子孙繁盛，牛羊成群。你通过我所祈求的福祉，一定会全部在你身上实现。"于是他就按照她的嘱咐，在祭祀中间——紧接在前供之后和后供之先的就是祭祀中间——用她（作为祝福）。

10. 他和她一起继续不断地举行祭祀并做苦行，以求子嗣。

就是这样通过她，他使这个种族得以诞生——这个摩奴的种族。他通过她所祈求的福祉也全部实现了。

　　11. 这个（摩奴的女儿）原来就是伊达。谁明白了这一点并同伊达一起做，他就是致力于繁衍由摩奴创造的种族；他通过她所祈求的福祉，也全部会在他身上实现。①

古代印度关于洪水的故事和《旧约圣经》中那个著名的关于大洪水的故事非常类似。《旧约圣经》中那个故事说，上帝耶和华按照他自己的样子创造了人类。但当人多起来以后，上帝发现：

　　人在地上罪恶很大，终日所思想的尽都是恶，耶和华就后悔造人在地上，心中忧伤。耶和华说："我要将所造的人和走兽，并昆虫，以及空中的飞鸟，都从地上除灭，因为我造他们后悔了。"惟有挪亚在耶和华眼前蒙恩。……神就对挪亚说："凡有血气的人，他的尽头已经来到我面前；因为地上满了他们的强暴，我要把他们和地一并扫灭。你要用歌斐木造一只方舟，分一间一间地造，里外抹上松香。方舟的造法乃是这样：要长三百肘，宽五十肘，高三十肘。方舟上边要留透光处，高一肘。方舟的门要开在旁边。方舟要分上、中、下三层。看哪，我要使洪水泛滥在地上，毁灭天下，凡地上有血肉、有气息的活物，无一不死。我却要与你立约，你同你的妻与儿子、儿妇，都要进入方舟。凡有血肉的活物，每样两个，一公一母，你要带进方舟，好在你那里保全生命……你要拿取各样食物积蓄起来，好作你和它们的食物。"挪亚就这样行。凡神所吩咐的，他都照样行了。

---

①　崔连仲等选译：《古印度吠陀时代和列国时代史料选辑》，第23～25页。

耶和华对挪亚说:"你和你的全家都要进入方舟,因为在这世代中,我见只有你在我面前是义人。凡洁净的畜类,你要带七公七母;不洁净的畜类,你要带一公一母;空中的飞鸟也要带七公七母,可以留种,活在全地上。因为再过七天,我要降雨在地上四十昼夜,把我所造的各种活物,都从地上除灭。"挪亚就遵照着耶和华所吩咐的行了。

当洪水泛滥在地上的时候,挪亚整六百岁。挪亚就同他的妻和儿子、儿妇,都进入方舟,躲避洪水。洁净的畜类和不洁净的畜类,飞鸟并地上一切的昆虫,都是一对一对的,有公有母,到挪亚那里进入方舟,正如神所吩咐挪亚的。过了那七天,洪水泛滥在地上。

当挪亚六百岁,二月十七日那一天,大渊的泉源都裂开了,天上的窗户也敞开了。四十昼夜降大雨在地上。正当那日,挪亚和他三个儿子闪、含、雅弗,并挪亚的妻子和三个儿妇,都进入方舟。他们和百兽,各从其类,一切牲畜,各从其类;爬在地上的昆虫,各从其类;一切禽兽,各从其类,都进入方舟。凡有血肉、有气息的活物,都一对一对的到挪亚那里,进入方舟。凡有血肉进入方舟的,都是有公有母,正如神所吩咐挪亚的。耶和华就把他关在方舟里头。

洪水泛滥在地上四十天,水往上涨,把方舟从地上漂起。水势浩大,在地上大大的往上涨,方舟在水面上漂来漂去。水势在地上极其浩大,天下的高山都淹没了。水势比山高过十五肘,山岭都淹没了。凡在地上有血肉的动物,就是飞鸟、牲畜、走兽和爬在地上的昆虫,以及所有的人都死了。……凡地上各类的活物,连人带牲畜、昆虫,以及空中的飞鸟,都从地上除灭了,只留下挪亚和他那些与他同在方舟里的。水势浩大,在地上共一百五十天。

神记念挪亚和挪亚方舟里的一切走兽牲畜。神叫风吹地，水势渐落。渊源和天上的窗户都闭塞了，天上的大雨也止住了。水从地上渐退。过了一百五十天，水就渐消。七月十七日，方舟停在亚拉腊山上。水又渐消。到十月初一日，山顶都现出来了。

过了四十天，挪亚开了方舟的窗户，放出一只乌鸦去；那乌鸦飞来飞去，直到地上的水都干了。他又放出一只鸽子去，要看看水从地上退了没有。但遍地上都是水，鸽子找不着落脚之地，就回到方舟挪亚那里，挪亚伸手把鸽子接进方舟来。他又等了七天，再把鸽子从方舟放出去。到了晚上，鸽子回到他那里，嘴里叼着一个新拧下来的橄榄叶子，挪亚就知道地上的水退了。他又等了七天，放出鸽子去，鸽子就不再回来了。

到挪亚六百零一岁，正月初一日，地上的水都干了。挪亚撤去方舟的盖观看，便见地面上干了。到二月二十七日，地就都干了。

神对挪亚说："你和你的妻子、儿子、儿妇，都可以出方舟。在你那里凡有血肉的活物，就是飞鸟、牲畜和一切爬在地上的昆虫，都要带出来，叫它在地上多多滋生，大大兴旺。"于是挪亚和他的妻子、儿子、儿妇都出来了。一切走兽、昆虫、飞鸟，和地上所有的动物，各从其类，也都出了方舟。

挪亚为耶和华筑了一座坛，拿各类洁净的牲畜、飞鸟献在坛上燔祭。耶和华闻那馨香之气，就从心里说："我不再因人的缘故咒诅地（人从小时心里怀着恶念），也不再按着我才行的，灭各种的活物了。地还存留的时候，稼穑、寒暑、冬夏、昼夜，就永不停息了。"①

众所周知，《圣经》中描述的大洪水的故事，其实反映的是两河流域地区洪水泛滥的事实。《圣经》中的大洪水实际上来源于两河流域的苏美尔神话。而关于大洪水的故事，在两河流域的文献中早就有了。现在保存下来的有关苏美尔洪水的神话泥板损坏严重，因此无法知道神话开始讲的是什么，只是知道，众神决定要毁灭人类，但也有一些神不同意，觉得这太残酷了："然后宁图泪如……纯洁的伊南娜为其人民失声痛哭，恩奇自我沉思，安、恩利尔、恩奇和宁胡尔萨格……天地众神念叨安和恩利尔的名字。"关于大洪水本身，史诗写道："所有的风暴，异常强大的风暴，始终如一地袭来。与此同时，洪水席卷祭祀中心。七天七夜以后，洪水淹没了天地，巨船在狂风的吹打下，在大水中颠簸，普照天地的乌图出现了。兹乌苏德拉打开了巨大之窗，英雄乌图把它的光带入船中。兹乌苏德拉，这位国王，跪在乌图的面前，他杀了一头牛，宰了一只羊。"

在《吉尔伽美什史诗》第十一块泥板中，也有关于洪水的部分：

一（A）

吉尔伽美什对遥远的乌特那庇什提牟说：

"乌特那庇什提牟啊，我在把你仔细端详，

你的姿态，和我简直一模一样，

的确，我和你简直也一模一样。

我还以为你满怀斗志，

〔谁知〕你竟不知所为，闲散游荡。

〔给我谈谈吧〕，你是如何求得永生，而与诸神同堂?!"

---

① 《创世记》，VI～VIII。

乌特那庇什提牟对吉尔伽美什说：

"吉尔伽美什啊，让我来给你揭开隐秘，

并且说说诸神的天机！

什尔巴克，这是个你也知道的市镇，

它的位置在幼发拉底〔河滨〕，

那是个古老的市镇，诸神都在那里存身。

是他们让诸大神泛起洪水，

〔其中曾有〕：阿努——他们的父神。

勇敢的恩利尔，他们的谏诤人；

尼努尔塔，他们的代表，

恩努基，他们的领航人；

尼尼基克，就是那个埃阿，也没跟他们离群。

他们对着芦舍喊出他们的话语：

'芦舍啊，芦舍！墙壁啊，墙壁！

芦舍啊，你听着！墙壁啊，你考虑！

什尔巴克人，乌巴拉·图图之子啊，

赶快毁掉房屋，把船只制造，

点清你应拿的东西，去把命逃！

忘掉那些财宝，讨你的活命，

将一切活物的物种运进船中。

你们应该建造的那只船，

既定的尺寸，不容变通。

它的宽度必须和深度一致，

要像盖得上阿菩斯〔那样才成〕！'

我听明白了，就对我的主神埃阿说：

'〔看哪！〕我的主神啊，你所指令，

我惟命是从。

〔可我〕怎么回答那市镇、人们和长老诸公?'

埃阿开口讲起话来,

他跟我——他的仆人说明:

'你可以这样对他们讲清——

我知道恩利尔对我心怀不善,

(我)不能再住在你们的市镇之中,

而且也不能在恩利尔的领地里露面,

我要到阿菩斯去,和我的主神埃阿朝夕与共。

他将赐给你们物产丰盈,

〔他将指出〕那里有〔鸟或〕鱼藏匿,

〔他将使国土上〕五谷丰登,

〔　〕〔库克〕

〔　〕将奇布图恩赐给尔等。'

我趁〔最早的〕晨光,

就在〔我的近旁〕把泥土收拢。

(第50—53行残缺)

孩子们〔取〕沥青,

大人们把〔一切〕必需品搬送。

第五天我把船的骨架建成,

那船表面积一伊库,它的四壁各十伽尔高。

那覆板,各十伽尔宽,

我把它的骨架构造,使它成型,

然后把六块覆板,将它一一铺平。

在七个地方分成〔　〕,

把它分成九块舱面,

把木栓嵌进它的正中。

我为船桅，已经备足所需的材料，

我向炉灶倒进六舍尔的沥青，

将三舍尔的沥青注入〔 〕当中。

运筐的人们运到三舍尔的油，

一舍尔的油在〔防水上〕用净，

两舍尔的油储存〔在〕水手手中。

我为〔人们〕宰杀了群牛，

每天还宰些羊。

葡萄汁、〈红葡萄〉酒、油、加上白葡萄佳酿，

我给佚役们〔喝〕的，简直像河水在淌，

他们都吃得饱饱，就像正月那样。

我打开涂油〔的 〕注入我手中，

第七天船已竣工。

〔这船的下水〕困难重重，

我们不得不把舱板上下摇动，

〔好容易才使船身〕的三分之二进〔入水中〕。

〔我把我所有一切〕统统放进船里，

我把我的全部银货统统放进船里，

我把我的〔全部〕金货统统放进船里，

我把我所有的一切有生命的东西，都〔放〕进船里。

我让家眷和亲眷都乘上船，

我让野兽、野生物和所有的工匠都登上船去。

舍马什给规定了时辰——

'若是朝里〔 〕夜里天降苦雨，

便进入舱内，将舱口紧闭。'

这时辰终于来到，

'朝里〔　　〕夜里要降苦雨啦！'

我瞧了瞧天象，

天阴沉异常。

我便进入船内，将舱口堵上，

将船里装的连同船身，

整个交给普兹尔·阿木尔，这个船工、水手执掌。

到了阳光出现的时候，

天边乌云涌起，

阿达特在空中响起霹雳，

舒尔拉特和哈尼什作了先行，

他们到群山各地去预报信息，

伊尔拉伽尔砍倒船桅，

尼努尔塔向前进，将航路开辟。

阿奴恩那奇举起火来，

光辉所及整个国土烈焰顿起。

阿达特的恐怖直达九重高天，

就是〔他〕使光明重归黑暗，

〔辽阔的〕国土被封闭得如同〔闷罐〕。

一日之间〔刮起了〕台风，

越刮越猛，风速有增无减〔　〕

像战斗一样〔　〕

彼此之间，对面不见，

从高天也无法把人们分辨。

诸神因洪水而惶惶不安，

纷纷退了出来，登上阿努的高天，

他们像狗一样瑟缩地藏在外厢，

伊什妲尔竟像（世俗的）女人那样哭喊。

这声音美妙的〔诸神的〕宠姬竟拔高嗓门：

'瞧，过去的岁月都付诸黏土一片，

都是我在诸神的集会上说的话招来的灾难。

我为啥在诸神的集会上竟说出招灾的语言，

我为啥竟惹出这场毁灭我的人类的祸患，

虽然我才是人类的真正生育者，

却叫他们像鱼卵一般在海里漂满。'

阿奴恩那奇的诸神和她一同啼哭，

痛心的诸神坐下来啼哭，

他们的嘴唇全都〔　〕

整整六天〔六〕夜，

风和洪水一涌而来，台风过处国土荒芜。

到了第七天洪水和风暴终于败北，

这番战斗活像是沙场争逐。

海平静了，暴风雨住了，洪水退了，

瞅瞅天，已然宁静如故，

而所有的人已葬身黏土。

在高如平房屋脊的地方，有片草原出现，

刚打开舱盖，光线便照射我的脸。

我划船而下，坐着哭泣，

我泪流满面，

在海的尽头，我认出了岸。

有十二〔处地方〕出现了陆地，

船就停在了尼什尔山。

船在尼什尔山搁浅不能动弹。

第一天第二天船在尼什尔山（搁浅，不能动弹），

第三天第四天船在尼什尔山（搁浅，不能动弹），

第五天第六天船在尼什尔山（搁浅，不能动弹）。

到了第七天，

我解开了鸽子放了出去，

鸽子飞去，又盘旋飞还，

它飞了回来，因为找不到休息的地点。

我解开燕子放了出去，

燕子飞去，又盘旋飞还，

它飞了回来，因为找不到休息的地点。

我解开大乌鸦放了出去，

大乌鸦飞去，看到水势已退，

打食、盘旋、嘎嘎地叫，没有回转。

我迎着四方的风（将诸鸟）统统放走，献上牺牲。

我在山顶将神酒浇奠。

我在那里放上七只，又七只酒盏，

将芦苇、杉树和香木天宁卡放置在台上面。

诸神嗅到它的香味，

诸神嗅到他们所喜爱的香味，

诸神便像苍蝇一般，聚集在敬献牺牲的施主身边。

这时大女神来到这里，

取了精致的金银首饰，那是阿努为讨她的欢心而制，

'要像挂在我脖子上的宝石一样，不要把这些神忘记，

决不要忘却，要把这些日子牢记在心里。

诸神啊，请到牺牲这儿来吧，

唯有恩利尔却不许，

因为他不加考虑便把洪水泛起，

而且要将我的人类灭绝无遗。'

这当儿恩利尔已来到那里，

恩利尔见了船，十分生气。

他对伊吉吉诸神满腔怒火——

'怎么，生物得救了？原说是逃脱一个也不许！'

尼努尔塔开口对勇敢的恩利尔说：

'除了埃阿还有谁能搞出这套诡计，

因为只有埃阿他知道这件事的底细。'

埃阿对勇敢的恩利尔说：

'诸神的师父，勇敢的你，

为何不加考虑就将洪水泛起？

有罪者可以治他的罪，无耻的可以叫他受辱，

不能害（其命），〔绝其〕迹，宽容饶恕才是正理。

要减少人类，与其泛起洪水莫如让狮子逞凶，

要减少人类，与其泛起洪水莫如让狼来吞噬，

要将国土〔　　〕，与其泛起洪水莫如让灾荒遍地，

要〔挫伤〕人类，与其泛起洪水莫如让伊鲁拉降世。

揭开大神们秘密的并不是我，

若有人给阿特拉哈什斯托梦，他就会懂得诸神的秘密，

如今，我们倒应该为他拿点主意。'

于是，恩利尔走进船里，

牵着我的手，让我上了船，

让我的妻子上了船，坐在我的身边。

为了祝福，他来到我们中间，摸着我的前额：

> '乌特那庇什提牟直到今天仅仅是个凡人，
>
> 从现在起他和他的妻子，就位同我们诸神，
>
> 就让他在那遥远的土地，诸河的河口存身！'
>
> 于是他就把我领来，让我在这遥远的土地，
>
> 诸河的河口存身……①

上述这几个故事都说，在远古时期，曾经发生过大洪水，是神仙显灵，拯救了人类和世界上的一切生物。

中国也有关于大洪水的传说。中国神话中的洪水有女娲氏"炼五色石以补苍天，断鳌足以立四极，杀黑龙以济冀州，积芦灰以止淫水"，"淫水涸，冀州平"（《淮南子·览冥训》），等等。更普遍的是尧舜时的洪水传说，其时期可以确定为新石器时代后期和部落联盟时代后期："汤汤洪水方割（淹），荡荡怀山襄陵，浩浩滔天"（《尚书·尧典》）。中国的这个故事中也说到曾经发生过大洪水，但却不是神拯救了人类和万物，而是人自己拯救了自己，即治水。

一个佛经故事和希罗多德所记载的埃及故事雷同。佛经《生经》卷第二《佛说舅甥经》第十二中记载：

> 闻如是，一时佛游舍卫国祇树给孤独园，与大比丘众俱。佛告诸比丘："乃昔过去，无数劫时，姊弟二人。姊有一子，与舅俱给官御府织金缕锦绫罗縠珍好异衣，见帑藏中琦宝好物，贪意为动，即共议言：'吾织作勤苦不懈，知诸藏物好丑多少，宁可共取用解贫乏乎？'夜人定后，凿作地窟，盗取官物，不可赀数。明监

---

① 《世界第一部史诗——吉尔伽美什》，赵乐甡译，沈阳：辽宁人民出版社，1981年版，第83～92页，第11块泥板的内容。

藏者，觉物减少，以启白王。王诏之曰：'勿广宣之，令外人知。舅甥盗者，谓王多事，不能觉察，至于后日，遂当慑伏，必复重来。且严警守，以用待之。得者收捉，无令放逸。'藏监受诏，即加守备，其人久久，则重来盗。外甥教舅：'舅年尊体羸力少，若为守者所得，不能自脱，更从地窟，却行而入。如令见得，我力强盛，当济免舅。'舅适入窟，为守者所执。执者唤呼，诸守人捉甥不制，畏明日识，辄截舅头，出窟持归。晨晓藏监具以启闻。王又诏曰：'舆出其尸，置四交路，其有对哭取死尸者，则是贼魁，弃之四衢。'警守积日。于时远方，有大贾来，人马车驰，填喧塞路，奔突猥逼。其人射闹，载两车薪，置其尸上。守者明朝具以启王。王诏：'微伺，伺不周密，若有烧者，收缚送来。'于是外甥将教僮竖，执炬舞戏，人众总闹，以火投薪，薪燃炽盛。守者不觉，具以启王。王又诏曰：'若以蛇维，更增守者，严伺其骨，来取骨者，则是原首。'甥又觉之，兼猥酿酒，特令醇厚，诣守备者，微而酤之。守者连昔饥渴，见酒宗共酤饮，饮酒过多，皆共醉寐，俘囚酒瓶，受骨而去。守者不觉，明复启王。王又诏曰：'前后警守，竟不级获，斯贼狡黠，更当设谋。'王即出女，庄严璎珞，珠玑宝饰，安立房室，于大水傍。众人伺卫，伺察非妄。必有利色，来趣女者。素教诫女，得逆报捉，唤令众人，则可收执。他日异夜，甥寻窃来，因水放株，令顺流下，唱叫犇急，守者惊趣，谓有异人。但见株机。如是连昔，数数不变。守者玩习，睡眠不惊，甥即乘株到女室，女则执衣。甥告女曰：'用为牵衣，可捉我臂。'甥素狡黠，预持死人臂，用以授女。女便放衣，转捉死臂，而大称叫。迟守者寤，甥得走脱。明具启王，王又诏曰：'此人方便，独一无双。久捕不得，当奈之何？'女即怀妊，十月生男。男大端正，使乳母抱行，周遍国中。有人见与，有鸣嗷者，便缚送来。抱儿终日，无鸣嗷者。甥为饼师，住饼炉下。小儿饥啼，乳母抱儿，趣饼炉下，市饼饲儿。甥既见儿，即以饼与，因而鸣之。乳母还白王曰：'儿行终日，无来近者。饥过饼炉，时卖饼者，授饼乃鸣。'王又诏曰：'何不缚送?'乳母答曰：'小儿饥啼，饼师授饼，因而鸣之，不意是贼，何因囚之?'王使乳母更抱儿出，及诸伺候，见近儿者，便缚将来。甥酤美酒，呼请乳母，及微伺者，就于酒家劝酒，大醉眠卧，便盗儿去。醒悟失儿，具以启王。王又诏曰：'卿等顽骏，贪嗜狂水，既不得贼，复亡失儿。'甥时得儿，抱至他国，前见国王，占谢答对，引经说谊。王大欢喜，辄赐禄位，以为大臣，而谓之曰：'吾之一国，智慧方便，无逮卿者。欲以臣女，若吾之女，当以相配，自恣所欲。'对曰：'不敢，若王见哀其实，欲索某国王女。'王曰：'善哉，从所志愿。'王即有名，自以为子，遣使者往，往令求彼王女。王即可之。王心念言：'续是盗魁，前后狡猾。即遣使者，欲迎吾女。'遣其太子，五百骑乘，皆使严整。王即敕外，疾严车骑。甥为贼臣，即为恐惧，心自念言：'若到彼国，王必被觉，见执不疑。'便启其王：'若王见遣，当令人马五百骑，具衣服鞍勒，一无差异，乃可迎妇。'王然其言，即往迎妇。王令女饮食待客，善相娱乐。二百五十骑在前，二百五十骑在后，甥在其中，跨马不下。女父自出，屡观察之。王入其中，躬执甥出：'尔为是非，前后方便。捕何叵得。'稽首答曰：'实尔是也。'王曰：'卿执聪哲，天下无双，随卿所愿。以女配之，得为夫妇。'"佛告诸比丘："欲知尔时甥者，则吾身是；女父王者，舍利弗是也；舅者，调达是也；女妇国王，父输头檀是也；母摩耶是，妇瞿夷是，子罗云是也。"佛说是时，莫不欢喜。

希罗多德《历史》第二卷 121 中记载的埃及故事说：

在普洛铁乌斯之后统治埃及的，他们说是拉姆普西尼托斯……

A. 他们告诉我说，这个国王拥有这样大量的白银，以致后来的国王无人能超过他或比得上他；为了能够安全地保藏他的财富，他下令修建一间石室，这间石室的一面墙就和他的宫殿的外侧相接。但是修建这间石室的工匠却巧妙地想出一个办法，使墙上的一块石头砌得可以容易地给两个人甚或一个人抽出来。因此，当石室完工的时候，国王便把他的财富储藏在里面了。但是久而久之，当这个设计的工匠病得快要死的时候，他把孩子们（他有两个儿子）召到自己的面前来，告诉他们怎样由于在他修建国王的财库时的技艺，而为他们安排了一个非常富裕的生计。他非常详尽地告诉他们移动石头的办法并且把寻找这块石头的尺寸也向他们讲了，并且说如果他们把这些记住的话，他们便可以随便支配国王的财富了。因此，当他死去的时候，他的儿子不久便着手于他们的这件事了：他们在夜里来到王宫，很容易地在石室上找到了那块石头并把它抽出来，这样便盗窃了大量的财富。

B. 当国王有一天打开石室的时候，他非常惊讶地看到盛着财宝的容器有些已经不满了。但是他不知道这应当归咎于何人，因为封印毫无异状，而石室也紧紧地关着。但是在他第二次、第三次打开石室的时候，他发现财宝更加减少了（因为盗贼并没有停止偷盗），于是他便下令设置陷阱并把它安置在他财宝的容器的四周。盗贼像先前那样地又来，他们之中的一个爬了进来；当他走近容器的时候，他立刻便被陷阱捉住了。看到他自己遭到灾祸，他立刻喊他的兄弟并把发生的事情告诉了他，要他的兄弟尽快地进来割掉他的首级，以免被人看见和认出从而也连累了他的兄弟。他的兄弟认为这是一个好办法，便同意并这样做了。于是他便把石头又安放在原处，带着他的兄弟的首级回家去了。

C. 等到早上的时候，国王又到石室来，他吃惊地看到一名无头贼，但是石室仍然没有打开，也看不出出入的痕迹来。于是他不知道如何是好了。但是他立刻下令把盗贼的尸体悬在外城并派卫兵守在那里，告诉这些卫兵，如果看到有人哭泣或是哀悼，就立刻把这个人捉来见他。但是当这具尸体这样给悬挂出来的时候，贼的母亲感到万分难过，她要她还活着的那个儿子想不管是怎样一个办法把那个尸首放下来并把它带回来；她并且威吓说如果他不从命的话，她就要到国王那里去报告，说他窝藏了偷来的财富。

D. 因此当母亲痛斥了他，而他无论如何也不能说服她的时候，他便想出了一个办法：他带着他的驴子，驴子背上载运着盛满着酒的皮囊，然后就赶着它们在自己的前面走，而一直来到看守着悬挂着的尸体的卫兵的近旁；于是他便拉两三只革囊上的脚，这样就把它的口解开了；而在酒向外流的时候，他便高声喊叫并且打自己的脑袋，好像是不知道先对付哪一只驴子好的样子。卫兵看到酒这样大量地流出来，他们便拿起器皿跑到大道上去接取流出来的酒并自认为是有运气的。这个人假装作生气的样子并把卫兵们痛骂了一顿。但是卫兵却心平气和地向他讲话。于是他立刻像是受到宽慰并且平息了怒气，直到最后，他竟把他的驴子赶到大道旁边并着手重新整理他载运的东西。结果卫兵和他谈起话来，其中的一名卫兵竟和他开玩笑而使他笑了起来，这样他又送给他们一革囊的酒。于是不费什么麻烦卫兵们便坐了下来开始饮酒，他们要他参加进来和他们共饮。他同意而留下了。他们跟他欢饮，而他又给了他们一革囊的酒，直到卫兵们由于喝得太多而酩酊大醉的时候，他们终于不得不睡着而在他们饮酒的地方卧倒了。当夜深的时候，这个贼便把他的兄弟的尸首放下来，然后为了愚弄的目的，他又剃了这些卫兵的右颊。他把这尸首放到驴背上驮着，赶回家里去，这样便完成了母亲交给他的任务。

E. 当国王听到贼的尸首被盗走的时候，他真是愤怒万分了。因此为了不管用什么代价也要捉住做出了这样事情的人，他便用了这样一个办法，这是埃及祭司们的说法，但我个人是不相信这个说法的。他把自己的女儿给送到娼家去，命令她不拘任何人一律接待，但是在就寝之前先要每一个人告诉她，他本人在一生中所做的最聪明的和最邪恶的事情是什么。如果任何一个人在回答时告诉了她这个贼的故事，她必须立刻抓住他，不许他逃跑。他的女儿按照她父亲的吩咐做了，但贼是知道为什么国王要这样做的，于是他便想在技巧方面胜过国王。因此他又想出了下面的一个计划：他弄到了一具刚死的尸体并把它的一只手臂割下来藏到衣服下面，这样便到国王的女儿那里去。当她像她对所有其他的人一样地向他提出问题的时候，他就告诉她说他所做的最邪恶的事便是在他的兄弟被国王财库中的陷阱捉住时，他割下了他兄弟的脑袋；而他最聪明的事情便是灌醉了卫兵并把尸体带走。当他这样讲的时候，公主便想抓住他，但是贼却在黑暗当中把尸体的手臂给了她。公主以为这便是他的手臂，便紧紧地把它捉住。但贼在这时却把手臂留给她抓着，自己从后门溜掉了。

F. 在国王又得到这个消息之后，对这个人的狡猾和大胆深为惊服，于是便派使者到他统治之下的各个城镇去发布命令说，如果这个人前来谒见国王的话，国王将答应赦免他并给他重额的赏金。贼相信了他的话，到国王这里来了；拉姆普西尼托斯称赏他，说他是人间最有智慧的人并把公主许配给他。因为国王说埃及人在智慧方面比所有其他异邦人要优秀。

佛经中的故事和希罗多德所叙述的埃及故事，在情节上几乎一模一样，它们是自创还是抄袭，谁首先创作的，谁抄袭谁，不得而知。

三、哲学

在古代东方，南亚和中国的哲学思想是很发达的。古代南亚的哲学思想尤其是宗教哲学思想特别深邃玄奥。

婆罗门教认为"梵"是世界的本质，但"梵"并非客观物质世界，而是一种抽象的理念世界。它认为世界万物出自"梵"，又归于"梵"。"我"（不是物质的我）也出自"梵"。该宗教的最高理想是达到"梵我一致"。在梵我不一致时，"我"将经历轮回。使"我"重归于"梵"的方式之一是杀生祭祀。公元前6—前4世纪时，婆罗门教的唯心主义观点受到两个方面的批评：一方面是以顺世论派为代表的唯物主义派别的批评，另一方面是以佛教为代表的唯心主义派别的批评。当时的"六师"、"六十二见"、"九十六种外道"，它们都有自己独特的哲学思想，虽然其中有的也吸收了婆罗门教的某些观点，如轮回转世等。

"顺世论派"梵语为"路伽耶陀"，意为流行于人民中的观点，又称"察婆迦派"，其创始人相传是毗诃拔提，列国时代的代表人物是阿夷多翅舍钦婆罗。该派认为世界是由地、水、风、火四大元素构成的，人和人的灵魂亦如此。他们还认为，灵魂、意识与肉体不能分开，反对人死后灵魂还存在的说法，认为人死之后意识、灵魂亦不复存在。它否认祭祀的必要，也否认祭司存在的必要，否定吠陀的权威。顺世论派的唯物主义思想为统治阶级所不容，其著述均被毁，只有个别论断载于其敌手的著述之中。

早期佛教否定神的存在，是当时世界上人类精神觉醒的一个重要组成部分，但它是站在唯心主义立场上反对婆罗门教的。它主张"我空有法"，属客观唯心主义的范畴。佛教在其传播过程中分裂成许多派系，尤其是大乘佛教主张"法我皆空"，即主张客观世界和主观世界都是没有的，其唯心主义更加彻底。

第二节　科学与建筑

一、科学

古代南亚人民在数学、天文和医学等方面也有不少成就。

在数学方面，他们以其发明的数字（即现在的阿拉伯数字）而闻名于世。但在古代，南亚没有专门的数学文献传世。我们只能从其他著述、钱币和铭文中了解一些他们的数学的情况。

大约在公元前800—前200年时，南亚人民创造出了原始的数字。大约公元前3世纪以后，出现了计数符号。1～9的每个数都有专门的符号，但还没有零的符号和进位记法。后来，他们发明了零的符号。他们知道一个数乘以零得零，并说一个数减去零也不会使一个数变小，一个数除以零后不变；以零为分母时，不管加减多少，这个分数不变；一个数除以零称为无穷量。零的发明是数学史上一个很大的贡献。他们的数字符号被阿拉伯人学去，并由阿拉伯人传至西方，故西方人称之为"阿拉伯数字"。

南亚人民在天文学中用六十进位制。他们的分数没有横线，如我们写成 $\frac{3}{4}$，他们写成 $\frac{3}{4}$。他们引用负数来表示欠债。他们也懂得毕达哥拉斯定理（中国的商高定理），懂得求圆的面积，其 π 值为 3.09。

古代印度也是从很早的时期起便注意天文观测。他们认识了许多星座，把黄道附近的恒星划为28个星座，并以此为背景来观测太阳及各行星在天空中的位置。他们的历法是1年12个月，每月30天，5年置闰，增加1个月。

印度地处热带，雨水很多，炎热潮湿的气候很容易引起各种疾病。所以，当地人民从远古时代起便创立了自己的医学，主要医学著作有《阿闼婆吠陀》、《寿命吠陀》、《阇罗迦吠陀》、《妙闻集》，较晚的有《八支集》、《摩陀婆尼旦那》等。

虽然由于宗教的原因，古代印度的医生被禁止接触尸体，但他们对于解剖学十分重视。他们记载说，人身上有骨300块、腱90个、关节210处、肌肉500块、血管70根、液体3种、分泌物7种、感觉器官9种。他们认为，生物是由气（风）、胆（热）和痰（水）这3种原质构成。疾病是身体这3种原质的关系有了异常或由3种原质所生的体液减少所致。病乃是身体的体液或精神的体液紊乱。他们认为热病最严重，称之为"众病之王"。肺病被称为贵族病。他们对天花也有记载，认为是由女瘟神所致。他们知道蚊子与疟疾的关系，并且似乎也知道老鼠与鼠疫的关系。

医生诊病，除望诊、叩诊和听诊外，还有闻诊和尝味。

古代印度人的外科著作以《妙闻集》最为重要。该书详细记载了医生在外科手术时所应做的准备和各种外科器械，他们能做多种外科手术。

古代印度的医生十分重视利用药物制作各种药剂。《梨俱吠陀》中记载了许多药草。他们还认为水有万能的疗效。佛经中记载了多种药，如律藏《根本说一切有部毗奈耶药事》卷第二四中记载有植物的根、茎、叶、花、果等，有动物的肉、脂等。佛教徒是不能吃肉的，但为了治病，佛陀也允许吃肉：

> 时有具寿西羯多苾刍，遂患风瘨，随处游行。乃至婆罗门居士见已，自相问言，"是谁家儿子？"有人先识，告众人曰："是某居士儿。"众人言曰："由是孤独。"令于沙门释子教中出家。若不出家，亲戚必当为疗风疾。以此因缘，时诸苾刍往白世尊。佛言：

"诸苾刍，当为西羯多苾刍问彼医人，为疗风疾。"时诸苾刍往医人处，问曰："贤首，有一苾刍，患如是病，可为处方。"医人曰："宜服生肉，必当得差。"苾刍报曰："贤首，彼苾刍可是食肉人耶？"医人曰："圣者，此是治风病药，除此药已，余不能疗。"时诸苾刍以缘白佛。佛言："若医人说此为药，余不能疗，应与生肉。"时诸苾刍便与生肉，彼人眼见，而不肯食。佛言："应以物掩眼，然后与食。"时彼苾刍缘与，即除掩物。然病苾刍见手有血，遂便欧逆。佛言："不应即除系物，待彼食讫，净洗手已，别置香美饮食，方可除其掩系。"而告之曰："汝应食此美食，病可得差。"差已，每忆斯药，时诸苾刍以缘白佛，佛言："若病差已，如常顺行，违者得越法罪。"

这个病人可能是因为生病而使身体虚弱了，所以开的药方中有肉，实际上是用肉给他补身体。

古代印度的医学有很高的成就。佛经中专门有一些讲医药的篇章，如律藏《根本说一切有部毗奈耶药事》里讲什么病用什么药，甚至说佛陀也懂一些医药知识：

> 尔时薄伽梵在室罗伐城逝多林给孤独园。时诸苾刍秋时染疾，身体痿黄，羸瘦憔悴，困苦无力。世尊见已，知而故问阿难陀曰："何故诸苾刍身体痿黄，羸瘦无力？"阿难陀白佛言："大德，诸苾刍等，既侵秋节，遂染诸病，身体痿黄，羸瘦无力。"佛告阿难陀："由是病苦，我今听诸苾刍服食杂药。"如是世尊既听服药，时诸苾刍，遂于时服，非时不服，身体尚衰，羸瘦无力。尔时世尊知而故问阿难陀："我已听诸苾刍服食诸药，然此苾刍犹故羸瘦。"阿难陀白佛言："世尊，听诸苾刍服食诸药，此诸苾刍，并

于时服，非时不服，所以身体痿黄，羸瘦无力。"尔时佛告阿难陀："我今为诸苾刍开四种药，一时药，二更药，三七日药，四尽寿药。言时药者，一麨、二饼、三麦豆饼、四肉、五饭。此并时中合食，故名时药……"

当时印度还有一些医术很高的医生，被称为医王，如耆婆（在《大唐西域记》中译为时缚迦，玄奘认为，此人应当叫作时缚迦，耆婆是讹传）、憍萨罗国的医生阿帝耶、耆婆的老师宾迦罗等。宾迦罗曾对耆婆称："我于阎浮提中，最为第一。我若死后，次复有汝。"说明他也可以算得上是医王了。关于古代印度的医术，佛经《根本说一切有部毗奈耶药事》之《四分律·衣揵度》中记载了耆婆的生平事迹，关于他的事迹在佛经中多有记载，但各经记载有些出入，具体情节也多有夸张，不过其人确实存在。玄奘说，他的故宅在摩竭陀国的上茅宫城。耆婆曾经在那里为佛陀建说法堂。说法堂附近有耆婆的故宅，玄奘访印时，其故宅"余基旧井，墟坎犹存"。我国古代典籍中还保留有他的一些医著名称和以耆婆命名的药方。

佛经《四分律》卷第三十九至第四十《衣揵度》中关于耆婆的记载说，他是频毗沙罗王（即瓶沙王）之子无畏（即阿波耶）和一个妓女所生的儿子。后来，他到呾叉始罗向宾迦罗习学医术，刻苦学了7年，学得一身本事后，回到故乡，成为一代名医。《衣揵度》之一中记载了耆婆的经历及其治病的5个实例，其中包括给国王和佛陀治病的情况：

……时瓶沙王子字无畏，与此淫女①共宿，遂便有娠。时淫女敕守门人言："若有求见我者，当语言我病。"后日月满，生一男儿，颜貌端正。是淫女即以白衣裹儿，敕婢持弃著巷中。婢即

---

① 指前边所说的王舍城的高等妓女婆罗跋提。

受敕，抱儿弃之。时王子无畏，清旦乘车，往欲见王，遣人除屏道路。时王子遥见道中有白物，即住车问傍人言："此白物是何等?"答言："此是小儿。"问言："死活?"答言："故活。"王子敕人抱取。时王子无畏无儿，即抱还舍，与乳母养之，以活故，即为作字，名耆婆童子。王子所取故名童子，后渐长大，王子甚爱之。尔时王子，唤耆婆童子来语言："汝欲久在王家，无有才技，不得空食王禄，汝可学技术。"答言："当学。"耆婆自念："我今当学何术现世得大财富而少事?"作是念已："我今宁可学医，方可现世大得财富而少事。"念言："谁当教我学医道?"时彼闻得叉尸罗国有医，姓阿提利，字宾迦罗，极善医道，彼能教我。尔时耆婆童子，即往彼国，诣宾迦罗所，白言："我欲从师，受学医道，当教我。"彼答言："可。"尔时耆婆童子，从学医术，经七年已，自念言："我今习学医术，何当有已?"即往师所白言："我今习学医术，何当有已?"时师即与一笼器及掘草之具："汝可于得叉尸罗国，面一由旬，求觅诸草，有非是药者持来。"时耆婆童子，即如师敕，于得叉尸罗国，面一由旬，求觅非是药者，周竟不得非是药者。所见草木一切物，善能分别，知所用处，无非药者。彼即空还，往师所，白如是言："师今当知，我于得叉尸罗国，求非药草，面一由旬，周竟不见非药者。所见草木，尽能分别所入用处。"师答耆婆言："汝今可去，医道已成。我于阎浮提中，最为第一。我若死后，次复有汝。"时耆婆自念："我今先当治谁? 此国既小，又在边方，我今宁可还本国，始开医道。"于是即还归婆伽陀。婆伽陀城中有大长者，其妇十二年中，常患头痛，众医治之，而不能差。耆婆闻之，即往其家，语守门人言："白汝长者，有医在门外。"时守门人即入白："门外有医。"长者妇问言："医形貌何似?"答言："是年少。"彼自念言："老宿诸医，治之不差，况复年少？"即敕守门人语言："我今不须医。"守门人即出语言："我已为汝白长者，长者妇言，今不须医。"耆婆复言："汝可白汝长者妇，但听我治，若差，随意与我物。"时守门人复为白之。医作如是言："但听我治，若差，随意与我物。"长者妇闻之，自念言："若如是，无所损。"敕守门人唤入。时耆婆入诣长者妇所，问言："何所患苦？"答言："患如是如是。"复问："病从何起？"答言："从如是如是起。"复问："病来久近？"答言："病来尔许时。"彼问已，语言："我治汝病。"彼即取好药，以酥煎之，灌长者妇鼻。病者口中，酥唾俱出。时病人即器承之，酥便收取，唾别弃之。时耆婆童子见已，心怀愁恼："如是少酥不净，犹尚悭惜，况能报我？"病者见已，问耆婆言："汝愁恼耶？"答言："实尔。"问言："何故愁恼？"答言："我自念言，此少酥不净，犹尚悭惜，况能报我？我以是故愁耳。"长者妇答言："为家不易，弃之何益？可用然灯，是故收取。汝但治病，何忧如是？"彼即治之，后病得差。时长者妇与四十万两金，并奴婢车马。

在《大品》中说到王舍城一个名叫耆婆的名医，他的医术非常高明。有一次，一个富商病了，找了很多医生都没有治好，后来找到了耆婆给他医治。在给他治病前，耆婆先问他，你能否做到向左躺卧 7 个月，向右躺卧 7 个月，仰天躺卧 7 个月。这个商人说，他能够做到。于是耆婆开始给他治病。他打开这个病人的头颅，取出了两条虫，然后将伤口缝好，让病人朝每个方向各躺卧了 7 天，一共是 21 天，这个病人就痊愈了。有人问耆婆，为什么当时要问这个病人能否向每个方向躺卧 7 个月。耆婆回答说，倘若事先不要求他朝每个方向躺卧 7 个月的话，那他恐怕连 7 天都躺卧不了。这个故事与《四分律》卷第四十《衣揵度》中的记载略有不同。这个故事生动地说明了古代印度医生，特别是外科医生有很高的水平。

关于时缚迦即耆婆治病的其他几个病例，《四分律》卷第四十《衣捷度》之二记载说：

尔时瓶沙王患大便道中血出，诸侍女见，皆共笑言："王今所患，如我女人。"时瓶沙王闻已惭愧，即唤无畏王子言："我今有如是病，汝可为我觅医。"即答王言："有耆婆童子，善于医道，能治王病。"王言："唤来。"无畏王子唤耆婆来，问言："汝能治王病不？"答言："能治。""若能，汝可往治之。"时耆婆童子往瓶沙王所，前礼王足，却住一面，问王言："何所患苦？"王答言："病如是如是。"复问："病从何起？"王答言："从如是如是起。"复问："患来久近？"王言："患来尔许时。"如此问已，答言："能治。"时即取铁槽盛满暖水，语瓶沙王言："入此水中。"王即入水，语："王坐水中。"王即坐。语："王卧水中。"王即卧。时耆婆以水洒王而咒之。王即睡。疾疾却水，即取利刀，破王所苦处，净洗疮已，持好药涂药。涂竟，病除疮愈，其处毛生，与无疮处不别，即复还满槽水，以水洒王而咒之，王即觉。王言："可治我病？"答言："我已治竟。"王言："善治不？"答言："善治。"王即以手扪摸看，亦不知疮处。王即问言："汝云何治病，乃使无有疮处？"耆婆报言："我治病宁可令有疮处耶？"时王即集诸侍女作如是言："耆婆医大利益我。有念我者，当大与财宝。"时诸侍女，即取种种璎珞臂脚钏及覆形密宝形外宝钱，及金银摩尼真珠毗琉璃贝玉颇梨，积为大聚。时王唤耆婆来语言："汝治我病、差以此物为报恩。"耆婆言："大王且止，便为供养已，我为无畏王子，故治王病。"王言："汝不得治余人病，唯治我病、佛及比丘僧、宫内人。"此是耆婆童子第二治病也。

尔时王舍城有长者，常患头痛，无有医能治者。时有一医语长者言，却后七年当死，或有言六年，或言五年，乃至一年当死者。或有医言，七月后当死，或言六月乃至一月当死，或有言过七日后当死者。时长者自往耆婆童子所，语言："为我治病，当雇汝百千两金。"答言："不能。"复重语言："与汝二百三百四百千两金。"答言："不能。"复言："当为汝作奴，家业一切亦皆属汝。"耆婆言："我不以财宝少故不能治汝；以王瓶沙先敕我言：'汝唯治我病、佛及比丘僧、宫中人，不得治余人。'是故不能。汝今可往白王。"时彼长者即往白王言："我今有病，愿王听耆婆治我病。"时王即唤耆婆语言："王舍城中有长者病，汝能治不？"答言："能治。""汝若能者可往治。"尔时耆婆即往长者家语言："何所患苦？"答言："所患如是如是。"复问言："从何而起？"答言："从如是如是起。"问言："得来久近？"答言："病来尔许。"时问已，语言："我能治汝。"尔时耆婆，即与咸食令渴，饮酒令醉，系其身在床，集其亲里，取利刀破头开顶骨，示其亲里，虫满头中，此是病也。耆婆语诸人言："如先医言，七年后当死。彼作是意，七年已后，脑尽当死。彼医如是，为不善见。或言六五四三二年一年当死者。彼作是意，脑尽当死，彼亦不善见。或言七月乃至一月当死者。彼亦不善见。有言七日当死者，彼作是意言，脑尽当死，彼为善见。若今不治，过七日脑尽当死。"时耆婆净除头中病已，以酥蜜置满头中已，还合髑髅缝之，以好药涂，即时病除肉满，还复毛生，与无疮处不异。耆婆语言："汝忆先要不？"答言："忆，我先有此要，当为汝作奴，家业一切悉当属汝。"耆婆言："且止长者，便为供养已，还用初语。"时彼长者，即与四十万两金。耆婆以一百千两上王，百千两与父，二百千两自入。此是耆婆第三治病。

尔时拘睒弥国（拘睒弥即憍赏弥国首都），有长者子，轮上嬉戏，肠结腹内，食饮不消，亦不得出，彼国无能治者。彼闻摩竭国（即摩竭陀国）有大医善能治病，即遣使白王："拘睒弥长者子病，耆婆能治，愿王遣来。"时瓶沙王唤耆婆问言："拘睒弥长者子病，汝能治不？"答言："能。""若能者，汝可往治之。"时耆婆童子，乘车诣拘睒弥。耆婆始至，长者子已死，伎乐送出。耆婆闻声即问言："此是何等伎乐鼓声？"傍人答言："是汝所为来，长者子已死，是彼伎乐音声。"耆婆童子善能分别一切音声，即言语使回还："此非死人。"语已，即便回还。时耆婆童子，即下车取利刀破腹披肠结处，示其父母诸亲语言："此是轮上嬉戏使肠结，如是食饮不消，非是死也。"即为解肠，还复本处，缝皮肉合，以好药涂之，疮即愈，毛还生，与无疮处不异。时长者子，即报耆婆四十万两金，妇亦与四十万两金，长者父母亦尔，各与四十万两金。是耆婆童子第四治病。

尔时尉禅国王波罗殊提，十二年中长患头痛，无有医能治者。彼闻瓶沙王有好医，善能治病，即遣使白王："我今有病，耆婆能治，愿遣来为我治之。"时王即唤耆婆问言："汝能治波罗殊提病不？"答言："能。""汝可往治之。"王语言："彼王从蝎中来，汝好自护，莫自断命。"答言："尔。"时耆婆童子往尉禅国，至波罗殊提所，礼足已，在一面住，即问王言："何所患苦？"答言："如是如是病。"问言："病从何起？"答言："从如是如是起。"问言："病来久近？"答言："病来尔许时。"次第问已，语言："我能治。"王言："若以酥、若杂酥为药，我不能服。若与我杂酥药，我当杀汝。"是病余药不治，唯酥则除。耆婆童子即设方便语王言："我等医法治病，朝晡晨夜，随意出入。"王语耆婆："听随意出入。"复白王言："若须贵药，当得急乘骑，愿王听给疾者。"是时，王即给日行五十由旬驼，即与王咸食令食，于屏处煎酥为药，作水色水味已，持与王母，语言："王若眠觉，渴须水时，可持此与饮之。"持水与王母已，即乘五十由旬驼而去。时王眠觉渴须水，母即持此水药与之。药欲消时，觉有酥气。王言："耆婆与我酥饮，是我怨家，何能治我？急往觅来。"即往耆婆住处，觅之不得。问守门人言："耆婆所在？"答言："乘五十由旬驼而去。"王益怖惧："以酥饮我，是我怨家，何能治我？"时王有一健步，名曰乌，日行六十由旬。即唤来，王语言："汝能追耆婆童子不？"答言："能。""汝可往唤来。"王言："彼耆婆大知技术，莫食其食，或与汝非药。"答言："尔，受王教。"耆婆童子去至中道，不复畏惧，便往作食。时健步乌得及耆婆，语耆婆言："王波罗殊提唤汝，即言当去。"耆婆与乌食，不肯食。时耆婆自食一阿摩勒果，留半，饮一器水，复留半。爪下安非药沈著水果中，语乌言："我已食半果，饮半水，余有半果半水，汝可食之。"乌即念言："彼自食半果半水，留半与我，此中必当无有非药。"即食半果，饮半水已，便患喋，不复能去。复取药著乌前，语言："汝某时某时服此药当差。"耆婆童子即便乘行五十由旬驼复前去。后王与乌所患俱差，波罗殊提王遣使唤耆婆语言："汝已治我病差，可来。汝在彼国，所得多少，我当加倍与汝。"耆婆言："且止，王便为供养已，我为瓶沙王故治王病。"时波罗殊提送一贵价衣，价直半国，语耆婆言："汝不肯来，今与汝此衣，以用相报。"此是耆婆第五治病。

尔时世尊患水，语阿难言："我患水，欲得除去。"时阿难闻世尊言，往王舍城，至耆婆所，语言："如来患水，欲得除之。"尔时耆婆与阿难俱往佛所，头面礼足，却住一面，白佛言："如来患水耶？"佛言："如是，耆婆，我欲除之。"白佛言："欲须几下？"答言："须三十下。"时耆婆与阿难俱往王舍城，取三把优钵花，还诣其家。取一把花，以药熏之，并复咒说，"如来嗅此，可

得十下。"复取第二把花，以药熏之，并复咒说："嗅之，复可得
十下。"复取第三把花，以药熏之，并复咒说："嗅之，可得九
下。"复饮一掌暖水，足得一下风。即随顺以三把花置阿难手中。
时阿难持华出王舍城，诣世尊所，持一把花，授与世尊如来嗅之，
可得十下；复授第二把，更得十下；第三把复得九下。尔时耆婆
忘语阿难与佛暖水。尔时世尊知耆婆心所念，即唤阿难取暖水来。
尔时阿难闻世尊教，即取暖水与佛，佛即饮一掌暖水，患即消除，
风亦随顺……尔时耆婆童子瞻视世尊病，煮吐下汤药及野鸟肉得
差。是为耆婆童子第六治病。

在《根本说一切有部毗奈耶药事》卷第二中，除了说摩竭陀国的耆婆
是医生之外，还说㤭萨罗国的一个名叫阿帝耶的人也是医生。但阿帝耶不
信三宝，于其病者，不肯治疗，还辱骂如来为"婢子"，所以如来说此医生
"是自残害"。不仅如来说他会很快死去，并堕入地狱，而且该国国王还将
其驱逐出国：

王曰："若如是者，驱出我国。"是时大臣即便奉教，驱出国
界，至娑鸡多城。既到彼城，善神呵骂，极苦骂已，还躯出界。
告曰："愚痴之人，汝已骂三界大尊，作下贱婢子，岂容此住？"
从此而去，到波罗疤斯城。从彼又被善神驱出。从彼到薛舍离城，
还被驱出，又到王舍城，亦被驱出。又到瞻波城，更被驱出。到
一树下，暂时憩息，树神驱出。从此至流泉池处，皆被驱摈，不
容止息。既被驱已，作是思惟："野干之类，于瞻部洲，尚得停
止。我是人流，至于树下，乃至亦不容受。"彼思念已，内心焦
恼，吐血而死。死已堕阿毗大地狱。

古代印度虽然有很高明的医生，但在治病的过程中，也用巫术，如佛经中说到一个苾刍得了痔疮后，可以用两种方法治疗："一者以咒，二者以药。"[①]

在饥荒年代，有佛教徒吃肉，但佛陀认为不行。如《根本说一切有部毗奈耶药事》卷第一中说：

> 时㤭萨罗主胜光大王，有第一象，忽然疫死，年当饥馑。时婆罗门长者及诸国人皆食象肉，六众苾刍食时著衣持钵，入室罗伐城，次第乞食，至长者家。然彼家中现煮象肉，釜中气出，入舍从乞。长者妻曰："我今无食。"苾刍问曰："釜中气出，是何物耶？"妻曰："圣者，此是象肉，仁等岂可食象肉耶？"答曰："我等唯凭施主而活，若汝等食象肉者，我等亦食。可将施我。"妻即持肉，授与苾刍得已，盛满钵袋，携之而去。有余苾刍，见而问曰："仁钵袋中，是何物耶？盛满过度。"答言："象肉。岂可仁等食象肉耶？"答言："具寿，时属饥馑，无食可求，岂得受饥，而自死耶？"时诸苾刍，以缘白佛。佛言："汝等苾刍，天龙药叉，人非人等。国王大臣，于诸苾刍，咸生恭敬，云何食啖王家象肉？王若闻时，必作是语：'由诸苾刍食象肉故，我第一象因此而亡。'遂生讥丑。是故苾刍不应食象肉。若食者，得越法罪。象肉既尔，马肉亦然。"

二、建筑与艺术

古代南亚最早的城市建筑是哈拉巴文化时期的，在摩亨佐·达罗和哈

[①] 《根本说一切有部毗奈耶药事》卷第二。

拉巴等地还有遗址尚存。其建筑中有卫城，也有民居和其他公共建筑。城市建设有一定规划，建筑已达到较高水平。

雅利安人时代的木建筑已不复存在，只有石头建筑保存了下来。不过，这些石头建筑大都具有木建筑的风格。如佛教的3种类型建筑物——佛庙、精舍和宝塔（即窣堵波），不管是露天的建筑（宝塔）还是石窟建筑（佛庙和精舍），都是仿木质建筑物的。现存佛教的石头建筑物著名的有公元前3—前1世纪的桑奇大塔。

桑奇大塔是印度著名的古迹，是印度早期王朝时代的佛塔，位于中央邦首府博帕尔附近的桑奇村。相传公元前3世纪，阿育王共建有8.4万座窣堵波，其中有8座建在桑奇，现尚存3座公元前2世纪初叶的位于卡利尔的佛庙等。宝塔是砖石结构的圆顶，顶上有石伞，周围是环形栏杆，有4个饰以大量雕刻的门作为入口，开向东西南北各方。佛庙是一个带有中殿和回廊的长方形建筑物，底部是半圆形后殿，包括一个小宝塔或舍利子塔。精舍是由许多小室组成的庭院，是僧人居住的地方，凿建于山岩之中（如阿旃陀石窟中就凿有许多僧人居住的小屋）。

图 10.3　桑奇大塔（公元前 3—前 1 世纪）

古代印度修建的窣堵波很多，在《大唐西域记》中记载了玄奘访印时见到的许多阿育王时代修建的窣堵波及其遗址。

　　古代印度人民在艺术方面有很高的成就，从哈拉巴文化废墟中找到一尊青铜女像，其人体比例精确适度，风格与后来雅利安时期的极为相似。

　　雅利安印度的艺术主要是佛教艺术。佛教艺术始于孔雀王朝时期，无论是桑奇大塔四周栏杆上的雕刻，还是犍陀罗艺术，以及阿旃陀石窟的壁画和雕刻，都主要与佛教有关。

　　桑奇大塔四周围栏的门上雕刻的药叉工艺十分精湛。

　　犍陀罗艺术时期是古代南亚艺术史上的一个独特时期。犍陀罗包括南亚次大陆西北部的阿富汗喀布尔河流域及其毗邻地区，它把印度与亚洲大陆的其余部分连接在一起。关于犍陀罗，在历史文献中第一次提到它，是在波斯帝国时期，因为它当时是波斯帝国的一个组成部分，一直到马其顿亚历山大征服波斯帝国后，它成为亚历山大帝国的一部分；亚历山大死后，他的将领塞琉古统治时期，孔雀王朝的旃陀罗笈多占领了犍陀罗地区，这个地区成为孔雀王朝的一部分。大约公元前190年后，犍陀罗地区先后被多个外族统治，其中包括贵霜帝国的统治者大月氏人、嚈哒人等。

图10.4　马与马夫。犍陀罗建筑浮雕

孔雀帝国解体以后，印度西北部的犍陀罗地区深受希腊文化影响，从而形成融合希腊和印度风格的犍陀罗雕塑艺术，它是古希腊艺术与南亚本地文化相结合的产物，其雕像的风格受希腊影响十分明显，但内容却完全是本地的，主要是佛教的。尽管从波斯帝国时期以后，有多个外族入侵或统治了犍陀罗地区，但其居民绝大部分仍是印度民族，他们坚守着自己民族的语言和文化，而佛教信仰在其中起了非常大的作用。所以，在犍陀罗艺术中，佛教艺术占有十分重要的地位，其中佛像的出现在佛教艺术史上也是第一次。公元 1 世纪之前，呾叉始罗流行的是小乘佛教，小乘佛教信仰佛陀，但不拜偶像，而且还反对制造佛像，以荷花、佛冠、木屐、佛座、菩提树等作为佛的象征。而大乘佛教则拜偶像，所以出现了许多佛陀、菩萨、罗汉等的像，在大乘佛教看来，佛像对一些不识字的教徒来说，可能更容易接受。所以，犍陀罗艺术中的佛像都是大乘佛教的佛像。

阿旃陀石窟位于印度西部马哈拉施特拉邦境内的奥兰加巴德的温迪亚山脉中心。"阿旃陀"的意思是"不为世人所知的地方"，一说是梵语，其意思是"无思"或"无想"。它原本是印度中部瓦古尔纳河谷内的一个小村庄的名字。1819 年 4 月 28 日，一个名叫约翰·史密斯的英国军官在阿旃陀附近寻找老虎时，看到山崖上有一个奇怪的石雕，他便上去，发现了一些被遗忘了上千年的佛教石窟。在此之前，只有中国的玄奘在大约公元 638 年来过这里，当时这里叫作摩诃剌侘国。玄奘记载说："国东境有大山，叠岭连嶂，重峦绝巘，爰有伽蓝，基于幽谷。高堂邃宇，疏崖枕峰。重阁层台，背岩面壑……伽蓝大精舍高百余尺，中有石佛像，高七十余尺，上有石盖七重，虚悬无缀，盖间相去各三尺余……精舍四周雕镂石壁，作如来在昔修菩萨行诸因地事，证圣果之祯祥，入寂灭之灵应，巨细无遗，备尽镌镂。伽蓝门外，南北左右各一石象，闻之土俗曰：此象时大声吼，地为震动。"① 据考证,玄奘所述的一对大吼的石象,是第 16 窟石阶前的两面印度象浮雕。

图 10.5　阿旃陀石窟及壁画

石窟共有 29 个,先后开凿于公元前 2 世纪至公元 7 世纪。这些石窟排列在长约 550 米的一个月牙形的山崖上。1839 年,英国考古学家詹姆士·弗格森把这 29 个石窟编了号,史密斯进入的那个石窟是第 10 窟。

阿旃陀是佛教石窟艺术的发源地。佛教在佛陀涅槃以后很快就分裂成许多派,到公元 1 世纪时形成了大乘佛教和小乘佛教两大派。阿旃陀石窟中的第 1 窟(建于公元 7 世纪)是大乘佛教艺术的最高代表;建于公元 1

① (唐)玄奘:《大唐西域记》,第 263～264 页。

世纪的第 9 窟是小乘佛教艺术的最高代表，单就建筑艺术而言，也是阿旃陀最完美的典范之作。第 16、17 窟则是印度教艺术和佛教艺术融合的最高代表，保存得最完好。而艺术表现最为成熟的则是第 2 窟，该窟建于公元 7 世纪。

就其建筑性质而论，阿旃陀的这些石窟大约可分为两大类：佛庙（共 5 个，包括第 9、10、19、26 窟，还有一个即第 28 窟始终未完工）和精舍（共 24 个）。阿旃陀石窟开凿的时间很长，大约从公元前 2 世纪（如第 7～13 窟）到公元 7 世纪（如第 21～29 窟）。石窟中原来大多有壁画和雕刻，其内容多为佛的故事，但也有动物、花草的内容。有的壁画可以列入世界优秀绘画之列。

在印度，还有一个石窟，即埃洛拉石窟，它位于奥兰加巴德西北 30 千米的埃洛拉，这个石窟开凿于公元 3—13 世纪。和阿旃陀石窟的不同之处在于，埃洛拉石窟中既有印度教的石窟，也有佛教和耆那教的石窟。

第十一章　研究古代印度史的资料和史学史

　　研究古代印度的历史，所依据的资料依历史时期的不同而大不相同：研究印度河流域文明（即哈拉巴文明）的历史，主要依靠考古发掘的资料（该文明只是由于考古发现才为人所知，而且这个时代的文字也还未释读成功）。研究后来的印欧语部落的历史，则主要依据文献资料，文物资料极为有限。题名学的资料不仅出现得很晚（大约在公元前 3 世纪才出现），而且数量也有限，它们最多只能反映历史的基本轮廓。有关社会经济结构的基本资料如司法文书也极其贫乏。古代印度的文献资料有如下几个特点：（1）宗教性质的资料（如婆罗门教和佛教的经典）多，而世俗性质的资料少。（2）很多资料都不能确定时间（无论是其写作的时间还是其反映的问题的时间）。"印度年代学的不可靠性提出了一个最困难的问题。五千年或者更长久的印度历史通常被分为 3 个时期：古代、中世纪和近现代。对每一时期的命名和起讫年代都有不同意见。事实上，在借助于希腊资料确定某些重要起讫年代之前，印度历史几乎完全缺乏断代。即便是现在，构成文化研究基础的某些政治事件和大量文献的年代仍不完全清楚。在古代印度人手里，历史似乎消失在史诗、英雄传奇、神话和传说中，时间失去真实性并降到次要地位。所以，对哲学思想的发生学分析对其思想价值没有多大关系。"[①]（3）难于确定其作者。（4）其地理概念也较模糊。（5）缺少

---

　　① ［印度］D. P. 辛加尔：《印度与世界文明》上卷，第 7 页。

政府文告性质的文献等。

因此，古代印度的政治史很难写得很完全，社会经济关系的历史也只能描绘出一个一般性的特征，而且还往往要借助于历史推论的方法，使用相当晚的资料。

第一节 古代印度的史料

一、哈拉巴文明时代的资料

哈拉巴文明是古代印度的早期文明，其存在的时间大约在公元前 2500 年至公元前 1750 年。因为这个文明最早是在哈拉巴这个地方发现的，故名。它也称为印度河流域文明，因为这个文明最初发现的遗址都集中在印度河流域。而现在，我们使用这个名称时，则是有条件的。因为，现在发现的很多属于哈拉巴文明的遗址，是在印度河流域以外的地方，超出了印度河流域的范围。如鲁帕尔、卡利班根等，它们属于这一文明，但却不属于印度河流域。这一文明的南北分布约 1100 千米，而东西绵延了约 1600 千米；两个最大的遗址中心哈拉巴和摩亨佐·达罗也相距 640 千米。这个文明的面积比古代埃及和两河流域文明的面积的总和还要大。

哈拉巴文明早在 19 世纪中叶就已发现，但大规模的发掘却是在 20 世纪 20—30 年代，已经发掘的遗址达 200 多个。

属于哈拉巴文明时代的文字已经被发现，说明它已经进入了文明时代。其文字是刻在印章上面的，所以，也被称为印章文字。这些文字尚未释读成功，因而我们还不能利用这些文字来研究它的历史，只能利用考古发掘的实物资料来研究，包括城市遗址、民居、卫城、生产工具、青铜器、印章、植物遗物和动物骨骼、艺术作品等。

遗址中发现了大量的青铜工具，说明这时哈拉巴文明已经进入了青铜时代。在遗址中发现的金属及金属制品还有金、银、铝等，但未发现铁。

遗址中发现的动物遗骨和遗存说明这时有了比较发达的农业和畜牧业。在考古发掘中发现了一条长约 227 米的灌溉渠道，说明这时已经有人工灌溉。除了农业和畜牧业以外，捕鱼业和狩猎业也在居民的经济生活中占有一定的地位。

在对哈拉巴文明的发掘中，人们发现了不少城镇遗址，如哈拉巴、摩亨佐·达罗、强胡-达罗、卡利班根、苏尔戈达德和港口城市洛塔尔等，说明哈拉巴文明是一种城市文明。从发掘的情况看，这些城市的布局基本上一样：分为卫城和住宅区两部分。卫城或要塞的存在，说明在当时战争可能是常有的事。哈拉巴文明时期的城市建设有了较高的水平，已有比较完整的下水道系统。

哈拉巴文明的遗址中发现了大量的砝码，说明此时已经有了较为完善的度量衡制度和比较发达的商品货币关系。

发掘的艺术品中，有石雕和骨雕，其风格和后来时代的极为相似。

从两河流域的一些城市（如乌尔、基什、泰尔-阿什马尔等），以及伊朗高原的雅赫雅特普、南土库曼的阿尔顿德普、波斯湾的巴林等地发现的属于哈拉巴文明的文物看，哈拉巴文明和外界有了比较频繁的商业贸易往来。

在公元前 1750 年左右，哈拉巴文明突然消失了，其原因尚不清楚，有多种说法，如雅利安人入侵说、天灾说（如地震说、水灾说、旱灾说）等。

二、早期吠陀时代的资料（公元前 1500—前 900 年）

公元前 1500 年左右，一个讲印欧语的民族雅利安人来到了印度河流域，自此以后，印度的历史主要就是他们的历史。这些雅利安人来自何处？说法很多，现在比较一致的意见是，他们来自南俄罗斯草原。

在印度河流域生活的这些雅利安人，传至今天的最早文献就是吠陀经。

吠陀经一共有四部，即《梨俱吠陀》、《娑摩吠陀》、《耶柔吠陀》、《阿闼婆吠陀》。吠陀文献的内容是颂歌、咒语和祷词，还有一些较晚时期的有关伦理道德、法律、仪式等的内容。它们是婆罗门教的经典、神圣的文献，传统上把它们看作神的启示的结果。

雅利安人最早的历史是早期吠陀时代，又叫梨俱吠陀时代，因为研究这个时代的主要资料是四部吠陀经中最早的一部——《梨俱吠陀》。对研究古代印度早期历史来说，吠陀文献的意义是十分巨大的：它们提供了印欧语系部落迁入北部印度、开发恒河流域，以及他们部落的社会政治制度演进、国家产生等方面的历史知识。

《梨俱吠陀》反映的是公元前 1500 年前后进入印度河上游的雅利安人的社会生活状况。

关于吠陀文献形成的时间问题较为复杂。很多学者认为，它们是在一个很长的时期里逐渐形成的，首先是一代一代的口头传说，然后经过不断的加工和编辑，最后才成了现在的这个样子。在四部吠陀经中，形成时间最早、反映的历史时代也最早的是《梨俱吠陀》。根据语言学的资料判断，《梨俱吠陀》大约是在公元前 2000—前 1000 年这一时期形成的，虽然其中的某些颂歌所反映的观念和概念可以追溯到更早的时期。在对《梨俱吠陀》的内容进行研究的基础上，学者们得出结论说，它主要是在旁遮普地区形成的，其编者显然是祭司们。

《梨俱吠陀》由 1028 首颂歌组成，因此，也被称为颂歌吠陀。它共有 10462 个诗节。从内容看，它大多是对某个神的赞颂和祈求，是高级祭司在献祭时念诵的诗歌。

《梨俱吠陀》中反映的雅利安部落的经济生活水平，显然和哈拉巴时代不同。雅利安人不是生活在城市，而是散居于乡村。哈拉巴时代的城市已经不复存在。吠陀中虽然也描写了用石头建成的百道堡垒式的城墙，但它可能是土著居民用以避难的；雅利安人自己的城市尚未出现。

在《梨俱吠陀》的时代，雅利安人部落已经逐渐从游牧向定居过渡，从游牧业向农业过渡。资料还显示，当时已经有了多种手工业，交换也已经出现，不过还处于物物交换的水平，运输用轮车。

从《梨俱吠陀》的资料可以大略了解当时雅利安人的社会关系、政治组织、生活习惯，探索到雅利安人的等级制度（瓦尔那制度）、阶级关系和国家产生的过程。它还提供了一些关于天体演化、结婚、葬礼、居民的日常生活的资料，在祈祷的颂歌中也有一些对历史研究有用的资料。

《梨俱吠陀》也反映了印欧语系部落之间的竞争，印欧语系部落和非印欧语系部落之间斗争的情况，以及雅利安人部落迁徙、开发新地区的情况。例如，它叙述了婆罗多的国王苏达斯同几十个统治者之间的战斗情况等。

三、晚期吠陀时代的资料

晚期吠陀时代包括公元前 900 年—前 600 年。这是雅利安人国家形成的时代，小国寡民的时代。这时的印度进入了铁器时代，不仅有冶铁遗址可以证明，在晚期吠陀文献中也说到了铁器（在《阿闼婆吠陀》中就说到过）。

反映晚期吠陀时代的资料包括 3 部较晚的吠陀，即《娑摩吠陀》、《耶柔吠陀》和《阿闼婆吠陀》，以及解释这几部吠陀经典的书：梵书、森林书和奥义书，还有若干"法经"和"法论"及两部著名的史诗《罗摩衍那》和《摩诃婆罗多》。也有些考古发掘的资料，但很有限，如关于冶铁的遗址。

《娑摩吠陀》现存 2 卷，1549 颂（颂即诗节，一颂为两行）。究其内容，《娑摩吠陀》只有 75 颂不是重复《梨俱吠陀》的。《耶柔吠陀》是经文和牺牲的公式，传下来的有 5 部分，其中卡特哈卡、卡比什特哈拉－卡特哈本集、塔伊提利亚本集和毛特拉雅尼本集称黑耶柔，其余部分称为白耶柔。白耶柔由 2000 首颂歌组成，其内容是关于祭祀仪式的说明。《阿闼婆吠陀》

是四部吠陀中最晚出现的一部，其中的若干内容与《梨俱吠陀》差不多，它由两部分组成：沙乌那基雅和帕伊帕拉达。其主要内容是咒语（但也有颂歌），如诅咒恶毒思想和疾病，乞求得到孩子、财富、权力和长生。它主要用于家庭的各种仪式，在很大程度上带有民间的性质。它出自民间而不是祭司，因此在很长时期里，它不被承认为神圣的知识。它与《梨俱吠陀》不仅在编纂时间上、反映的时代上不同，而且在内容与目的上也有差异，反映的地区也不同。《梨俱吠陀》反映的是印欧语部落初到印度时在旁遮普地区的情况，而《阿闼婆吠陀》反映的是印欧语部落已经移居到恒河流域及其以南地区时的情况。

梵书的内容为解释在进行献祭牺牲的仪式时出现的各种征兆，阐明仪式活动和仪式的公式之间的联系。其中有两部梵书（他氏梵书和乔尸多基梵书）是与《梨俱吠陀》有关的；潘怡维姆氏梵书等是解释《娑摩吠陀》的；而百道梵书中传下来的两个部分（坎瓦和马德安维狄那）是与白耶柔有关的；戈帕扎梵书则是与《阿闼婆吠陀》有关的。

梵书主要是讲一些正式的仪式的。其中的有些仪式，如登基大典，具有重要的意义。它对我们了解王权的性质、宫廷中各个集团的地位、人民会议的存在等提供了资料。

梵书中对吠陀的解释往往出自神话，神话和传说是其内容的重要部分。一般来说，梵书的形成时间晚于吠陀，大约是在公元前1000年代前期，创作的地区是北部印度从印度河流域至恒河流域上游的地区。

森林书是一种在森林中传授的教训，或指在森林中隐修的人们的著作。它讨论了各种仪式的喻义和各种吠陀经的神秘意义，而不涉及献祭仪式本身。它在语言上、内容上和体裁上与梵书有很多相似之处。

奥义书原意为隐秘的、玄奥的知识，也被称为吠陀的终结。它的有些内容在森林书中已经有了，但也有森林书中所没有的。它更多的是哲学性质的沉思默想，其内容为梵天（即宇宙灵魂、上帝）与自我两个概念的关系。奥义书的最早部分，如广林奥义书和歌者奥义书，约形成于公元前7—前6世纪；晚一些的如他氏奥义书等约形成于公元前6—前4世纪；最晚出现的如曼都克雅奥义书等则是公元前2—前1世纪的作品。

上述这些晚期吠陀文献反映了印欧语系部落的瓦尔那制度的形成、国家的形成和新的宗教观念（婆罗门教）的形成。由于它们主要是为仪式服务的，因而不可能完整而平均地反映社会生活的各个方面，它们反映这个时期的统治、社会和政治结构的情况是片断的，而且是极其简单的。但正因为它们提到这些情况时大多是偶然的，不是刻意的、有倾向性的，因而在反映历史真实性方面也应该是比较可靠的。

史诗《摩诃婆罗多》，意为"婆罗多族的长篇传说"，或"婆罗多族大战的故事"，或"伟大的婆罗多"，是一部长篇叙事史诗。该史诗共19篇，约10万颂，也有少量的散文。相传为毗耶婆（广博仙人）所作，但实际上，这部史诗是由《婆罗多》（婆罗多族的传说）逐渐扩充、发展而成的。现在的史诗约形成于公元前4世纪至公元4世纪，通过口头吟诵的方式流传下来。

《摩诃婆罗多》说的是婆罗多王的后代般度和持国两兄弟的儿子们之间争夺政权的战争，其内容可参阅上文的介绍。

《罗摩衍那》的意思是罗摩的漫游，其作者相传为蚁垤仙人。全诗共7篇，2.4万颂，每篇又分若干章，其内容可参阅上文的介绍。

这两部史诗都可以说是以一种诗的形式写成的历史文学，其内容丰富，是百科全书式的著作。对于历史研究来说，它们反映了晚期吠陀时代的情况。不过作为该时期的资料，在引用时要慎重。

接近于晚期吠陀时代文献的，还有一些文献：耶须伽的《尼禄多伦》、帕尼尼的《八讲书》、帕坦伽利的《大疏》，以及《闻经》、《家范经》、《仪轨经》等。它们被认为是吠陀的辅助文献，是解释吠陀经的铭文和正确执行仪式所必需的教规。

公元前 6 世纪成书的《尼禄多伦》是对吠陀文献中的一些难解的话、名字和称呼的解释。《八讲书》是文法书，也是重要的历史资料，被称为印度最大部头的科学著作。它引用了很多名字、称呼和术语，对研究古代印度的地理、社会和政治制度具有重要意义。《大疏》编于公元前 2 世纪，是注释《八讲书》的。《闻经》主要讲的是祭酒仪式的规则，它无论是内容还是编成时间，都接近于梵书。《家范经》主要是讲日常生活中的各种简单礼节，适用于印欧语系部落每个家庭举行的各种仪式（如结婚、分娩、教育和埋葬及其他仪式），其创作的时间大多在公元前 1000 年代中后期。《仪轨经》是阐明人们生活各个阶段的行为规范的书。

古代印度留下了许多名为"法律"的文献著作，但它们都不是世俗政权颁布的，而是由婆罗门教颁布的，这就是"法经"和晚一些的"法论"，不过它们几乎对所有的人都有约束力。这些"法经"和"法论"为研究古代印度的历史、法律、社会和文化提供了丰富的资料。

吠陀经被认为是古代印度法最早的版本。《摩奴法论》说，法的根是全部吠陀，"摩奴为任何人规定的任何法，全部是吠陀的教示。"吠陀作为法，包含了几个方面：（1）它提出了古代印度法的核心内容瓦尔那制度的原则，规定了各瓦尔那的法律地位和行为规范；（2）它提出了许多有关司法制度的术语、内容和原则；（3）吠陀本身不是法典或法律汇编，也未在法律规范和别的社会规范之间划出一条清楚的界线，但它不仅提出了传统印度法的理论基础和基本原则，而且本身也成为印度世俗政权制定法律的依据。

按编纂的时间，古代印度的"法律"文献可以分为"法经"和"法论"两个阶段。属于"法经"的有如下一些文献：《乔达摩法经》、《磐达耶那法经》、《阿跋斯檀巴法经》和《伐息私陀法经》等。

《乔达摩法经》，人们认为这是古代印度最早的一部法经，传至今天的是很大一部仪式汇编的文献。该法经用散文体写成，纯法律部分只占它的很小一部分。其中关于民法方面的内容有：税制、地下财宝的处理规则、未成年人的监护、金银借贷、债务偿还、典押和寄存、证据准则、妇女个人的私有财产、12 种儿子、继承权等。关于刑罚方面的内容有：诽谤罪、凌辱罪、伤害罪、通奸和强奸罪、盗窃罪、婆罗门在受刑时享有的特权等。关于司法制度方面的内容有：确定法的名称，提出了诉讼程序和调解的术语等。关于瓦尔那的职业、行为规范，关于宗教仪式、风俗习惯等占了相当大的篇幅。

《磐达耶那法经》，该法经中关于民法方面的内容有：遗产的分割，长子在继承中的优先地位（继承大的份额），12 种儿子及其有继承权和无继承权的分类，对海上输入货物的征税额（1/12）。其刑罚原则是：对谋杀罪的处罚取决于被害者和罪犯所属的瓦尔那，谋杀首陀罗和各瓦尔那的妇女处以如同杀死孔雀、乌鸦、猫头鹰、狗等所处的刑罚，即只处以罚金；对婆罗门不得施以肉刑等。关于司法制度的原则有：国王应在婆罗门的辅助下，按照吠陀经、神法，在不与瓦尔那制度和家族的习惯法相违背的情况下行使司法权；国王必须始终公正，并通过推理作出判决。还有法院的组成。但该法经的内容不系统、不紧凑，重复部分颇多，纯粹法律部分内容十分简单、贫乏，有些内容有后人篡改的痕迹。

《阿跋斯檀巴法经》，该法经中有关法的内容有：规定了行政法的若干原则，如国王是婆罗门的保护者；国王应在前 3 个瓦尔那中任命法官以保护人民和征税；在有人被盗的情况下，官吏应赔偿被盗者的损失。规定了免税者的范围（婆罗门、妇女、未成年人、学生、苦行者、为再生族服务的首陀罗、盲人、聋哑人及身体有其他缺陷者等）。有关民法方面的内容有：关于继承权，规定同一瓦尔那妻子所生的子女有继承权，不同瓦尔那的妻子所生的子女、与他人妻子所生的子女、非婚生子女均无继承权；父亲财产应在儿子中均分（但阉人、精神病患者、不同瓦尔那的人除外）。无子者的遗产继承顺序为：上下 6 代在内的共 3 代世族亲、死者的教师、学生、女儿和国王。关于刑罚方面的内容有：通奸罪的处罚是将罪犯的眼用布蒙住，关押于隐蔽处，到其悔过自新；如不悔改，则处以流放。首陀罗犯杀人或盗窃罪，则处以极刑。该法经还规定了法官资格、疑难案件的判决（用推理的办法和仲裁判决）等。该法经在内容上比《磐达耶那法经》要简明、系统、严谨，但更保守，也否定了《磐达耶那法经》中的若干法律准则。

《伐息私陀法经》：该法经的一个特点是没有刑罚方面的内容。关于民法方面，有关于继承权、利率、收养准则等内容。关于司法制度方面，有关于法院组成、司法行政、三重证据（文书、证人和占有物）、证人资格、伪证行为的处理等内容。

普兰那，即古事记或往事书，包括了许多方面的资料。有时，叙事史诗特别是《摩诃婆罗多》也被列入普兰那之列。大的普兰那有 18 部，其中最重要的如《毗湿奴·普兰那》、《瓦佑·普兰那》（或译为《伐育·普兰那》）等；小的有几十部。它们大多形成于公元前 1000 年代，但个别普兰那的个别部分可能超出这个年代范围。普兰那的主要部分是关于宇宙构造论、神谱（正是从普兰那中我们知道了大量的印度神话）和国王的系谱（如《王的传说》、《福身王与俱卢王族》、《后期俱卢王族和摩竭陀王族》等），也有关于音乐、美术和造型艺术、天文学等方面的论文，还有相当一部分是叙述宗教誓约和举行朝拜的内容。对于历史学来说，特别重要的是下述几部普兰那：《马特夏·普兰那、》《毗湿奴·普兰那》和《瓦佑·普兰那》等。它们有关于王权的起源、王朝名单等资料。虽然普兰那中叙述的政治史是非常简短的，但它包含了很多关于摩竭陀等国家历史的可靠信息。

此外，佛经中的某些部分，对了解雅利安人城市的出现、王权的出现、瓦尔那制度的形式也具有重要意义。

四、列国时代

公元前 6—前 4 世纪，北部印度社会经济得到较大发展，商品货币关系较为活跃，阶级分化十分严重，这在各瓦尔那内部都有明显反映。与此同时，北部印度 16 个大国争霸并最后由摩竭陀统一，君主专制形成，阶级斗争十分激烈。这不仅表现在政治、经济领域，而且也表现在思想意识形态领域中。此时有"六师"、"六十二见"、"九十六种外道"，佛教和耆那教在此时创立，顺世论派也在这时最为活跃。阶级斗争的内容和特点，不仅表现为劳动者反对剥削和压迫、推翻国王统治，还表现为广泛地反对婆罗门教、反对瓦尔那制度、反对婆罗门的特权地位。佛教和耆那教与婆罗门教相对立，唯物论的顺世论派也与唯心论相对立，尤其与婆罗门教的唯心论相对立。

研究公元前 6—前 4 世纪历史所凭借的文献资料，主要是佛教、耆那教的经典和各学派的文献。其中，佛教的经典最为丰富，反映这个时代社会的情况也更全面。相对而言，耆那教的经典不如佛教；顺世论派的文献早已被毁，只在其他学派的文献中留下一些反映其基本观点的片言只语。

（一）佛经的资料

佛教是释迦国（Sakya）国王净饭王之子乔达摩·悉达多即释迦牟尼所创立的。佛教的经典即佛经。

佛经的资料十分丰富，但佛教在现在的印度已不盛行，而主要是在国外流行，佛经也多在国外。汉译佛经、藏传佛教的佛经都十分丰富；另外东南亚各国保存了不少小乘佛教的经典。因此，研究列国时代的历史，单是佛教的资料就很多了。当然，佛经中有小乘的经典和大乘的经典之分，并非所有的佛经都是反映列国时代的，需要仔细分析。

佛陀在世时，只是口头给其弟子传教，并无成文的经文。佛陀灭度后，其弟子们为了使佛陀的教诲能流传下来，用以传教，并规范其弟子们的行为和僧团活动，才开始将佛陀生前的言论记录下来；同时，在佛教的传播过程中，佛教徒对教义的理解发生分歧，逐渐形成一些教派。为了统一教义，在佛教史上曾多次召集高僧集会（称为"结集"），统一教义，并由与佛陀最接近的弟子背诵佛陀生前的说教，经大家同意后，确定下来，成为定本。《阿含经》据说就是在佛陀去世当年的雨季，以大弟子摩诃迦叶为首的 500 比丘，在摩竭陀首都王舍城结集时产生的，不过这时也还未用文字记录下来。它被用文字记录下来，可能是在公元前 1 世纪时。

公元 1 世纪中叶以后，即贵霜帝国的迦腻色迦王召开佛教史上的第四次结集以后不久，佛教正式分裂为两大派，即小乘佛教和大乘佛教。小乘佛教基本上保持了原始佛教（即佛陀创立之时的佛教）的教义，其经典也基本上是早期佛教的典籍，如《佛本生经》、《阿含经》等。

佛教的经典被称为"三藏"（Tripitaka），"藏"即宝藏，三藏即三个宝藏，即经、律、论三个部分。经藏部分包括五阿含经（即《长阿含经》、《中阿含经》、《杂阿含经》、《增一阿含经》、《小阿含经》）和《佛本生经》、《经集》等。在汉译佛经中只有四部阿含经，没有《小阿含经》。汉译《长阿含经》原为小乘部派法藏部（一说化地部）所传，共 20 卷，相应于巴利文的《长部》；《中阿含经》原为论一切有部所传，曾两次译为汉文，第一次为 59 卷，第二次为 60 卷，相应于巴利文的《中部》；《增一阿含经》原为大众部所传，共 41 卷，相应于巴利文的《增支部》；《杂阿含经》原为论一切有部所传，共 50 卷，相应于巴利文的《相应部》。

南传佛教的《佛本生经》，由 547 个故事组成，它是佛陀转世的故事，其结构一般都是：以叙述有关现在的事件（通常是某个和尚的行为）的传说开始，而后佛陀讲述过去曾发生的某个类似的事件，最后联系过去和现在，把传说的人物视而为一，即把其中之一说成是佛陀的往事。《佛本生经》的故事都以偈颂结束。实际上，偈颂部分可能是《佛本生经》中最古老的部分，而散文体故事部分则是偈颂的诠释，说明这些偈颂因何流传下来。汉译佛经中无此经全书，只在《生经》中有一部分是《佛本生经》的译文。

《经集》也是一部巴利文佛经，它由五品组成，即《蛇品》、《小品》、

《大品》、《义品》和《彼岸道品》。从其语言和内容看，它汇集了部分早期佛教经文，保存了一些最古老的佛教诗歌，所以，对了解佛教的原始教义很有价值。但其编纂成集的时间则较晚。它的一些内容在阿育王的一个敕令中已规定为必须学习的经文，如《牟尼经》、《那罗迦经》、《舍利佛经》等。《经集》的主要内容是有关佛教的伦理道德观的，反映了原始佛教的状况，反映了佛教僧团组织形成以前佛教徒独自隐居修行的宗教生活。

《长老偈》包含了 264 位长老的 1291 首诗偈，这些长老大多是佛陀的声闻弟子，与佛陀生活在同一时代或稍晚。他们的诗偈大多在佛教第一次结集时就收入了经藏之中，所以它对了解佛教僧团在初创时期的情况以及当时的社会情况有一定的意义。

《长老尼偈》属小部中的第九经典，从《长老尼偈》及其注疏中，可以了解古代印度的若干社会问题。

上述佛教经典均属于经的范畴，对历史研究来说，是非常重要的。

"律"，即佛教的清规戒律，是对佛教徒的行为进行规范的文献，对研究佛教僧团组织的情况而言是十分重要的资料。其中有些内容对于了解那时的社会生活、阶级关系、奴隶制度，以及佛教对不同阶级、等级和社会的态度提供了重要资料。如它不许欠债者入教，不许奴隶入教，这为了解佛教的众生平等的本质提供了很好的资料。

"论"，是论述佛教的教义及哲学思想的部分。早期佛教承认客观世界的存在，主张"我空法有"。论藏的有些部分对佛教不同部派的学说作了叙述，对了解佛教的部派是有用的。

列国时代缺少司法文书、敕令等资料，仅靠佛经不能确切地说明列国时代每个国家的内政、经济、外交，这不能不说是佛经资料的不足之处。但佛经资料所反映的列国时代的情况是多方面的，在政治、经济、军事、阶级等级关系、文化思想等方面，都提供了大量的资料。如土地关系问题，佛经中记载了土地买卖，国王赐给一些人的梵封、梵分的土地（往往以村落为单位），以及关于私人赠送土地给佛陀的内容（说明土地可以转让，说明佛教僧团逐渐有了自己的地产）。另外，反映奴隶制的存在、奴隶的地位、奴隶与奴隶主的关系、奴隶在生产中的作用、佛教对奴隶的态度的资料也很多，为认识奴隶制度在古代印度社会中的地位提供了重要资料。

关于佛教史的资料，有"岛史"和"大史"等可供参考，虽然这些文献是印度以外的文献。

关于政治制度及佛教对各种政治制度的态度，佛经也提供了大量的资料。佛经中反映了列国时代各种政治制度存在的事实：王国、共和国等。佛经资料也反映了佛教对各种政体形式的态度，它主张共和国。佛陀出身于释迦共和国，这不能不对他有所影响，佛教僧团的内部组织也采用了这种形式，从他对待阿阇世王想对跋祇共和国发动战争的态度中也可见他对共和国持肯定态度。

佛经对列国时代的社会反映得十分全面而深刻，各个阶级、等级及其意识形态，阶级矛盾和战争，甚至人民起义推翻暴君统治都有反映；列国时代社会经济的发展状况在佛经中也有反映，尤其是商品货币关系的发展、铸币的存在、借贷关系、债务奴隶等；列国时代大国争霸战争多而激烈，佛经中也有不少反映，佛教对这些战争的态度各有不同，并不一律反对，也不一律赞同；佛教对婆罗门教、婆罗门等级以及瓦尔那制度的态度，佛教的社会观、自然观等也在佛经中有充分的反映。佛教的社会契约论十分引人注目，它认为随着经济的发展，出现了私有制（土地），于是引发了矛盾，因此需要选举一个王来"正法治民"，而人们则缴纳赋税："当供给米，以相供给"（供给国王）。

汉译佛经数量很大，但有不少重复的情况。在利用汉译佛经时，要注意分析它有意无意的曲译，或称"格义"，即译者为了使所译的佛经能在中国流传，不同中国的统治者和正统的儒家思想、伦理道德相冲突，而删削了若干东西，或故意歪曲了原文。这种情况实在很多。

（二）耆那教和顺世论派的资料

研究列国时代的历史资料，还有耆那教的经典，它们可能编成于 5 世纪，用的是中印度语方言。载入耆那教经典的有 50 多种著作，其最重要的部分包含有关于耆那教僧侣和俗人的行为规范、信仰基础、同婆罗门教的斗争、关于大雄和其他学者的传说。此外还有关于建筑、音乐、数学和天文等不同方面的知识，也有相当多的故事性质的文学著作载入其中。在耆那教的经典中，也谈到耆那教与古代印度不同国家的统治者的相互关系，有关印度的政治和宗教的问题，古代印度的非君主国的联合即共和国的联合，它们的历史和内部结构等，为研究古代印度政治史提供了重要信息。

此外，存世的顺世论派的片言只语，也为了解那个时代激烈的阶级斗争提供了重要信息。

五、孔雀帝国时代及之后的印度

约公元前 4 世纪至公元前 2 世纪的孔雀帝国时代，是古代印度奴隶制政治经济的繁荣时代。列国时代社会经济的发展，商品货币关系的发展，为南亚次大陆的统一、帝国的建立准备了一定的条件；经过列国时代阶级、等级的斗争，再加上大国之间的争霸战争，婆罗门势力受到了沉重打击，为帝国的形成创造了良好的政治环境；以佛教和耆那教为代表的反婆罗门势力对婆罗门教的批判、对瓦尔那制度的批判，为帝国的形成奠定了思想基础。公元前 327 年，马其顿亚历山大对印度河流域的入侵，激发了印度人民的爱国热情。旃陀罗笈多领导印度人民赶走了亚历山大留下的驻屯军，重新统一了北部印度。再经其子频头沙罗和孙子阿育王的征战，孔雀王朝实现了对几乎整个印度半岛（除最南端一部分地区之外）的统治，建立起一个空前的大帝国。

研究孔雀帝国时代及其以后时代的印度历史，主要有 4 类资料：侨底利耶的《政事论》，阿育王的敕令，婆罗门教的法论以及希腊人的有关记载。

(一)《政事论》(*Arthaśāstra*)

《政事论》，其字面意义是"关于利益的科学"，所以，中国也曾将其译为《利论》。《政事论》的作者一般认为是孔雀王朝建立者旃陀罗笈多的宰相侨底利耶，不过也有不同看法。有的认为它是由几部不同的著作组成的，可能是由不同时代的不同作者著的。其成书时间，一般认为是公元前4—前3世纪，可能是同法经文献平行发展起来的。

《政事论》这部著作曾一度在历史上湮没无闻。1904年，一位不知其名的人把几乎散佚的《政事论》梵文本，连同一小部分布哈特塔斯伐明所作的注释，交给迈索尔图书馆的R.沙玛沙斯特里。沙玛沙斯特里在1905—1909年陆续将原书译成英文，分段发表在《印度古代》和《迈索尔评论》上。该书的梵文本则于1909年出版，1915年又出版了英译本。很快，德译本和俄译本也都出版了。现在，已发现《政事论》的古代印度不同语种的抄本有7种之多。中世纪时期还有若干种延续《政事论》传统的著作，它们包含了一些类似于《政事论》的资料，或对它的补充，不过，比起《政事论》来，其意义就小得多了。

《政事论》全书有15卷，其篇幅长短不一，内容也各不相同，有关于政权机构设置、农业、手工业、采矿业、建筑业等多方面的内容。但就其主要部分而言，乃是关于政治技巧（及统治术）本身的理论，即同内外敌人进行斗争的法则，以及关于战争的科学。从历史资料的角度看，最重要的是关于国家行政机构、经济、财政、司法等方面的内容，这些内容是法经和法论所没有或有而不系统的。而且，同法经和法论相比较而言，《政事论》一书较少婆罗门的倾向性。在有关国家管理的理论问题上，《政事论》更多地是从统治者的利益和国家的合理性出发来加以考察的。虽然它也从宗教、伦理道德义务的角度进行过考察，但它更多地是用非常理性的和实际的态度去对待国家管理问题。

《政事论》是一部政治学的著作，但它又不是具体论述古代印度某个具体时期、某个具体国家，而是论述现存的一般性国家。它主要也不是讲政治实践的，而是讲政治理论的。

关于国家问题，《政事论》涉及了国家起源问题，但它并未正面阐述国家起源的原因和过程，而是通过两个密探的谈话，说明了国家的起源。侨底利耶有一种社会契约论的思想。他认为国家（在他笔下，实际是以王权为其表现形式）的起源，是由于"人们恐惧为鱼的法则（即大鱼吃小鱼）所左右"，于是，便让太阳神摩奴做了国王。为此，人们要将自己收获的1/6和商品的1/10交给国王，而国王应给臣民以平安和富裕。臣民不付罚金和赋税，便是对国王有罪；反过来说，国王若不带给臣民以平安和富裕，便也是对臣民有罪。这种社会契约论与佛经中所说的王权的起源，在精神上有相同之处。

《政事论》中，谈到了国家机构的设置及职能。它认为，国家机构有7个要素：国王、大臣、国家（这里的国家含有领土和人民双重含义）、卫城、国库、军队、盟友。国家机构中，有管理农业的、管理城市的、征税的、执行司法事务的，此外还有军队，以及为确保臣民乃至王室成员的忠诚而设立的密探等。在《政事论》中，国家的地方建制被划分为行省、州、区、村四级。

官员的选用，是《政事论》的作者十分重视的。该书强调，高级大臣、王室祭司应是本地人，出身高贵，善于自制，多才多艺，目光远大，充满智慧，坚韧，敏锐，有辩才，勇敢，有才干，精力充沛，有尊严，吃苦耐劳，廉洁奉公，亲善和气，坚贞不渝，品行端正，强悍有力，健康无病，有耐性，不骄不躁，善于结交，不到处树敌。作者认为，这些都是大臣的品质，真可谓是德才兼备。如果上述条件中缺少1/4和一半品行者，则为中级和低级大臣。

《政事论》也涉及了财产关系（包括土地关系）、奴隶制度、雇佣关系以及尖锐的社会矛盾（包括王室内部的尖锐矛盾等）。该书是研究古代印度，尤其是孔雀帝国时代的重要文献。

（二）佛经中有关阿育王的传记资料

阿育王，孔雀王朝的第三代国王，其父频头沙罗。汉译佛经中有一篇《阿育王传》，一篇《阿育王经》，是讲阿育王生平的。这两篇经（前者为西晋时期的安息人安法钦所译，后者为梁朝的扶南人僧伽婆罗所译）内容相同，显然属于同本异译。它们记载说，阿育王母亲为一婆罗门女，此女为瞻婆罗国人，嫁与频头沙罗为妃。阿育王出生后，国王并不喜欢他，甚至在开始时都不让他参选王位继承人。当印度西北部的呾叉始罗发生人民起义时，阿育王被派去进行镇压，但却"唯与四兵，不与刀杖"，即只给兵卒，不给武器。但阿育王到呾叉始罗后，受到当地人的欢迎，起义自平。国王又派他去征伐佉沙国，那里的人民也"承迎调顺"，归降了他。但国王仍欲以长子苏深摩为王位继承人，于是阿育王不得不以武力夺取王位。阿育王在其继位之初，十分残暴，因小事杀宫女、大臣，并选大恶人为其建人间地狱。阿育王的这两篇传记文献也说到他后来弃恶从善，毁了人间地狱，弘扬佛法，甚至让他的弟弟也皈依了佛教。

据大乘佛经的资料，阿育王晚年很悲惨，他被他的第二个妻子帝失罗所控制，他的爱子被挖了双眼，阿育王甚至被夺了权等。

佛经中有关阿育王的资料，当然有很浓的宗教色彩，但也为研究阿育王的生平和统治提供了一些线索，如他残暴的统治及他后来弘扬佛法等。公元前253年，阿育王在首都华氏城召集佛教高僧，举行了佛教史上的第三次结集，编辑整理佛经，解决佛教传播过程中因对教义的不同理解而产生的分歧和争论，统一佛教教义等。

（三）阿育王的敕令

孔雀王朝时期的历史文献，除了侨底利耶的《政事论》之外，就要数阿育王的敕令最为重要了。而且这些敕令有一个重要特点，就是它的实践性，即它是要在全国范围内实施的，而不像《政事论》那样带有更多的理性设想的性质。

现在已发现的阿育王的敕令铭文有 150 多个。不过，其中大多数是相同文件的抄本。这些抄本的存在有一个好处，即可以相互参校，恢复受到损坏的铭文。

阿育王颁布的敕令所用的语言大多是中印度语。但在西北印度和阿富汗地区也找到几个用阿拉美亚语、希腊语、希腊－阿拉美亚语和印度－阿拉美亚语写成的敕令铭文。

阿育王的敕令曾刊刻于帝国各地，有的刻于岩石上，有的刻于圆柱上，还有的刻于洞穴之中。现代学者把那些刻于岩石或圆柱上的铭文命名为岩刻敕令或圆柱敕令；把那些刻在洞穴中的铭文命名为洞穴敕令，这些敕令的内容是将一些山洞赐给正命论隐修者，作为其隐修之所。

阿育王这些敕令的内容，大多是关于宗教宽容（阿育王崇尚佛教，但他又主张对其他宗教采取宽容政策）和正法的。

据佛经的资料和阿育王的铭文看，阿育王前期的统治十分残暴，但后来，他皈依了佛教，把佛教定为国教，到处修建窣堵波，刊刻诏令，宣扬佛教，统一佛教教义，还派遣佛教僧团到国外去宣传佛教。他自己也身体力行，"以种种布施和礼遇对各派宗教团体的人表示敬意，无论他们是出家修行者，还是居家僧人"。他的宽容政策包括："不在不当的场合称扬自己的教派或贬低别人的教派；不论情况如何，即使场合允许，说话也要保持适当的节制。相反，每一个人倒是都应该在所有的场合，并以一切方式对别人的教派给予充分的尊重。"显然，这是在当时存在众多教派的情况下，发展佛教和维护自己统治所必需的。

关于阿育王的正法，除了弘扬佛教以外，从他的敕令看，还"包括少行不义，多做善事，慈悲，慷慨，真诚，纯洁"，即包括社会政治和个人的行为处事、伦理道德的规范在内。如服从"母亲、父亲和年长者","仁慈地对待生灵","说老实话","学生也要尊敬老师","以适当的方式在他的亲属之间建立起这种行为习惯";国王不杀生,其他的人包括国王的猎手和渔夫在内,也都放弃了渔猎;"不许杀生献祭,也不准举行宴会集会";在他统治的版图之内,安排两种医疗设施,即人用的医疗设施和动物用的医疗设施,"凡是缺乏益人益兽的药草的地方",要将它们引入并且加以栽培;派人凿井、种树,"为的是给人和动物享用";任命名为"达磨摩诃马陀罗"的官员(正法大臣或正法官员),"他们不仅为女仆阶层、商人和农民阶层、婆罗门和统治阶层,为穷苦人谋求幸福和快乐,而且帮助他们之中那些诚爱正法的人从束缚下解放出来","他们要确定一个人仅仅是赞同正法,坚信正法,还是天生性好仁爱"。同时,他的正法中大概也包含了国王及其官吏的"勤政":"汇报人为了上达民情,可以随时随地前来见我,无论我在进膳,正在后宫,正在寝殿,正在散步,正在乘车或者正在赶路。我在任何地方都一心致力于人民的事务";放弃杀戮战争,因为在征服羯陵伽战争中,有15万人和牲畜被俘并从这个国家带走,有10万人死于疆场,更有数倍于此者亡于战祸,因此,他感到"悔恨",等等。显然,阿育王早年的残暴统治和征战带来了严重的后果:尖锐的阶级矛盾和对经济的破坏。为了维持其统治,他不得不采取措施,休养生息,缓和矛盾。而所谓正法和宗教宽容,都是为此目的服务的。

不管阿育王的这些敕令目的为何,都为我们提供了他统治时期,乃至整个孔雀王朝统治时期政治、经济、军事、社会、伦理道德、宗教、语言等各方面的第一手资料,而且主要是非宗教的世俗性资料、王家铭文资料,这在古代印度史上确实是独一无二的。当然,阿育王自己宣称的与实际的执行情况是否相符,需要分析、研究。

（四）法论著作

"法论"是"关于义务的科学"。法论阶段的著作在时间上显然要比法经著作晚，它们被认为是婆罗门教在经历了列国时代的冲击而衰落后，在公元前后复兴时期的产物，也是其复兴运动的基本组成部分。它们强调坚持吠陀的正统主张，维护婆罗门至高无上的特权地位，强化瓦尔那制度。它们规定了瓦尔那制度、婚姻、家庭、妇女的地位、王权、行政机构、司法制度、18 项法律等的原则和具体内容。属于法论阶段的著作有：《摩奴法论》、《祭言法论》、《那罗陀法论》、《布利哈斯帕蒂法论》、《迦旃延那法论》等。

《摩奴法论》：该书的成书时间说法不一，有学者认为它约成书于公元前 2—公元 3 世纪。该书是古代印度最重要的一部法论，也是古印度法制史上第一部可以称为正规法律典籍的最有权威的法律著作，其影响也最大。该法论的现行版本共分 12 卷，其中纯法律部分包括 18 项法律及其他各项法规，约占全书 1/4。该法论还包括了创世神话和梵我如一的玄谈。不过，尽管它论及的方面很广，但其核心内容归结起来看，还是维护瓦尔那制度。它宣扬瓦尔那制度起源的神话，罗列各瓦尔那的不同地位、权利和义务，规定依违瓦尔那制度的奖惩，并以"来世"苦乐作为补充。宣扬维护瓦尔那制度的精神贯穿了全书，即使是在论述国王的法的第 7 至 8 卷也是如此。

《摩奴法论》神化王权，认为世界上本没有国王，是梵天从各位神的本体中取永久的粒子创造了国王："国王是一个富于人形的伟大神明"。该法论还规定了国王的各项职责任务、与婆罗门的关系。

《摩奴法论》为研究古代印度的瓦尔那制度、法、社会、国家机构及其职责、奴隶制度等方面都提供了重要的资料。

《祭言法论》：又译为《述祭氏法论》或《耶遮那瓦勒基法论》。编于公元前 1—公元 2 世纪。它是以《摩奴法论》为底本，并加以压缩而编成的。它比《摩奴法论》更为简明和系统，其主要内容为行为准则、司法、赎罪和苦行。与《摩奴法论》不同的是，该书明显地对佛教采取了敌视态度，而《摩奴法论》则不那么明显。在法律方面，《祭言法论》更为系统地论述了法律和诉讼程序，更为完整地提出了证明的手段，扩大了神裁法的内容。

《那罗陀法论》：该法论约成于公元1—4世纪，也有的学者认为它编于公元3—5世纪。该书是古代印度原文保留下来的一部较完整的法论。从很多方面看，它是在《摩奴法论》和《祭言法论》的基础上编纂而成的，提出了比较纯粹的法律语言，表现了更为纯粹的法律特征，同时也更为世俗化。如它准许高等瓦尔那的男子娶低等瓦尔那的妇女为妻，准许无子寡妇从亡夫的兄弟和改嫁，准许对新郎进行体检，认为国王敕令具有最高权力。这可能反映了帝国时代王权的加强，以及国王不一定遵守法论等传统经典的现实。

《布利哈斯帕蒂法论》：该法论没有直接传下来，现在可知的该法论的内容是保存于评注和论集之中的。现今学者整理成的该法论，有的为84节，有的为711节。学者们认为，该法论虽然编纂得比《那罗陀法论》晚，但却比它更少偏离《摩奴法论》的原则。它将18项法律分为两大类：一类源出于财产，一类源出于伤害。这是在印度法中第一次将民法与刑法、民事诉讼和刑事诉讼加以区分。该法论谴责执法过程中的武断和专横现象，强调在判决案件时必须检验文书和其他证据。

《迦旃延那法论》：该法论约编于公元300—600年，原文未完全保存下来，其内容散见于评注和汇集之中。这部法论的突出特点是在私法方面，它对妇女的私有财产作了明确定义，给予妇女在处理私有财产方面以完全的权利。对其他类型的私有财产，也较其他法论更为详细，并进行了分类。它将判决分为两类：一类为经过诉讼双方的激烈辩论和法庭调查的四个阶段（起诉、答辩、举证、审问）而作出的判决；另一类为仅根据诉讼一方的具体情况而作出的判决。该法论规定，法院诉讼应吸收商人参加，让其旁听审判和监督法律的执行，这是在诸法论中颇具特色的。这可能反映了当时商业的发达和商人在社会生活中的作用加强，其社会地位也相应提高了。该法论对国王的权力作了某些限制，如认为国王并不一定对土地拥有绝对所有权；它还强调国王在执法时也必须遵守法论中规定的准则。

由婆罗门制定的众多法经和法论，均是以瓦尔那制度作为法和行为规范基础的，因此，它们并不能完全取代世俗政权制定的法律，而世俗政权也并不是在任何情况下都以它们为法律的准绳。但在很多情况下它们又确实具有某种法律的效力。法经和法论都随着社会的变迁而发生一定的变化，但它们维护瓦尔那制度的核心内容绝无大变（只在有的情况下，作了一些变通）。

古代印度法中有 18 项法律的提法，它们是：债务、典押和寄存、合伙事业、不兑现布施、违反服务协议、不付工资、出售他人财物、主人与牧人的争议、撤销买卖、违反合同、边界争议法、夫妇法、分家法、极凶残的犯罪、凌辱罪、赌斗、盗窃罪、奸淫妇女。可能各法论在 18 项法律的具体名称上会略有不同，但都提到 18 项法律这个概念。

在中世纪时，几乎对所有法经和法论均有注释。

法经和法论编纂延续的时间很长，且不断有变化，其内容涉及古代印度社会的方方面面，因此，它们是研究印度古代社会最为重要的资料来源之一。当然，因为它们打上了瓦尔那制度和婆罗门教的烙印，所以在利用这些资料时不能不仔细分析。

此外，研究古代印度历史的某些阶段，还有戏剧、钱币和题铭学的资料。

（五）希腊作家的著作

希腊人对印度的了解始于公元前 1000 年代中叶。那时，希腊人关于印度的知识，只是从波斯人那里听来的，而不是亲身访问得来的。现在所知最早记载有关印度知识的是希腊作家希罗多德，他说大流士将波斯帝国划分为 20 个行省，印度是第 20 个，每年要向波斯人交纳赋税 360 塔兰特金沙。他的记载只是片断的、模糊的。

后来，当马其顿的亚历山大东征征服波斯帝国，并占领印度河流域以后，希腊人对印度的了解多了一些，并且也真实了一些。亚历山大的部将们回去后，写了一些他们看到、听到的有关印度的情况。如尼亚库斯回去后写了有关印度的东西，可惜未保存下来。不过麦伽斯蒂尼和阿里安转述了他的若干记载。在亚历山大的帝国崩溃以后，其部将塞琉古建立了一个地跨西亚和印度广大地区的国家，并派遣了使节驻在孔雀帝国，这就是麦伽斯蒂尼。他写了《印度志》，把他在印度期间了解的有关印度的地理、居民、风土人情、政治状况、社会状况（如印度的等级制度），特别是孔雀王朝的政治状况（如他讲到那时的国家机构）记载了下来。这些记载比起希罗多德的著作来，要丰富得多、真实得多。不过他们的著作也未传下来，而且他们是用希腊人的眼光来看印度的，因此，所记录的东西未必完全符合印度的实际情况，把他们的记载当作资料引用时，必须谨慎。后来，在阿里安《亚历山大远征记》（卷6、卷8）、斯特拉波《地理志》（卷15）等著作中都转述了他们的资料。

第二节　古代印度史的研究概况

古代印度虽也有过如《古事记》（普兰那）那样的著作，但总的说，它缺乏历史传统：它既未出现过像中国、希腊和罗马所有过的可称之为历史学家的人，也没有像《春秋》、《左传》、二十四史、希罗多德的《历史》、修昔底德的《伯罗奔尼撒战争史》、李维的《罗马史》等那样的历史著作，更没有阐述历史发展思想的著作传世，直至近代。

一、欧洲各国对古代印度的研究

（一）近代英国对古代印度的研究

对古代印度进行研究，首先是从近代欧洲各国开始的。随着新航路的开辟，欧洲人来到印度，首先是英国、法国的商人。17世纪，他们在印度成立了东印度公司。还有一些传教士也来到印度。这些商人和传教士把他们的所见所闻带回欧洲，引起了欧洲学者尤其是英国人的广泛兴趣。

为了长久统治印度，也为了同当地土著居民进行交流，英国人开始学习、研究当地语言，出版了词典和文法书籍，并开始对印度的不同社会阶层和种族集团的关系、土著居民的风俗习惯进行了解。他们逐渐认识到，对印度的历史和文化进行研究，对他们在印度的统治具有重要意义。于是，西方学者开始研究古代印度的语言，研究、搜集和出版古代印度的文献，研究古代印度的宗教、哲学、文学，而后又逐渐扩展到社会、政治等各方面。

自然，欧洲人最初在学习、研究古代印度的语言时，老师都是印度人。在对印度进行研究的英国人中，在初始阶段，起过重要作用的是琼斯（Jones），他被认为是科学的印度学的奠基人。琼斯于 1783 年来到印度的加尔各答（Calcutta），担任法官职务。他将《摩奴法论》由梵文译成了英文，还将迦梨陀娑的著名戏剧《沙恭达罗》以及其他一些古代印度文学和宗教文献翻译成了英文（他是先将其译成阿拉伯文，然后再译成英文的）。他最大的贡献莫过于发现古代印度的梵语与希腊语和英语实际上是有着共同起源的相近的语言。他同威尔金斯（Wilkins）、科勒布鲁克（Colebrooke）等人为比较语言学、古印度哲学和宗教等方面的研究做出了重要贡献。

1784 年，琼斯成立了"孟加拉亚洲协会"。这个协会培养、聚集了早期从事印度学研究的人才，为印度学的建立和发展做了许多工作。1791年，在印度的瓦朗纳西开办了第一所专门的梵语学校。1832 年，出版了《孟加拉亚洲协会杂志》；1874 年，又出版了《印度文库》；100 年后，该文库出版了古代印度著作达 300 卷之多。

1837 年，普林斯（Prinsep）通读了阿育王的敕令，这在古代印度史研究中是一个巨大成就，使古代印度史的世俗资料和政治资料大为增加。

1844 年，M. 艾尔芬斯顿（Elphinstone）出版了《印度史》，该书在谈到古代印度的土地关系时认为，古代印度土地属农村公社所有。

1857 年，英国人在印度的加尔各答、孟买和马德拉斯建立了 3 所大学，它们很快便成为研究古代印度的中心。

从 1857 年起，在英国牛津大学任教的德国人马克斯·穆勒（Max Müller）主编出版了《东方圣书》丛书，共 50 卷，包括了不同东方国家的文献的英译本，其中主要是印度的典籍。此外，威尔金森译有《梨俱吠陀》、《毗湿奴·普兰那》、迦梨陀娑的《湮云公报》等。而由穆勒策划、萨扬评注的《梨俱吠陀》的出版，被认为是在吠陀文献研究中开辟了一个新阶段。

1861 年，梅因的《古代法》一书出版，该书也涉及古代印度的农村公社问题、土地关系问题。1871 年，他又出版了《东西方农村公社》一书，对东西方的农村公社作了比较。

对古代印度文字的研究，是研究古代印度政治、经济和文化史的前提条件。梵文和巴利文是古印度文献中广泛使用的文字，因此，西方学者十分重视对这些文字的研究。1819 年，威尔森（Wilson）编纂出版了第一部梵英词典；而威廉斯则于 1872 年出版了另一部梵英词典和梵语文法书，在梵语的研究方面做出了重要贡献。他还帮助牛津大学建立了"印度学系"。1872—1875 年，蔡尔德斯出版了第一部大的巴利语词典，这对研究佛教具有重要意义，因为佛经大多是用巴利语写成的。

1872 年起，英国人开始出版发行考古杂志《印度古代》；1888 年，又出版了刊印古代及中世纪碑铭的杂志《印度碑铭》。

在 19 世纪的欧洲，形成了一个新的研究方向——佛学研究。在英国，霍杰松被认为是英国佛学研究的创始人之一。他在 1828 年出版了概括性的著作《佛学概论》。而对佛学研究卓有贡献的英国学者还有里斯·戴维斯，他在 1881 年创建了"巴利语圣典协会"，出版了《佛教的印度》（在该书中，也涉及土地关系问题和农村公社问题）；1912—1915 年出版了《巴利语—英语词典》。他也是《剑桥印度史》的重要作者（该书 1922 年出版了第一卷）；他还发表过其他一些有关佛教和印度世俗史的著作。1922 年，他去世后，戴维斯夫人继承了丈夫的事业，从事古代印度史和佛教史的研究。1930 年，渥德尔的《印度佛教史》出版。该书利用了广泛的资料，其中也包括汉译佛典的资料及考古学、民族学、人类学的资料。作者熟悉历史和佛教哲学，因此该书写得很扎实（该书已由王世安译为中文，商务印书馆 1987 年出版）。

在古代印度史方面的另一个重要人物是斯密特。他于 1904 年出版了《早期印度（从公元前 600 年至穆罕默德占领）的历史》一书。在该书中，他以憍底利耶《政事论》的一条注释为根据，认为古代印度土地属国有、王有；他的另一著作《牛津印度史》（1919 年出版），叙述了从古代到第一次世界大战时期的印度史。这两本书都多次再版，后一本书还长期作为高校教科书。斯密特特别强调亚历山大对印度的征服，对亚历山大极为崇拜。他认为"东方专制主义是印度存在的不可或缺的条件"。

巴登·鲍威尔在 1913 年出版了《不列颠印度的土地岁入及其行政管理简报，以及土地使用权》（*A Short Account of the Land Revenue and Its Administration in British India*，*with a Shetch of the Land Tenures*），探讨了农村公社问题和土地关系问题。他认为古代印度土地属于私有，从《摩奴法论》看来，没有任何类似于共同占有土地的痕迹。

1922 年，《剑桥印度史》第一卷出版，这本书可以说是给近代英国的古代印度史研究作了一个总结。参加该书写作的有几乎所有英国的著名印度学家。该书对经济、社会关系和文化问题给予了显著地位。此后，在英国出版的有关印度的概括性著作均无出其右者。还有一些著名学者在对印度史的诸多方面进行研究，如佛教专家孔泽，梵文学专家和达罗毗荼学专家巴罗伊，梵文学家、语言学家和佛学家布拉弗，语言学家荷尔曼，法学家和历史学家德列塔，梵文学家和佛学家渥德尔等人。

1871 年，名为"北印考古调查"的机构成立，它为在印度进行科学的考古发掘奠定了基础，其领导人是林格赫姆。这个机构系统地刊印了有关它进行考古发掘、发现的活动情况，其内容包括叙述居民点的发掘情况，发现的物质文化文物、题铭资料、建筑物、钱币等。1902 年，又建立了专门的印度考古处，英国著名考古学家马尔沙尔是其第一任干事长。现在英国有关印度考古的最杰出的学者是英尔提麦尔·威列尔、奥尔清等。对印度历史具有重要意义的发掘是 20 世纪 20 年代在印度河流域发现的古印度早期文明——哈拉巴文明。从 19 世纪起，英国在印度的一些大城市开办了博物馆和科学图书馆。

（二）德国对古代印度的研究

欧洲其他一些国家对古代印度也有浓厚的兴趣，他们在古代印度的语言、文化、历史和宗教研究等方面都有不少成就，出现了一些著名学者。如德国的波普，他在比较语言学、印欧语言学、梵语等方面都进行了很多研究。他的研究使英国的琼斯提出的印度雅利安语同欧洲语言有亲属关系的论断得以证实，这对推动欧洲人对古代印度的研究起了很大作用。

斯勒格尔兄弟（弗里德里希·斯勒格尔和奥古斯塔威廉·斯勒格尔）是德国印度学的首创者，他们最先在德国出版了梵文铭文及其译文。1808 年，弗里德里希·斯勒格尔发表了著作《印度人的语言与智慧》。奥古斯塔·威廉·斯勒格尔（曾在巴黎学习梵文）1818 年在波恩成为讲授梵文这门新学问的教授，他刊行了《罗摩衍那》的校刊本。兄弟二人还派拉森去巴黎抄写这部史诗的手稿。在他们的帮助和支持下，拉森成了德国第一个真正懂行的印度学家。他的著作《印度古物志》（共 4 卷，1855—1871 年在莱比锡出版）编纂精确，资料丰富。书中除了政治史（到 12 世纪）以外，还详尽地考察了宗教、文化、社会风俗和经济，是一部百科全书式的著作。不过，在今天看来，它的很多方面已经陈旧了。

1848 年，德国仿照英国皇家亚洲学会的方式，建立了德国东方学会，其会刊刊行了 100 多年，同时它还刊印了《东方丛书》，出版过《印度学及伊朗学杂志》，不过只出版了 10 多期便因资金原因停刊了。

总体来看，第二次世界大战以前，德国学者的印度学兴趣是在文字和宗教方面。1823—1824 年，从事古印度哲学研究的格勒布鲁克发表了 4 篇有关印度哲学体系的内容丰富的文章。黑格尔的《哲学史讲演录》的第二章对印度哲学进行了论述，但他并非印度哲学史专家，只是利用了格勒布鲁克的成果。19 世纪初，有广博的梵文知识的吕克特把若干梵文作品译成德文，如《那罗插曲》、《阿闼婆吠陀》、《沙恭达罗》等，他著有《婆罗门故事集》、《婆罗门的智慧》，研究过《净行书》和《奥义书》等。1852—1875 年，罗特与俄国人波特林格合编的梵文字典由圣彼得堡皇家科学院出版，即著名的《大彼得堡字典》。1859 年在莱比锡出版了《五卷书》，在牛津大学任教的马克斯·穆勒的著作一部分出版于英国，一部分发表于德国。他们出版过印度最古老的文献《梨俱吠陀》和 15 世纪时印度人婆衍那的注疏。雅柯比译了耆那教的经典。布莱尔译了《摩奴法论》。布莱尔曾对印度古文字和铭文进行了研究，且因此而颇负盛名。他发起出版了《印度雅利安语言学及考古学概论》丛书，已出版 23 卷，包罗了当时已知的这个领域的一切方面的著作。如梯波特 1899 年关于天文、礼仪方面的著作，约理 1896 年关于医学、法律和礼仪方面的著作，希勒布兰德 1897 年关于仪轨文学的著作，盖格尔 1916 年关于巴利语语言和文学的著作，舒布林 1935 年出版的《耆那教教义》等。不过，这部丛书拟定的一些著作迄今还未出版，如梵文文法、梵文学、印度史、印度哲学、音乐、造型艺术等相关著作。

20 世纪初，在我国新疆古龟兹和高昌等地的石窟中，发现了大量有关印度的壁画，不少西方国家都来人"考察"，实际上是来掠夺这里的文物，其中"考察"次数最多，劫掠文物、壁画最多的就是德国人。柏林人类博物馆的格伦威德尔和勒柯克等前后 4 次到新疆"考察"石窟。第一次是

1902—1903 年，带走 46 箱文物，1906 年出版了有关的报告；第二次是
1904—1905 年，切割走大量壁画，共 106 箱；第三次是 1906 年年初，切割
了 36 个石窟的壁画，盗走许多雕像、木雕和珍贵的文献手抄本，后又盗走
了两袋文书、佛像、刺绣和舍利盒等，这次共盗走文物 128 箱；第四次是
1913—1914 年，盗走文物 156 箱。他们盗走的大量壁画和文物，大都存于
柏林印度艺术博物馆，有些毁于第二次世界大战的战火中。德国人对这些
石窟中的文物进行了整理、研究，出版了《古代库车》（格伦威德尔）、《古
代后期的中亚佛教》（勒柯克和瓦尔德斯密）、《犍陀罗、库车、吐鲁番》
（瓦尔德斯密）。有的学者指出，这些遗迹的发现使印度学获得了一个新的
部门。

　　第二次世界大战以后，德国学者的研究方向发生了变化，如鲁宾出版
了 6 卷本的著作《古代印度社会、经济和文化》，概括了他多年研究的成
果，提出许多有争议的问题和很少研究的问题；李兹契尔和斯切特里兹合
著的《侨底利耶〈政事论〉研究》一书，对古代印度的土地关系问题提出
了他们自己的看法。他们不同意在古代印度国王对土地拥有最高所有权的
说法，而认为土地属于传统的农村公社，个别农民（准确地说是大家庭）
只是作为公社份地的世袭占有者出现；国王只是对部分土地拥有所有权，
即王室土地，且分散在全国各地。

二、苏联对古代印度的研究

　　在十月革命前的俄国，学者们的兴趣也是在印度的宗教和文化方面，
对经济、社会关系、政治制度等方面的问题研究很少。开始时，俄国学者
对古代印度的研究是同比较语言学的研究联系在一起的。这方面的第一本
著作，是彼得堡的语言学家阿德林格在 1811 年出版的《论梵语同俄语的类
似》。

　　19 世纪上半叶，俄国开始了对梵语的系统教育。1842 年，别列洛夫在

喀山大学建立了第一个梵语教研组。1846年，他出版了《梵文文选》，标志着俄国梵学学派的诞生。波特林格同德国人罗特合编的《大彼得堡字典》（梵文字典），被认为是到目前为止在此方面最基本的出版物，它在印度已被译成英文。他还翻译了《奥义书》、《沙恭达罗》等古印度文献，编译了主要是梵文的文选。1839—1840年，他出版了帕尼尼的文法书。

1854年，科索维奇开始刊印梵俄词典。

米那耶夫被认为是俄国印度学的奠基人。1887年，他出版了自己的主要著作《佛教研究和资料》。他的学生舍尔巴茨基和奥登贝格继续了他的研究。前者专门从事大乘佛教的研究，他曾多次同德国的雅柯比一起进行合作。十月革命后，以他为首的一个小组翻译出版了《政事论》，其第一部分的译者是奥登贝格。奥登贝格的著作有《关于最晚时期佛教徒的意识和逻辑的理论》等，他还首创了佛教图书馆，从事古代印度神话学、文学、宗教和艺术的研究。1909年，他也曾到中国新疆"调查"，带走了大量石窟中的文物和壁画珍品，它们珍藏于彼得堡艾米尔塔什博物馆。他对这些文物进行了很多研究，尤其是对其中独一无二的古代印度原稿进行了研究。

十月革命后，在马克思主义影响下成长起来的一代研究古代印度史的苏联学者，开始注意对古代印度社会经济、等级制度、政治制度的研究，对印度佛教的研究也有了本质上的新发展。如奥西波夫的《十世纪前印度简史》（1948年），科切托夫的《佛教的起源》（载1957年苏联科学院出版社出版的《宗教与无神论史历史博物馆年鉴》第一辑），苏烈金的文章《古代印度史分期的主要问题》（载《太平洋研究所科学杂记》第二卷，1949年）。苏烈金的文章提出了古代印度的阶级结构、历史分期、剥削形式、意识形态等问题，他还翻译出版了若干古代印度的文献，如《梨俱吠陀》、《阿阗婆吠陀》、《奥义书》（部分）、两大史诗（部分）、《政事论》、部分佛经、迦梨陀娑的著作选集、《摩奴法论》等。

20世纪50年代以后，在苏联和现在的俄罗斯，从事古代印度史研究的学者中，最著名的要算伊林和邦迦尔德-列文。前者是 20 世纪 50 年代苏联科学院出版社出版的《世界通史》（十卷本）中关于印度部分的作者（第二卷第 17～18 章）；后者最近几十年来发表的有关古代印度史不同方面的论文和著作甚多，如 1966 年在《古史通报》第六期上发表的《古代印度共和国（问题与主要资料）》，1973 年在《古史通报》上发表的有关古代印度的土地关系的文章。他认为，古代印度土地所有制具有多重性；不同形式的土地财产的相对重要性在不同历史时期有所变化，可以确定这样一种发展的一般趋势，即在牺牲村社土地的情况下，私有土地和国王所有的土地趋于增加。1960 年，他出版了麦伽斯蒂尼的《印度志和阿育王的铭文》；1985 年，他与伊林合作，出版了《古代印度》一书；1985 年，在印度新德里出版了他的《孔雀王朝的印度》（英文版）一书等。

三、印度人对古代印度的研究

印度的历史科学是在 19 世纪末 20 世纪初才形成的。最初的印度历史学家大多是在英国的一些大学学成的，即使是在印度本国大学中学成的，也是在英国教师的指导下，用的是英文教材。所以，在那时，他们叙述历史的风格、思想方式都是英国式的。

19 世纪后期，随着印度的民族觉醒、民族意识的增强，印度的历史科学也逐渐摆脱了对殖民主义宗主国的完全依附状态，逐步形成了自己独立的历史科学。米特拉参加过"孟加拉亚洲协会"的活动，并于 1885 年成为协会第一位印度人主席。著名的民族主义者、国大党创始人提拉克，著名的政治活动家达塔，均曾以历史学作为武器，宣扬民族精神。如达塔的著作《古代印度文明史》（1893 年），提拉克的"Orion"（1903 年）和"The Arctic Hume in the Vedas"（1903 年）等，这些著作既是学术性著作，也是政治性很强的著作。

20 世纪前期，印度人对自己的古代历史的研究有了巨大发展。印度的梵文学家，印度中部方言、古代印度文学和宗教哲学家布罕达尔卡尔，被认为是印度民族历史学派的奠基人，他的历史著作主要有《印度早期历史一瞥》（1920 年）。

1917 年，在浦那建立了作为印度重要梵学中心的 Bhandarkar Oriental Research Institute，出版了很多古代铭文和文献，以及古代文献的今译本，如《摩诃婆罗多》等；建立了很多博物馆；培养了许多的历史学家、语言学家、哲学家；批评欧洲中心论及其影响。

20 世纪 20—30 年代进行的对印度河流域文明的发掘，是对印度古代史研究的一大贡献，也大大增强了印度人的民族自豪感，它把古代印度的文明提早了近 1000 年。

1947 年，印度获得独立，这促进了印度历史科学的发展。研究古代印度史的机构、教学机构建立起来，或在原有基础上得到发展。出现了若干古代印度史的专家，如夏马尔、雷超杜里、高善必等；出版了古代印度的文献、铭文，如巴利文佛教经典、梵文佛教经典、吠陀文献（如十卷本的《梨俱吠陀》）、两大史诗；出版了 20 卷的梵语词典，以及预计为几十卷的古代印度手稿的完整目录；定期召开印度的历史学家、东方学家和考古学家会议，并出版了《古代印度》和《古代》等杂志；出版了十卷本的《印度的历史与文化》（第二卷和第三卷的一部分是有关古代印度史的）、三卷本的《法论史》（卡涅著，1930—1962 年）、三卷本的《古代印度简史》（1980—1983 年）、五卷本的《古代印度哲学史》（1932—1955 年）、四卷本的《印度文化遗产》、丹吉的《从原始社会到奴隶制瓦解时期的印度》、阇那拿的《古代印度奴隶制度史》、高善必有关首陀罗的著作等。

四、中国对古代印度的研究

我国对古代印度的了解源远流长，二十四史中有关南亚、印度的记载一直不断。佛教东传至中国后，一方面历朝历代有高僧翻译佛经，另一方面常有高僧西去取经。法显的《佛国记》、玄奘的《大唐西域记》就是他们西去印度取经的经历的记录。这些书中记载了古代印度的政治、经济、文化、风俗民情、宗教信仰等多方面的情况，如阿育王设立人间地狱一事，在《佛国记》和《大唐西域记》中均有记载，与佛经中的记载相吻合。

近代以来，我国对古代印度的研究与古代中国对古代印度的了解有着很大不同。一方面从内容看，译著越出了佛教的范围，而扩大到古代印度的哲学方面，如梁漱溟的《印度哲学概论》（北京大学丛书，1919 年，商务印书馆）；另一方面，这种研究已与西方的研究接近，概念比较规范化，如《印度哲学概论》中，对古代印度各宗各派哲学的论述，讲到它们的本体论、一元、二元、多元、唯物与唯心等。还翻译了一些国外的研究著作（基本上是以佛教和哲学为主），如商务印书馆发行的尚志学会丛书中的《佛学研究》，作者为法国的普纪吕司基（M. Przyluski）等（1930 年初版）；以及日本的秋泽修三所著《东方哲学史》（该书第一部分为古代印度的哲学史）、木村泰贤的《原始佛教思想论》（欧阳瀚存译，1933 年）。

1949 年以后，我国对古代印度的研究有了突飞猛进的发展，不仅发表的文章、专著数量大增，而且在内容上有了巨大的变化。

1955—1957 年，在东北师范大学举办了一个世界古代史的研修班，参加这个学习班的人后来成了我国世界上古史教学和研究的骨干（包括埃及学、亚述学、印度学和古典学等多个方面）。在学习期间，他们准备了不少论文，翻译了不少原始资料，这在后来北京师范大学历史系和吉林师范大学历史系合编的《世界古代史史料选辑》中反映了出来。其中，关于古代印度的资料有《梨俱吠陀摘录》、《瓦佑·普兰那摘录》、《阿巴斯檀巴法经汇编与高塔马法律汇编摘录》、《政事论摘录》、《亚里安的"印度志"摘录》、《摩奴法典摘录》等。这在当时为高等学校历史系世界古代史教学提供了基本的资料，只是缺少佛经的资料。

1962 年，人民文学出版社出版了孙用译印度著名史诗《腊玛延那玛哈帕腊达》的节译本；1964 年，商务印书馆出版了张若达、冯金辛、王伟合译的印度学者辛哈、班纳吉合著的《印度通史》；1960 年，民族出版社出版了苏联学者科切托夫著、李渊庭译的《佛教的起源》；1957 年，生活·读书·新知三联书店出版了奥西波夫著、李稼年译的《十世纪前印度简史》。

但更重要的成果，是我国学者自己的研究。在这方面，北京师范大学历史系的刘家和于 1962 年在《北京师范大学学报》上发表了《印度早期佛教的种姓制度观》一文，文中对到那时为止的国外学者（英国和印度学者）对这个问题的研究作了评述，尤其是引用了大量的佛经资料（汉译佛经和巴利文佛经英译本），深入地分析了佛教对于在印度和整个南亚广泛流行并且影响极为深远的种姓制度（瓦尔那制度）的态度。他指出，佛教虽然曾在一定程度上反对、批评过种姓制度，但它对种姓制度的批评不彻底，只是在争取刹帝利高于或等于婆罗门的地位。文章还分析了佛教对种姓制度的这种态度的社会根源和阶级根源。不久，他又在同一杂志上发表了《古代印度的土地关系》一文，文中介绍了国外对这个问题的研究状况，并利用大量资料谈了自己对这个问题的观点。文章十分重视运用中外两方面的文献资料。

可惜，"文化大革命"打断了这一发展势头。改革开放以来，印度史研究有了突飞猛进的发展，这表现在以下几个方面：

1. 资料的积累。1989 年，由崔连仲主编，商务印书馆出版了《古印度帝国时代史料选辑》；1998 年出版了《古印度吠陀时代和列国时代史料选辑》。这两本资料集选编选译了古代印度的若干重要史籍及汉译佛经中的若干片段，为高等学校世界古代史教学提供了基础性的资料。

此外，还翻译出版了不少古代印度的典籍：1982 年，由马香雪译，商务印书馆出版了迭朗善的法译本《摩奴法典》；1986 年，又由蒋忠新译出，中国社会科学出版社出版了《摩奴法论》；1985 年，人民文学出版社出版了由我国著名印度学家、梵文学家季羡林的两位弟子郭良鋆、黄宝生翻译，季羡林作序的《佛本生故事选》；1990 年，中国社会科学出版社出版了由郭良鋆译的巴利语佛经《经集》。我国古代翻译的多为梵语佛经，而《经集》属南传佛教经典，是早期佛教经典之一，为研究佛教的伦理道德观等提供了重要资料。1984 年，徐梵澄翻译的《五十奥义书》由中国社会科学出版社出版。1993 年，中国社会科学出版社又出版了由金克木、赵国华、席必庄译的史诗《摩诃婆罗多》的第一卷，此前已出版了《罗摩衍那》的第一卷。北京大学南亚研究所编辑了《中国载籍中南亚史料汇编》（上、下），由上海古籍出版社出版（1994 年），辑录了从西汉到清代典籍中有关南亚的记述等。这些典籍的出版，为研究古代印度的政治、经济、文化思想等提供了丰富的资料。不过，像侨底利耶的《政事论》这样的著作，至今未全文译出，不能不说是件憾事。

2. 在我国的杂志上发表了不少有关古代印度的文章。1983 年，刘家和在《南亚研究》（第一期）上发表了《公元前六至四世纪北印度社会性质和发展趋势蠡测》一文，对古代印度的奴隶制社会性质谈了自己的看法。1989 年，崔连仲发表了《早期佛教的社会思想和伦常观》（《世界历史》，1989 年第一期）；刘家和在《北京师范大学学报》第五期上发表了《论古代的人类精神觉醒》一文，对公元前 8—前 3 世纪发生于中国、希腊和印度的人类精神觉醒的历史背景、内容和特点作了相当深入的分析。刘欣如在《世界历史》上发表了《印度孔雀王朝时期的奴隶制特殊性》（1987 年第三期）、《古代印度的共和国》（1996 年第三期）。

3. 出版了若干部著作。如崔连仲的《从佛陀到阿育王》（1991 年，辽宁大学出版社）；吕澂的《印度佛学源流略讲》（1979 年，上海人民出版社）；方立天的《佛教哲学》（1986 年，中国人民大学出版社）；季羡林的《原始佛教的语言问题》（1985 年，中国社会科学出版社）；姚卫群的《印度哲学》（1992 年，北京大学出版社）、《佛教般若思想发展源流》（1996

年，北京大学出版社）；郭良鋆的《佛陀和原始佛教思想》（1997 年，中国社会科学出版社）；陈峰君主编的《印度社会述论》（1991 年，中国社会科学出版社）；刘欣如的《印度古代社会史》（1990 年，中国社会科学出版社）；任继愈总主编、杜继之主编的《佛教史》（1991 年，中国社会科学出版社）。关于古代印度的艺术，有王镛、孙士海译的《印度雕刻》（1987 年，文化艺术出版社）；叶公贤、王迪民的《印度美术史》（1991 年，云南人民出版社）。此外，还有宽忍的《佛教手册》（1991 年，中国文史出版社）；郑孝时的《释迦牟尼成佛密录》（1995 年，上海人民出版社）；弘学主编的《佛学概论》（1996 年，四川人民出版社）等。

4. 翻译了若干著作，如渥德尔著、王世安译《印度佛教史》（1987 年，商务印书馆）；A. L. 巴沙姆主编、闵光沛等译《印度文化史》（1997 年，商务印书馆）；舍尔巴茨基著、立人译《小乘佛学》和《大乘佛学》（均为中国社会科学出版社 1994 年出版）；D. D. 高善必著、王树英等译《印度古代文化与文明史纲》（1998 年，商务印书馆）。在艺术方面也有两本译著：H. 因伐尔特著、李铁译《犍陀罗艺术》（1991 年，上海人民美术出版社）；穆罕默德·瓦利乌拉·汗著、陆水林译《犍陀罗艺术》（1997 年，商务印书馆）。

5. 出版了《南亚译丛》和《南亚研究》两本杂志，上面刊登了若干有关古代印度史的论文或译文。

6. 培养了若干学者。北京大学由季羡林在 20 世纪 60 年代培养了一批梵文学生，以后又送出国去深造。现在，他们已成为这方面的专家。

7. 设立了若干研究机构。如中国世界古代史研究会下设有南亚组，中国社会科学院下设有南亚研究所，华中师范大学也有一个南亚研究所等。

当然，我国的古代印度史研究也还存有一些不足和需要改进之处：

1. 懂得古代印度语言文字的人似乎太少。懂得古代印度语言文字（如婆罗米文、梵语、巴利语等）是研究古代印度史的基础，而这方面的人才太少，不能不影响我国对古代印度史的研究。现在许多人仍是用现代外语或汉译佛经的资料去研究古代印度史的。

2. 对古代印度的政治、经济、文化史的研究也还很不深入，如古代印度的政治制度问题、农村公社问题、经济史、社会史等问题，都还有待投入更多的人力去研究。

3. 资料的翻译工作也还需下大力气，如吠陀文献很少翻译过来（除了《五十奥义书》以外），巴利文佛经、《政事论》等重要资料都应翻译。

4. 还要加强理论上的研究。现在出版的一些文章或著作中提出了一些理论问题，如共和国问题，古代印度的共和国是原始民主制的残余还是像希腊、罗马那样的经过平民与贵族的斗争后形成的共和国？它们有些什么特点？似乎应深入研究。又如农村公社，古代印度是否一直存在农村公社？有学者提出古代印度社会是村社性质的，而不是奴隶制或封建制的，这有什么理论依据？又如古代印度的阶级关系问题，有学者认为古代印度"村社农民与国王或国家之间的剥削关系是当时社会的主要矛盾"，这种提法是否准确？国王或国家是否代表一个或几个阶级的利益，而不是单独构成一个阶级？等等。

下 编

古代波斯文明

第一章　居鲁士建国和
波斯人的对外扩张

第一节　自然环境和居民

我们现在所说的波斯帝国，是指公元前558—前330年的早期波斯人所建立的帝国，不包括后来的帕提亚帝国（公元前247—公元224年）和萨珊波斯帝国（226—651年）。

关于波斯人的名称和起源，希罗多德的《历史》中说：

> 在古昔的时候，希腊人称这些波斯人为凯培涅斯，但是波斯人自己和他们的邻国人则称之为阿尔泰伊欧伊。但是当达纳耶和宙斯的儿子培尔赛欧斯来到倍洛斯的儿子凯培欧斯这里，并娶了他的女儿安多罗美达的时候，培尔赛欧斯就得了一个他命名为培尔谢斯的儿子，而且他把这个儿子就留在那里，因为凯培欧斯是没有男性的子嗣的。波斯人的名字便是从这个培尔谢斯来的。①

现代学者认为，波斯这个名字起源于古波斯的 Parsa 这个词。在希腊，Parsa 这个词被翻译成 Persis，即希腊人的 Persis 就是古波斯的 Parsa（波

---

① ［古希腊］希罗多德：《历史》第7卷，61。作者在引用时对译名等稍有改动。

斯）。波斯这个词既表示波斯这个民族，又表示波斯国家，还表示它的古都帕塞波利斯。

波斯帝国虽然兴起于伊朗高原，但建立波斯帝国的波斯人并不是伊朗高原的土著居民，他们和居住在伊朗高原西北部的米底人，以及在公元前2000年代迁居到印度的雅利安人都属于印欧语系部落，而且都自称是雅利安人（意思是"高贵的"）。他们是从哪里来到伊朗高原和印度的呢？关于这个问题，学术界说法颇多。现在比较流行的观点是从中亚和南俄罗斯草原等地迁徙出来的。波斯人大约在公元前2000年代末至公元前1000年代初来到伊朗高原并定居在靠近波斯湾的地区，那里曾是创造过灿烂文明的古代埃兰人的地方（不过波斯人居住的地方只是原来埃兰国家的一小部分）。

伊朗高原的地理位置和自然环境：

古代波斯帝国在公元前1000年代中叶兴起于伊朗高原的西南部。伊朗高原的东部是中亚，东南部是南亚，西部是土耳其和伊拉克，并濒临波斯湾，南为印度洋，北部为里海和格鲁吉亚、亚美尼亚、阿塞拜疆等。伊朗高原的三面环山：东部有苏莱曼山和兴都库什山，西部有扎格罗斯山，北部有高加索山；两边临海：北部的里海和南部的阿拉伯海与印度洋。伊朗高原属大陆性气候，降水量很少，炎热的夏季几乎无雨，冬季也少雨，所以沙漠很多。高原内部河流不多而且大多很短，许多河流在流淌的过程中消失在了沙漠里。伊朗高原虽然是世界上的农业发源地之一，但适宜于发展农业的平原地区很少，主要有北部里海南岸的一条狭长的平原、西南部靠近波斯湾地区的沿海平原等。

伊朗高原是一个古老的文明地区，在波斯帝国之前，公元前3000年代这里曾有埃兰人建立的国家，埃兰文明受两河流域的影响很大，并一直和两河流域文明有密切的关系。后来，到公元前1000年代初，在伊朗高原西北部又兴起了米底人的国家。波斯帝国兴起之前，就曾依附于米底人的国家。

公元前 6 世纪后期，在不到半个世纪的时间里，波斯人以一个落后民族征服了亚非欧的广大地区里的众多文明古国，成为在埃及帝国和亚述帝国之后古代世界的第三个帝国，而且是古代第一个地跨亚洲、非洲和欧洲三大洲的帝国（埃及帝国和亚述帝国都只是地跨亚非两大洲的帝国）。波斯帝国从公元前 558 年居鲁士建国起，到公元前 330 年被亚历山大征服，存在的时间不过两百多年，但它在古代世界历史上，特别是在东西方交通上起过重要的桥梁作用，在丝绸之路向西方延伸上发挥过重要作用。

第二节　居鲁士建国和波斯人争取独立的斗争

波斯人在公元前 2000 年代末来到靠近波斯湾的地方，即在今天伊朗的法尔斯省定居下来后，依附于同时来到伊朗高原的同属于印欧语系的米底人的国家。据希罗多德说，波斯人共有 10 个部落，其中 6 个是农业部落，他们是帕撒尔伽达伊人、玛拉普伊欧伊人、玛斯庇欧伊人、潘提亚莱欧伊人、戴鲁希埃欧伊人、盖尔玛尼欧伊人。还有 4 个是游牧部落，他们是达欧伊人、玛尔多伊人、多罗庇科伊人和撒伽尔提欧伊人。①

波斯人自己的国家是在公元前 6 世纪中叶建立的，其建国者名叫居鲁士，属玛斯庇欧伊部落的阿黑门尼德氏族。但是，据希罗多德记载，居鲁士的外祖父却是米底国王阿司杜阿该斯。据他记载，一天，阿司杜阿该斯做了一个梦，给他解梦的玛哥斯僧说，这意味着他的女儿芒达妮的儿子要取代他当国王。阿司杜阿该斯很害怕，于是把女儿芒达妮嫁给了波斯人冈比西斯一世，他认为，这个冈比西斯一世性情温和，但地位很低，还不如一个中等的米底人地位高。后来，阿司杜阿该斯又做了一个梦，他梦见从

---

① ［古希腊］希罗多德：《历史》第 1 卷，125。

图 1.1　居鲁士大帝

　　她女儿的子宫里生出了一串葡萄蔓来，这葡萄蔓遮住了整个亚细亚，于是他命令将怀了孕的芒达妮召回到米底，并命令将她监视起来。一旦她生下儿子，就把他杀了，因为据解梦的玛哥斯僧说，他的女儿的后裔将替代他做国王。后来，他的女儿生下一个儿子，取名叫居鲁士。阿司杜阿该斯将这个孩子交给他所信任的一个米底贵族哈尔帕哥斯，让他把这个孩子处死。哈尔帕哥斯却未亲自将刚生下的居鲁士杀死，而是交给了一个牧人去办这件事。但牧人也未处死居鲁士，而是把他养了起来。

　　到居鲁士十岁时，由于一件偶然的事情，阿司杜阿该斯发现了居鲁士。原来，有一次居鲁士在同孩子们玩耍时被选为国王，一个米底贵族的儿子拒绝服从居鲁士，于是居鲁士惩罚了那个贵族孩子。这个孩子的父亲向阿司杜阿该斯抱怨说，一个奴隶的孩子打了自己的孩子。居鲁士被送到国王那里去，国王一看见居鲁士就怀疑他是自己的外孙。他就拷打养活了居鲁士的那个牧人，牧人只好把实情招了出来。国王没有惩罚那个牧人，而是惩罚了哈尔帕哥斯，并把居鲁士送回了波斯。①

不过，这只是关于居鲁士出身的一种说法，是否真是如此，还不能肯定。据希罗多德记载，关于居鲁士的出身，至少有 4 种说法，例如，据克特西乌斯的说法，居鲁士是马尔达游牧部落的一个下贱的人（名字叫阿德达拉特）的儿子，他的母亲（名字叫阿尔哥斯塔特）是牧羊人。当他的母亲怀上他时，做了一个梦，说她的儿子将获得亚洲最高的地位。后来，居鲁士在找寻食物时落入了阿司杜阿该斯的宫廷，成为一个仆人，被太监阿尔提母巴尔收为养子，并得到阿司杜阿该斯的疼爱，成为给国王端酒的人。居鲁士的地位越来越高，米底国王甚至派他率军去镇压卡尔都西亚部落的起义。但他不仅没有去镇压起义，反而自己也起来反叛米底人。学者们认为，在所有关于居鲁士出身的说法中，大概只有他是冈比西斯一世的儿子和是阿司杜阿该斯的外孙这两点是可信的。

公元前 558 年，居鲁士以帕萨尔加迪为中心，在波斯称王。希罗多德在他的《历史》一书中说：

> 我这部历史的后面的任务，就是必须考察一下……这个居鲁士是何等样的人物，而波斯人又是怎样称霸于亚细亚的。在这里我所依据的是这样一些波斯人的叙述，这些人并不想渲染居鲁士的功业，而是老老实实地叙述事实……②

公元前 553 年，波斯人在居鲁士的领导下开始进行反对米底人的斗争，以争取独立。波斯人反对米底的斗争，得到一部分米底贵族的支持。有学者认为，可能阿司杜阿该斯要加强王权，引起了部分贵族的反对，他们投

---

① ［古希腊］希罗多德：《历史》第 1 卷，107～122。
② ［古希腊］希罗多德：《历史》第 1 卷，95。

向了居鲁士，哈尔帕哥斯就是其中之一。据希罗多德记载，哈尔帕哥斯把那些对阿司杜阿该斯不满的贵族拉到了自己一边，还怂恿居鲁士起义，并保证支持他。居鲁士在得到米底贵族的保证后，便召集波斯人的帕沙加底（帕撒尔伽达伊人）、马拉维（玛拉普伊欧伊人）和马什彼亚（玛斯庇欧伊人）三个部落的人发动了反对米底人的斗争。米底国王阿司杜阿该斯任命那个被他惩罚过的哈尔帕哥斯为军队统帅，去镇压波斯人。可是哈尔帕哥斯却带着自己率领的米底军队投向了波斯人。在这种情况下，阿司杜阿该斯不顾自己已经年老，亲自领军与波斯军队进行战斗，但遭到失败，军队被歼灭，他自己也被俘。

关于居鲁士同米底人的斗争，在巴比伦尼亚的铭文中得到了反映。据《巴比伦编年史》记载，在新巴比伦王国末代国王那波尼德统治的第 6 年：

> 伊什吐麦格（即阿司杜阿该斯）召集了自己的军队去反对安桑之王库拉什（即居鲁士），以便夺取……伊什吐麦格的军队起义了并抓住了他。他们将他交给了库拉什。库拉什进攻米底首都阿加姆塔努（即爱克巴塔那）。他在阿加姆塔努夺取了白银、黄金和其他财产……他占领了安桑。

在那波尼德的一个铭文中也说到波斯人与米底人之间的战争：

> 我恭敬地对众神之主马尔都克说道："乌曼·曼达人正在包围着你下令建立的神庙，他们的力量是强大的。"那时马尔都克对我说道："不论是你说的乌曼·曼达人，不论是他们的国家，还是站在他们一边的诸王，现在都没有了。"到第 3 年（即那波尼德在位第 3 年，公元前 553 年），众神使他的小奴隶安桑王库拉什（即居鲁士）崛起，他带领一支小军队击败了乌曼·曼达的大军。他活捉了乌

曼·曼达王伊什图梅古（即阿司杜阿该斯），把他俘虏回国。

在《亚述巴比伦编年史》中记载说：

> 第6年（即那波尼德在位第6年），伊什图梅古调集其军队迎击侵占其国土的安桑王库拉什。但是，伊什图梅古的军队叛变了他，连他也成了俘虏。他们把他献给库拉什，库拉什攻下首都阿加姆塔努（即米底首都爱克巴塔那），他把在阿加姆塔努掠夺到的黄金、白银及其他财宝作为战利品运回了安桑国。

至于阿司杜阿该斯的结局如何，说法不一。希罗多德没有记载。据克特西乌斯说，他被俘虏后，居鲁士对他很宽厚，让他担任了东部伊朗一个地区的总督，但被人谋杀了；而据色诺芬的《居鲁士的教育》说，他是死在自己的寝床之上（不过，这种说法不太可能）。

在打败了米底后，居鲁士采用了米底国王的称号："伟大的王，王中之王，全国之王。"打败米底，极大地扩大了波斯的影响，使这个原来默默无闻的民族，一跃而成为近东世界的一个大国，成为当时可与埃及、新巴比伦王国、中国比肩的大国。但是，居鲁士并未就此止步，他还在继续向外扩张，吞并了原来在米底人统治下的许多地方。整个埃兰地区很快成了它的统治地区，以后又相继征服了帕提亚、基尔卡尼亚等地。但在打败米底后，波斯人碰到了第一个真正的对手，即小亚细亚的吕底亚王国。

第三节　同吕底亚人的战争和征服小亚

吕底亚是小亚强国，它拥有丰富的黄金和白银矿，控制了小亚细亚与希腊世界的商业贸易。当时统治吕底亚的是国王克洛伊索斯，他征服了除米利都以外的几乎所有小亚的希腊城邦，并向它们征收赋税。所以吕底亚不仅在政治上强大，而且在经济上也很富有，是一个很有实力的国家。

波斯与吕底亚发生战争的原因是什么？据希罗多德说，战争的原因有二：一是居鲁士俘虏了自己的外祖父阿司杜阿该斯，而阿司杜阿该斯与吕底亚的国王克洛伊索斯又是连襟，这成为吕底亚和居鲁士开战的理由之一；二是吕底亚国王克洛伊索斯想扩大领土①，即他对东部小亚地区有野心。此外，我认为还有三个原因：一是波斯人对有着悠久历史和非常富庶的小亚细亚的侵略野心；二是克洛伊索斯感受到了波斯人的威胁，因而想阻止波斯人日益强大的势力；三是神托的影响。克洛伊索斯曾派人去神托所征询神的意见，该神托给了一个模棱两可的回答，说如果克洛伊索斯进攻波斯人，他就可以灭掉一个大帝国，并且忠告他与一个希腊人中最强的国家结盟。② 当时，有人劝克洛伊索斯不要去同波斯人打仗，他们说：

> 国王啊，您准备进攻的对象是这样一些人，他们穿着皮革制的裤子，他们其他的衣服也都是皮革制的，他们不是以他们喜欢吃的东西为食，而只是吃那些在他们贫瘠的土地上所能生产的东西。而且还不仅如此，他们平常不饮葡萄酒而只是饮水，他们既没有无花果也没有其他什么好东西。这样，如果您征服了他们，他们既然一无所有，您能从他们手里得到什么东西呢？再说，如果您被他们征服的话，我希望您想想看，您会失掉多少好东西。如果他们一旦尝到了我们的好东西，他们将紧紧抓住这些东西，我们休想再叫他们放手了。至于我，那我要感谢诸神，因为诸神没有叫波斯人想到要来进攻吕底亚人。③

---

① ［古希腊］希罗多德：《历史》第1卷，73。
② ［古希腊］希罗多德：《历史》第1卷，53。
③ ［古希腊］希罗多德：《历史》第1卷，71。

克洛伊索斯没有听从劝告，出兵占领了以前米底人统治的小亚的卡巴多细亚，这成了战争的导火线。

在同波斯人进行战争前，在公元前549年克洛伊索斯不仅与埃及的国王阿马西斯缔结了同盟，而且还派遣了使者前往斯巴达，希望缔结军事同盟，斯巴达同意了，虽然到那时为止，他们未必知道这个波斯的情况，因为那时波斯在希腊世界还是默默无闻的，而且离斯巴达很远。

在得知吕底亚人已经派人进入卡巴多细亚后，居鲁士一面派遣军队去到小亚，一面派遣奸细到卡巴多细亚去了解吕底亚的情况，还让这些奸细转告克洛伊索斯，波斯国王将宽恕他先前的过失，并且，如果他自愿到居鲁士那里去，并承认自己是奴隶的话，他将任命其为吕底亚的总督。但克洛伊索斯回答说，先前曾是米底人奴隶的居鲁士和波斯人应当立即承认自己是吕底亚国王的奴隶。同时，波斯人还鼓动小亚的希腊人离开吕底亚而与波斯人结盟，但响应者寥寥无几，只有米利都响应了这个倡议，同波斯结盟。

公元前546年，战争在哈里斯河附近打响，但在这里的战斗没有分出胜负。吕底亚的军队不知出于什么原因首先撤出战斗，并退回到首都萨尔迪斯。克洛伊索斯要求它的盟友进行支持，但响应者寥寥，斯巴达虽答应派兵帮助，但行动过于迟缓，当它的军队来到吕底亚附近的海上时，吕底亚早已投降。而其他盟友更是一个兵也没有派出来。正当克洛伊索斯在忙着请求别人支援时，居鲁士决定突然袭击，打吕底亚一个措手不及，把自己的军队推进到了萨尔迪斯城下，双方在萨尔迪斯郊区的平原上对峙起来，波斯军队用骆驼对抗吕底亚的骑兵，吕底亚的马从未见过骆驼，看见骆驼并闻到它的气味后就四散奔逃。吕底亚的骑兵只好下马进行步战，遭到失败后退入城中。居鲁士的军队包围了萨尔迪斯。包围只持续了14天，波斯军队的侦察兵发现该城有一部分地方因为很险峻而无人防守，于是便从这里爬上去而夺取了城市。据希腊作家的记载，克洛伊索斯被俘虏并被居鲁士特赦。据希罗多德说，居鲁士不仅特赦了他，而且把他留在身边，后来还成了他儿子冈比西斯的顾问。①

吕底亚被征服后，其他小亚希腊各城邦面临如何处理与波斯的关系问题。在同吕底亚进行战争前，居鲁士曾对那些希腊城邦说，希望它们离开克洛伊索斯而以它们臣服于吕底亚的那些条件同波斯人结盟，被它们拒绝。现在，这些希腊城邦不得不派人到在萨尔迪斯的居鲁士那里去，请求他以与克洛伊索斯相同的条件接受他们为自己的臣民。

对此，居鲁士讲了一个寓言作为回答。他说，有一次一个吹笛子的人在海边看到了鱼，于是他便对它们吹起笛子来，以为这样它们就会到岸上他的地方来。但是当最后发现自己的希望落空的时候，他便撒下了一个网，而在合网之后打上了一大批鱼来。当他看到鱼在网里跳得很欢时，就说："我向你们吹笛子的时候，你们既然不出来跳，现在你们就最好不要再跳了。"那些希腊城邦在得到这样的回答后，知道得不到居鲁士的优惠待遇，便各自着手加强自己的防御，准备战斗②，并决定请求斯巴达的援助。斯巴达人回绝了他们的请求，但还是派了人去对居鲁士说，不要触动任何希腊的城邦，否则他们是绝不会袖手旁观的。但斯巴达并没有派遣军队来。因此，居鲁士也没有重视它，在任命了一个名叫塔巴罗斯的波斯人来管理这个地方，还任命了一个名叫帕克杜耶斯的吕底亚人来保管克洛伊索斯和吕底亚的黄金财富后，就率领自己的大军离开萨尔迪斯去爱克巴塔那了。

但居鲁士刚离开萨尔迪斯，被居鲁士任命来保管克洛伊索斯和吕底亚的黄金财富的那个帕克杜耶斯就鼓动吕底亚人起义，并用他所控制的黄金等财富招收雇佣军，来围困萨尔迪斯，攻击塔巴罗斯。

---

① ［古希腊］希罗多德：《历史》第 1 卷，90、208。
② ［古希腊］希罗多德：《历史》第 1 卷，141。

居鲁士威胁说要把所有的萨尔迪斯居民变成奴隶。当时正在居鲁士身边的克洛伊索斯希望不要将萨尔迪斯的居民变成奴隶，而只要解除他们的武装，不许他们保存任何武器就行了。他说："不久你就会看到他们不再是男子而成了女子了。"居鲁士听从了克洛伊索斯的意见。他让一个米底人玛扎列斯去向吕底亚人发布这项命令，并要他把随同吕底亚人一道起义的其他人都变卖为奴隶。玛扎列斯捉住了帕克杜耶斯，并攻下了普里耶涅，把那里的居民卖为奴隶。但他很快死了。居鲁士又命令哈尔帕哥斯去接替他的职务。他把所有起义的希腊城邦都平定了。一些非希腊居民，如吕西亚人和卡弗尼亚人对波斯军队进行了顽强的抵抗，战斗十分惨烈。吕西亚人把他们的妻子、孩子、奴隶和财产都集中到内城，并用火烧死烧毁，男人们则在战斗中牺牲。卡弗尼亚人也是如此顽强地进行了抵抗。但这并没有阻挡住波斯人的进攻，这些抵抗都失败了。整个小亚成了波斯的属地，哈尔帕哥斯成了那里的第一任总督，其居民被课以很重的赋税并要完成军事义务。

征服小亚给波斯带来多方面的利益：扩大了统治地区；通过征税和占有土地而增加了收入；扩大了自己的影响，尤其是对希腊的影响；原来只有陆军的波斯，现在可以利用小亚各希腊城邦的海军了，这大大增强了波斯人的军事实力。

第四节　与新巴比伦王国的战争，征服巴比伦尼亚、叙利亚和巴勒斯坦

公元前546年，波斯人在灭亡了小亚的强国吕底亚王国和小亚的希腊人城邦，并相继占领了伊朗高原上原属米底王国的各民族后，一下子从一个名不见经传的民族变成了近东地区最强大的国家之一。据希罗多德说，在哈尔帕哥斯镇压小亚各地的起义时，"居鲁士本人在亚细亚上方把一切民

族也都一个不留地给征服了"①。公元前3世纪的一个巴比伦人别罗斯所写的《巴比伦史》说，居鲁士"在征服了其余的亚洲之后，用大批军队侵入巴比伦尼亚"。那么，在征服小亚之后和征服巴比伦尼亚之前，即公元前546—前539年居鲁士征服了什么地方，征服了哪些民族呢？不是很清楚。人们认为，可能有巴克特里亚、沙克、马尔吉安那、花拉子模、其他中亚地区，以及伊朗最东边的坎大哈、萨塔吉地亚等地。至于征服这些民族的具体时间则不清楚。

当此之时，与波斯这个强国为邻的两河流域地区感受到了严重的威胁，因为他们有可能成为波斯人下一个征服的对象。而波斯人也确实想把他们作为自己征服的下一个目标。为什么？原因很简单。

第一，两河流域太富庶了，希罗多德说："我可以举出许多事实来证明巴比伦人的富强，在这许多证据当中，下面一点是特别值得一提的。在大王（按：指大流士）所统治的全部领土，除了缴纳固定的贡物之外，还被分划成若干地区以便在每年的不同时期供应大王和他的军队以粮食。但是在一年的12个月当中，巴比伦地方供应4个月，亚细亚的所有其他地方供应另外8个月。从这一点就可以看出，就富足这一点而论，亚述是相当全亚细亚的1/3的。在所有波斯太守的政府，即波斯人自称的萨特拉佩阿中间，这地方的政府比其他地方的政府要大得多。"② 这令相对贫穷的波斯人垂涎欲滴。

第二，两河流域北部的亚述地区原是米底王国统治的地区，在米底被征服后，波斯人当然想把亚述也一块儿吃掉。

第三，两河流域南部那时是由新巴比伦王国统治着的，而新巴比伦王国原是米底人的盟友，新巴比伦王国的国王尼布甲尼撒二世是米底王国的

---

① ［古希腊］希罗多德：《历史》第1卷，177。
② ［古希腊］希罗多德：《历史》第1卷，192。

公主阿米蒂斯的丈夫，双方的关系非同一般，虽然它们的关系也有过危机，但总的来说还是不错的。因此，当波斯人灭亡米底王国时，新巴比伦王国不可能没有任何表示，不可能不去支援米底人，这当然会得罪波斯人。而一旦波斯人认为条件成熟，也必定会把矛头对准新巴比伦王国。

第四，轻易地征服了如此多富庶地区的波斯人的贪婪之心是没有止境的，更何况，在征服了这么多的地方后，波斯人的实力已经大大地增强了。因而，在占领了整个伊朗高原和小亚以后，波斯人大概觉得自己的力量足够了。于是，在公元前539年，居鲁士发动了对新巴比伦王国的征服战争。

那时，两河流域的情况如何？新巴比伦王国于公元前626年从亚述人的统治下独立出来，并与米底王国一起灭亡、瓜分了亚述帝国。当居鲁士要征服新巴比伦王国时，新巴比伦王国统治着广大的地区，包括整个巴比伦尼亚、叙利亚、巴勒斯坦、部分阿拉伯半岛和东部小亚的西里西亚，是当时世界上的一个强国，特别是在尼布甲尼撒二世统治时期（公元前604—前562年）。但在经历了尼布甲尼撒二世强有力的统治之后，新巴比伦王国却在6年里经历了一个混乱的时期，在这短短的6年里更换了3个国王，直到公元前556年那波尼德取得政权（时年65岁），才使新巴比伦王国的政局稳定下来。

虽然如此，新巴比伦王国内部的阶级矛盾和民族矛盾都十分复杂而尖锐。这包括被它征服的民族（如犹太人等）对其民族压迫的不满，农民、手工业者和奴隶等被压迫阶级对统治阶级的不满。祭司同王权也有尖锐的矛盾，因为那波尼德不再把当地原来崇拜的主神马尔都克神当作主神来崇拜了，而是改信一个新的神——月神，而且这个月神还不是两河流域原来的月神，而是阿拉美亚人的月神，这就不仅使当地的群众不习惯，也引起了当地的祭司不满。商人同当权者有矛盾，因为波斯人巩固了在伊朗高原的统治并占领了小亚，从而切断了两河流域南部同东方和西方的商业联系的通道，商人认为这是当权者无能的表现，不能保护他们的利益；建立新巴比伦王国的迦勒底人和新来的阿拉美亚人（那波尼德即阿拉美亚人）之间的矛盾等。

新国王那波尼德上台以后又长期不在巴比伦主持政事，而是让自己的儿子贝尔-沙尔-乌初尔（《圣经》里称他为伯沙撒王①）代自己主持政事，他自己却率领军队到了阿拉伯半岛北部的提姆绿洲，并在那里一待就是 10 年。他的目的是为两河流域的商人们寻找新的商路，因为那时幼发拉底河和底格里斯河流入波斯湾的入口由于泥沙淤积，航路已经不再通畅，需要开辟新的商路。这本是一件好事，但人们并不理解。新巴比伦王国同埃及长期争霸于叙利亚和巴勒斯坦，这不仅削弱了彼此的力量，更吸引了新巴比伦王国自己的注意力，使其放松了对波斯人的警惕。虽然新巴比伦王国同埃及的角逐在公元前 543 年已经结束，但它们在都面临波斯人入侵的威胁时，却未结成强有力的反对波斯人的同盟。因此，那时的新巴比伦王国内部矛盾重重，外部又极端孤立。在新兴而强大的波斯人面前，曾经强大一时的新巴比伦王国显得软弱无力，不堪一击。

新巴比伦王国在巴比伦城以北约 60 千米的地方曾筑有一道城墙，长约150 千米。它保护着两河流域的一些重要城市（如西帕尔、波尔西帕、巴比伦等），最早这个城墙是用以防御米底人的进攻的，现在则用以防御波斯人的进攻。巴比伦城也有两道城墙，一条护城河。但这一切却都不攻自破，未起任何作用。那波尼德受到来自各方面的埋怨和攻击。在一篇抨击他的政论性文章中说：

> 他推倒了公道，他用武器杀死了（强者和）弱者……使商人们失去了（商）道……毁灭了国家，使国内听不见歌声……没有高兴的事……剥夺了他们的（按：指巴比伦尼亚居民的）财

---

① 参见《旧约，但以理书》，7～8。本书所引《圣经》为中文和合本。

产……把他们投入监狱……恶魔控制了他们，（只有）凶恶的恶魔站在（他的）一边……他没有任何神圣……国内任何人也没有看见他……他建立了辛（神的）雕像……他把部分军队托付给自己的长子，亲自带军队到（很多）国家去。他把王国托付于他，而自己则前往远方。①

在居鲁士的一个圆柱形铭文中也说：

那波尼德弄走了古已有之的众神的雕像……他仇视地取消了每天给神的（牺牲），他把对众神之王马尔都克的崇拜置诸脑后。他作恶于自己的城市（按：指巴比伦）……他残暴地进行统治（?），诸神离开了自己的住所……由于人们的抱怨，触怒众神的主宰（按：即马尔都克）。②

波斯人对新巴比伦王国的进攻，开始于公元前539年春天。当时，波斯军队沿狄亚尔河向前推进，可能是由于河水的阻拦③，居鲁士的军队一直到是年的10月才进入巴比伦。在占领巴比伦之前，在奥彼斯地方曾发生过一次战斗。指挥驻守奥彼斯的新巴比伦王国军队的就是那波尼德之子贝尔-沙尔-乌初尔。当居鲁士的军队接近奥彼斯时，城里发生了起义，但起义很快被镇压。波斯人攻破奥彼斯之后，绕过尼布甲尼撒二世时修建的长城，向南直扑西帕尔城。那波尼德当时就驻守在此，但那波尼德没有怎么抵抗就逃跑了。10月10日，西帕尔未经战斗就被占领。10月16日，古提乌姆

---

① 《古代东方史文选》，Ⅱ，莫斯科：高等学校出版社，1962年版和1980年版，第21～22页。
② 《古代东方史文选》，Ⅱ，第19页。
③ ［古希腊］希罗多德：《历史》第1卷，189。

的总督古巴尔和居鲁士的军队进入了巴比伦城。10月29日，居鲁士本人也进入了巴比伦城。

据《巴比伦年代记》说：

在塔什利吐月，当库拉什（按：即居鲁士）同阿卡德的军队在底格里斯河畔的奥彼斯进行会战时，阿卡德人退却了。他对人们进行了屠杀，并运走了战利品。14日，西帕尔未经战斗便被占领，那波尼德逃跑了。16日，乌格巴尔，古提乌姆的总督和库拉什的军队便进入了巴比伦。然后当那波尼德撤退时，他在巴比伦被俘。在月底以前，持盾的古提人包围了艾沙基尔大门，（但）未破坏艾沙基尔的仪式和其他神庙中的仪式，为仪式规定的日期也未耽误。在阿拉赫萨姆努月第3日，库拉什进入巴比伦，并且他前面的道路被绿色的树枝撒满。在城市建立了和平。库拉什对整个巴比伦说了祝福的话。他的总督乌格巴尔被任命为巴比伦尼亚的地区长官。从基什里姆月起至阿达努月止，那波尼德命令运往巴比伦的阿卡德国家众神回到了自己原来的地方。在阿拉赫萨姆努月第11日的晚上，乌格巴尔死了。在阿拉赫萨姆努月……国王之妻（即居鲁士的妻子）也死了。从阿达努月第7日起至尼桑努月第3日止，在阿卡德服丧，而所有的人都剃光了头。①

据以上的记载，居鲁士在夺取巴比伦城时未经战斗。

居鲁士的一个圆柱上的铭文中也说：

马尔都克，伟大的统治者，自己人民的保卫者，对库拉什的

---

① 《古代东方史文选》，Ⅱ，第18页。

善事感到满意，嘱咐他进攻自己的城市……他作为朋友同他一起前进，使他未经战斗即进入自己的城市巴比伦，而不使城市遭到任何损害。①

但在《巴比伦史》中却说经过战斗：

在那波尼德统治的第 17 年（即公元前 539 年），波斯的居鲁士，在征服了其余的亚洲之后，用大批军队侵入巴比伦尼亚。那波尼德率领大批军队同他相遇，并进行了战斗，但在战斗中遭到失败后，便带着为数不多的（亲随）逃跑，并幽居在波尔西帕。居鲁士夺取巴比伦后，命令摧毁城市的外墙，而后便前往波尔西帕，以便包围那波尼德。城市未经受住包围而投降了。②

希罗多德说，当居鲁士率军夺取巴比伦城时，

巴比伦人在城外列阵，等候着他（指居鲁士及其军队）的到来。到他来到离城不远的地方，双方打了一仗。在这一仗中，巴比伦人被波斯国王战败而退守到城里去了。③

巴比伦人储备了大量的粮食准备长期坚持，但波斯人摧毁了一座堤坝后，将幼发拉底河的水引入了流入巴比伦的那个地方，而后沿干涸的河床突然进入城市。当时巴比伦城里的居民正沉溺于一个节日的快乐之中。④

① 《古代东方史文选》，Ⅱ，第 19～21 页。
② 《古代东方史文选》，Ⅱ，第 22～23 页。
③ ［古希腊］希罗多德：《历史》第 1 卷，190。
④ 参见［古希腊］希罗多德：《历史》第 1 卷，188～191。

巴比伦城破后，那波尼德被俘，据别洛斯的《巴比伦史》的资料，居鲁士让他担任了伊朗高原东部的卡尔曼尼亚地区的总督；但据色诺芬记载，他可能被处死。[①] 他的儿子贝尔-沙尔-乌初尔被处死了。巴比伦城沦陷后不久，整个巴比伦尼亚都落入了波斯人之手，新巴比伦王国的其他地方（包括叙利亚、巴勒斯坦等）也落入了波斯人之手。

第五节　波斯人对两河流域的统治

在占领了巴比伦之后，古巴尔（有的资料称他为乌格巴尔）被任命为巴比伦尼亚的第一任总督，统治两河流域地区。后来他又被任命为两河和河外省的总督。不过，不久他就死了。居鲁士之子冈比西斯被任命为巴比伦的国王。如据 Camb 42 等文件，其注明日期为"冈比西斯，巴比伦之王，全国之王库拉什之子的第一年"。这些文件属于公元前538年，那时，波斯帝国的国王还是居鲁士，而冈比西斯还未成为波斯帝国的国王。但冈比西斯任巴比伦之王的时间也只有几个月，只到公元前537年的提别吐月12日，后来不知道什么原因而被解除了巴比伦之王的职务。接替他管理两河流域事务的是谁，我们没有资料。

波斯人统治巴比伦尼亚初期，在形式上保存了巴比伦王国，采用了波斯人与巴比伦联合的形式。居鲁士自称是"巴比伦之王，全国之王"。巴比伦尼亚地区的社会经济结构也未发生重大变化。巴比伦城成了帝国的四个都城之一（波斯帝国的四个首都是爱克巴塔那、巴比伦、苏撒和帕塞波利斯）。原来的一些地方官吏还在继续行使自己的权力，当然是为波斯人服务

---

① 参见［古希腊］色诺芬：《居鲁士的教育》，Ⅶ，5，30，沈默译，北京：华夏出版社，2007年版。

了。经济生活未曾中断，各种商品的价格也基本未变。在宗教政策方面，居鲁士把那波尼德从巴比伦弄到外地去的神像重新运回了巴比伦。犹太人被允许回到耶路撒冷。

在巴比伦尼亚抨击那波尼德的小册子中说：

> 居鲁士使巴比伦众神的雕像回到了它们的神殿，他使它们的心得到满足……每天都把食物放置在它的面前……对巴比伦的居民来说高兴的时候来到了……从监狱中释放了出来。

在《巴比伦年代记》中说，居鲁士"向巴比伦的居民宣告了和平，并让军队待在远离神坛的地方"。出自乌鲁克的居鲁士的铭文说："我——库拉什，喜欢艾沙基尔和艾吉都的全国之王，冈比西斯之子，强有力的国王。"

在居鲁士的圆柱印章铭文中也说：

> 库拉什——世界四方之王，伟大的王，强有力的王，苏美尔和阿卡德之王……那波尼德弄走了古已有之的众神的雕像……他仇视地取消了每天给神的牺牲，他把对众神之王马尔都克的崇拜置之度外（按：这是指那波尼德力图降低巴比伦万神庙中占有最高地位的马尔都克的作用，提高月神辛神的作用）。他作恶于自己的城市（按：指巴比伦）……他残暴地进行统治，诸神离开了自己的住所……由于人们的抱怨，触怒了众神的主宰（按：即马尔都克）……他开始察看和考察所有国家，寻找公正的统治者，以便伴随他（按：指按巴比伦的习俗，在新年庆祝游行时，马尔都克神的雕像应伴随国王）。他召来安桑之王库拉什，使他成为全世界的统治者。他使古提乌姆国及整个乌曼·曼达匍匐于他的脚下。

而他公正地对待鼓舞他去征服黑头发的人。马尔都克，伟大的统
治者，自己人民的保卫者，对库拉什的善事感到满意，嘱咐他进
攻自己的城市巴比伦……他作为朋友而同他一起前进，使他未经
战斗即进入自己的城市巴比伦，而不使城市遭到任何损害。他把
不崇拜他的那波尼德交到他的手中。巴比伦的全体居民和苏美尔、
阿卡德全国居民、王公和总督在他面前鞠躬致敬，并吻他的脚，
并为国王在他统治之下而兴高采烈。他们高兴地庆祝他作为世界
的统治者，他们依靠他的帮助而起死回生……并且他们祝福他的
名字。

在刚征服巴比伦时，波斯人还比较尊重当地人的宗教习惯，如据《巴
比伦年代记》：

尼桑努月第 4 日，冈比西斯，库拉什之子，来到神庙……祭
司把纳布神的权杖给了他，但当他来到时，由于他身着埃兰服装，
所以祭司没让他护送纳布的雕像；当从他身上取下矛和箭筒之后，
国王之子才得以护送。当纳布神同节日游行队伍回到艾沙基尔神
庙后，冈比西斯向白尔神（按：按字面意义是统治者，马尔都克
的绰号）和白尔之子（按：即纳布神，他是马尔都克之子）奉献
了牺牲。

但毕竟巴比伦已丧失了独立地位，它变成了波斯强国统治下的一个地
区，统治这里的是一个波斯人委派的总督（而且基本上是由波斯人担任总
督），其第一任总督是古巴尔。但他很快就死了。公元前 538 年，居鲁士任
命自己的儿子冈比西斯二世接任巴比伦尼亚的总督，并且成为巴比伦城和
国家北部的国王，但巴比伦南部仍然由居鲁士自己管理。

居鲁士采用的波斯人与巴比伦联合的形式没有维持多久。公元前 522 年冈比西斯的统治被推翻之后，在大流士统治时期，特别是在各地反对大流士的两次起义被镇压以后，巴比伦尼亚的政治地位大为降低，它也同其他被波斯征服的地区一样变成了波斯帝国的一个行省（初时，该行省还包括叙利亚和巴勒斯坦地区，称为河外省），对内失去了行政权，行政权属于波斯人担任的行省总督，对外失去了外交权。它的居民变成了被征服者。

作为被征服者，巴比伦尼亚的很多土地被波斯人强夺走了，它们被分给了波斯王室家族、贵族、波斯驻防军的军人等。公元前 5 世纪后期，巴比伦尼亚有一个著名的商业高利贷家族——穆拉树家族，在这个家族的档案中，有不少关于该家族租佃波斯王室家族、波斯贵族和波斯驻防军军人土地的资料。如 BE-9-32a 这份资料中说："200 库尔大麦——这是穆拉树的后代恩利尔-舒姆-伊丁租佃国王土地应给国王的租金。"TUM 147 中说到该商家从河渠长官那里租来一块国王的乌兹巴拉（按：乌兹巴拉即国王的土地）。在国王的土地中有水渠，如据 BE-9-73 记载，穆拉树的后代租用了国王的水渠："请将你从某某水渠税收管理人塔坦努那里租来的，由你拥有的国王水库里的水和与之相邻的国王乌兹巴拉租给我们。"CBS-129-39 中说到穆拉树商家将从国王那里租来的水库里的水和与之相邻的国王的乌兹巴拉转租了出去。

在穆拉树档案中也有租佃波斯贵族土地并交纳租金的契约。例如文献 BE-9-48 记载了该商家租佃了波斯官吏巴加米利的长有树木的地和谷田。该商家租种的波斯官吏的土地，其租期有的长达 60 年。

希罗多德说，波斯驻巴比伦尼亚总督特里塔伊克美斯非常富有，

> 他每天的收入有整整一阿尔塔贝的白银（按：阿尔塔贝是波斯人的一种容量单位）。在他私人的马厩里，除去军马之外，还有 800 头种马和 16000 头牝马，即每 20 头牝马有一头种马。此外，

他还拥有这样多的印度犬，以至平原上的 4 个大村庄，由于供应这些印度犬的食物，而被豁免了一切贡税。巴比伦的统治者就是这样富有的。①

驻在两河流域地方的波斯驻防军，是得到土地作为报酬的。他们往往把这些地出租出去，在穆拉树的档案中这些土地被叫作弓的份地等。如阿塔薛西斯一世统治第 40 年（即公元前 465 年）的一份契约说：

2 明那白银、1 袋面粉、3 桶优质啤酒、3 只牡羊——这是阿塔薛西斯统治第 40 年从以下田地上征收的租金：某人之子纳别恩的弓的份地、某人之子帕格的弓的份地、某人之子乌什帕塔尔的弓的份地、某人之子提利达特的弓的份地、某人之子贝尔-伊坦努的弓的份地、某人之子帕提什塔的弓的份地、某人之子利达特和帕达特的弓的份地。这些沙拉马地方的雅利安人的田地由穆拉树的后代恩利尔-舒姆-伊丁租佃。从他们（8 人的名字）的这些田地上获得的租金——2 明那白银、1 袋面粉、3 桶啤酒、3 只牡羊，已由穆拉树的后代恩利尔-舒姆-伊丁交纳。（BE-9-74）

又如 BE-9-75 也说到在阿塔薛西斯统治的第 40 年，在两河流域的一个由印度人组成的波斯驻防军的居民点，穆拉树的后代租种乐拉巴沙之子卡尔杜苏等三人的弓的份地。

两河流域的居民要向波斯人缴纳沉重的赋税。据希罗多德说，巴比伦和亚述"要献给大流士 1000 塔兰特的白银、500 名充当宦官的少年"。除了货币税以外，当然还得缴纳其他的税，如土地税、人头税、工商业税等。

---

① ［古希腊］希罗多德：《历史》第 1 卷，192。

上面引用的 BE-9-75 的资料就说到从穆拉树的后代租佃的土地上征收"给国王之家的全部税收和礼物 3.5 明那白银"。希罗多德说：

> 在大王（按：即大流士）所统治的全部领土，除了交纳固定的贡物之外，还被划分成若干地区以便在每年的不同时期供应大王和他的军队以粮食。但是在一年的 12 个月当中，巴比伦地方供应 4 个月，亚细亚的所有其他地方供应另外 8 个月。从这一点就可以看出，就富足的一点而论，亚述相当于全亚细亚的 1/3。①

在军队出征时，军队所过的地方，更要担负沉重负担。在希罗多德的《历史》一书中，讲了一个这样的例子，虽然它说的不是在巴比伦，而是在希腊，但当波斯军队路过巴比伦时，这种负担也会落在巴比伦人民的头上。希罗多德说，欢迎薛西斯的军队并且款待了国王本人的希腊人却遭到了极大的不幸，他们甚至被逐出了自己的家门。

> 原来当塔索斯人代表他们本土的市邑迎接和款待薛西斯的军队的时候，他们选出了市民中间最知名的人士、奥尔盖乌司的儿子安提帕特洛斯主持这件事，可是他在向他们报账的时候，他说他为了这次宴会花费了 400 塔兰特的白银。在所有其他的市邑，当事人所提出的报告也都和这差不多。原来设宴的命令既然在很久以前便已发下来，而这事又被认为十分重要，因此宴会大概是这样安排的。首先，当市民从到各处宣告的传令人那里一听到这件事的时候，他们立刻便把市内的谷物在他们中间分配，在好多个月里制造小麦粉和大麦粉。此外，他们为了款待大军，又不惜

---

① ［古希腊］希罗多德：《历史》第 1 卷，192。

出最高的价钱买了最好的家畜来饲育，并把陆禽和水禽分别养在笼子里和池子里，他们还制造金银的杯盏、混酒钵以及食桌上的各种各样的用具。这些东西是为国王本人以及陪同他进餐的人们制作的。对于军队的其他人等，他们则只是供应食物罢了。在大军来到的时候，那里建起了一座帷幕供薛西斯本人居住，而他的军队便都住在露天里了。到用膳的时候，招待的人们真是忙得不可开交。而在大军尽情吃饱并在那里住了一夜之后，第二天他们就从地上撤卸了帷幕，收拾了一切道具用品，然后便开拔了，他们把所有的东西都带走，无论什么都没有留下来的。①

许多巴比伦尼亚的居民，尤其是手工业者被征调去为波斯人劳动。如大流士关于在苏撒修建王宫的铭文说：

这就是我在苏撒建造的王宫。王宫的装饰品是从远方运来的。掘深土地直达石床。当地基被挖成时，就充填砾石，在一些地方高 40 肘，另一些地方高 20 肘。在此砾石地基上，我建造了宫殿。所有挖土、充填砾石、制砖等劳动都由巴比伦人来承担。雪松是从称为黎巴嫩的山上弄到的。亚述人将其运到巴比伦。卡里亚人和爱奥尼亚人则将其从巴比伦运到苏撒。②

在波斯人进行对外战争的时候，例如希腊波斯战争时，两河流域的居民还得服兵役，为波斯人卖命。希罗多德说：

---

① ［古希腊］希罗多德：《历史》第 7 卷，118～119。
② 《古代东方史文选》，Ⅱ，第 38～39 页。

参加出征的军队的亚述人头上戴着青铜的头盔，它是人们用青铜以一种难于形容的异邦样式编成的。他们带着埃及式的盾牌、枪和短剑，此外还有安着铁头的木棍；他们穿着亚麻的铠甲。希腊人称他们为叙利亚人，但异邦人则称他们为亚述人。和他们在一起的还有迦勒底人。他们的将领是阿尔塔凯耶斯的儿子欧塔司佩斯。①

一个名叫美迦帕诺斯的人，是参加波斯远征军的叙尔卡尼亚人的将领，他后来成了巴比伦的总督。②

第六节　两河流域人民的反抗

独立的丧失，土地被剥夺，沉重的赋税负担、劳役和兵役，必然会激起两河流域人民的反抗斗争。公元前522年，当冈比西斯在埃及时，波斯国内发生了推翻冈比西斯统治的事件，最后大流士攫取了王权。这时两河流域人民和波斯统治下的其他地区人民掀起了反对大流士统治和波斯人统治的斗争。在大流士的《贝希斯敦铭文》中说：

当冈比西斯向埃及出发的时候，人民骚动起来，在国内，在波斯，在米底，也在其他各省，发生了巨大的恶祸。

以后出现了一个人，僧侣玛哥斯，名高墨塔，他在庇什亚瓦德，在名为阿尔卡德里什山的地方暴动了……于是所有的人民，

---

① ［古希腊］希罗多德：《历史》第7卷，63。
② ［古希腊］希罗多德：《历史》第7卷，62。

波斯、米底以及其他诸省都骚动起来，从冈比西斯转而倾向于他。①

在大流士夺取了王权以后，包括巴比伦在内的各省人民再次起义反对波斯人的统治。在《贝希斯敦铭文》中说：

当我杀死了僧侣高墨塔之时，有一个人，名阿辛那，乌帕达尔马之子，在埃兰暴动了……还有一个巴比伦人，名尼金图·贝尔，阿尼里之子，在巴比伦暴动了。他这样欺骗人民说："我是尼布甲尼撒，那波尼德之子。"这时巴比伦人民全部转向这个尼金图·贝尔。巴比伦骚动起来了，而他在巴比伦取得了政权……此后，我向巴比伦出发攻打自称为尼布甲尼撒的尼金图·贝尔。尼金图·贝尔的军队占据了底格里斯河。他的军队停在那里，船队也就停在那里。于是我令军队坐在皮筏上，另一部分坐在骆驼或马上。阿胡拉·马兹达帮助了我。按阿胡拉·马兹达的意旨，我们渡过了底格里斯河。在那里粉碎了尼金图·贝尔的军队。这是在阿西亚吉加月二十四日，我们进行了会战。此后，我前往巴比伦。在未到达巴比伦之前，在幼发拉底，那里有一个名为扎赞那的城市，那个自称为尼布甲尼撒的尼金图·贝尔带领军队来到这里，要与我会战。以后我们进行了战斗。阿胡拉·马兹达帮助了我。按阿胡拉·马兹达的意旨，我粉碎了尼金图·贝尔的军队。敌人被赶入了水中，水把他们带走了。这是在阿那马卡月二日，我们进行了会战。尼金图·贝尔带领少数的骑兵逃到巴比伦。于

---

① 林志纯主编：《世界通史资料选辑》（上古部分），北京：商务印书馆，1985年版，第178页。

是我开往巴比伦。按阿胡拉·马兹达的意旨，我占领了巴比伦并擒获了尼金图·贝尔。以后我把这个尼金图·贝尔杀死在巴比伦。

当我在波斯和米底的时候，巴比伦人第二次叛离了我。有一个亚美尼亚人，名阿拉卡，哈尔吉特之子，在巴比伦名为杜巴拉的地方暴动了。他这样欺骗人民说："我是尼布甲尼撒，那波尼德之子"。当时巴比伦的军队叛离了我而转向那个阿拉卡。他占领了巴比伦。他在巴比伦成了国王。此后我向巴比伦派遣了军队。我使服从于我的波斯人温达法尔那为军队的长官。对他们说："去吧，并粉碎那不承认我的巴比伦的军队吧。"温达法尔那带领军队开到了巴比伦。阿胡拉·马兹达帮助了我。按阿胡拉·马兹达的意旨，温达法尔那粉碎了巴比伦人并把他们擒获为俘虏。这是马尔卡德扬那月二十四日，当时他俘获了那个自称为尼布甲尼撒的阿拉卡及其最主要追随者。以后我下命令，把阿拉卡及其最主要的追随者在巴比伦刺死在木桩上。这就是我在巴比伦所完成的。①

在希罗多德的《历史》一书中，曾讲到在大流士时期在巴比伦发生起义和起义被镇压的事。希罗多德说，当波斯的海军到萨摩司去的时候，巴比伦又叛变了；他们的叛变是经过非常周密的准备的。原来在玛哥斯僧的统治和七人的政变时期，他们便利用有利的时机和混乱的情况作了对付围攻的准备……他们把他们的母亲送走，再从他们每人的家中随便选出一名妇女来给他们做面包；其余的妇女则被他们集中起来给窒死，为的是不叫她们消耗他们的面包。当大流士听到这个消息的时候，他便纠合了他的全部军队，直指巴比伦进发了。他到达巴比伦之后，便把那个城市包围了。②

① 林志纯主编：《世界通史资料选辑》（上古部分），第186～202页。
② ［古希腊］希罗多德：《历史》第3卷，150～151。

但是，围攻却拖延了1年又7个月，而不能攻下该城。于是，一个名叫佐披洛斯的波斯人，使用了苦肉计，他割下自己的鼻子和耳朵，剃光了自己的头发，并痛笞了自己，毁了自己的容貌，然后到了起义的巴比伦人那里去，说是被大流士所折磨，因而赢得了巴比伦人的同情，并委任他以军事重任。最后，佐披洛斯按照和大流士的约定，当大流士率大军来攻时，佐披洛斯便打开城门，从而使波斯人攻陷了巴比伦城。起义被镇压，城市的城墙被拆毁，为首的3000人被刺死。[①] 大概希罗多德在这里所说的就是这些起义中的一次。

后来，在希腊波斯战争期间，巴比伦尼亚又发生过大规模的起义。那是在大流士的儿子薛西斯上台后的第二年（公元前484年）的塔姆兹月（6—7月），当薛西斯准备远征希腊时爆发的。起义的原因是沉重的赋税负担，以及劳役负担（如把巴比伦人赶去修建王宫），还有就是维持波斯驻防军的负担，维持波斯总督官邸的负担。起义的领导人是一个名叫贝尔·西曼尼的人。起义者不仅夺取了巴比伦城，而且还夺取了波尔西帕和狄尔巴特等城市。但起义维持时间不长，大约只有两个星期。起义的领导人被处死。起义被镇压后，许多神庙财产被没收，巴比伦最大的神庙埃萨吉那受到严重破坏，它的财产被掠夺到帕塞波利斯，马尔都克神像被熔化，传统的新年宗教庆典被禁止，巴比伦王国实际上被取消，和其他被征服的地区一样，变成了一个行省。

公元前482年，巴比伦人再度起义，领导人是沙马什利巴。此时，原来驻守在两河流域的波斯驻防军已经到了小亚，准备远征希腊，两河流域没有剩下什么波斯军队，因而，起义发展很快。起义者夺取了巴比伦、波尔西帕等城市。这个起义对波斯统治者来说是非常危险的，因为，这里是波斯统治的心脏地带，而波斯人又没有多少军队可以利用；它很可能影响

---

① ［古希腊］希罗多德：《历史》第3卷，150～160。

到其他地区也起来暴动。波斯国王薛西斯的女婿麦迦比兹被派来镇压起义。起义延续了大约 7 个月，才被镇压下去。可能有的祭司也参加了起义，所以，部分祭司被处死；一些神庙也遭破坏，神庙中的许多物品被劫掠到了帕塞波利斯（在该地的废墟中发现了巴比伦的阿达德神的印章，上面有"马尔都克神的财产，出自艾沙基尔神庙的阿达德神之印"的铭文）。起义被镇压后，巴比伦城的城墙也被毁坏、铲平，要塞被破坏。大概从这时候起，巴比伦尼亚与亚述地区合并成了一个省（河外地区早已从巴比伦省中分出去）。以后，这里没有再发生过大的起义，直到波斯帝国灭亡。

第七节 与马萨格特人的战争和居鲁士之死

在征服两河流域后，居鲁士的对外征服战争有两个方向可供选择：一个是埃及，另一个是东北方向上的马萨格特人。

在征服了新巴比伦王国之后，波斯人与埃及已经面对面了，因为新巴比伦王国包括了叙利亚和巴勒斯坦，而巴勒斯坦是与埃及接壤的。但当时居鲁士大概觉得，要同埃及进行战争有一定的难度，一方面，毕竟埃及是一个古老的文明国家，有很强的实力，波斯人对埃及并没有什么了解，对它作战有一定的难度；另一方面，要和埃及作战，需要有一个稳定的后方，而当时在波斯的后方，在伊朗的东北方向有一个名叫马萨格特的游牧部落，对波斯人构成了重大的威胁，他们时常入侵伊朗高原，给当地居民带来很大的损失，波斯人虽然为防范马萨格特人而做了不少努力，如在与马萨格特接壤的地区建立要塞等，但都不足以阻挡马萨格特人的入侵。所以，在远征埃及之前，居鲁士决定先征服马萨格特人。马萨格特人是一个游牧部落，他们生活在里海以北的平原地区，十分骁勇善战。

同马萨格特人的战争开始于公元前 530 年。当时，马萨格特人的领袖是一个女王，名叫托米丽司。据希罗多德说，她是在她的丈夫死后即位为王的。居鲁士派人到她那里去，假装说居鲁士要向她求婚。但托米丽司知道居鲁士并非要娶她，而是要她的王国，因此便不许居鲁士派去的人到她那里去。居鲁士见自己的阴谋未能得逞，便将军队开抵阿拉克赛斯河，并要渡河进攻马萨格特人。托米丽司给居鲁士两条路，一是她的军队退后三天的路程，让波斯军队渡河，来进攻马萨格特人；二是波斯军队后退三天的路程，马萨格特人的军队去进攻波斯军队。居鲁士和他的谋士们都建议波斯军队后撤，在自己的土地上同托米丽司的军队作战。但吕底亚的国王克洛伊索斯却建议居鲁士的军队渡过河去，让托米丽司的军队后退三天的路程，使波斯的军队在敌人的土地上作战，居鲁士采纳了他的意见。

于是，居鲁士的军队开过了河，去进攻马萨格特人。在第一次进攻时他取得了胜利，抓住了托米丽司的儿子斯帕尔加披赛斯，并杀死了他。托米丽司得知这个消息后，十分悲痛，发誓要让居鲁士偿还这笔血债。当波斯军队继续深入马萨格特人的腹地时，遭到顽强抵抗，结果是马萨格特人取得了胜利，居鲁士也被杀。托米丽司找到了居鲁士的尸体，割下了他的头，将他的头浸泡在一个盛满了血的革囊里，她说："我现在还活着，而且在战斗中打败了您，可是由于您用奸计把我的儿子俘虏了去，则战败的毋宁说是我了。然而我仍然想实现我威吓过您的话，把你的头用血泡起来，让你饮个痛快吧。"①

但据希罗多德说，关于居鲁士的死有很多说法，他的这个说法只是其中之一，不过，当然他认为是最可信的一种说法。（关于居鲁士之死的其他说法：别洛斯说他是死于中亚的斯基泰部落的达伊亚人之手，即死于同达伊亚人的战争中；克特西乌斯说他是死于同达尔比克人的战争中，当时达尔比克人利用了印度人，这些印度人利用了战象，一个印度人用矛刺伤了居鲁士的肩，居鲁士不治而在第三天便死了；色诺芬在《居鲁士的教育》

---

① ［古希腊］希罗多德：《历史》第1卷，205～214。

中说他是在自己的首都自然死亡的；还有一种说法是，居鲁士是在同达赫人的战斗中被杀的；扎林库伯认为居鲁士的死和波斯史诗《列王记》中记载的霍斯鲁的故事相似，是自然死亡。①）

有学者认为，同马萨格特人的战斗发生在公元前 530 年的 8 月初，到8 月末时居鲁士死亡的消息已到达巴比伦尼亚。据西塞罗说，居鲁士死时有 70 岁。他的墓在帕萨尔加迪，墓高 2.1 米，宽 2.1 米，长 3.17 米。墓建在一座高台上，这座高台有几层台阶，因此该墓总高有 11 米。据阿里

图 1.2　居鲁士的陵墓

安的《亚历山大远征记》说，亚历山大曾两度拜访过这座墓，而在他第二次访问时，该墓已遭劫掠。② 居鲁士属阿黑门尼德氏族，故他所建立的波斯帝国又称为阿黑门尼德帝国。

第八节　波斯人统治下的犹太人

犹太人所在的地方是巴勒斯坦地区。在居鲁士和冈比西斯统治时期，这个地区与叙利亚一起属于波斯帝国的河外省。因为叙利亚和巴勒斯坦原来属于新巴比伦王国，所以当波斯人征服新巴比伦王国时，它们也就自然地归属于波斯帝国了。

---

① 参见［伊朗］阿卜杜·侯赛因·扎林库伯：《波斯帝国史》，张鸿年译，上海：复旦大学出版社，2011 年版，第 99 页。

② 参见［古希腊］阿里安：《亚历山大远征记》，第 6 卷，29，4～11，E. 伊利夫·罗布逊英译，李活译，北京：商务印书馆，1997 年版，第 122 页。作者在引用时对译名稍有修改。

据波斯人的资料和犹太人的《圣经》，犹太人在波斯帝国统治之下似乎占有特殊的地位。这种特殊地位首先表现在居鲁士对待被新巴比伦王国国王尼布甲尼撒二世俘虏到巴比伦尼亚的犹太人的态度上。尼布甲尼撒二世曾经两次攻占耶路撒冷，毁坏犹太人的神殿，劫掠神殿中的财物，屠杀犹太人，把许多犹太人掳掠到巴比伦尼亚，这就是历史上有名的"巴比伦之囚"：

> ……迦勒底人的王来攻击他们，在他们圣殿里用刀杀了他们的壮丁，不怜悯他们的少男处女，老人白叟……迦勒底王将神殿里的大小器皿与耶和华殿里的财宝，并王和众首领的财宝，都带到巴比伦去了。迦勒底人焚烧神的殿，拆毁耶路撒冷的城墙。用火烧了城里的宫殿，毁坏了城里宝贵的器皿。凡脱离刀剑的，迦勒底王都掳到巴比伦去，作他和他子孙的仆婢，直到波斯国兴起来。①

因此，犹太人和新巴比伦王国的矛盾非常尖锐。波斯人在进攻巴比伦时利用了这种矛盾，因此很容易就攻陷了固若金汤的巴比伦城。在征服巴比伦尼亚后不久，居鲁士就宣布将被尼布甲尼撒二世俘虏到巴比伦尼亚的数万犹太人放回耶路撒冷。据《圣经》的资料，从巴比伦尼亚返回耶路撒冷的犹太人有 42360 人，此外还有他们的仆婢 7337 人，又有歌唱的男女 200 人。②

犹太人被允许重建自己的神殿。耶路撒冷的神殿是在新巴比伦王国的尼布甲尼撒二世时期被摧毁的。在占领巴比伦尼亚后，大概是为了争取犹太人的支持，居鲁士让他们回到耶路撒冷，并让他们修复被破坏的城墙和

---

① 《旧约·历代志下》，36：17～20。
② 《旧约·以斯拉记》，2：64～65；在《尼希米记》，7：67 中记载为歌唱的男女 245 人。

神庙，允许他们在耶路撒冷重建自己的圣殿。这受到犹太人的欢迎。关于这件事，在古犹太语的铭文、《圣经》和波斯的铭文中都有记载。

古犹太铭文说：

在波斯国王居鲁士统治第一年（按：指居鲁士在巴比伦统治的第一年，公元前538年），为执行由耶勒米亚口授的耶和华的话，耶和华鼓舞了波斯国王的精神，他命令在自己整个王国用口头或书面的形式告知如下事情："波斯国王居鲁士如是说：天神耶和华把地上的整个王国交付于我，并且，他责成我给他在耶路撒冷，即在犹太建造一座神庙。你们中，即所有他的人民中的人希望，愿他的神与他同在，希望他前往耶路撒冷，即犹太，希望改建在耶路撒冷的以色列的神耶和华的神庙，愿所有被召回来的留下住在一起的人用白银、黄金、各种器皿以及牲畜，连同给在耶路撒冷神庙的捐助一起帮助他。"

《圣经》上说：

波斯王居鲁士元年，耶和华为要应验借耶利米口所说的话，就激动波斯王居鲁士的心，使他下诏通告全国说："波斯王居鲁士如此说：耶和华天上的神，已将天下万国赐给我，又嘱咐我在犹大的耶路撒冷，为他建造殿宇。在你们中间凡作他子民的，可以上犹大的耶路撒冷，在耶路撒冷重建耶和华以色列神的殿（只有他是神），愿神与这人同在。凡剩下的人，无论寄居何处，那地的人要用金银、财物、牲畜帮助他；另外也要为耶路撒冷神的殿，甘心献上礼物。"①

但是，返回耶路撒冷的犹太人无论是在修建该城的城墙方面还是在修建神庙方面都遇到了重重困难，因为有人对此表示反对，包括波斯驻当地的地方官。于是，犹太人上书大流士，说明这件事是当年居鲁士时让修建的，于是大流士让人们查阅档案，此事在阿拉美亚语文件中有记载：

> 当时大流士发出命令，并寻找珍藏于巴比伦的档案中的宝贝，在米底的王宫所在地爱克巴塔那找到一块铅版，上面写有如下有纪念意义的记载："在居鲁士统治的第一年，国王居鲁士发布了有关在耶路撒冷的神庙的敕令：愿这座神庙建在能带来牺牲的地方，其基础应是牢固的，高度是60肘，宽度是60肘，用3排粗石和1排新木——在所有这些方面的花费都将由王室支付。还有纳弗霍多洛索尔（即尼布甲尼撒二世）从耶路撒冷神庙中带走并运往巴比伦去的神庙的黄金和白银器皿，望能将它们放置在神庙中原来的地方。"②

这在《圣经》中也有记载（见《以斯拉记》，4～6），大流士还指示说：

> 现在河西的总督达乃和示他波斯乃，并你们的同党，就是住河西的亚法萨迦人，你们当远离他们。不要拦阻神殿的工作，任凭犹大人的省长和犹大人的长老在原处建造神的这殿。我又降旨，吩咐你们向犹大人的长老为建造神的殿当怎样行，就是从河西的

---

① 《旧约·以斯拉记》，2：1～4。《历代志下》的最后也说到了这件事。
② 《古代东方史文选》，Ⅱ，第23页。

款项中，急速拨取贡银作他们的经费，免得耽误工作。他们与天上的神献燔祭所需用的公牛犊、公绵羊、绵羊羔，并所用的麦子、盐、酒、油，都要照耶路撒冷祭司的话，每日供给他们，不得有误；好叫他们献馨香的祭给天上的神，又为王和众王子的寿命祈祷。我再降旨，无论谁更改这个命令，必从他房屋中拆出一根梁来，把他举起，悬在其上，又使他的房屋成为粪堆。若有王和民伸手更改这命令，拆毁这殿，愿那使耶路撒冷的殿作为他名居所的神，将他们灭绝。我大流士降这旨意，当速速遵行。①

但这件事并未到此为止，因为据《圣经》的资料，在此以后，在薛西斯统治时期，甚至到阿塔薛西斯时期还在为此纠缠不清。《以斯拉记》说，在阿塔薛西斯时期，国王让以斯拉去处理这件事，并让河西省的官员在经济上给予帮助。② 在《尼希米记》中也说道，"那些被掳归回剩下的人在犹大省遭大难，受凌辱；并且耶路撒冷的城墙拆毁，城门被火焚烧。"国王让尼希米去解决。③

最后，据《圣经》的资料，一些犹太的上层与波斯上层有非常紧密的联系。例子一，据《以斯帖记》，波斯国王亚哈随鲁（即薛西斯）在登位第三年，大宴波斯和米底的权贵，就是各省的贵胄与首领。席间，国王要向这些权贵显示自己王后的美貌，便让人传王后出来与权贵们相见，这使王后很生气，她就是不出来。于是国王便废掉了她的王后，而选了犹太女子以斯帖为王后。以斯帖的父母双亡，由叔父末底改收养，并收为自己的女儿，末底改也因此成为皇亲国戚，他们都是在新巴比伦王国国王尼布甲尼撒二世时期被俘虏到巴比伦尼亚的。此事在《圣经》后典中也曾说过。波

---

① 《旧约·以斯拉记》，6：6～12。

② 《旧约·以斯拉记》，7。

③ 《旧约·尼希米记》，1～2。

斯国王后宫中有非波斯人的妃子和宫女，但是否选立过犹太女子为王后，需要考证。从这个事情可以看出，当时，犹太人的上层很希望和波斯统治者拉近关系。

例子二，犹太的另一个上层人物以斯拉，生活在阿塔薛西斯一世时期的一个犹太教祭司，可以和波斯国王直接交往。[1]

例子三，还有一个人，就是尼希米，在波斯王宫中做国王的酒政，实际上就是侍候国王喝酒的，受到国王的恩宠。[2] 所以，那时的犹太人，特别是其上层对波斯帝国是感激不尽的。

但从《圣经》的资料看，似乎波斯人对犹太人的政策也有过反复，而且是大起大落。如《以斯帖记》中说到的反犹诏书和护犹诏书可以为证；另外犹太人修建神殿的工作也遇到许多麻烦。

犹太人也曾作为军事殖民者被派到埃及去，驻守在埃及南方的埃烈芳提那，在那里分到份地。现有若干犹太军事殖民者的书信和私人契约保存下来。例如，据 AP-10：

> 阿塔薛西斯统治第九年，基什利月第七日，即埃及的托特月第四日，埃烈芳提那要塞的妇女麦苏拉赫之女伊耶荷亨对埃烈芳提那要塞的犹太人扎库尔之子麦苏拉姆说了如下一些话：你给了我一笔计利息的货币贷款，按国王的衡制为 4 舍克勒。我应付（利息）每月每舍克勒为 2 哈努努，即每个月（共）8 哈努努。如果利息同本金累计，利息会增加利息（即利滚利），其余依此类推。如果第二年开始了，而我（还）未付给你写在这个文件中的白银及利息，那么，你，麦苏拉姆，以及你的孩子有权夺去你们

---

[1] 《旧约·以斯拉记》，7。
[2] 参见《旧约·尼希米记》。

在我这里所能找到的我的财产——砖房、白银或黄金、铜或铁、奴隶或女奴、大麦、波尔巴小麦或你们在我这里能找到的其他食品，直至我完全付给你白银及利息为止。而当此文件还在你那里时，我无权对你说下面这样的话："白银及利息我已付给你了。"当这个文件还在你手里时，我也无权在长官和法官面前控告你说："你夺走了我的财产。如果我死了，我的孩子应付给你这些白银和利息。你，麦苏拉姆，有权夺取你找到的任何食品或财产，直到完全付清你的白银和利息为止。而当文件还在你手里时，他们将无权在长官和法官面前控告你。并且，如果他们去到法庭，在文件还在你手里时，他们将不可能赢得审判。"安那尼亚之子哈坦按伊耶荷亨口授写了这个文书。证人（4 个人的签名）。①

---

① 《古代东方史文选》，Ⅱ，第 58 页。

第二章 冈比西斯继承
王位和远征埃及

第一节 冈比西斯继承王位

公元前 530 年，居鲁士在同马萨格特人的战斗中战死后，他的儿子冈比西斯继承了王位。冈比西斯是居鲁士和波斯贵族帕尔那佩斯的女儿卡桑达涅所生的儿子。他们有两个儿子（除冈比西斯以外，还有一个是巴尔迪亚）和几个女儿。卡桑达涅在居鲁士战死之前就已经死了。对于她的死，居鲁士甚为悲痛，所以，他曾下令在他统治下的一切人都为她服丧。①

在居鲁士远征马萨格特人时，冈比西斯本来也在军中，但在战斗开始前，居鲁士却让他和克洛伊索斯一起回去了（可能是作为王储），并严厉命令他要尊敬和厚待克洛伊索斯。② 在冈比西斯做国王前，在波斯人征服巴比伦尼亚后，他曾当过巴比伦地区的王（在古巴尔死了以后），但为时不长。在出席公元前 538 年巴比伦人的新年庆典时，他由于穿着不当而被巴比伦人挡在门外，只有在他对自己的装束做了某些改变后，才被允许进入。

《巴比伦年代记》说：

---

① ［古希腊］希罗多德：《历史》第 2 卷，1。
② ［古希腊］希罗多德：《历史》第 1 卷，208。

尼桑努月第四日，冈比西斯，库拉什之子，来到神庙……祭司把纳布神的权杖给了他，但当他来到时，由于他身着埃兰服装（或许应当是波斯人的服装，只是当时巴比伦尼亚人和许多其他国家的人都把波斯人和埃兰人混为一谈），所以祭司没有让他护送纳布神的雕像，只是当从他身上取下矛和箭筒之后，国王之子才得以护送。当纳布神同节日游行队伍回到艾萨基尔神庙后，冈比西斯向白尔神和白尔之子奉献了牺牲。

他担任巴比伦国王时期有若干铭文保留了下来。

第二节　波斯人对埃及的征服

冈比西斯当国王后的头几年做了什么，现在没有资料说明。我们知道，他在公元前525年开始远征埃及。

公元前6世纪，当波斯兴起于伊朗高原西南部时，它还是一个不为人知的国家。它与埃及之间也相距很远，中间隔着两河流域、叙利亚和巴勒斯坦，以及整个阿拉伯半岛。但经过居鲁士20多年的征战，波斯人占领了整个西亚以及中亚的广大地区。这样一来，在埃及与波斯之间就没有缓冲的地带了，埃及就与波斯直接相对了。

在波斯人征服的地区中，叙利亚和巴勒斯坦一直被埃及人认为是自己的势力范围；而吕底亚和新巴比伦王国在某种程度上又是埃及的盟友。这些地区都被波斯人占领，这不仅使埃及陷于完全的孤立状态，而且也使埃及人感受到了强大的几乎包括了整个世界的波斯人的威胁。

冈比西斯为什么要去征服埃及？虽然希罗多德也说了一个原因：事情的起因是这样的，冈比西斯派了一名使者到埃及去，要求娶阿玛西斯（当时埃及的国王）的女儿。但阿玛西斯却把他之前的一个国王（他的名字是阿普里埃司）的女儿（她的名字是尼太提司）送给了他，而尼太提司将情况说明之后，冈比西斯十分生气，于是就率领波斯军队去远征埃及了。①此外还有其他一些说法，但这大概只是传说，在埃及文献和波斯的文献中均找不到根据。可能有这样一个原因，那就是，冈比西斯年轻气盛，希望在居鲁士的成就之外，自己也能有所建树。而征服埃及当时应当是顺理成章的事，因为，居鲁士的征服已经使波斯人到了埃及的大门口。

波斯人为什么对埃及感兴趣，当然是另有原因的。一方面，埃及是个有着悠久历史、富饶的国家，这使波斯人垂涎三尺；另一方面，埃及又是一个国力正在衰退的国家，波斯人觉得它是完全有可能被征服的。当时的埃及，在政治上，长期的君主专制统治使统治阶级腐朽不堪，也严重束缚了人民群众的政治积极性；在军事上，由于统治阶级的残酷剥削和压迫，阶级分化十分严重，这甚至造成了兵员的不足，所以不得不依靠雇佣军。埃及早已不是一个军事强国，这就使它成为像波斯这样正处在上升时期的、已征服了广大地区的国家的征服目标。虽然埃及这个古老的文明国家，在公元前 4000—前 2000 年代，无论是在政治、经济、军事或文化等方面在世界上都是位居前列的，到公元前 1000 年代以后，它在经济上似乎还很繁荣，据希罗多德说，那时的埃及有两万个城镇。② 但在那时，埃及在政治上和军事上，已经没有了公元前 2000 年代后期新王国时期的那种霸气。

《乌奴阿蒙游记》反映了这种情况。里面说到埃及派乌奴阿蒙去腓尼基购买木材，但他到了那里以后，不仅没有受到过去那种热情接待，还受到各种凌辱。而且，在公元前 1000 年代前期，埃及还遭到利比亚人、埃塞俄比亚人、亚述人的入侵，还曾败在新巴比伦王国手下，说明它那时实际上已变成了一个二等国家。

---

① ［古希腊］希罗多德：《历史》第 3 卷，1～4。
② ［古希腊］希罗多德：《历史》第 2 卷，177。

同时，在埃及国内，矛盾也很多，由于商品货币关系的发展，阶级分化十分激烈。第二十四王朝法老波克荷利斯曾以废除债务奴隶制等手段，企图缓和矛盾，但无济于事。在居鲁士死时，统治埃及的是第二十六王朝的阿玛西斯，他从公元前570年一直统治到公元前526年。阿玛西斯认识到，同波斯的战争不可避免。因此，在外部，他力图使埃及摆脱孤立状态。但在冈比西斯发动对埃及的远征时，埃及已没有盟友。由于埃及人缺乏远见，原来和它结盟的新巴比伦王国已经被波斯征服，原来是埃及朋友的吕底亚僭主波吕克拉特，这时候已经投靠了波斯，他向冈比西斯提供了一支由40艘舰只组成的舰队进攻埃及。波斯人还得到阿拉伯人的支持。① 只有一个北非的希腊人殖民地昔勒尼还保持了同埃及的友好联系。

公元前526年，阿玛西斯去世，他的继承人是普萨美提克三世，他大约只统治了几个月便遇到了波斯人的入侵。

波斯人的资料没有说到远征埃及的军队数量有多少，也没有说有哪些民族的人参加了远征。但可以肯定的是，参加远征的不仅有波斯人，而且有许多被波斯人征服的民族和国家，例如，希罗多德的《历史》中说，其中有小亚的希腊人（伊奥尼亚人和爱奥里斯人）②；希罗多德的故乡哈利卡尔那索斯人③；吕底亚原来的国王克洛伊索斯作为冈比西斯的顾问也在远征军中；据巴比伦尼亚的资料，也有巴比伦人参加了远征军，据Camb 334，一个参加远征军的巴比伦弓箭手从埃及带回来一个埃及人及其女儿；腓尼基的海军帮助波斯人运送了远征军，据希罗多德记载，他们是自愿前来投靠波斯人的；④ 阿拉伯人也为波斯人提供了帮助。

据希罗多德说，一个在埃及充当雇佣兵的卡尔那索斯人帕涅斯因对当

---

① ［古希腊］希罗多德：《历史》第3卷，7～9、88。
② ［古希腊］希罗多德：《历史》第2卷，1。
③ ［古希腊］希罗多德：《历史》第2卷，4。
④ ［古希腊］希罗多德：《历史》第3卷，19。

时的埃及国王阿玛西斯不满，所以投靠了波斯人，向冈比西斯建议派人到阿拉伯的国王那里去，向他请教安全行军的方法。冈比西斯听从了他的建议，找到了阿拉伯人，阿拉伯人同意帮助波斯人，双方缔结了同盟。在波斯人到埃及去的道路上的沙漠地带，阿拉伯人带着盛有水的皮囊，赶着骆驼，引导波斯人穿过了沙漠地带。由于这件事，后来在波斯帝国里，阿拉伯人享有同盟者的地位，而不是被征服者的臣民地位。①

冈比西斯对埃及的征服总的来说是比较顺利的。在埃及的希腊雇佣军司令帕涅斯也投降了。波斯人远征埃及的第一仗是公元前525年春在埃及的东部边境城市别努西亚进行的，战斗进行得非常激烈。当时，埃及的军队主要是希腊雇佣军，虽然他们的司令官帕涅斯已经投降，但这些雇佣军士兵的战斗却异常顽强，双方伤亡惨重，几十年后，希罗多德到那里访问时，还看到遍地尸骨：

> 在曾经进行了这场战斗的战场这里，我看到了当地人指给我的十分奇妙的现象。双方在这场战斗当中的战死者，他们的遗骨是分别地散在那里的（原来波斯人的遗骨在一个地方，而埃及人的遗骨则在另一个地方，因为两军在起初便是分开的）。②

别努西亚战斗以埃及人的失败而告终。此后，波斯人对埃及的远征就比较顺利了：在别努西亚失败的埃及军队逃到了孟菲斯，埃及军队的司令官乌扎哥勒森特叛变投敌，并交出了三角洲地区的重要城市舍易斯和他所率领的海军舰队，他们还向波斯人提供了他们掌握的各种情报，如埃及人的准备情况，埃及人的工事情况，以及应当如何绕过这些工事等。得到这

---

① ［古希腊］希罗多德：《历史》第3卷，4～9。
② ［古希腊］希罗多德：《历史》第3卷，12。

些投敌者和他们提供的情报的冈比西斯所率领的远征军，分水陆两路长驱直入，追至孟菲斯城下。冈比西斯派人去劝降孟菲斯的守城者，但使者被杀。

波斯军在攻下城池后，杀死 2000 埃及人，以报波斯使者被杀之仇。[①]不久，埃及全境都落入波斯人之手。埃及以西的一些利比亚部落和昔勒尼、巴卡尔城（这是两个希腊人的城市）自愿臣服于波斯，其标志是它们给波斯人送去了象征自己臣服的礼物。波斯军队大概对埃及进行了大肆掠夺，在波斯的王宫中发现了大量有尼科、阿玛西斯和普萨美提克等法老名字的物品。埃及被征服了，波斯成为一个地跨西亚和北非的帝国。

公元前 525 年 8 月，冈比西斯被正式宣布为埃及之王。冈比西斯不承认原先的埃及法老普萨美提克统治的合法性，而把自己看作阿玛西斯的直接继承者，并将普萨美提克统治的 6 个月算在了自己的统治时期里，甚至有的埃及文件把冈比西斯在埃及的统治提早到公元前 530 年，说他在埃及统治了 8 年（公元前 530—前 522 年）。冈比西斯在埃及建立了第二十七王朝，他按照埃及本地的习惯加冕，利用埃及注明日期的体系，采用"埃及之王，各外国之王"的称号和"拉神、荷鲁斯神、奥西里斯神的后裔"的称号，亲自参加舍易斯地方涅特神庙的宗教庆典仪式，向女神屈膝跪拜，并向女神赠送了礼物。

在希罗多德的书中提到的关于居鲁士和冈比西斯与埃及王族有婚姻关系的说法可能就是在这种情况下出现的（不过，这种说法，连希罗多德也不相信）。冈比西斯对一些投靠自己的原来埃及的高级官员，也加以利用，如乌扎哥勒森特，不仅在冈比西斯时代，而且在以后的大流士时代，都担任了高级职务，成为波斯人统治埃及的顾问，成为波斯人的"恩人"。他在自己的一个铭文中说：

---

① ［古希腊］希罗多德：《历史》第 3 卷，15。

尊敬而伟大的涅特神的……国王的司库……书吏……宫廷管理人、国王的海军舰队指挥官……乌扎哥勒森特说:"整个高原的伟大统治者冈比西斯来到埃及,而且整个高原的外国人同他在一起。他开始统治这整个国家,并且他们迁居到那里,是埃及伟大的统治者,也是整个高原的伟大统治者。陛下赋予我大夫之职,他命令我作为朋友在他左右,管理宫廷,以便我为他起草他的封号,我向陛下证明舍易斯的伟大……在上下埃及之王冈比西斯出席时我请求所有迁居到涅特神庙的外国人从那里出来,以便使涅特神庙在它的所有方面都是壮丽的,像它自古以来的一样。陛下命令赶走所有外国人……破坏他们的家,他们在这个神庙中的一切不洁物……陛下命令,为了清除涅特神庙,所有他的人都被召回它里面去……陛下命令给伟大的涅特神带来牺牲……并给在舍易斯的众神,像自古以来的那样……上下埃及之王冈比西斯来到舍易斯,他像所有国王所做的那样……陛下也向女神磕头,而且他为伟大的涅特和在舍易斯的众神带来了大量的好的牺牲,如同所有卓越的国王所做的那样。陛下在涅特神庙中做了一切有益的事情……依照陛下对我的命令,我为伟大的涅特女神建立了牺牲。"①

但波斯人在进一步去征服利比亚和埃塞俄比亚时,却由于准备不足而遭到惨重的失败。关于对埃塞俄比亚的征讨,希罗多德说,冈比西斯曾先派间谍去了解情况,并送去礼物,但埃塞俄比亚的国王看出了波斯人的阴谋,因而对这个使者说:

---

① 《古代东方史文选》,1963 年版。

　　　　波斯国王派你们携带礼物前来，并不是由于他很重视他和我
　　　之间的友谊，你们所讲的话也不是你们的真心话（因为你们此来
　　　是为了侦察我的国土），你们的国王也不是一个正直的人；如果他
　　　是个正直的人，那么除了他自己的国土之外，他就不应当贪求任
　　　何其他的土地，而现在也不应当再奴役那些丝毫没有招惹他的
　　　人们。①

间谍把这些话传达给冈比西斯后，冈比西斯大怒，决定立刻对埃塞俄比亚
人进行征讨，

　　　　他既不下令准备任何粮食，又没有考虑到他正在率领着自己
　　　的军队向大地的边缘进发……②

因此，这次征讨遭到失败。

　　关于对利比亚远征的失败，据希罗多德说是由于沙漠风暴，当波斯人
的军队在向导带领下来到欧阿西司城（按：据说欧阿西司本来只是指一块
长着植物的地方，但希罗多德错误地把它当成了一个地名）的时候，起了
一阵狂暴的、极其强大的南风，随风带过来的沙子把波斯人的军队给埋了，
因此，远征也就失败了。

　　除了远征失败以外，据希罗多德所说，冈比西斯在埃及犯下了多种罪
行。③ 但现代的研究者认为，古典作家对冈比西斯的指控，实际上是不存
在的。如，说冈比西斯杀死了埃及的圣牛阿匹斯，但现在已经查明，在阿

---

① ［古希腊］希罗多德：《历史》第3卷，21。
② ［古希腊］希罗多德：《历史》第3卷，25。
③ ［古希腊］希罗多德：《历史》第3卷，14、16、27、28～38。

玛西斯第二十七年出生的阿匹斯圣牛，死于冈比西斯统治的第六年，是自然死亡的，而且在该牛死后，冈比西斯曾捐赠了一口漂亮的棺材。因此，对冈比西斯的这项指控，大概是在冈比西斯死后杜撰出来的。还有一些对冈比西斯不利的说法则可能是不满冈比西斯的波斯贵族们，如大流士之流，捏造出来为推翻冈比西斯的统治而制造的舆论。

当冈比西斯远征埃塞俄比亚和利比亚失败的消息传到埃及后，埃及人发动了反对波斯人的起义，这里面当然有埃及原来的统治阶级中人在挑动，如原来埃及的国王普萨美提克也参与了此事。希罗多德说，他"策划了不正当的行动，并得到了自己的报应，原来他在埃及人中煽动暴动的时候被捉住了，而当这件事传到冈比西斯那里去的时候，普萨美尼托斯（按：即普萨美提克）便喝了牛血而立刻死掉了"。① 希罗多德说，假如他不参与起义的话，按照波斯人的政策，是有可能让他继续统治埃及的。起义很快就被镇压下去了。

第三节　波斯人对埃及的统治

初时，冈比西斯也像居鲁士一样，以波斯和埃及联合的形式对埃及进行统治。他按埃及的习惯加冕，称自己为"埃及之王，各国之王"，并利用"拉（神）、荷鲁斯（神）、奥西里斯（神）的后裔"的称号。公元前525年8月底，冈比西斯被承认为埃及之王。从这时候起，埃及进入了波斯人统治的第二十七王朝时期。冈比西斯不承认普萨美提克三世是埃及合法的国王，而认为自己是直接继承阿玛西斯为埃及之王的，并且是从公元前530年就成为埃及之王的。在有的文件中称冈比西斯八年，这就是从公元前530年，即从冈比西斯成为波斯国王时起就算是埃及之王了。因为冈比西斯的

---

① ［古希腊］希罗多德：《历史》第3卷，15。

统治是从公元前530—前522年，总共才8年。冈比西斯任命一个名叫阿律安戴斯的人去管理埃及（包括利比亚和昔勒尼），但在大流士统治时期，据希罗多德说，由于他铸造了成色不足的银币和谋叛而被大流士处死。[①] 后来埃及被降为波斯帝国的一个行省，由波斯总督统治。

公元前522年，大流士上台当上了波斯帝国的国王后，在波斯本土发生反对大流士统治的起义时，埃及也发生了起义，反对波斯人的统治，这在大流士的《贝希斯敦铭文》中有所反映：

> 当我在巴比伦的时候，下列诸省叛离了我：波斯、埃蓝、米底、亚述、埃及、帕提亚、马尔吉安那、萨塔吉地亚、斯基泰。[②]

在《贝希斯敦铭文》中，说到了许多地方起义被镇压的情况，但没有说到埃及起义被镇压的事。可能也被镇压了，因为大流士曾在公元前518年夏末到过埃及，住在孟菲斯。在埃及有不少有关大流士的铭文。可能正是在这时候他处死了阿律安戴斯，并任命了费伦达特为埃及总督。在埃及期间，大流士命令修建了从尼罗河至红海之间的运河。这使埃及人可从海路直达波斯。

在大流士的一个用古埃及的象形文字、古波斯语、埃兰语、阿卡德语的楔形文字写成的石碑铭文中，叙述了这条运河的修建。其中之一说：

> 我是波斯人，我从波斯征服了埃及。我命令从经埃及，直至从波斯延伸出来的海的皮朗河（按：即尼罗河）起开凿这条运河，而后，像我命令的那样，这条运河被开凿出来了。船舶也从埃及

---

① ［古希腊］希罗多德：《历史》第4卷，166。
② 李铁匠选译：《古代伊朗史料选辑》，北京：商务印书馆，1992年版，第39页。

经由这条运河来到了波斯，因为这是我的意志。①

实际上，这条运河在埃及国王尼科时期曾经开凿过，不过，他并未完成这项工程。据希罗多德的《历史》说，在大流士统治晚年，在他宣布薛西斯为波斯国王后的那一年，埃及发生过起义②，这次起义被薛西斯镇压了。

克谢尔克谢斯（即薛西斯）被说服派遣一支大军去讨伐希腊之后，就在大流士死后的第二年，向背叛者进军了。他征服了埃及人并使埃及人受到比在大流士的时代要苦得多的奴役；他把统治权交给了大流士的儿子、他的亲兄弟阿凯美涅斯。③

在波斯人统治时期，派有军队驻守在埃及。如在南部埃及的埃烈芳提那就驻有由犹太人组成的驻军，作为统治和镇压埃及人起义的工具。这些驻防军在此安家落户，生儿育女，被分给土地作为报酬。这些犹太殖民者的使命大约在第二十九王朝时期结束，那时，埃及人争得独立，建立起第三十王朝，由出自中部三角洲的门德斯城的涅菲利特统治。

一些埃及官吏和贵族从波斯人征服埃及时起就投靠了波斯人，如原埃及海军司令乌扎哥勒森特就是其最典型的代表。他在波斯人入侵时，没有下令舰队同敌人进行战斗，而是把首都舍易斯和自己的舰队交给了波斯人。在波斯人统治时期，他仍然担任高官和神庙的高级祭司、医生长官，成为波斯人统治埃及的顾问。还有很多埃及官吏在波斯人统治时期继续担任官职。不过，埃及人不可能担任像总督那样的高级官吏，而只能担任较低级

---

① 《古代东方史文选》，Ⅱ，1980年版，第33页。
② ［古希腊］希罗多德：《历史》第7卷，4。
③ ［古希腊］希罗多德：《历史》第7卷，7。

的官吏，如州长等。

波斯人在征服埃及的过程中和征服后，对埃及进行了大肆掠夺。法老的财产大概都被波斯人没收了，神庙也被抢劫。在波斯首都帕塞波利斯的宝库中，发现了很多物品，上面有埃及国王尼科、阿玛西斯和普萨美提克三世的名字，这显然是波斯人在征服埃及时抢夺去的。在波斯的另一个首都苏撒也发掘出埃及的神像、象牙制品和典型的埃及制品——雪花石膏瓶。戴奥多罗斯也报道说，冈比西斯从埃及的神庙中运走了黄金、白银、象牙。①

波斯人还大肆掠夺埃及人的土地，把它们分配给波斯人和波斯在埃及的驻军。波斯的贵族们在埃及和其他被征服地区抢占了大量土地。例如，波斯王子、埃及总督阿尔沙马，从埃及到苏撒的沿途有其多处地产。在他的一封致其埃及等地的地产管理人纳赫特-荷鲁斯等的信中就说到多处地产：

> 阿尔沙马致……地方的管理人马尔都克、纳西尔地方的管理人纳布-达拉毕、阿尔祖辛地方的管理人扎托西、阿尔贝拉地方的管理人乌巴斯塔巴拉、沙拉姆地方的管理人哈尔初、马特-阿勒-乌巴什和巴迦法尔纳、大马士革地方的管理人弗拉达法尔纳和迦瓦扎纳。信的内容如下：纳赫特-荷鲁斯，我的管理人前往埃及。望你从你所在地区的属于我的财产的粮食中，每天给他 2 单位白面粉、3 单位低等面粉、2 单位葡萄酒或啤酒，以及 1 只牡羊，而给他的 10 个仆从，每天按 1 单位面粉（和）相应的马的干草；并给 2 个基里基亚人以及 1 个手工匠——共 3 人——还有我的 1 个奴隶（他们与他同行前往埃及），每人每天 1 单位面粉。（阿拉美亚文件

---

① ［古希腊］戴奥多罗斯：《历史丛集》，Ⅰ，46，4。

Ⅵ，简写为 AD Ⅵ）①

波斯人还利用各种机会兼并埃及人的土地。如这个阿尔沙马在给纳赫特-荷鲁斯的另一封信中讲到，在公元前462年，埃及发生了反对波斯人的起义。在起义过程中，一个名叫贝特-奥西里的山林看守员家的份地就被阿尔沙马的下属强占了。后来，此人向阿尔沙马投诉，要求把这块土地还给他（AD Ⅷ）。据阿尔沙马给自己在埃及的监察员的信，另一位波斯王子瓦洛希也在埃及占有土地（AD Ⅹ）。在瓦洛希给阿尔沙马在埃及的监察员的信中也谈及此事（AD Ⅺ）。

不过，瓦洛希似乎不像阿尔沙马那样幸运，因为从上述信件中我们知道，他在埃及的地产管理人常常不把地产上的收入给他送去，以致他不得不求助于阿尔沙马及其在埃及的地产管理人和监察员纳赫特-荷鲁斯。这些波斯贵族霸占大量土地，自己并不经营，他们住在远离埃及的巴比伦、苏撒等地，成为外在地主，而让当地的人为他们经管，为他们劳动。他们只管剥削，而不管建设。

波斯人把埃及的手工业者掳掠到波斯去从事建筑劳动。戴奥多罗斯说，波斯人带走了埃及的手工业者，目的是让他们去修建帕塞波利斯、苏撒和米底的王宫②。大流士在一个铭文中也说到利用各被征服地区的物资，并利用包括埃及人在内的各被征服地区的人作为劳动力修建王宫的事：

> 这就是我在苏撒建造的王宫。王宫的装饰品是从远方运来的……加工黄金的金制品是由米底人和埃及人制作的。制作……的是吕底亚人和埃及人。制砖的人是巴比伦人。装饰城墙的人是

---

① 《古代东方史文选》第2卷，1980年版，第54页。
② ［古希腊］戴奥多罗斯：《历史丛集》，1，46，4。

米底人和埃及人。①

　　波斯贵族还把埃及人变成格尔达（按：关于格尔达的地位问题，有不同看法，有的学者认为他们是奴隶，另一些学者则认为他们是非奴隶的依附民）。例如，阿尔沙马在一份信中说到要把埃及的手工业者变成自己的格尔达，给他们打上烙印（AD Ⅶ）。从格尔达被打上烙印的情况看，格尔达似乎应当被看作奴隶。

　　波斯人向埃及人征收沉重的赋税。大流士上台后，规定了各被征服地必须缴纳的税额，其中埃及要缴纳 700 塔兰特白银（1 塔兰特合 26 千克）。此外，还要缴纳实物税。如希罗多德就说，埃及除缴纳白银外，还要交渔税，"对居住在孟菲斯的'白城'的波斯人和他们的佣兵要配给 12 万美狄姆诺斯的谷物（1 美狄姆诺斯合 52～53 升）"。② 埃及还有一个城市名叫安提拉，据希罗多德说，这是个有名的城市，"它是专门指定为统治埃及的国王的王后供应鞋子的。自从埃及被波斯人征服以来，事情一直是这样的"③。

---

① 《古代东方史文选》第 2 卷，第 38～39 页。
② ［古希腊］希罗多德：《历史》第 3 卷，91。
③ ［古希腊］希罗多德：《历史》第 3 卷，98。

第三章　高墨塔和冈比西斯统治的被推翻

公元前 522 年，当冈比西斯滞留在埃及时，高墨塔（也译作高墨达）在波斯国内发难，推翻了他的统治，攫取了他的王权。冈比西斯在从埃及回国的途中很快就死了。从铭文资料看，在这个过程中似乎没有发生什么暴力，但有许多问题。

第一节　冈比西斯统治被推翻的背景是什么

第一，波斯国内由于长达 30 多年的对外战争（包括波斯人从米底人统治下争得独立的战争、与吕底亚的战争及征服小亚希腊人的战争、征服新巴比伦王国的战争、同马萨格特人的战争、远征埃及的战争等）而引发的阶级矛盾；第二，尖锐的民族矛盾（波斯人和被征服民族的矛盾，包括被征服者中原有统治阶级中的许多人都不满波斯人的统治，波斯人的掠夺、原有统治阶级权力和财产的被剥夺等都是引发民族矛盾的原因）；第三，冈比西斯在远征埃及取得胜利后，进一步远征埃塞俄比亚和利比亚时受到挫折；第四，波斯统治阶级内部矛盾的加剧（包括王室内部、王室和其他贵族之间的矛盾），《贝希斯敦铭文》中说到有关冈比西斯的各种传言到处传播；希罗多德的书中说到许多有关他的各种暴行的谣言在埃及也广为传播。① 这很可能是不满冈比西斯统治的波斯贵族，乃至王室家族中的一些人所为。他们或者是对王权有野心，或者是因为冈比西斯的作为影响了他们的利益。这显然起到了为推翻冈比西斯统治制造舆论的作用。

记载这个事件的主要是大流士的《贝希斯敦铭文》和希罗多德的《历史》。《贝希斯敦铭文》说：

> ……居鲁士有个儿子，名叫冈比西斯，我们的亲属。他曾经是这里的国王。这个冈比西斯有一个兄弟，名叫巴尔迪亚，他与冈比西斯同父共母，但后来这个冈比西斯杀死了那个巴尔迪亚。冈比西斯杀死巴尔迪亚之后，人民并不知道巴尔迪亚被杀之事。冈比西斯随后就远征埃及去了。冈比西斯到了埃及以后，人民心怀异志。此后在国内，无论是在波斯、米底，还是在其他地区，谎言到处蔓延……这时，出现了一个人，一个穆护，名叫高墨塔。他在皮什亚乌瓦达的阿拉卡德里什山发难了。他起事的时间是维亚赫纳月十四日。他这样欺骗人民说："我是巴尔迪亚、居鲁士的儿子、冈比西斯之弟。"于是，所有的人民、波斯、米底以及其他地区都背叛了冈比西斯，倒向他（高墨塔）一边。他占据了这个王国。他占据这个王国的时间是加尔马帕达月九日。随后，冈比西斯以自我灭亡而告终。②

希罗多德的《历史》记载说：

> 当居鲁士的儿子冈比西斯既然已经精神失常，而仍然耽搁在

---

① ［古希腊］希罗多德：《历史》第 3 卷，27～38。
② 李铁匠选译：《古代伊朗史料选辑》，第 36～37 页。

埃及的时候，两兄弟的玛哥斯僧叛离了他。其中的一个曾被冈比西斯留在家中掌管家务。这个人现在叛离了他。因为他看到司美尔迪斯的死保守秘密，很少人知道这件事，而人们大多以为他还在人世。于是他便用这样一个办法取得王权：他有一个兄弟……这是他的一个谋叛的伙伴；他的这个兄弟和居鲁士的儿子、冈比西斯的兄弟司美尔迪斯长得十分相似，而司美尔迪斯又是经他手杀死的；他们不仅长得一样，他们的名字也一样，都叫司美尔迪斯。这个玛哥斯僧帕提戴铁司于是便说服了他的这个兄弟，要他、帕提戴铁司给他这个兄弟安排一切；他把他的兄弟领来，叫他坐在王位上，随后，他便派使者到各地去，其中的一人到埃及，去向军队宣布，从此他们不应听从冈比西斯，而要听从居鲁士的儿子司美尔迪斯的命令了。①

希罗多德的记载是否根据大流士的《贝希斯敦铭文》不得而知，但有这个可能。至少这不可能是希罗多德杜撰的。

第二节　高墨塔或希罗多德书中的两个玛哥斯僧为什么能轻而易举地推翻冈比西斯的统治

据上述两个文献，是因为他或他们知道冈比西斯的兄弟被杀，而人民却不知道这件事，他或他们是冒充了冈比西斯兄弟并以其兄弟的名义篡权的。

关于这个事件，大流士的《贝希斯敦铭文》和希罗多德《历史》中的记载虽然大体上是一致的，但并不完全相同，主要的差别有以下几点。

---

① ［古希腊］希罗多德：《历史》第 3 卷，61。

第一，在推翻冈比西斯统治这个事件中，有一个重要问题，就是资料中说冈比西斯杀死了自己的亲兄弟巴尔迪亚。在《贝希斯敦铭文》和希罗多德的《历史》中都这么说。

但两个文献中关于杀死冈比西斯兄弟的时间说法是不同的。

据《贝希斯敦铭文》说，冈比西斯这个兄弟是在冈比西斯远征埃及前就被冈比西斯杀死了："冈比西斯杀死巴尔迪亚之后，人民并不知道巴尔迪亚已被杀死之事。冈比西斯随后就远征埃及去了。"①

据希罗多德记载，巴尔迪亚（即希罗多德书中的司美尔迪斯）是远征埃及后才死的，但也是在冈比西斯被推翻前就被杀了，是在远征埃及期间被冈比西斯派人从埃及送回波斯去，并派普列克萨斯佩斯到苏撒把他杀死的。②

不过，在《历史》一书中，普列克萨斯佩斯对是否杀死了巴尔迪亚，在不同场合说法不一。如当冈比西斯听到玛哥斯的使者宣布军队要听从司美尔迪斯的命令，而不听从自己的命令时他望着普列克萨斯佩斯说："普列克萨斯佩斯，你是不是按照我所吩咐的做了？"普列克萨斯佩斯回答说："……我自己做了你所吩咐的事情并且是我亲手埋葬了他。"③但当冈比西斯死后，普列克萨斯佩斯又否认自己杀死了巴尔迪亚："现在冈比西斯既然已死，普列克萨斯佩斯便矢口否认他曾杀死司美尔迪斯，因为他亲手杀死居鲁士的儿子，这件事对他来说并不是安全的。"④

在希罗多德的著作中，关于巴尔迪亚之死还有另外一个说法，那就是玛哥斯帕提戴铁斯自称是"经他之手杀死的"（但杀死他的地点和方法均未

---

① 李铁匠选译：《古代伊朗史料选辑》，第 36 页。
② ［古希腊］希罗多德：《历史》第 3 卷，30、65。
③ ［古希腊］希罗多德：《历史》第 3 卷，62。
④ ［古希腊］希罗多德：《历史》第 3 卷，67。

说明），而且，也是在高墨塔事件前就杀死了他。①

但冈比西斯为什么要杀死自己的兄弟巴尔迪亚？

大流士的《贝希斯敦铭文》没有说冈比西斯为什么要杀死他；希罗多德的《历史》中说到了，那就是嫉妒：

> 他（指冈比西斯）的第一件罪恶行为便是剪除了他的亲兄弟司美尔迪斯，他是由于嫉妒才把他的兄弟从埃及送到波斯去的，因为只有司美尔迪斯一个人才把伊克杜欧帕哥斯人从埃西欧匹亚人那里带回的弓拉开了两达克杜洛斯宽，此外便没有任何一个人拉得动它了。司美尔迪斯回到波斯之后，冈比西斯便做了一个梦，梦里他好像看见从波斯来了一个使者，这个使者告诉他说司美尔迪斯已经登上了王位，而司美尔迪斯的头则一直触着上天。他害怕他的兄弟因此会把他杀死而自己做国王，于是他便把普列克萨斯佩斯，他所最信任的波斯人派到波斯去把司美尔迪斯杀死。普列克萨斯佩斯到苏撒这样做了。②

第二，关于宣布推翻冈比西斯并攫取了王权的时间，《贝希斯敦铭文》说穆护高墨塔是在维亚赫纳月十四日（即 3 月 14 日）发难的，而在加尔马帕达月九日占据了王位。记载了这个事件的希罗多德只是说当他还耽搁在埃及的时候，却没有说明具体的时间。

第三，这个事件发生的地点，说法不一。《贝希斯敦铭文》说是在皮什亚乌瓦达的阿拉卡德里什山，但没有说这个地方究竟在哪里。

希罗多德没有明确说明地点，但从他书中的一些地方看，可能是在苏

---

① ［古希腊］希罗多德：《历史》第 3 卷，61。
② ［古希腊］希罗多德：《历史》第 3 卷，30。

撒。他引用冈比西斯的话，说到派人到苏撒去杀死司美尔迪斯，"我是多么愚蠢，我竟把普列克萨斯佩斯派到苏撒去杀死司美尔迪斯"①。在另一个地方说到六个贵族密谋时，大流士也在参与其事时说："现在叙司塔司佩斯的儿子大流士又从波斯府来到了苏撒……"②

第四，关于是谁推翻了冈比西斯的统治并称王，说法也不相同。据《贝希斯敦铭文》，是穆护高墨塔；据希罗多德说，是玛哥斯帕提戴铁斯和司美尔迪斯俩兄弟。

第五，在推翻冈比西斯的统治以后新上台的人所采取的政策方面，《贝希斯敦铭文》和希罗多德的记载也不相同。《贝希斯敦铭文》说，他（即高墨塔）从人民手中夺走了牧场、牲畜、奴仆和房屋……破坏了神庙；大流士说，"我修复了被穆护高墨塔所破坏的寺庙"。③

希罗多德说，玛哥斯僧两兄弟还"派人到他统治下的各地去宣布免除他们三年的兵役和赋税"④，等等。

不管这两个资料记载的新上台的人采取的政策有什么不同，这些政策显然触犯了波斯贵族的利益，甚至触犯了一般波斯人的利益，这是肯定的，因此普通波斯人和波斯贵族都不可能容忍。

第六，是谁挑头杀死了篡权者？《贝希斯敦铭文》说：

> 大流士王说：没有一个人，无论是波斯人、米底人，还是我们家族中的某个人，能够从穆护高墨达手中夺回这个王国……在我没有来到之前，没有一个人敢议论穆护高墨达任何事情。因此……巴卡亚基什月十日，我带领少数人杀死了穆护高墨达和他

---

① ［古希腊］希罗多德：《历史》第3卷，65。
② ［古希腊］希罗多德：《历史》第3卷，70。
③ 李铁匠选译：《古代伊朗史料选辑》，第38页。
④ ［古希腊］希罗多德：《历史》第3卷，67。

　　主要的追随者……①

　　但希罗多德却说，在反对玛哥斯的活动中，是欧塔涅斯挑的头，大流士是后参加进来的。②

　　所以，这个事件看似简单，却有许多问题说不清道不明。这主要是由于关于公元前530年冈比西斯继承其父亲居鲁士的王位，至公元前522年他的统治被推翻并很快死去这段历史的资料的相对贫乏和相互矛盾，以及后来人们对它们的解读各有不同，因而这段历史中的许多问题被弄得扑朔迷离。

第三节　现代历史学家对古典文献的不同解读

　　《贝希斯敦铭文》和希罗多德的《历史》中的记载有这样或那样一些不同，现代历史学家对这些文献的解读就更不同了。

　　首先，冈比西斯是否真的杀死了自己的兄弟？推翻冈比西斯统治的究竟是谁？现代研究波斯帝国历史的学者看法并不完全一致。一些学者对《贝希斯敦铭文》和希罗多德的《历史》中所说的巴尔迪亚早已被杀一说提出了质疑。他们认为，巴尔迪亚是被大流士等人杀死的。

　　奥姆斯特德的《波斯帝国史》说：

　　　　冈比西斯留下其族人雅利安德斯作为（埃及）总督，自己（就从埃及）启程回国了。在卡尔迈勒山附近的埃克巴坦那，他得到巴尔迪亚篡位的消息，并死于此地，据说是自杀。巴尔迪

---

① 李铁匠选译：《古代伊朗史料选辑》，第37页。
② ［古希腊］希罗多德：《历史》第3卷，68及以下。

亚……在其父逝世的时候，他负责管理米底、亚美尼亚和卡杜西亚。公元前522年3月11日，他在阿拉卡德里什山的皮希亚乌瓦达地区宣布自立为王……7月1日，巴尔迪亚得到整个帝国的承认。被征服民族非常高兴地欢迎巴尔迪亚，因为他豁免了三年的赋税和兵役。但是，封建贵族不喜欢他集中祭祀的政策，因为它破坏了他们当地的圣所。他能够用来巩固其改革的时间很短，因此，在公元前522年9月29日，即上台8个月之后，他就被大流士杀死在米底尼赛亚的西卡亚乌瓦提什。①

这就是说，巴尔迪亚并没有被冈比西斯杀死，不仅如此，还是他发动了政变，推翻了冈比西斯的统治，他是被大流士杀死的。

丹达马耶夫也认为是巴尔迪亚发动了政变：

> 当冈比西斯在三年时期里常常待在埃及的时候，在他的祖国开始了骚动。公元前522年3月，当时在孟菲斯，他获悉他年轻的弟弟巴尔迪亚在波斯发动起义并成了国王。②

所以，巴尔迪亚是被大流士杀死的。

李铁匠也说：

> 就在冈比西斯二世在埃及长期不归时，阿黑门帝国本土波斯

---

① ［美］A. T. 奥姆斯特德：《波斯帝国史》，李铁匠、顾国梅译，上海：上海三联书店，2010年版，第113~114页。
② ［苏］丹达马耶夫：《阿黑门尼德帝国政治史》，莫斯科：苏联科学出版社，1985年版，第64页；另见［苏］丹达马耶夫：《阿黑门尼德王朝统治初期的伊朗》，莫斯科：东方文献出版社，1963年版，第171~174页。

发生了一起重大政治事件。公元前 522 年 3 月 11 日，冈比西斯二世之弟巴尔迪亚发动政变，宣布废黜了冈比西斯二世，自立为王。这就是历史上著名的巴尔迪亚政变。[①]

而且冈比西斯不是自杀，而是巴尔迪亚和远征军贵族阴谋的牺牲品。[②]

李铁匠还说：

公元前 522 年 9 月 29 日，巴尔迪亚正在厄克巴丹附近的尼赛亚地区西卡亚乌瓦提什度夏，大流士等七名波斯贵族乘宫中忙于欢度某重要宗教节日而疏于防范之际，在宫中杀死了巴尔迪亚。[③]

但扎林库伯的《波斯帝国史》却与此不同，其中提到：

大流士说，有人不仅在米底和波斯，而且在其他省份的百姓中散布有关他（即冈比西斯）的传言……这只会使人们更加爱戴在米底冒充居鲁士的儿子巴尔迪亚的这个王位觊觎者。毫无疑问，在米底与波斯出现王位觊觎者的消息传到了冈比西斯的耳朵里，这应该是他征埃及半途撤兵的原因……冈比西斯于公元前 522 年，也就是离开波斯 3 年后，把埃及交给阿里扬戴斯统治，班师回国。因为从国内传来不祥的消息：波斯发生了严重的动乱，需要他亲自处理。动乱是由一个人引起的，这个人，百姓认定他就是居鲁

---

① 李铁匠：《伊朗古代历史与文化》，南昌：江西人民出版社，1993 年版，第 76 页。
② 李铁匠：《伊朗古代历史与文化》，第 85 页。
③ 李铁匠：《伊朗古代历史与文化》，第 89 页。

士的儿子巴尔迪亚。①

他认为，大流士在《贝希斯敦铭文》中所说的巴尔迪亚被杀和穆护高墨塔冒充巴尔迪亚称王是真的，不是伪造的。②

关于巴尔迪亚死亡的地点，也同样说法不一。《贝希斯敦铭文》没有说他被杀死于何处。希罗多德书中提供了两个地方，一说是普列克萨斯佩斯在苏撒杀死的，有些人说他引诱司美尔迪斯出来打猎；另一说是在红海，"又有一些人说，他（指普列克萨斯佩斯）把司美尔迪斯领到红海，在那里把司美尔迪斯淹死了"③。

据李铁匠的意见，巴尔迪亚被杀是在厄克巴丹王宫④；据希罗多德说，大流士等七人是闯进王宫杀死了高墨塔的，不过，他说的是苏撒的王宫。⑤

此外，在一些著作中使用"高墨塔暴动"的说法，那么，在推翻冈比西斯统治的过程中是否使用了暴力？《贝希斯敦铭文》没有说发生过暴力行动，穆护高墨塔宣布自己为王以后，各地并未反对，"于是所有的人民、波斯、米底以及其他地区都背叛了冈比西斯，倒向他一边。他（指高墨塔）占据了这个王国"。也就是说当时没有发生什么暴力行动。在希罗多德的著作中我们也没有得到使用暴力的印象，只是说两个玛哥斯僧冒充司美尔迪斯称王，而没有说使用暴力夺取王位。

在谈到这个事件时，有学者认为这是米底贵族企图恢复自己特权的活动。如苏联科学院编的十卷集《世界通史》说，当冈比西斯在埃塞俄比亚的战事失利时，不仅引起埃及居民中间的骚动，而且：

---

① ［伊朗］阿卜杜·侯赛因·扎林库伯：《波斯帝国史》，第108页。
② ［伊朗］阿卜杜·侯赛因·扎林库伯：《波斯帝国史》，第109页。
③ 这里的红海不是今天的红海，据《历史》的一个注说是指波斯湾，见1959年版，第373页；而据奥姆斯特德《波斯帝国史》，是指埃利色雷海（Erythrrean sea）。
④ ［美］A. T. 奥姆斯特德：《波斯帝国史》，第89页。
⑤ ［古希腊］希罗多德：《历史》第3卷，78。

冈比西斯留驻在尼罗河流域的波斯军队，归他的弟弟巴尔迪亚统率，当时传闻冈比西斯战死，他们显然要拥立巴尔迪亚为王了。因此，当冈比西斯出征埃塞俄比亚王国回来以后，巴尔迪亚就被解回波斯，秘密处死。军队的高级将领不满国王的专制独裁，冈比西斯害怕他们发生叛变，又处死了许多显贵的波斯人。此后不久，冈比西斯得到了由伊朗传来的惊心动魄的消息，说那里出现了一个自称巴尔迪亚的假王。假王是一个魔法师，名叫伽乌玛塔。在记载这些事件的《贝希斯敦铭文》中说，当公元前 522 年伽乌玛塔自称是巴尔迪亚时，"全体人民群起谋反，背叛冈比西斯而归附于他。波斯、米太以及其他各地亦如此。他（伽乌玛塔）篡夺了王国"。但是，我们应该断定，伽乌玛塔所领导的起义，是在前一些时候开始的，并且地点不是培尔西达，而是米太。根据希罗多德的记载，魔法师假王的篡夺王权，被认为是国家政权从波斯人那里重新回到米太人手里。①

阿甫基耶夫也持这种观点，他在《古代东方史》中说：

冈比西斯当政末期，发生了几次震撼波斯国家的大规模起义，为阿黑门尼德家各位国王所征服的许多地方的居民公开表示不满波斯王的侵略政策，因为这个政策的担子沉重地压到普通人民的肩上。在《贝希斯敦铭文》里说："当冈比兹到埃及去的时候，在波斯、米地亚以及其他地方的人民就开始采取了敌对的态度，而国内的谣言也便多了起来。"米地亚的一个祭司（魔法师）叫作伽乌玛

① 苏联科学院：《世界通史》第 2 卷上册，北京：生活·读书·新知三联书店，1960 年版，第 10 页。

塔的便自称是波斯王被杀死的兄弟巴尔迪亚而发动了反冈比西斯的起义，显而易见，这次起义是米地亚的祭司和贵族所组织的，目的是要恢复米地亚国的独立并巩固米地亚贵族的社会经济地位。①

这里也说是米底祭司起义，是米底贵族要复国并巩固米底贵族的社会经济地位。扎林库伯的《波斯帝国史》认为是在米底：

> ……他们（指七个波斯贵族）进入米底高玛塔（即高墨塔）的居住地的城堡，冲破守卫和军官们的阻拦，闯入内宫，杀死穆护和他的左右，结束了假巴尔迪亚的篡权阴谋闹剧。②

关于高墨塔称王与米底的关系，学者们可能是根据希罗多德书中引用的冈比西斯的话和戈布里亚斯的话得出的这个结论。冈比西斯说：

> ……以我的王家诸神为誓，我命令你们，你们全体，特别是阿黑门尼德家的人们，不要叫主权再落到美地亚人（即米底人）手里去……③

戈布里亚斯说："……现在我们波斯人又被一个美地亚人，一个没有耳朵的玛哥斯僧统治着。"④

但也有学者们认为，推翻冈比西斯的人不是米底人，不是米底贵族。⑤

---

① ［俄］阿甫基耶夫：《古代东方史》，王以铸译，上海：上海书店出版社，2011 年版，第 604 页。

② J. M. Cook, *The Persian Empire*, London：The Chaucer Press 1983，p. 111.

③ ［古希腊］希罗多德：《历史》第 3 卷，65。

④ ［古希腊］希罗多德：《历史》第 3 卷，73。

⑤ 李铁匠：《伊朗古代历史与文化》，第 83～84 页。

还有一个问题，就是关于冈比西斯之死的问题，大流士的《贝希斯敦铭文》对此没有给予任何说法。它只是说，在高墨塔称王后，"冈比西斯以自我灭亡而告终"。[①] 奥姆斯特德引申大流士的话说冈比西斯是"自杀了"。[②] 希罗多德的《历史》中说，冈比西斯准备骑马去惩办那两个玛哥斯僧时，由于

> 他所佩带的刀的刀鞘的扣子松掉了，于是里面的刀刃就刺中他的股部，正伤了他自己过去刺伤了埃及的神阿庇斯的同一地方；冈比西斯认为这伤乃是致命的……在这之后骨头坏疽，大腿也紧跟着烂了，结果居鲁士的儿子冈比西斯便死掉了；他统治了一共7年5个月，身后男女的子嗣都没有。[③]

现在有一种说法，说他是被人杀死的，是推翻冈比西斯统治的巴尔迪亚和波斯远征军中的波斯贵族联合干的。但这也只是一种推测，而且没有过硬的证据。所以冈比西斯之死仍然是个谜。

总之，关于冈比西斯的统治被推翻一事，疑点颇多。现代学者的解读中推测的成分也颇多。事实上，在文献中提到了这个事件中的几个关键人物。

第四节　高墨塔和冈比西斯统治被推翻事件中的关键人物

例如，在《贝希斯敦铭文》中提到了穆护高墨塔。

在希罗多德的《历史》一书中提到了相当于《贝希斯敦铭文》中的穆

---

① 李铁匠选译：《古代伊朗史料选辑》，第37页。
② 李铁匠选译：《古代伊朗史料选辑》，第37页。
③ ［古希腊］希罗多德：《历史》第3卷，64～66。

护高墨塔的两个玛哥斯僧，即帕提戴铁斯和他的兄弟司美尔迪斯。而这个司美尔迪斯相当于《贝希斯敦铭文》中的巴尔迪亚。

此外，希罗多德的书中还说到了冈比西斯的妻子和姐妹阿托撒。① 虽然，在《贝希斯敦铭文》中没有说到阿托撒，在希罗多德的书中也没有强调她，但在推翻冈比西斯统治的过程中，阿托撒可能是一个重要人物。因为当冈比西斯在埃及时，又娶了自己的另一个姐妹，而且这个姐妹因为批评冈比西斯杀害巴尔迪亚而被杀。冈比西斯杀死自己的兄弟和姐妹，阿托撒不可能无动于衷，这很可能引起她的不满。因此，她有可能参与到推翻冈比西斯统治的行列中来，并且起了十分重要的作用。所以，她后来成了政变者的妻子，再后来又成了大流士的妻子不是没有原因的。但在这个事件中，她又不可能是主谋，也不可能起到主谋的作用，主谋一定另有其人。

因此，虽然人们说巴尔迪亚是推翻冈比西斯的主要人物，但事实上，到目前为止，并没有什么真凭实据，得出结论的主要事实根据不足，或者说猜测多于事实。所以，推翻冈比西斯统治的究竟是谁，这仍然是个谜。

有鉴于此，我们是否也可以根据现有的文献资料作另外一种猜测，来解开这个事件中的一个谜团，即这个事件是由谁搞起来的？从表面看是穆护高墨塔或两个玛哥斯僧，但从某些迹象看，这个事件是由大流士父子导演出来的。我们之所以作这种推测，其理由有四。第一，因为大流士有野心和理由。据希罗多德记载，居鲁士曾经怀疑大流士会篡夺他的权力。希罗多德是这样说的，当居鲁士准备与玛撒该塔伊人进行决战而渡过阿拉克赛斯河之后的第一夜，

> 他睡在玛撒该塔伊人的土地上的时候，他做了一个梦。在梦中他好像看见叙司塔司佩斯的长子在肩上生长了翅膀，一只翅膀

---

① ［古希腊］希罗多德：《历史》第3卷，68。

遮住了亚细亚，另一只翅膀遮住了欧罗巴。然而属于阿凯美涅斯家族的阿尔撒美斯的儿子叙司塔司佩斯，他的长子大流士那时也不过二十上下的样子；由于还不到上阵的年龄，他给留在后方的波斯了。当居鲁士从睡梦中醒来的时候，他把梦中的情况回想了一下，觉得这不是闹着玩的事情。因此，他便派人把叙司塔司佩斯召了来，私下里向他说："叙司塔司佩斯，我发现你的儿子正在阴谋推翻我和夺取我的王位。我将要告诉你我是怎样确实知道了这件事情的。诸神都在警卫着我的安全，因此如有任何危险，他们都会预先告诉给我的。既然如此，故而我昨夜在睡觉的时候，梦见了你的长子肩头上长了翅膀，一只翅膀遮住了亚细亚，另一只遮住了欧罗巴。从这一点我可以确定，毫无疑问，他是正在对我发动阴谋了。因此你要尽快地回到波斯去，并且一定要在我征服了玛撒该塔伊人之后回来的时候，设法把你的儿子带到我的面前来，我好询问他这件事情。"居鲁士这样讲，是因为他相信大流士正在阴谋反对他。①

虽然希罗多德说这是居鲁士把神的警告理解错了："神的意思是告诉他说，他本人将要死在他所在的那个地方，而王国最后将要由大流士来继承。"② 但很可能居鲁士确实是对大流士想要篡权一事有所耳闻，并对此十分担心。大流士的父亲赶快解释说：

王啊，上天是不准任何活着的波斯人对你有什么阴谋的，如果有这样的一个人的话，那么就让他尽快死掉吧。因为是你使被

---

① ［古希腊］希罗多德：《历史》第 1 卷，209～210。
② ［古希腊］希罗多德：《历史》第 1 卷，210。

奴役的波斯人变成了自由的人，是你使臣服于别人的波斯人变成
了统治一切人的人。如果有一个梦告诉你说我儿子正在阴谋反对
你的话，那我就把他交给你任凭你来处理好了。①

从这一段对话里，我们可以推断出，大流士父子是有夺权的阴谋的，只
是当时居鲁士的威信太高，觉得时机不成熟，他们的阴谋一时还难以得逞。

第二，他们之所以会有夺权的野心和阴谋，是因为他们也属于阿黑门
尼德家族，也是王族。正如大流士在《贝希斯敦铭文》中说的那样："自古
以来我们就是贵族，自古以来我们的亲属就是国王。"因此，他认为自己上
台并不是篡权，而是合法继承王位。所以，当居鲁士死后，当冈比西斯上
台，在埃及遇到麻烦的时候，大流士认为夺权的时机已到，就伙同一些波
斯贵族上演了这么一出夺权的好戏，并取得了成功。

正因为大流士是阿黑门尼德氏族的另外一支，他当国王也是名正言顺
的。所以，在《贝希斯敦铭文》中，大流士敢于说是自己领导了杀死高墨
塔的活动。如果不是这样，那么，在杀死高墨塔以后大流士会那么顺利当
上国王吗？显然不可能。当然，在这个阴谋中，大流士的父亲起了什么作
用，还需要考虑；阿托撒起了什么作用也需要考虑。

第三，大流士既然随军去了埃及，他当然知道冈比西斯在埃及遇到了
麻烦，并很可能会利用这样的机会去推翻冈比西斯的统治，实现自己的野
心。在这方面他有可能得到一些波斯贵族的支持，因为冈比西斯年少气盛，
没有居鲁士那么高的威信。在高墨塔发难时他很可能已经在波斯了。所以，
希罗多德说，当六个波斯贵族密谋杀死高墨塔时，大流士不是从埃及赶回
去的，而是从波斯府，从他父亲做总督的地方去的。那么他是什么时候和
怎么从远征埃及的军队中回波斯去的？希罗多德说：

---

① ［古希腊］希罗多德：《历史》第 1 卷，210。

现在叙司塔司佩斯的儿子大流士又从波斯府来到了苏撒，因为他的父亲便是那个地方的太守。在大流士到来的时候，这六个波斯人便决定把大流士也引入他们一党。①

虽然希罗多德关于大流士是在什么时候从埃及回波斯的描述很含糊，但也可以看出他是早已从埃及回来了，很可能是在高墨塔发难之前就回来了，所以，他完全可能是阴谋的发动者。

第四，大流士从埃及回到波斯的目的是什么？希罗多德没有说。我们是否可以作这样的猜测，即有可能是大流士和他的父亲叙司塔司佩斯早已同阿托撒以及那六个波斯贵族沟通好了，要推翻冈比西斯的统治，夺他的权，并有可能是他挑动了阿托撒起来反对冈比西斯，答应如果阿托撒能够同意反对冈比西斯，让大流士当国王，大流士父子就答应让阿托撒继续做王后，并且一旦她将来和大流士有了儿子，就让她和大流士所生的儿子继承王位。这对于一个已经不再得宠的王后来说，条件是很不错的。所以，阿托撒能够支持大流士。在大流士当上国王后，果然让阿托撒成了王后，并让他们的儿子薛西斯做了国王（虽然，据希罗多德记载，阿托撒并不是大流士最宠爱的妻子，他最宠爱的妻子是居鲁士的另外一个女儿阿尔杜司托涅，他曾下令用打薄了的黄金为她造像）。

他们还可能答应那六个波斯贵族，如果让大流士当国王，那六个贵族也会在新的国王上台后获得特权。大流士父子既然是王族，是阿黑门尼德氏族，所以他们都支持了大流士在他们导演的阴谋得逞后当国王。因而，在大流士做国王后他们都获得了特权，并各得其所。而这一切都是以冈比西斯出征埃及之前或出征时期就将自己的兄弟巴尔迪亚杀害了为前提。

① ［古希腊］希罗多德：《历史》第3卷，70。

　　因此，整个事件不是冈比西斯兄弟的争权斗争，而是大流士等人的夺权阴谋。

　　有一个问题，就是在《贝希斯敦铭文》中提到过穆护高墨塔，而在《历史》中提到两个玛哥斯僧，说是他们篡夺了王位，应当怎么解释？大流士等人可能利用过穆护高墨塔即希罗多德书中的两个玛哥斯僧，让他或他们在前台活动，因为他或他们了解巴尔迪亚事件的真相，让他们以冈比西斯兄弟巴尔迪亚的名义登台，然后看一看人民的反应。而当时人们对冈比西斯的统治被推翻毫无反应，似乎是接受了。但他们所实行的政策又是大流士等波斯贵族所不同意的，违背了波斯贵族们的利益，于是，大流士等波斯贵族就反过来把他们作为非法的篡权者打倒，自己夺权。所以，笔者认为，《贝希斯敦铭文》中说的冈比西斯在出征埃及前就杀死了巴尔迪亚的话是真的。

　　为什么大流士自己不一开始就站到前台来？因为居鲁士曾经怀疑过他要篡权，他不能不避讳这一点；同时他也担心，万一不成功，那就太危险了。所以，不如把知道内幕的玛哥斯僧或穆护高墨塔推到前台来，然后再除掉他们更保险。后来，大流士等人就揭穿了高墨塔冒充冈比西斯弟弟的真实面目，从而又轻而易举地杀死了篡权者，夺取了王位，并使自己成为恢复阿黑门尼德王朝的英雄。

　　在这整个过程中，大流士一伙人（包括大流士父子二人、阿托撒以及《贝希斯敦铭文》和希罗多德《历史》中提到的其他六人）鼓动和利用了高墨塔起事，而后又密谋把他给杀了。因为他们和高墨塔原本是一伙的，所以，大流士等七人能够顺利地闯入王宫杀死高墨塔。据希罗多德说，在杀死高墨塔以后，大流士通过一个小伎俩使自己当上了国王①。

---

　　①　［古希腊］希罗多德：《历史》第3卷，70～88。

第四章 大流士的统治，地跨亚非欧三大洲帝国的形成

第一节 大流士统治的背景

关于大流士这个人，他当国王之前的情况人们知之甚少。从他的《贝希斯敦铭文》我们知道，他和居鲁士二世、冈比西斯二世同属阿黑门尼德氏族："我是大流士……叙司塔司佩斯之子、阿尔沙米斯之孙，阿黑门尼德宗室。""自古以来我们就是贵族，自古以来我们的亲属就是国王。"在居鲁士统治时期，他没有随居鲁士去远征马萨格特人，而是在后方；后来，他曾经跟随冈比西斯参加过远征埃及的战争，是否立下过战功没有记载。据《贝希斯敦铭文》记载，是他带领少数人杀死穆护高墨塔；而据希罗多德记载，他参加杀死两个玛哥斯僧的密谋，并实施了暗杀计划，成为国王。

图 4.1　贝希斯敦山浮雕：大流士和被俘的各地起义者的首领

大流士登上波斯王位后，各地曾纷纷起义反对他。有些地方的起义还反复发生，但这些起义被他相继镇压了。《贝希斯敦铭文》详尽地记载了他镇压各地起义的情况。虽然各地起义被镇压，但要巩固波斯人的统治，巩固他自己的统治仍有许多问题需要解决。

大流士所面临的形势是：第一，波斯人在居鲁士建国以前，还处在原始社会解体时期，还未进入阶级社会，还未形成国家，还处在米底人的统治之下。从居鲁士建国到公元前 522 年冈比西斯被推翻，到大流士执政，前后才 36 年。而在这 36 年中，波斯人却经历了从国家形成到建立起一个庞大的、地跨亚非两大洲（如果加上在大流士统治时期进行的对外征服战争，那么就是地跨三大洲）的奴隶制帝国的过程。波斯人一直处于紧张的对外征服战争的过程中。虽然居鲁士和冈比西斯称了帝，称了王，但波斯人内部的原始民主的传统还顽强地存在着，贵族们还拥有很强的实力，还企图和王权相抗衡，波斯帝国的统治形式实际上并未确定，君主专制的统治形式尚未确立。一直到大流士统治时期，在波斯帝国内部究竟采用什么统治形式的问题，实际上并没有解决，仍在争论中。当时波斯人的统治面临着复杂的形势，其内部的阶级矛盾和民族矛盾都十分尖锐和复杂，尽快地确定统治形式，是巩固波斯人对全帝国的统治刻不容缓的任务。

第二，波斯帝国统治的地区十分辽阔，民族成分十分复杂，各地的政治、经济、文化发展水平极不一致，极不平衡。埃及、两河流域、印度河流域、叙利亚和巴勒斯坦等地的文明已发展了 1500～3000 年，而中亚的许多地区和部落却还处在原始游牧阶段。各地发展水平高低不一，程度不同，要求也各异。如何适应这样复杂的政治、经济和文化发展的形势，满足各地发展的不同要求，是波斯统治阶级面对的一个难题，也是波斯奴隶主面前摆着的一个重要任务。

第三，波斯帝国统治着辽阔的地域和众多的民族，阶级矛盾和民族矛盾极其尖锐，但波斯的国家机器却极其脆弱，极不完善；波斯奴隶主还十分年轻，缺乏统治这样广大的地区和处理这么复杂形势的经验（虽然可以吸取埃及、亚述、新巴比伦王国的统治者的经验和教训，但毕竟时间太短，而且波斯所面临的形势比它们更复杂，任务更艰巨，它所需要解决的问题也是埃及等地原有统治者所没有碰到过或没有解决好的），问题和解决问题的手段极不相称。征服广大的地区这一点，波斯奴隶主比较容易地做到了，但如何统治、管理和剥削，对波斯统治者来说，却是不那么容易的。征服容易，统治和管理难。波斯人以一个落后的民族统治众多先进民族，管理和统治的问题就更加突出。

第四，在波斯帝国统治的版图之内，有埃及和两河流域这两大文明地区，它们都已走过了小国寡民和地域王国阶段，进入了帝国阶段（即埃及的新王国时期和两河流域的亚述帝国时期，它们都是地跨亚非两大洲的奴隶制帝国）。在波斯人征服这些地区之前，各地区内部和各地区之间，在政治、经济和文化等方面的交流和融合已经进行了多年，已经十分广泛和深入。各个古老文明地区之间的政治、经济和文化的联系、交流除了有正常的交往、商业贸易和文化交流的形式以外，往往还以征服战争的形式，用一个政治枷锁固定起来，打上奴役与被奴役、剥削与被剥削的烙印，带有强制的性质。大流士时期又进一步征服了印度河流域和爱琴海北岸地区，大有征服第四大文明地区——希腊之势。但波斯帝国如何能够既维持其统治与剥削，又不中断、扼杀或削弱已有的这些联系加强的自然趋势，是大流士面临的又一个大问题。因为很明显，只有顺应这种趋势，波斯帝国才能生存，否则它将被这种趋势所冲垮。大流士当然不可能认识这种趋势，但在客观上能否在某种程度上不自觉地适应这种趋势，这对大流士和波斯的统治来说是一个考验。

第五，波斯兴起于公元前1000年代的中叶。当时，它是一个落后的民族，力量并不很强大，但它却征服了众多的先进民族、地区和国家，这除了靠它的军事力量之外，还靠它的外交手腕。它在征服过程中不仅利用了各国、各地区之间的矛盾，也利用了各国、各地区、各民族内部的矛盾。现在，它自己成了凌驾于所有这些地区、民族和国家之上的统治者，这就使它的地位发生了变化，它处在了它们的对立面，成了众矢之的，把当时西亚和北非地区的各种矛盾集中到了自己的身上，因为它进行的征服战争给这些地区、国家和民族的人民带来了巨大的灾难；它在征服后的剥削（不仅通过赋税，还有公然的掠夺）也是各地区、各国家和民族的沉重负担；它的征服和统治使原来各地的奴隶主丧失了自己的特权和地位，因而这些地区的奴隶主同波斯人之间的矛盾也很尖锐。大流士上台后发生的全波斯帝国范围内的广泛起义，不仅表明了以波斯奴隶主为一方，以各地区、各民族人民为另一方的矛盾的尖锐性，而且也表明了波斯帝国统治的脆弱性。

当大流士镇压了各地的反波斯的和反大流士的起义，恢复了波斯帝国的统治之后，所面临的形势就是这样。不解决这些问题和矛盾，波斯帝国的统治就既不可能稳固，也不可能长久。而这个任务是十分艰巨的。为此大流士采取了一系列的措施，人们把他采取的这一系列巩固波斯帝国和他自己统治的措施称为大流士改革。

贝希斯敦铭文得名于比苏通或比索通村（今克尔曼沙赫境内）旁的贝希斯敦山。该山位于古代米底首都厄克巴丹通往巴比伦的交通要道之间。该地有一山岩，宛如绝壁，极难攀登，铭文不易被人破坏，因而被大流士选为勒铭地点。

铭文用古波斯、依兰和巴比伦3种文字刻于贝希斯敦山距地面105米高的悬岩上。石刻长22米，高7.8米。整体布局明显分为5个部分：（1）浮雕，位于石刻中上方。上部为阿胡拉·马兹达雕像；下部左方为大流士、戈布里亚斯、阿斯帕提尼斯和被推翻的高墨达（躺在大流士脚下）雕像；下部右方为被俘的8王和斯基泰人的首领斯昆哈雕像。（2）浮雕左边，是第一

图 4.2　贝希斯敦山及贝希斯敦铭文

次刻的铭文古依兰文译本，共 4 栏 323 行，后废。（3）浮雕下部，是铭文古波斯文本。前 4 栏共 449 行，为真正意义上的铭文。第 5 栏共 36 行，为大流士远征西徐亚人后加入，内容与前者无关。现在也把它看成《贝希斯敦铭文》的一部分。（4）浮雕左边，是铭文阿卡德文译本，1 栏 141 长行。（5）阿卡德译本之下，是第二次补刻的铭文古依兰文译本，共 3 栏 650 行。

《贝希斯敦铭文》于 1835 年为英国青年军官、克尔曼沙赫省总督军事顾问 H.C. 罗林森（1810—1895 年）所发现。其后，他断断续续用了将近 10 年时间才将它释读出来，并将其研究成果发表在 1846 年《皇家亚洲学会杂志》第 10 卷第 1、2、3 分册上。从此，它的内容始为世人所知。

学术界传统上认为《贝希斯敦铭文》是大流士一世（公元前 550—前 486 年）为宣扬其在位第一年的文治武功而建立的纪功铭文。它详细记载了公元前 522—前 521 年席卷波斯帝国的历次动乱和大流士元年 19 战的丰功伟绩。

图 4.3　大流士一世陵

据现代学者研究，铭文内容不尽可靠，如铭文中有关高墨达政变的记载就严重歪曲了历史事实。被大流士杀死的不是高墨达而是真正的巴尔迪亚。因此，他们认为《贝希斯敦铭文》是大流士为其篡夺王权制造合法依据而炮制的重要文件。

《贝希斯敦铭文》的释读奠定了亚述学的基础。它不仅是古代伊朗，也是西亚最重要的铭文之一。

第一栏

1～3. 我是大流士、伟大的王、众王之王、波斯王、各省之王、叙斯塔司佩斯之子、阿尔沙米斯之孙，阿黑门宗室。

3～6. 大流士王说：我父（是）叙斯塔司佩斯；叙斯塔司佩

427

斯之父（是）阿尔沙米斯；阿尔沙米斯之父（是）阿里亚拉姆涅斯；阿里亚拉姆涅斯之父（是）铁伊斯佩斯；铁伊斯佩斯之父（是）阿黑门尼斯。

6～8. 大流士王说：因此，我们被称为阿黑门人。自古以来我们就是贵族，自古以来我们的亲属就是国王。

8～11. 大流士王说：在我之前，我的亲属中（有）8个人曾经做过国王①。我是第9个。我们9个人连续为王。

11～12. 大流士王说：靠阿胡拉·马兹达之佑②，我成了国王。阿胡拉·马兹达赐予我王国。

12～17. 大流士王说：下述地区：波斯、依兰（胡齐斯坦）、巴比伦、亚述、阿拉比亚、埃及、沿海诸地③、萨狄斯（吕底亚）、爱奥尼亚、米底、亚美尼亚、卡帕多细亚、帕提亚、德兰吉安那（锡斯坦）、阿里亚（赫拉特）、花拉子模、巴克特里亚、索格底亚那、犍陀罗、塞卡（西徐亚）、撒塔巨提亚、阿拉霍西亚、马卡（马克兰），总共23个地区归我所有，靠阿胡拉·马兹达之佑，我成了他们的国王。

17～20. 大流士王说：以上（就是）我所有的地区。靠阿胡拉·马兹达之佑，他们成了我的臣民。他们向我交纳贡赋。凡我给他们的一切命令，无论是白天还是黑夜，他们都遵行不误。

20～24. 大流士王说：对于上述地区的居民，凡忠信之士，

---

① 大流士所说8王是：1. 阿黑门尼斯；2. 铁伊斯佩斯和他的两个儿子；3. 阿里亚拉姆涅斯；4. 居鲁士一世；5. 阿里亚拉姆涅斯之子阿尔沙米斯（后被居鲁士二世推翻）；6. 居鲁士一世之子冈比西斯一世；7. 冈比西斯一世之子居鲁士二世；8. 居鲁士二世之子冈比西斯二世。——译者注

② 该词早期为两个独立的词：Ahura（主）、Mazda（希望）。自阿黑门时期始拼写成一个词。

③ 可能是指地中海东岸沿海地区。——译者注

我赐予恩典；凡不义之人，我严惩不贷。靠阿胡拉·马兹达之佑，上述地区遵守我的法律。凡我给他们的一切命令，他们都遵行不误。

24～26. 大流士王说：是阿胡拉·马兹达把这个王国赐予我。阿胡拉·马兹达帮助我占有了这个王国。靠阿胡拉·马兹达之佑，我统治了这个王国。

26～35. 大流士王说：以下就是我成为国王之后，我所建立的功绩。居鲁士有个儿子，名叫冈比西斯，我们的亲属。他曾经是这里的国王。这个冈比西斯有一个兄弟，名叫巴尔迪亚①，他与冈比西斯同父共母，但后来这个冈比西斯杀死了那个巴尔迪亚。

冈比西斯杀死巴尔迪亚之后，人民并不知道巴尔迪亚已被杀死之事。冈比西斯随后就远征埃及去了②。冈比西斯到了埃及以后，人民心怀异志。此后在国内，无论是在波斯、米底，还是在其他地区，谎言到处蔓延③。

35～43. 大流士王说：这时，出现了一个人，一个穆护④，名叫高墨达。他在皮什亚乌瓦达的阿拉卡德里什山发难了。他起事的时间是维亚赫纳月 14 日。他这样欺骗人民说："我是巴尔迪亚、居鲁士之子、冈比西斯之弟。"于是，所有的人民、波斯、米底以及其他地区都背叛了冈比西斯，倒向（高墨达）一边。

他占据了这个王国。他占据这个王国的时间是加尔马帕达月 9 日。随后，冈比西斯以自我灭亡而告终。

---

①　希罗多德称之为司美尔迪斯。——译者注
②　这次远征一般认为在公元前 525 年初。
③　谎言为琐罗亚斯德教谓恶神安格拉·曼纽象征的诸恶行之一。此外还有不义、不净、破坏、死亡等恶行。——译者注
④　也译作麻葛，旧译作玛哥斯僧，为琐罗亚斯德教祭司，在古代伊朗社会生活中占有重要地位。——译者注

43~48. 大流士王说：穆护高墨达从冈比西斯手中夺走的这个王国，自古以来就是我们家族的。穆护高墨达后来从冈比西斯手中把（它）夺走了。他占据了波斯、米底和其他地区。他把它们攫为己有。他成了国王。

48~53. 大流士王说：没有一个人，无论是波斯人、米底人，还是我们家族中的某个人，能够从穆护高墨达手中夺回这个王国。人民非常担心他会杀死许多先前认识巴尔迪亚的人。为此理由他会杀死许多人，"以免他们知道我不是居鲁士之子巴尔迪亚"。

53~61. 在我没有来到之前，没有一个人敢议论穆护高墨达任何事情。因此，我向阿胡拉·马兹达祈求帮助。阿胡拉·马兹达帮助了我。巴卡亚基什月，我带领少数人杀死了穆护高墨达和他最主要的追随者。我在米底尼赛亚地区西卡亚乌瓦提什要塞杀死了他。我从他手中夺回了这个王国。靠阿胡拉·马兹达之佑，我成了国王。阿胡拉·马兹达赐予我这个王国。

61~71. 大流士王说：我夺回了我们家族所失去的王国，并使其恢复了原状。然后，我修复了被穆护高墨达所破坏的寺庙。我把穆护高墨达从人民手中夺走的牧场、牲畜、奴仆①、房屋都归还了人民。

我把波斯、米底和其他地区的人安置到原址，恰如往昔。凡先前被夺走的东西，我都夺回来了。靠阿胡拉·马兹达之佑，我建立了上述功绩。我竭尽全力重建本王朝之原状。靠阿胡拉·马兹达之佑，我竭尽全力，使穆护高墨达未能篡夺本王朝。

71~72. 大流士王说：以下是我成为国王之后，我所建立的

---

① 古波斯语称为"曼尼亚"。《古波斯楔文集》译作"家内人员"，《古代东方史料选辑（二）》译作"家内的契里亚几（俄国中古早期的奴隶）"。现译作"奴仆"。——译者注

功绩。

72～81. 大流士王说：当我杀死穆护高墨达之后，接着又有一个人，名叫阿辛纳，是乌帕达尔马之子，他在依兰①发难了。他这样对人民说："我是依兰的国王"。于是，依兰人叛变了，倒向那个阿辛纳一边。

他成了依兰的国王。又有一个巴比伦人，名叫纳迪塔巴伊拉（尼丁图·贝尔），为艾奈拉之子，他在巴比伦发难。他这样欺骗人民说："我是尼布甲尼撒，纳波尼德之子。"于是，巴比伦人全都倒向那个尼丁图·贝尔一边。巴比伦叛变了。他占据了巴比伦王国。

81～83. 大流士王说：我（命令）依兰②，把那个阿辛纳缚送我处，我处决了他。

83～90. 大流士王说：随后，我出征巴比伦，进攻那个自称尼布甲尼撒的尼丁图·贝尔。尼丁图·贝尔的军队占据了底格里斯河，凭借大河险阻（即河水很深），据河抵抗。因此我命令（我）军乘上皮筏；我命令一部分军队乘骆驼，另一部分军队乘马。阿胡拉·马兹达帮助了我，靠阿胡拉·马兹达之佑，我们渡过了底格里斯河。在那儿，我大败尼丁图·贝尔的军队，阿西亚迪亚月 26 日③，我们进行了会战。

90～96. 大流士王说：此后，我进兵巴比伦。在我没有到达巴比伦之前，那个自称尼布甲尼撒的尼丁图·贝尔已经带领一支

① 有的译本中作"苏撒"、"苏撒人"。参见 William McNeill，*The Ancient Near East*，Oxford，New York，1977，p.122. ——译者注

② 有的译本中为"我派了一支军队前往"苏撒"。见前注引 William McNeill 书。——译者注

③ 《古代东方史料选辑（二）》为阿西亚迪亚月 24 日。其他译本均为 26 日。——译者注

军队来到幼发拉底河畔扎赞纳镇，要与我交战。于是，我们进行了会战。阿胡拉·马兹达帮助了我。靠阿胡拉·马兹达之佑，我大败尼丁图·贝尔的军队。他的部分军队被驱入河中，被河水冲走了。阿纳马卡月2日，我们进行了会战。

第二栏

1～5. 大流士王说：尼丁图·贝尔随即带领少数骑兵逃奔巴比伦，于是我进兵巴比伦。靠阿胡拉·马兹达之佑，我占领了巴比伦，擒获尼丁图·贝尔。随后，我在巴比伦处决了那个尼丁图·贝尔。

5～8. 大流士王说：当我在巴比伦时，下述地区又背叛了我：波斯、依兰、米底、亚述、埃及、帕提亚、马尔吉安那（木鹿）、撒塔巨迪亚、西徐亚。

8～11. 大流士王说：有一个人，名叫马尔提亚，为钦奇赫里什之子，他曾在波斯库干纳卡镇居住过，他在依兰发难了。他这样对人民说："我是依马尼什，依兰的国王。"

11～13. 大流士王说：当时我离依兰很近，依兰人由于害怕我，他们把马尔提亚，他们的首领抓起来杀了。

13～17. 大流士王说：有一个米底人，名叫弗拉瓦尔提什（弗拉欧尔铁斯），他在米底发难了。他这样对人民说："我是赫沙什里塔①，乌瓦赫沙特拉（库阿克撒列斯）宗室。"于是，守卫宫廷的米底军队背叛了我，倒向那个弗拉欧尔铁斯一边，他成了米底的国王。

18～28. 大流士王说：当时归属我的那支波斯米底军队，（兵力）是不大的。因此我派遣了一支军队，任命我的臣下、波斯人

---

① 即亚述铭文中提到的米底反亚述起义领袖卡斯塔里提（公元前675—前653年）。——译者注

维达尔纳（叙达尔涅斯）为他们的指挥官。我命令他们："前进，消灭那支背叛我的米底军队！"这个叙达尔涅斯随即带领军队出发了。他到达米底之后，在米底马鲁什镇与米底人进行了会战。那个米底人的首领当时不在场。阿胡拉·马兹达帮助了我。靠阿胡拉马兹达之佑，我军大败那支叛军。阿纳马卡月27日，他们进行了会战。此后，我的这支军队在米底坎帕达地区等候我来到米底。

29～37. 大流士王说：我派遣我的臣下，亚美尼亚人达达尔希什出征。我命令他："前进，消灭那支背叛我的军队！"达达尔希什随即出发了。达达尔希什到达亚美尼亚之后，叛乱者立刻集合起来进攻他，要与他交战。他们在亚美尼亚的祖扎希亚村进行了会战。阿胡拉·马兹达帮助了我。靠阿胡拉·马兹达之佑，我军大败这支叛军。图拉瓦哈拉月8日，他们进行了会战。

38～42. 大流士王说：叛乱者再度集合起来进攻达达尔希什，要与他交战。他们在亚美尼亚的提格拉要塞进行了会战。阿胡拉·马兹达帮助了我，靠阿胡拉·马兹达之佑，我军大败这支叛军。图拉瓦哈拉月18日，他们进行了会战。

42～45. 大流士王说：叛乱者第三次集合起来进攻达达尔希什，要与他交战。阿胡拉·马兹达帮助了我。

45～49. 靠阿胡拉·马兹达之佑，我军大败这支叛军。

泰卡尔奇什月9日，他们进行了会战。此后，达达尔希什在亚美尼亚等候我来到米底。

49～54. 大流士王说：随后，我派遣我的臣下、波斯人瓦乌米萨出征亚美尼亚。我这样命令他："前进，消灭那支背叛我的军队！"瓦乌米萨随即出发了。瓦乌米萨到达亚美尼亚之后，叛乱者立刻集合起来进攻他，要与他交战。他们在亚述的伊扎拉地区进行了会战。阿胡拉·马兹达帮助了我。

54～57. 靠阿胡拉马兹达之佑，我军大败这支叛军。阿纳马卡月 15 日，他们进行了会战。

57～63. 大流士王说：叛乱者再度集合起来进攻瓦乌米萨，要与他交战。他们在亚美尼亚的阿胡提亚拉地区进行了会战。阿胡拉·马兹达帮助了我，靠阿胡拉·马兹达之佑，我军大败这支叛军。

图拉瓦哈拉月底，他们进行了会战。此后，瓦乌米萨在亚美尼亚等候我到达米底。

64～70. 大流士王说：随后，我离开巴比伦前往米底。我到达米底之后，那个自称米底国王的弗拉欧尔铁斯已经率领一支军队来到米底的昆杜鲁什镇，要与我交战。于是，我们进行了会战。阿胡拉·马兹达帮助了我，靠阿胡拉·马兹达之佑，我大败弗拉欧尔铁斯的军队。阿杜卡纳伊沙月 25 日，我们进行了会战。

70～78. 大流士王说：这个弗拉欧尔铁斯随即带领少数骑兵逃往米底的拉加地区。于是，我派了一支军队追击，弗拉欧尔铁斯被擒，缚送我处。我割去其鼻子、耳朵和舌头，并刺瞎其一目。他被绑缚在我的宫门处；全体人民都看见了他。随后，我在哈马丹把他处以刺刑①。他最主要的追随者都被我绞死在哈马丹要塞。

78～88. 大流士王说：有一个撒伽尔提亚人，名叫奇萨塔赫马（特里坦塔伊赫米斯），他背叛了我。他这样对人民说："我是撒伽尔提亚的国王，库阿克撒列斯宗室。"我立即派遣了一支波斯米底军队，我任命我的臣下、米底人塔赫马斯帕达为他们的指挥官。我命令他们："前进，消灭那支背叛我的叛军！"塔赫马斯帕

---

① 古代西亚极刑之一。通常以木棍由犯人的肛门中插入，直贯上身，然后再将木棍和尸体竖起，悬尸示众。——译者注

达随即率领军队出发了。他和特里坦塔伊赫米斯进行了会战。阿胡拉·马兹达帮助了我，靠阿胡拉·马兹达之佑，我军大败这支叛军，并把特里坦塔伊赫米斯缚送我处。

88～91. 我立即割去其鼻子、耳朵、并刺瞎其一目。他被绑缚在宫门处，全体人民都看见了他。随后，我在阿尔贝拉把他处以刺刑。

91～92. 大流士王说：这（就是）我在米底所完成的事业。

92～98. 大流士王说：帕提亚和瓦尔卡纳（叙尔卡尼亚）背叛了我。他们自称是弗拉欧尔铁斯的（人）。我父维什塔斯帕（叙司塔司佩斯）当时在帕提亚。人民抛弃了他，起而造反。于是叙司塔司佩斯率领一支拥护他的军队出征，在帕提亚的维斯帕乌拉提什镇与帕提亚人进行了会战。阿胡拉·马兹达帮助了我，靠阿胡拉·马兹达之佑，叙司塔司佩斯大败这支叛军。维亚赫纳月22日，他们进行了会战。

第三栏

1～9. 大流士王说：随后，我由拉加派了一支波斯军队给叙司塔司佩斯。这支军队到达叙司塔司佩斯那里后，叙司塔司佩斯受命指挥这支军队出征。帕提亚（有）个帕提格拉巴纳镇，他和叛乱者在那里进行了会战。阿胡拉·马兹达帮助了我，靠阿胡拉·马兹达之佑，叙司塔司佩斯大败了这支叛军。加尔马帕达月1日，他们进行了会战。

9～10. 大流士王说：这个地区又成了我的。这（就是）我在帕提亚所建立的功绩。

10～19. 大流士王说：（有）一个名叫马尔古什（木鹿）① 的

---

① 即马尔吉安那省。——译者注

省背叛了我。一个名叫弗拉达的马尔古人做了他们的首领。我立即命令我的臣下、巴克特里亚总督、波斯人达达尔希什进攻他。我这样命令他："前进，消灭那支背叛我的军队！"达达尔希什率领军队出发了，他和马尔古人进行了会战。阿胡拉·马兹达帮助了我，靠阿胡拉·马兹达之佑，我军大败这支叛军。阿西亚迪亚月 23 日，他们进行了会战。

19～21. 大流士王说：这个省立刻又成了我的。这（就是）我在巴克特里亚所建立的功绩。

21～28. 大流士王说：应该有名叫瓦希亚兹达塔的人，他曾（在）波斯的亚乌提亚地区塔拉瓦镇住过。他在波斯再度发难了。他这样对人民说："我是巴尔迪亚，居鲁士之子。"于是，那支先前来自亚达（安善）的，守卫宫廷的波斯军队背叛了我，倒向瓦希亚兹达塔一边。他成了波斯的国王。

28～37. 大流士王说：事件发生后，我派遣了一支听从我指挥的波斯米底军队，我任命我的臣下、波斯人阿尔塔瓦尔迪亚为他们的指挥官。另一支波斯军队随我出征米底。阿尔塔瓦尔迪亚随后率领军队出征波斯，他到达波斯之后，那个自称巴尔迪亚的瓦希亚兹达塔带领一支军队来到波斯的拉哈镇，要与阿尔塔瓦尔迪亚作战。于是，他们进行了会战。阿胡拉·马兹达帮助了我。

37～40. 靠阿胡拉·马兹达之佑，我军大败瓦希亚兹达塔的那支军队。图拉瓦哈拉月 12 日，他们进行了会战。

40～49. 大流士王说：此后这个瓦希亚兹达塔带领少数骑兵逃奔皮什亚乌瓦达（帕萨加迪）。他在那里征集一支军队后，（又）来进攻阿尔塔瓦尔迪亚，要与他交战。他们在帕尔加（弗尔格）山进行了会战。阿胡拉·马兹达帮助了我，靠阿胡拉·马兹达之佑，我军大败瓦希亚兹达塔的那支军队。加尔马帕达月 5 日，他们进行了会战，他们擒获了那个瓦希亚兹达塔和他最主要的追随者。

49～52. 大流士王说：随后，我在波斯的乌瓦亚第查亚镇把那个瓦希亚兹达塔和他最主要的追随者都处以刺刑。

52～53. 大流士王说：这（就是）我在波斯所建立的功绩。

54～57. 大流士王说：那个自称巴尔迪亚的瓦希亚兹达塔曾经派遣一支军队去哈拉乌瓦提什（阿拉霍西亚）进攻我的臣下、阿拉霍西亚总督、波斯人维瓦纳。他（瓦希亚兹达塔）任命了一个人为他们的指挥官。

57～64. 他这样命令他们："前进，消灭维瓦纳和那支忠于大流士王的军队！"随后，瓦希亚兹达塔派遣的这支军队出发去与维瓦纳作战。他们在卡皮沙卡尼什要塞进行了会战。阿胡拉·马兹达帮助了我，靠阿胡拉·马兹达之佑，我军大败这支叛军。阿纳马卡月 13 日，他们进行了会战。

64～69. 大流士王说：后来，叛乱者再度集合起来进攻维瓦纳，要与他交战。他们在加杜达瓦地区进行了会战。阿胡拉·马兹达帮助了我，靠阿胡拉·马兹达之佑，我军大败这支叛军。维亚赫纳月 7 日，他们进行了会战。

69～75. 此后，瓦希亚兹达塔派来进攻维瓦纳的那支叛军的指挥官带领少数骑兵逃走了。当他逃过阿拉霍西亚的阿尔沙达要塞时，维瓦纳率领一支军队随后追上了他们，维瓦纳在那里擒获了他，并杀死了他最主要的追随者。

75～76. 大流士王说：这个地区立刻又成了我的。这（就是）我在阿拉霍西亚所建立的功绩。

76～83. 大流士王说：当我在波斯、米底时，巴比伦人再度背叛了我。有一个亚美尼亚人，名叫阿尔哈，为哈尔迪塔之子，他在巴比伦发难了。他在杜巴拉地区这样欺骗人民说："我是纳波尼德之子尼布甲尼撒。"于是，巴比伦人背叛了我，倒向那个阿尔哈一边。他自据巴比伦城，成了巴比伦的国王。

83～92. 大流士王说：我立刻派遣了一支军队去巴比伦。我任命我的臣下、波斯人维达法尔纳（印塔弗尔涅斯）为他们的指挥官。我这样命令他们："前进，消灭那支背叛我的巴比伦军队！"印塔弗尔涅斯随即率领军队向巴比伦进发。阿胡拉·马兹达帮助了我，靠阿胡拉·马兹达之佑，印塔弗尔涅斯击败了巴比伦人，并把他们押走。瓦尔卡扎纳月二十二日，他擒获了那个僭称尼布甲尼撒的阿尔哈和他最主要的追随者。我下了一道命令，把那个阿尔哈及其最主要的追随者在巴比伦处以刺刑。

第四栏

1～2. 大流士王说：这（就是）我在巴比伦所建立的功绩。

2～11. 大流士王说：靠阿胡拉·马兹达之佑，以上（就是）我成为国王之后，在一年内所建立的功绩。我进行了 19 次战争。靠阿胡拉·马兹达之佑，我击败了他们，擒获了 9 个国王。

（ⅰ）一个（是）穆护高墨达。他说谎；他这样说："我是居鲁士之子巴尔迪亚。"他使波斯发生了叛乱。（ⅱ）一个（是）依兰人阿辛纳，他说谎；他这样说："我是依兰的国王。"

12～20. 他使依兰人背叛了我。（ⅲ）一个是巴比伦人尼丁图·贝尔。他说谎；他这样说："我是纳波尼德之子尼布甲尼撒。"他使巴比伦发生了叛乱。（ⅳ）一个（是）波斯人马尔提亚。他说谎；他这样说："我是依兰的国王伊马尼什。"他使依兰发生了叛乱。（ⅴ）一个（是）米底人弗拉欧尔铁斯。他说谎；他这样说："我是库阿克撒列斯宗室的赫沙什里塔。"他使米底发生了叛乱。

20～31.（vi）一个（是）撒伽尔提亚人特里坦塔伊赫米斯。他说谎；他这样说："我是撒伽尔提亚的国王，属于库阿克撒列斯宗室。"他使撒伽尔提亚发生了叛乱。（vii）一个（是）马尔古人弗拉达。他说谎；他这样说："我是马尔古什的国王。"他使马尔古什发生了叛乱。（viii）一个（是）波斯人瓦希亚兹达塔。他说谎；他这样说："我是居鲁士之子巴尔迪亚。"他使波斯发生了叛乱。（ix）一个（是）亚美尼亚人阿尔哈。他说谎；他这样说："我是纳波尼德之子尼布甲尼撒。"他使巴比伦发生了叛乱。

31～32.大流士王说：我在上述战争中擒获了这9个国王。

33～36.大流士王说：上述叛乱地区，是谎言使它们发生了叛乱，这些（人）这样欺骗了人民。此后阿胡拉·马兹达把他们交在我手中，我惩罚他们一任己意。

37～40.大流士王说：你，今后将要成为国王的人，要慎保自己，谨防欺诈。如果你想"愿我的国家永固万年"，就要严惩那些奸诈之徒。

40～43.大流士王说：以上（是）我所建立的功绩；靠阿胡拉·马兹达之佑，我在一年内建立了这些功绩。你，今后将要读到这个铭文的人，要相信我所做的一切，不要认为它是谎言。

43～45.大流士王说：我真诚地祈求阿胡拉·马兹达（即我祈求阿胡拉·马兹达为我作证）：凡我在这一年内所做的一切，都（是）真的，不是假的。

45～50.大流士王说：靠阿胡拉·马兹达之佑，我还建立了许多别的功绩，没有写入这个铭文。其所以没有写入的原因，是为了使今后将要读到这个铭文的人，不致因我所建立的功绩过多而生不信，反而可能认为它是谎言。

50～52.大流士王说：靠阿胡拉·马兹达之佑，先前历代诸王在位时，他们在一年内所建立的功绩都没有我的多。

52～56. 大流士王说：要相信我所做的一切，要这样向人民宣传，而不用隐瞒（它）。如果你不隐瞒这个铭文，（而且）把它告诉人民，愿阿胡拉·马兹达与你为友，愿你的家族昌盛，愿你万寿无疆！

57～59. 大流士王说：如果你隐瞒这个铭文，（并且）不把它告诉人民，阿胡拉·马兹达必须与你为敌，你的家族必遭灭亡！

59～61. 大流士王说：这（就是）我在一年内所建立的功绩。靠阿胡拉·马兹达之佑，我建立了（这些功绩）。阿胡拉·马兹达和其他的神祇都帮助了我。

61～67. 大流士王说：阿胡拉·马兹达和其他的神祇之所以帮助我，是因为我不是不义者；我不是不诚实之人；我不是压迫者，我和我的宗亲都不是。我处事公平，强弱无欺。凡与本王朝协力者，我赐予厚恩；凡作奸犯科者，我严惩不贷。

67～69. 大流士王说：你，今后将要成为国王的人，不要与那些不诚实之人和压迫者为友；要严厉惩罚他们。

69～72. 大流士王说：你，今后看到我刻写的这个铭文或这些雕像的人，不要破坏它们，而要竭力保护它们。

72～76. 大流士王说：如果你看到这个铭文或这些雕像，你没有破坏它们，而是尽力加以保护，愿阿胡拉·马兹达与你为友，愿你的家族昌盛，愿你万寿无疆！凡你所想做的一切，阿胡拉·马兹达必使你成功！

76～80. 大流士王说：如果你将来看到这个铭文或这些雕像，你不但没有尽力加以保护，反而破坏了它们，阿胡拉·马兹达必与你为敌，你的家族必遭灭亡，凡你所想做的一切，阿胡拉·马兹达必使你失败！

80～86. 大流士王说：当我杀死自称巴尔迪亚的穆护高墨达时，有下述人在场，这些人当时作为我的支持者一起协力行动：（ⅰ）瓦亚斯帕拉之子印达弗尔涅斯，波斯人；（ⅱ）图哈拉之子乌坦纳（乌坦涅斯），波斯人；（ⅲ）马尔杜尼亚（玛尔多纽斯）之子高巴鲁瓦（戈布里亚斯），波斯人；（ⅳ）巴加比格纳之子叙达尔涅斯，波斯人；（ⅴ）达图瓦希亚之子巴加布赫沙（美伽巴佐斯），波斯人；（ⅵ）瓦哈乌卡之子阿尔杜马尼什，波斯人。①

86～88. 大流士王说：你，今后将要成为国王的人，要好好保护这些人的家族。

88～92. 大流士王说：靠阿胡拉·马兹达之佑，这就是我作成的铭文。此外，这个铭文又用雅利安文字写在泥板与羊皮纸上。我还做了一尊自己的雕像。我还做了我的世系表，世系表写成后曾读给我听。随后，我把这个铭文分送全国各地，人民共同遵循。

第五栏

1～10. 大流士王说：以下（是我成为国王之后的第二年、第三年所建立的功绩）：依兰地区叛乱了，有一个依兰人，名叫阿塔马伊塔，成了他们的首领。因此我派遣了一支军队，任命我的臣下、波斯人高巴鲁瓦（戈布里亚斯）为他们的指挥官。戈布里亚斯随即带领军队向依兰进发。他和依兰人进行了会战。

10～14. 此后，戈布里亚斯击败了依兰人，平定了依兰，擒获了他们过去的首领。他把（他）送到我处，我处决了他。此后这个地区又成了我的。

14～17. 大流士王说：这些依兰人是不义之人，他们不崇拜

---

① 这里所列的 6 个人，前 5 人与希罗多德《历史》所记相同，第 6 人阿尔杜马尼什被希罗多德误为阿司帕提涅斯；后者是大流士一世时的显要。参见［古希腊］希罗多德：《历史》第 3 卷，70。——译者注

阿胡拉·马兹达。我崇拜阿胡拉·马兹达。靠阿胡拉·马兹达之佑，我惩罚他们一任己意。

18～20. 大流士王说：凡崇拜阿胡拉·马兹达者，无论生前死后，必永远蒙神恩典。

20～27. 大流士王说：后来，我率领一支军队出征西徐亚，讨伐戴尖顶盔的西徐亚人。这些西徐亚人背叛了我。当我到达海边之后，我率领全军渡过大海到达对岸。我大败西徐亚人。我擒获另一名（首领），他被缚送我处，我处决了他。

27～30. 他们抓住其首领斯昆哈并送到我处。随后，我按照自己的意思，任命了另外一个（人）作为首领。这个地区立即又成了我的。

30～33. 大流士王说：这些西徐亚人是不义之人，他们不崇拜阿胡拉·马兹达。我崇拜阿胡拉·马兹达。靠阿胡拉·马兹达之佑，我惩罚他们一任己意。

33～36. 大流士王说：凡崇拜阿胡拉·马兹达者，（无论）生前死后，必永远蒙神恩典。①

第二节　大流士统治时期的政策

一、确立君主专制

在居鲁士和冈比西斯统治时期，波斯王权明显加强了，君主专制也已开始出现。他们两人的统治已与军事民主制时期的军事首领（或称作王、

---

① 李铁匠选译：《古代伊朗史料选辑》，第35～49页。

巴赛勒斯）完全不一样，不仅他们的统治已具有明显的阶级性，他们代表了波斯奴隶主贵族的利益，而且他们的权力也大大地增强了，开始具有了君主专制的性质。但在他们统治时期，波斯的君主专制尚未被贵族们确认，居鲁士的权力为贵族们默认了，因为他对波斯人有很大的贡献和功劳，而他的儿子冈比西斯的权力却没有被贵族们认可，因而他的统治被贵族推翻，他本人也被杀。这说明在那时君主专制还没有被贵族们认可，至少那时君主专制在波斯还没有确立起来。

所以，据希罗多德所说，在高墨塔被杀以后，在大流士等 7 个贵族中发生了关于在波斯采用什么统治形式的争论。其中欧塔涅斯主张民主制，其理由是由一人进行独裁统治既不是一件快活的事，也不是一件好事，它会引起骄傲自满，即使世界上最优秀的人掌握了这种权力，"也会脱离他的正常心情"。美伽巴佐斯主张寡头制，其理由是，独裁确实不好，但将权力给予民众也不好，因为民众一行动起来就不知道自己的目标，就会像一条泛滥的河盲目向前奔流，直向前冲。不能把自己从一个暴君下解放出来，却又忌惮人民大众掌权，这反映了波斯的贵族奴隶主对人民群众的畏惧。

大流士则主张君主制，其理由是无论是为了对付人民，还是为了对付外敌，独裁都是最好的，而且这是祖先之法，不应废弃。在 7 个人中有 4 个人主张君主制。所以，最后独裁统治的意见占了上风，大流士通过阴谋手段夺得了权力，当上了波斯帝国的国王。但主张民主制的欧塔涅斯仍然声明，他和他的后代不受君主专制的约束，并得到大家的赞同。[①] 这个故事表明，在大流士上台时，在波斯内部，平民与贵族的斗争还很激烈，原始民主制的传统还根深蒂固，君主专制尚未确立；同时也表明，面对激烈而复杂的阶级矛盾和民族矛盾，波斯奴隶主贵族已决心放弃其他的统治形

---

① ［古希腊］希罗多德：《历史》第 3 卷，80—83。

式而采用君主专制的统治形式了。正因如此，大流士关于实行君主专制的主张才获得了通过。

所以，大流士在当上了波斯帝国的国王后，首先就是使自己成为一个专制君主，他自称是"伟大的王，众王之王，世界四方之王"①，是居鲁士和冈比西斯的直接继承者，"在我之前，我的亲属中有8个人曾经做过国王。我是第九个。我们9个人连续为王"②。

为了加强自己的专制统治，他采取了一系列措施。在政治方面，他大权独揽，拥有立法权、司法权、行政权和军权。他的话就是法律。一切高级军政官吏均由他任免。例如，他任命米利都人科埃斯为米提列奈的僭主。③ 为了控制地方和军队，他派"国王耳目"以刺探情报，还经常巡视各地。在军事方面，他是军队的最高统帅，有权征召军队。在经济方面，他不仅有权规定各省的税收数量，还控制货币的铸造，占有大量土地、奴隶和其他劳动力，组成王室经济，还可以任意将土地等赏赐给有功的人，如他把埃多涅斯人的土地米尔启诺司赏赐给米利都人希司提埃伊欧斯。④ 他在全帝国设置了4个首都（帕塞波利斯、苏撒、爱克巴塔那和巴比伦）。他神化自己的权力，说他是"按照阿胡拉·马兹达的旨意"当上国王的。他有权对任何人，包括高级军政官员进行奖惩。例如，他杀了和他一起杀了高墨塔的七个人之一的音塔普列涅司⑤，他杀了居鲁士时期任命的萨尔迪斯总督欧洛伊铁司。⑥

---

① ［古希腊］希罗多德：《大流士关于在苏撒修建的王宫的铭文》，见《古代东方史文选》，第2卷，第38页。
② 李铁匠：《古代伊朗史料选辑》，第35页。
③ ［古希腊］希罗多德：《历史》第5卷，11。
④ ［古希腊］希罗多德：《历史》第5卷，11。
⑤ ［古希腊］希罗多德：《历史》第3卷，118。
⑥ ［古希腊］希罗多德：《历史》第8卷，120～129。

图 4.4　大流士一世

总之，他就是帝国的化身。正如希罗多德所说，大流士"在他治下的土地的一切方面都拥有充分的权势"。

二、加强波斯帝国的国家机器

居鲁士和冈比西斯是在征服战争中度过他们的一生的，他们来不及建立管理这样庞大的波斯帝国的机器。所以，在高墨塔被杀，大流士上台之后，各地纷纷起义，他们征服的成果差一点就在顷刻之间化为乌有了。为了不仅征服而且要长期占领和统治这辽阔的帝国，大流士进行了完善和加强帝国国家机器的工作。他在中央，在国王之下设置了一个中央议事会，由七名波斯显贵组成（他们很可能是由参与杀死高墨塔的那些人或他们的继承人组成的），这实际上是国王下面的最高行政机关。他还设置了一个办公厅，里面有许多通晓各地语言的人。在地方上，为了加强波斯人对被征服地区的统治，大流士将全帝国划分为若干行省，每个行省由中央派总督治理，其主要任务是执行国王的命令（命令往往由国王的亲信传达），拥有行政权和征收赋税的权力。总督一般由波斯人担任，而且很多总督是皇亲国戚或王子。不过，为了拉拢被征服地区原有的统治阶级上层，也可能由他们中的人担任总督，不过这样的人很少，而且多半是在边远地区。在中央和地方之间，国王派遣其耳目进行联络。这些人既有联络作用，大概也有监督作用。

三、整顿和完善军事制度

波斯帝国是靠军事征服建立起来的，也靠军队来维持其统治。但是，在大流士执掌政权之前，波斯的军事制度很不完善，这对要统治如此辽阔的大帝国，而且阶级矛盾和民族矛盾都极其尖锐的波斯来说，是很不利的。为了巩固波斯人对被征服地区的统治，也为了巩固自己的专制统治，大流士对军队进行了整顿，改革和完善了波斯的军事制度。波斯统治者十分重视军队的作用，"国王颁发奖赏的时候，他首先约请那些在战场上显身扬名的人，因为没有人保卫土地，耕种多少亩土地都是没有用的"[1]。波斯帝国的士兵（不管他们是否是波斯人），都分给土地以养家糊口。资料常常可以看到"弓的份地"、"马的份地"，这是指弓箭手的份地，骑兵的份地或喂马士兵的份地。

四、经济方面的措施

波斯人对各地的征服，目的不仅在于战争时期的掠夺，更重要的是在战后对被征服地区的人民进行长期的统治和剥削。大流士的各项措施的根本目的也在于此。居鲁士和冈比西斯进行了征服战争，掠夺了许多东西，但还未来得及制订出一套剥削被征服地区人民的方案，没有一套完备的赋

---

[1] ［古希腊］色诺芬：《经济论　雅典的收入》，张伯健、陆大年译，北京：商务印书馆，1961年版，第14页。

税制度。大流士在经济方面的主要措施之一就是制定或整顿、完善了波斯帝国的一套剥削被征服地区人民的赋税制度。除了利用税收和贡赋来剥削被征服地区以外，波斯人还在全国各地强占了大量土地和劳动力，给予波斯人和被认为对波斯统治有功的人。他们利用这些土地和劳动力组成王室庄园和贵族庄园。每个庄园的规模都很大。

大流士在经济方面的另一项措施是统一全帝国的货币铸造制度。他规定只有波斯帝国中央政府有权铸造金币，各行省可造银币，而自治市则只可铸造铜币。大流士的金币名为大流克，上面有大流士的头像。币重8.4克，成色十足，重量准确，在全国流行。大流士禁止地方上铸造金币，违者处以死刑。据希罗多德说，埃及的一个高级官员，就因为私自铸造成色极高的银币而以谋叛罪被处死。① 大流士曾用成色极高的黄金铸造金币，而当时统治埃及的阿律安戴司（他是冈比西斯时期任命的埃及总督）便铸造了同样的银币，并且纯度比大流士铸造的要高；当大流士听到阿律安戴司这样做的时候，便把他处死，处死的口实不是这一点，而是阿律安戴司谋叛。

图 4.5 有大流士像的金币大流克

---

① ［古希腊］希罗多德：《历史》第 4 卷，166。

五、扩大波斯帝国统治的阶级基础

波斯人以征服者的姿态凌驾于全帝国之上，享有各种特权：他们担任各种高级军政官吏，不纳税，战争中能分取战利品。但他们人数不多，力量有限，并且他们是以一个落后的民族征服许多先进民族，统治经验十分不足，他们不仅使自己与各被征服地区的广大劳动者相对立，而且也与被征服地区的原统治者相对立。

大流士上台及其引起的全帝国大起义表明，波斯奴隶主是极其孤立的，征服是不得人心的。不仅被征服地区的普通百姓不甘心受波斯人的奴役，而且当地的上层人士也不甘心丧失自己的政治经济地位和特权。因此，参加各地起义的既有普通老百姓，也有上层人士。而且，其中的许多暴动很可能是由这些上层人士发动和领导的，因为这些上层人士的社会影响力很大，活动能力强。如何在巩固波斯人对全帝国的统治的时候，既照顾波斯征服者的利益，又考虑到被征服地区上层人士的感情和政治经济利益，这是大流士必须解决的一个问题。这使大流士感到有必要联合各地奴隶主。所以，他执掌政权以后，采取了若干措施，以便把各地奴隶主拉到自己的阵营来，支持波斯人的统治。他吸收了一部分地方奴隶主参加地方政权，如埃及的州一级的政权，像州长等；对各地宗教采取宽容的政策，甚至加以扶持，如他在埃及修复了一些庙宇，发还了被冈比西斯没收的神庙财产，以期赢得埃及祭司的支持；大流士还采用过埃及法老的称号（1973年，在大流士的王宫附近发现了一尊身着法老服装的大流士石雕像，从底座上的铭文看，可能是从埃及运往波斯首都的）。在埃及的波斯人还曾使用过当地的语言，崇拜当地的神等。为了使各地原来的统治者接受和支持波斯人的统治，大流士在制定法律时可能还参考了各地原有的法律。

六、修筑驿道

大流士统治下的波斯帝国地域辽阔，各地区之间因交通很不方便而联系很少，大流士要了解各地情况，动乱时调动军队以及传达命令都十分困难，这对其统治非常不利。为了方便上情下达和下情上传，也为了调动军队，传达命令，大流士在当初亚述帝国统治时期修筑的驿道的基础上，修建了波斯帝国的驿道。

这些驿道中最长的一条从小亚西海岸的以弗所通到伊朗高原原来埃兰王国的首都苏撒，全长 2400 千米，被称为"御道"。另一条是从巴比伦经伊朗高原至印度河流域的驿道。在驿道的沿途，每隔 25 千米左右设有一个驿站，站内配备有马匹，一旦有事，信息便从这些驿站一站一站地飞快传递到首都，而国王的命令又会很快地从首都传达到各地。由于驿道四通八达，纵横交错，所以信息的传递、军队的调动都很快捷。据希罗多德《历史》中所说，波斯国王可在其王宫中吃到地中海的鲜鱼，说明传送之快。驿道也供商旅行走。为了保证道路畅通无阻和商旅安全，沿途都有军队驻守，各地总督的任务之一就是要保证驿道安全。

希罗多德对从以弗所到苏撒的这条驿道的叙述如下：

在这条道路的任何地方都有国王的驿馆和极其完备的旅舍，而全部道路所经之处都是安全的、有人居住的地方。在它通过吕底亚和普里吉亚的那一段，有 20 座驿馆，它的距离则是 94 帕拉桑该斯半。过去普里吉亚就到了哈律司河，在那里设有一个关卡，人们不通过这道关卡是绝对不能渡河的，那里还有一个大的要塞守卫着。过了这一段之后便进入了卡帕多启亚，在这个地方里的路程直到奇里启亚的边境地方是 28 个驿馆和 104 帕拉桑该斯。在这个国境上你必须经过 2 个关卡和 2 座要塞；过去这之后，你便要通过奇里启亚，在这段路里是 3 个驿馆和 15 帕拉桑该斯半。奇里启亚和阿尔美尼亚的边界是一条名叫幼发拉底的要用渡船才可以过去的河。在阿尔美尼亚有十五个驿馆和五十六帕拉桑该斯半，而那里有一座要塞。从阿尔美尼亚，道路便进入了玛提耶涅的地带，在那里有 34 座驿馆，137 帕拉桑该斯长。四条有舟楫之利的河流流经这块地方，这些河流都是要用渡船才能渡过去的。第一条河流是底格里斯河。第二条和第三条河流是同名的，但它们不是一条河，也不是从同一个水源流出来的；前者发源于阿尔美尼亚人居住的地方，后者则发源于玛提耶涅人居住的地方。第四条河叫作金德斯河，就是被居鲁士疏导到 364 道沟渠中去的那个金德斯河。过去这个国土，道路便进入了奇西亚的地带，在那里有 11 座驿馆与 42 帕拉桑该斯半长，一直到另一条可以通航的河流，即流过苏撒的那条科阿斯佩斯河。因此全部的驿馆是 111 座。这样看来，从萨尔迪斯到苏撒，实际上便有这样多的停憩之地了。

如果这王家大道用帕拉桑该斯计算得不错的话，如果每 1 帕拉桑该斯像实际情形那样等于 30 斯塔迪昂的话，则在萨尔迪斯和国王所谓美姆农宫之间，就是 13500 斯塔迪昂了。换言之，也就是 450 帕拉桑该斯；而如果每日的行程是 150 斯塔迪昂（在另一个地方，希罗多德又说是普通人一个人一天的行程是 200 斯塔迪昂）的话，那么在道上耽搁的日期就不多不少正是 90 天。

……但如果有人想把这一段路程更精确地加以计算的话，那我也可以说给他的。因为从以弗所到萨尔迪斯的这段路也应当加到其他一段上面去。这样，我就要说，从希腊的海到苏撒（美姆农市就是这样称呼的）的路程就是 14040 斯塔迪昂，因为从以弗所到萨尔迪斯是 540 斯塔迪昂，这样 3 个月的路程之外，还要加上 3 天。①

---

① ［古希腊］希罗多德：《历史》第 5 卷，52—54。

七、将琐罗亚斯德教定为国教

如同任何剥削阶级一样，波斯统治者也不仅需要利用暴力机器，而且需要精神武器来进行统治。大流士不仅强化了波斯帝国的国家机器，而且利用宗教来加强波斯人的统治，于是将琐罗亚斯德教定为国教。琐罗亚斯德教是因其创始人的名字而得名的。该教宣扬世界上有善、恶二神，善神叫阿胡拉·马兹达，代表光明、正义，崇拜太阳、火；恶神叫阿格拉·曼尼，代表黑暗、寒冷、沙漠、风暴，生活在北方沙漠的永世黑暗中，制造疾病、残害牲畜。该教号召人们站在光明神一边，与恶神进行斗争。琐罗亚斯德教崇拜火，因此又被叫作拜火教。该教的经典是《阿维斯塔》。大流士将该教定为国教，宣称自己的权力来自阿胡拉·马兹达，以神化自己的君主专制权力。不过，大流士虽然将琐罗亚斯德教定为国教，但却并不排斥其他宗教，他对其他宗教采取了比较宽容的态度。但伊朗的阿卜杜·侯赛因·扎林库伯并不赞成这种说法。

图 4.6 琐罗亚斯德教祭坛

除了上述这些措施以外，大流士还可能对波斯的文字作了某些改革。①

第三节　大流士改革的影响和作用

大流士改革对波斯帝国的政治、经济、军事和文化等各方面都产生了重大影响。

改革大大加强了大流士的君主专制统治。他不仅对一般臣民有了生杀予夺的大权，而且对波斯贵族奴隶主、高级军政官员也是如此，这就使波斯的统治摆脱了原始民主制的束缚。例如，曾经参加过反对高墨塔的七个贵族之一的音塔普列涅司及其绝大部分亲属，就被大流士以轻视他的宫廷礼仪、私闯国王寝宫的罪名处死了。② 应当说，大流士的君主专制不仅是大流士个人权欲的表现，也是波斯奴隶主贵族巩固自己阶级统治的需要，因此才被波斯奴隶主贵族所容忍和支持。

大流士改革大大加强和完善了波斯帝国的国家机器，扩大了波斯帝国统治阶级的阶级基础，从而大大巩固了波斯奴隶主贵族对被征服地区人民的统治。所以我们看到，在此后将近 200 年的时期里，波斯帝国没有发生过像高墨塔事件和大流士刚上台时所发生的那样大规模的起义（虽然小规模的起义曾时有发生，例如希波战争时期及以后在一些地方发生的起义），即使在希波战争时期波斯遭到了惨重的失败，也没有发生大规模的起义。

在经济上，大流士改革的作用是双重的。一方面，大流士改革使波斯奴隶主对被征服的地区的剥削制度化了，巩固和加强了波斯奴隶主贵族对被征服地区的剥削。他的赋税制度对各地都是一种沉重负担，尤其是埃及、两河流域和印度河流域这样一些地区更是如此。波斯奴隶主对被征服地区人民只

---

① B.B. 司徒卢威：《大流士一世统治时期的文字改革》，载《古史通报》，1951 年第 3 期，第 186～191 页。

② ［古希腊］希罗多德：《历史》第 8 卷，118～119。

顾剥削，不管建设，很少有建树，竭泽而渔，破坏了那些地区生产可持续发展的可能性。改革还打断了埃及、两河流域等先进地区的奴隶制社会发展的进程，延缓了这些地区奴隶制生产关系的崩溃。另一方面，大流士改革巩固了波斯和东部伊朗、中亚等原来较为落后地区的奴隶制度，使波斯和东部伊朗等地区的社会经济有了长足发展（虽然波斯地区主要是靠对外掠夺的财富而发展起来的）；它在客观上与古代世界经济文化发展的总趋势是一致的。

另外，大流士统一铸币制度；在埃及法老尼科开凿的尼罗河至红海之间的运河的基础上，开通了这条运河；在公元前518年，他派斯基拉克调查印度河口，斯基拉克率领船队从印度河口西行到达红海，历时30个月，从而建立了印度和波斯帝国的海上联系；还在中亚修建了水库等。这些措施对帝国社会经济的发展是有好处的。正因如此，虽然波斯帝国是靠军事征服建立、靠军队来维持的，它对各地的剥削也很沉重，帝国内部矛盾重重，而且非常尖锐，帝国也没有自己统一的经济基础，但却能在大流士改革后维系了将近200年。应当说，这是大流士改革强化了波斯帝国的政治统治，强化了它的国家机器的结果。

当然，大流士改革是代表波斯奴隶主贵族利益的，改革的目的也是为了巩固波斯奴隶主对被征服地区人民的统治。因此，改革不可能从根本上消除波斯奴隶主与各被征服地区人民之间的矛盾，也不可能消除波斯本身的内部矛盾。所以，虽然大流士改革在一定程度上起了巩固波斯奴隶主贵族统治的作用，却仍不能避免各地经常爆发反抗波斯统治的起义。而且，大流士统治时期也就是波斯奴隶主统治最强盛的时期，大流士死后，波斯帝国的上升期也就走完了，此后，内部矛盾日积月累，到公元前4世纪时，波斯奴隶主内部争权夺利的斗争加剧。所以，当马其顿国王亚历山大东征时，没用10年的时间，地跨亚非欧三大洲的波斯帝国就土崩瓦解了。

在大流士统治时期，除了巩固已经占领的地区之外，还不断地进行对外扩张，他在公元前517年出兵占领了印度河流域。关于大流士占领印度河流域的情况由于资料很少而不太清楚。但他在公元前 515 至前 513 年之间出兵，经小亚和巴尔干半岛至黑海北岸，同斯基泰人进行的战争，由于希罗多德的《历史》一书的记载颇为详细而较为清楚。①

由于大流士占领了爱琴海北岸，波斯帝国成为历史上第一个地跨亚非欧三大洲的帝国。

波斯人比被他们征服的埃及人、美索不达米亚人、印度人要落后得多，但却征服了他们，这是为什么呢？这是因为，历史的发展总是不平衡的，先进的不一定永远能保持先进，落后的不一定永远落后。波斯人在征服这些先进民族之前，曾长期受到其邻近地区先进文化的熏陶，与它们有很长时期的经济、文化上的频繁交往，吸收了先进地区的先进文化、先进生产技术、外交经验、军事技术，这促进了波斯的迅速发展。而且，波斯人的武器并不比其周围国家的落后，军事上的技术和战术也不一定落后。更何况，波斯的内部矛盾比它周围的国家要缓和得多。因此，波斯人能打败众多先进民族和国家，建立起一个地跨亚非欧三大洲的大帝国。

大流士一世论他自己：

> 伟大的神阿胡拉·马兹达，他创造了所有那些看得见的壮丽的东西，他为人类创造了幸福，他赋予大流士以智慧和勇敢。大流士国王说："按照阿胡拉·马兹达的意志，我——有这样一种性格，即对于正义，我是朋友；对于非正义，我则是仇敌。我不希望弱者受到强者的不公正对待，但也不希望强者受到弱者的不公正对待。我的愿望是——公正。对虚伪的人来说，我不是他的朋友。我不是个性情急躁的人。当我发火时，我果断地把火压在心中，我坚强地控制住自己。对于要帮助我的人，我按其帮助的多

---

① ［古希腊］希罗多德：《历史》第 4 卷，1、83～143。

少给予报答。对于损害我的人，我按其所造成的损害的程度予以惩罚。我不希望人损害别人，也不希望损害别人的人不受惩罚。我不相信一个人在受到考验之前，他会受到告发。一个尽力给我带来满足的人，我将厚待他，并将使他感到非常满意。作为一个军事长官，我将是一个极好的军事长官……我的双手和双脚拥有不可遏制的力量。作为一个骑士，我就是一个优秀骑士。作为一个弓箭手，我就是一个优秀的弓箭手。无论是在徒步骑兵队伍中还是在骑马的骑兵队伍中都是如此。作为一个投矛手，我是一个杰出的投矛手，无论是在徒步骑兵队伍中还是在骑马的骑兵队伍中都是如此。这——是阿胡拉·马兹达赋予我的本领，而我能够利用它们。我按照阿胡拉·马兹达的由我完成的意愿，凭着阿胡拉·马兹达赐予我的这些本领，我完成了。啊，臣民们，要确实知道我是何等样人，我的本领如何，我的优势何在。但愿你不要以为你耳朵里听见的是假的……但愿你不要以为我完成的那些事是不真实的。"①

第四节　希罗多德论大流士的残忍

在希罗多德的《历史》中，多处说到大流士的残忍。

这时（即在大流士准备对斯基泰人进行远征的时候），一个3个儿子都参加了出征的波斯人欧约巴佐斯恳请大流士给他留下1个儿子。大流士对他说他是自己的朋友而他的请求也是入情入理

---

① 出自纳克什-卢斯塔姆岩铭 NRB，中译文译自《古代东方史文选》第二卷，第37页。

的，因此大流士要把他的 3 个儿子都给留下。欧约巴佐斯非常欢喜，他以为他的 3 个儿子已被免除了军役，但是大流士却命令有司人等把欧约巴佐斯的儿子都给杀了。他们便这样地被处死并被放置在那里了。①

起来反抗玛哥斯僧的 7 个人中，那个叫作音塔普列涅司的人，在发动政变以后不久，便由于一件犯上的事件被处死了。他想到王宫里面去和国王谈话，因为有这样一条规定，这些发动政变的人可以不用通报直接进见国王，如果国王没有和他的一个妃子共寝的话。当时音塔普勒涅司曾说明他是 7 人之一，有权利不经通报而进见。但是门卫和使者不许他进去，他们说国王正在和他的一个妃子在一起。音塔普列涅司认为他们在说谎，于是便抽出剑来，割掉了他们的鼻子和耳朵，然后把这些鼻子和耳朵系在他的马缰绳上并缚在这些人的脖子上放他们走了。

他们于是到国王那里去，告诉他为什么会遇到这样的事情。大流士害怕这会是这 6 个人的一种谋叛行为，于是把他们分别召来询问，以便知道他们是否同意这样做。等他确实知道他们并未参与此事的时候，便逮捕了音塔普列涅司和他的儿子，还有他的家人，并把他们监禁起来，因为他十分怀疑这个人和他的族人正在阴谋推翻他。于是音塔普列涅司的妻子便常常到宫门来悲哭号泣。终于由于她经常不断这样做而打动了大流士，于是大流士便派一个使者去告诉她说："夫人，大流士将要赦免你的被囚的一个亲人，这个人可以任凭你选择。"她在考虑之后便回答说："如果国王只允许留一个人的性命的话，那我就选我的兄弟的性命。"大流士听到这句话的时候大为不解，于是便派一个人去问她说："夫

---

① ［古希腊］希罗多德：《历史》第 4 卷，84。

人，国王问一下为什么你放弃你的丈夫和儿子，却宁愿挽救你那不如你的儿女近，又不如你的丈夫亲的兄弟的性命。"她回答说："国王啊，如果上天垂怜的话，我可以有另一个丈夫，而如果我失掉子女的话，我可以有另一些子女。但是我的父母都死去了，因而我不能再有一个兄弟了。这就是为什么我这样讲的理由。"大流士听了欢喜并认为她的理由是充足的，于是他便把她请求赦免性命的那个人送还给她，此外还赦免了她的长子。其他的人便都大流士处死了。这样，七人当中的一个人不久之后便去世了。①

据希罗多德说，在巴比伦城有一座高达 12 佩巨斯的纯金制作的像，"叙司塔司佩斯的儿子大流士曾想把这座像拿走，但是他不敢这样做。但大流士的儿子克谢尔克谢斯把劝他不要移动这座像的祭司杀死并把它拿去了"②。

---

① ［古希腊］希罗多德：《历史》第 3 卷，118~119。
② ［古希腊］希罗多德：《历史》第 1 卷，183。

第五章　波斯帝国的行省与总督

第一节　波斯帝国的行省

波斯帝国是西亚、北非古代文明独立发展的最后阶段和集大成者。它不仅在征服战争的规模上和征服地区的面积上，大大超过了它以前的帝国（如埃及帝国、亚述帝国和新巴比伦王国），而且在反映西亚、北非古代文明的成熟程度上也要比它们深刻得多。对被征服地区的统治方式和剥削方式，即波斯帝国统治阶级所实行的行省制度和赋税制度就说明了这个问题。

据说，在古代世界，对被征服地区采用行省制度的方式进行统治，最早开始于亚述帝国时期。波斯帝国的行省制度可能借鉴于亚述帝国。

据希罗多德记载，在波斯帝国，对被征服地区实行行省制度开始于大流士统治时期：

> 在波斯做了这些事（即大流士与另外 6 个人合谋杀死了高墨塔，又镇压了反对大流士的多次起义，在波斯确立了君主专制的统治形式，而且由他自己当上了国王）之后，他便把他的领土分成了 20 个波斯人称为萨特拉佩阿（satrapy）的太守领地。① 随

---

① 希罗多德在说萨特拉庇时用的是 archai 和 nomoi 这两个字，参见《剑桥伊朗史》，第二卷，剑桥大学出版社，1986—1991 年版，第 245 页；［苏］丹达马耶夫、卢康宁：《古代伊朗的文化和经济》，莫斯科：苏联科学出版社，1980 年版，第 109 页注 1。

后，他又任命了治理这些太守领地的太守（按：即本文所说的总督，satrap，希罗多德用的是 archon），并规定每个个别民族应当向他交纳的贡税；为了这个目的，他把每一个民族和与他们最接近的民族合并起来，而越过最近地方的那些稍远的地方，也分别并入一个或是另一个民族。①

然后，他又叙述了大流士如何分配他的太守领地和每年向他交纳的贡税。下面是希罗多德列举的波斯人的 20 个行省的名单：

1. 居住在亚细亚的伊奥尼亚人与玛格涅希亚人、爱奥里斯人、卡里亚人、吕奇亚人、米吕阿伊人和帕姆庇利亚人；2. 美西亚人、吕底亚人、拉索尼欧伊人、卡巴里欧伊人和叙根涅伊司人；3. 乘船进入海峡时位于右侧的海列斯彭特人、普里吉亚人、亚细亚的色雷斯人、帕普拉哥尼亚人、玛利安杜尼亚人和叙利亚人；4. 奇里启亚人；5. 以阿姆披亚拉欧斯的儿子阿姆披罗科司在奇里启亚人和叙利亚人边界的地方所建立的波西迪昂市为始点，除开阿拉伯人的领土（因他们是免税的），直到埃及的地区，包含在这区之内的有整个腓尼基、巴勒斯坦、叙利亚和塞浦路斯；6. 埃及、与埃及接壤的利比亚、库列涅及巴尔卡（以上均属于埃及区）；7. 撒塔巨达伊人、健达里欧伊人、达迪卡伊人、阿帕里塔伊人；8. 苏撒和奇西亚人；9. 巴比伦和亚述的其他地方；10. 阿格巴塔拿和美地亚其他地区，包括帕利卡尼欧伊人、欧尔托科律般提欧伊人；11. 卡斯披亚人、帕乌西卡伊人、潘提玛托伊人及达列依泰伊人；12. 从巴克特里亚人的地方直到埃格洛伊人的地方；13. 帕克图伊卡、阿尔美尼亚以及直到黑海的接壤地区；14. 包括撒伽尔提欧伊人、萨朗伽伊人、塔玛奈欧伊人、乌提欧伊人、米科伊人及国王使所谓"强迫移民"所定居的红海诸岛的居民；15. 撒卡依人和卡斯披

① ［古希腊］希罗多德：《历史》第 3 卷，89。

亚人；16. 帕尔提亚人、花拉子米欧伊人、粟格多伊人和阿列欧伊人；17. 帕利卡尼欧伊人和亚细亚的埃西欧匹亚人；18. 玛提耶涅人、撒司配列斯人、阿拉罗狄欧伊人；19. 莫司科伊人、提巴列诺伊人、玛克罗涅斯人、摩叙诺依科伊人以及玛列斯人；20. 印度人等。[①]

在这个名单中，未包括免税的波斯，以及"不纳税而奉献礼物的人们"。希罗多德说：

> ……只有一个波斯府我没有把它列入纳税的领地。因为波斯人居住地是免纳任何租税的。至于那些不纳税而奉献礼物的人们，则他们首先就是冈比西斯在向长寿的埃西欧匹亚人进军时所征服的、离埃及最近的埃西欧匹亚人；此外还有居住在圣地尼撒周边并举行狄奥尼索斯祭的那些人……奉献礼物的还有科尔启斯人和他们那直到高加索山脉的邻人（波斯人的统治便到此为止。高加索山脉以北的地区便不属于波斯人了）。[②]

希罗多德说，大流士时代开始实行行省制度，这已为现代研究者所认同，但他列举的名单却有两个问题。

有一个问题是，按他的说法，大流士把他的帝国的领土划分成 20 个太守领地，即希罗多德认为他列举的名单是大流士时代的行省名单。但我们从大流士时代留下来的若干其他文献中看到，没有一个文献中列举的名单和希罗多德的名单一致。大流士的几个名单都比希罗多德的名单要多。例如，在大流士的《贝希斯敦铭文》中说：

---

① ［古希腊］希罗多德：《历史》第 3 卷，90～94。
② ［古希腊］希罗多德：《历史》第 3 卷，97。

　　下述地区：波斯、依兰、巴比伦、亚述、阿拉伯、埃及、沿海诸地、萨狄斯（吕底亚）、爱奥尼亚、米底、亚美尼亚、卡帕多细亚、帕提亚、德兰吉安那、阿列亚、花拉子模、巴克特里亚、索格底亚那、犍陀罗、塞卡（西徐亚）、撒塔巨提亚、阿拉霍西亚、马卡（马克兰），总共23个地区归我所有，靠阿胡拉·马兹达之佑，我成了他们的国王。

　　在这个名单中的波斯，按希罗多德的说法不算在行省之列；而巴比伦和亚述却又变成了2个行省；印度尚未征服，也不算在行省之列，还有巴尔干半岛也是后来才征服的，也不能算在行省之列。因此，大流士的这个名单显然比希罗多德的名单要多。

　　再如，大流士的纳克希·鲁斯坦铭文说：

　　大流士王说：靠阿胡拉·马兹达之佑，我占领了从波斯湾到下述遥远的地区：米底、依兰、帕提亚、阿里亚、巴克特里亚、索格底亚那、花拉子模、德兰吉安那、阿拉霍西亚、撒塔巨迪亚、犍陀罗、印度、饮豪麻汁的西徐亚人、戴尖顶盔的西徐亚人、巴比伦尼亚、亚述、阿拉比亚、埃及、亚美尼亚、卡帕多细亚、萨狄斯、爱奥尼亚、大海那边的西徐亚人、斯库德拉、持盾牌的爱奥尼亚人、利比亚人、埃塞俄比亚人、马卡人、犍里亚人。我们统治他们，他们向我交纳贡赋。凡我对他们所下的命令，他们都执行；凡我制定的法律，他们都遵守。①

　　在这里列举了29个名字，比《贝希斯敦铭文》多了6个地方，而且还

---

① 李铁匠选译：《古代伊朗史料选辑》，第50～51页。

未包括波斯在内。

第三个大流士的铭文——苏撒铭文：

> 大流士王说：靠阿胡拉·马兹达之佑，我占领了从波斯湾到
> 下述遥远的地区：米底、依兰、帕提亚、阿里亚、巴克特里亚、
> 索格底亚那、花拉子模、德兰吉安那、阿拉霍西亚、撒塔巨迪亚、
> 马卡人、犍陀罗、印度、饮豪麻汁的西徐亚人、戴尖顶盔的西徐
> 亚人、巴比伦尼亚、亚述、阿拉比亚、埃及、亚美尼亚、卡帕多
> 细亚、萨狄斯、住在海边和海那边的爱奥尼亚人、斯库德拉（马
> 其顿境内的某个地方）、利比亚、埃塞俄比亚、卡里亚人。[①]

这里列举的又是 27 个，此铭文中的"住在海和海那边的爱奥尼亚人"
在上一个铭文中是"爱奥尼亚人""大海边的西徐亚人"和"持盾牌的爱奥
尼亚人"。

最后，还有一个有锯齿状的椭圆形要塞花饰的铭文，其中列举了 24 个
名字：

在椭圆形的左边的名字是：　　在椭圆形右边的名字是：

（1）波斯　　　　　　　　　（13）巴比伦尼亚

（2）米底　　　　　　　　　（14）亚美尼亚

（3）埃兰　　　　　　　　　（15）萨尔狄斯

（4）阿里亚　　　　　　　　（16）卡帕多细亚

（5）帕提亚　　　　　　　　（17）斯库德拉

（6）巴克特里亚　　　　　　（18）亚述

（7）索格底亚那　　　　　　（19）哈戈尔

---

① 李铁匠选译：《古代伊朗史料选辑》，第 53 页。

（8）阿拉霍西亚　　　　　（20）克米（埃及）

（9）德兰吉安那　　　　　（21）切姆胡（利比亚）

（10）撒塔巨迪亚　　　　　（22）涅赫西（努比亚、库什）国家

（11）花拉子模　　　　　　（23）马卡（马卡兰）

（12）沼泽萨克和陆地萨克　（24）信度

这个铭文显然是在大流士远征斯基泰人之前的，因而斯基泰等地方没有列入此名单中。此外，希罗多德的行省名单不仅与大流士铭文中的几个名单不同，而且也与薛西斯的一个铭文中列举的名单不同。下面是薛西斯一世在波斯波利斯的一个铭文中列举的名单：

> 薛西斯王说：靠阿胡拉·马兹达之佑，我成了从波斯湾到下述遥远地区的国王：米底、依兰、阿拉霍西亚、亚美尼亚、德兰吉安那、帕提亚、阿里亚、巴克特里亚、索格底亚那、花拉子模、巴比伦尼亚、亚述、撒塔巨迪亚、萨狄斯、埃及、住在海边和海那边的爱奥尼亚人、马卡人、阿拉比亚人、犍陀罗人、印度人、卡帕多细亚人、大益人、饮豪麻汁的西徐亚人、戴尖顶盔的西徐亚人、斯库德拉人、阿卡乌瓦卡人、卡里亚人、埃塞俄比亚人。我统治他们，他们向我交纳贡赋。凡我对他们所下的命令，他们都执行。凡我所制订的法律，他们都遵守。①

在大流士的几个名单中，《贝希斯敦铭文》是在他改革之前公布的，如果肯定大流士的改革才确定了波斯帝国实行行省制度的话，那么，《贝希斯敦铭文》中的名单似乎可以被排除是行省名单。另一个名单，即有锯齿状的椭圆形要塞花饰上的铭文，未包括巴尔干部分地区，名单也较少，因此，

---

① 李铁匠选译：《古代伊朗史料选辑》，第55～56页。

似乎也可被排除在行省名单之外。大流士的另外两个名单和薛西斯的名单似乎可以算是行省名单，因为它们与希罗多德的波斯不在行省之列的说法一致。而希罗多德的名单却与这几个名单都不同。因此，如果同意希罗多德的名单确实是行省名单的话，那么，它绝对不是大流士时期的行省名单。

因此，有的学者认为，希罗多德书中所说的行省名单，其日期应当是比较晚的，大约是公元前5世纪中叶的阿塔薛西斯一世国王统治时期，即希罗多德自己生活的时期的行省名单。也就是说，希罗多德是根据他自己时代波斯帝国行省的状况列出的名单。[①] 也有学者认为，希罗多德的名单是根据赫卡泰乌斯（Hecataus）的书和地图拟定的，但库克不同意这种意见。[②] 我认为，库克的意见是有道理的，因为希罗多德自己亲自访问过波斯帝国的很多地方，他完全可以根据自己了解的当时行省的情况拟定名单，而不必根据别人的第二手的资料。

第二个问题是，不纳税的那些地区，例如阿拉伯等是否是行省。因为它们毕竟是在波斯人的统治之下，而且在大流士的几个名单中都有它们的名字，都提到过它们。但希罗多德曾明确地说它们不是行省，这颇令人费解。

因此，关于波斯帝国的行省建制问题，特别是大流士时代的行省问题还有若干地方是不清楚的。

虽然如此，我认为大流士时代的行省制度有几点是可以肯定的：（1）当时波斯帝国确实是实行过行省制度的，但行省数目后来有过变化（划小或合并的情况都有过）；（2）当时的行省制度是与赋税制度有关的，即划分行省是为了征税，可能还与征发劳役和兵役有关；（3）确定了行省领导者总督的权限（但后来他们的权限发生过变化，这主要表现在行省的多次划小和合并上）。

---

① ［苏］丹达马耶夫、卢康宁：《古代伊朗的文化和经济》，俄文版，第111页。
② J. M. Cook, *The Persian Empire*，p. 81.

波斯帝国征服的地区不仅辽阔，而且社会经济结构也十分复杂，其中有的文明已发展了两三千年，而有的地区却还处于氏族制度解体阶段。因此，波斯帝国在对被征服地区进行统治时碰到了很多困难。但它在一定程度上克服了这些困难。它先是采用了同埃及、两河流域等地区直接统一的形式，按本地习惯加冕，并利用了传统的注明日期的制度，以及当地历史上形成的一套管理方法。居鲁士和冈比西斯在征服各国时都保存了它们内部的政治结构，并赋予被征服各民族以地方自治的权利。这对稳定当时的形势是有利的，也是必需的。

后来大流士实行了行省制度，进行了赋税改革，因为公元前522年大流士上台后爆发的大规模的、几乎遍及全帝国的起义证明，波斯帝国是不牢固的，必须改变传统的对待被征服地区统治的方式，这就是大流士改革的原因所在。他成功了，他使波斯帝国存在了2个世纪之久。而这种行省制度被证明是可行的，所以，一直到波斯帝国灭亡都不曾废除。虽然一些行省曾被划小，还有一些行省被合并，但行省制度一直在实行，并为以后的罗马帝国所借用。但波斯帝国的行省制度毕竟是初创，还不很完善，直到波斯帝国崩溃时为止，各个地区、部落的孤立性和分离主义倾向依然存在，每个行省仍然拥有自己的一套度、量、衡制度和货币体系，在社会经济上仍然可以独立存在。因为波斯帝国仍然是一个军事行政联合体，它没有自己统一的经济基础。

第二节　波斯帝国的总督

波斯帝国实行了行省制，行省是由谁来领导呢？总督，即萨特拉庇（satrap），在希罗多德的书中译为"太守"。丹达马耶夫认为，从希罗多德的著作可以得出结论，萨特拉庇一职是大流士一世时设立的，不过这个称号在米底时代就已经有了，只是在波斯帝国时代才为人所知。① 但在大流士上台之前管理被征服地区的领导人叫什么？在丹达马耶夫和卢康宁合著的书中似乎也叫"总督"，但在波斯当时叫什么，还不是很清楚。

图5.1 一个波斯总督

关于总督人选的民族成分，在大流士改革前后有很大的变化。据希罗多德说："波斯人习惯上对于国王的儿子是尊重的；甚至国王叛离了他们，他们仍然把统治权交还给国王的儿子。有许多例子可以说明这样做乃是他们的惯例，特别是把父亲的统治权交还给伊纳罗司的儿子坦努拉司，以及交还给阿米尔塔伊俄斯的儿子帕乌里斯；但没有人比伊纳罗司和阿米尔塔伊俄斯给波斯人更大的损害了。"② 大流士改革的目的之一就是把行省的领导职务集中到波斯人手中，现在，"照例正是波斯人被任命担任萨特拉庇的

① ［苏］丹达马耶夫、卢康宁：《古代伊朗的文化和经济》，第112页。
② ［古希腊］希罗多德：《历史》第3卷，15。

职务"。① 库克还说，"从大流士一世时期起，萨特拉庇的地方长官都是波斯人。"② 薛西斯统治时期，曾经任命自己的兄弟、大流士的儿子阿凯美涅斯为驻埃及的总督，但他后来被一个利比亚人杀死了。③

波斯人担任总督的事在居鲁士时期就已经开始了，如据希罗多德记载，吕底亚被征服后，居鲁士任命了波斯帝国的第一个总督，即萨尔迪斯省的总督，他的名字是欧洛伊铁司（他后来被大流士杀了）。④ 冈比西斯的弟弟巴尔迪亚在被杀前曾是波斯帝国东部若干行省的总督（花拉子模、巴克特里亚、帕提亚和克尔曼等行省）。被居鲁士任命为巴比伦尼亚第一任总督的是古巴尔（Gubara）。据《贝希斯敦铭文》记载，他是波斯人，他的父亲叫马尔多尼阿斯（Mardonios），但他不是王族成员，甚至不是阿黑门尼德氏族的人。但在大流士改革后，担任总督的基本上都是波斯人了。

在大流士统治时期，很多王族成员担任了行省总督。如大流士的父亲维斯塔斯帕是帕提亚和基尔卡尼亚的总督；萨尔迪斯和巴克特里亚这些重要行省的总督是由大流士的兄弟担任的。库克说："在维斯塔斯帕之子大流士的统治之下，阿黑门尼德的统治正变成为一个家族的事务。"

以后，王子、皇亲国戚担任总督的人不少，如王子马西斯特斯和阿黑门尼德担任了埃及和巴克特里亚的总督；公元前5世纪末叶，大流士二世之子小居鲁士担任了小亚细亚、大弗吉尼亚和卡帕多细亚的总督；⑤ 欧涅塔斯担任过海岸地区的统治者，并继美伽巴佐斯之后担任了军队的统帅。⑥ 阿尔塔普列涅斯，在大流士统治时期，"是亚细亚沿海各族人民的统治者，

① J. M. Cook，*The Persian Empire*，p. 168.

② J. M. Cook，*The Persian Empire*，p. 173.

③ 参见［古希腊］希罗多德：《历史》第7卷，7。

④ 参见［古希腊］希罗多德：《历史》第3卷，120及以下。

⑤ 参见色诺芬：《长征记》，英译本序言，崔金戎译，北京：商务印书馆，1985年版。作者引用时译名稍有修改。

⑥ ［古希腊］希罗多德：《历史》第5卷，26。

并且拥有一支巨大的陆军和许多舰船"①。这是在公元前 500 年左右，在大流士统治时期，可见，大流士改革并没有完全剥夺总督的兵权。

同时，总督，尤其是边远地区的总督可能也有不是波斯人担任的，而是由当地土著担任的。如大流士在远征斯基泰人回来的途中征服了希腊的一些地区，包括马其顿地区，担任过马其顿地区总督的是一个希腊人亚历山大。② 在另一个地方，希罗多德还说到一个名叫律卡列托司的人担任了列斯堡岛的统治者。③ 个别对波斯国王有恩的人也可能担任总督，例如，一个名叫克谢纳戈拉斯的哈利卡尔那索斯人因为救了薛西斯的一个兄弟而被薛西斯指定担任了奇里启亚的总督。④

总督的任期大概没有一定的期限，既有短期的，也有长期的、终身的和世袭的。如大流士任命佐比拉为巴比伦的终身总督。⑤ 世袭的也不少：公元前 5 世纪后期，一个名叫海达尔尼斯的人担任了埃及总督，后其子特里吐克赫麦斯继承了他的总督之职。特里吐克赫麦斯又是曾担任吕底亚和爱奥尼亚总督、小亚西部波斯军队总司令的蒂萨弗尼斯的父亲。又如阿尔塔巴兹，据库克说，他成了一个世袭总督。⑥ 也有非波斯人担任地方统治者的，如据希罗多德记载，一个名叫迈安多里欧司的萨摩斯的国王的兄弟律卡列托司被任命去统治列斯堡岛。⑦

有的总督可能管辖几个行省。如大流士二世之子小居鲁士就是一个管辖几个行省的总督；在此之前，巴尔迪亚也是管辖了几个行省的总督。当然，拥有这样权力的基本上都是皇亲国戚。如蒂萨弗尼斯，他之所以能担

① ［古希腊］希罗多德：《历史》第 5 卷，30。
② ［古希腊］希罗多德：《历史》第 5 卷，20。
③ ［古希腊］希罗多德：《历史》第 5 卷，27。
④ ［古希腊］希罗多德：《历史》第 9 卷，107。
⑤ ［苏］丹达马耶夫和卢康宁：《古代伊朗的文化和经济》，第 114 页。
⑥ J. M. Cook, *The Persian Empire*, p. 176.
⑦ ［古希腊］希罗多德：《历史》第 5 卷，26。

任几个行省的总督，是因为他是阿塔薛西斯二世国王的岳父。

关于总督的职责，在现有的古代波斯的文献中，没有全面谈及这个问题的，我们只能从一些零散的资料中看出其职责的大概范围。管理经济是总督的职责之一。

色诺芬说，对于地方事务，波斯国王

亲自就他巡行全国时所见到的来进行考察；关于他没有亲身视察到的地方，他听取他的可靠代表的报告。地方长官，只要能向他证明他们那里的人烟稠密，土地耕种得好，并且当地的树木和谷物丰足，他就拨给他们更多的领地，给他们赏赐和爵位。如果他看到有的地方无论是由于管理不当，或是由于轻视职守，或是由于粗心大意而使土地荒芜，人烟稀少，他就惩罚当地长官，并派别人代替他们的职务。①

在伪亚里士多德的《经济论》中，在谈到行省经济时说：

其次让我们看一看行省经济。这里我们发现有 6 种岁入：得自土地的、得自地方特产的、得自商品的、得自税金的、得自牲畜的、得自其他各种来源的。其中最基本的和最重要的岁入得自土地（有人称为地产税，也有人称作什一税）；次重要的岁入得自金、银、铜或其他特殊产物；第三是得自商品的岁入；第四是得自耕作土地和市场税的岁入；第五是得自家畜，称作家畜收益税或什一税；第六是得自其他来源的岁入，称作人头税或手艺税。②

---

① ［古希腊］色诺芬：《经济论 雅典的收入》，第 13 页。
② 厉以宁、郭小凌编译：《古代希腊、罗马经济思想资料选辑》，北京：商务印书馆，1990 年版，第 184 页。

征税是行省总督的另一重要任务。希罗多德叙述了每个行省应纳的货币税，这当然是要由总督负责征收的。色诺芬也谈到这种总督的职能。他说，

> 波斯国王给所有向他纳贡的国家领袖下命令，要他们提供维持一定数目的骑兵、弓箭手、投石手和轻步兵的经费……这些军队的经费都是由负有这种责任的地方长官供给的……①

他还说，波斯有两种官吏，"一种官吏负责管理居民和劳动者，并向他们征收贡物；另一种官吏统率军人和守备队"②。

在伪亚里士多德的《经济论》中，也谈到地方官吏征税的职能：

> 当波斯王传令卡里亚的僭主马约索鲁斯输款纳贡时，马约索鲁斯把国内最富有的人召来告诉他们波斯王要求贡物，而他本人则可以免交。于是一些得到授意的人即刻答应纳贡，还当场呈报每人应付的数额。这样一来，那些富有的人部分碍于体面，部分出于恐惧，只得应承下来。结果实际献出的款项远大于应交数额。③

此外，总督还有维持地方治安以及司法、铸造银币及铜币等权力。

在总督的权限中，是否有军权？色诺芬说，波斯帝国的地方官吏中，民事与军事

---

① 〔古希腊〕色诺芬：《经济论 雅典的收入》，第 13 页。
② 〔古希腊〕色诺芬：《经济论 雅典的收入》，第 14 页。
③ 厉以宁、郭小凌编译：《古代希腊、罗马经济思想资料选辑》，第 188~189 页。

　　这两种职务各交由不同的官吏分别担任：一种官吏负责管理居民和劳动者，并向他们征收贡物；另一种官吏统率军人和守备队。如果守备队的指挥官没有保卫国家的能力，文职长官和农业管理人就谴责指挥官，说居民由于缺乏保护不能耕种土地，另一方面，如果指挥官能保持土地的安宁，而文职长官使土地荒废而人口稀疏，指挥官就要谴责文职长官。因为大体说来，如果土地耕种得不好，就不能维持军队开支，也不能交纳贡物。在派有总督的地方，总督要同时照管这两种事务。①

即总督兼管民事与军事两个方面，而在更下级，则民事与军事是分开的。

　　波斯帝国建国之初，在居鲁士和冈比西斯时期，总督的职权兼有这两个方面，即集地方的军政大权于一身，是真正的封疆大吏。如居鲁士时期被任命为巴比伦尼亚和河外省总督的巴戈亚就是既有行政权，又有军权的。直到大流士统治初期，他手下的总督仍是如此。在他的《贝希斯敦铭文》中说到巴克特里亚的总督、亚美尼亚人达达尔希什曾被派去镇压在亚美尼亚、马尔吉安那的反大流士的起义者；大流士的父亲叙司塔司佩斯、帕提亚的总督维斯塔斯帕也曾奉命镇压帕提亚和基尔卡尼亚的起义；总督维瓦那曾率军参与镇压发生于波斯本部的自称为巴尔迪亚的阿黑雅兹达塔的起义。

　　行省总督的军权包括可以率军打仗、可以拥有亲卫兵，用以保护总督的安全。②

　　大流士的改革对总督的兵权带来什么影响呢？有学者认为，大流士改

---

　　①　［古希腊］色诺芬：《经济论　雅典的收入》，第14页。
　　②　参见［古希腊］色诺芬：《长征记》，Ⅰ，1；并见［古希腊］希罗多德：《历史》第3卷，128。

革的重要内容或目的之一就是削弱总督的权力，剥夺总督的兵权。如西克斯说：

> 为了防止权力集中到一人之手，在每个行省都任命了一个萨特拉庇、一个军事司令官和一个国务秘书。这些官吏是彼此独立的，并直接向大本营报告。在这种分权制度下，三个大的官吏是彼此对立的，因而大多不可能去组织叛乱。①

但事实证明，大流士改革并没有使行省总督权力完全实行军政分离。据希罗多德说，阿尔塔普列涅斯是"大流士的兄弟，他是亚细亚沿海各族人民的统治者，并且拥有一支巨大的陆军和许多舰船。"② 这是在大流士统治时期，在希波战争前夕。可见，大流士并没有完全剥夺总督的兵权，或者说没有剥夺所有总督的兵权。

而在大流士的儿子薛西斯当国王的时候，一些地方总督也明显地拥有兵权。在公元前480年，薛西斯率军远征希腊时，就有一些总督率军随他远征。例如，据希罗多德记载，率领马克罗涅斯人和摩叙诺伊科伊人的将领就是担任海列斯彭特的赛司托斯的总督、凯司拉米斯之子阿尔塔乌克特斯；指挥埃及海军的是薛西斯的兄弟、埃及总督阿赫名纳；基里基亚的国王斯维涅西指挥了该地的海军舰队。

如果说，在薛西斯时期总督拥有军权是由于希波战争的原因的话，即只是在战时才有，那么，在公元前5世纪中叶，即在希波战争以后，总督在平时也握有兵权。如曾任吕底亚和爱奥尼亚总督的蒂萨弗尼斯，他同时兼任小亚细亚的波斯军队的司令官。在希腊世界的雅典和斯巴达为争夺希腊霸权而

---

① P. Sykes, *A History of Persia*, London：Macmillan and Co.，Limited，1951，Vol. Ⅰ，p. 162.
② 参见［古希腊］希罗多德：《历史》第5卷，30。

进行伯罗奔尼撒战争的后期，他同斯巴达结盟，使雅典遭到失败。

总督拥有军权的另一个，也是最为突出的例子是公元前5世纪末的大流士二世的小儿子、阿塔薛西斯二世的兄弟小居鲁士。他取代蒂萨弗尼斯担任了吕底亚、大弗吉尼亚及卡帕多细亚的总督，并兼任整个小亚西部的军事司令官。

公元前399年，腓尼基城市起义，派去镇压起义的军队是由河外省总督维列西亚和基里基亚总督马吉亚指挥的。

为什么民事与军事分权的制度在大流士统治时期和以后没有完全分离呢？可能有这样几个原因：（1）波斯帝国经常有对外战争，特别是在大流士统治时期发生了希波战争，这需要总督带兵；（2）许多总督是王子或皇亲国戚，大概他们被认为是可靠的；（3）各地常有反波斯人统治的起义，为了方便总督镇压起义，维持地方安全；（4）分权制造成的总督与司令官之间的互相攻击可能削弱了波斯人的统治，因而一些行省便恢复了行政权与军权的统一。

总督拥有军权，虽然方便了各地总督镇压时有发生的反对波斯人统治的起义，但副作用更加明显，特别是在波斯帝国统治的中后期，那就是各地总督间的混战，乃至反叛中央。

例如，小居鲁士不仅控制了波斯帝国的小亚西部的军权，而且还以反对蒂萨弗尼斯和比西狄人为借口，私自秘密招募军队，包括招募希腊雇佣军，发动叛乱，图谋夺取王权。

又如，小亚地区卡帕多细亚若干地区的总督达塔姆，他曾是国王阿塔薛西斯二世的贴身警卫，在公元前378年成了总督，并镇压了帕伏拉贡王公奥提斯的叛乱，因而获得了国王的赞赏，阿塔薛西斯二世给他送去了大量的军队以犒赏他。他利用国王的信任，开始吞并相邻的地区，从而成了从塔富尔到黑海的很多地区的总督。从公元前373年春天开始，他开始对国王不服。他反对国王的活动得到了弗里吉亚总督阿利奥巴尔桑纳的公开

473

支持，雅典人也支持他，并派去了 30 艘战舰和 8000 雇佣兵。甚至阿塔薛西斯二世的女婿、爱奥尼亚总督奥隆特也投到叛乱者方面去。但这次叛乱由于各地的支持者都有自己的目的而四分五裂，最后遭到失败。[①]

再如，在阿塔薛西斯三世统治时期（公元前 359—前 338 年），即波斯帝国崩溃前夕，弗里吉亚总督阿尔塔巴兹指挥了小亚的波斯军队。当时，小亚各总督都拥有雇佣兵，阿塔薛西斯三世命令他们解散雇佣兵，其他人都服从了，唯有阿尔塔巴兹不从，并发动了反对国王的叛乱，他得到了米西亚总督的支持。

---

① ［苏］丹达马耶夫：《阿黑门尼德强国政治史》，俄文版，第 245～246 页。

第六章　波斯帝国的赋税制度

第一节　波斯帝国赋税制度的形成

大流士改革是波斯帝国历史上的一个重大事件。这个改革使波斯帝国的政治、经济和军事制度基本上定型了。在大流士改革的众多措施中，赋税制度的改革具有特别重要的意义。

赋税制度是一个国家的根本制度。在私有制社会中，赋税制度是剥削阶级对劳动者进行剥削的重要手段，是征服者对被征服者进行剥削的重要手段。无论什么时候，征服的目的都是为了剥削，波斯帝国也是如此。其剥削方式也与其他征服者的剥削方式大同小异。除了战争中的掠夺以外，就是靠日常的税收来剥削当地的居民。大流士统治时期，波斯人成了一个地跨亚非欧三大洲的大帝国的统治者、主宰者。它对被征服者如何剥削？剥削一些什么东西？它的赋税制度如何？

关于波斯帝国的税收制度，希罗多德在《历史》一书中作了介绍，尤其对波斯帝国的各个行省需向帝国交纳的货币税的数额，作了详细的描述。他的描述根据的是什么呢？是大流士时期的资料，还是希罗多德生活时期的资料呢？目前尚不清楚。除了每个行省交纳的货币税以外，是否还要交纳其他的税？税收征收的方式是什么？税收由什么人来征收呢？问题颇多。所以，希罗多德关于波斯帝国税收的描述虽然看起来似乎很详细、很清楚，无须我们多费笔墨，但实际上还有一些问题没有解决。

首先，关于波斯帝国的赋税制度起源于何时就是一个问题。希罗多德在自己的著作中明白无误地告诉我们说：

> ……要之，在居鲁士和在他之后的冈比西斯的统治年代里，并没有固定的贡税，而是以送礼的形式交纳的。正是由于贡税的确定以及诸如此类的措施，波斯人才把大流士称为商人，把冈比西斯称为主人，把居鲁士称为父亲。①

在《历史》第 7 卷中，希罗多德还曾借一个名叫阿尔塔巴诺斯的人的话说："……冈比西斯的儿子居鲁士使他们向自己纳贡。"② 也就是说，按希罗多德的说法，波斯帝国真正的赋税制度起源于大流士时期。

有的学者大概正是根据希罗多德的这个论断得出结论说：

> 如果谈到 6 世纪末居鲁士和冈比西斯执政时期的情况，我们只能说这是波斯人对被征服各国的军事统治。根据希罗多德的记载，"在居鲁士统治时期，以及后来的冈比西斯统治时期，波斯帝国根本没有固定赋税，只靠藩属进贡"。所谓"贡"，显然就是恣意聚敛的杂捐，而不是由常设行政机关明文规定的租税。③

但是，现在，一些研究者指出，波斯帝国早在居鲁士二世统治时期，就已经有了自己的赋税制度。④ 其根据如下，例如，第一，在居鲁士的圆柱上的铭文说："从上海到下海的宇宙中的所有国家，住在宫殿里的所有那

---

① ［古希腊］希罗多德：《历史》第 3 卷，98。
② ［古希腊］希罗多德：《历史》第 7 卷，51。
③ 苏联科学院：《世界通史》第 2 卷（上），第 14 页。
④ ［苏］丹达马耶夫、卢康宁：《古代伊朗的文化和经济》，第 186 页。

些国王，以及住在天幕里的所有西方国家的所有那些国王，他们都给我送来厚重的赋税，吻我的脚。"① 第二，在大流士的《贝希斯敦铭文》中说："这些省归属于我……它们在我的统治之下。它们向我缴纳贡赋。"② 第三，阿里安在《亚历山大远征记》里记载："位于印度河以西直至科芬河的全部领土上居住着属于印度的部族阿斯塔西尼亚人和阿萨西尼亚人……这些人古时受亚述统治，接着又受米底统治，所以后来又臣服于波斯。他们奉居鲁士之命，以自己地区的物产向他交纳贡赋。"③ 第四，据希罗多德所说，在玛哥斯僧夺取王权期间，"曾派人到他统治下的各地去宣布免除他们 3 年的兵役和赋税"。

　　尽管，在居鲁士和冈比西斯统治的 36 年里，他们一直处在对外征战时期，征服了从中亚到小亚的广大地区，把主要的注意力集中到了征战上，不可能有很多精力去建立剥削被征服地区的制度，更何况，波斯人刚刚进入文明时代，形成国家，国内的统治制度尚处在建立的过程中，对刚刚被其征服的地区，就更不可能有一套完整的统治和剥削制度。再加上，战争给波斯人带来大量的战利品。

　　这对原来像是处于穷乡僻壤的波斯来说，大概也是始料未及的，因而也必然是大喜过望的，对于如何长期剥削被征服的地区，大概也还来不及细想。这一切使它不可能立刻制定出一套完整的赋税制度来。但对于任何征服者来说，征服绝对不是唯一的目的，目的也绝不会是战争时期的掠夺，而是要在战后长久的剥削。更何况，波斯人曾受过亚述和米底的统治和剥削，也对新巴比伦王国如何剥削被征服地区有所了解。所以，波斯人对如何剥削被征服地区不可能毫无所知，毫无准备，毫无设想。

　　因此，在大流士之前，波斯人大概就应当已经有了对被征服地区进行

---

① 《古代东方史文选》，第 2 卷，第 20 页。
② 林志纯主编：《世界通史资料选辑》（上古部分），第 188 页。
③ ［古希腊］阿里安：《亚历山大远征记》第 4 卷，10。

剥削的赋税制度，但可能很不完备。到大流士时期，由于经历了高墨塔事件和大流士上台后的两次人民起义，使得波斯统治集团不得不更注重于制定对被征服地区的统治和剥削制度，尤其是高墨塔宣布免除 3 年的兵役和赋税，显然反映了被征服地区居民对波斯人的赋税制度的不满。因而波斯统治者不得不把制定稳定的赋税制度的问题提上议事日程。

总之，不能说在大流士之前波斯人没有自己的赋税制度，大流士制定的税收制度绝不是白手起家的，它必定是既借鉴了亚述人和新巴比伦王国的制度，也借鉴了自己的传统，并总结了高墨塔事件的教训，从而制定出比较系统和比较完善的波斯帝国的赋税制度。

根据希罗多德的说法，大流士在将全国划分为若干行省的同时，还规定了每个行省应当交纳的货币税的数额：

> ……居住在亚细亚的伊奥尼亚人与玛格涅希亚人、爱奥里斯人、卡里亚人、吕奇亚人、米吕阿伊人和帕姆庇利亚人（大流士把一份加到一起的税额加到他们身上），每年要缴纳 400 塔兰特的白银……美西亚人、吕底亚人、拉索尼欧伊人、卡巴里欧伊人和叙根涅伊司人共缴纳 500 塔兰特……乘船进入海峡时位于右侧的海列斯彭特人、普里吉亚人、亚细亚的色雷斯人、帕普拉哥尼亚人、玛利安杜尼亚人和叙利亚人共缴纳 360 塔兰特。奇里启亚人……他们每年要缴纳 360 匹白马，即每日 1 匹，此外每年还要纳五百塔兰特的白银。在这些银子当中，140 塔兰特支出到守卫奇里启亚骑兵的项下，其他的 360 塔兰特直接交给大流士。
>
> 以阿姆披亚拉欧斯的儿子阿姆披罗科司在奇里启亚人和叙利亚人边界的地方建立的波西迪昂市为始点，除开阿拉伯人的领土（因为他们是免税的），直到埃及的地区，这块地方要缴 350 塔兰特的税……包含在这区之内的有整个腓尼基、所谓巴勒斯坦·叙

利亚和赛浦路斯。埃及、与埃及接壤的利比亚、库列涅及巴尔卡（以上均属于埃及）……这一区要缴纳 700 塔兰特，还不把因莫伊利斯湖生产的鱼而得到的银子计算在内。实际上，也就是在鱼产的白银收入以及一定数量的谷物以外，还要交 700 塔兰特。原来，对居住在孟菲斯的"白城"的波斯人和其他的佣兵要配给 12 万美狄姆诺斯的谷物。撒塔巨达伊人、健达里欧伊人、达迪卡伊人、阿帕里塔伊人加起来……他们要缴纳 170 塔兰特；苏撒和奇西亚人的其他地区……他们要交纳 300 塔兰特。

巴比伦和亚述的其他地方，要献给大流士 1000 特的白银、500 名充任宦官的少年……阿格巴塔拿和美地亚其他地区，包括帕利卡尼欧伊人、欧尔托科律般提欧伊人，缴纳 450 塔兰特。卡斯披亚人、帕乌西卡伊人、潘提玛托伊人及达列伊泰伊人合起来缴纳 200 塔兰特……从巴克妥拉人的地方直到埃格洛伊人的地方……他们要缴纳 360 塔兰特。

帕克图伊卡、阿尔美尼亚以及直到黑海的接壤地区要缴纳四百塔兰特，……包括撒伽尔提欧伊人、萨郎伽伊人、塔玛奈欧伊人、乌提欧伊人、米科伊人及国王所谓"强迫移民"所定居的红海诸岛的居民，他们要缴纳 600 塔兰特。撒卡依人和卡斯披亚人缴纳 250 塔兰特……帕尔提亚人、花拉子米欧伊人、粟格多伊人和阿列欧伊人他们要缴纳 300 塔兰特。

帕利卡尼欧伊人和亚细亚的埃西欧匹亚人……他们要缴纳 400 塔兰特……玛提耶涅人、撒司配列斯人、阿拉罗狄欧伊人……他们被指定缴纳 200 塔兰特。莫司科伊人、提巴列诺伊人、玛克罗涅斯人、摩叙诺伊科伊人以及玛列斯人被指定交纳 300 塔兰特……印度人……他们是我所知道的，比任何民族都要多的人，他们彼其他任何地区所缴纳的贡税也要多，即 360 塔兰特的砂金。

这样看来，如果把巴比伦塔兰特换算为埃乌波亚塔兰特的话，则以上的白银就应当是 9880 塔兰特的白银了；如果以金作为银的 13 倍来计算的话，则砂金就等于 4680 埃乌波亚塔兰特了。因此可以看到，如果全部加到一起的话，大流士每年便收到 14560 埃乌波亚塔兰特的贡税了。而且十以下的数目我是略去了的。①

大流士每年收到的税约 14560 塔兰特白银。后来，大流士还从一些岛屿上的居民那里收税，所以，总数会更多。波斯人是免纳税的，除了波斯人以外，还有埃西欧匹亚人等，他们只需要在一定的时候献纳一些礼物就行了。如阿拉伯人每年奉献 1000 塔兰特的乳香。这是大流士改革时期规定的数额，还是希罗多德时期各行省缴纳的实际数额，不得而知。

第二节　波斯帝国赋税的内容

希罗多德的著作《历史》给人的印象是，似乎除了货币税以外，只有少数几个省在缴纳货币税以后，还要缴纳实物税。他说：

至于那些不纳税而奉献礼物的人民，则他们首先就是冈比西斯在向长寿的埃塞俄比亚人进军时所征服的、离埃及最近的埃塞俄比亚人；此外还有居住在圣地尼撒周边并举行狄奥尼索斯祭的那些人……这些人过去和现在都是每到第二年献纳下列的一些礼物：两科伊尼库斯的非精炼的金、200 块乌木、5 个埃西欧匹亚的男孩和 20 根大象牙。奉献礼物的还有科尔启斯人和他们那直到高加索山脉的邻人（波斯人的统治便到这里为止，高加索山脉以北

---

① ［古希腊］希罗多德：《历史》第 3 卷，90～94。

的地区便不臣服于波斯人了），他们每 4 年便奉献少男少女各百名，过去这样。而直到我的这个时代还是这样。阿拉伯人每年奉献 1000 塔兰特的乳香。这便是在租税之外，这些民族献给国王的礼物。①

至于那些缴纳货币税的行省，则只说到其中的几个要缴纳实物税：

　　……埃及、与埃及接壤的利比亚、库列涅及巴尔卡（以上均属于埃及区）是为第六地区。这一区要缴纳 700 塔兰特，还不把莫伊利斯湖生产的鱼而得到的银子计算在内。实际上，也就是在鱼产的白银收入以及一定数量的谷物之外，还要交纳 700 塔兰特。原来，对居住在孟菲斯的"白城"的波斯人和他们的佣兵要配给 12 万美狄诺姆斯的谷物。②
　　……奇里启亚人是第四地区，他们每年要缴纳 360 匹白马，即每日一匹，此外每年还要缴纳 500 塔兰特的白银。在这些银子当中，140 塔兰特支出到守卫奇里启亚骑兵的项下，其他的 360 塔兰特直接交给大流士。③

可能正是基于希罗多德的上述记载，所以，苏联科学院编写的十卷集《世界通史》在讲到波斯帝国的赋税时，实际上只讲了货币税，而没有讲到其他的税。书中说：

　　每个郡都要缴纳一定数量的塔兰特的白银作为税金，只

---

① ［古希腊］希罗多德：《历史》第 3 卷，97。
② ［古希腊］希罗多德：《历史》第 3 卷，91。
③ ［古希腊］希罗多德：《历史》第 3 卷，90。

有……印度一郡，不用白银而用黄金。①

阿甫基耶夫的《古代东方史》也说："大流士已规定了个别地区根据本身经济发展的情况而应缴入国库的租税数额。"②

这就提出了一个问题，即在波斯帝国，在大流士改革后，实物税是不是一个普遍征收的税种，各个行省在缴纳货币税的同时是否还必须缴纳实物税。资料表明，波斯帝国除了征收货币税以外，实物税也是一种普遍征收的税。

丹达马耶夫认为，波斯帝国时代不仅征收了货币税，而且征收了实物税，实物税是一种普遍征收的税，而不仅仅是在几个行省中征收过。其主要例证如下：

在帕赛波里斯的雕刻中，阿拉伯人带着纺织品，并牵着单峰驼；埃塞俄比亚人则带着象牙，牵着长颈鹿。与他们一起的利比亚人带着矛和两匹马拉的四轮车、羚羊；弗拉吉亚人牵着马。与他们一起的马其顿人带着矛、盾并牵着马。爱奥尼亚人带着一种大杯和一捆羊毛衣服。吕底亚人手执花瓶、大杯、手镯，马拉着轮车。卡帕多细亚人带着斗篷（无袖男外套）、高头大马。奇里启亚人带着器皿、毛皮、衣服，并牵着牡羊。萨塔吉地亚、坎大哈和阿拉霍西亚地方的领袖人物带着杯子，牵着骆驼。坎大哈人带来矛和犀牛。埃兰进贡者则带着匕首和弓箭，领着狮子。巴比伦人带着织成的衣服、花瓶和各种器皿，牵着耕牛。米底人带来大杯、高脚杯、米底剑和衣服。巴克特里亚人带着器皿和双峰驼。亚美尼亚人则牵着马并带着大杯。德兰吉安那人牵着公牛。撒加

---

① 苏联科学院：《世界通史》第 2 卷，上卷，第 15 页。
② ［俄］阿甫基耶夫：《古代东方史》，第 611 页。

尔提亚人带着衣服和马。沙克人牵着马，还带着衣服。帕提亚人
带着大杯并牵着双峰驼。霍列吉姆人带着剑、手镯和马等。①

　　当然，如果仅仅根据丹达马耶夫上面提供的这些事实还不能说明波斯
帝国是征收实物税的，人们可以说那些东西不过是被征服地区交给波斯国
王的赠礼。但他提供的下列例证却可以说是实物税的内容：据斯特拉波所
记，爱奥尼亚的阿什地方，为波斯国王的餐桌提供了精选的小麦②；卡帕
多细亚每年要向波斯国王进贡 1500 匹马、2000 匹骡子和 5 万只羊③；大马
士革的哈利布地方要供给波斯国王以特种酒④；据阿里安，卡帕多细亚行
省的阿什伦德城的居民要给波斯国王养马。据希罗多德，埃及人每年要送
12 万美狄姆诺斯（按：1 美狄姆诺斯＝52～53 升）粮食，以供养驻扎在埃
及的波斯卫戍部队。⑤ 巴比伦人也必须供养波斯驻防军，并供应波斯王宫
以粮食⑥；在埃及有一个名叫安提拉的城市，要向波斯的王后提供靴鞋⑦；
巴比伦有四个村子的居民要供应波斯驻巴比伦尼亚总督特里坦塔伊克所养
的众多印度犬的食物，他们为此而被免去了一切贡税等⑧。
　　我们在下面提供的一些资料可以进一步证实，波斯帝国时期确实是征
收过实物税的。这些资料是波斯帝国时期的一些契约，它们涉及波斯帝国
的税收问题：
　　例子一，据 An or Ⅸ，10：

---

① ［苏］丹达马耶夫、卢康宁：《古代伊朗的文化和经济》，第 192～196 页。
② ［古希腊］斯特拉波：《地理志》，ⅩⅤ，322，莫斯科：苏联科学出版社，1964 年版。
③ ［古希腊］斯特拉波：《地理志》，Ⅺ，138。
④ ［古希腊］斯特拉波：《地理志》，ⅩⅤ，332。
⑤ ［古希腊］希罗多德：《历史》第 3 卷，91。
⑥ ［古希腊］希罗多德：《历史》第 1 卷，192。
⑦ ［古希腊］希罗多德：《历史》第 2 卷，98。
⑧ ［古希腊］希罗多德：《历史》第 1 卷，192。

> 自阿达努月第 5 日起至尼桑努月第 15 日止，沙马什-利巴之子
> 阿尔迪亚将在……之子沙马什-艾提尔-纳普沙提处服务，1 个月 1
> 舍克勒白银作为报酬。他负有养大并喂肥给国王的税收的 3 头公
> 牛之责。他已得到自己受雇的工资 1 舍克勒白银。

也就是说，阿尔迪亚所养的公牛是为向国王交税的。

例子二，据穆拉树商家档案资料 BEX，50，在尼普尔附近的波斯帝国
的军事殖民者因拥有服役份地（弓的份地）而要缴纳货币和实物两种税：

> 1/2 明那白银、1 潘又 4 苏特面粉、1 桶优质啤酒，是全国之
> 王大流士（即大流士二世统治第 1 年），从下述这些田地上（征
> 收）的捐税。这些田地是：位于库图河渠岸上的比特扎宾地方的
> 属于阿什帕达斯之子巴伽米尔和德布拉之子贝尔-苏罗，以及所有
> 归穆拉树的后代恩利尔-苏姆伊丁租佃的弓的份地的共同占有者的
> 长有树木和块根植物收成的份地。以及在卡尼努尔塔地方的撒巴
> 吐河渠附近的田地。

例子三，据 PBS 2/1 63，公元前 421 年，穆拉树商家为他人交税的内
容是 5 明那白银、2 桶啤酒、2 只羊和 1 库尔面粉。

例子四，据 TUM2－3 183，公元前 420 年，穆拉树商家应他人之请，
代缴税收，其内容是 50 舍克勒白银、120 千克面粉。

第三节　关于货币税的内容

关于货币税的内容，即货币税是由哪些方面构成的问题，希罗多德只
是比较详细地记载了帝国各个行省应交纳的货币税的数额，以及全帝国每

年征收的货币税的总额，却未明确说明这些税包括哪些内容，向哪些人征收等。

大概在埃及、巴比伦尼亚等农业发达地区，货币税的主要内容是土地税，即农业税；而在中亚畜牧业发达的地区，则以畜牧产品为主；在腓尼基，商业税、港口税等是主要来源。当然，各地并非单一税种，而是以一项为主，辅之以其他项目，如手工业、矿业、渔业、果园等，有什么行业就征收什么税。由于没有明确记载，我们只能从一些零散的资料中了解一个大概。

在伪亚里士多德的《经济论》中说到行省经济有 6 种岁入（虽然该书并没有明确说是波斯帝国的行省的岁入，但显然也是适用于波斯帝国的，因为当时只存在波斯帝国而没有其他帝国，更何况，在该书中也说到了波斯帝国）。这 6 种岁入是：得自土地的、得自地方特产的、得自商品的、得自税金的、得自牲畜的、得自其他各种来源的。其中基本的和最重要的岁入是得自土地的（有人称为地产税，也有人称之作什一税）；次重要的岁入得自金银铜或其他特殊产物；第三是得自商品的岁入；第四是得自耕作土地和市场税的岁入；第五是得自家畜，称作家畜收益税或什一税；第六是得自其他来源的岁入，称作人头税或手艺税。[①]

农业地区的土地税，或是以粮食（大麦、小麦、二粒小麦等）换取货币，或是直接交粮食而折成钱。在《要塞墙铭文》（PF 或 FORT，属于公元前 509 年—前 492 年）和《宝库泥板》（PTT，属于公元前 492—前 458 年）中既记载了白银的收入与支出，也记载了粮食的收入与支出。例如，PF，6 记载说："第 22 年第 4 月、5 月（和）6 月，付给苏坎恩的 3000 巴尔谷物（按：1 巴尔＝10 升）是从仓库管理人那里获得并运往帕塞波利斯的……"

为了征收土地税，曾对耕地进行过丈量（至少在部分地区进行过丈量），从而按耕地面积（或许还要考虑到土地的肥沃程度）征税。例如，希

[①]　厉以宁、郭小凌编译：《古代希腊、罗马经济思想资料选辑》，第 184 页。

罗多德介绍说：

> 他（按：指大流士一世时期波斯帝国驻萨尔迪斯的总督阿尔
> 塔普列涅斯）又指定每一个地方的人民都要按这次的测量（即他
> 以帕拉桑该斯为单位测量过他们的土地）交纳贡税，这种贡税从
> 那时直到今天（按：即希罗多德的时代）就和阿尔塔普列涅斯所
> 规定的那样一直不变地确定下来了。规定的数额和从来所缴的贡
> 税差不多。[①]

从巴比伦尼亚的资料可知，持有服役份地的波斯军事殖民者（即波斯
人派驻在各个被征服地区的军人），他们既要缴纳货币税，又要缴纳实
物税。

货币税的另一个内容是人头税（至少在部分地区征收过人头税）。例
如，伪亚里士多德的《经济论》介绍说，在波斯帝国的卡里亚行省，有一
个名叫科达鲁斯的官员，鉴于吕西亚人好留长发，他便假传圣旨，要吕西
亚人剪掉长发进贡。但他又说，如果他们不愿剪掉长发的话，可以缴一笔
固定的人头税，然后拿这个钱到别处去购买长发进贡，"人们乐于从命，结
果他就从许多人那里筹集到一大笔货币"[②]。

从希罗多德的介绍可知，波斯帝国每年征收的税银达到 14560 塔兰特
（合 400 多吨），再加上实物税，以及各种方式的苛捐杂税（如供养当地总
督、驻军等），居民的负担十分沉重，使许多人倾家荡产，不得不卖掉土
地、房屋，或将土地房屋抵押出去，甚至将自己的儿女抵作债务奴隶。例
如《旧约·尼希米记》说，"许多犹太人将耕地、葡萄园抵了债，儿女也已

[①] ［古希腊］希罗多德：《历史》第 6 卷，42。
[②] 厉以宁、郭小凌编译：《古代希腊、罗马经济思想资料选辑》，第 189 页。

抵债变作奴婢。"①

除了正规的货币税、实物税以外，波斯帝国的居民还有其他难以承受的负担。希罗多德书中记载了一个地方因供应路过的国王和军队而不胜负担的例子。这发生在希波战争时期。当时波斯国王薛西斯率领军队远征希腊，路过塔索斯人居住的地方，当地居民被弄得倾家荡产。希罗多德写道：

> 但是欢迎克谢尔克谢斯的军队并且款待了国王本人的希腊人却遭到了极大的不幸，他们甚至被逐出了自己的家宅。原来当塔索斯人代表他们本土的市邑迎接和款待克谢尔克谢斯的军队的时候，他们选出了市民中间一位最知名的人士、奥尔盖乌斯的儿子安提帕特洛斯主持这件事，可是他在向他们报账的时候，他说他为了这次宴会花费了400塔兰特的白银。
>
> 在所有其他的市邑，当事人所提出的报告也都和这差不多。原来设宴的命令既然在很久以前便已发下来，而这事又被认为十分重要，因此宴会大概是这样安排的。首先，当市民从到各处宣告的传令人那里听到这件事的时候，他们立刻便把市内的谷物在他们中间分配，在好多个月里制造小麦粉和大麦粉。此外，他们为了款待大军，又不惜出最高的价钱买了最好的家畜来饲育，并把陆禽和水禽分别养在笼子里和水池里，他们还制造金银的杯盘、混酒钵以及桌上的各种各样的用具。这些东西是为国王本人以及陪同他进餐的人们制作的。对于军队的其他人等，则他们只是供应食物罢了……到用膳的时候，招待的人们真是忙得不可开交。而在大军尽情吃饱并在那里住了一夜之后，第二天他们就从地上拆掉了帷幕，收拾了一切道具用品，然后便开拔了，他们把所有

---

① 《旧约·尼希米记》，Ⅴ，1～5。

的东西都带走，无论什么都没有留下来。

因此，一个名叫美伽克列昂的阿布德拉人……劝告阿布德拉人，不分男女老少全都到他们的神殿中去，在那里恳求诸神，将来保护他们使他们免遭会降临到他们头上的所有灾难的一半，而且他还劝告他们为过去照顾他们的事情衷心感谢诸神，因为克谢尔克谢斯每天并没有吃两顿饭的习惯。不然的话，如果他们奉命以和晚餐同样的方式准备一顿早餐的话，则阿布德拉人就不得不或是在克谢尔克谢斯到来之前逃跑，或是留在那里等候他，然后遭到最悲惨的灭亡的命运。①

第四节　征收赋税的方式

在波斯帝国的赋税制度中，还有一个问题就是在地域如此辽阔的帝国中税是怎么征收的问题。在现代的研究著作中非常流行的看法是：波斯帝国采用了包税制。例如，阿甫基耶夫在《古代东方史》中就说：

……与此同时，大流士又规定了个别地区根据本身经济发展的情况而应该缴入国库的租税数额。租税的征收是包给商店或是个别的包税商人，这些人就从这种生意上大发横财。因此，租税和包收制度便特别沉重地压在居民身上。②

在苏联的十卷集《世界通史》中说得更加具体：

---

① ［古希腊］希罗多德：《历史》第 7 卷，118—120。

② ［俄］阿甫基耶夫：《古代东方史》，王以铸译，上海：上海世纪集团出版社，2011年版，第 611 页。

　　……大流士的租税是人民群众的灾难。租税的征收方法更加重了他们的负担。波斯国家大概经常把税收工作包出去。在这种制度下，包税人预先付出一定数额的税款，买到向居民征收巨额税款的权利。一些富豪，例如巴比伦尼亚的穆拉树商业——高利贷氏族的代表者，都当上了包税人。这个家族商馆的档案文件可以证明包税人是怎样胡作非为的。比方在公元前425年的一份文件里记载说，穆拉树家族的代理人在征税时破坏了两个大村庄和许多较小的居民点，事情一直闹到统治被害村庄的波斯官吏巴格达特控诉代理人的地步。穆拉树家族商馆的代表虽然声明不服，但是他为了和解，避免讼事，同意给巴格达特大麦359斗、二粒小麦1斗、小麦50斗、新陈海枣各50罐、小家畜200头、大家畜20头、羊毛5塔兰特。巴格达特接受这一大笔贿赂之后，同意私下了结讼事。这个文件与其他类似的文件都可以证明：阿黑门尼德王朝的强国内，人民群众是毫无保障的。①

　　最早提出波斯帝国实行包税制的是德国学者科塔拉。他认为，穆拉树家族的成员不是私人，而是波斯国王包销赋税的代理人。国王不是直接从居民身上征税，而是依靠包税人的帮助。②

　　但是，波斯帝国实行包税制的观点遭到了许多学者的反对。首先出来否定包税制的是法国学者卡尔达西亚。他在1952年根据对穆拉树档案材料的分析指出，波斯帝国并无意实行包税制，而穆拉树家族也从未承包过波斯帝国的税收，该家族只是在纯私法的基础上根据纳税人的请求，替他们

---

① 苏联科学院：《世界通史》第2卷（上），第18页。
② 转引自［苏］丹达马耶夫、卢康宁：《古代伊朗的文化和经济》，第197页。

交税，而且不是由该家族直接将税交给国库，而是把相应数额的款项交给纳税人自己，让他们自己交给行政当局，或经中间人交到国库。他认为，穆拉树商家与纳税的关系，涉及该家族与一些军事殖民者或小土地占有者的关系。他提出了如下几种情况：

土地占有者自己纳税，不要求穆拉树家族的帮助，在这种情况下，该家族档案中不可能有什么反映；

农民请求穆拉树家族帮助自己支付税款，穆拉树家族帮其付款后，农民向其还债；

一些土地占有者在穆拉树银行中有存款，当双方未结清账目时，土地占有者要穆拉树家族代其交税；

当有义务的土地（如军事殖民者的土地）抵押给了穆拉树家族后，穆拉树家族代替土地占有者交了税，而后债务人再偿还这个数目；

当土地出租给穆拉树家族后，穆拉树家族则既要交租，又要代交税；

当土地占有者把份地拿去抵押或出租给穆拉树家族以及其他人时，交税的手续可能类似于以前的情况。①

《剑桥伊朗史》也认为，穆拉树商家主要是把银子借给那些无钱交税的人：

我们在 Neh，5，4 中读到阿黑门尼德诸王的纳税臣民的抱怨："人们为国王的贡赋和课在我们葡萄园地之上的税收而借了很多的钱。"显然，穆拉树商家的主要作用在于，当尼普尔城和尼普尔周围地区的土地持有者不能用银子支付"国王贡赋"时供给他们

---

① ［法］卡尔达西亚：《穆拉树档案》（G. Cardascia, *Les archives des Murasu*，189—198），1951 年；参见 ［苏］丹达马耶夫、卢康宁：《古代伊朗的文化和经济》，第 196～197 页。

银子。①

的确，资料表明，关于在波斯帝国实行过包税制的观点及穆拉树商家
承包过税收的论断是值得怀疑的。首先，《世界通史》引用的公元前425年
的穆拉树档案文件并不能说明是包税制带来的后果。为说明问题，我们将
文件原文（BE X9）转录于下：

> 你破坏了拉比亚（村）。从它那里带走了（？）银子，破坏了
> 哈扎吐（村）及其邻近的村子。你、你的家族的人、你的代理人、
> 你的仆人和尼普尔的人带走了白银、黄金、我的牲口、我的羊群
> 和我的各种财产。
> 　　当时，恩利尔-苏姆-伊丁这样说道：
> 　　"我们没有破坏你的拉比亚村、从那里拿走（？）银子，也从
> 未破坏邻村哈扎吐村。我、我家族的人、我的代理人、我的仆人
> 和尼普尔的人没有带走你的白银、你的黄金、你的牲口、你的羊
> 群，或所有你的任何财产。"
> 　　为了不致引起巴格达特因此而提出的控告和起诉，他们同双
> 方进行了调停，恩利尔-苏姆-伊丁给了巴格达特350古耳大麦、
> 1古耳二粒小麦面粉（原文为 Summiditu-flour）、50古耳小麦
> （原文为 barley，可能有错）、50罐陈年甜啤酒、50罐新鲜啤酒、
> 200古耳枣椰子、200只绵羊和山羊、20头牲畜和5塔兰特羊毛。
> 　　巴格达特接受了恩利尔-苏姆-伊丁的350古耳大麦、1古耳二
> 粒小麦、50罐陈年甜啤酒、50罐新鲜啤酒、200古耳枣椰子、
> 200只绵羊和山羊、20头牲畜以及5塔兰特羊毛。他（指恩利尔-

---

① 《剑桥伊朗史》（*Cambridge History of Iran*）第2卷，第577～578页。

苏姆-伊丁）全都付给了。

从此，无论何时都不会再发生巴格达特、他家族的人、他的代理人和他的奴隶，或这些村子的人对有关拉比亚、哈扎吐及其邻村被破坏一事，或他的财产对恩利尔-苏姆-伊丁、他的家族的人、他的代理人或尼普尔人进行起诉或控告。巴格达特、他的家族的人、他的代理人和他的奴隶以及这些村子的人都不会反悔，并且无论何时都不会就有关拉比亚、哈扎吐及拉比亚的邻村遭破坏一事或这些村的任何财产对恩利尔-苏姆-伊丁、他的家族的人、他的代理人、他的奴隶或尼普尔的人提出控告。他们向神和国王起誓（说）：我们将不会再就这些起诉（进行另外的控告）。巴格达特保证反对这些村子的人可能会向恩利尔-苏姆-伊丁、他的家族的人、他的代理人、他的仆人和尼普尔的人提出的任何控告。

书吏：尼努尔塔-纳赛尔之子苏拉·尼普尔。

各国之王大流士（二世）统治第 1 年 1 月 6 日。

背面有"贝尔-伊丁之子、Ustabam（官职名称）巴格达特"的印。右边是"恩利尔-巴拉苏伊克比之子阿普拉"的印。左边是"乌呼马纳之子比巴"的印。上边是"基里布吐之子阿尔狄扎"的印，下面是"尼努尔塔-纳赛尔之子贝尔苏努"的印。

从上述文件原文可以看出，它根本未说到穆拉树商家及其代理人承包税收，并利用此权力去进行搜刮的问题。所以，《世界通史》的结论仅是一种推测，而且是极不可靠的推测。文件反映的情况很可能是穆拉树商家从事高利贷活动带来的后果。因为从事高利贷是该家族的重要经济活动内容之一。

关于波斯帝国是否实行过包税制的问题，本身也是值得怀疑的。因为，如果波斯帝国实行过包税制的话，为什么古代波斯留下的大量行政文件未曾讲到包税制？为什么希罗多德等古典作家虽然说到了波斯帝国的赋税问题，却也只字未提包税制？为什么不仅在穆拉树商家的为数众多的档案文件中，而且在与穆拉树同时代，或比穆拉树商家活动更早的埃吉贝商家的档案文件中均未说到承包税收的事？为什么在帝国其他地方的行政文件、私法文书中也均未说到包税制？有鉴于此，我们不能不对波斯帝国是否实行过包税制的问题提出疑问。事实上，若干关于波斯帝国的研究著作对此或者保持沉默，或者提出了不同的看法，公开否定波斯帝国实行过包税制的说法。丹达马耶夫就明确认为，波斯帝国并未实行过包税制，穆拉树商家未曾承包过税收。

既然波斯帝国未曾实行过包税制，那么，波斯帝国的赋税是如何征收的呢？丹达马耶夫认为：“征税的责任由萨特拉庇（即总督）、诺马尔赫（古代埃及的地方行政长官）、市长和农村长老承担，而在位于强国边境的行省，则由部落领袖承担。”①

若干资料证实了丹达马耶夫的论断。例如，色诺芬的《长征记》在说到小居鲁士时写道：

> 还有，每当看到一个人治理事务公正精明，不但能治理好辖区，而且能上缴税收，居鲁士从不解除他的职务，而总是要扩大他的疆土。结果是他们乐于努力工作……②

色诺芬在其另一本书中说，波斯帝国有两种官吏，分别管理军事和民政。

> 一种官吏负责管理居民和劳动者，并向他们征收贡物，另一种官吏统率军人和守备队……如果指挥官能保持农地安宁，而文

---

① ［苏］丹达马耶夫、卢康宁：《古代伊朗的文化和经济》，第197～198页。
② ［古希腊］色诺芬：《长征记》，第31页。

职长官使土地荒废而人口稀疏，指挥官就要谴责文职长官。因为大体说来，如果土地耕种得不好，就不能维持军队的开支，也不能收缴贡物。在派有总督的地方，总督要同时照管好这两种事务。①

这也说明征收赋税是行政当局的任务。

在《大流士一世关于马格涅西亚的希腊神庙的指示》的敕令中大流士批评自己的地产管理人私自征收了本应由行政当局征收的捐税。②

在伪亚里士多德的《经济论》中也讲到地方行政当局直接征税："波斯王传令卡里亚的僭主马约索鲁斯输款纳贡时，马约索鲁斯把国内最富有的人召来告诉他们波斯王要求贡物，而他本人则可以免交。于是一些得到授意的人即刻答应纳贡，还当场呈报每人应付的数额。这样一来，那些富有的人部分碍于体面，部分出于惶惧，只得应承下来。结果实际献出的款项远大于应交数额。③ 前面说到的让吕西亚人缴纳固定人头税的事也是由行政当局出面征收的，而非由包税人征收的。

但行政当局又是如何去征收的呢？有资料说当时有专门的税收征收人，可能是由他们去征收的：

BE IX 75：

税收征收人普呼尔之奴隶胡恩查拉尔和沙姆拉姆之子纳麦尔，根据曼努斯坦的委托和印章，从穆拉树的后代恩利尔-苏姆-伊丁之手获得阿塔薛西斯统治第 40 年住在印度人居民点的拉巴沙之子卡尔杜苏的弓的份地、提尔-扎巴吐地方的努拉纳布之子马尔都克艾

① ［古希腊］色诺芬：《经济论 雅典的收入》，第 15 页。
② 《古代东方史文选》第 2 卷，第 59 页。
③ 厉以宁、郭小凌编译：《古代希腊、罗马经济思想资料选辑》，第 188 页。

提尔的弓的份地、（住在）提尔-扎巴吐地方的属于苏沙努队的尼丁吐贝尔之子贝尔-阿布乌祖尔和比特伊利努利的弓的份地的征收给国王之家的全部税收的一半和 3.5 明那银子。他们应将阿塔薛西斯统治第 40 年的全部税收付清并送交曼努斯坦，而后把契据转交给穆拉树的后代恩利尔-苏姆-伊丁。①

在这里，税收征收人是从穆拉树商家的后代恩利尔-苏姆-伊丁之手征收一些弓的份地的税。因为穆拉树商家租佃了所说的那些人的土地。

可能，在有的情况下，纳税人是直接将实物税交到王宫的。YBT Ⅶ，129 的内容可能就反映了这种情况：

在巴比伦之王、全国之王冈比西斯（二世）统治第 2 年的都乌祖月 1 日之前，乌鲁克城伊丝塔尔（女神）的神庙奴隶达雅恩-艾列什之子伊丝塔尔-吉米兰尼应将王室所需，而由艾安那（神庙）交给他的 200 桶枣椰子酿造的甜酒装（上船），并运到阿巴努（城的）王宫中去。如果他不运到的话，那么将受到国王的惩罚。②

上述这些事实说明，穆拉树商家未曾承包过税收，波斯帝国也未曾实行过包税制，赋税是由地方行政当局征收的，税收征收人显然是国家的公务人员。

第五节　波斯帝国的免税问题

有几种情况：新的国王即位时要免除未缴清的税，希罗多德说："在波

---

① 《古代东方史选》，第 40 页。
② 《古代东方史选》，第 44 页。

斯人那里，当新王即位之时，他也是豁免一切城邦未缴清的贡税的。"①

有功之臣免税：大流士当政时，巴比伦发生了起义，在镇压这次起义的过程中，一个名叫佐披洛斯的人立下了卓著战功，因而大流士不仅把最珍贵的礼物送给了他，而且任命他终身治理巴比伦而不纳税。②

据希罗多德说，"波斯人的居住地是免纳税的"。③

还有不纳税而只奉献礼物的人们：

至于那些不纳税而奉献礼物的人们，则他们首先就是冈比西斯在向长寿的埃西欧匹亚人进军时所征服的、离埃及最近的埃西欧匹亚人；此外还有居住在圣地尼撒周边并举行狄奥尼索斯祭的那些人……这些人过去和现在都是每到第二年献纳下列的礼物：两科伊尼库斯的非精炼的金、200 块乌木、5 个埃西欧匹亚的男孩和 20 根大象牙。奉献礼物的还有科尔启斯人和他们那直到高加索山脉的邻人……他们每到第四年便奉献少男少女各百名，过去这样，而直到我的时代还是这样。阿拉伯人每年奉献 1000 塔兰特的乳香。这便是在租税之外，这些民族献纳给国王的礼物。④

阿拉伯人因为在冈比西斯远征埃及时给了波斯人以帮助，因而被免除了赋税，他们只是每年向波斯帝国奉献 1000 塔兰特的乳香。

① ［古希腊］希罗多德：《历史》第 6 卷，59。
② ［古希腊］希罗多德：《历史》第 3 卷，160。
③ ［古希腊］希罗多德：《历史》第 3 卷，97。
④ ［古希腊］希罗多德：《历史》第 3 卷，97。

第七章　波斯帝国的土地关系

波斯帝国不仅征服了近东的广大地区，而且在一个时期里征服了巴尔干的一些地区，帝国地域辽阔，民族成分复杂，各地社会经济发展水平也参差不齐。帝国内社会经济发展水平最高的是埃及、两河流域、叙利亚、巴勒斯坦、小亚和伊朗高原西南部的埃兰地区，这些地区的农业、手工业、商业贸易都十分发达。在波斯人征服这些地区时，它们的奴隶制经济已几乎走到了发展的尽头，有的地区（如埃及和两河流域）已经出现了封建的生产方式的萌芽，而帝国东部的某些地区和民族，却还处在野蛮时代，尚未进入文明时代。因此，发展极不平衡是波斯帝国社会经济的一个重要特点。

关于波斯帝国时期的土地关系问题，有一点是可以肯定的，即由于波斯人的入侵和统治，原来近东地区各国的土地关系发生了巨大的变化。因为，波斯人在入侵后，把原来属于各国各地区国王、贵族的土地没收或部分没收，分给了波斯王室家族或波斯的贵族、高官、军人等。但原来各国的土地关系又没有完全被破坏，例如，各地原来神庙所有的土地依然存在，一些当地原来的贵族还可能占有土地等。因而，在原来各国已经残缺不全的土地关系以外，又形成了一些新的土地占有者阶层或集团，所以，仅凭现有的资料，要完全说清楚波斯帝国的土地关系几乎是不可能的，我们只能说一说其中的若干点。

第一节　王室家族成员占有的土地

从现有的资料看，包括国王在内的波斯帝国王室家族成员占有的土地无疑是很多的，他们组成了一些个别的王族成员的经济。如国王的经济、王后的经济、王子的经济等。

关于王族成员中的国王直接占有的土地，在希罗多德的《历史》一书中说：

> 在亚细亚，有一个四面给山环绕起来的平原，在这些山当中有五座以前是属于花拉子米欧伊人的，它位于和花拉子米欧伊人本身、叙尔卡尼亚人、帕尔托伊人、萨朗伽伊人和塔玛奈欧伊人的土地交界的地方。但自从波斯人掌握政权以来，它就成了国王私人的土地。①

在穆拉树商家档案中提到过国王的土地，据 BE 9 32a，该商家租佃了国王的土地：

> 200 库尔大麦——这是穆拉树的后代恩利尔-苏姆-伊丁租佃国王土地应给国王的租金。后来，根据（国王的）管理人代表拉巴沙的指示，贝尔-伊塔努之子贝尔-巴拉基和马尔都克-埃提尔从恩利尔-苏姆-伊丁之手得到了这 200 库尔大麦，他们付了账。贝尔-伊塔努之子贝尔-巴拉基和马尔都克-埃提尔应同巴拉吐和拉巴沙一起写出有关这正确计量的 200 库尔大麦的契据，并转交给恩利尔-苏姆-伊丁。

---

① ［古希腊］希罗多德：《历史》第 3 卷，117。

另据 Tum 147①，该商家还从河渠长官那里租来一块国王的乌兹巴拉（按：乌兹巴拉是国王土地中的一类）土地，据 PBS 2/1，在公元前 418 年，商家的奴隶利巴特将一块国王的土地转租了出去。还有一件资料，就是《大流士一世关于马格涅西亚（小亚）的希腊神庙的指示》，这是大流士一世国王给自己的地产管理人的一封信（从这封信中我们知道了波斯国王有自己的地产，但其具体情况却不清楚，因为我们没有其他有关国王占有土地的资料）。

这封信的内容如下：

> 古斯塔斯帕之子大流士国王对自己的奴隶伽达特说："我了解到，你没完全执行我的命令；由于你耕种我在小亚的幼发拉底河那一方面的地区的土地并种植作物，我察觉了你的行为，由此给了你在国王之家以很大的恩惠。由于你轻视我关于众神的指示，如果你不改变自己的行为，你将会感受我的愤怒；你从阿波罗的神圣园丁那里征收捐税，并命令他们耕种非神庙的土地，不知道我对向波斯人述说了全部真理的该神的感情（按：在公元前 547 年居鲁士同吕底亚人的战争时期，在小亚和大陆希腊的阿波罗神庙的祭司有亲波斯的倾向，因此，波斯的国王们庇护了这些神庙）……"（铭文的结尾未保存下来）

但关于王室家族其他成员（主要是如王后、王子）占有土地的资料相对来说比较多一些。所以，我们介绍一些他们的经济情况。

首先，关于王族成员经济的形成问题。在波斯人的势力越出其本土版图范围之前，即在其进行征服之前，其王族成员大概没有自己独立的经济，

---

① Tum 为 Texteund Materialien der Frau Professor Hilprecht Collevtion of Babylonian Antiquities im Eigentum der Universitat jena［Leipzig］的缩写。

至少我们没有这方面的资料。而且大概也很难找到其曾经存在过的证据。从现有的资料看来，波斯帝国王室成员的经济显然是在波斯人征服的过程中逐步形成的。这从王族成员的地产分布的情况可以看出来。它们多半是分布在被征服的地区：埃及、巴比伦尼亚、叙利亚和小亚等地。如王子、埃及总督阿尔沙马的地产分布在从苏撒到埃及的广大地区；大流士二世（他统治的时间是公元前423—前404年）的王后帕莉萨蒂斯的地产则分布在巴比伦尼亚、米底和叙利亚等地。

其次，王族成员的地产有两个来源，一是国王的赏赐，二是兼并。

有相当一部分王族成员的地产是国王赏赐的，如王后的地产和一些王子的地产。这其中又有不同的情况：波斯人在征服一个地区以后，往往会把一部分被征服地区的肥沃土地抢夺来分配给波斯的贵族、大官和王室成员，作为他们的俸禄和给养。如在叙利亚的一个村子是"作为零用钱"给予王后帕莉萨蒂斯的。波斯的王族男性成员一般都会在战争时随军打仗或率军出征，如居鲁士二世的儿子冈比西斯在居鲁士远征马萨格特人时就曾在军中，只是当居鲁士决定由他为共治者，即王位继承人时，才让他同原来的吕底亚国王克洛伊索斯一起返回波斯国内[1]；又如大流士的女婿玛尔多纽斯曾率军远征希腊（公元前492年）[2]，等等。在战争中立了军功的王族当然会被赏赐土地、奴隶和其他财富。

王室家族成员还通过兼并、强占等方式增加自己的土地数量并增强自己的经济实力。例如，阿尔沙马在一份阿拉美亚文的铭文中讲到让他的一个地产管理人清查和处理一个有关兼并他人土地的事情，文件内容如下：

阿尔沙马致管理人、监督员纳赫特-荷鲁斯及其在埃及的会计

---

① ［古希腊］希罗多德：《历史》第1卷，208。
② ［古希腊］希罗多德：《历史》第6卷，43。

同事们：

　　我的仆人、山林看守人贝特奥西里向我报告了如下事情："当埃及发生起义时，我的父亲帕-阿蒙占有的土地，30 阿尔达布地段被抛荒，因为我们家的所有女人当时都已死去，（因此希望）把我父亲帕-阿蒙的份地给我，愿想得起我，并命令把它给我，让我占有（它们）吧。"

　　现在，阿尔沙马申诉如下："如果事情真像贝特奥西里写给我的请求中所说的关于自己父亲帕-阿蒙的情况，当埃及发生叛乱时，他（按：指帕-阿蒙）同自己家的女人都死了，他父亲帕-阿蒙的份地——一块 30 阿尔达布的地段被荒废，并被归并于我的财产之中，又没被赐给我的其他仆人的话，那么，现在，我将把这位帕-阿蒙的份地给予贝特奥西里。（你）要告知与他，以便他占有，并让他按先前他父亲帕—阿蒙缴纳的（税率）向我的度支局缴纳地税。

　　"阿尔托希乌知道这个指示，拉什特书吏。"①

虽然这封信讲的是阿尔沙马让他的下属将兼并的别人的土地还给人家，但由此可知，这类兼并是存在的，而且是王族成员扩大经济实力的重要手段之一。

　　王族成员还从国库中获得财产。例如，据《要塞墙铭文》② 记载，大流士一世的王后伊尔塔什吐纳根据国王的命令而获得了酒和绵羊：

　　管理王室事务的法尔纳克在给一个名叫雅马舍克德的人谈话时说了如下一些话："必须把 200 马尔什（按：1 马尔什＝10 升）

---

① 《古代东方史文选》第 2 卷，第 55～56 页。
② 《要塞墙铭文》(Persepolis Fortication Tablets，缩写为 PF 或 Fort 或为 PF)。

酒付给王后伊尔塔什吐纳，这是国王命令的。第 19 年第 1 月，安苏克写了信，马拉扎报告了它的内容。"（PF1795）①

另据 Fort 6764 记载说：

在对管理牧人的哈勒纳谈话时，法尔纳克说了如下一些话："大流士国王命令我，必须从我的财产中将 100 头绵羊转交给王后伊尔塔什吐纳。"因此，法尔纳克说："像大流士国王给我的命令一样，我命令你，你应当像国王所命令的那样把 100 头绵羊转交给王后伊尔塔什吐纳。"②

第二节　王族成员经济经营的范围

波斯帝国时期，王族成员经济经营的范围非常广泛，包括农业、手工业、畜牧业、园艺业等。

农业经济在王室成员经济中占有重要地位，因为他们都拥有大量土地。如据 AD③ Ⅹ 和 Ⅺ，王子瓦洛希在埃及拥有自己的地产，但他的地产管理人却未将地产的收入交给瓦洛希，于是，瓦洛希写信给王子、埃及总督阿尔沙马，要阿尔沙马帮助他催要地产上的收入，于是，阿尔沙马写信给自己在埃及的地产管理人，让他去找瓦洛希的地产管理人。

下面是阿尔沙马给他在埃及的地产管理人的一封信：

---

① 《古代东方史文选》第 2 卷，第 46 页。
② 《古代东方史文选》第 2 卷，第 40 页。
③ AD 是公元前 5 世纪波斯帝国的阿拉美亚文文件（Aramaic documents）的缩写。

图 7.1　王族成员在领地里狩猎浮雕

阿尔沙马致监察员纳赫特-荷鲁斯及其在埃及的同事们。信的内容如下："王子瓦洛希在此对我说:'至于我的主人（即波斯国王）赐予我在埃及的地产,从未送来任何东西。如果我的主人方便的话,望我的主人给管理人纳赫特-荷鲁斯和会计们送去一封信,以便他们吩咐我的管理人哈吐巴斯提立即从这些地产上征集收入,并将（其）连同纳赫特-荷鲁斯准备运来的收入一起给我送来。'"

现在,阿尔沙马说如下这些话:"对瓦洛希的管理人哈吐巴斯提说一下,征收瓦洛希地产上的全部收入及利润,连同我命令运往巴比伦的珍宝一起前来。"

阿尔托希乌知道此指示,拉什特书吏。

但瓦洛希的地产管理人可能还是没有将地产上的收入给瓦洛希送去,因此,在 AD Ⅺ 中,瓦洛希写信给阿尔沙马的地产管理人,说是要控告哈吐巴斯提:

瓦洛希致监察员纳赫特-荷鲁斯及其在埃及的会计同事们。

信的内容如下：

"我在这里向阿尔沙马控告了我自己的管理人哈吐巴斯提，他未将……任何收入送给我。望（你）积极行动并迫使我的管理人把（我地产上的）收入给我送到巴比伦来。你要为我做这件事，使我对你感到满意……哈吐巴斯提，或他的兄弟，或他的儿子应同收入一起到巴比伦来。"①

据 UM 103②，王子阿赫名纳之子伊普拉达塔在巴比伦尼亚拥有包括灌溉和庄稼的不少地产，这些地产由那时的（公元前 5 世纪后期）著名商业高利贷家族穆拉树商家租佃。UM 103 这份文件说的是穆拉树商家的后代交纳地租的收据：

1 明那白银——这是大流士二世国王统治第 5 年从田地上，从整个尼普尔区中有灌溉和收成的谷田上征收的全部租金，（即从）归阿赫名纳王子之子伊普拉达塔所有，而处于穆拉树的后代利穆特-尼努尔达支配之下的（土地上）征收的租金。

这 1 明那白银——作为从这块土地上征收的大流士二世国王统治的第 5 年的租金，王子伊普拉达塔将从穆拉树的后代利穆特-尼努尔达之手获得。契据是当着辛河渠区的法官伊什吐巴桑和胡马尔达特的面订立的。③

在 UM 201 中，也说到王子阿赫名纳之子伊普拉达塔在巴比伦尼亚的

---

① 《古代东方史文选》第 2 卷，第 56~57 页。
② UM 是 University of Pennsyvania，*The Museum*，*Publication of the Babylongian Section* 的缩写。
③ 《古代东方史文选》第 2 卷，第 52~53 页。

尼普尔拥有包括灌溉渠道在内的地产，该地产也是出租出去的，此文件是一份租金契据：

　　1 明那白银——这是大流士二世统治第 4 年归阿赫名纳之子伊普拉达塔所有，而由穆拉树的后代利穆特-尼努尔达租佃的田地上征收的枣椰子的价钱。这 1 明那白银——是伊普拉达塔的奴隶契哈和尼努尔达-艾提尔按照伊普拉达塔的委托，利穆特-尼努尔达之手得到的。他应同伊普拉达塔一起写成契据，并转交给利穆特-尼努尔达。[①]

据 BE Ⅹ 85，王子阿赫名纳也在尼普尔拥有地产，该地产出租给了穆拉树的后代，BE Ⅹ 85 这份文件就是一份交纳租金的收据：

　　大流士二世国王统治第 4 年，从下述谷田征收的全部租金——30 库耳大麦、1 桶甜啤酒、2 只牡羊、1 潘 4 苏特面粉。（这些谷田）是坐落在哈马纳伊地方而归阿赫名纳的管理人曼努-伊卡布之手，并交给穆拉树的后代利穆特-尼努尔达租佃的阿赫名纳王子的那一份。

　　这 30 库耳大麦、1 桶啤酒、2 只牡羊、1 潘 4 苏特面粉——是大流士二世统治第三世界年阿赫名纳的管理人曼努-伊卡布从穆拉树的后代利穆特-尼努尔达之手得到的租金。他将支付。[②]

王子阿尔沙马不仅拥有大量地产，而且还有大量牲畜。如据 UM 144：

---

① 《古代东方史文选》第 2 卷，第 52 页。
② 《古代东方史文选》第 2 卷，第 52 页。

　　希努尼之子伊尔特利-雅哈比对阿尔沙马的管理人艾利勒-苏别-姆呼尔承诺如下："属于阿尔沙马的 25 只牡羊、144 只大的怀羔的绵羊、22 只两岁的羔羊、34 只一岁的羔羊、34 只一岁的小绵羊、7 只大山羊、4 只两岁山羊、26 只大的怀羔的山羊、10 只小山羊、8 只小山羊、8 只小山羊，总计 314（头）黑、白小牲畜将借给我。在一年内，我将给你 100 头绵羊产崽畜 66 头、1 只山羊产 1 头山羊、1 只牡羊（或）山羊。5 明那羊毛、1 只山羊（或）牡山羊出 5/6 明那剪下的山羊毛、1 只怀羔的绵羊挤 1 单位干酪、100 头怀羔的绵羊 1 卡（1 卡＝0.84 升）油。（如果）我让 100 头小牲畜死亡超过 10 头，那么，每死 1 头，我将给你 1 张皮和 2.5 舍克勒银子。"后来，艾利勒-苏别-姆呼尔称，租借给了他 25 只牡羊、22 只两岁的羔羊、144 只大的怀羔的绵羊、34 只一岁的小绵羊、34 只一岁的小绵羊、7 只大山羊、4 只两岁的小山羊、26 只大的怀孕的山羊、10 只小山羊、8 只小山羊，总计 314 只大小黑白（小牲畜）。在一年的时期里，他租借这些小牲畜，应因 100 只绵羊而付给艾利勒-苏别-姆呼尔 66 头牲畜、每一头山羊付给他 1 只小山羊、1 只牡羊（或绵羊）而付给他 1.5 明那羊毛、1 头山羊给他 5/6 明那山羊毛、1 头怀羔的绵羊给他 1 单位干酪、100 头怀羔绵羊给他 1 卡油。艾利勒-苏别-姆呼尔答应，如他 100 头小牲畜死亡 10 头，则他应因死亡的小牲畜交给 1 张皮和 2.5 舍克勒银子。伊尔特利-雅哈比承担放牧、照料和保卫这些小牲畜之责。从大流士二世统治第 1 年乌努努月第 18 日起，这些小牲畜归他支配。①

---

① 《古代东方史文选》第 2 卷，第 51 页。

第三节　王族成员经济中的手工业

如据 Cyr 325[①]，当时还是王子的冈比西斯在巴比伦尼亚有一个雕刻印章的奴隶：

埃吉贝的后代纳布-伊丁之子伊提-马尔都克-巴拉吐，自愿将自己的奴隶古祖-伊纳-贝尔-阿兹巴特送去向冈比西斯王子的奴隶、印章雕刻匠库达伊学习印章雕刻的技艺，为期 4 年。

他应教给他完善的制作印章的（技艺）。伊提-马尔都克-巴拉吐应给古祖-伊纳-贝尔-阿兹巴特换洗的衣服（一年一次）。

如果库达伊不教给他，那么，应支付 1/3 明那白银；如果他四年之内没有教会他［……］。

证人（两个人的签名），书吏（签名）。

巴比伦，巴比伦之王居鲁士统治第 8 年阿达努月第 6 日。

他应在尼桑努月第……日交付 5 舍克勒银子。[②]

据 AD Ⅸ 的资料，阿尔沙马拥有从事手工业的格尔达：

阿尔沙马致管理人、监察员纳赫特-荷鲁斯及其在埃及的同事们。

信的内容如下：（关于）雕刻匠、我的仆人希恩扎尼（巴加沙尔将带他到苏撒），——（你）应像给予其他手工业者——格尔达

---

① Cyr 为 Inschriform von Cyrus, Konig von Babylon 的缩写。
② 《古代东方史文选》第 2 卷，第 50 页。

一样多的口粮，给予他及他家的女人们，以便他能制作骑手雕像……如同先前他为我雕刻的这种雕像一样，为我制作骑手的马的雕像，并制作其他雕像，并派人去，以便立即如期将其送给我。

阿尔托希乌知道这个指示，拉什特书吏。①

而且据 AD Ⅶ，这个阿尔沙马还想不断增加他的格尔达——手工业者的数量。②

据色诺芬的《长征记》记载，小亚总督小居鲁士还有自己的猎场，甚至宫殿。小居鲁士是国王阿塔薛西斯二世的兄弟，他在小亚的弗吉尼亚一个"人口较多的繁荣大城"莱赛尼"有一座宫殿和一片蓄满野兽的御苑。高兴时他经常在这儿骑骋射猎来进行自身和马匹的训练。米德安河流经御苑中间，河源在宫殿下面，它流经莱赛尼城"③。

在《经济论》中也讲到，斯巴达将领赖山德尔到小居鲁士那里去做客，小居鲁士引导他参观自己在萨尔迪斯的"乐园"：

这时候赖山德尔非常赞美乐园中树木的美丽，匀称的间隔，笔直的行列，整齐的角度，在他们走路时紧紧萦绕着他们的浓郁的花香。这些东西使他感到惊奇了。④

据戴奥多罗斯说，小亚地区的一个总督，小居鲁士的对头蒂萨弗尼斯在萨尔迪斯和卡利亚拥有果园和公园。⑤ 大概其他王族成员的经济中也会

---

① 《古代东方史文选》第 2 卷，第 44 页。
② 《古代东方史文选》第 2 卷，第 56 页。
③ ［古希腊］色诺芬：《长征记》，第 4 页。
④ ［古希腊］色诺芬：《经济论　雅典的收入》，第 15 页。
⑤ ［古希腊］色诺芬：《经济论　雅典的收入》，第 15 页。

有果园一类的东西。由于我们现在所拥有的资料都是出自帝国的西部地区，如两河流域、埃及、小亚等地，而没有东部地区的资料，所以，可以假定，在帝国的东部，王族成员大概还会有自己的牧场和众多的畜群。

第四节　王族成员经济的规模

这里所说的规模主要是指王族成员拥有的地产等的数量而言。而关于波斯帝国王族经济的规模我们实际上没有一个完整的概念，只能假定，王族成员经济的规模是因人而异的，即有的王族成员经济的规模可能是很大的，但也有的王族成员经济的规模则可能比较小一些。比较大的，如小居鲁士这样重要的王族成员，又是几个行省的总督并拥有兵权，其经济的规模肯定会比一般的王族成员的要大一些。其经济实力也更加雄厚，因为他不仅依靠国王的赏赐，而且还依靠自己手中的权力积极聚敛，巧取豪夺。色诺芬说："……我想他（按指小居鲁士）比任何人都得到更多的赠礼。"[①]"当然，他在施惠方面的慷慨大方胜过他的朋友这一事实毫不足怪。很明显的原因是他比他们都富有。"[②]　"在极度缺乏草料的地方，由于他仆人多，又因为计划得好，他能够得到自用的草料，但他总是把这草料分与朋友，让他们喂其自乘之马，以免乘骑时马感到饥饿。"[③]另外，像阿尔沙马，他是一个王子，又是埃及这一重要而富庶的行省的总督，其经济实力显然是十分强大的。下面他给他的管理人纳赫特-荷鲁斯的两封信中反映的事实，不仅表明他在帝国西部拥有众多的地产，而且表明了他是如何贪婪地聚敛财富和劳动力的：

---

① ［古希腊］色诺芬：《经济论　雅典的收入》，第 15 页。
② ［古希腊］戴奥多罗斯：《历史丛集》，Ⅻ，80，2。
③ ［古希腊］色诺芬：《长征记》第 1 卷，第 31 页。

"阿尔沙马致纳赫特-荷鲁斯:

"从前,当埃及人起义时,在普撒美提克(统治时期),先前的管理人、格尔达和我们在埃及的(动)产受到严格的保护,所以我家的任何财产都未受到损失;并且,除此之外,还找到了足够多的其余各类格尔达——手工业者和(动产),并转交给了我家。而现在,我在这里听说,在下埃及的那些管理人……不同了,主人的格尔达和动产受到严格的保护,此外,其余的人都从别的地方走了,并待在自己主人家,而你没有那么做。

"而现在,由于这个原因,我首先给你写下(这封信):你是不同的,我的格尔达(和)动产要受到严格保护,以便我家的财产不会受到任何损失。除此之外,还要从其他地方找到足够多的各类格尔达——手工业者,并送入我的宫中,打上我的标记,像先前的管理人所做的那样。

"你将知道:如果我的格尔达和其余(动)产有任何损失,没有找到并为我的家补充(格尔达和动产),你将受到严格的盘问和警告。

"阿尔托希乌知道这个指示。拉什特书吏。"①

"阿尔沙马致……地方的管理人马尔都克、纳西尔地方的管理人那布达拉尼、阿尔祖辛地方的管理人扎托西、阿尔贝尔地方的管理人乌巴斯塔巴拉、沙拉姆地方的管理人恩哈尔初、马特-阿勒-乌巴什和巴加法尔纳、大马士革地方的管理人弗拉达法尔纳和加瓦扎纳。

"信的内容如下:纳赫特-荷鲁斯,我的管理人前往埃及。望你从你所在地区的属于我的财产的粮食中,每天给他2单位白面

---

① 〔古希腊〕色诺芬:《长征记》,第31页。

粉、3 单位低等面粉、2 单位葡萄酒或啤酒以及 1 只牡羊，而给他的 10 个仆从，每人每天按 1 单位面粉（和）相应质量的马的干草；并给两个乞里乞亚人（以及）1 个手工匠共 3 人，还有我的奴隶（他们与他同行前往埃及），每人每天各 1 单位面粉。每个管理人按从一个地方到另一个地方的路线相应（各阶段）给他们粮食，直到他们抵达埃及为止。但是，如果他在一个地方多停留 1 天，不要拨给他（比预定）天数更多的粮食。

"巴加沙尔知道这个指示。拉什特书吏。"①

从大流士二世的王后帕莉萨蒂斯的若干资料看，她在一些被征服的地区也占有许多地产。如据色诺芬的《长征记》记载，小居鲁士在起兵反叛阿塔薛西斯二世时，曾率军驻在巴比伦尼亚一个属于帕莉萨蒂斯的村庄里，而该村庄是"作为零用钱赐予她（按：指帕莉萨蒂斯）的"，即该村庄应向她交纳租税，供她零花。

在《长征记》的另一个地方，色诺芬记载说，小居鲁士的敌人蒂萨弗尼斯曾任由希腊雇佣军的士兵洗劫帕莉萨蒂斯在米底的一些村庄：

从此地他们（按：指雇佣军）进军米底亚，60 荒原站，30 帕拉桑，到达居鲁士和国王母后帕莉萨蒂斯在米底亚的村庄。为了侮辱居鲁士，蒂萨弗尼斯把这些村庄——除了里面的奴隶——交由希军劫掠。在这些村庄里有大量谷物和牲畜以及其他财产。②

据克特西乌斯（按：他曾在波斯王宫中担任过宫廷御医）说，在巴比

---

① 《古代东方史文选》第 2 卷，第 54～55 页。
② ［古希腊］色诺芬：《长征记》，第 14～15 页、50 页。

伦尼亚有一个"帕莉萨蒂斯城"。① 据 Kr 185②，帕莉萨蒂斯王后在巴比伦尼亚还拥有地产。

据希罗多德的《历史》记载，在埃及有一个名叫安提拉的城市，它是专门向波斯的王后提供靴鞋的：

> 安提拉是一个有名的城市，它是专门指定为统治埃及的国王的王后供应鞋子的。自从埃及被波斯人征服以来，一直就是这样的。③

希罗多德曾说到波斯驻巴比伦尼亚的一个名叫特里坦塔伊克美斯的富人：

> 当阿尔塔巴佐斯的儿子特里坦塔伊克美斯奉国王之命统治这个地方时，他每天的收入有整整一阿尔塔贝的白银（阿尔塔贝是一种波斯的容量单位，它比 1 阿提卡-美狄姆诺斯还要多 3 阿提卡-科伊尼库斯）。在他私人的马厩里，除去军马之外，还有 800 头种马和16000 头牝马，即每 20 头牝马有 1 头种马。此外，他还拥有许多印度犬，以致平原上的 4 个大村庄，由于供应这些印度犬的食物，而被免去了一切贡税。巴比伦的统治者就是这样富有。④

一个非王室家族的波斯高级官吏尚且如此富有，那么，波斯王室家族的成员，尤其是其中的高级官吏，其富有程度就更可想而知了。

---

① ［苏］丹达马耶夫、卢康宁：《古代伊朗的文化和经济》，第 146 页。
② Kr 为 Kruckmann O. neubabylonische Rechts-und Verwaltungstexte 的缩写。
③ ［古希腊］希罗多德：《历史》第 2 卷，98。
④ ［古希腊］希罗多德：《历史》第 1 卷，192。

波斯帝国时期的王室家族不仅占有大量土地，而且还占有水渠，对于近东地区的农业来说，没有水那是不可想象的。无论是在埃及还是巴比伦尼亚，甚至在波斯都有人工修建的水渠。控制水渠也就控制了农业，而这些水渠是控制在国家或王室手中的。资料中说到穆拉树商家在租佃王室家族的土地的同时，还租借了王室控制的水渠，据 TUM 147：

> 穆拉树的后代利穆特-尼努尔达对辛河渠（区）管理租金的长官伊丁-纳布之子里布努塔自愿承诺如下："请把位于努赫河渠下游流经布鲁特的地产和阿尔巴地区的巴迪图河渠，由河口到河源左右两岸生长块根植物的谷田，河渠边上的国王的乌兹巴拉和国王的财产——水源……租给我 3 年，每年我将在辛河渠上付给你 220 库尔大麦、20 库尔小麦、10 库尔二粒小麦（即波尔巴小麦），总计 250 库尔收成，大麦和按 1 库尔又 1 潘计算的（其他）谷物。此外，我还将给你 1 头公牛和 10 只牡羊。"

第五节　王族成员经济的经营形式

波斯帝国王族成员的地产也像其他波斯贵族的地产一样分散在帝国各地，而他们自己却住在巴比伦、苏撒等大城市里，并不亲自经营这些地产，而是将自己的地产交给他们在各地的管理人去管理和经营。这些管理人基本上是当地的人，如埃及人、巴比伦尼亚人、叙利亚人、小亚人等。例如，阿尔沙马的管理人就既有巴比伦尼亚人，也有埃及人，还有叙利亚人：

> ……地方的管理人马尔都克、纳希尔地方的管理纳布-拉达尼、阿尔祖辛地方的管理人扎托尔、阿尔贝拉地方的管理人乌巴

斯塔巴拉、沙拉姆地方的管理人哈尔初、马特-阿勒-乌巴什和巴加
法尔纳、大马士革地方的管理人弗拉达法尔纳和加瓦扎纳（见 AD
Ⅵ）、在尼普尔的地产管理人艾利勒-苏别-姆呼尔、在埃及的地产管
理人纳赫特-荷鲁斯等；王子阿赫名纳在巴比伦的地产管理人是曼努
伊卡布；王后帕莉萨蒂斯在巴比伦尼亚的尼普尔的地产管理人是埃
阿-布利特苏；瓦洛希在埃及的地产管理人是哈吐巴斯提等。

这些管理人当然要负责管理这些王族成员的经济，负责征收应当交纳
给这些王族成员的收入，这从上面引述的阿尔沙马要他的管理人纳赫特-荷
鲁斯去催促瓦洛希的管理人哈吐巴斯提交纳瓦洛希地产上的收入一事就可
以证明（见 AD Ⅺ）。

这些分散在帝国各地而由管理人经管的王族成员的地产是如何经营的
呢？是集中许多奴隶耕种，还是分散的租佃式的耕种呢？从若干资料看，
有不少王族成员的地产是租佃出去的，是分散经营的。例如，王子曼努什
塔努在巴比伦的尼普尔的一份地产，是出租给著名的商业高利贷家族穆拉
树商家的，年租金是 4000 库耳（合 6000000 升）大麦。①

又如，据 BE Ⅹ，59②，一个王子经自己的管理人之手获得自己地产上
的收入 294 库耳（约合 4100 升）大麦。王后帕莉萨蒂斯在巴比伦尼亚的尼
普尔的一份地产是出租给穆拉树商家的后代利穆特-尼努尔达的，据
KR 185：

317 库耳又 2 潘 3 苏特小麦，是从帕莉萨蒂斯的田地和帕莉萨
蒂斯的管理人埃阿-布利特苏的弓的份地的那一份上征收的大流士

---

① ［苏］丹达马耶夫、卢康宁：《古代伊朗的文化和经济》，第 146 页。
② BE 是 The Babylonian Expedition of the University of Pennsyvania. Seris A：Cunei-
form Texts 的缩写。

二世统治第 4 年的租金。这 317 库耳土地由穆拉树的后代利穆特-尼努尔达租佃着。①

但可以肯定的是，穆拉树商家的后代是不可能自己去耕种这些租来的土地的，那么，这些土地是谁在耕种呢？KR 185 的资料只是说明穆拉树商家向王后交纳了租金，而没有说明谁为穆拉树商家耕种了他们租来的土地。但在 BE 9 86A 中我们知道了穆拉树是将这些土地再转租出去了：

> 某人之子、某某的奴隶，埃阿-兹提苏和某人之子……达沙巴对穆拉树的后代恩利尔-苏姆-伊丁自愿承诺如下："请将下列土地给我们 3 年；在某地的土地和在……你的弓的份地……在你手里的那块停止耕种的份地；在苏巴特-嘎巴利，苏巴特-拉赫姆地区和苏巴特-嘎巴利周围的拉赫姆-埃尔的弓的份地；在司马吉尔河渠两岸的比特-达那吐和在哈什巴地区的土地；在胡塞提沙依克·埃的提吐鲁-斯马吉尔地区、伊什卡卢努、比特-克科、比特-阿克地区，及斯马吉尔河渠左右两侧的作为拉黑姆-埃及父子的弓的份地；还有 72 条耕牛配 18 套型，每套型带 4 条牛和全套马具，另外还有种子：226 库尔大麦、6 库尔 3 潘 2 苏特小麦、30 库尔二粒小麦、2 库尔鹰嘴豆、1 库尔 2 潘 3 苏特扁豆、6 库尔芝麻、6 库尔大蒜、2 库尔洋葱，另附 150 库尔大麦为挖水渠用。"
>
> "我们将在每年的阿扎努月在斯马吉尔河渠上按大的度量支付给你 2260 库尔大麦、140 库尔小麦、250 库尔二粒小麦、20 库尔鹰嘴豆、10 库尔扁豆、60 库尔芝麻，共计 2740 库尔收成，还有 4 库尔萨赫鲁佐料、1 库尔'收获草'、18 库尔大蒜、6 库尔洋葱、

---

① 《古代东方史文选》第 2 卷，第 51 页。

20 库尔花园草,此外我们还将赠送 1 头牛、15 只牡羊和 2500 把亚麻。"

　　恩利尔-舒姆-伊丁听从了他们的要求,将他们要求的土地及耕牛、犁、马具和种子一起租给了他们,并要求他们如其所说按量按时交纳租金。

除了将土地租佃出去以外,从色诺芬《长征记》的资料看,那时,也可能有由奴隶集体耕种的。[1] 在该书中说到王后帕莉萨蒂斯的地产中的奴隶和一个波斯人的奴隶,特别是那个波斯人的奴隶除了逃跑的以外,还有约 200 个奴隶被俘虏。这些奴隶除了从事家务劳动以外,也应当有从事田间耕作的。

第六节　其他人占有的土地

一、波斯贵族占有的土地

除了波斯的王室家族在被征服的地区占有大量的土地以外,波斯的大官和贵族也因各种原因(如因军功或担任了官职等)而占有大量的土地。

如据 BE 9 48,穆拉树商家的后代恩利尔-苏姆-伊丁租佃了一个名叫巴加米利的波斯官吏的长有树木的土地和谷田,其租期长达 60 年,

　　米特拉达特之子巴加米利对穆拉树的后代恩利尔-苏姆-伊丁自愿承诺如下:"我的长有树木的地和属于我父亲已故兄弟的谷田(位于辛河渠和西里什吐河渠岸上),以及在加里亚地方住房——

---

① ［古希腊］色诺芬:《长征记》,第 50、205～206 页。

它北边獭尼努尔塔-伊丁之子纳布-阿赫-伊丁的田地交界，还同尼普尔的居民巴纳尼-艾列沙的田地交界，在南边同巴拉吐之子米努-贝尔丹纳的田地交界，在东边——在辛河渠，在西边——在西里赫吐河渠岸上，而同阿尔塔列姆的译员努苏恩帕特（一个伊朗人）的田地（交界）。所有这些用以出租和园艺栽培（的田地），我将给你使用 60 年，你承租这片有树木的土地，一年付租金 20 库尔枣椰子，而谷田则用作园艺栽培。"

后来，穆拉树的后代恩利尔-苏姆-伊丁同意了他的意见，承租了长有树木的地和谷田 60 年，（即）他的部分和自己兄弟的已故父亲努苏恩达特的部分，以及长有树木的地，每年（交纳）20 库尔枣椰子，而谷田则用 60 年时间进行园艺栽培。每年塔什利吐月，恩利尔-苏姆-伊丁应交纳给巴加米利 20 库尔枣椰子作为这块田地的租金，米特里达特之子巴加米利将在 60 年内从穆拉树的后代恩利尔-苏姆-伊丁之手得到这块土地上的全部租金，将由他交纳。如果在 60 年期满之前，巴加米利从恩利尔-苏姆-伊丁手中夺走这块田地，并在这块田地上耕种，在这块田地上进行园艺栽培，巴加米利应付给恩利尔-苏姆-伊丁 1 塔兰特白银。如果巴加米利要这块土地，那么，他应腾空这块土地，并转交给恩利尔-苏姆-伊丁。

从国王阿塔薛西斯统治第 37 年的尼桑努月起，这块田地将租佃 60 年，同时进行园艺栽培，归穆拉树的后代恩利尔-苏姆-伊丁支配。

据色诺芬的《长征记》记载，在米西亚的波尔加姆斯，有一个名叫阿西达提斯的波斯人，拥有无数的财富和坚固的城堡，当色诺芬率领的希腊雇佣军去攻打他的城堡时，他城堡周边的奴隶们及大部分牲畜都逃离了，后来，当城堡被攻破后，希腊军队还从那里得到 200 多奴隶和许多羊，说明此人一定有大量的土地。①

二、投奔到波斯的希腊名人，被波斯国王优待并被赐予土地

如据希罗多德的《历史》，一个名叫戴玛拉托斯的斯巴达人的国王，由于自己的王位被剥夺，逃亡到了波斯，受到波斯国王大流士的热情款待，还给了他土地和若干城市：

> 大流士盛大地欢迎了他，给了他土地与若干城市。②
>
> 在波斯帝国，有不少希腊名人得到了这样的待遇。如一个名叫司枯铁斯的臧克列的国王，在逃到波斯以后，受到大流士的款待。
>
> 在大流士看来，他是从希腊来到自己这里来的一切人当中最诚实的人物……他最后是死在波斯的，他死时享了高龄并且拥有巨大的财富。③

在希罗多德《历史》第 7 卷中说到两个斯巴达人去见薛西斯时，在半路上，他们会见了一个波斯的官吏，名叫叙达尔涅斯，此人劝他们与国王交朋友，他说：

> 拉凯戴孟人，为什么你们不愿和国王交朋友呢？只要看一看我和我的情况，你们就可以判断出来，国王是多么善于敬重有品德的人物。因此，你们……如果为国王效劳的话，那你们便都可

---

① ［古希腊］色诺芬：《长征记》，第 205～206 页。
② ［古希腊］希罗多德：《历史》第 6 卷，70。
③ ［古希腊］希罗多德：《历史》第 6 卷，24。

以被赐予一块希腊的土地而成为统治者。①

在希罗多德《历史》的第 8 卷记载说：萨摩司人披拉科斯被波斯国王列为恩人，并"被赠给大量的土地"。② 另一个例子是泰米司托克利，他曾在希波战争中指挥雅典军队给波斯人以沉重打击，使波斯军队损失惨重，但后来他投靠到了波斯方面，于是波斯国王薛西斯给了他很大的优惠，他得到了马格涅西亚、拉姆普沙克、米乌恩特、别尔科特和帕涅司克普司城的地产，它们供应给他面包、酒、肉、鱼、调味料，以及床和衣服等，并且他被任命为马格涅西亚的统治者③。据说，仅仅马格涅西亚一个地方，每年的收入就达 50 塔兰特。马格涅西亚供给他面包，拉姆普沙克供给他酒，迈奥斯供给他肉食。据色诺芬说，龚基卢斯祖先从耶利多里被驱逐出来后来到波斯，结果，薛西斯赏赐给他四座城市。据希罗多德说，一个名叫披拉科斯的人，被列为国王的恩人，而被赠送了大量的土地。④ 一个名叫阿门塔斯的马其顿人曾被波斯国王送给普里吉亚的一个大城市阿拉班达作为采邑。⑤

三、神庙占有的土地

波斯帝国时期除王室家族占有大量土地以外，神庙也占有大量土地，特别是在埃及和巴比伦尼亚地区。因为波斯人在征服这些地区以后，基本上没有触动各地神庙的土地，虽然，在刚征服这些地区时曾发生过抢劫神庙的事件，但这种做法很快就得到了纠正，因为波斯统治者很快就感觉到

---

① ［古希腊］希罗多德：《历史》第 7 卷，135。
② ［古希腊］希罗多德：《历史》第 8 卷，85。
③ ［古希腊］修昔底德：《伯罗奔尼撒战争史》第 1 卷第 10 章，谢德风译，北京：商务印书馆，1960 年版。作者引用时对译文稍有修改。
④ ［古希腊］希罗多德：《历史》第 8 卷，85。
⑤ ［古希腊］希罗多德：《历史》第 8 卷，136。

要维持自己对被征服地区的统治，神庙是一个必须依靠的力量。这从《大流士一世关于马格涅西亚的希腊神庙的指示》中可以看出。由于有人侵犯了该神庙的利益，受到了大流士的严厉批评。所以，他们对各地神庙占有的土地基本上没有触动。所以，在波斯帝国时期的土地关系中神庙占有的土地是一个非常重要的方面。丹达马耶夫说："也可能，在薛西斯统治时期，在巴比伦人起义后，部分巴比伦神庙的土地被没收并分给了士兵作为份地。"

在 YBT Ⅶ 129 中就说到神庙经济：

在巴比伦之王、全国之王冈比西斯二世统治第 2 年都乌祖月第 1 日以前，乌鲁克城伊丝塔尔女神庙奴隶达雅恩-艾列什之子伊-吉米兰尼应将王室所需而由艾安那（神庙）交给他的 200 桶枣椰子酿造的甜酒装（上船），并运到阿巴努（城的）王宫里去。如果他不运到的话，那么将受到国王的惩罚。

在 AN OR Ⅷ 67 中说道，

在巴比伦尼亚之王、全国之王冈比西斯统治第 2 年阿拉赫萨姆纳月第 15 日之前，属于乌鲁克城的贝勒特女神的小牲畜牧人头领兰纳-艾列沙之子哲利亚，以及沙鲁金之子阿拉德-贝尔，（他们每人）应将 100 只小乳绵羊和小乳山羊，共计 200 只小牲畜，赶到阿布纳城王宫，以供应王室餐桌。关于此事，法尔纳克的命令已经用书面形式送到。

如果在阿拉赫萨姆纳月的第 28 日前，这些牲畜，即 200（只）牲畜还未被赶到阿布纳城的王宫，他们将受到国王的惩罚。

YBT Ⅶ的资料说:

在全国之王冈比西斯统治第 4 年的基什利姆月月底之前,利姆特-阿埃阿的后代纳布-邦恩-阿赫之子阿尔狄亚,管理乌鲁克城伊丝塔尔(女神)枣椰子租金的长官,应将王宫向艾安那(神庙)征收的 5000 塔兰特薪柴运去交给王室检查员、艾安那(神庙)的全权代表纳布-阿赫-伊丁。如果没有运到,那么他将受到巴比伦尼亚和河彼岸土地的总督戈布里亚的惩罚。

在铭文 GC Ⅱ 120 中说:

根据巴比伦尼亚和河彼安土地的总督戈布里亚的书面指示,艾安那神庙财产检查员(和)管理人,为了国王所需而从乌鲁克城伊丝塔尔女神庙的畜栏中将 80 只大牡羊——乌鲁克城伊丝塔尔女神和兰纳女神的财产中赶走,并将其托付给兰那-艾列萨之子哲利亚。他应在巴比伦之王、全国之王冈比西斯统治的第 2 年阿拉赫萨姆纳月第 17 日驱赶至阿巴努城,并为国王的需要而转交给艾安那(神庙)的管理人纳布-姆金-阿普利和国王检查员艾安那神庙财产的管理人纳布-阿赫-伊丁。

如果哲利亚在此期限内没有为国王所需而将此 80 只大牡羊驱赶到王宫,并转交给纳布-姆金-阿普利和纳布-阿赫-伊丁,那么他将受到巴比伦尼亚和河彼岸土地的总督戈布里亚的惩罚。

虽然这几个铭文中没有直接说到神庙土地的问题,它们都说的是神庙经济,如畜牧业、果树栽培等,而枣椰子又是当地居民的主要食品来源之一;但这些都是以神庙占有土地为前提条件的。

四、士兵占有的土地

驻守在被波斯人征服的各地区的士兵占有的土地，被称作"弓的份地""马的份地"等，这些土地是从被征服地区的人那里没收来后分配给这些士兵的，如前面说到的将巴比伦的神庙的土地没收后分配给了士兵等。

在资料中，对士兵占有的土地有不少介绍：据穆拉树档案 BE 9 74，在阿塔薛西斯统治第 40 年（即公元前 423/424 年），该商家租佃了 8 块雅利安人的弓的份地，下面是一份交纳地租的收据：

> 2 明那白银、1 袋面粉、3 桶优质啤酒、3 只牡羊，这是阿塔薛西斯统治第 40 年从以下田地上征收的租金，某人之子纳别恩的弓的份地，某人之子帕格的弓的份地，某人之子贝尔乌什帕塔尔的弓的份地，某人之子提利达特的弓的份地，某人之子贝尔-伊坦努的弓的份地，某人之子帕提什塔的弓的份地，某人之子利达特和帕加达特的弓的份地。这些沙拉马地方的雅利安人田地由穆拉树的后代恩利尔-苏姆-伊丁租佃。从他们（8 个人的名字）的这些田地上获得的租金——2 明那白银、1 袋面粉、3 桶啤酒、3 只牡羊，由穆拉树的后代恩利尔-苏姆-伊丁交付。

PBS2/1 175 是穆拉树商家于公元前 423 年租佃一块属于两兄弟的弓的份地的租约，这块地位于皮库杜河渠岸边，用于种植枣椰子树，租期为 3 年。据租约，商家每年要向份地持有者支付 50 库尔枣椰子、10 库尔大麦、2 桶啤酒和 2 库尔面粉。

公元前 423 年，穆拉树商家租佃了位于哈利-皮库德河渠两岸的 5 块苏沙努的弓的份地。

BE 9 107 是穆拉树商家租用属于苏沙努-马沙卡的位于尼普尔附近的 7

块弓的份地的租约，租期3年，每年租金为5明那白银。

BE 10 111记录了穆拉树商家租用一个雅利安人的弓的份地的租约：

> 1/2明那白银、1桶啤酒、1只牡羊、5苏特面粉，这是大流士（二世）统治第5、第6、第7年，从某地雅利安人的弓的份地上征收的租金。这些土地处于利穆特-尼努尔塔的奴隶某某之子的支配之下。
>
> 雅利安人的长官、某某之子、贝尔-纳丁收到了这1/2明那白银、1桶啤酒、1只牡羊、5苏特面粉——大流士（二世）统治第5、第6、第7年从这些土地上征收的租金，某人之子，利巴特已经交付给他。

在这份契约中说到收了3年的租金。为什么？可能这是这些弓的份地的持有者所要求的，但为此要付出什么代价则不得而知。

BE 9 75：

> 税收征收人普呼尔之奴隶胡恩查拉尔和沙姆拉之子纳麦尔，根据曼努斯坦的委托和印章，从穆拉树的后代恩利尔-苏姆-伊丁之手获得阿塔薛西斯统治第40年住在印度人居民点的拉巴沙之子卡尔杜苏的弓的份地，某人之子马尔都克艾提尔的弓的份地，（住在）某地属于苏沙努劳动队的某人之子贝尔-阿布-乌祖尔和比特-伊利努利的半份弓的份地征收给国王之家的全部税收和礼物3.5明那白银。他应将阿塔薛西斯统治第40年中的这全部税收付清，并送交曼努斯坦，然后把收据转交给穆拉树的后代恩利尔-苏姆-伊丁。

这份租约说明，租佃土地的穆拉树商家不仅要交纳地租，而且还为土地占有者代交赋税。为什么商家要替其交税呢？契约中没有说明，可能是因为这些土地持有人有困难，拿不出钱去交税，因而不得不求助于商家。这份契约也说明，国家是认可这种租佃的。下面这份契约说明，商家代替土地持有人交纳国税可能并非偶尔为之，而是较为经常的。

BE 10 50：

    1/2 明那白银、1 潘又 4 苏特面粉、1 桶优质啤酒、这是全国之王大流士（二世）统治第 1 年，从下述田地上（征收）的赋税。这些田地是：位于库图河渠岸上的某地属于某人之子巴加米尔和某人之子贝尔-苏努，以及所有归穆拉树的后代恩利尔-苏姆-伊丁租佃的弓的份地的共同所有者的长有树木和块根植物收成的田地，以及某地的沙巴河渠附近的田地。巴加米尔和贝尔-苏努从穆拉树的后代恩利尔-苏姆-伊丁之手获得（大流士二世统治）第 1 年的这些田地上的赋税，即 1/2 明那白银、1 潘 4 苏特面粉和 1 桶优质啤酒。他们已支付。

士兵们因为要服兵役，家里没有劳动力，因而将土地租出去，从中获得租金，其租期可以是 3 年（见 BE 10 111）至 5 年（见 BE 9 107）。士兵在服役期间其所占有的份地应当是免税的，但在平时，在不打仗的时候，则要交纳赋税。

据丹达马耶夫的研究，士兵是组织在一个名叫哈特鲁（hatru）的组织中的，这种组织大约形成于公元前 6 世纪后期，我们主要是从公元前 5 世纪后期的穆拉树商家的档案中看到有这种组织的，但它也适用于整个巴比伦尼亚地区。丹达马耶夫认为，参加哈特鲁的不仅有士兵，而且有手工业者（例如皮匠、木匠、牧人、商人、书吏等）。

在波斯帝国时期，每个士兵的份地有多大？丹达马耶夫认为，在波斯帝国时期的士兵大约可以得到 120 阿努尔（约合 3.28 公顷）这么多的土地作为份地，他是根据希罗多德记载的后期埃及时期一个士兵得到的份地的大小得出这个结论的。

这种份地大约是在居鲁士征服巴比伦尼亚后就有了，因为在冈比西斯统治的第 1 年，在巴比伦的文件中就碰到了"弓的份地"这个词（见 Camb 85）。在冈比西斯统治的第 7 年，在巴比伦的文件中，我们碰到了"马的份地"这个词（见 NRV 71）。

五、其他人占有的土地

此外，在波斯人统治时期，在两河流域地区，除了波斯人占有土地以外，当地人也可能占有土地，他们占有的土地，除了由奴隶租种外，大概也租给其他人（据文件 Liverpool 24，在大流士统治时期，埃吉贝商家的后代伊提-马尔都克-巴拉吐的儿子们曾将一块土地租给奴隶耕种）。

丹达马耶夫说，穆拉树家族在南部巴比伦尼亚有大量土地，这包括他们自己的土地以及从王室和贵族那里租来的土地，还有从军事殖民者等那里租来的土地。

穆拉树商家的经济活动与当时帝国最基层的小份地所有者有着极为密切的联系。表面上的承租、转租、提供借贷、代交课税等活动成为商家剥削小所有者的重要手段，尤其是波斯帝国实行货币税，将这些小份地所有者推到了商家的怀抱。因为他们要交税，就要将自己土地上的谷物产品，甚至将土地本身转化为货币，即出租或抵押，商家就是充分地利用了他们的这一弱点，大批地低价租进他们的土地，或向他们提供高利贷，将其土地作为抵押品掠夺过来，然后再分成小块，连同牲畜、设备、种子、水源一起转租出去，收取高额租金。

第八章　波斯帝国统治下的
奴隶和其他劳动者

　　古波斯帝国在其最强大的时期有多少奴隶？没有也不可能有统计数字。但可以肯定的是，王室、神庙和某些私人都占有大量的奴隶。他们是大奴隶主。例如，大流士二世的王后帕莉萨蒂斯的地产里有奴隶。色诺芬的《长征记》中说到小居鲁士的对手蒂萨弗尼斯让希腊雇佣军去劫掠王后帕莉萨蒂斯在米底的一个地产，在这些地产中有大量的谷物和牲畜，以及其他财产，但不让他们劫掠里面的奴隶。①

　　一些大官僚贵族、大商业高利贷家族也占有大量奴隶，如巴比伦尼亚的商业高利贷家族埃吉贝家族有许多奴隶，在一次分家析产时，就有200多个奴隶被分掉，但这还不是该家族的全部奴隶。这个家族的奴隶，主要是巴比伦尼亚地方的人，但也有埃及人、犹太人、印度人等。色诺芬的《长征记》记载说，公元前5世纪末，一个名叫阿西达提斯的波斯人，当色诺芬率领希腊雇佣军到达这个人那里时，他城堡附近的奴隶逃跑了，但在城堡里雇佣军还抓住约200个奴隶。② 据 Cyr 161，一个家庭有 27 个奴隶；据 Dar 429，一个家庭有 25 个奴隶。若干资料说明，在稍微富裕一点的人中，占有奴隶是一个普遍的现象。

---

① ［古希腊］色诺芬：《长征记》，第 50 页。
② ［古希腊］色诺芬：《长征记》，第 205～206 页。

第一节　波斯帝国时期奴隶的主要来源

在波斯帝国时期，每一次胜利的战争后，都会获得不少的战俘，他们中的许多人会成为奴隶。据希罗多德的记载，居鲁士在征服吕底亚，并镇压了吕底亚的起义以后，把已经被波斯人占领的吕底亚首都萨尔迪斯的人变成了奴隶：

> 他（指居鲁士）便把一个叫作玛札列斯的美地亚人召了来，要这个美地亚人根据克洛伊索斯所谈的那些条件向吕底亚人颁布命令；随后又命令他把随同吕底亚人攻打萨尔迪斯的其他人等都卖为奴隶……①

这个玛札列斯又攻克了普里耶涅，并把这个地方的居民卖为奴隶。②

据希罗多德记载，大流士把巴尔卡人俘虏为奴隶，并将他们从埃及放逐到巴克特里亚。③ 在希波战争时，大流士曾命令率领远征军的将领米底人达提斯和大流士的侄子阿尔达普列涅斯，"征服和奴役雅典和埃列特里亚并把这些奴隶带到他（即大流士）面前来"④。当他们攻陷了埃列特里亚后，不仅劫掠和焚烧城市的神庙，还遵照大流士的命令，"把这里的市民变卖为奴隶"⑤。他们将这些奴隶安置在一个海岛上，后来又把他们带走了。⑥

---

① ［古希腊］希罗多德：《历史》第 1 卷，156。
② ［古希腊］希罗多德：《历史》第 1 卷，161。
③ ［古希腊］希罗多德：《历史》第 4 卷，204。
④ ［古希腊］希罗多德：《历史》第 6 卷，94。
⑤ ［古希腊］希罗多德：《历史》第 6 卷，101。
⑥ ［古希腊］希罗多德：《历史》第 6 卷，115。

最后这些人被安置在苏撒附近。① 据希罗多德说，公元前 594 年，米利都起义失败后，"他们的大部分男子都给留着长发的波斯人杀死了，他们的妇女和小孩也被变成了奴隶……"②

希罗多德还记载，米利都起义失败以后，伊奥尼亚人的城市居民受到了波斯人非常残酷的对待，

> 当他们控制了这些城市的时候，他们便把最漂亮的男孩子选了出来，把这些孩子的生殖器割掉，从而使他们不能成为男子而成了阉人，至于那些最美丽的女孩子，则把她们带到国王那里去；他们这样做了之后，就把伊奥尼亚人的城市以及神殿烧掉了。这样一来，伊奥尼亚人便第三次变为奴隶。③

公元前 592 年，波斯人第一次远征希腊，在途经马其顿时，把马其顿人中的一些人变成了奴隶，

> 随后，他们的陆军又把马其顿人加到他们已有的奴隶里面去，因为在此之前，比马其顿离他们更近的一切民族便都已经被波斯人征服了。④

有文件显示，在波斯人的每一次胜利的远征后，在巴比伦尼亚这个地方都会有出卖外国俘虏的事情发生，例如，据 Camb 334：

---

① ［古希腊］希罗多德：《历史》第 6 卷，119。
② ［古希腊］希罗多德：《历史》第 6 卷，19。
③ ［古希腊］希罗多德：《历史》第 6 卷，32。
④ ［古希腊］希罗多德：《历史》第 6 卷，44。

　　　　穆舍吉布-贝尔之子伊丁那-纳布自愿将他的一个女奴隶，一个
来自他的弓的战利品的埃及人南那-伊提扎和她的 3 个月大的女儿
卖给埃吉贝的后代纳布-阿赫-伊丁之子伊提-马尔都克-巴拉吐，价
钱是 2 明那白银，伊丁那-纳布从伊提-马尔都克-巴拉吐之手收到
了南那-伊提扎和她的女儿的卖价 2 明那白银。

　　显然，这个妇女和她的孩子是冈比西斯在公元前 525 年远征埃及时俘虏的
（这个文件是在公元前 524 年写成的，当时有巴比伦尼亚人参加了这次
远征）。

　　在乌鲁克的一个文件 Yos 6 2：3 中提到有一个名叫纳布-伊纳-卡利-鲁
姆尔的奴隶，他也是一个埃及人，他应当是战俘奴隶。

　　文件 Camb 384 也说：

　　　　冈比西斯国王统治第 7 年，基什里姆月 1 日拉扎穆马尔加之
子拉扎马尔玛（和）阿什普塔提卡之子阿什普麦提那以 2 明那白
银和 2/3 明那白银的价钱把他们的女奴隶卡尔达拉（和）帕提扎
卖给纳布-阿赫-伊丁之子伊丁那。

　　人们认为，这些奴隶不是波斯人而是外国的血统。这说明，当时获得
奴隶是战争的主要目的之一。

第二节　奴隶可被买卖、出租，或送去学习各种技艺等

　　据 Cyr 332 文件说，一个名叫努尔-沙马什的人在公元前 551 年（即新
巴比伦王国国王那波尼德统治时期）买了一个名叫穆舍吉布-沙马什的奴
隶。后来，努尔-沙马什死了，他的寡妻布拉苏改了嫁，与另一个男人结了

婚，并用这个奴隶作抵押借了债。再后来，在公元前 533 年，在波斯国王居鲁士统治时期，布拉苏和她的后任丈夫用 1 明那 50 舍克勒把这个奴隶卖给了伊丁-纳布。

> 巴比伦之王那波尼德统治（第 6 年）……和他的妻子阿扎尔图（Ajartu）把穆舍吉布-沙马什以全价（卖给）努尔-沙马什。努尔-沙马什以自己的名义起草了（原始）文件，但是那波尼德统治第 7 年，他用其妻的嫁妆，1 个半明那的银子起草了一份（新的）盖了章的文件并交给他的妻子布拉苏。

> （然后）努尔-沙马什去世。努尔-沙马什去世之后，布拉苏和她的第二任丈夫塔巴尼亚（Tabbanea）用奴隶做抵押向阿布-努尔（Abu-nur）之子阿帕努（Appanu）借得 1 个半明那的银子。

> 到居鲁士统治第 6 年，布拉苏和她的丈夫塔巴尼亚把穆舍吉布-沙马什卖了 1 明那又 50 舍克勒银子，在买卖文件中他们写道："其中 50 舍克勒付给阿帕努。"

> 现在，居鲁士第 8 年，阿扎尔图（……的）妻子，因为穆舍吉布-沙马什的事情起诉我，（说他是）……神庙的奴隶。我带阿扎尔图来见你……西帕尔……的祭司把阿扎尔图带上前，他们询问阿扎尔图。她没能证明穆舍吉布-沙马什是神庙奴隶还是自由人。

> 西帕尔的祭司贝尔-乌巴里特也是沙马什神庙祭司的一员和城里的元老，他阅读了伊丁-努布带来的从那波尼德第 6 年到居鲁士第 8 年有关穆舍吉布-沙马什奴隶身份的合同。而阿扎尔图没有证明穆舍吉布-沙马什是神庙奴隶还是自由人。

> 他们讨论后，处罚阿扎尔图一个明那又 50 舍克勒白银，还有三分之二明那又 8（舍克勒）交给伊丁-努布，因为阿扎尔图告假

状说（奴隶）是自由人。

埃吉贝商业高利贷家族在新巴比伦王国时期就有买卖奴隶的记录，在波斯帝国时期该家族也有多起买卖奴隶的文件保存下来。如据 Dar 212 说，埃吉贝商业高利贷家族的马尔都克-纳西尔-阿普利买了一个奴隶：

> 陶匠后人贝尔-乌巴里特的儿子贝尔-纳丁-阿普利，纳布-伊丁和奈德-贝尔，自愿将他们的奴隶纳布-西里姆以共同达成的 4 明那 10 舍克勒的价格卖给埃吉贝的后人伊提-马尔都克-巴拉吐之子马尔都克-纳西尔。
>
> 贝尔-纳丁-阿普利，纳布-伊丁和奈德-贝尔就纳布-西里姆之事做了保证，以预防就其王室奴隶或自由人或苏沙努（Susana）的身份、身份证明等出现索赔和可能的官司。
>
> 贝尔-纳丁-阿普利，纳布-伊丁和奈德-贝尔从纳布-西里姆处收到 4 明那 10 舍克勒银子。
>
> 证人（4 人的名字），书吏（名字）。哈胡鲁（Hahhuru）（镇），萨里巴（Saribba）农庄。大流士王第 6 年基什里姆（月）第 26 日。

买卖奴隶像买卖其他物品一样，要签订契约，契约中除了写明价钱以外，还要写明这个奴隶不是自由民，不是王室的奴隶，不是神庙的奴隶，不是其他人的奴隶等。在这些方面，在波斯帝国时期和以前的新巴比伦王国时期一样。

奴隶可以被出租，如据公元前 485 年在巴比伦的一份文件 BE 8 119，一个妇女租用了自己儿子的一个奴隶，租金是一个月 60 升大麦。

第三节　奴隶可能被主人在借债时作为债务的抵押担保

如埃吉贝商家的伊提-马尔都克-巴拉吐（Itti-Marduk-balatu）在公元前546—前527年这一段时期内，就曾经在巴比伦借不同数目的债务并用奴隶去作担保。

穆拉树商家的后代马尔都克-纳西尔-阿普利（Marduk-nasir-apli）也曾在一次借8库尔大麦、34库尔枣椰子和13舍克勒白银时用一个奴隶作为担保。

另据大流士统治第16年的一份契约 TMH 2/3 121，奴隶主阿呼苏卢（Ahusunu）借了纳布-苏门-乌金（Nabu-sum-ukin）的钱，契约规定，如果到期还不了债，就要用他的奴隶抵债：

> 大流士国王统治第16年，纳哈胡的后代纳布-姆舍提克-伍迪之子阿呼苏卢必须支付给伊利扎的后代纳布-纳丁-苏米，纳布-苏门-乌金1明那52舍克勒又1/8舍克勒合金。
>
> 如果他不给钱，阿呼苏卢用作抵押的女奴南纳-卢素娜将归纳布-苏门-乌金所有，作为归还全部1明那52舍克勒又1/8舍克勒合金的债务。

Camb 428 也说到用奴隶抵债：

> 埃阿神祭司的后代，沙马什-（埃利巴）之子埃阿-卡西尔欠牧人的后代利穆特之子纳布-塔布尼-乌初尔 $1\frac{1}{3}$ 明那白银。他们的奴隶纳布里门-苏坤被作为这 $1\frac{1}{3}$ 明那白银债务的抵押品。不支付奴

隶工资，也没有利息。

奴隶可能被送去学习一些技艺。如据 TMH 2/3 214，一个奴隶被送去学习烘烤面包。

年轻的女奴隶还可能被自己的主人租给妓院老板作妓女。

第四节　奴隶可以独立租种土地

如文件 BE X 111 说：

利穆特-尼努尔达的奴隶贝尔-里巴特经营了舒布图·加巴里地方雅利安人的弓的份地，大流士王第 5、第 6、第 7 年的地租是：1/2 明那白银、1 桶啤酒、1 只牡绵羊、5 苏特面粉。

TMH2/3 174 说：

纳布-萨尔-乌初尔（Nabu-sar-usur）的奴隶伊斯塔尔-路初阿（Istar-rusua）应缴纳 57 库尔［枣椰］作为塔达努（Taddanu）之子纳布-萨尔-乌初尔的位于比特-叶苏（Bit-essu）镇埃阿（Ea）［神庙］大门旁边那块土地的地租。

根据 NRVU 470 和 471，这同一个纳布-萨尔-乌初尔把自己的一些土地租给了他自己的奴隶。这些奴隶中的每一个都是独立的签约者。三块土地不在一个地方。

据 Smerdis 9：

埃吉贝（Egibi）后代纳布-阿赫-伊丁（Nabu-ahhe-iddin）之子，伊提-马尔都克-巴拉吐（Itti-marduk-balatu）的奴隶纳布-皮特南尼（Nabu-pitnanni）需要缴纳12库尔枣椰子作为其主人所有的扎巴巴（Zababa）［神庙］大门前那块土地的固定地租。

他必须在阿拉赫萨姆努（月）一次性缴纳以潘（pan）计量的枣椰子。每1库尔枣椰子还要缴纳枣椰子垫、筐、棕榈须，1塔兰特的枣椰叶中段和1个容器（dariku）。

据NRVU 388，在公元前444年，一名奴隶由于承租了一个枣椰子果园，因此要向土地主人缴纳259库尔枣椰子。

据文件TMH 2/3 141，在波尔西帕的利美（Rimme）地区，一块土地租给了4个人，其中包括1个奴隶。

据BE Ⅸ，86a，奴隶埃阿-吉提苏（Ea-zittisu）和一个自由民从埃阿-吉提苏的主人、穆拉树的后代恩利尔-苏姆-伊丁那里租了若干土地，为期3年，这些土地坐落在不同的地区：

阿赫达吐司（Ahdatuse）之子埃阿-吉提苏（Ea-zittisu），恩利尔-苏姆-伊丁（Ellil-sumiddin）的奴隶（ardu）和萨巴塔（Sabbata）之子-达萨布阿（dasab'a），主动对穆拉树的后代恩利尔-苏姆-伊丁说："请将你手上位于苏巴特-萨巴图（Subat-sabatu）地区，在你的封地上不相连的几块土地，位于萨布特-伽巴里（Sabut-gabbari）地区拉西门-埃勒（Rahim-el）的封地、苏巴特-拉希姆（Subat-rahimu）地区和苏巴特-伽巴里（Subat-gabbari）附近的土地，位于比特-达纳吐（Bit-danatu）和哈斯巴（Hasba）地区司马尔吉尔（Simmargir）运河两岸的土地，拉西门-埃勒（Rahim-el）和他儿子的位于胡舍提-萨-勒（Husseti-sa-re'e）提吐

鲁-西马吉尔（Titurru-Simmagir）地区的封地，伊斯奇鲁鲁
（Isqallunu）、比特-基克（Bit-kike）、比特-阿克（bit-akke）地区
的和司马吉尔（Simmagir）运河两岸的土地租给我们 3 年，还有
72 头受过训练的耕牛，18 只犁（一只犁 4 头牛），全套挽具，以
及（种子）：226 库尔大麦，6 库尔 3 潘 2 苏特小麦，30 库尔二粒
小麦，2 库尔鹰嘴豆，1 库尔 2 潘 3 苏特扁豆，6 库尔芝麻，6 库
尔蒜，2 库尔洋葱和另外 150 库尔大麦用来挖运河。

"我们将阿扎努在司马吉尔运河，用大量斗付给你 2260 库尔
大麦，140 库尔小麦，250 库尔二粒小麦，20 库尔鹰嘴豆，10 库
尔扁豆，60 库尔芝麻，总计 2740 库尔庄稼，以及 4 库尔调料，1
库尔草，18 库尔蒜，8 库尔洋葱，20 库尔药草，另外我们还送你
1 头公牛，15 只绵羊和 2500 把亚麻作为礼物。"

恩利尔-苏姆-伊丁答应了他们，把上述土地都租给他们 3 年，
还有 72 头耕牛，18 只犁，全套挽具，作为种子给了他们 226 库尔
大麦，6 库尔 3 潘 2 苏特小麦，30 库尔二粒小麦，2 库尔鹰嘴豆，
1 库尔 2 潘 3 苏特扁豆，6 库尔芝麻，6 库尔蒜，2 库尔洋葱和另
外 150 库尔大麦用来挖运河。

他们必须在每年的阿扎努月，在司马吉尔运河，交纳用大量
斗称的 2260 库尔大麦，140 库尔小麦，250 库尔二粒小麦，20 库
尔鹰嘴豆，10 库尔扁豆，60 库尔芝麻，总计 2740 库尔庄稼，以
及 4 库尔调料，1 库尔草，18 库尔蒜，8 库尔洋葱，20 库尔药草，
（他们还必须）送 1 头公牛，15 只绵羊和 2500 把亚麻作为礼物。

这份租约将在阿塔薛西斯统治第 41 年，西玛努（月的月头）
生效。他们互相担保离（土地）最近的人会交纳地租。

证人（13 人名字），阿塔薛西斯统治第 41 年。

在文件 PBS 2/1 106 中，也说到奴隶租种土地的情况：

利穆特-尼努尔达的奴隶贝尔-埃利巴之子里巴特和贝尔-阿布-乌初尔之子拉希姆，主动对穆拉树后代利穆特-尼努尔达说："请将位于……地区的（有树的）土地租给我们 3 年，还有 24 头耕牛，全套挽具，6 套犁，另外 80 库尔大麦，2 库尔小麦，16 库尔二粒小麦和 1 潘 4 苏特芝麻做种子。我们将每年在苏巴特-伽巴里地区付你以 800 库尔大麦，30 库尔小麦，150 库尔二粒小麦，20 库尔芝麻，总计 1000 库尔庄稼，大麦和次要作物，还有依据哈塔扎（hattaja）地区标准称的 100 库尔枣椰。"

利穆特-尼努尔达听从了他们，将土地，24 头公牛及挽具和种子租给他们三年，记录如下。

他们必须每年在苏巴特-伽巴里地区缴纳 800 库尔大麦，30 库尔小麦，150 库尔二粒小麦，20 库尔芝麻，总计 1000 库尔的庄稼，大麦和次要作物，还有 1000 库尔以按哈塔扎地区称量的枣椰。

……大流士统治第 5 年。

奴隶可以在奴隶主分家析产时像土地、房屋等奴隶主的财产一样在各家庭成员之间分配。如埃吉贝家族在一次分家时，他们的奴隶也被分给了该家族的成员。

在奴隶制社会中奴隶不被当人看待，而是被当作牲口等财产看待，他们身上被打上烙印和标记，以表明他们是某个奴隶主的财产。在 Camb134 中，说到一个女奴隶的手腕上烙有阿卡德文和埃兰人的烙印，表明她曾经被两个奴隶主烙过印。据 PBS 2/1 65 中的一份契约中说到在大流士二世时期在尼普尔，有四个被烙有烙印或标记的奴隶被卖;① PBS 2/1 113：2 中说到，一个战俘奴隶的右手上烙有他以前的主人的名字：胡努（Hunu）。②

丹达马耶夫认为，在一些大地产中奴隶劳动被广泛使用，因而，对奴隶的监督是必不可少的。③ 在文件 Uet 4 1/2 中提到一个名叫图米亚的人，他可能是一个名叫米特里达塔（Mitridata）的波斯贵族的奴隶监督。④

第五节 奴隶劳动在手工业和商业中的使用

例如，奴隶可能是皮革工、制鞋工、印章雕刻工、纺织工、麻袋制作工、衣服漂白工、特殊纺织工、面包师傅或厨师、木匠、房屋建筑工、面包工等。

如据 Cyr 313：

[……的] 后代，阿尔基扎（Arjija）之子纳布-苏门-伊丁和他的妻子萨玛-依鲁之女伊纳-埃萨基那-白拉吐，将他们的奴隶尼丁吐交给乌萨扎的里布鲁特松 6 年，去学习（漂白的手艺），他必须教会他全部漂白（布）的技术。

如果他不训练他，他必须把他的人身租付给纳布-苏门-伊丁，一天 3 卡大麦。

这名奴隶自（居鲁士）统治第 8 年尼桑努（月）月初开始听

---

① ［苏］丹达马耶夫：《从那波帕拉萨尔到亚历山大时期（公元前 626—前 331 年）巴比伦尼亚的奴隶制》，北伊利诺伊大学出版社，1984 年版，第 229 页。

② ［苏］丹达马耶夫：《从那波帕拉萨尔到亚历山大时期（公元前 626—前 331 年）巴比伦尼亚的奴隶制》，第 229～230 页。

③ ［苏］丹达马耶夫：《从那波帕拉萨尔到亚历山大时期（公元前 626—前 331 年）巴比伦尼亚的奴隶制》，第 235 页。

④ ［苏］丹达马耶夫：《从那波帕拉萨尔到亚历山大时期（公元前 626—前 331 年）巴比伦尼亚的奴隶制》，第 235 页。

从里布鲁特松安排。他必须培训他，然后将（他）献给沙马什（神）。他训练他之后，他（奴隶的主人）必须支付价值一条毯子，值4舍克勒银子给里布鲁特松。

证人（3人的名字），书吏（名字）。西帕尔，居鲁士统治第8年，阿布月25日。

另据 Cyr 325，王子冈比西斯的奴隶被送去学习制作印章的技术：

埃吉贝的后代纳布-阿赫-伊丁之子伊提-马尔都克-巴拉吐自愿将他的奴隶古祖-伊纳-贝尔-阿兹巴特送去向冈比西斯王子的奴隶、印章雕刻匠库达伊学习印章雕刻的技艺，为期4年。

他应教给他完善的制作印章的（技艺）。伊提-马尔都克-巴拉吐应给古祖-伊纳-贝尔-阿兹巴特换洗的衣服（一年一次）。

如果库达伊不教给他，他必须支付 1/3 明那银子。如果他4年之内没有教会他［……］

证人（2个人的签名），书吏（名字）。

巴比伦，巴比伦之王居鲁士统治第8年阿达努月第六日。

他应在尼桑努月第……日交付5舍克勒银子。

Camb 245：

埃吉贝的后代，纳布-阿赫-伊丁之子，伊提-马尔都克-巴拉吐自愿（送）他的奴隶基-辛之子到编织人伊迪加处2年3个月，学习服装制作的手艺。他必须教给他全部的手艺。

他已经拿到了食物。年底前，伊提-马尔都克-巴拉吐（必须给他）一件衣服。

证人（名字），书吏（名字）。巴比伦，冈比西斯（Cambyses）4年乌努努月［……］日。

他们各自收到一份文件。

由于在新巴比伦王国时期和波斯帝国时期一些奴隶有了相对独立的经济支柱，因此，在一定条件下，他们也可能成为债主，放高利贷。例如，在公元前529年，埃吉贝商家的一个名叫涅尔伽尔-利初阿的奴隶就借给一个名叫贝列特-伊浦西-乌姆-沙-布列涅及其妻子2明那银子。又如，一个名叫纳布-艾列什的书吏既欠埃吉贝商家的钱，也欠埃吉贝商家的一个奴隶纳布-乌提尔的钱。

第六节　奴隶作为商业代理人

奴隶也可能作为自己主人的商业代理人，这在新巴比伦王国时期就已经有了，在波斯帝国时期还继续存在。例如，埃吉贝商家有几个著名的奴隶作为自己的代理人，如纳布-乌提尔就是埃吉贝商家的一个从事商业高利贷的代理人，作为埃吉贝商家代理人的还有纳布-雅努和达雅恩-贝尔-乌初尔。其中，达雅恩-贝尔-乌初尔是从另一个奴隶主伊丁-马尔都克家转到埃吉贝家的伊提-马尔都克-巴拉吐（他作为埃吉贝家族的一家之主的活动时间是公元前543—前522年）手里的一个代理人，后来他又被遗嘱分配给了埃吉贝家族的另一个首脑马尔都克-纳切尔-阿普利（他作为这个家族的首脑的时间是公元前521—前495年）。

下面是一些奴隶代理人的例子：

Camb 253：

伊提-马尔都克-巴拉吐的奴隶涅尔伽尔-利初阿（Nergal-resua）已经代他从木卡里姆（Mukallim）的后代卡尔巴（Kalba）之子阿拉德-贝尔（Arad-Bel）手上收到 8 舍克勒银子，这是一处房子的自年初以来的房租，还有 4 舍克勒的银子，是剩下的房租，这些都是木卡里姆的后代卡尔巴之子阿拉德-贝尔欠埃吉贝的后代纳布-阿赫-伊丁之子伊提-马尔都克-巴拉吐的。

　　证人（2 人名字），书吏（名字）。巴比伦，冈比西斯统治第 4 年阿拉赫萨姆努月 7 日。

　　合同双方各自收到 1 份文件。

Dar 362：

　　马尔都克-纳西尔-阿普利的奴隶西皮特-贝尔-阿兹巴特和伊利-皮-乌初尔已经代他从巴图图的后代纳丁之子纳布-纳西尔-阿普利之手收到 1 库尔 3 苏特 4 卡大麦，这是大流士统治第 12 年土地的收成。这和西皮特-贝尔-阿兹巴特已经收到的第 13 年的 4 库尔 3 潘 2 苏特的土地收成是分开的。

　　证人（4 人名字），书吏（名字）。苏帕特镇，大流士统治第 13 年沙巴吐月 24 日。

　　各方都收到一份文件（抄本）。

这份文件的内容说的是，属于众所周知的埃吉贝家族头头、伊提-马尔都克-巴拉吐之子马尔都克-纳西尔-阿普利的两个奴隶，收到了他们主人的一块土地的一份 2 年的租金，大约 1042 升大麦。

Dar 542：

　　巴甲萨路的奴隶，皮西甲的信使，巴甲萨路的管家纳布-加比-

伊利，已经自马尔都克-纳西尔-阿普利的奴隶舍皮特-贝尔-阿兹巴特处收到大流士统治第 21 年的地租枣椰。巴甲萨路与埃吉贝的后代伊提-马尔都克-巴拉吐之子马尔都克-纳西尔-阿普利，和他的兄弟们分享地租。

各方都已收到一份文件。

纳布-加比-伊利已经自马尔都克-纳西尔-阿普利的奴隶舍皮特-贝尔-阿兹巴特之手收到 15 库尔枣椰。

证人（4 人名字），书吏（名字）。大流士统治第 22 年西玛努月 20 日。

贝尔［……］的后代［……］之子，纳布布里特苏。

Dar 274：

米特拉图的奴隶贝尔-乌初尔-苏，作为尼西斯图-塔比的代理人，自贝尔苏鲁的奴隶阿拉德-涅尔伽尔处收到大流士统治第 10 年在努赫桑尼吐镇的土地的地租 3 库尔大麦。

贝尔-乌初尔-苏和尼西斯图-塔比必须写个收到 3 库尔大麦的收据，并交给阿拉德-涅尔伽尔。

证人（3 人名字）。书吏（名字）。波尔西帕，大流士统治第 10 年阿布月 21 日。

PBS 2/1 201：

伊普拉达吐之子阿卡门尼斯所有的位于……的土地出租给穆拉树的后代利穆特-尼努尔达在大流士统治第 4 年的租金是 1 明那银币的枣椰子。

> 伊普拉达的奴隶西哈和……埃提尔已经代他自利穆特-尼努尔达处收到 1 明那银子。他们收到钱必须和伊普拉达吐一起立下收据交给利穆特-尼努尔达。

> 证人（7 人名字），书吏（名字）。尼普尔，各国之王大流士统治第 4 年乌努努月 28 日。

这份文件说到的土地的主人伊普拉达吐，是一个波斯人，一个阿黑门尼德王室家族的成员。这个家族在尼普尔附近拥有大量的土地，这些土地通常经过奴隶代理人之手出租给穆拉树商家（参见 BE Χ 85）。

有的文件显示，奴隶主经由奴隶去缴纳赋税。如据 YMH 2/3 189，在大流士统治第 7 年，有 7 个斯基泰人作为军事殖民者的报酬的弓的份地，这些土地现在出租给了穆拉树的后代利穆特-尼努尔达，应当交纳 $2\frac{1}{3}$ 明那银子和 7 个弓的份地的全部赋税，文件清楚地表明，利穆特-尼努尔达指令他的奴隶之一去纳了税。

第七节　奴隶的彼库里

彼库里（Pecullium）是奴隶主给与奴隶的一份财产，这份财产既可以是一块土地，也可以是其他的财产。这些财产在奴隶活着时候可以一直使用，死后交回。在奴隶使用这份彼库里时当然要向自己的主人交纳一定的收成或利润，即拥有彼库里的奴隶要从商业贸易、手工业、租佃等的收入中付给其主人一份报酬，这种报酬叫作曼达吐或马达吐。有自己的作坊的奴隶，他们给主人的彼库里的报酬会更多。如一个织工因为给一个神庙织布，每月从这个神庙获得 2 舍克勒银子作为工钱（见丹达马耶夫书，381页），而他给主人的报酬就是总数的一半（见 CYR 352）。

此外，奴隶还因此而要交纳一种人身租。在新巴比伦时期，人身租大约是一年 12 舍克勒白银，在波斯帝国时期，也大约是这个数目。在两河流域地区，给奴隶以彼库里的情况，从新巴比伦王国时期就已经有了，甚至在亚述帝国时期就已经有了。到波斯帝国时期仍继续使用，因为用这种方式剥削奴隶比较省事省力，还可能剥削得更多。在罗马帝国时期，这种剥削方式的出现，说明了奴隶制的衰落。在两河流域，这种方式的使用也是如此。因为奴隶制在这里已经存在了将近 3000 年。

据公元前 519 年的 Dar 97，属于洗涤匠后代马尔都克-埃提尔之子贝尔-卡西尔的 5 明那银子，和属于埃吉贝的后代马尔都克-纳西尔-阿普利的奴隶努布-阿加努的 5 明那银子，被他们做了共同投资。

Camb 161 说：

辛-塔布尼的后代穆舍吉布之子伊提-纳布-巴拉吐欠埃吉贝的后代纳布-阿赫-伊丁之子伊提-马尔都克-巴拉吐的奴隶涅尔伽尔-利初阿 30 又 1/8 舍克勒合金。他必须在 abu 月归还本金。

Camb 285 说：

埃吉贝的后代纳布-阿赫-伊丁之子伊提-马尔都克-巴拉吐的奴隶涅尔伽尔-利初阿欠努尔-辛德后代卡西尔之子贝尔-伊丁 11 明那银子。月息每明那 1 舍克勒银子。

PBS 2/1 118 说：

18 只公羊，[……] 1 岁公羊，14 只公羊羔，70 只已经产过仔的成年母羊，19 只 1 岁母羊，6 只成年公山羊，1 只小公山羊，

［……］已经产过仔的成年母山羊，1只1岁母山羊，共计141只好山羊（黑色和白色的），不论大小，属于贝尔-艾利布之子利穆特-尼努尔达的奴隶里巴特，租给萨姆撒加（Samsaja）之子贝尔-埃提尔（Bel-etir）。

本次计数在大流士统治第6年西玛努月10日。当面点清并移交。

还有关于奴隶作为借贷契约当事人的文件保存下来，如 Dar 82：

埃匹斯-伊利（Epes-ili）的后代苏拉之子马尔都克-苏姆-伊布尼欠巴比伦和叙利亚总督乌斯塔尼的奴隶库鲁拉扎2明那银子。

他的（即债务人）坐落在巴甲路斯大路边的房子作为库鲁拉扎的抵押。另一个债权人在库鲁拉扎收回贷款前对这所房子没有任何权利。该房产没有房租，银子也没有利息。

再如 Dar 337：

埃吉贝的后代伊丁的儿子希尔库（Sirku，即马尔都克-纳西尔-阿普利，希尔库是昵称）欠纳布巴尼-阿赫（Nabu-bani-ahi）的奴隶基拉扎（Giraja）$5\frac{5}{6}$明那的白银，每舍克勒白银含八分之一舍克勒合金。

他必须在尼桑努月支付这些本金和利息。

奴隶把实物（如粮食等）借给他人，如 Dar 387：

伊斯尼提（Isinite）后代尼丁吐（Nidintu）的奴隶沙马什-伊丁（Samas-iddin）欠埃吉贝的后代伊提-马尔都克-巴拉吐之子，马尔都克-纳西尔-阿普利 4 库尔一级白色大麦。

他必须于阿扎努月在马尔都克-纳西尔-阿普利位于皮库都（Piqudu）运河边的房子里一次性按马尔都克-纳西尔-阿普利的计量归还这 4 库尔大麦。

GCC I 11　99：

巴尼吐-埃勒斯（Banitu-eres）之子贝尔-纳埃德（Bel-na'id）和他的奴隶（qallu）纳布-贝尔-乌初尔（Nabu-bel-usur）欠辛-塔布尼（Sin-tabni）的后代，纳布-贝尔-苏马提（Nabu-bel-sumate）之子贝尔-阿赫-伊其萨（BeL-ahhe-iqisa）3 库尔 1 潘大麦。

他们必须于阿扎努月在乌鲁克库房大门前支付这 3 库尔 1 潘大麦。

他们互相担保。

这个文件表明，一个奴隶和他的主人联合借了大约 576 升大麦，并作为互为保证人。

PBS 2/1 222：

利穆特-尼努尔达的奴隶纳布-伽哈比（Nabu-jahabi）之子扎布达（Zabuda）欠穆拉树的后代利穆特-尼努尔达 32 库尔大麦，目前在阿布达扎（Abdaja）和贝尔-伊塔努（Bel-ittanu）手里。

他必须于大流士统治第七年阿扎努月在尼普尔仓库大门前，

以库鲁普（kuruppu）计量法支付这 32 库尔大麦。

据 Camb 330 和 31 的内容，在胡尔萨卡拉马签订了两份契约，这两份契约是在同一天，有同一些证人在场。契约说，埃吉贝商家的后代伊提-马尔都克-巴拉吐给了两个明那又两舍克勒银子给自己的女奴隶胡纳吐，以便她能获得开一家小酒店所必需的资本：购买 50 个啤酒罐、其他各种罐子、椅子和其他别的东西，还有 60 库尔（约合 10800 升）枣椰子。奴隶可能拥有自己的谷田和房屋。① 奴隶也拥有作坊。

从新巴比伦王国时期起，我们就看到奴隶主有奴隶代理人代理其经济上的活动，在新巴比伦王国到波斯帝国时期，著名的奴隶主埃吉贝商家的奴隶代理人之一曼达努-贝尔-乌苏尔，其活动的时间从新巴比伦王国时期一直到波斯帝国时期（从尼布甲尼撒二世到冈比西斯二世时期）。属于努尔-星的后代伊其萨之子伊丁-马尔都克的一个奴隶代理人涅尔加尔-利苏阿，其活动的时间也是从新巴比伦王国时期一直到波斯帝国时期（从尼布甲尼撒二世到冈比西斯二世时期）。

某些奴隶还拥有奴隶。如据 UET 4 29：辛-伊丁之子伊迪扎，穆拉努之子里巴特和沙马什-埃提尔之子辛-吉尔-乌西布希（Sin-zer-usibsi）自愿将他们的女奴贝尔提马以 1 明那 18 舍克勒精炼银子的价格卖给辛-伊其萨的后代伊库普之子乌吉那的奴隶伊达呼-纳布，该女奴右手上写有汉娜塔尼的名字，左手上写有辛-伊丁之子伊迪扎的名字。

辛-伊丁之子伊迪扎，穆拉努之子里巴特和沙马什-埃提尔之子辛-吉尔-乌西布希自辛-伊其萨的后代，伊库普之子乌吉那的奴隶伊达呼-纳布处收到 1 明那 18 舍克勒精炼的银子，即女奴贝尔提马的价格。

---

① ［苏］丹达马耶夫：《从那波帕拉萨尔到亚历山大时期（公元前 626—前 331 年）巴比伦尼亚的奴隶制》，第 342～343 页。

　　某日，法官接到诉讼要求辛-伊丁之子伊迪扎，穆拉努之子里巴特，和沙马什-埃提尔之子辛-吉尔-乌西布希释放女奴贝尔提马并将她交给伊达呼-纳布。

　　伊迪扎，里巴特和辛-吉尔-乌西布希必须在法官面前共同起草这个文件并交给辛-伊其萨的后代，伊库普之子乌吉那的奴隶伊达呼-纳布。辛-伊丁之子伊迪扎，穆拉努之子里巴特和沙马什-埃提尔之子辛-吉尔-乌西布希共同对等于女奴价格的银币负责，并起草了文件。

　　这份文件是非常有趣的。三个人合有一个名叫贝尔提马的女奴隶，她先前属于某个汉纳塔尼，后来，这个汉纳塔尼又把她卖给了一个名叫伊达呼-纳布的奴隶。

　　让奴隶去学习手工业等技艺大约是从新巴比伦王国时期开始的。

　　丹达马耶夫认为，在波斯帝国时期，很多伊朗人是大奴隶主。如 Artabarra、Artareme、Artahsar、Bagasatu、Ipradatu、Manustunu、Ustanu 等就是大奴隶主的名字。[①]

　　在一般情况下，神庙的奴隶叫作喜尔库（sirku），这个词来自动词 saraku，其意思是"present"，即"赠品"、"礼物"；神庙奴隶常常也叫作 zaku/zakitu，来自动词 zaku，其意思是"to become clear"，即"变成清洁的"或"become free"，即"变成自由的"。在一些铭文中，"zakitu"和"sirkatu"也交互使用。但在有的情况下，也用 qallu、ardu 和 amtu 来表示神庙奴隶，不过，在这种情况下，表示奴隶所属的神庙的名字一定要附加在后面，以表明他们是某个神庙的奴隶。神庙奴隶没有彼库里，他们为神庙工作，得到固定的报酬，如谷物、面粉、枣椰子、植物油，有些奴隶也

---

　　① 参见［苏］丹达马耶夫：《从那波帕拉萨尔到亚历山大时期（公元前 626—前 331 年）巴比伦尼亚的奴隶制》，第 111 页。

另外得到啤酒、盐，有时还可能得到肉。①

此外，波斯帝国时期还有一些劳动者的身份、地位和在生产中的作用也不是清楚。如在公元前 1000 年代的巴比伦尼亚的文件中，提到过依卡努（Ikkaru）、苏沙努（Susanu）和格尔达（Gerda）这样三种人。在当时的铭文资料中，依卡努常常同一种名叫艾列苏（Erresu）的劳动者一起被提到。他们常被称作"农民"、"庄稼人"。依卡努也常被称作"庄稼人"、"农业经济劳动者"，而艾列苏也叫作"农民"、"农业租佃者"。当时宫廷、神庙和私人都有依卡努。在依卡努中有奴隶和非奴隶之别，即有奴隶依卡努和非奴隶依卡努。在公元前 1000 年代，巴比伦的神庙有很多地产，他们将其一部分出租，而其余的土地则由为数众多的神庙的奴隶依卡努和不被认为是奴隶的普通依卡努耕种。依卡努的工作包括耕种土地、修理河渠等。如，在Camb 19 中说到依卡努在河渠上劳动；在文件 Tcl Ⅸ Ⅰ，109 里说到一个神庙让自己所有的依卡努去修筑河渠和维护河渠；在文件 Tcl Ⅻ Ⅰ，150 说到某个阿格里亚应当派 10 个依卡努到一条河渠上去劳动，如若不然，他将受到处分，因为需要用一些新的依卡努去替换正在河渠上劳动的依卡努。

据一份出自西帕尔的文件 NRVU 564，在大流士统治第 26 年，"为耕地的劳动"而派人替换依卡努。依卡努的劳动可能很艰苦，或待遇很差，因此有逃跑的现象。在文件 YOS Ⅲ，146 中谈到，一个名叫卡尔布的神庙官吏介绍说，有戴着手铐的依卡努被送到他那里，因为有很多依卡努逃跑了。在西帕尔、乌鲁克等地一些神庙把大量的土地出租给所谓的租金征收人，这些租金征收人自己并不亲自耕种这些租来的土地，而是由依卡努来耕种，这些依卡努是租金征收人从神庙租来的。

据文件 Tcl Ⅻ，Ⅰ，182，神庙在将土地租给租金征收人的同时，也将

---

① 本节中有关波斯帝国奴隶制的若干资料，引自［苏］丹达马耶夫的《公元前 7—前 4 世纪巴比伦尼亚的奴隶制》一书，特此说明。

一定数量的依卡努和牛租给他们。如据 Yos Ⅵ，11，在公元前 555 年，在拉尔萨的艾安娜神庙与租金征收人签订的一个租约中说，两个租金征收人从神庙租种了 6000 库尔（约 7140 公顷）土地，在租期的第一年，这些租金征收人还从神庙获得 3000 库尔（约 4.5 万升）大麦作为种子和 10 塔兰特（约 300 千克）铁以制作犁铧。此外，还获得 400 个依卡努、400 头牛和100 头大公牛。作为租金，征收人每年向神庙交纳 2.5 万库尔（约 275 万升）最好的大麦和 1 万库尔（约 150 万升）精选的枣椰子。依据这份契约，每个依卡努要耕种 15 库尔土地（约合 18.5 公顷土地），按契约规定，这18.5 公顷土地中有一半是休耕地，即每个依卡努每年耕种的土地是 9 公顷多。私人依卡努为他们的主人耕种土地，也可能连同土地一起被租出去（见文件 BE Ⅹ，29）。

依卡努的起源还不太清楚，大概有两个来源，一个是一些丧失了自己土地的人，为了维持生计而不得不耕种别人的土地，甚至丧失了自由；另一个（或甚至大多数）是被安置在王室土地之上或赏赐给神庙的战俘。

依卡努往往既无劳动的牲口，也无劳动工具。他们中的一部分整年在自己主人或他们的代理人的监督下劳动而获得固定的口粮。有时，神庙将自己的几百人一队的依卡努连同土地、劳动工具和劳动牲口一起出租。某些依卡努从自己的主人那里获得种子、牛和工具（犁、锄等），并耕种划给他们的土地，向他们的占有者交纳部分收成。

丹达马耶夫认为，属于宫廷的依卡努叫作苏沙努。"他们被固定在国家的土地上，并在专门的官吏监督下劳动。在苏沙努中，除了农民以外，还有不同专长的手工业者。苏沙努绝不会被出卖。""根据穆拉树档案文件，国家的苏沙努按其法律地位不同于别的王室份地持有者，并按职业标志而构成了不同的集团；他们集体交纳赋税，服徭役，而且在必要的情况下也服兵役（显然是在辎重队里）。苏沙努的地位是世袭的，而在有苏沙努名字的表册中包括了带孩子和其他亲属的父亲。"①

斯托普尔说,据由埃北林(Ebeling)首先解释的词源学,苏沙努是从一个印欧语的词"训练马"(horse training)中推断出来的。据这个意见,某些学者把那些与马、牲口和其他动物有关的一些新巴比伦尼亚铭文中叫作苏沙努的人首先理解为"马的管理者",而后是一般"动物管理者"。②事实上,无论这个术语的词源学的状况是什么,后来的阿黑门尼德时期和塞琉古时期的苏沙努都被理解为一个社会的和行政的地位的标志,而不是理解为一个职业的标志术语。它表示了很多类劳动者,在多种多样的活动中,苏沙努既不是奴隶,也不是完全自由的人。现在在某种形式上多数人都采纳了这种解释,并且这也适用于穆拉树铭文中的苏沙努。③ 在资料中我们看到有"苏沙努的弓的份地"的提法,如在铭文 BE 9 107 中说到有属于苏沙努-马沙卡的位于尼普尔附近的 7 块弓的份地被租给穆拉树商家,租期为 5 年,每年租金为 5 明那白银。在 PBS 2/1 30 中,说到在公元前 423 年,穆拉树商家租佃了 5 块位于哈利-皮库德河渠的属于苏沙努的弓的份地。

资料中还有"苏沙努劳动队"的提法:在 BE 9 75 中说到住在某地属于苏沙努劳动队的某人之子贝尔-阿布-乌祖尔和比特-依利-努利的半份弓的份地。

此外,资料 BE 10 48 中还有"哈马塔亚家族苏沙努弓的份地"的提法。在 BE 10 41 中有"宝库苏沙努团体(哈特努)"的提法。在 BE 10 65 中有"国库苏沙努的弓的份地"的提法,在 BE 9 12 中有"管理水渠中水的苏沙努"。在 PBS 2/1 101 中有"苏沙努-黑沙努"。在 TUM 2-3 183 中有"马厩的

① [苏] 丹达马耶夫:《古代前亚非奴隶的依附形式》,见《古代东方的社会关系和依附形式问题》,莫斯科:科学出版社,1984 年版,第 22 页。
② [美] 斯托普尔:《企业家和帝国》(M. W. Stolpor, *Entrepreneurs and Empire*:*The Murasu Archive*,*The Murasu Firm and Persian Rule in Babylonia*,Publications De L'institut Historique Et Archeologique Neerlands De Stamboul,1985),第 80 页。
③ [美] 斯托普尔:《企业家和帝国》,第 80 页。

苏沙努"。在 BE 9 83 中有"国库苏沙努的管理人"，在 PBS 2/1 76 中有"祖扎家族的苏沙努"，在 PBS 2/1 193 中有"从事筑堤工程的苏沙努团体"的提法等。①

　　在王室经济中劳动的还有一类人叫作格尔达，丹达马耶夫说，"固着于王室经济和贵族地产上的格尔达，构成了王室劳动者的特殊集团。格尔达在官吏监督下劳动（BE Ⅹ，95、118 等）。一部分固着于土地上的格尔达则得到口粮（BE Ⅹ，95，127；UM 204 等）。根据其名字来判断，格尔达是由巴比伦尼亚人和外族人（例如埃及人）组成"（见《古代前亚非奴隶的依附形式》）。B. O. 图林认为，根据宝库铭文提供的资料，格尔达（或库尔塔什）是由战俘和外国人组成的，如赫梯人、埃及人、伊奥尼亚人。② 据"宝库"文件的资料，格尔达在王室经济中从事许多方面的工作：木匠、铜匠、雕刻匠、牧人等。他们的劳动用银来估价，但支付给他们的却是实物。这些格尔达的身份是什么，是奴隶还是非奴隶的依附民，目前尚看法不一。

---

① 有关苏沙努的情况，参见［美］斯托普尔：《企业家和帝国》，第 79～82 页。
② 《根据帕塞波里斯的"宝库"文件看库尔塔什的社会地位》，载《古史通报》1951 年第 3 期。

第九章 波斯帝国统治下的
商品货币关系

波斯帝国幅员辽阔，各地社会经济发展极不平衡，各地的商品货币关系发展也不平衡。波斯帝国时期基本上没有改变被征服地区原有的社会经济制度，为了巩固自己的统治，波斯征服者征服各地的初期，也曾采取某些措施，为各地经济生活的正常进行创造了条件。如铸币制度的实行，维持各地原有的市场价格，修建驿道，保证商旅安全，发展过境贸易等。在大流士一世上台以后，帝国境内的相对平静和稳定，也使各地社会经济的发展，特别是使商业贸易在比过去更加广大的范围内开展有了可能（在帝国范围内，没有了那么多的关税）。特别是，在两河流域地区，原本就十分活跃的商业贸易、过境贸易在这时候就更加活跃。两个著名的商业高利贷家族（即埃吉贝商家和穆拉树商家）的活动证明了这一点。

商家出现的背景大约有这样几点：社会的发展，尤其是商品货币关系的发展（铁器的广泛使用，大大提高了生产力；新的土地的开垦；灌溉农业的发展；手工业的发展；商业贸易的发展等）；奴隶制的发展（奴隶人数的增加：依靠战争、买卖、债务等；剥削形式的多样化等）；土地关系方面的变化（私有土地制的发展，租佃制的发展，王室、神庙、私人土地所有者的土地皆出租）；帝国取代了小国寡民和民族国家，为社会经济的发展开辟了更加广阔的活动范围（去掉了关卡、战乱减少）；近东地区国际商路的形成，各地区之间交往的扩大；大路的修建——驿道的早期阶段——运送军队和军需品等的需要引起等。所以，商家的出现，在新巴比伦王国和波斯帝国时期是社会经济发展和商品货币关系发展的产物。当然，波斯帝国虽然统一了铸币制度，但铸币并没有在全帝国广泛流行起来，各地在进行交换时仍主要以贵重的金属（特别是银）来作为交换媒介，这妨碍了商品货币关系的发展。

第一节　埃吉贝商家

埃吉贝商家的活动并非开始于波斯帝国时期，我们现在知道的该商家活动的最早记录是在亚述帝国时期后期。该商家有大量的契约文书（约1700 多件）被发掘出来，虽然这些文件中的大多数是在巴比伦发现的（因为，该商家首脑是住在巴比伦及其郊区的），但该商家在波尔西帕、库特、基什等地也有活动。所以，在波尔西帕、基什、奥彼斯、库特、西帕尔、乌鲁克以及该商家成员曾居住过的米底和波斯的不同地方也发现有该商家的档案文件。现在的文件表明，该家族活动的时间为公元前 8 世纪末至公元前 480 年。公元前 480 年，该家族从人们的视野中消失。

由于埃吉贝商家的资料分散在不同地方，发掘者又不同，所以现在有关该商家的档案资料收藏在不同的地方，这为研究该商家的状况造成了不少困难。

在资料中第一个被提到的埃吉贝商家的人是库都路（Kudulu），是在公元前 715 年。以后，该商家一个名叫纳布-纳丁-阿赫的人担任过巴比伦的市长的职务。再往后为我们知道的是该商家的贝尔-艾提尔-埃吉贝（公元前660—前 590 年），随后一代有纳布-哲尔-乌金、贝尔-乌帕西尔和他们的兄弟扎吉尔，以及伊基什之子库都路。但积极参与商业活动的是他们的下一代，这下一代以苏拉为代表。苏拉是纳布-哲尔-乌金之子。他的名字出现在公元前 602—前 580 年的文件中。在苏拉的活动中有购买奴隶，组织商业公司，借债，买卖枣椰子、大麦、牲畜等。他也向他人借债，如有一次，他以自己的房屋作为抵押而借了 2 明那又 14 西客勒。他的这笔债到他死时尚未还请，他的儿子纳布-阿赫-伊丁重新写了契约，将还款期限推迟了 3 年。

苏拉有 7 个儿子，他的长子和继承人是纳布-阿赫-伊丁（约生活于公元前 612—前 543 年），此外，还有伊提-马尔都克-巴拉吐、伊丁-纳布、涅尔加尔-艾提尔、穆金-吉尔、贝尔-克西尔、马尔都克-纳契尔-阿普利。从伊提-马尔都克-巴拉吐时期起，该商家的活动就进入了波斯帝国时期（他的活动开始于公元前 555 年，而从公元前 543 年开始是作为商家的首脑而活动的，他作为商家首脑一直活动到公元前 522 年）。他与当时当地的一个富有人家纳巴雅家的女儿阿马特-巴乌结婚。他的活动地区是在巴比伦及其郊区，但在波尔西帕等地也有他活动的资料。在该家族的档案中有大约 270 份文件与他有关，主要涉及借贷、购买土地、贩卖奴隶。据资料记载，他一共购买了 34 个奴隶，后来又卖出去 6 个。他的奴隶或者是出租出去，或送去学习手工业技术，也有的奴隶独立从事商业贸易或高利贷活动而向他交纳代役租（人身租）。他的这类奴隶可能达到相当富有的程度，以至于可以自己购买奴隶。

他也与其他商家共同放债（如与纳布-苏姆-伊丁之子马尔都克-沙比克-吉尔，他是伊提-马尔都克-巴拉吐的谷田共有者之一，也是共同借贷者之一），共同分配利润。在公元前 539 年波斯人占领了巴比伦尼亚后，该商家不仅继续进行自己的商业高利贷活动，而且与波斯征服者上层建立了联系。该商家在波斯征服后还在继续活动的第一个人就是伊提-马尔都克-巴拉吐。他的活动区域不仅在巴比伦尼亚，而且还延伸到了波斯和米底。在他的儿子马尔都克-纳契尔-阿普利时期，该家族仍然同波斯统治者保持了较为密切的关系。在波斯帝国时期，该商家的主要代表人物是伊提-马尔都克-巴拉吐和马尔都克-纳契尔-阿普利，其经济活动至少包括以下几个方面。

其一，有息贷款。据统计，在波斯帝国时期该商家共有 24 笔有息贷款，其中第一笔是在居鲁士时期。据 Cyr 219，在公元前 533 年，商家贷款给勒母特-纳布-利西特-乌初尔大麦，价值 15 舍克勒；而最后一笔是在公元前 518 年的大流士时期，在这一年，商家贷出了价值 44 明那的款项。在这个时期的许多文件中都涉及该商家的有息贷款。如 Cyr 227，Cyr 249，Cyr 254，Cyr 268，Camb 43，Camb 68，Camb 122，Liv 34，Camb 166，Camb 196，Camb 208，Camb 301，Camb 328，Camb 331，Camb 336，Camb 337，Camb 341，Camb 343，Camb 368，Camb 372，Camb 431，Dar 26，Dar 93 等。[1]

其二，无息贷款。据统计，在波斯帝国时期，该商家共贷出 13 笔无息贷款，最早的一笔是在居鲁士时期，在公元前 533 年。据 Cyr 237，该商家的伊提-马尔都克-巴拉吐在公元前 533 年的 9 月贷给穆舍吉布-马尔都克等人 13 明那白银。该商家的马尔都克-纳契尔-阿普利在大流士统治时期，在公元前 517 年给纳布-苏米什库恩等人以贷款。此外，若干文件都和无息贷款有关，如 Dar 157，Dar 187，Dar 164，Dar 167，Dar 173，Dar 238，Dar 243，Dar 246 等。

其三，购买房屋。据 Cyr 161，在公元前 533 年居鲁士统治时期，该商家的伊提-马尔都克-巴拉吐购买了某个伊丁-阿赫……的房屋、土地和奴隶，价格是 24 明那 32 舍克勒，房屋面积是 6 卡努。此外，Cyr 345，Camb 226，Camb 423 也是与购买房屋有关的文件。

其四，购买土地。据 Dar26，在公元前 520 年，该商家购买了卡尔巴等人的土地 2 库尔，价格是 9.5 明那白银。此外，Dar 152，Dar 227，Dar 302，Dar 321，Dar 325，Dar 366，Dar 466，Dar 467，Dar 469，Dar 571 等都涉及购买土地的问题。

其五，出租房屋。如据 Cyr 228，该商家的伊提-马尔都克在公元前 532 年用 10 舍克勒把一处房屋租给了纳布-金-阿普利。

---

① ［苏］丹达马耶夫：《从那波帕拉萨尔到亚历山大时期（公元前 626—前 331 年）巴比伦尼亚的奴隶制》。

其六，出租土地。如据 Dar 79，在公元前 519 年该商家的伊提-马尔都克-巴拉吐将一块土地租给纳布-伊丁，租金是 14 库尔。该商家也把土地租给奴隶，如据 Dar 273，在公元前 512 年，该商家的伊提-马尔都克巴拉吐把一块土地租给自己的一个名叫达雅恩-伊丁的奴隶，租金是交纳枣椰子和大麦。

一个值得注意的现象是，埃吉贝商家是当时的大奴隶主，据有的学者统计，该家族的奴隶多达 200 多人。这个家族的奴隶大多是巴比伦尼亚人，但也有其他地方的人，如犹太人、埃及人、印度人等。还有一点值得注意的是，该商家还用奴隶作代理人进行商业贸易。这些奴隶代理人既为其主人从事商业贸易，也为他们自己进行商业贸易，甚至他们自己也拥有奴隶。该商家的一个著名奴隶代理人叫纳布-乌提尔，他是在埃吉贝商家的伊提-马尔都克-巴拉吐活动时期（公元前 547—前 530 年）的一个奴隶，即他生活在新巴比伦王国时期至波斯帝国早期，有关他的活动在文件 NBD526、605、674、681、769、827、845、858、874、875、898、931、1019、1030、1114 和 CYR 337 中反映了出来。他住在自己独立的房屋里，从事独立的商业贸易活动。该商家的另一个奴隶代理人是达亚恩-贝尔-乌初尔，他生活在埃吉贝商家的伊提-马尔都克-巴拉吐和马尔都克-纳契尔-阿普利时期，他最初是伊提-马尔都克-巴拉吐的岳父伊丁-马尔都克的奴隶，在伊丁-马尔都克死后，在冈比西斯统治的第三年，他转为伊提-马尔都克-巴拉吐的奴隶。在公元前 508 年，在埃吉贝商家分家时，他和他的家庭被分给了该商家的第二个儿子纳布-阿赫-布利特，而纳布-阿赫-布利特后来又将达雅恩-贝尔-乌初尔及其家庭转卖给了长兄马尔都克-纳契尔-阿普利，卖价是 24 明那白银。但他被马尔都克-纳契尔-阿普利作为妻子的嫁资而赏给了自己的妻子。在达雅恩-贝尔-乌初尔代理主人从事高利贷、租佃和商业活动的 44 年中，他给他的主人带来了丰厚的收入的同时，自己也获得了非常多的好处。在文献中，他作为伊提-马尔都克-巴拉吐的奴隶初次出现是在冈比西斯统治的第 4 年（见 Camb 257），在那一年，他从主人的债务人那里获得部分薪金，在稍后的 Camb 321 和 Camb 329 中，他以一个奴隶的身份而成为原告，并且法庭做出了有利于他的判决，Camb 359 和 Camb 376 反映了他从事商业贸易活动，在西帕尔由于出售枣椰子而为自己获得 3 明那又 2 舍克勒银子。

埃吉贝商家的活动到公元前 480 年左右就从历史上消失了，其原因可能是贫穷破产了，因为在公元前 482 年在巴比伦尼亚发生了贝尔-希曼尼和沙马什-利贝的起义，薛西斯残酷地镇压了起义，埃吉贝商家的财产被抢劫，土地被没收，这些土地可能都作为份地分给了波斯人的士兵。

第二节　穆拉树商家

波斯帝国时期另一个大的商业高利贷家族是穆拉树商家，其活动的时间是波斯帝国的中期，大约在公元前 454—前 404 年。这是阿塔薛西斯一世至大流士二世统治时期。该家族活动的主要地区是巴比伦尼亚的尼普尔及其附近地区。当时，波斯帝国正值希波战争结束，长期以来困扰帝国的征战停止，同时基本上适应帝国统治的各项政治措施和经济政策也已经确定和成熟，帝国进入相对稳定的时期。这为该家族的活动提供了一个较好的活动环境。

反映穆拉树商家及其经济活动的主要资料是该家族自己的档案文献，即泥板文书，这些泥板文书是 1893 年由英国考古队在巴比伦尼亚中部的尼普尔城及其郊区发现的。经过专家的鉴定，确认其为后期巴比伦文献，并根据家族主要成员祖先的名字称其为"穆拉树之子"，其档案的泥板文献也被称为"穆拉树档案"。

穆拉树档案是一组规模比较大的文献，它是作为一个整体被发掘出来的，但由于管理不善，在发掘出来后不久就分散开了，其大部分被送到了费城，收集在 CBS 中，还有一些在个人手中，后赠给了大学，收藏在大学博物馆里。该档案大多公布在宾夕法尼亚大学博物馆出版的文集 BE 9-10 和 PBS 2/1 中，按编年顺序选择安排：BE 9（1898），包括阿塔薛西斯一世统治时期的代表性文献；BE 10（1904）和 PBS2/1（1912）则大约为大流士二世统治时期的文献。另外在 BE 8/1（1908）、UCP 9/3（1928）、TUM 2-3（1933）等上面也发表了一些，这些都不受编年顺序的影响。

上面各书发表的档案文献数量是 502 个。1952 年，卡尔达西亚曾按统治时期将这些已经发表的文献进行了分类。已经发表和尚未发表而收藏在费城、伦敦和伊斯坦布尔的博物馆中的约 377 个，合计为 879 个，去掉不能成文的碎片，该家族档案可使用的文献约 730 个。

穆拉树商家的活动时间大概是在公元前 454—前 404 年，这个家族的档案反映了该家族四代人的活动。其中第三代的恩利尔-苏姆-伊丁（约公元前445—前 421）和第四代的利穆特-尼努尔达时期（约公元前 429—前 414 年）是该家族经济活动中最活跃的时期，档案也主要是反映他们二人的活动。该家族中其他人多是在其他文献中被提到。如第一代的哈丁这个人只是作为老穆拉树的姓出现过两次；第二代的老穆拉树在该家族的经济活动只在两份文件中出现（一个是定年为阿塔薛西斯一世的第 17 年，即公元前 448/447 年出现在有关债务的记录中，他是一个债权人；另一个定年为阿塔薛西斯一世统治第 20 年的 4 月 6 日，即公元前 445 年 7 月 16 日的对一份固定资产的调解的记录中），其他都只是在提到谁的祖先时才出现，所以，他参与经济活动比较少。

该家族中第三代的恩利尔-哈丁只在商家事务中活动了几年（见该家族档案 BE 8/1，BE 9 2，BE 9 3，BE 9 5，BE 9 12 等文件，时间在公元前454 年 3 月—前 437 年 10 月 21 日）。该家族第四代的小穆拉树在 4 份文件中出现过（见 BE 9 101，BE 10 129，PBS2/1 185，TUM2-3 148，时间是在公元前 424 年 10 月 30 日—前 416 年 5 月 5 日）。第四代中一个也叫恩利尔-哈丁的只在一份文件中出现过（即 PBS2/1 86，时间为公元前 419 年 8 月 28 日）。第三代的纳奇吐是商家中唯一的一个妇女，她出现在一个契约的片段上（见 CBS 129 65）。

关于该商家的主要经济活动，有不同说法，例如，阿甫基耶夫认为，商业的发展、财富的集中促使尼普尔"穆拉树之子"商家成立，其主要经营活动是商业，并承包国家赋税，另外，还经营属于富有的波斯人的大块土地。① 美国学者奥姆斯特德认为穆拉树商家是放高利贷者，那些弓的份地所有者为向国家缴纳赋税和其他负担，只好以土地为抵押向商家这类的放高利贷者借钱，被抵押的土地即由商家为自己的利益而经营，直到它不再为原来的所有者所有。② 奥姆斯特德称穆拉树商家为"借贷专家"（loan shark）。

从档案文件看，穆拉树商家的主要活动应当是经营土地（至于该商家是否从事过商业等活动，没有什么证据，而且也不可能有什么证据，因此难以断定。我们只能根据现有的文献资料来说话）。一方面，商家承租王室家族、贵族官吏、神庙的大块地产，以及军事殖民者、工匠和本地居民的份地，向这些土地持有者或其代理人交租金，对这些土地，商家自身依靠奴隶耕种的只是很少一部分，大部分则连同商家提供的牲畜、设备和种子一起又转租出去。另一方面，商家还承租和转租鱼池、国王的水渠，代养羊群等。该商家还通过向一些小土地持有者提供高利贷而接受土地作为抵押。许多小土地持有者往往因此而失去土地。商家在接收这些土地以后再转租出去（往往是连同牲畜、设备和种子一起）。

关于穆拉树商家租种国王的土地，据 BE 9 32：

---

① ［俄］阿甫基耶夫：《古代东方史》，第 541、611 页。
② ［美］A. T. 奥姆斯特德：《波斯帝国史》，英文版，第 356 页。

200库尔大麦——这是穆拉树的后代恩利尔-苏姆-伊丁租佃国王的土地应给国王的租金。后来，根据国王的管理人拉巴沙的指示，某某和某某从恩利尔-苏姆-伊丁之手得到了这200库尔大麦，他们付了账。某某和某某应同巴拉沙一起写出有关这正确计量的200库尔大麦的契据并转交给恩利尔-苏姆-伊丁。

另据 Kr 147：

穆拉树的后代利穆特-尼努尔达对伊丁-纳布之子、辛河渠（区）管理租金的长官里布努塔自愿承诺如下："请把位于努赫河渠下游的巴狄吐河渠，它们流经布鲁特的地产和阿尔巴地方，从河口到水位得以升高的发源地——左右两岸生长块根植物的谷田、靠近它的国王的乌兹巴努（按：乌兹巴努为国王的土地），以及水——国王的财产，即在国王的乌兹巴努境内，从帕哈特-阿迪-吐努恩河渠到哈路巴吐地区上游的涅尔加尔-丹努河渠的边界，租给我3年，每年我将在辛河渠上付给你220库尔大麦、20库尔小麦、10库尔波尔巴小麦，总计250库尔收成，大麦和按1库尔又1潘计算的其他谷物。此外，我还将给你1头公牛和10只牡羊。"

后来，里布努塔听从了他，他把巴狄吐河渠、国王的乌兹巴努田地（它们位于河渠之旁）和国王的财产——水（从河口到帕哈特-阿迪-吐努恩河渠的汇合处，到位于哈路巴吐地方上游的涅尔加尔-丹努河渠之旁）租给了他3年。

他每年应在阿雅尔月，将这220库尔大麦、20库尔小麦、10库尔波尔巴小麦，共计250库尔大麦和其他谷物（按1库尔1潘的数量计算）的收成在辛河渠上付给。此外，他还应给他1头公

牛和 10 只牡羊。从大流士二世统治的第 4 年塔什利吐月起，这块

土地将在 3 年之内处于利穆特-尼努尔达租佃支配之下。

据文献 CBS 12939，穆拉树商家曾将国王水库里的水和与之相邻的国王的乌兹巴努转租给了自己的佃户。据 PBS 2/1 124，在公元前 418 年，穆拉树商家的一个名叫利巴特的奴隶将属于国王的土地转租了出去。

关于穆拉树商家租佃王后的土地：在穆拉树商家承租的土地中，有一部分是大流士二世的王后帕莉萨蒂斯占有的土地。该王后不仅在巴比伦尼亚，而且在其他地方也拥有土地。下面这份资料（Kr 185）是承租人向王后交纳的租金的一个契据：

317 库尔又 2 潘 3 苏特大麦，5 库尔又 2 潘 3 苏特小麦是从帕莉萨蒂斯的田地和其管理人埃阿-布利特苏的弓的份地上征收的大流士二世统治第 4 年的租金，这些田地有穆拉树的后代利穆特-尼努尔达租佃着。这 317 库尔又 2 潘 3 苏特大麦、5 库尔又 2 潘 3 苏特小麦是某某根据帕莉萨蒂斯的管理人埃阿-布利特苏的委托，从穆拉树的后代利穆特-尼努尔达之手征收的大流士二世统治第 4 年的那份田地的租金。他们已经收到上述租金……

文献 PBS 2/50 和 PBS 2/60 反映的也是有关穆拉树商家租佃王后帕莉萨蒂斯和其奴隶的土地，然后向王后的地产管理人和其奴隶交纳租金的。

另外，在 BE 9 28 和 BE 9 50 中提到了穆拉树商家租佃"王宫的夫人的地产"，在这里，"王宫的夫人"也应当是王后。

关于穆拉树商家租佃王子的土地。据多份资料，穆拉树商家与波斯帝国的王子们有着密切的关系，他们租佃了王子们的土地，文献表明，穆拉树承租和转租了多个王子的土地。如据 BE 10 85：

30 库尔大麦，1 潘甜啤酒，1 潘 4 苏特面粉，这是大流士二世统治第 4 年，从种植枣椰子树和谷物的田地上征收的全部租金，谷田坐落在哈马纳伊，在阿赫名纳的管理人之手，由穆拉树商家的后代利穆特-尼努尔达租佃着。曼努-伊布卡，阿赫名纳的管理人已经收到 30 库尔大麦，1 桶甜啤酒，2 只牡羊，1 潘 4 苏特面粉，大流士二世统治第 4 年由穆拉树的后代——利穆特-尼努尔达交纳的固定租金，他已交付。

在文献 TUM 2-3 190 和 PBS 2/1 137 中提到该商家租佃了王子阿利斯吐的地产；BE 10 85 是该商家因租佃王子阿赫名纳的地产而向其交纳租金的契据；文献 PBS 2/1 103 和 201 是该商家租佃王子阿赫名纳之子伊普拉达塔的地产并向其交纳租金的契据；文献 BE 10 82 和 89 是王子杜恩达纳通过其代理人处理与穆拉树商家的事务；文献 PBS 2/1 105 记录了穆拉树商家将王子乌什塔纳土地上的租金交给其奴隶，奴隶又将其租金转交给王子管理人这一事实；文献 BE 10 117 反映的是王子西吐努的奴隶将其土地出租给穆拉树商家；PBS 2/1 37 和 TUM 2-3 147 说的是王子达达尔苏的地产管理人将其土地出租给穆拉树商家的事；有 9 个文献提到穆拉树商家租佃或转租王子阿尔沙马的地产（这些文献按年代顺序是：PBS 2/1 144 [8/Ⅵ/11 Darius Ⅱ]；BE 10 130、131；PBS 2/1 145，146 [all21/Ⅵ/11 Darius Ⅱ]；PBS 2/1147 [24/Ⅵ/11 Darius Ⅱ]；PBS 2/1 148 [25 Ⅵ/11 Darius Ⅱ]；BE 10 132 [29/Ⅲ/13 Darius Ⅱ]；BE 9 1 [28/Ⅶ/1 Artaxeres Ⅱ]。其中，阿尔沙马只在最后一个文献中才被称为王子。

关于穆拉树商家租佃波斯贵族官吏的地产：穆拉树商家承租了波斯贵族官吏在巴比伦尼亚的尼普尔城附近的地产，有的租期长达 60 年。如据文献 BE 9 48，穆拉树的后代恩利尔-苏姆-伊丁租佃了波斯官吏巴加米利的长有树木的地和谷田，租期为 60 年。租约说：

> 米特拉达特之子巴加米利对穆拉树的后代恩利尔-苏姆-伊丁自愿承诺如下："我的长有树木的地和属于我父亲以故兄弟的谷田（位于辛河渠和西里什吐河渠岸上），以及在加里亚地方的住房（它北边同尼努尔塔-伊丁之子纳布-阿赫伊丁的田地交界，还同尼普尔的居民巴纳尼-艾列沙的田地交界，在南边同巴拉吐之子米努-贝尔丹纳的田地交界，在东边——在辛河渠，西边——在西里赫吐河渠岸上，而同阿尔塔列姆的译员努苏恩帕特的田地交界，所有这些用以出租和园艺栽培（的田地），我将给你使用 60 年，你承租这片有树木的地，一年付租金 20 库尔枣椰子，而谷田则用作园艺栽培。

> "后来，穆拉树的后代恩利尔-苏姆-伊丁同意了他的意见，承租了长有树木的地和谷田 60 年，（即）他的部分和自己的已故父亲努苏恩达特的部分，以及长有树木的地，每年（交纳）20 库尔枣椰子，而谷田则用 60 年时间进行园艺栽培。每年塔什利吐月，恩利尔-苏姆-伊丁交纳给巴加米利 20 库尔枣椰子作为这块田地的租金。米特拉达特之子巴加米利将在 60 年内从穆拉树的后代恩利尔-苏姆-伊丁之手得到这块土地上的全部租金，他将交纳。如果在 60 年期满之前，巴加米利从恩利尔-苏姆-伊丁手中夺走这块田地，并在这块田地耕作，在这块田地上进行园艺栽培，巴加米利应付给恩利尔-苏姆-伊丁 1 塔兰特白银。如果巴加米利要这块土地，那么，他应腾空这块土地，并转交给恩利尔-苏姆-伊丁。

> "从国王阿塔薛西斯统治第 37 年的尼桑努月起，这块田地将租佃 60 年，同时进行园艺栽培，归穆拉树的后代恩利尔-苏姆-伊丁支配。"

另外，PBS 2/1 43、84 和 BE 10 84 等文件也是关于该商家租用波斯大官的土地并交纳租金的内容。

穆拉树商家租用神庙有关人员的土地：一是穆拉树商家租佃神庙奴隶的土地。公元前 5 世纪，在尼普尔，神庙奴隶占有一定数量的土地。据丹达马耶夫的意见，他们是集体占有土地的。[①] 穆拉树商家从他们手中租来土地。资料见 TUM 2-3 182：

从下列土地上征收来的大流士二世统治第二年的大麦，属于苏纳雅地区贝尔神庙的那些奴隶种植谷物的一部分土地，在神庙奴隶阿胡努手中的一些土地，它们在穆拉树的后代利穆特-尼努尔达的支配之下。利巴特之子阿胡努已收到大流士统治第 2 年从穆拉树的后代利穆特-尼努尔达手中征收的上述土地的租金——大麦。他已支付。

同样，PBS 2/1 94、211 等文件也都是有关穆拉树商家租用贝尔神庙奴隶集体占有的土地，并向其交纳租金的契据。二是穆拉树商家租用神庙祭司的土地。从穆拉树商家的档案看，商家也曾租佃过在不同部门管理下的祭司个人的土地。在 BE 9 72 中，该商家租佃了一块称作拉伯-乌玛的官吏控制的"拉拉克祭司"的"弓的份地"。在 PBS 2/1 135 中，商家还租用了一块属于底格里斯河阿卡德城的祭司的土地。这块土地是在其所在组织哈特努的长官的管理下的。上述事实说明，穆拉树商家与波斯帝国土地占有者中的上层人物有着广泛联系。他们从这些以世袭官职为依托的大地产的

---

① 参见［苏］丹达马耶夫：《从那波帕拉萨尔到亚历山大时期（公元前 626—前 331 年）巴比伦尼亚的奴隶制》，第 527 页。

所有者——国王、王后、王子、官僚贵族及神庙的土地管理者手中租来大片土地，然后再分成小块租出去，从中获利，以增加自己的经济实力。虽然商家并不是波斯帝国政府的什么机构，但它却通过租佃大土地所有者的土地并再转租出去这一过程，实际上获取了主要的生产资料——土地的支配权。

穆拉树商家承租国王的水渠：从穆拉树档案看，尼普尔地方的灌溉网络的主要部分是国王的财产，控制在国王的手中。据斯道尔分析，当地河渠的占有、监督管理和使用过程是这样一个线路：国王—王子、总督—马珊那（河渠管理者，是国王官吏，如文献 CBS 12950 NO. 48，是关于商家交纳租金的收据，其接受者就是马珊那）—河渠管理者—穆拉树商家—商家的佃户。商家可以从不同的土地占有者那里得到土地，但却只能从国王行政的不同部门那里获得水的使用权。

下面这份资料就清楚地说明了这一点，见 TUM 147：

> 穆拉树的后代利穆特-尼努尔达对辛河渠（区）管理租金的长官里布努塔自愿承诺如下："请把位于努赫河渠下游流经布鲁特的地产和阿尔巴地区的巴狄吐河渠，由河口到河源左右两岸生长块根植物的谷田，河渠边上的国王的乌兹巴努和国王的财产——水源……租给我 3 年，每年我将在辛河渠上付给你 220 库尔大麦、20 库尔小麦、10 库尔波尔巴小麦，总计 250 库尔收成，大麦和按 1 库尔又 1 潘计算的（其他）谷物。此外，我还将给你 1 头公牛和 10 只牡羊。"

里布努塔答应了他的要求，将他要求的一切都租给了他 3 年，并要求他在每年的阿扎努月，将那共计 250 库尔的收成在辛河渠上交付给他。

另外，在 BE 9 73 中也反映了商家租用国王水渠的事实，该文件就是一张交纳租金的收据，其中也清楚地说明水渠是国王的财产：

> 农民的后代帕利克-伊利之子纳狄尔和沙马什-伊丁的奴隶纳
> 布-乌舍吉布，根据贝尔-艾提尔之子沙马什-伊丁的书面委托，从利
> 穆特-尼努尔达之手得到 2 库尔 4 苏特（1 苏特＝5 升）芝麻——作
> 为国王的一份，这是穆拉树的后代利穆特-尼努尔达租佃国王水渠的
> 国王的一份收入。纳狄尔和纳布-乌舍吉布应将这些芝麻（2 库尔 4
> 苏特）运送给沙马什-伊丁，并为利穆特-尼努尔达写出契据。

BE 9 73 是穆拉树商家租用国王水渠后交纳租金契据，其中也清楚地指
明水渠是国王的财产：

> 农民的后代帕利克-伊利之子纳狄尔和沙马什-伊丁的奴隶纳布
> -乌舍吉布，根据贝尔-艾提尔之子沙马什-伊丁的书面委托，从利
> 穆特-尼努尔达之手得到 2 库尔 4 苏特（1 苏特＝5 升）芝麻，作为
> 国王的一份，这是穆拉树的后代利穆特-尼努尔达租佃国王水渠的
> 国王的一份收入。纳狄尔和纳布-乌舍吉布应将这些芝麻（2 库尔
> 4 苏特）运送给沙马什-伊丁，并为利穆特-尼努尔达写出契据。

穆拉树商家在租得这些水渠以后，再将其租给租佃他土地的人，甚至
独立的农民。据 BE 97：

> 阿普利之子贝尔-比利特苏和纳布-阿赫-伊塔努、比巴努之子
> 纳杜布-苏努和尼努尔塔-伊布尼……贝尔之子贝尔-苏姆-伊丁、苏
> 姆-伊丁和利巴特对穆拉树的后代恩利尔-苏姆-伊丁、贝尔乌舍吉
> 布之子贝尔-纳契尔，以及（……自子）伊丁-贝尔自愿承诺如下：

每月 12 日至 15 日，把国王私有的水给我们（使用）。在我们弓箭
手的份地的粮田上，在属于辛-利巴特之家的田地上，我们将增加
收成，我们要用被灌溉的田地上的 1/3 收成支付水费。此外，我
们还将为每库尔被灌溉的土地支付 1/3 舍克勒白银，并为每库尔
灌水的土地支付 1/3 舍克勒作为什一税。

而后，艾利勒-苏门-伊丁，贝尔-纳契尔和伊丁-贝尔也听说了
此事，并且属国王所有的这些水从每月的 12 日至 15 日给了他
们……

如果他们在非规定的日子里引水灌了田，那么，将不经审理
他们就应支付 5 明那白银。

在 BE 9 16 中，几个弓的份地持有者从商家那里租来贝尔水渠里的水，
是由辛水渠引来的，用来浇灌他自己弓地中的果园。为此他们将支付收成
的 1/4 作为租金。

穆拉树商家还将水渠转租给自己的佃户，通常是连同土地、驮兽、设
备和种子一起出租的。在文献 BE 9 29 中，穆拉树商家是将水渠和土地一
起出租的。根据土地的数量和质量，其每年的租金分别是：120 库尔大麦、
10 库尔小麦、17 库尔二粒小麦、1 库尔芝麻（共 148 库尔，约 26640 升）
以及其他收成和 2600 库尔大麦，100 库尔小麦，250 库尔二粒小麦，50 库
尔芝麻（共 1000 库尔，约 540000 升），以及其他收成。

BE 9 52 的内容为穆拉树商家转租水渠，获取额外收入，这一活动提供
了进一步的信息，其内容是穆拉树商家根据奴隶利巴特的请求把河渠的水
租给奴隶利巴特：

……于是，恩利尔-苏姆-伊丁听从了他的要求，将沙努河
渠——从其河源到河口，沿着河渠的左岸和右岸水流经的所有地区，

> 以及纳姆-卢嘎-杜尔-恩利尔河渠右岸的所有土地租给他 3 年。他
> 必须在每年的阿雅鲁月按所要求的量支付 632 库尔大麦、30 库尔
> 小麦、70 库尔二粒小麦、20 库尔鹰嘴豆、10 库尔小米（粟）、8
> 库尔芝麻和 10 库尔花园草，共计 800 库尔收成。

利巴特的租约自国王阿塔薛西斯统治第 37 年的西玛努月始，有效期 3 年。

正像卡尔达西亚所注意到的那样，当租约中明确地包括水渠一项时，佃户所交的租金明显高于未提水渠租约的租金。[①] 基于对带有水的使用权和不带水的使用权的租约的比较可以看出，带有水渠使用权的租约通常比不带有水渠的使用权的租约，每年租金高出 70%。这足以说明，商家从水渠管理部门租来水，再转租出去这一活动给其带来了比租佃土地多得多的收入。

穆拉树商家与小块土地持有者的土地的关系：从保存下来的穆拉树商家的档案看，该商家从波斯帝国的小块份地的持有者那里租来的土地非常多。这些小块份地被称为"弓的份地"、"马的份地"和"战车的份地"。这种份地是由最初的"军事殖民"发展而来的一种土地占有制度。穆拉树商家与之有联系的正是这些军事殖民者。商家获取和经营这些小块份地的手段有两个：一是租佃，即商家承租他们的份地，向其交纳低廉的租金，同时还代替其中的一些人交税，然后再将份地连同牲畜、设备、种子一起高价转租出去，从中获利；二是高利贷的抵押品。许多份地持有者为向国家交税，或维持生产、生计，向商家借高利贷，即以土地等实物为抵押品，如无力偿还，土地就不能赎回，这样虽然土地所有权名义上还不是商家的，但实际上已完全由商家支配使用。因此在商家经济实力日益壮大的同时，

---

① ［法］卡尔达西亚：《穆拉树档案》[Cardascia, Guillaume, *Les archives des Murasu：Une famille d'hommes d'affaires Babyloniens a l'epoque perse*（455-403 av. J.C.），Paris：Impirmerie Nationale，1951]，第 136 页。

小块份地所有者纷纷破产。

关于穆拉树商家租佃军事殖民者的份地的资料比较多。如 BE 9 74，此文件是阿塔薛西斯一世统治第 40 年（公元前 423/424 年），该商家租佃 8 块雅利安人的弓地，为此商家向这些雅利安人交纳租金的契据，其内容如下：

> 2 明那白银、1 袋面粉、3 桶优质啤酒、3 只牡羊——这是阿塔薛西斯一世治第 40 年从以下田地上征收的租金。他们是：阿吐拉曼之子纳别恩的弓的份地、阿赫拉吐什之子帕格的弓的份地、乌什库杜尔之子乌什帕塔尔的弓的份地、尼努尔塔-艾提尔之子提利达特的弓的份地、乌什塔布占之子贝尔-依坦的弓的份地、达尔马卡之子帕提什坦的弓的份地、卡库努之子提利达特和帕加达特的弓的份地。这些在沙拉马地方的田地，由穆拉树的后代恩利尔-苏姆-伊丁租佃。从纳别恩、帕格、乌什帕塔尔、提利达特、贝尔-伊坦、帕提什坦和帕加达特的这些田地上获得的租金是 2 明那白银、1 袋面粉、3 桶啤酒、3 只牡羊。它们已经穆拉树的后代恩利尔-苏姆-伊丁之手付给。

又如 PBS 2/1 175，这是商家于公元前 423 年租佃一块属于两兄弟的弓的份地的租约，该地位于皮库杜河渠岸边，用于培植枣椰树，租期 3 年。据租约，商家每年要向份地持有者支付 50 库尔枣椰子、10 库尔大麦、2 桶啤酒和 2 库尔面粉。

同年，位于哈利-皮库德河渠两岸的 5 块苏沙努的份地被出租给了穆拉树商家（见 PBS 2/1 30）。在 BE 9 107 中说，属于苏沙努-马沙卡的位于尼普尔附近的 7 份弓的土地出租给了商家，租期 5 年，每年的租金为 5 明那白银。

在 BE 10 111 中说，穆拉树商家租佃了一个雅利安人的弓的份地，租期为 3 年（大流士统治第 5、6、7 年），但在第 2 年（即大流士统治第二年），商家即将 3 年的租金全部交清了：

> 1/2 明那白银、1 桶啤酒、1 只牡羊、5 苏特面粉，这是大流
> 士二世统治第 5、第 6、第 7 年，（即）从苏布吐-加巴利地区的从
> 雅利安人的弓的份地上征收的租金，这些土地处于利穆特-尼努尔
> 达的奴隶贝尔-利巴特之子利巴特的支配之下。
>
> 巴加达特之子、雅利安人的长官贝尔-纳丁收到了这 1/2 明那
> 白银、1 桶啤酒、1 只牡羊、5 苏特面粉——大流士二世统治第 5、
> 第 6、第 7 年从这块土地上征收的租金；是经贝尔-利巴特之子利
> 巴特之手付给他的。

为什么商家会在两年里将三年的租金都交了呢？可能是这些弓的份
地的持有者有在收据中未曾说出的苦衷，而商家要求这样做的。但这些
弓的份地的持有者为此付出了什么代价则不得而知，因为收据中未曾
说明。

下面这份文件说明，穆拉树商家在租佃军事殖民者的份地后，在交纳
租金的同时，还可能代其缴纳国家的税收（因为，这些份地的持有者持有
这些份地是有条件的，即要服兵役，如果不服兵役，那么就要缴纳土地
税）。为什么商家要代其缴税呢？文件没有说明，可能是这个份地的持有者
遇到了困难，拿不出钱来交税，因而不得已才求助于商家。这也因此而使
份地持有者欠下了高利贷，从而成为他们负债破产的原因之一。收据的内
容如下，BE 9 75：

> 税收征收人普呼尔之奴隶胡恩查拉尔和沙姆拉之子纳麦尔，
> 根据曼努斯坦的委托和印章，从穆拉树的后代恩利尔-苏姆-伊丁之
> 手获得阿塔薛西斯统治第 40 年住在印度人居民点的拉巴沙之子卡

尔杜苏的弓的份地、提尔-扎巴吐地方的努拉-纳布之子马尔都克-艾提尔的弓的份地、住在提尔-扎巴吐地方属于苏沙努劳动队的尼丁吐-贝尔之子贝尔-阿布-乌祖尔和比特-伊利-努利的弓的份地的一半征收给国王之家的全部税收和礼物 3.5 明那白银。他们应将阿塔薛西斯统治第 40 年中的这全部税收付清并送交曼努斯坦，并把契约转交给穆拉树的后代恩利尔-苏姆-伊丁。

这份文件说明，波斯国家对穆拉树商家承租军事殖民者的份地的行为是认可的，它只管能不能收到税收，而不管这些土地在谁手里。

文件 BE 10 50 表明，穆拉树商家代缴税收并非偶尔为之，而可能是较为常见的：

　　1/2 明那白银、1 潘又 4 苏特面粉、1 桶优质啤酒，这是全国之王大流士二世统治的第 1 年从下述这些田地上（征收）的税收。这些田地是：位于库图河渠岸上的比特-扎宾地方的属于阿什帕达斯特之子巴加米拉和德布拉之子贝尔苏努，以及所有归穆拉树的后代恩利尔-苏姆-伊丁租佃的弓的份地的共同占有者的长有树木和块根谷物收成的田地，以及在卡-尼努尔达地方的沙巴河渠附近的田地。巴加米尔和贝尔-苏努从穆拉树的后代恩利尔-苏姆-伊丁之手获得的（大流士二世统治）的第一年的这些田地的税收，即 1/2 明那白银、1 潘又 4 苏特面粉和优质啤酒。他们已支付。契据是当着辛运河地区法官贝尔苏努、乌努达杜和乌什塔布桑的面（写成的）。

穆拉树商家虽然租佃了不少军事殖民者的份地，但他们并不亲自耕种这些土地，而是又将这些土地转租给其他人，同时还提供牲畜、设备和种

子，从中收取高额的租金。下面这份文件清楚地说明了这个问题，见 BE
9 86a：

  某人之子、某某人的奴隶，埃阿-兹提苏和某人之子［……］
达沙巴对穆拉树的后代恩利尔-苏姆-伊丁自愿承诺如下："请将下
列土地租给我们 3 年：在某地的土地和在……你的弓的份地
［……］，在你手里的那块停止耕种的份地；在苏巴特-嘎巴利
［……］苏巴特-拉黑姆地区和苏巴特-嘎巴利周围的拉赫姆-埃尔的
弓的份地；在斯马吉尔河渠两岸的比特-达那吐和在哈什巴地区的
土地；在胡塞提沙依克埃的提吐努-斯马吉尔地区，伊什卡卢努，
比特-克科，比特-阿克地区，及斯马吉尔河渠左右两侧的作为拉黑
姆-埃吉父子的弓的份地；还有 72 条耕牛配 18 套犁，每套犁 4 条牛
和全套的马具。另外种子：226 库尔大麦、6 库尔 3 潘 2 苏特小麦、
30 库尔二粒小麦、2 库尔鹰嘴豆、1 库尔 2 潘 3 苏特扁豆，6 库尔芝
麻，6 库尔大蒜，2 库尔洋葱，另附 150 库尔大麦为挖水渠用。

  "我们将在每年的阿雅鲁月在斯马吉尔河渠上按大的度量支付给
你 2260 库尔大麦、140 库尔小麦、250 库尔二粒小麦、20 库尔鹰嘴
豆、10 库尔扁豆、60 库尔芝麻，共计 2740 库尔收成，还有 4 库尔
萨赫鲁佐料、1 库尔收获草、20 库尔大蒜、8 库尔洋葱、20 库尔花
园草，此外我们还将赠送 1 头牛、15 只牡羊和 2500 把亚麻。"

  恩利尔-苏姆-伊丁答应了他们的要求，将他们要求的耕牛、
犁、马具和种子一起租给了他们，并要求他们如其所说按量按时
交纳租金。

从这份租约本身我们看不出转租出去的土地究竟有多少，但从耕种土地
所需的牲畜、犁、种子的数量看，土地面积不小。商家所得租金 2740 库尔收

成，而 1 库尔＝180 升，2740 库尔＝493200 升，也说明其转租出去的土地面积不小，其获取的利润不少，可以说是暴利。BE 9 30 的内容也反映了这种情况。该文件说，在公元前 433 年，穆拉树的后代恩利尔-苏姆-伊丁将位于一条河渠两岸的一些份地和一些设备、种子等租给了他的奴隶，种子包括 60 库尔大麦、12 库尔小麦、12 库尔二粒小麦等（共约定 5120 升），租期为 3 年每年的租金包括 1200 库尔大麦、50 库尔小麦和 250 二粒小麦，还有鹰嘴豆、扁豆、小、芝麻、荞麦、大蒜和洋葱等，一年租金共 1700 库尔（约 306000 升）。

穆拉树商家获取小块份地的第二种手段是通过债务抵押的方式。在穆拉树档案中，涉及借贷和抵押的文件占其文件总数的近 1/3。[1] 可见，放高利贷是该商家业务的重要部分。借贷出去的是枣椰子，也有大麦和小麦等，而作为抵押的则是土地，即"弓的份地"等，还往往包括果园和谷地。这样，商家通过借贷和控制抵押品，即获取了大量份地的使用权。这从下面这份文件中可以清晰地看出，见 BE10 48：

某人之子尼努尔塔-阿赫-伊丁、某人之子班努-埃利什，某人之后代阿胡-伊丁，伊蒂之子和哈马塔亚家族苏沙努团体弓的份地所有共同占有者欠恩利尔-苏姆-伊丁，穆拉树的后代，185 库尔又 2 潘 3 苏特枣椰子的债务。

他们应于第 1 年的塔什利吐月以恩利尔-苏姆-伊丁的度量偿还这些枣椰子，即 185 库尔又 2 潘 3 苏特。

他们为这笔债务的偿还还彼此负责，在场的都必须支付。其长有树木和种植着谷物的土地，其在哈利-皮库德河两岸的卡尔-尼努尔塔城的弓的份地，因这 185 库尔又 2 潘 3 苏特（枣椰子）将作为抵押品由恩利尔-苏姆-伊丁支配使用，不能由其他的债权人来

---

① ［美］斯托普尔：《企业家和帝国》，第 104 页。

控制这些土地，直到恩利尔-苏姆-伊丁的债务要求得到满足为止。

这是大流士二世统治第 1 年所写的一份以弓的份地为抵押品的契据，它清楚地表明，商家因拥有 185 库尔又 2 潘 3 苏特枣椰子的债权，而获得了哈马塔亚家族的苏沙努集体拥有的弓的份地的支配使用权，直到债务被偿还为止。

另据 BE 10 41，在公元前 423 年，商家借出 112 库尔枣椰子给那些被提到名字的宝库苏沙努团体（哈特努）中的一些人，他们以在某地河渠岸上的其弓的份地作抵押品，在债务的偿还中互相充当担保人。

据文献 BE 10 10、BE 10 16、BE 10 17、BE 10 47 和 PBS 2/1 57 和 PBS 2/1 200，上面提到的哈马塔亚家族团体的苏沙努从商家借了大约 5400 升、119640 升、29520 升、31680 升和 28800 升枣椰子，他们的份地被抵押给了穆拉树商家。

份地持有者欠商家的债务，一般要求在下一个枣椰子的收获季节偿还，如果到期不能偿还债务，结果并不严格规定取消抵押品（土地）的赎取权（上面这些文件中都没有这样的条款），而是将被抵押的土地的使用权移归债权人——穆拉树商家，如果以后债务人有了支付能力，仍可赎回其土地。[①] 这很可能是由当时波斯帝国在巴比伦尼亚地区所实行的土地占有制度决定的，因为被抵押的土地乃国家分配给带有服兵役义务的份地，或交税（税被称为 ilku，并以银偿付），它只能凭血缘关系继承，可出租或抵押，但不能转让。商家向无力交税的或无力服兵役的人，或无以维持生产、生计的小块土地持有者提供借贷，其条件是，被抵押的土地如果不能赎回，商家不仅本身拥有使用土地的权力，而且可以转租出去，或抵押给第三者，这从文件 BE 9 60、67、BE 10 79 和文件 PBS 2/1 210 等可得到证明；商家

---

① ［美］斯托普尔：《企业家和帝国》，第 105 页。

也可将土地租给原抵押者，这可从文件 BE 9 25、63 和文件 PBS 2/1 107、214 等中得到证明。这样，原份地持有者可作为商家的佃户保有其土地，支付租金给其债权人——商家，直到偿还了债务，土地被赎回。其租金是为使用土地而支付的，不计算在抵押的赎回款之中。

从穆拉树商家有关债务抵押的文件的年代分布看，在大流士二世即位后，文件数量激增①，这说明商家在这时候获得了大量的份地持有者的债权，从而导致了许多无力偿还债务的份地持有者破产。

穆拉树商家经济活动的另一个重要内容是从事商业贸易，这是商家将产品转化为货币（银子）的手段。不过，此项活动在商家的档案里没有表现出来，因为在商家出售产品时，即使使用了票据，也自然是在买主手里，而不在卖主手里，所以，这种活动在穆拉树档案里没有表现出来是正常的。然而，商家在转租土地时收取的租金是实物，商家向土地持有者或其代理人交纳的租金却是银子，所以，商家必有将产品转化为货币的活动，即买卖土地上的产品的活动。因此，商业贸易必定是其重要的经济活动。只是我们没有这方面的资料而已。

---

① ［美］斯托普尔：《企业家和帝国》，第 109 页。

第十章　波斯帝国的军队

波斯人进行了长期的战争，征服了那么多地区，与波斯有一支能征善战的庞大军队有关。当然，波斯军队的发展有一个过程，其兵源在不断扩大，兵种在不断增加，军事装备也在不断改进，战争艺术也在不断丰富和发展。

第一节　波斯帝国军队的成分与人数

从兵源上说，波斯人在居鲁士起兵反对米底人，争取独立时，其士兵就是波斯人自己，武器也就是镰刀："波斯人啊，我命令你们每人都去把自己的镰刀带来。"① 希罗多德说，波斯人"教给他们的儿子的只有三件事：骑马、射箭和说老实话"②。

在和吕底亚人作战时，波斯的军队则除了波斯人以外，还有一些被征服地区的人。希罗多德说，居鲁士"纠合了一支军队并且使在他进军的道路上的所有居民加入到自己的军队中来，这样来迎击克洛伊索斯"。③

居鲁士在镇压小亚地区的希腊人的反抗时，也利用被征服地方的居民参加军队："哈尔帕哥斯在征服了伊奥尼亚人之后，便迫使伊奥尼亚人和爱奥尼

---

① ［古希腊］希罗多德：《历史》第 1 卷，125。
② ［古希腊］希罗多德：《历史》第 1 卷，136。
③ ［古希腊］希罗多德：《历史》第 1 卷，76。

亚人参加他的军队，一同攻打卡里亚人、卡乌诺斯人、吕奇亚人。"①

冈比西斯时，率领了在他治理之下的各个民族——其中包括属于希腊民族的伊奥尼亚人和爱奥里斯人——的军队进攻埃及。②

在远征斯基泰人时，大流士的军队"是从他治下的一切民族那里征集来的；除去海军不算在内之外，军队的总数加上骑兵是 70 万人，而集合起来的战船则是六百艘"③。大流士把参加他的这支军队的各个民族的名字和军队的总数刻在两根石柱上。

在希波战争时，希罗多德说，薛西斯"出发向希腊进军，在征途上他不拘遇到什么人，都强迫这些人加入他的军队"④。

据希罗多德说，波斯人要远征时，可能成年的男性波斯人都要参军。如在大流士准备远征斯基泰人时，一个有 3 个儿子的父亲曾希望留下一个儿子，但大流士却把他的 3 个儿子全都杀了：

> 这时，一个 3 个儿子都参加了出征的波斯人欧约巴佐斯恳请大流士给他留下 1 个儿子。大流士对他说他是自己的朋友而他的请求也是入情入理的，因此大流士要把他的 3 个儿子都给留下。欧约巴佐斯非常欢喜，他以为他的儿子已被免除了军役，但大流士却命令有司人等把欧约巴佐斯的儿子都给杀了。⑤

古典作家笔下的波斯军队数量如下。

希罗多德著作中的波斯军队数量：希罗多德在一个地方说，在薛西斯

---

① ［古希腊］希罗多德：《历史》第 1 卷，171。
② ［古希腊］希罗多德：《历史》第 3 卷，1。
③ ［古希腊］希罗多德：《历史》第 4 卷，87。
④ ［古希腊］希罗多德：《历史》第 7 卷，108。
⑤ ［古希腊］希罗多德：《历史》第 4 卷，84。

远征希腊时（即希波战争时），波斯的陆军总数是 170 万人，

　　人数是这样计算起来的。把 1 万人集合在一个地点，而当他
们尽可能地密集起来的时候，就在他们的四周画一个圆圈；圆圈
画好之后，这 1 万人便退出去，然后在这个圆圈上面建造一道到
人的脐部那样高的石墙。石墙造好之后，便让另外的人们也到石
墙里面去，直到所有的人都用这样的办法计算完毕。①

在另一个地方说，如果把水师和陆军的人数加到一起的话，则他们的
总数就是 2317610 人，还不算随军的勤杂人员和运粮船以及上面的人员②；
其军队总人数为 5283220 人。③ 希罗多德说，由于波斯军队的数量巨大，
以致在希腊的美萨姆布里亚和司妥律美这两座市邑之间的一条名叫利索司
河的水竟因波斯军队的人饮用而断流。④ 在一个城市附近有一个湖竟然让
驮畜喝干了。⑤ 这有可能有些夸大，但也充分说明了当时波斯军队的庞大。
不过，现代学者估计当时波斯人的军队最多不超过 10 万人。

色诺芬的《长征记》说，在小居鲁士叛乱时，小居鲁士方面有希腊雇
佣军 10400 重甲步兵、2500 轻盾，还有他自己所部波斯军 10 万人；小居鲁
士的对手阿塔薛西斯二世的军队人数为 120 万。⑥ 不过人们认为，这个数
字被大大地夸大了，所以，该书中文版在这一页的一个注解说，"据罗马时
代的希腊史家普鲁塔克记叙，国王的希腊医官克特西乌斯称其为 40 万"。
但不管怎么说，都说明当时波斯帝国的军队人数是非常庞大的。

---

① ［古希腊］希罗多德：《历史》第 7 卷，60。
② ［古希腊］希罗多德：《历史》第 7 卷，184。
③ ［古希腊］希罗多德：《历史》第 7 卷，186。
④ ［古希腊］希罗多德：《历史》第 7 卷，108。
⑤ ［古希腊］希罗多德：《历史》第 7 卷，109。
⑥ ［古希腊］色诺芬：《长征记》第 23 页。

在亚历山大东征时的高加美拉战役时，波斯的大流士三世的军队总数号称百万，不过现代学者估计最多只有 8 万人。

波斯的军队有常备军和临时征召的军队两个部分。常备军如所谓的万人不死队和驻扎在各地的驻防军。在平时，波斯帝国在被征服的各地区驻有军队，其数量不会很少。

临时征召的军队主要是在战争时期才征集的，如希波战争时期等。在战争时期，波斯人的军队是非常庞杂的，由波斯人和被征服的各民族组成的这支军队，穿戴着五颜六色的服装，使用着各式各样的武器，其军队纪律和战斗力也参差不齐。

在波斯人的军队中，最核心的部分是所谓"不死队"，希罗多德说：这 1 万人由于下面的原因而被称为"不死队"，即如果在他们当中有任何一个人因死亡或因病而出缺的话，便选拔另一个人代替他，因此他们便从来不会多于或少于 1 万人。①

一些总督还有亲卫兵②：萨尔迪斯的总督欧洛伊铁司就有不少的亲卫兵，但他们都忠于波斯国王。

在大流士统治时期及以后，全国划分为 5 个大的军区，每个行省有省军区，一个大军区下面管辖若干个省军区。除了统帅以外，波斯人的陆军编制的军官有万夫长、千夫长、百夫长和十夫长，此外，还有军队和民族的头目。③

第二节　波斯帝国的军兵种

波斯军队由步兵、骑兵、海军、工兵、骆驼兵、战车兵、勤杂人员等

---

① ［古希腊］希罗多德：《历史》第 7 卷，83。
② ［古希腊］希罗多德：《历史》第 3 卷，128。
③ ［古希腊］希罗多德：《历史》第 7 卷，81。

构成。

步兵：主要由弓箭手和枪兵组成，是军队中人数最多的。

图 10.1　波斯步兵

骑兵：据希罗多德说，希波战争时期，波斯帝国的骑兵达到了 8 万人。除了波斯人以外，印度人、米底人、利比亚人等提供骑兵。① 后来，在格拉尼库斯河战役时，波斯的骑兵有 2 万人，伊苏斯战役时骑兵约 3 万人。

海军：在居鲁士征服小亚之前，波斯人没有海军，在征服小亚以后，波斯人从小亚的希腊人那里得到海军；在冈比西斯远征埃及时，曾经利用过腓尼基人的舰队和塞浦路斯人的舰队。②

据希罗多德说，在希波战争时期，波斯帝国的三段桨船的数目达到 1207 艘。其海军最初是由腓尼基人组成。在希波战争时期，除腓尼基人以外，还有小亚的希腊人、塞浦路斯人等。

工兵：主要是在战争时期逢山开路，遇水架桥，平时大概很少。据希罗多德说，大流士在准备远征斯基泰人时，提到有陆军、海军和工兵："正在大流士作讨伐斯奇提亚人的准备，并派遣使者到各方去命令一部分人准备陆军，一部分人供应战船，还有一部分人在色雷斯海峡上架桥的时

---

① ［古希腊］希罗多德：《历史》第 7 卷，85～88。
② ［古希腊］希罗多德：《历史》第 3 卷，19。

候……"① 在薛西斯远征希腊时，曾经在博斯普鲁斯海峡上面搭建了浮桥，当他的海军在萨拉米斯海战中遭到严重失败时，因为害怕希腊人破坏这座浮桥，薛西斯赶忙率领一部分军队经过这座浮桥回到了亚洲。这说明，当时工兵的技术是很高的。

图 10.2　乘坐四人的战车

战车兵：可能早就有了，但在小居鲁士叛乱时使用了一种滚刀战车。② 这种滚刀战车不知道是什么时候出现的。在亚历山大东征时，波斯人中的这种战车兵对亚历山大军队是一种巨大的威胁。如在著名的高加美拉战役中，波斯的 200 辆滚刀战车就使亚历山大十分头疼。

第三节　波斯帝国军队的技战术

我们对波斯军队的战术的全貌并不了解，只是从一些资料中拾得一鳞半爪，做些介绍。

"兵贵神速"的战术思想：居鲁士运用"兵贵神速"的思想取得一个战役胜利的例子是，他在得知克洛伊索斯在普铁里亚一役之后收兵转回之时，打听到克洛伊索斯收兵是为了把自己的军队解散，于是立刻注意到这正是

---

① ［古希腊］希罗多德：《历史》第 4 卷，83。
② ［古希腊］色诺芬：《长征记》，第 26 页。

尽快地进攻萨尔迪斯的良机，为的是不等吕底亚人得以再一次把他们的军队集合起来。他这样决定了，他进行得又是如此神速……①

用骆驼战胜吕底亚骑兵：

居鲁士之所以用骆驼来和敌人的马队对峙是因为马害怕骆驼。它看到骆驼或是闻到骆驼的气味都是受不了的；他就想用这个策略使克洛伊索斯的马队变成无用，而马队正是克洛伊索斯赖以得到某些盛誉的东西。两军接战的时候，吕底亚人的骑兵队一看到和闻到骆驼就回身逃窜，结果克洛伊索斯的全部希望便化为泡影了。②

利用间谍：冈比西斯在准备进攻埃塞俄比亚时就曾经利用过间谍。③在另一个地方，说到阿托撒劝大流士进攻希腊，于是大流士便派了间谍到希腊去侦察：

夫人，既然你的愿望是首先与希腊一决胜负，那么我以为最好是派波斯人偕同你所提到的那个人到那个地方去侦察一下，并把所看到的一切报告给我们，这样我便可以有充分的情报，帮助我对希腊的出征了。④

在大流士说了这话之后，立刻便着手这样做了。

波斯人挖掘地道攻击敌方的城市：波斯人在包围巴尔卡城时，有 9 个

---

① ［古希腊］希罗多德：《历史》第 1 卷，79。
② ［古希腊］希罗多德：《历史》第 1 卷，80。
③ ［古希腊］希罗多德：《历史》第 3 卷，17、25。
④ ［古希腊］希罗多德：《历史》第 3 卷，134。

月没有攻下来，于是采用了挖地道的方法，想以此来破城，但被巴尔卡人发现了，因此这个办法没有行得通。① 但在米利都起义反对波斯人时，波斯军队再度采用了这个办法："当波斯人在海上击败了伊奥尼亚人的时候，他们便从海陆两方面包围了米利都。他们在城墙下面掘地道，还使用了各种各样的攻城办法，直到在阿里司塔哥拉斯叛变之后的第六个年头，他们才完全攻克了该城并且奴役了全城的市民。"②

卧底：在大流士统治时期，巴比伦发生了反对大流士统治的起义，波斯军队虽然用了 1 年又 7 个月时间，而且用了各种计谋，就是不能攻下巴比伦。在第 20 个月时，一个名叫佐披洛斯的人，是曾和大流士一起谋杀高墨塔的那个美伽巴佐斯的儿子，自动请缨，以我们中国古代的王佐断臂的方法（这个计谋在希腊人那里叫作特洛伊木马计），或苦肉计，先自残，割下自己的耳朵和鼻子，剃光自己的头发，毁了自己的容貌，并痛笞了自己，然后到巴比伦起义者中卧底。他先帮助起义者打了几次胜仗，赢得了起义者的信任，当大流士的军队来进攻时，他就打开了巴比伦城的两个城门（据希罗多德说叫奇西亚门和倍洛斯门），把波斯军队放进了巴比伦城，从而镇压了起义。在镇压了起义以后，大流士还摧毁了巴比伦城墙，杀死了起义者中为首的约 3000 人。

大流士认为，这个佐披洛斯的功绩，除了居鲁士以外，别人都不能相比。据说大流士曾经多次宣布说，他宁可不要 20 座巴比伦城，也不愿佐披洛斯把自己残害成这个样子。大流士每年都把最珍贵的礼物送给他，并让他终生治理巴比伦而不需纳税。③

---

① ［古希腊］希罗多德：《历史》第 4 卷，200。
② ［古希腊］希罗多德：《历史》第 6 卷，18。
③ ［古希腊］希罗多德：《历史》第 3 卷，150～160。

第四节　波斯帝国军队的给养

大流士在做了国王以后，又划分了行省，并规定了每个行省应当缴纳的赋税，在每个行省的赋税中，有部分可能是供应军队的，例如，第四个行省奇里启亚人是第四地区，

> 他们每年要缴纳 360 匹白马，即每日 1 匹，此外每年还要纳 500 塔兰特的白银。在这些银子当中，140 塔兰特支出到守卫奇里启亚骑兵的项下，其他的 360 塔兰特则直接交给大流士。①
>
> 波斯人的军队向他们所在的地方征集粮食："波斯人向库列涅人请求并且得到了他们进军时的粮草……"②

在平时，波斯军队的士兵是分配有土地的，这在前面已经说到了。战争时期，可能还要征集粮草等。在希波战争时，军队经过的沿途各地，人们还要供应军队。在希罗多德的《历史》中有一个例子在前面已经说过。③

第五节　波斯帝国军队的装备

关于波斯军队的装束，在战时，从各地来的人的装备和着装各式各样，希罗多德说，波斯人的装束是，

> 头上戴着称为提阿拉斯的软毡帽，身上穿着五颜六色的带袖

---

① ［古希腊］希罗多德：《历史》第 3 卷，90。
② ［古希腊］希罗多德：《历史》第 4 卷，203。
③ ［古希腊］希罗多德：《历史》第 7 卷，118～120。

内衣，上面有像鱼鳞那样的铁鳞；腿上穿着裤子。他们没有一般的盾牌，而是用细枝编成的盾，盾的背面挂着他们的箭筒。他们使用短枪、长弓、芦苇制成的箭，此外还有挂在右胯腰带地方的短剑。

美地亚人的装束和波斯人的装束是一样的。……奇西亚人的装束和波斯人相同，但他们不戴软毡帽，而是戴着头巾……叙尔卡尼亚人的装备和波斯人的一样……

亚述人头上戴着青铜盔，它是人们用青铜以一种难于形容的异邦样式编成的。他们带着埃及式的盾牌、枪和短剑，此外还有安着铁头的木棍；他们穿着亚麻的胴甲……

巴克特里亚人头上戴的和美地亚人的极为相似，他们带着本国制造的藤弓和短枪。属于斯奇提亚人的撒卡依人戴着一种高帽子，帽子又直又硬，头顶的地方是尖的。他们穿着裤子，带着他们本国自制的弓和短剑，此外还有他们称之为撒伽利司的战斧。

印度人穿着木棉制的衣服，他们带着藤弓和安着铁头的藤箭。

阿里亚人是装备着美地亚弓的，但是在所有其他方面和巴克特里亚人的一样。

卡斯披亚人穿着皮裘，他们带着国产的藤弓和短刀。

阿拉伯人穿着腰间系带的称为吉拉的袍子，在他们的右面带着长弓，这种弓在把弓弦放开的时候两端是向后弯曲的。

埃西欧匹亚人穿着豹皮和狮子皮的衣服，他们带着不下佩巨斯长的、椰子树干制成的弓和藤制的短箭，箭头不是铁的，而是磨尖了的石头……他们还带着枪，枪头是用羚羊角削制而成的。此外他们还带着有木节的棍子。当他们出战时，他们把一半的身体涂上白垩，另一半涂上赭红。

亚细亚的西欧匹亚人的装备大部分和印度人的一样，但他们头上戴着从马身上剥下来的整个前头部，马的耳朵和鬃毛还都留在上面。他们用马鬃来代替冠毛，并使马的耳朵硬挺起地竖在那里。他们不用盾牌，而是用仙鹤的皮当作一种防护武器。

利比亚人穿着皮革制成的衣服参加出征，他们带着被火烤硬的一种木制投枪。

出征的帕普拉哥尼亚人头上戴着编制的头盔，他们带着小盾、不大的枪，此外还有投枪和短刀。他们穿着他们本国特有的、到下腿一半高的靴子。美西亚人在头上戴着他们本国特有的盔，带着小盾和用火烤硬的木制投枪。

从军的色雷斯人头上戴着狐皮帽，身上穿着紧身内衣，外面还罩着五颜六色的外袍。他们的脚上和胫部穿着幼鹿皮的靴子，同时带着投枪、小圆盾和小短剑。

披西达伊人带着牛皮的小盾，他们每个人使用两支猎狼用的投枪；他们带着青铜头盔，在这种头盔上有青铜制的牛耳和牛角，在这上面还有顶饰，他们的腿上裹着紫色的布带。

卡贝列斯人的装束和奇里启亚人的相同……米吕阿伊人带着短枪，他们的衣服是用别针扣起来的。他们当中有的人带着吕奇亚人的弓，头上戴着皮帽子。

莫司科伊人头上戴着木盔，他们带着盾和短枪，但短枪的枪头却是很长的。

玛列斯人戴着他们本国特别编的头盔，他们带着革制的小盾和投枪。科尔启司人戴着木盔，带着生牛皮的小盾、短枪，此外还有刀。

从红海（埃律特列海）方面以及从国王所谓"强制移民"定

居的那些岛来的岛上部落，他们的装束和武器酷似美地亚人。①

一个波斯人的骑兵将领的马的装饰："骑兵的统帅是在波斯人当中很受尊敬的一个名叫玛西司提欧斯的人，而希腊人则称他为玛奇司提欧石。他骑着一匹涅赛伊阿马，这匹马有着黄金的辔而且在它所有其他的地方也都装饰得很华丽。"②

在薛西斯远征希腊时的御林军的装束：

在他的（即薛西斯的）后面是波斯最精锐和出身最高贵的1000 名枪兵，他们是按照通常的方式带着枪的。枪兵后面又是1000 名精锐的波斯骑兵，骑兵后面则是从其余的波斯人当中选拔出来的 1 万名步兵。其中 1000 名步兵的枪柄上安着金石榴来代替枪尾，他们就围在其他人的外面。里面的 9000 人则是枪柄上安着银石榴。枪头向地带着枪的人们也是安着金石榴的，而侍卫在克谢尔克谢斯身旁的人们则安着金苹果。在这 1 万人后面配置着一万名波斯骑兵。在这些人后面是两斯塔迪昂的一段距离，在这后面就是杂牌军了。③

第六节　波斯帝国的将领

波斯帝国的军队将领，基本上是波斯人和米底人，而且很多人都是国王的亲属。例如，希罗多德说，在镇压米利都起义时，同样是波斯将领，

---

① ［古希腊］希罗多德：《历史》第 7 卷，61～80。
② ［古希腊］希罗多德：《历史》第 9 卷，20。
③ ［古希腊］希罗多德：《历史》第 7 卷，41。

而同样又都娶了大流士的女儿的达乌里塞司、叙玛伊埃司和欧塔涅斯追击那些远征萨尔迪斯的伊奥尼亚人并把他们赶到他们的船上去。在这一胜利之后，他们就在他们中间分配了各个城邦并且把它们劫掠一空。① 这个达乌里塞司在一次战斗中战死了。②

在第一次远征希腊时统率波斯帝国军队的是戈布里亚斯的儿子、大流士的女婿马尔多纽斯（他娶了大流士的女儿阿尔桃索司特拉）。③ 在薛西斯远征希腊时统率波斯人的军队的是薛西斯的一个妻子阿美司托利斯的父亲，即他的岳父欧塔涅斯；统率米底人的军队的是阿黑门尼德氏族的提格拉涅斯；统率叙尔卡尼亚人军队的是波斯人美伽帕诺塔，这个人后来担任了巴比伦的总督；统率巴克特里亚人军队的是大流士和居鲁士的女儿阿托撒所生的儿子叙司塔司佩斯。④

在马拉松战役时，大流士任命的军队统帅一个是米底人达提斯，另一个是大流士的侄子阿尔塔普列涅斯。⑤

在战时，也有个别民族的首领统率军队的时候，如在希波战争时就是如此。⑥

总督带兵的例子：在镇压米利都起义时，原来带兵的将领或战死或病死时，萨尔迪斯的总督（希罗多德书中称之为太守）和第三位将领欧塔涅斯便受命率军征讨伊奥尼亚与和它相邻的领土。⑦

在平时，波斯人在各地驻有军队，他们被分给土地作为报酬，在资料中我们经常可以见到马的份地、弓的份地等，就是这种给予军队士兵的报

---

① ［古希腊］希罗多德：《历史》第 5 卷，116。
② ［古希腊］希罗多德：《历史》第 5 卷，121。
③ ［古希腊］希罗多德：《历史》第 6 卷，43。
④ ［古希腊］希罗多德：《历史》第 7 卷，61。
⑤ ［古希腊］希罗多德：《历史》第 6 卷，94。
⑥ ［古希腊］希罗多德：《历史》第 7 卷，96。
⑦ ［古希腊］希罗多德：《历史》第 5 卷，123。

酬。在埃及驻有犹太人的殖民者，他们也分配了土地。

小居鲁士叛乱时，波斯军队的战阵排列：有佩戴重骑胸甲的马队在敌军（按：指小居鲁士的军队）左翼，据报由蒂萨弗尼斯指挥；接着是带有藤盾的士兵，再接着是手执长及足部的木盾的重甲步兵，这些人据说是埃及人。在接着有更多的马兵和更多的弓兵。所有中轴线队伍都按民族分队列阵前进，各自成一紧密方阵。在他们前面是所谓滚刀战车，彼此之间有一些间隔……①

　　他（按：指小居鲁士）知道国王镇踞波斯军中央。实际上所有波斯军将官在战时都各自居于所部中央，因为他们认为这是最安全的地位，即把兵力布置在他们两旁，如果要传令时也可节省一半时间。②

---

① ［古希腊］色诺芬：《长征记》，第 26 页。
② ［古希腊］色诺芬：《长征记》，第 28 页。

第十一章　波斯帝国对希腊的侵略战争

第一节　波斯帝国对希腊发动侵略战争的背景和导火线

公元前500—前449年，波斯帝国发动了对希腊的侵略战争。这次侵略战争的背景、原因和导火线是什么？

自公元前558年居鲁士在波斯称王以后，波斯人打败了统治自己的米底王国，从而登上了世界历史的舞台。此后，它又相继征服了整个伊朗高原和小亚地区、中亚的若干地区，两河流域、叙利亚-巴勒斯坦地区和北非的文明古国埃及，还征服了巴尔干地区的色雷斯等地，成为古代世界第一个地跨亚非欧三大洲的大帝国。在波斯帝国对外征服的过程中，它与希腊世界也产生了尖锐的矛盾。

古代希腊包括欧洲南部巴尔干半岛南端的希腊大陆、爱琴海中的岛屿以及小亚西海岸地区的希腊人城邦。在公元前6世纪以前，小亚希腊各城邦是希腊世界最发达的地区，这里的农业、手工业、商业贸易和文化都很发达，它不仅同希腊世界，而且同近东各地和黑海沿岸都有很多的联系。希腊世界最早的哲学派别米利都学派就是在这里诞生的。直到波斯人统治初期，这里仍然是希腊世界文化最发达的地区。例如，著名的历史学家赫卡泰乌斯和希罗多德，著名哲学家泰勒斯、阿拉克西曼德等都是小亚的希腊人。毕达哥拉斯这位在哲学和数学等方面都有重大贡献的人物也是在波斯人统治下的爱琴海岛屿萨摩斯岛（在小亚西海岸附近）的希腊人。他们都可以说是波斯帝国的臣民。而且，希腊字母也是小亚的米利都人借鉴腓尼基字母而创造出来的。

波斯人与希腊的矛盾始于公元前 6 世纪中叶波斯国王居鲁士二世对小亚希腊人城邦的征服。在居鲁士于公元前 546 年征服小亚的吕底亚王国时，吕底亚曾首先向希腊的斯巴达求助。但斯巴达人的船队尚未来得及起航，就传来吕底亚已被征服的消息，因此，斯巴达人不得不中止援助。在居鲁士征服吕底亚以前，居鲁士曾让小亚各希腊人城邦自动归降，背叛吕底亚，但遭拒绝。在居鲁士征服吕底亚后，小亚希腊人（包括伊奥尼亚人和爱奥里斯人）各邦"立刻派使节到萨尔迪斯的居鲁士那里去，请求他以与克洛伊索斯（按：吕底亚国王）相同的条件接受他们为自己的臣民"①，但被居鲁士拒绝。小亚的希腊人城邦很快便被波斯人征服了。斯巴达人虽未出兵援助，但已与波斯人结了仇。波斯人派总督统治了包括小亚希腊人各城邦在内的整个小亚，不过，在波斯人统治初期，小亚希腊人各城邦继续维持了当地原来的地方自治机关，原来的僭主政治也依然在那里进行统治。

公元前 530 年，居鲁士死后，其子冈比西斯即位为王，他不仅巩固了居鲁士的征服成果，而且还征服了埃及，从而使波斯国家成为地跨西亚北非的大帝国。公元前 522 年，大流士取得了政权，成为波斯帝国的国王。他一方面在国内进行改革，调整了国内的关系，建立行省制度，缓和了国内的各种矛盾，加强了君主专制统治，增强了波斯人的军事实力；另一方面，在国外，他征服了印度河流域和巴尔干半岛的色雷斯地区，使波斯国家在很短的时期里便成为古代世界第一个地跨亚非欧三大洲的大帝国，囊括了西亚、埃及和印度这三大文明发源地。波斯帝国的政治经济实力极度膨胀。在这种情况下，波斯人的野心大概也极度膨胀了。因此，希腊成了它下一个征服的目标。

① ［古希腊］希罗多德：《历史》第 1 卷，141。

总体来说，波斯帝国与希腊世界的矛盾大约有三个方面：一是波斯人征服了色雷斯，严重威胁到希腊的安全；二是波斯人占领了赫勒斯滂地区，使希腊人进出黑海地区的通道受阻，虽然暂时波斯人未曾威胁希腊人，没说不让希腊的船只通过赫勒斯滂海峡，但一旦发生矛盾，波斯人就可以封锁海峡，那对希腊人来说影响就太大了，因为，希腊需要黑海地区的粮食、木材、奴隶及许多手工业原料，而黑海还是希腊许多城邦手工业产品的市场，所以，赫勒斯滂海峡对希腊人来说是生死攸关的；三是小亚希腊人是大陆希腊人的同族，小亚希腊人被波斯人征服，大陆希腊人不能不对他们的处境表示同情，等等。

作为战争导火线的是公元前 500 年的小亚希腊人的起义（或称米利都起义）。小亚的希腊人为什么起义？大概有这样几个原因：在政治上，虽然波斯征服者没有触动原来的地方自治制度，但毕竟这里的希腊人失去了先前的独立，即使人们的民族意识还不十分强烈，但不可能毫无感觉，后来那么多的希腊人参加起义就说明了这一点。那里原来的统治者也绝不会感到痛快。例如，米利都的僭主阿里斯塔哥拉的岳父希斯提亚，原来是米利都的僭主，后来被大流士俘虏到苏撒去，名义上是作为大流士的顾问，实际上是被软禁了起来，试问他能痛快吗？他们心里一定时刻想着赶走波斯人。后来小亚希腊人的起义是由他们鼓动起来的，就是一个证据。

在经济上，小亚希腊人所在的行省按大流士的规定，每年要缴纳 400 塔兰特白银作为赋税，此外还要缴纳其他的苛捐杂税等，不能不说是沉重的负担。因此，包括手工业者、海员、商人在内的很多阶层的居民都参加了起义。

起义是怎么起来的呢？公元前 500 年，爱琴海上的昔克拉底斯群岛中的那克索斯岛上的民主派推翻了贵族派的统治，贵族派请求米利都的僭主阿里斯塔哥拉帮助他们恢复自己的政权。阿里斯塔哥拉想通过帮助那克索斯的贵族来扩大自己的统治范围并讨好波斯人。他向波斯帝国驻吕底亚总督阿尔塔弗伦提出共同远征那克索斯。但由于种种原因远征遭到失败，希罗多德说，阿里斯塔哥拉因担心受到波斯人的惩处，便决定起义反对波斯人。他在得到了他的岳父希斯提亚（他当时被软禁在波斯首都苏撒）的支持后，便鼓动米利都人起义反对波斯人的统治。① 在一次会上，一个名叫狄奥尼修斯的人说：

> 伊奥尼亚人，我们当前的事态，正是处在我们是要作自由人，还是作奴隶，而且是逃亡的奴隶的千钧一发的决定关头了。因此如果你们同意忍受困苦，你们当前会尝到苦头的，但是你们却能够战胜你们的敌人而取得自由。但如果你们仍然这样闲散和不加整顿，我看就没有任何办法使你们不因背叛而受到国王的惩罚了……②

起义开始于公元前 499 年的秋天。起义开始前，米利都人在是否应起义的问题上有过争论。希罗多德说，虽然多数米利都人同意起义，但赫卡泰乌斯（历史学家）却不同意。他的主要理由是，波斯帝国太强大，"他向他们历数臣服于大流士的一切民族以及大流士的全部力量，因而劝他们最好不要对波斯的国王动武"③。但他的意见未被采纳，起义还是爆发了。起义得到了小亚希腊人的广泛支持，多数城邦加入了起义的队伍，大概也包括希罗多德的故乡哈里卡尔那索斯在内。

起义爆发后，阿里斯塔哥拉放弃了僭主的权力，将其交给了公民大会。公民大会选举阿里斯塔哥拉为起义的军事领导人，并号召所有的希腊人为反对波斯人的统治而斗争。那些被派去攻打那克索斯的舰队上的士兵在返

---

① ［古希腊］希罗多德：《历史》第 5 卷，35。
② ［古希腊］希罗多德：《历史》第 6 卷，11。
③ ［古希腊］希罗多德：《历史》第 5 卷，36。

回米利都后也积极参加了起义。

起义者还积极寻求大陆希腊人的帮助。阿里斯塔哥拉先去了斯巴达，因为当时它是希腊各城邦中实力最强大的。他请求斯巴达人去把小亚的希腊人从波斯人的奴役下解救出来。但斯巴达人经过再三考虑之后决定拒绝派人去支援起义。① 于是，阿里斯塔哥拉又去了雅典。雅典的许多当权者也反对支援小亚的起义（因为在此前，在公元前 507 年，雅典为使自己免受斯巴达的侵犯而同波斯人签订了协议，该协议要求雅典给予波斯"土和水"，即雅典承认波斯国王的最高权力），但经过努力，阿里斯塔哥拉终于说服了雅典人，获得了雅典人给以帮助的保证。但雅典人派了不过 20 只船去支援起义者。② 这虽然是杯水车薪，对起义者没起到什么支援作用，因为对于像波斯这样强大的国家来说，这点舰队是微不足道的，但却得罪了波斯人。

起义者攻占了原吕底亚首都萨尔迪斯的一部分，波斯驻该地的总督阿尔塔弗伦同卫戍部队一起退到了未被希腊人攻占的内城。吕底亚人同波斯人站到了一起，反对起义者。

波斯人调集了大量军队到吕底亚，起义者放弃了萨尔迪斯，退到了以弗所。公元前498年，在那里的起义者被波斯人彻底打垮，起义残部四散回到自己的城市。公元前496年，雅典亲波斯的阿尔克麦奥尼德集团执掌了雅典的政权，他们撤回了派往小亚支援起义的雅典舰队。余下的起义者陷于孤军奋战的境地。但他们并没有气馁，米利都人在赫卡泰乌斯（他在开始时虽然反对起义，但起义开始后，他却积极地支持起义）的倡导下，动用了阿波罗神庙的宝库，建造了自己的舰队，夺取了赫勒斯滂地区的拜占廷和其他城市，后又转到塞浦路斯。那里的希腊人站在了起义者一边，

---

① ［古希腊］希罗多德：《历史》第 5 卷，49～51。
② ［古希腊］希罗多德：《历史》第 5 卷，97。

尔后，波斯人用了两年的时间才平定了这里的起义，重新控制了塞浦路斯。公元前494年春天，波斯人围困了起义的米利都城，是年秋天，该城被攻占，起义遭到失败。

起义失败后，小亚希腊人各城邦在政治、经济等方面都发生了明显变化。在经济上，由于对外贸易大为削弱，小亚的经济地位逐渐让位给了大陆希腊；在政治上，虽然许多城邦的僭主政治被民主政治所取代，但波斯人对这里的控制也加强了。

第二节　希腊波斯战争的经过

一、波斯人对希腊的第一次远征

小亚希腊人的起义虽然被镇压下去了，但波斯帝国国王大流士的余怒未消。对在小亚希腊人起义时出兵支援过起义的大陆希腊人尤其是雅典人更是耿耿于怀，时时准备征讨之。在大流士和波斯帝国的统治集团看来，希腊有很多城邦，彼此之间利益不同，矛盾很多，形不成一支强大的可以和波斯帝国相抗衡的力量；而波斯帝国拥有广阔的土地、众多的资源、兵多将广，要征服希腊这弹丸之地不费吹灰之力。

在平定小亚的希腊人起义以后不久，公元前492年，大流士派出了第一支远征希腊的军队。远征军由大流士的女婿马尔多尼乌斯（他同大流士的女儿阿尔塔优斯特拉结婚）率领。远征军的舰队从腓尼基的港口出发，沿地中海东海岸的海岸线航行。在舰队到达小亚的基里基亚时，军队统帅马尔多尼乌斯才来到部队，同部队一起前进。在小亚，他废黜了那里的僭主政治，而建立起民主政治。波斯远征军在越过赫勒斯滂海峡后，进入了原为波斯帝国属地的色雷斯地区和马其顿地区（它们都是在公元前514年大流士对斯基泰人进行远征时占领的）。在小亚希腊人起义期间，这两个地区实际上已脱离了波斯人的统治。因为在那时，波斯人不得不将驻守在那里的驻防军调回到小亚，以镇压起义。马尔多尼乌斯及其军队到了这里以后，才又恢复了波斯人对它的控制。他首先征服了塔索斯人，随后又征服了马其顿和一些其他民族。

由马尔多尼乌斯率领的波斯军队在到达色雷斯的卡尔昔狄半岛的阿托斯山时，他们的舰队遭到了强烈的风暴袭击，波斯海军遭到毁灭性的打击：300多艘船被毁，约2万人葬身鱼腹。陆军也遭到当地的弗拉基亚部落的布律戈依人袭击，许多波斯人被杀，马尔多尼乌斯也受了伤。有鉴于此，波斯的陆军和海军不得不撤回到小亚，第一次远征失败。马尔多尼乌斯对军队的指挥权被撤销了。

二、波斯人对希腊的第二次远征——马拉松战役

大流士并没有因为第一次远征的失败而放弃征服希腊的野心，他积极地准备着第二次对希腊的远征。在调动军队之前，他先派人到大陆希腊各邦去索取"土和水"，意即要它们无条件投降和臣服。大流士的使者在一些城邦得到了满意的答复。例如，在马其顿、比奥提亚、色萨利、底比斯、阿尔果斯和伊斋那等邦，波斯的使节得到了土和水；但在有些城邦，波斯的使节则不那么受欢迎。例如，在雅典，他们把波斯的使节扔进了坑洞之中；在斯巴达，波斯的使节则被扔进了水里。这都是表示，你们不是要土和水吗，那么你们就自己到坑里和水里去取吧。

在帝国内部，大流士要求被波斯征服的希腊人建造军舰和运输用的船，以供战争时使用。他任命自己的侄子阿尔塔弗伦统率陆军、米底人达提斯指挥舰队，第二次远征大陆希腊。据希罗多德说，这次用于远征的舰队共有600艘（科尔涅利亚·涅波达断言，在马拉松登陆的波斯军队有10万

人，这显然是夸大了）①。公元前 490 年夏天，用于远征的海陆军队都集中到了基里基亚。为使军队不再遭到前一次那样的命运，雅典僭主庇西特拉图之子希庇亚斯（这时候在波斯帝国，是波斯统治下的赫勒斯滂的西吉亚城的统治者）建议不走上次的路线，而是从小亚出发，横渡爱琴海，直接攻占阿提卡半岛。波斯人接受了他的建议，从海路直扑雅典。在途中，波斯远征军占领了以前未曾征服过的那克索斯岛，并毁灭了它，其居民大多逃到了山上。而后，波斯军队又渡海到了优卑亚岛，占领了该岛上的埃列特里亚地区，他们抢劫并烧毁了城市和神庙，居民被带走为奴，被送到苏撒后又被移居到基西亚的阿尔代利卡。②

波斯军队事先确定的远征目标，是惩罚埃列特里亚和雅典。现在，埃列特里亚既已被毁，那么下一个目标当然就是雅典了。波斯军队在占领埃列特里亚以后不过几天，就在有经验的希腊向导的带领下，来到了阿提卡半岛的马拉松平原，从这里登陆。马拉松平原长 9 千米，宽 3 千米。波斯人之所以在这里登陆，有两点考虑：一是他们认为这里是一片平原，方便骑兵展开；二是因为这里的农民曾是希庇亚斯的父亲、僭主庇西特拉图的支持者。已经是一个老人的希庇亚斯同波斯军队一起回到了阿提卡。

面临波斯强敌的入侵，雅典人在经过激烈的辩论后（当时米提阿迪斯和泰米斯托克利等都坚决主张抗战），决定坚决抵抗，并派出了由 1 万人组成的军队开赴马拉松。与雅典结盟的普拉提亚派了约 1000 人前来助战。双方在马拉松平原上并没有立即交战，而是等待了好几天。波斯军队配置在平原上，以利于骑兵的展开，而雅典的军队则集合在平原的一个狭窄的角落里，以防波斯骑兵的袭击。波斯人徒劳地期待着自己在雅典的支持者的起事。后来，部分波斯骑兵被装上船，以便运往雅典。这大大削弱了波斯的力量。

---

① ［苏］丹达马耶夫：《阿黑门尼德帝国政治史》，第 128 页。
② ［古希腊］希罗多德：《历史》第 6 卷，119。

公元前 490 年 8 月 12 日晨，雅典军队整好了队伍，急速地向敌人冲去。当时雅典军队的配置情况是中间较弱，而两翼较强；而波斯军队的配置情况恰恰相反，是中间强而两翼弱。波斯军队中的沙克人战斗得十分勇敢，他们处在波斯军队的中心，破坏了雅典军队的队列。但在侧翼，波斯军队却被雅典军队打败。原来处于中心位置的打得很好的波斯军队，现在则处于被包围之中，波斯人开始撤退，很多人陷入了淤泥之中而遭到无情的射杀。战斗结果是，波斯人在战场上留下了 6400 具尸体，而雅典人只死亡 192 人。[1] 普拉提亚人的伤亡人数不详。从战场上逃走的波斯人也乘船到雅典去了。马拉松战役以波斯的失败而告终。为什么在这次战役中，在人数上占绝对优势的波斯人会遭到失败呢？从具体战役而言，是因为虽然从总体上说波斯人占绝对优势，但实际参加战斗的却不是那样，波斯军队的一部分去了雅典，而留在马拉松的人中又只有一部分投入了战斗，骑兵基本上未参加战斗。

在结束马拉松战役后，雅典人很快返回雅典城，而波斯的统帅达提斯则率领波斯军队返回亚洲去了。由此，波斯对希腊的第二次远征也宣告失败。

三、薛西斯远征希腊

马拉松战役以后，大流士仍未放弃征服希腊的企图。因为他大概认为，马拉松战役只不过是一次战斗，失败了没有什么了不起；而且他大概还认为取得了很大的成功，因为许多希腊城邦向他呈交了土和水，以表示臣服于他。不过，他大概也觉得，再进行远征需要进行更多的准备。因此，他派人到各地去命令装备军队和战舰，征集粮食等。但他未能如愿进行第三次对希腊的远征。一是因为在马拉松战役以后，埃及和巴比伦尼亚都发生了反对波斯人的起义，他不得不进行镇压，以巩固后方，免除后顾之忧；

---

[1] ［古希腊］希罗多德：《历史》第 6 卷，117。

二是他在公元前 486 年死了。据希罗多德说，在大流士死后，继承王位的薛西斯在一开始时，并无意于讨伐希腊，而只是想去镇压发生在埃及的起义。但大流士的姊妹的儿子、薛西斯的表兄弟、戈布里亚斯的儿子玛尔多纽斯等人却鼓动薛西斯去进攻希腊：

> 主公，在雅典人对波斯人做了这样多的坏事之后却丝毫不受到惩罚，那是不妥当的。而我的主张是，目前你做你正在着手做的事情，而当你把横鹜不驯的埃及征服以后，你再率领着你的军队去讨伐雅典，使你能够在众人中间赢得令名，同时人们也就会懂得，侵犯你的领土的人，会落得什么样的下场。①

此外，他还加上了一个理由，那就是欧罗巴是一个非常美丽的地方，它生产人们栽培过的一切种类的树木，是一块极其肥沃的土地，而在人类当中，除去国王，谁也不配占有它。希罗多德认为，玛尔多纽斯这样讲，是因为他想进行冒险活动，也想自己担任希腊的太守。除了玛尔多纽斯的鼓动以外，据希罗多德说，还有帖萨利亚人阿律阿达伊家派来的使者的邀请、庇西特拉图家的人的鼓动、奥诺马克利托斯的神托的鼓动等。希罗多德说，薛西斯这样"便纠缠到奥诺玛克里托斯的神托以及庇西特拉图和阿律阿达伊家的意见里面去了"。此外，鼓动他远征的还有帖萨利亚人、希皮亚斯和雅典人奥诺玛克利托斯。②

于是，薛西斯在镇压了埃及的起义以后，便召开了波斯人中第一流的人物的会议（或许可以称为御前会议），商讨远征希腊的事情③，并着手准备出征雅典了。公元前 480 年，薛西斯发动了对希腊的大规模远征。

---

① ［古希腊］希罗多德：《历史》第 7 卷，5。
② ［古希腊］希罗多德：《历史》第 7 卷，6。
③ ［古希腊］希罗多德：《历史》第 7 卷，8~11。

薛西斯是大流士之子，波斯帝国的第五个国王，但他并非长子，而是次子。大流士的长子名叫阿尔托巴扎涅斯。本来，在大流士当上国王后，在公元前507年曾宣布让他将来继承王位，但后来却让薛西斯继承了王位，薛西斯为什么能以次子身份当上国王呢？普鲁塔克说，那是因为波斯帝国的法律要求国王登上王位后的第一个儿子有权当上国王（Mor，488d及以下），但波斯帝国实际上并没有这样一条法律。这也并非波斯帝国的惯例，因为后来的小居鲁士就并未因此而登上王位。

事实上，在波斯帝国的历史上，因为是父亲登上王位后才出生而成了国王的，也只有薛西斯一个人。在波斯帝国，王位继承的主要规则实际上是长子继承制。那么，薛西斯为什么能当上国王呢？主要原因是因为他的母亲是居鲁士的女儿阿托撒，她曾是冈比西斯的王后，后来又成了大流士的王后。

据希罗多德说，在薛西斯远征前，曾经召开过会议，他"召集波斯的第一流人物前来会商，召开这一会议的目的是他可以听取这些人的意见，同时他自己又可以当着他们的全体宣布他自己的看法"①。他在会上阐述的准备进行战争的理由是：在居鲁士、冈比西斯和大流士征服的基础上，给自己增加荣誉和给波斯帝国增加新的领土；

图11.1　薛西斯

---

① ［古希腊］希罗多德：《历史》第7卷，8。

报复希腊人，为全体波斯人报仇。玛尔多纽斯附和了他的话，但大流士的一个兄弟阿尔塔巴诺斯却反对与希腊人开战，他曾经反对过大流士远征斯基泰人的战争（在那次战争中波斯人遭到了失败），并猛烈地批评了玛尔多纽斯的主战言论。但薛西斯对阿尔塔巴诺斯的意见非常反感，决定不听他的劝告而要进行远征。①

据希罗多德说，此次薛西斯远征动用的兵力是：陆军约 170 万人，骑兵为 8 万人（除去骆驼和战车以外）②，战船 1207 艘，总人数为 5283200 人。他并且说出了每个民族出兵的数字。但现代学者大多认为他的数字不真实，因为，那样大的一支军队，单是供给就不可能。他们认为，薛西斯远征的兵力最多不过 5 万～10 万人，战船的数量也不过五六百艘。对于这样一支大军，希罗多德说：

> 所有这些远征的军队，再加上这些之外如果有的其他任何军队，都不能和单是这一支军队相比。因为亚细亚的哪一个民族不曾给克谢尔克谢斯率领去攻打希腊呢；除去那些巨川大河之外，哪一条河的水不是给他的大军喝得不够用呢？有人把船只供应给他，有人参加了他的陆军，有人提供了骑兵，有人提供了随军运送马匹的船只以及军中的服务人员，有人提供作桥梁用的战船，还有人提供食品和船只。③

一个吕底亚人曾自动要拿出 2000 塔兰特的白银和将近 400 万达列科斯的黄金给薛西斯，作为军费。④

---

① ［古希腊］希罗多德：《历史》第 7 卷，8～19。
② ［古希腊］希罗多德：《历史》第 7 卷，184。
③ ［古希腊］希罗多德：《历史》第 7 卷，21。
④ ［古希腊］希罗多德：《历史》第 7 卷，28。

远征军从小亚的卡巴多细亚出发,分水陆两路。水路沿海岸线行进,以便随时同陆上联系。陆军在过博斯普鲁斯海峡时,是从浮桥上过去的,为修浮桥,用了 300 多艘船。薛西斯的大军路过之处,沿途居民,特别是希腊人苦不堪言。①

远征军进入希腊后的第一仗是温泉关战役。据希罗多德说,当时来到这个地方的波斯军队中,乘船来到的有 517610 人,步兵是 170 万人,骑兵是 8 万人。此外还有阿拉伯的骆驼兵和利比亚的战车兵,估计他们有两万人,而随军的勤杂人员和运粮船以及上面的人员尚不计算在内。② 而守卫这里的是斯巴达国王李奥尼达率领的 300 斯巴达将士。他们凭险据守,但由于这里地势险要,山路狭窄,易守难攻,所以波斯大军不能展开。因此,多次进攻皆未能夺取该关。后来,由于一个希腊人告密,带领波斯人从后山绕道而行,才攻陷了温泉关,李奥尼达及斯巴达三百壮士全部牺牲在温泉关。后人在此立了一块碑,上面刻着:"过客啊,去告诉拉凯戴孟人,我们是遵从着他们的命令长眠在这里的。"③ 在这次战役中,波斯人方面死去的有大流士的两个儿子:阿布罗科美斯和叙佩兰铁司。

在攻陷温泉关后,希腊人内部在如何对付波斯人的问题上发生了分歧:雅典人主张在海上与波斯人进行战斗,而斯巴达人则主张在中希腊和南希腊之间的地峡上筑一道高墙,以阻挡波斯大军。波斯军队长驱直入中希腊,中希腊的部分城邦倒向了波斯,部分被波斯军队攻占。阿提卡亦被波军占领。波斯人劫掠并烧毁了雅典。薛西斯命令从雅典运走了迦尔莫狄乌斯和阿里斯托基托的青铜雕像,它们被运到了苏撒,后来亚历山大大帝又将其运回到了雅典,因为他们曾杀死了僭主。

夺取雅典是薛西斯远征的主要目标之一,远征军出发渡海用了 1 个月

---

① 〔古希腊〕希罗多德:《历史》第 7 卷,118~120。
② 〔古希腊〕希罗多德:《历史》第 7 卷,184。
③ 〔古希腊〕希罗多德:《历史》第 7 卷,228。

的时间，渡海后到达阿提卡并占领雅典用了 3 个月的时间。在夺取雅典之后，薛西斯派人去苏撒报告了这个胜利的消息。

以雅典海军为主的希腊海军，退至萨拉米海湾。波斯海军也追至这里，于是发生了著名的萨拉米海战。萨拉米海湾是一个长 5 千米，宽 1.5 千米的一个不大的海湾。参加海战的希腊船只有 400 艘左右，而波斯人则有 650 艘左右，但只有一半参加了战斗。战斗发生于公元前 480 年的 9 月 28 日。由于波斯人的船只较大，行动不便，在狭窄的海湾里难以掉头和展开队形，而希腊人的船只较小，转动灵活，因此，海战以波斯人的失败而告终，大部分波斯舰队被消灭。普鲁塔克在阿里斯提德传中说，薛西斯的三个侄子和许多波斯贵族在普西塔尼亚岛被俘，作为牺牲而奉献给了狄奥尼索斯。

萨拉米海战的失败，使波斯损失了大量舰船，从此失去了海上优势。大流士的一个儿子、海军统帅阿里阿比格涅斯也死了。残存的波斯舰船逃到了法列尔，那时波斯的陆军也集中在那里。

战斗发生时，薛西斯坐在附近岸上的一座山上观战，在看到波斯军队遭到失败后，他就赶快率领大部分军队从北希腊经博斯普鲁斯海峡回到了亚洲，因为他害怕浮桥被希腊人毁掉。雅典的泰米斯托克利曾提出追击波斯舰队并破坏博斯普鲁斯浮桥的计划，但未被采纳。

在薛西斯的大军返回亚洲的途中，由于缺粮，他们几乎是靠抢劫来维持生计的。在没有什么可抢的地方，则靠吃青草和啃树皮为生。他们走了差不多有一个半月才回到亚洲。在萨尔迪斯，薛西斯让参加远征的埃及人回家去了，也让腓尼基水手回了家，因为他们被薛西斯指责在萨拉米海战时胆小，因而受到了惩罚，这使他们差一点儿叛乱。

在薛西斯离开希腊之前，马尔多尼乌斯说，海战的失败是由于埃及人、腓尼基人、塞浦路斯人等的胆小，而波斯人可以用陆军打败希腊人，在伯罗奔尼撒的战争的命运将由勇敢的波斯步兵来决定。他请求留下一支陆军在希腊，由他领导，以征服希腊。因此，薛西斯留下了一支陆军给他，这支军队包括不死队，以及波斯人、米底人、沙克人、巴克特里亚人和印度人的骑兵和步兵人员。希罗多德说，这支留下的部队有 30 万人，但现代学者认为，它最多不过四五万人。

四、普拉提亚战役

公元前 479 年在普拉提亚进行的战斗是波斯远征军在大陆希腊进行的最后一次战斗。

薛西斯率大军撤走后，马尔多尼乌斯的军队从雅典撤退到色萨利，在那里过冬。① 在薛西斯撤退后，弗拉吉亚的卡尔息迪爆发了起义，波斯统帅阿尔塔巴兹前去镇压，虽防止了事态的扩大，但夺取波提第阿城的努力遭到失败。在经过 3 个月的包围后不得不放弃攻城。阿尔塔巴兹同所率军队一起也来到色萨利，同马尔多尼乌斯会合在了一起。

马尔多尼乌斯曾派臣服于波斯的马其顿国王亚历山大带着媾和的条款去雅典，企图同雅典单独媾和，答应给雅典人以某种程度的自治，赔偿战争的全部损失，恢复雅典城里被破坏的神庙和房屋。亚历山大对雅典人说，希腊人不可能战胜波斯人，因为波斯人的军队太强大了。② 但马尔多尼乌斯的和平攻势未能得逞，斯巴达人说服了雅典人，使他们拒绝了波斯人的诱降。他们让亚历山大转告波斯人，说他们将继续同波斯人战斗。③

诱降未成，马尔多尼乌斯立刻率领他的军队向雅典进军，并在沿途扩大军队人数，"他不拘到什么地方，都把当地的人加到他的军队里来"④。由于斯巴达人未派兵支援雅典，所以雅典人再度撤退到萨拉米，而雅典城也再度被波斯军队占领。在占领雅典城后，马尔多尼乌斯又向雅典人诱降，

---

① ［古希腊］希罗多德：《历史》第 8 卷，133。
② ［古希腊］希罗多德：《历史》第 8 卷，140。
③ ［古希腊］希罗多德：《历史》第 8 卷，142～143。
④ ［古希腊］希罗多德：《历史》第 9 卷，9。

提出和平。一个名叫吕奇达斯的雅典人认为最好是接受波斯人的和平建议。这遭到雅典人的强烈反对，他当场被人们用石头砸死，他的妻子儿女也被妇女们砸死。

雅典人再次向斯巴达求援，斯巴达人犹豫再三后，终于派出了 5000 名重装步兵（他们每人配备了 7 个希洛特），而后又派出 5000 名轻装步兵，再加上伯罗奔尼撒半岛上其他一些城邦的军队，共约 17000 人前去援助雅典。由于阿提卡地区不方便骑兵的展开，所以，当马尔多尼乌斯得知斯巴达人来援的消息后，将雅典付之一炬，并彻底破坏了它，而后便率军前往底比斯。同波斯人站在一边的还有色萨利和比奥提亚等城邦。反波斯的希腊各邦也在比奥提亚的艾利弗尔集中了兵力 5 万人，其中有 3 万重装步兵。双方在此进行了一次残酷的战斗，波斯的一个司令官马西斯提亚被打死。而后，双方又来到比奥提亚的普拉提亚进行了会战。

据现代学者推算，在普拉提亚，大约有波斯军六七万人，其中骑兵不超过 1 万人。希罗多德说，当时在这里有希腊军队 110000 人。[①] 而现代学者则认为，希腊各邦的军队中，重装步兵为 38700 人，轻装步兵为 34500 人，共计 7 万多人，不过各家看法不一。马尔多尼乌斯提出，由波斯人去对付斯巴达人，米底人去对付科林斯人，波斯人的希腊同盟者，如比奥提亚人、洛科拉人、色萨利人、弗西斯人及马其顿人等则去同雅典人等作战。

普拉提亚战斗开始后不久，马尔多尼乌斯及其贴身警卫被打死，而且由于波斯人没有重装步兵，骑兵又不能很好地展开，在战术上也不如希腊人灵活，因此，普拉提亚战役也以波斯人的失败而告终。希罗多德说，在普拉提亚战役中，只有波斯人、沙克人和比奥提亚人的骑兵战斗勇敢，其余的波斯军队的外籍士兵在肉搏战开始前就从战场上逃走了。[②]

---

① ［古希腊］希罗多德：《历史》第 9 卷，29～30。
② ［古希腊］希罗多德：《历史》第 9 卷，68。

从普拉提亚战场败逃出来的残余波斯军队，被雅典人消灭了；一队由阿尔塔巴兹率领的波斯军队先期撤退到了拜占廷，他们在路上同弗拉基亚人的战斗中损失不少，其残部从拜占廷乘船渡海回到了亚洲。自此，波斯人在军事上退出了希腊大陆。

五、米卡尔海角之战

公元前 479 年 8 月，在小亚西海岸的米卡尔海角（该地在以弗所和米利都之间），发生了一次海战，即米卡尔海战，由斯巴达国王勒俄提克达斯和雅典人爱克山提普斯指挥的希腊海军攻击了集合在米卡尔海角的波斯残余海军，使波斯海军遭到重创。当时，在米卡尔海角集中了约 6 万波斯军队，由提格兰统率，舰船被拖上岸进行维修。在战斗中，小亚希腊人没有积极战斗，并且背叛了波斯人，当波斯军队撤退至米卡尔的山上时，米利都人杀死了他们。开奥斯岛、列斯堡岛和萨摩斯岛都转到了希腊人方面去，很多波斯驻防军被杀。所以，波斯人实际上处于孤军奋战的状态。在米卡尔遭到失败的波斯军队退到了萨尔迪斯。

六、提洛同盟和希波战争的结束

米卡尔海战的结束，标志着波斯人的军事力量再也不能在爱琴海称霸，希腊人进入黑海的通道也被打通（例如，公元前 473 年，雅典海军在伯利克里的率领下远征黑海就是一个例子）。以后，以雅典为首的希腊一些城邦结成海上军事同盟，对抗波斯，这就是提洛同盟。

公元前 466 年，在旁菲利亚发生的攸利密顿河之役中，雅典人及其同盟者在海上和陆上同波斯人进行了会战，雅典人在密迪阿迪斯（米泰雅德）的儿子西蒙的领导下打败了波斯人，他们俘虏或毁坏了包括 200 艘三列桨战舰的腓尼基舰队。

公元前 460 年，在埃及发生了伊纳尔起义。起义者在对波斯人的斗争中取得了若干胜利后，去求助雅典人，而雅典人也乐于去帮助起义者，因为他们需要从埃及获得必需的粮食。所以，在公元前 459 年，雅典人派出了由 200 艘舰只组成的舰队，经过塞浦路斯到达埃及，在尼罗河消灭了波斯人的舰队，此后又夺取了孟菲斯。但在公元前 458 年，斯巴达人与波斯人联合对付雅典，波斯人麦伽比兹带了大量黄金到斯巴达，鼓动斯巴达人直接攻击阿提卡，虽然没能取得什么成果，但威胁到了雅典人的后方。与此同时，在公元前 454 年，波斯国王阿塔薛西斯一世又派遣了强大的陆军和腓尼基舰队到埃及去，使埃及起义者和雅典人遭到失败，大多数起义者和雅典人都战死了，少数投降了波斯人。伊纳尔和部分雅典人逃亡到了毕布罗斯，还有少量雅典人逃跑到了昔勒尼。一支雅典人的舰队前来支援，却不知道起义者已经失败，到了埃及后，也被波斯人消灭了，这对雅典人是一个巨大的打击。

公元前 449 年，希波双方进行了和谈，雅典的伯里克利派了卡里阿斯作为谈判代表。当时，雅典人准备把地中海让给波斯人，归还塞浦路斯，并答应放弃对埃及事务的干涉。为此，雅典人要求波斯人承认雅典人在小亚的势力范围，并拒绝波斯人对小亚希腊城市的控制权，因为其一部分现在实际上已经处于雅典人的控制下。然而，波斯人不可能正式放弃自己的领地并承认叛乱臣民的自由，因为这有损于自己的威信。但波斯人这时需要和平，因为，这时，埃及的阿米尔提起义还在继续，再加上雅典人提出把塞浦路斯交还给波斯，因此，经过谈判，在双方都做了让步的情况下，订立了和约。

和约以雅典的代表卡里阿斯的名字命名，称卡里阿斯和约。其内容大致是，小亚希腊城市名义上还留在波斯国王的最高统治下，但其征税权却在雅典人之手，其征税的数额应当和在波斯人统治时一样。此外，普鲁塔克说，这些城市由雅典人来管理。[①] 但实际上，波斯人从未放弃过对小亚

---

① ［古希腊］希罗多德：《历史》第 6 卷，42。

希腊城市的最高统治权。希罗多德和普鲁塔克也认为，这些地区向来都是波斯人的；波斯人的军队不应接近爱琴海海岸到马一天行走距离的地方；波斯军舰不应出现在南边的赫里东和北边的基安尼诸岛屿之间，即从黑海的巴斯波尔入口到地中海东部的地区；根据和约，希腊城市可以自愿地回到国王的统治之下，而雅典人不应当提出异议。先前加入提洛同盟的某些沿海地区，应当像先前一样留在波斯人的统治之下。

由于这个和约对雅典人来说并不是很有利，所以雅典人对和约并不满意，他们指责这个和约的签订者卡里阿斯被波斯人收买了，德谟斯提尼说，雅典人差一点判处卡里阿斯死刑。公元前447年，卡里阿斯被判处罚金50塔兰特，因为据说当卡里阿斯在波斯时，波斯国王给了他那么多的钱。关于卡里阿斯和约，没有正式的文本保留下来，只是在克拉提尔编辑的《人民决议汇集》中和普鲁塔克的《西蒙传》中保存了它的内容。[①]

因此，一些人认为此和约是雅典人捏造的，不是真实的。其理由之一是，在修昔底德的著作中没有提到过这个和约。但希罗多德在《历史》一书中说到过卡里阿斯到过苏撒（见该书第7卷151），在此和约签订后过了70年，即在公元前380年，在雅典的著名演说家伊索格拉底的一次演说中提到过它。不过，可能像有的学者所说的那样，卡里阿斯和约只是一个口头的协议，而没有举行正式的签字仪式，因此，在雅典就没有正式的和约文本。普鲁塔克在《西蒙传》中也说，波斯人没有正式签订这个和约，但执行了这个和约的条款。例如，它避免在爱琴海上与希腊的船只相遇等。后来，在公元前4世纪的阿塔薛西斯二世统治时期，雅典人和波斯人签订的协议中，把小亚让给了波斯人，此时雅典人大概才想起来，卡里阿斯和约应当算是不错的了，因此开始赞扬卡里阿斯和约。

---

① ［古希腊］戴奥多罗斯：《历史丛集》，Ⅻ，4，4。

第三节 波斯帝国失败的原因及对波斯的影响

貌似强大的波斯帝国在其发展过程中，曾打败过许多比它强大的敌人，如米底王国、新巴比伦王国、埃及等，而那时波斯的力量相对来说要小得多。为什么它却会在与比它小得多的希腊的战争中遭到惨重的失败呢？

是否因为波斯对希腊的战争是侵略性的，是非正义性质的战争，所以它必然会失败？在许多情况下，战争性质、人心向背，确实对战争的结果会有重大的影响，但历史上也有若干情况表明，正义的战争也可能遭到失败，甚至亡国。因此，在战争中，弱小的但是正义的民族或国家，要取得战争的胜利，必须有其他的条件。单纯的正义并不是取得战争胜利的唯一条件。而侵略战争也不一定就会失败，如波斯人对新巴比伦王国的战争、对埃及的战争应当说都是侵略战争，但胜利了，而埃及和新巴比伦王国都要比希腊强大得多，却没能战胜波斯。所以，单纯的战争性质并不能解释波斯人为什么在有的战争中胜利了，又为什么在有的战争中却失败了。

是否因为波斯帝国的内部矛盾？希罗多德在《历史》中说到过波斯人内部的矛盾，例如，他说到波斯人怀疑爱奥尼亚人，以及爱奥尼亚人在战场上倒戈。① 波斯帝国内部存在尖锐的阶级矛盾和民族矛盾这是事实。但这些矛盾并不是在希波战争时才产生的，而是在以前就已存在了，比如说在它同新巴比伦王国进行战争时和同埃及进行战争时就已存在了，但在那时它并没有失败，而是胜利了。实际上，希腊各城邦内部的矛盾也不少，所以，单纯用内部矛盾来解释波斯帝国在希波战争中的失败，也是没有说服力的。

我认为，波斯帝国对希腊的侵略之所以遭到失败，除了上述两个原因之外，与其战线太长，后方补给困难有关，也与其战术死板不灵活有关，

---

① ［古希腊］希罗多德：《历史》第 9 卷，99、103。

还与指挥失误有关。这无论是在马拉松战役里，还是在萨拉米斯战役中都表现得很清楚。

对希腊战争的失败，对于波斯帝国的影响是很大的，也是很深远的。至少有这样几点：它加剧了波斯帝国内部的阶级矛盾和民族矛盾；削弱了波斯帝国的军事实力；暴露了波斯统治者的腐败和无能；等等。

第十二章　希波战争后的希波关系

战后的希波关系大致可分为 3 个阶段：一是公元前 449 年希波战争结束至公元前 331 年伯罗奔尼撒战争前；二是希腊的伯罗奔尼撒战争时期；三是伯罗奔尼撒战争以后。

第一节　第一阶段

希腊和波斯战争后，波斯帝国走过了它向上发展的巅峰时期，再也没有了过去那种四处用兵、攻城略地的锐气。当年居鲁士、冈比西斯和大流士时期那种所向披靡、无坚不摧、攻无不克的气势再也没有了。虽然它灭亡希腊的野心不死，但却再也无力派出大军远征了。而且它内部的各种矛盾，包括王室内部争权夺利的矛盾、地方和中央的矛盾、民族矛盾等都日益公开化、激化，波斯帝国的腐朽性日益暴露（色诺芬在其《长征记》中有所揭露）。但是，波斯帝国也不是弱不禁风，因为，在此之后，它不仅还征服过一些地方，而且在希波关系上也并不都是退居守势，相反，它利用希腊各城邦的矛盾，纵横捭阖，为自己捞取好处。

公元前 449 年，卡里阿斯和约的签订结束了希波战争。在希波战争结束后的一个时期里，双方的关系还是很紧张的。波斯国王阿塔薛西斯一世希望这种和平能维持下去，不愿扰乱新近取得的和平。所以，公元前 440 年，波斯帝国的吕底亚行省总督皮绍特涅斯曾支持过萨摩斯反对雅典，不过他派遣腓尼基舰队去救援他们的企图没能实现。而且波斯帝国的行省总督和希腊之间的关系一直是紧张的，因为这些总督在征集赋税时可能遇到了来自希腊人的干扰。

在这一时期，波斯帝国和希腊之间的关系总的来说呈现出复杂的情况。即一方面，希腊人对波斯帝国怀有仇恨的心理，但另一方面，希腊的斯巴达和雅典之间的矛盾也很深，而且由来已久，它们都想成为希腊的霸主，但却势均力敌。它们都无暇同波斯人斗争，而且它们还想借助波斯人的力量来达到自己称霸希腊的目的。而波斯人也想利用它们的矛盾，来达到自己的目的。

波斯人采用的是贿买的方法，即用黄金去贿买希腊的政治家，贿买个别的希腊城邦，来实现自己通过战争没有达到的目的，用大量的波斯黄金有效地去促进希腊的分裂。实际上，这种贿买政策早在薛西斯时期就已经开始了，例如，修昔底德就曾说到斯巴达人波桑尼阿斯和波斯人之间的关系，并引用了薛西斯给斯巴达人波桑尼阿斯的信来说明问题。薛西斯的信说：

> 国王泽尔士（即薛西斯）致书于波桑尼阿斯：你救出了你从拜占庭海外送给我的那些人，我很感激，我的王室将永远不忘。你的来信我也喜欢。你应当日夜注意履行你对我所许的诺言，不要让任何东西阻碍你——金银的费用也好，军队的数目也好，只要你在任何地方需要的话。我派了一个好人阿塔培扎斯到你那里去，你可以安心地和他交涉，依照我们两人最好和最可能成功的方式促进你我两人的利益。[1]

---

① ［古希腊］修昔底德：《伯罗奔尼撒战争史》，第 90 页。

第二节　第二阶段

在公元前 5 世纪后期，在希腊，发生了以斯巴达为首的伯罗奔尼撒同盟为一方和以雅典为首的提洛同盟为另一方，长达近 30 年的（公元前431—前 404 年）伯罗奔尼撒战争。这次战争不仅使双方经济都受到很大破坏，实力都受到很大的削弱，而且使得希腊人把自己的注意力完全集中到了希腊本身，从而分散了他们对波斯的注意力。这样一来，给了波斯人一个极好的机会：一方面它借机获得了干涉希腊城邦的机会；另一方面又获得了收复小亚西部沿海地区的希腊城邦，重新将其置于自己的统治之下的机会。在伯罗奔尼撒战争时期和战争结束后，斯巴达和雅典都曾为了自身的利益，去借助波斯帝国的力量，打击对方。在这种情况下，波斯帝国统治集团在对希腊的政策上纵横捭阖，利用希腊人在伯罗奔尼撒战争中的分歧，采取了又打又拉的策略、分化的策略，使希腊的两个势力（即雅典和斯巴达）互相平衡、互相对抗。

据修昔底德记载，在伯罗奔尼撒战争的第一阶段，波斯人就卷入了。他说，在战争的第二年，即公元前 430 年的夏末，斯巴达人派了一个代表团到亚细亚去，其目的是"说服波斯国王供给金钱，以帮助斯巴达人"，但这次活动被雅典人给阻止了。后来，斯巴达人又一次派人去同波斯人联系：

接着在（公元前 423 年）冬天，阿基佩斯的儿子亚里斯泰德（指挥雅典船舰赴各同盟国去征收金钱的军官之一）在斯特赖梦河畔的爱昂地方捕获了一个名叫阿塔斐尼的波斯人，他是波斯国王派往斯巴达去的。这个波斯人被送到雅典，他随身携带的文书都由雅典人从亚述文字翻译出来阅读了，文书里面谈到许多问题，而其中对斯巴达人提出的最重要的问题就是：波斯国王不晓得斯巴达所要求的究竟是什么，因为到国王那里去的使节们各有各的说法；如果斯巴达人有一定的意见向他提出，他们最好派遣代表们随同这个波斯人前往波斯。

但因为使节被抓获，当然没有什么结果。[1]

后来雅典人也曾派人去与波斯人联系，企图得到波斯人的支持：

后来雅典人打发阿塔斐尼乘着一条三列舰回到以弗所，并派了几个使节一同前去。在以弗所，他们听得薛西斯的儿子阿塔薛西斯已经死了（恰恰是那时死的），他们就折回来了。[2]

显然，这次雅典派遣代表往波斯去商谈，也是无功而返。但这也说明了伯罗奔尼撒战争双方都力图获得波斯人的支持。

这时，许多希腊的破产者前往波斯充当雇佣军。例如，公元前 423 年 2 月，大流士二世继承了王位。他的兄弟阿尔希特想要夺取王位，在叙利亚举行叛乱，在他的叛军中起了很大作用的就是希腊雇佣军，在前两次战斗中，他都取得了胜利，但在第三次战斗中，国王的军队收买了阿尔希特的希腊雇佣军，而使其遭到失败，阿尔希特投降后被杀。

在伯罗奔尼撒战争的第二阶段，斯巴达人企图依靠波斯人的支持而同雅典进行战争的活动通过几个和约表现了出来。这主要由波斯帝国驻小亚的总督们，如蒂萨弗尼斯等人在操作。此人是波斯驻吕底亚和爱奥尼亚的总督、小亚西部波斯军队的司令官，他希望借助斯巴达人的力量恢复对小亚西海岸原属波斯统辖而现在归属雅典帝国的希腊城市的统治；而斯巴达

---

[1] ［古希腊］修昔底德：《伯罗奔尼撒战争史》，第 296 页。
[2] ［古希腊］修昔底德：《伯罗奔尼撒战争史》，第 296 页。

人则希望借此得到波斯人的资助以维持其舰队。

公元前413年，在雅典远征西西里的军队遭到失败后，大流士二世利用雅典人的困难，命令蒂萨弗尼斯镇压在卡里亚发动叛乱的皮苏丰的非婚生子阿摩尔格，以及在小亚的希腊人城邦征收赋税。于是蒂萨弗尼斯与斯巴达人签订了条约，斯巴达因为需要波斯的金钱，也愿意缔结条约。双方于公元前412年春天缔结了条约。条约是斯巴达人卡尔息底阿斯和波斯总督蒂萨弗尼斯所订的，其内容如下：

> 斯巴达人及其同盟者和波斯国王及蒂萨弗尼斯，根据下列条款，订立同盟条约：
>
> 现在国王所占领以及国王的祖先过去所占领的一切土地都应当归属国王所有。
>
> 关于雅典人过去从他们的城市所征收的金钱以及其他一切东西，国王、斯巴达人和他们的同盟者应共同合作，阻止雅典人，使他们不能取得这些金钱以及其他一切东西。
>
> 对雅典人的战争应由国王、斯巴达人和他们的同盟者联合进行。非得双方——国王方面和斯巴达人及其同盟者方面——的同意，不得终止战争。
>
> 凡叛变国王的人，斯巴达人和其同盟者都应当把他们当作敌人看待；凡叛变斯巴达人及其同盟者的人，国王也同样地应当把他们当作敌人看待。①

条约对斯巴达人并不是非常有利。所以伯罗奔尼撒人认为从那个协定中，蒂萨弗尼斯比斯巴达人得到了更多的利益，因为协定承认了波斯人统

---

① ［古希腊］修昔底德：《伯罗奔尼撒战争史》，第577页。

治小亚希腊人各城邦的权力。因此斯巴达人并不满意。① 于是，斯巴达人和蒂萨弗尼斯又订了一个协定，其内容如下：

> 斯巴达人及其同盟者和国王大流士、他的儿子们及蒂萨弗尼斯同意根据下列条件，订立友好条约：
>
> 斯巴达人和他们的同盟者不得对现在属于大流士国王的，或过去属于他的父亲或祖父的国家或城市作战，或对这些地方有任何损害。
>
> 斯巴达人或他们的同盟者不得向这些城市征收贡款。
>
> 大流士国王或国王的任何臣民不得对斯巴达人或其同盟者作战，或对他们有任何损害。
>
> 如果斯巴达人或其同盟者需要国王的帮助，可以采取双方协定的任何步骤进行之。
>
> 双方联合对雅典及其同盟者作战；订立和约时，必须双方联合参加。
>
> 因国王的请求而来到国王境内的军队所需要的一切费用都应由国王给付。
>
> 与国王订立此项协定的国家之中，如有任何一国进攻国王的领土，则他国应当采取一切切实可行的办法制止这种进攻，以保护国王。
>
> 如果在国王领土内或国王属境内任何人进攻斯巴达人的国家或其同盟者，国王应当采取一切切实可行的办法制止这种进攻，以保护斯巴达人及其同盟者。②

---

① 〔古希腊〕修昔底德：《伯罗奔尼撒战争史》，第588页。
② 〔古希腊〕修昔底德：《伯罗奔尼撒战争史》，第589页。

对于这个和约，许多斯巴达人还是不满意，所以，他们派了一个 11 人组成的特别委员会去同蒂萨弗尼斯进行谈判，地点在奈达斯。修昔底德说，他们讨论了以前的协定中他们认为不满意的地方，讨论了将来怎样最有效地、对双方最有利地进行战争的政策问题。一个名叫利卡斯的斯巴达人说，"两次条约都不能发生效力的；如果波斯国王要求他和他的祖先在过去所占有的一切土地的话，这是极其荒谬的；因为那样，就必须把一切岛屿、色萨利、罗克里斯，直到比奥提亚的一切地方都恢复到被奴役的地位，这就意味着斯巴达对希腊人的贡献，不是解放，而是波斯的统治。因此，他建议另订一个比较妥善的条约；现在的条约是完全不能接受的，他们不愿在这样的条件下，接受他（指蒂萨弗尼斯）的薪给。"① 蒂萨弗尼斯大怒，愤愤地离开了奈达斯，谈判未获成果。

但是，一方面斯巴达人为了同雅典进行战争需要钱，另一方面蒂萨弗尼斯也需要斯巴达人，以使希腊两个势力平衡，互相对抗。因此，在公元前 411 年冬天，在诺斯，蒂萨弗尼斯和斯巴达人再次进行了会谈，结果是订立了第三个和约。其内容如下：

> 大流士（应当是大流士二世）统治的第 13 年，斯巴达亚历西匹达监察官任期内，斯巴达人及其同盟者和蒂萨弗尼斯、亥厄拉门尼以及法那西斯的儿子们在米安得平原订立一个有关国王和斯巴达人及其同盟者的利益的条约。
>
> 国王在亚细亚的领土是国王所有的；他对于自己的国家，可以随意采取任何措施。
>
> 斯巴达人和他们的同盟者不得怀着敌意，反对国王的国家；国王也不得怀着敌意，反对斯巴达人和他们的同盟者。

---

① ［古希腊］修昔底德：《伯罗奔尼撒战争史》，第 593 页。

　　如果斯巴达人或其同盟者中间有任何人进攻国王的国家，斯巴达人及其同盟者应当加以制止；如果国王的国家中有任何人进攻斯巴达或其同盟国，国王也应当加以制止。

　　蒂萨弗尼斯应当依照本协议的规定，供给现在在此地的船舰的军饷，直到国王的船舰到达的时候为止。国王的船舰到达之后，斯巴达人和他们的同盟者如果愿意的话，可以负担他们自己船舰的薪给；但是，如果他们愿意从蒂萨弗尼斯手中取得他们的薪给的话，蒂萨弗尼斯应当供给他们薪给，他们所收到的金钱，斯巴达人和他们的同盟者应当在战争结束之时，归还蒂萨弗尼斯。

　　国王的船舰到达之后，斯巴达人及其同盟者的舰队应当和国王的舰队合作，依照蒂萨弗尼斯和斯巴达人及其同盟者所认为最好的方法进行战争。

　　如果他们想和雅典人订立和约时，双方各有发言权。

修昔底德说：

　　订立条约之后，蒂萨弗尼斯准备依照条约的规定，把腓尼基舰队带来，以履行他的诺言。他的目的是想装作他无论如何是在开始履行他的诺言了。①

　　公元前 404 年大流士二世去世，他的长子阿塔薛西斯二世即位为王，他的幼子小居鲁士欲夺取王位而发生了叛乱，这得到斯巴达的支持，斯巴达为小居鲁士招募了希腊雇佣军 1.3 万人，成为小居鲁士的叛乱军队的主

---

　　① ［古希腊］修昔底德：《伯罗奔尼撒战争史》，第 603～604 页。

力。叛乱失败后，在色诺芬的率领下这支雇佣军经过艰苦转战后回到希腊。由于斯巴达支持了这次叛乱，波斯国王阿塔薛西斯二世非常不满。

在伯罗奔尼撒战争第二阶段，曾领导雅典远征军远征西西里的阿尔西比阿德，因为国内党派斗争的原因先是投靠了斯巴达，后来与斯巴达的关系恶化，又投奔了波斯。正是这个阿尔西比阿德向波斯帝国驻小亚的总督蒂萨弗尼斯建议，应使希腊敌对双方都不得胜，疲于久战，并趋衰竭，才对波斯有利。波斯人对此当然非常感兴趣，并且确实采取了这个政策。①修昔底德说：

> 阿尔西比阿德劝他（指替萨斐尼，即蒂萨弗尼斯）首先使双方（指伯罗奔尼撒战争双方的雅典和斯巴达）疲惫，然后尽量削弱雅典的势力之后，马上把伯罗奔尼撒人逐出国外。蒂萨弗尼斯大体赞成这个政策；至少，从他的行动上看来，他似乎是依照这个政策做的……他刻薄地给予伯罗奔尼撒人军饷，反对他们在海上作战；他假意说，腓尼基的船舰就会到了，到那时候，他们的战争可以完全处于优势。这样，他给予伯罗奔尼撒人以很大的损害，使得伯罗奔尼撒海军的士气和效力更为朽蚀……②

再加上在伯罗奔尼撒战争时，斯巴达人以在战争后让波斯人重新统治小亚西海岸的希腊各城邦为条件，希望从波斯帝国获得金钱上的援助。波斯人给了斯巴达援助，但在战争结束后，斯巴达人又后悔了，因为，他们觉得这个代价太大，而且也受到小亚各希腊城邦的压力，因此就不想实践自己的诺言，这也引起了波斯人的不满。再加上蒂萨弗尼斯听信了阿尔西比阿

---

① ［古希腊］色诺芬：《长征记》，英译本序言，第1页。
② ［古希腊］修昔底德：《伯罗奔尼撒战争史》，第595～596页。

德的让希腊敌对双方疲于久战才对波斯有利的话，因此停止了原定对斯巴达人所许诺的金钱支持。从而蒂萨弗尼斯与斯巴达人的关系就完全破裂了。

第三节　第三阶段

在第三阶段，由于斯巴达人支持了小居鲁士的叛乱，因此波斯国王阿塔薛西斯二世不管斯巴达的态度如何，极力恢复其在小亚西海岸各希腊城邦的统治权。小亚西海岸各希腊城邦向斯巴达求援，于是，在公元前399年，斯巴达向小亚沿岸派遣了5000人的军队，从而引发了斯巴达与波斯帝国长达五年的战争，战争中双方互有胜败。公元前395年，斯巴达国王阿格希劳率领的军队在原吕底亚王国的首都撒尔迪斯附近大败了波斯军。而波斯国王阿塔薛西斯二世也派人携带大量金钱前往希腊，收买雅典、底比斯等城邦，使它们起来反对斯巴达。而恰在此时，希腊各城邦不满斯巴达的霸权，在波斯人的怂恿下，它们组成了一个反斯巴达的同盟，其成员有底比斯、科林斯、雅典和阿哥斯等城邦。公元前395年爆发了名为科林斯战争的反对斯巴达的战争（因为这次战争主要是在科林斯地峡进行的）。首先起来反对斯巴达的是底比斯。为了应对这场战争，公元前394年，斯巴达派遣自己著名的将领赖山德尔率领军队前往对抗，但他却战死在底比斯。斯巴达又从亚洲召回了阿格希劳，让他率领斯巴达军队去对付联军。虽然在喀罗尼亚一役中，斯巴达军打败了联军，但在公元前394年，在海上，雅典和波斯的联军在雅典人科隆的领导下，在小亚的克多尼斯地方打败了斯巴达的海军，斯巴达的85艘战舰损失了50艘，这使斯巴达失去了以前在小亚和爱琴海所获得的一切好处。于是，在小亚和希腊大陆到处都起来反对斯巴达，斯巴达的霸权受到严重打击。雅典却借此大有重新崛起之势。

而且，科隆率领的舰队还在伯罗奔尼撒海岸对斯巴达的沿海地带进行破坏，使斯巴达在海上的霸权一蹶不振。斯巴达人的处境极大地恶化，它不得不与波斯人谈判议和。而波斯人又怕斯巴达被过度削弱，雅典人的实力增强会对自己不利，于是又与斯巴达人接近。公元前 387 年，斯巴达的全权代表安塔客达斯与波斯在苏撒谈判，缔结了"安塔客达斯和约"，又称"大王和约"，和约以阿塔薛西斯的口气说：

> 阿塔薛西斯国王认为亚洲诸城邦以及岛屿中的克拉佐美纳伊岛和塞浦路斯岛应当归他所有；他想，其余的希腊诸邦，不论大小，皆应独立自主，但勒谟诺斯、音不洛斯和斯西罗斯三个岛屿仍应隶属雅典。凡不遵守这个和约者，朕阿塔薛西斯将依赖遵守和约各邦之助以反对之。我将从陆上、海上，用舰队、用金钱做到这点。①

斯巴达虽然不那么愿意，但还是在和约上签了字，因为主导这个和约的不是斯巴达，而是波斯帝国，斯巴达没有力量来既反对雅典又反对波斯帝国。在此和约签订后，小亚沿地中海西岸各希腊城邦都实际上归属于波斯帝国了，回到了希腊波斯战争以前的状况。和约还宣布，除了斯巴达及其盟国以外，禁止希腊本土各城邦组织任何同盟。这表明，波斯帝国已经恢复了它在希腊波斯战争以前对地中海东部的霸权，不仅如此，现在，它似乎还可以控制希腊大陆的各个城邦，成为希腊命运的主宰，得到了希波战争没有取得的成果。

波斯帝国不仅在希腊各邦中挑动不和，让它们互相猜疑和争斗，而且在希波战争时期和战后，还收买包括政治家在内的许多希腊人，让他们为波斯人所用。例子之一是，雅典著名民主派领导人泰米斯托克利，他在希波战争时曾率领雅典海军在萨拉米海战中打败波斯军，但因他接受了贿赂

---

① 李天佑：《古代希腊史》，兰州：兰州大学出版社，1991 年版，第 511～512 页。

而被查出，被迫逃亡波斯，成为波斯皇帝的座上客。波斯国王还封给他一块领地，后来他就客死在波斯帝国。之二是，据希罗多德说，波斯人曾给一个希腊的马其顿人以采邑。① 之三是，雅典民主派重要人物之一阿尔西比亚德也曾在公元前 412 年逃往波斯帝国的小亚地区，投靠了波斯帝国在当地的总督蒂萨弗尼斯，后来，当雅典海军在埃利特里亚附近遭到惨败后，他又回到雅典，成为雅典海军的总指挥，多次打败斯巴达海军。之四是，据希罗多德说，

> 臧克列的国王司枯铁斯从伊努克斯逃到了喜美拉，而他从那里到达了亚细亚之后，便到国王大流士的地方去了。在大流士看来，他是从希腊来到这里的一切人当中最诚实的人物，因为他得到国王允许返回了西西里，但是又从西西里回到大流士那里去。他最后是死在波斯的，他死时享了高龄并且拥有巨大的财富。②

之五是，在大流士统治时期，一个名叫戴马拉托斯的斯巴达的国王逃到了大流士那里，得到了厚待："大流士盛大地欢迎了他，给了他土地与若干城市。"③

---

① ［古希腊］希罗多德：《历史》第 8 卷，136。
② ［古希腊］希罗多德：《历史》第 6 卷，24。
③ ［古希腊］希罗多德：《历史》第 6 卷，70。

第十三章　小居鲁士叛乱

第一节　叛乱的起因

公元前401年，波斯帝国内部发生了对波斯帝国有着严重后果的小居鲁士叛乱。小居鲁士是大流士二世和王后帕莉萨蒂斯的儿子。大流士二世国王和王后有两个儿子，一个是阿塔薛西斯（原名是阿尔沙克）；另一个就是小居鲁士（原名就是居鲁士，但因为波斯帝国的创立者叫居鲁士，所以就把大流士二世的这个小儿子叫作小居鲁士）。据说，小居鲁士大约生于公元前423年。他是在大流士二世当上国王以后出生的（大流士二世是在公元前423年登上王位的）。在他叛乱前，他已经是波斯帝国驻小亚地区的几个行省的总督和驻军的司令，既有行政权又有军权（公元前407年担任吕底亚、大弗吉尼亚和卡帕多细亚的总督兼全部小亚细亚西部的军事司令官），当时他年仅十七八岁。他还得到他的母后的宠爱。他本以为可以依靠母后的宠爱而成为国王，但大流士二世早已任命了大儿子阿塔薛西斯二世为王位继承人，而且也没有改变这个决定的意思。不过，王后可能是希望让小儿子当国王的。

小居鲁士发动的反对阿塔薛西斯二世的战争是在公元前401年。他之所以发动叛乱，主要原因有以下几点：第一，波斯帝国的王子们有争夺王权的传统（这从波斯帝国的第二代起就开始了，这就是冈比西斯的兄弟巴尔迪亚之争，冈比西斯担心巴尔迪亚会篡夺自己的王位，因而把他杀了。

以后，几乎帝国内每次王位更迭都会发生争夺王位的战争或篡权阴谋）；第二，母后帕莉萨蒂斯的宠爱与支持；第三，他在拥有几个行省总督的行政权和军权后野心膨胀；第四，公元前404年，国王大流士二世生命垂危。在他生命垂危时，他把两个儿子都召到自己面前，当时，大儿子阿尔沙克，即后来当了国王的阿塔薛西斯二世就在国王身边，小居鲁士是从小亚赶去的。国王在不久后（公元前404年3月）就死了。国王的长子阿尔沙克登上了王位，改名字叫阿塔薛西斯二世，他与蒂萨弗尼斯的女儿结了婚。小居鲁士回苏撒参加父王的葬礼并参加新国王的登基典礼。前来参加这些活动的卡里亚的总督蒂萨弗尼斯（也就是新国王的岳父）在参加新国王的加冕礼时向登上了王位的阿塔薛西斯二世告密，说小居鲁士蓄谋造反，想进行叛乱，反对阿塔薛西斯二世。他之所以向新国王告密有一个原因，就是小居鲁士现在统辖的几个省原来是在蒂萨弗尼斯的统辖之下的，即那些行省是小居鲁士从蒂萨弗尼斯那里抢夺来的，他现在只剩下了一个卡里亚省，他的告密显然有报复的嫌疑。阿塔薛西斯二世相信了这一诬告，于是逮捕了小居鲁士，并准备处死他。但母后帕莉萨蒂斯偏袒小儿子，出面为小居鲁士说情，力保小居鲁士，才使小居鲁士免于一死，并于公元前403年的夏天释放了小居鲁士。而后小居鲁士回到了小亚，并恢复了职务。但小居鲁士愤怒至极。

小居鲁士回去之后，便开始盘算不再受其兄长阿塔薛西斯二世的节制，并在时机成熟时准备起兵谋反，取其兄长的王位而代之。

为了与自己的兄长争夺王位，小居鲁士做了很多的准备，特别是在军事方面。他利用自己的特殊条件（远离帝国中心和得到母后的宠爱），在小亚不断扩充自己的实力。包括广纳人才、收买人心[1]、扩充军队（表面上

---

① 参见［古希腊］色诺芬：《长征记》，第1、30～32页。

说是为了同蒂萨弗尼斯进行斗争并将庇西狄亚人全部赶出境)①。

他在斯巴达人的支持下，秘密地募集了一支以希腊雇佣兵为主的军队（约1.7万人）。色诺芬说："他是这样征集他的部队的：首先，他下令给所有各城守备将官各自精选尽多上好的伯罗奔尼撒士兵，扬言蒂萨弗尼斯谋攻其城。事实上这些爱奥尼亚城原本是由国王赐予蒂萨弗尼斯的，但那时除了米里图（即米利都）之外全都叛归了小居鲁士。米里图人也计划同样去归附小居鲁士，但被蒂萨弗尼斯及时发觉，便把一些人处死，而将其他一些人予以流放。这又为小居鲁士提供了一个征集军队的借口。把这些流放的人收归部下加以保护，征集成军，从陆、海两路围攻米里图，力图使这些流放者复归原城。同时他又派人去见国王，以兄弟关系的理由要求将这些爱奥尼亚城池归他管辖，不再由蒂萨弗尼斯继续统治。这事也得到他母后的协助。结果，国王没有觉察出他的阴谋，而认为居鲁士花钱扩军是为了和蒂萨弗尼斯交战。当时阿塔薛西斯二世并不反对他们双方交战，特别是因为小居鲁士还经常把他管辖原属蒂萨弗尼斯的城市的进贡品解送给自己，这就使他更不在意了。"②

小居鲁士在阿卑多斯对面的刻尔索尼斯地方，还利用克利尔库斯为他募集另外的一支军队。此人是一名斯巴达流亡者，小居鲁士认识了他，对他很赏识，并给了他1万大流克金币。克利尔库斯拿到这些钱后便用它募集了一支军队，并以刻尔索尼斯为行动基地去攻打居住在赫勒斯滂那边的色雷斯人，从而帮助了希腊人。结果这些赫勒斯滂城市主动自愿向克利尔库斯捐献款项来支持他的部队。这样一来便又为居鲁士秘密地保持了这支军队。

同时，色萨利人阿里司提鲁斯是小居鲁士的朋友。因为他正受境内政

①　参见［古希腊］色诺芬：《长征记》，第2～3页。
②　［古希腊］色诺芬：《长征记》，第2页。

敌攻击甚迫，便来找小居鲁士求借两千名雇佣军的 3 个月饷钱，以使他能压倒对方。小居鲁士当即给了他 4000 人的 6 个月的军饷，并要求他在未跟他商议之前不要同对方言和。这样一来，在色萨利的这支军队便又成为他的一支秘密武装力量。

另外，小居鲁士指使他的朋友彼奥提亚人普罗克西努斯带领尽可能多的兵来见他，声言他要征讨庇西狄人，因为他们正在进行捣乱。他还指使另外的朋友司腾法利亚的索菲涅图斯和阿加亚的苏格拉底带领尽可能多的兵前来，扬言他要借助米里图流亡者攻打蒂萨弗尼斯。这些人都分头遵嘱行事。[①]

在得知小居鲁士聚集了如此大量的军队的消息后，蒂萨弗尼斯又向阿塔薛西斯二世作了报告，于是，新国王也开始准备进行战斗。

第二节　叛乱的经过

小居鲁士反对阿塔薛西斯二世的叛乱开始于公元前 401 年的早春时节。那时，小居鲁士率领他的部分军队从小亚的撒尔迪斯（原来的吕底亚的首都，也是小居鲁士总督府的所在地）出发，当时在撒尔迪斯的军队人数是 9600 名希腊重装兵、2100 名轻装兵、200 名克里特的弓箭手以及为数不少的波斯军队（他的其余军队在他向东行进时不断与之会合）。后来，据色诺芬说，在小居鲁士和阿塔薛西斯二世交战前，双方的军力对比是：小居鲁士有 11 万多人（包括希腊雇佣军 1.04 万重甲步兵，2500 轻盾，居鲁士的波军 1 万人，并有约 20 辆滚刀战车）；而阿塔薛西斯二世的军队人数为 120万人，200 辆滚刀战车，还有国王本人统率的 6000 名骑兵等。有学者认为，这双方军队的数字都是夸大了的。

---

① ［古希腊］色诺芬：《长征记》，第 2～3 页。

叛军从撒尔迪斯出发后，来到弗里吉亚，小居鲁士在这里得到了部分雇佣军与之会合，后来又得到基里基亚国王斯维涅西亚的妻子（她成了小居鲁士的情妇）在资金上的支助，她给了他很多的钱，使小居鲁士能够支付雇佣军4个月的工资（她的丈夫却采取了两面政策，据戴奥多罗斯说，他一方面派了自己的一个儿子到国王那里去报告了小居鲁士的打算；又派另一个儿子到小居鲁士那里去，给了他一些军队和金钱）。[1] 而后，叛军沿着险峻的、没有设防的道路进入了基里基亚。直到此时，小居鲁士还未向他的军队说明自己进军的真实目的——反对阿塔薛西斯二世，只说是去攻打与小居鲁士有矛盾的当时在幼发拉底河边的叙利亚的总督阿布罗科姆。但有些雇佣兵已经怀疑小居鲁士是去与国王作战。一直到小居鲁士的军队到达了叙利亚的塔普沙克城时，小居鲁士才召集他的希腊雇佣军的将领们宣布说，他是要带领他们去攻打国王阿塔薛西斯二世，命令他们转告他们的士兵们。小居鲁士还答应给每个雇佣军士兵每月5明那白银。

叛军在富饶的叙利亚补充了粮食等。但小居鲁士在行军沿途开始遇到麻烦，特别是开始有人要背叛他。例如，一个名叫奥隆特的波斯贵族向小居鲁士说他要带领1000骑兵去攻打在小居鲁士的行军前方进行破坏的阿塔薛西斯二世的军队。小居鲁士同意了。但这个波斯贵族却写信给阿塔薛西斯二世，说他将率领自己的军队转到他那一方去。但信却落入到小居鲁士手中，奥隆特被逮捕，并被处死。

叛军到达巴比伦尼亚后，小居鲁士检阅了自己的军队，对军队作了动员，他答应在他取得胜利后给他们巨大的报酬。他说：

> 诸位，我父王疆土广阔，南至无法居住的热带，北至无法居
> 住的寒带。在这两极之间都由我哥哥的友辈分省而治。如果我们

---

[1] 戴奥多罗斯：《历史丛集》，XIV，20。

获胜，我们将安排我们的人去管这些省份。因此，成功之后，恐怕不是我将无物足以给予诸友，而是怕没有足够多的友人来分享。至于你们希腊士兵，我将格外给你们每人一套金花冠。①

小居鲁士的军队和国王阿塔薛西斯二世的军队的会战发生于公元前401年9月3日，地点是在离巴比伦90千米处的库纳克斯村附近。指挥国王军队的是阿布罗考姆斯、蒂萨弗尼斯、戈布律亚斯和阿巴赛斯，不过，阿布罗考姆斯及其军队还未到位，还在从腓尼基到巴比伦尼亚的途中，他晚到了5天，因而实际上并未参加战斗。

开始时，阿塔薛西斯二世的军队没有和小居鲁士的军队交战，而是向后撤。小居鲁士认为这是国王不敢打，"已放弃战意"，因此小居鲁士就大意起来。

第三天进军，他坐在战车上，只带了一小队人马在他面前列开，而大部队伍都散乱行进，并且好多士兵的武器和装具都在由车辆和驮马运载着。②

希腊雇佣军配置在小居鲁士军队的左右两翼。在其右翼的是由克列阿尔赫指挥的几千骑兵；在左翼的是小居鲁士的主助手阿利亚率领的部分波斯军。小居鲁士自己带着600名骑兵居中。他的这些骑兵均佩戴着胸甲、护胫和铜盔，并用希腊剑武装了起来。但小居鲁士本人却未戴头盔，说明他有些轻视其兄，没有看到当时的危险性。阿塔薛西斯二世的军队的左翼是蒂萨弗尼斯指挥的着白甲的骑兵，在他们旁边的是轻装部队和埃及重装

---

① ［古希腊］色诺芬：《长征记》，第23页。
② ［古希腊］色诺芬：《长征记》，第25页。

步兵，在他们的军队的前面是滚刀车。阿塔薛西斯二世处于中央，他把军队展开成半圆形。

战斗开始后，小居鲁士带着自己的 600 名骑兵向国王阿塔薛西斯二世冲去，使掩护国王的骑兵部队逃跑，并杀死了指挥这支部队的阿尔塔格拉。但在追击时，小居鲁士的随从散开了，他没有了保护。当小居鲁士看到阿塔薛西斯二世以后，便一面叫着"看见他了！"一面向国王冲了过去，并刺穿了国王的护胸，使国王受了伤，但并没有能杀死国王。相反，他自己和他的几个最亲近的波斯贵族却被国王的人杀死了。小居鲁士是因为头部受到矛的重击而死亡的。国王的部下割下了小居鲁士的头和右手，送到了国王的面前。阿塔薛西斯二世抓住他的头发，确认是小居鲁士。

小居鲁士死了，他的波斯人的部下一见便逃跑了。但他的希腊雇佣兵在当时却还不知道，还在继续战斗，直到第二天才得到小居鲁士死亡的消息。

小居鲁士一死，他的叛乱也就失败了。他的希腊雇佣军的一些将领被蒂萨弗尼斯诱杀了，其余的由色诺芬率领，在经过长途跋涉后退到了小亚西部，并很快回到希腊去了。

在取得了对小居鲁士叛乱的胜利以后，阿塔薛西斯二世惩罚了一些背叛者，奖励了一些有功者。但这些有功者却遭到了母后帕莉萨蒂斯的严厉报复以致死得非常惨。例如，使小居鲁士受到致命伤害的一个卡里亚人（国王并不说是他杀死了小居鲁士，而只是说是他把小居鲁士死亡的消息报告给他），但这个卡里亚人却四处张扬，说他因杀死了小居鲁士而受到了奖赏。阿塔薛西斯二世在知道了这个消息后，命令杀了他，但王后帕莉萨蒂斯却说不能这么轻易地就让他死了，她命令刽子手先拷打他 10 天，然后再挖去他的双眼并把熔化的铜灌入他的咽喉。还有一个名叫米特拉达特的波斯贵族，据说他是第一个使小居鲁士受伤的人，为此，阿塔薛西斯二世曾把小居鲁士带装饰的鞍褥赏给了他。一次，他在出席宫廷酒宴时，喝醉了的米特拉达特大声叫嚷说，正是他用矛打击了小居鲁士的鬓角。这些话传到了国王阿塔薛西斯二世的耳朵里，他命令严刑拷打米特拉达特。他被放置在一个槽里，上面盖上一个槽，他的头和手放在外面，同时把槽放在太阳下，眼睛被弄瞎。而后喂他东西，在他拒绝时，便强制着把食物（奶和蜜的混合物）塞入他的嘴里，又把这些混合物涂到他的脸上，许多蜜蜂飞到他的脸上，脸上长上了蛆，它们渐渐地吃掉了他的身体。过了 17 天后，才将其判处死刑。在小居鲁士的死的问题上有功的太监马沙巴特被王后剥了皮。

小居鲁士的叛乱虽然有母后的支持，他也准备了多年，但仍然失败了，而且失败得很快，很惨。这是为什么呢？

小居鲁士的叛乱之所以失败，有它的必然性和偶然性。所谓必然性，一是说他的力量太弱小。毕竟小居鲁士的力量比起阿塔薛西斯二世来说要小得多，因为，小居鲁士最多是一个地方的势力，虽然有希腊雇佣兵，也还是势单力薄，而阿塔薛西斯二世却是举波斯帝国一国之力，两相对比，谁强谁弱，不言而喻。在双方决战时，阿塔薛西斯二世还没有使用自己的全部力量，而小居鲁士却已经是倾其所有了。二是说他心虚，因为虽然有母后帕莉萨蒂斯在背后支持他，那也是名不正言不顺，因此，他不得不对自己积聚军事力量一事遮遮掩掩，不能明白地宣布自己的进军目的，一会儿说是为了打击庇西狄人；一会儿又说是反对某个地方总督，而不敢从一开始就说是去推翻阿塔薛西斯二世的王权。这虽然也可以说是一种策略，但有可能说明他心虚。在进军途中他说明了自己的真正目的后，他的军心实际上就已经开始有一些动摇，特别是他军队中的波斯人。他不得不用高官厚禄来收买部下。他的那些雇佣军无论如何都是为了自己的利益而绝对不是为了他小居鲁士的利益去进行战斗的，这是雇佣军的本性使然。所以，在战斗中他们极力保存自己的实力，不完全听从小居鲁士的号令。例如，他命令克列阿尔赫带领他手下的希腊雇佣兵去冲击阿塔薛西斯二世所在的敌阵中央，可是，克列阿尔赫却害怕优势敌人力量的包围而没有按照小居鲁士的命令去执行自己的主要任务——摧毁敌人的中心。①

说他的失败也有某种偶然性，是说，由于小居鲁士的突然死去，使得叛乱失去了主要人物，因而叛军的活动失去了目标，很快便作鸟兽散。而小居鲁士的死既有必然性，也有偶然性。他如果不死，叛乱可能会延长一些时间，但若说能赢得胜利却未必。因为在还没有和阿塔薛西斯二世的军队交战时，他已经感受到经济上的拮据，战争再拖延下去，经济上的问题必将更加难以解决。

第三节　叛乱的后果

小居鲁士叛乱给波斯帝国带来的后果是非常严重的：它不仅再次暴露了波斯帝国王室内部的尖锐矛盾，也为以后行省总督的叛乱开了个头。在公元前4世纪时，即在小居鲁士叛乱后，在波斯帝国内部发生了一系列的行省总督的叛乱，而这给波斯帝国的最后瓦解创造了条件。

在小居鲁士死后，他手下的希腊雇佣军在色诺芬的带领下，从两河流域的巴比伦附近向西撤退，直到黑海的希腊城市，显示了波斯帝国内部的空虚。正如色诺芬的《长征记》的英译本序言所说：

> 万人希腊大军从撒尔迪斯进军到巴比伦门户，再由此回师到攸克星海（即黑海）的希腊沿岸……轻而易举地击败比他们多好几倍的波斯军，尽管阿塔薛西斯极力阻截，他们仍得以安全回师。这向所有的人表明，这个煊赫一时、颇为人所畏惧的波斯大帝国是全然软弱无力的。希腊政治家和军事要员很快便得到启发。正如弗朗西斯·培根所说："这位年轻的学者、哲学家［色诺芬］，

---

① ［古希腊］色诺芬：《长征记》，第26页。

在所有的首领于谈判中被背信弃义地杀害之后，率领这支陆上万人大军穿过广阔王土心脏地带，安全地从巴比伦回到希腊。此事震惊了世界，并鼓舞了后来希腊人入侵波斯王土。正如以后塞萨利人约森所拟议，斯巴达的阿基西罗斯所企图的，马其顿的亚历山大所完成的大业，所有这些都是在这位年轻学者的行动感召下进行的。"①

---

① ［古希腊］色诺芬：《长征记》，英译本序言，第3～4页。

第十四章　埃及的起义和暂时独立

第一节　起义情况

埃及差不多是最后进入波斯帝国的一个重要地区（虽然，在埃及之后还有别的地区，例如，东方的印度和欧洲的色雷斯地区，但印度距离波斯的中心地区太远，而色雷斯地区在波斯人统治下的时间很短，在希波战争后就不再属于波斯帝国了，而且在波斯帝国中的作用和影响也很有限），也是离帝国中心较远的一个地区。但它对波斯帝国来说，却是一个非常重要的地区，它的古老的文明，它的富庶，它的人力资源等，在波斯帝国中都占有非常重要的地位，有非常重要的影响。

在波斯人统治埃及的 100 多年的时间里，埃及人曾多次起义进行反抗。其原因在于包括赋税和徭役在内的沉重的负担。例如，除了上面提到的冈比西斯和大流士统治初期的起义以外，在公元前 486 年，在大流士因马拉松战役中的失败，准备对希腊进行报复战争时，埃及发生了骚动。据埃及官吏赫努麦马赫特从埃烈芳提那送给波斯帝国驻埃及总督费伦达特的信中提供的信息，一个名叫奥索尔康的人命令赫努麦马赫特带上埃烈芳提那岛上的犹太驻防军的波斯司令官阿尔塔邦前往埃塞俄比亚，以便从那里用船运输谷物。但运来的谷物卸在河岸后，却被起义者抢走。因此，奥索尔康要求费伦达特命令阿尔塔邦对船队进行监护，把卸在岸上的谷物尽数运到埃烈芳提那的西耶恩城（即今天的阿斯旺）。

当年 10 月，骚动转变成起义。11 月，大流士死了。据出自科普托斯的一段铭文，继承了王位的薛西斯在公元前 484 年镇压了起义，并对起义者进行了残酷的报复。希罗多德也说，薛西斯在大流士死后第二年，就向背叛者进军了，他征服了埃及人并使埃及人受到比在大流士的时代要苦得多的奴役，他把统治权交给了大流士的一个儿子，他的亲兄弟阿凯美涅斯（或译为阿赫名纳），即让他担任了埃及总督，以代替费伦达特。[1] 从很多神庙的财产被没收以及神庙祭司把薛西斯称作恶魔等情况看，可能一些神庙的祭司也卷入了这次起义。

公元前 460—前 455 年，在埃及发生了新的起义。关于起义的情况，在希罗多德、修昔底德、克特西乌斯和戴奥多罗斯等人的著作中都或多或少有所反映。在这次起义中，总督阿凯美涅斯被杀，据希罗多德说，在阿凯美涅斯担任埃及总督的时候，他却被一个利比亚人普撒美提科斯的儿子伊纳罗斯杀死了。[2] 关于这次起义，修昔底德说：

"埃及边界上的利比亚国王普萨美提卡斯的儿子伊纳罗斯在腓罗斯岛之南一个市镇美里亚，发动了几乎波及整个埃及的暴动，脱离波斯国王阿塔薛西斯而独立。"起义者还寻求雅典的支援，这时候"正碰着雅典人率领他们自己的和同盟国的船舰 200 艘，准备远征塞浦路斯岛；他们放弃了这个远征，来到埃及，由海道入口，溯尼罗河而上。他们控制了尼罗河和孟菲斯城的 2/3，于是他们企图攻下其余的 1/3，那个地方叫白塞，那些逃走了的波斯人和米底人以及没有参加暴动的埃及人都住在那里。"[3]

---

[1] ［古希腊］希罗多德：《历史》第 7 卷，7。
[2] ［古希腊］希罗多德：《历史》第 7 卷，7。
[3] ［古希腊］修昔底德：《伯罗奔尼撒战争史》，第 73 页。

起义者的领袖是伊纳罗斯和阿米尔提。起义者赶走了波斯的贡赋征收人，控制了三角洲地区，并向河谷地区推进。总督阿凯美涅斯调动了一支相当大的军队来镇压起义，但在公元前460年的一次大会战中却遭到惨重的失败。阿凯美涅斯就是在这次会战中被杀的。在雅典人的帮助下，起义者对孟菲斯围攻了一年多，雅典人遭到重大损失，但始终未能攻下该城。后来，波斯国王阿塔薛西斯一世派河外省的总督麦加比兹前去镇压起义，伊纳罗斯同自己的部分起义者、雅典人一起逃到了三角洲西部的普罗索比提岛上。在那里，在公元前454年，他们被波斯人包围。半年后，伊纳罗斯同部分支持者，还有部分雅典人投降；部分雅典人突围到了昔勒尼。赶来援助起义者的一支雅典舰队被波斯人消灭。只有阿米尔提率领的一支起义者队伍在三角洲西部的沼泽地带隐蔽了下来，未被消灭，并坚持了战斗，但影响已不是很大。波斯人巩固了自己在埃及的统治。大流士之孙阿尔沙马被任命为埃及总督。

公元前4世纪末，对波斯帝国来说，是一个多事的时期。本来，希腊的伯罗奔尼撒战争（公元前431—前404年）给了波斯人一个很好的发展机会，可以加强对希腊的影响，可以加强对帝国内各被征服民族的控制。但是，在此时执掌政权的大流士二世和波斯统治集团却未能把握好这个机会。这时，波斯的宫廷倾轧和阴谋接连不断。这严重削弱了帝国的实力，转移了波斯统治集团的注意力，特别是那时正是埃及发生阿米尔提二世起义的时期，波斯人内部的矛盾和内耗对起义的发展是很有利的。

第二节　埃及的短暂独立

阿米尔提二世大概是前述阿米尔提的孙子，起义发生于哪一年还不能确定，可能是在公元前405年。在起义发生前，在埃及南部的埃烈芳提那已发生骚动，摧毁了犹太军事殖民者的神庙。在公元前404年时，起义者已占领了下埃及；到公元前 400 年时又把上埃及控制到了自己手中。据阿拉美亚纸草文献（AP35），这时候在埃及的犹太殖民者也转到了起义者一边。阿布洛科姆率领的波斯驻守叙利亚的军队准备去镇压起义，但小亚发生的小居鲁士叛乱打乱了他们的计划，阿布洛科姆不得不去帮助国王对付小居鲁士。这给了埃及的起义者以很好的机会发展自己。他们甚至将军事行动扩展到了叙利亚。波斯人在埃及的统治暂时中断了。阿米尔提建立了第二十八王朝，首都舍易斯。

据曼涅托（Manetho）提供的资料，第二十八王朝只有阿米尔提一个国王，他统治了 6 年（公元前 404—前 399 年）后被推翻，取代他的统治的是出自中部三角洲的门德斯城的涅菲利特。他试图同斯巴达结盟，公元前 395 年，他曾派了一支舰队到在罗多斯岛的斯巴达舰队那里去，但却落入雅典人手中。过了两年，即公元前 393 年，涅菲利特之子阿荷利斯即位为王。他一方面在国内注意发展经济，加强军事力量（主要是利用希腊雇佣军）；另一方面在国外同雅典、塞浦路斯岛上的艾瓦尔戈、小亚的比西狄人和部分阿拉伯人等结成同盟，反对波斯的统治；支持腓尼基和小亚的基里基亚反对波斯人的斗争。公元前 385—前 383 年，波斯人对阿荷利斯发动了大规模的军事进攻，但遭到失败。阿荷利斯一直统治到公元前 382 年。他死后，他的儿子普撒姆提克只统治了一年。而后上台的涅菲利特二世也只统治了几个月，又被出自三角洲的舍百尼塔地方的涅克塔涅布夺取了政权，他建立了第三十王朝。公元前 373 年，波斯军队在法尔纳巴兹的率领下，向埃及发动进攻，他的舰队在尼罗河口登陆后，大肆进行抢劫，并对居民进行屠杀或将他们卖为奴隶。此后，又向孟菲斯推进，但这次波斯人又遭失败。后来，埃及内部发生内讧，严重地削弱了自己的实力。公元前 343 年，波斯人终于重新占领埃及，建立了第三十一王朝。直到公元前 332 年，马其顿亚历山大远征，占领埃及，波斯人对埃及的占领终结。

第十五章　波斯帝国王位继承争夺的加剧

任何时候，任何国家的王位继承问题，即权力转移问题，都是令人感兴趣的，都是值得认真研究的。

波斯帝国历史上关于王位继承的争夺，从头到尾一直不断，其中充满杀戮，触目惊心，原因何在？它给波斯帝国带来了怎样的影响和后果？这些问题尤其值得认真研究。

希腊古典作家和波斯古典文献对波斯帝国的王位继承问题提供了若干资料，有过若干说法。

第一节　关于大流士的两个儿子争夺王位的问题

丹达马耶夫说，普鲁塔克在《道德论》488D 中说，波斯帝国的法律要求父亲登上王位后出生的那个儿子继承王位。[①] 普鲁塔克果真说过这个话吗？在《道德论》中，普鲁塔克说，在大流士死后，他的两个儿子阿里亚梅涅斯和薛西斯之间在王位继承问题上发生过争论，但他根本没有说波斯帝国有过王位继承法，更没有说波斯帝国有那样的王位继承法，没有说波斯帝国的法律要求父亲登上王位后出生的那个儿子继承王位。

在《道德论》的相关地方，普鲁塔克只是谈到在大流士死后，他的两

---

① ［苏］丹达马耶夫、卢康宁：《古代伊朗的文化和经济》，第 130 页。

个儿子的王位争端。他说，在此很值得考察一下这兄弟之间的争端。这场争端不是对一小块土地的争夺，也不是对奴隶或牲畜的争夺，而是对波斯帝国的争夺。

因为当大流士死的时候，有些人认为大流士的长子阿里亚梅涅斯应当成为国王，因为他是大流士的长子；但是另外一些人则选择薛西斯，因为他是阿托撒所生，而阿托撒是居鲁士的女儿，而且薛西斯是在大流士登上王位宝座后出生的。现在，阿里亚梅涅斯以一种非敌对的姿态从米底来到这里。薛西斯在那里行使着王权，但是当他的兄长来到时，他摘下了王冠并按平头巾上的尖顶（当政的国王是戴尖顶头巾的）。他前去见他的兄长，拥抱他，给他礼物，并表示："你的兄弟薛西斯以此给兄长你荣誉；但是如果他被波斯人判定和投票为国王，他赐予您为他之后的第二继承人的权力。"阿里亚梅涅斯说："我接受您的礼物，然而，我相信，按理说，波斯国王是我。所以，我将保卫我的权力，其次是我的兄弟们的权力，而薛西斯是我兄弟中的第一个。"当裁定的日子来临时，波斯人指定大流士的兄弟阿尔塔巴涅斯为法官，但薛西斯试图避免波斯人让阿尔塔巴涅斯做出判决的决定，因为他信任人民。但是，他的母亲阿托撒责备他说："为什么，我的儿子，您是避开阿尔塔巴涅斯吗？他是您的叔叔，是最好的波斯人，您为什么如此害怕这场竞争？在这场竞争中即使是第二名也是很荣耀的。"薛西斯因此被说服。后来，阿尔塔巴涅斯宣布了国王按理属薛西斯；阿里亚梅涅斯立即跳了起来，并向他的兄弟敬礼，拉着他的手让他坐在国王的宝座上。从那时起，阿里亚梅涅斯向薛西斯表达了最高的敬意。他向国王表现得如此忠诚，以至于在萨拉米斯海战中为他的兄弟的光荣而勇猛作战，直至牺牲。因此，他被视为纯洁的、无可挑剔的、友好和高尚的榜样。这就是普鲁塔克在《道德论》中关于这件事的叙述。

从他的叙述中，我们看不到薛西斯引证波斯帝国的法律，只是有人认为"他是阿托撒的儿子，而阿托撒是居鲁士的女儿"；"而且薛西斯是在大流士登上王位宝座后出生的"，因而应当为王。但也未说这是波斯帝国的法律所要求的。

关于大流士的两个儿子争夺王位的事情，在希罗多德的著作中也有记载：

> ……大流士在他成为国王之前，在他和他的第一个妻子即戈布里亚斯的女儿之间生了3个儿子；在他成为国王之后，在他和居鲁士的女儿阿托撒之间又生了4个儿子。在前妻的儿子们当中，最年长的是阿尔托巴扎涅斯（即普鲁塔克笔下的阿里亚梅涅斯）；后妻生的儿子们当中，最年长的是薛西斯；由于他们是异母兄弟，因此处于敌对的地位。阿尔托巴扎涅斯的论据是，他是大流士的全部子女当中最年长的，而不拘什么地方的风俗都是最年长的继承王位。但薛西斯则认为他乃是居鲁士的女儿阿托撒的儿子，而使波斯人获得自由的正是居鲁士。
>
> 当大流士在这件事上犹豫未决的时候，正好这时阿里斯通的儿子戴马拉托斯来到了苏撒，他是在斯巴达被褫夺了王位之后，自愿从拉凯戴孟被流放出来的。据他说，当这个人听到大流士的儿子们之间纷争的时候，他就到薛西斯那里去劝告薛西斯在自己的理由之外再加上一项论据，这就是，他是大流士已经成为波斯的国王和统治者之后才出生的。但是当阿尔托巴扎涅斯出生的时候，大流士却还是一个平民。因此薛西斯便应当说，任何在他之外的人如果取得继承王位的特权那都是既不合理又不适当的；因为根据戴马拉托斯的建议，纵使在斯巴达也向来有这样的习惯，即如果父亲成为国王前生了儿子而在父亲成了国王后又生了一个儿子，则王位应当落到后生的儿子身上。薛西斯按照戴马拉托斯的意见去做了，大流士认为他的论据是正当的，因此宣布他为国

> 王。但是我以为即使没有这个建议，薛西斯仍会成为国王；因为
> 阿托撒握有绝对的势力。①

从希罗多德和普鲁塔克的话中，我们可以看出这样几点：第一，古代波斯没有那样一条王位继承法；第二，以大流士当国王后生了薛西斯为由要薛西斯继承王位的既不是波斯法律，也不是薛西斯本人，而是其他人（在希罗多德的著作中是斯巴达人）提出并加以论证的，没有一个波斯人提出一条波斯法律来为其辩护；第三，据希罗多德说，在将王位传给谁的问题上，大流士是犹豫的。而如果波斯有这样一条法律的话，那就没有什么可犹豫的了，阿尔托巴扎涅斯也就不敢再与薛西斯争了；第四，薛西斯之所以夺得王位继承权，并最终继承了王位，除了斯巴达人戴马拉托斯为他提出并论证的理由外，更为重要的是因其母阿托撒的地位。这一点希罗多德说得很清楚："但是我以为即使没有这个建议，薛西斯仍会成为国王；因为阿托撒握有绝对的势力。"从普鲁塔克的叙述中也可以明显地看到阿托撒在王位继承问题上的重要作用。

从公元前5世纪末的小居鲁士叛乱的起因和结果可以看出，波斯帝国也根本不存在那样一条王位继承法。

小居鲁士是波斯帝国国王大流士二世（其执政时间是公元前423—前404年）的幼子，是在大流士二世登上王位后才出生的；其兄阿塔薛西斯二世则是在大流士当上国王前出生的。但在公元前404年大流士二世死后，不是由小居鲁士继承王位，而是由阿塔薛西斯二世继承王位，尽管小居鲁士得到母后帕莉萨蒂斯的宠爱和支持，而且他是在大流士二世即位为王后出生的儿子，有权取得王位这样的理由都未能如愿以偿。②

---

① ［古希腊］希罗多德：《历史》第7卷，2～3。
② ［古希腊］色诺芬：《长征记》，英译本序言，第2页。

　　那么，小居鲁士未能登上王位宝座，而阿塔薛西斯二世却以长子的身份当上了国王，这在波斯帝国历史上仅仅是一种偶然现象，是脱离了波斯帝国王位继承的常规呢，还是一种正常现象？若有那样一条王位继承法的话，那么这显然是一种例外现象，是脱离了常规，而不是正常现象。但波斯帝国的王位继承实践却并未证明有那样一条王位继承法。

　　波斯帝国的历史证明，其王位继承基本的、正常的规则乃是长子继承制；而薛西斯继承王位才是一种例外现象。当然，在波斯帝国，长子继承制也未必有明文规定，只不过是一种习惯的、自然的做法。正如阿尔托巴扎涅斯所说："不拘在什么地方的风俗都是最年长的继承王位。在波斯也是这样。"希罗多德在《历史》一书中说："在国王有嫡子的时候，庶子在习惯上是不能即波斯的王位的。"① 丹达马耶夫自己也说："准确规定的王位继承法的缺乏，引起（波斯帝国）无休止的内宫和宫廷的倾轧。国王可根据自己的选择任命自己的任何一个儿子继承王位。但通常选择是落在长子身上。"② 我认为这是有道理的，也是有根据的。

　　例如，波斯帝国的建立者居鲁士二世有两子：冈比西斯和巴尔迪亚。居鲁士生前，在远征马萨格特人时，将冈比西斯立为王位继承人。公元前530年，居鲁士死去后，冈比西斯顺理成章地成了国王。直到波斯帝国后期，在选择王位继承人时仍然遵循着长子继承的原则。如阿塔薛西斯二世在确定自己的继承人时，首先是选定长子大流士，后因特殊原因（见后），又相继选定了次子阿里阿斯帕斯、一个妾所生之子阿尔沙马，但这些人都先后横死，最后才选定奥库斯继承了王位，是为阿塔薛西斯三世。③ 在波斯帝国的历史上，立幼子为王位继承人的情况不是没有，如继承薛西斯为王的阿塔薛西斯一世就是幼子，但那是阴谋的结果，而不是正常的现象

---

①　［古希腊］希罗多德：《历史》第3卷，2。
②　［苏］丹达马耶夫、卢康宁：《古代伊朗的文化和经济》，103 页。
③　［美］奥姆斯特德：《波斯帝国史》，第424 页。

（见后）。可见，所谓"父亲登上王位后出生的那个儿子继承王位"的说法，在波斯帝国的历史上只有薛西斯这一个例子，而且还有特殊情况，因而不是波斯帝国王位继承的主要形式，更不是法定的形式。

第二节　国王出征前选立王位继承人的问题

公元前 486 年，当大流士在准备讨伐起义的埃及并远征雅典时，选定了薛西斯为自己的王位继承人，希罗多德因此说道："当大流士准备讨伐埃及和雅典的时候，在他的儿子们中间发生了一场夺取国家主权的巨大纷争，原来他的儿子们认为，他必须按照波斯人的法律，在率军出发之前，宣布他的王位的一位继承人。"①

希罗多德所说的这个波斯法律有过吗？如果有过，那么它是成文法还是习惯法？如果是成文法，那它是在什么时候制定的？

确实，在波斯帝国的历史上，曾经有过国王出征前选立王位继承人的事。例如，居鲁士在远征马萨格特人之前，选立了冈比西斯为王位继承人。关于此事，据希罗多德的记载，在居鲁士为征服马萨格特人而来到阿拉克塞斯河，正准备渡河时，马萨格特人的女王托米丽丝提出说，你别忙着架桥过河，假如你真要和我们兵戎相见的话，有两个办法：一是我从河边退走三日的路程，你过河后我们再在战场上相见；二是你从现在的地方后退三日的路程，我们过河后与你刀枪相见。居鲁士的谋士，原吕底亚国王克洛伊索斯建议居鲁士采用第一种办法，渡过河去。居鲁士同意了。希罗多德写道：

居鲁士看到他面前摆着的这两个相反的计划之后，便放弃了

① ［古希腊］希罗多德：《历史》第 7 卷，2～3。

先前的想法而愿意采取克洛伊索斯向他提议的那个意见，于是他便回答托米丽丝，要她向后撤退而他本人渡河作战。托米丽丝按她先前所约定的向后撤退了。于是他（居鲁士）便向使之继承他自己的王位的他的儿子冈比西斯托付给克洛伊索斯，严厉命令冈比西斯尊敬和厚待克洛伊索斯，如果他渡河攻打马萨格特人失败的话。在他发出了这样的命令并把他们二人送回波斯之后，就率领大军渡河了。①

这里有几点需要指出：1. 希罗多德在这里并没有明确说正是在这里居鲁士立了冈比西斯为王位继承人，只是说"他向使之继承他自己的王位的他的儿子冈比西斯"；2. 希罗多德也没有说这是按照波斯法律指定冈比西斯为波斯王位继承人；3. 居鲁士让冈比西斯作为王位继承人的想法究竟是在这次战争之时，还是在此之前就已经决定了？例如，在公元前539年，在征服巴比伦尼亚的新巴比伦王国时，他已让冈比西斯做了"巴比伦之王"，而自己保留了一个"全国之王"的称号。② 这是否意味着当时居鲁士已经决定让冈比西斯做王位继承人，而当"巴比伦之王"正是让他接受行政训练，以便将来接替王位？因为，据现代研究者的意见，在征服新巴比伦王国时，居鲁士已经60岁左右了。③ 因而，在那时立王位继承人是完全可能的和必要的；4. 如果波斯帝国真有一条在国王出征之前要立一个王位继承人的法律的话，那么，在公元前546年，在居鲁士去征服小亚的吕底亚之时，就应立王位继承人了，而不会等到公元前530年远征马萨格特人的战争之时，不会等到他已经70岁的时候了。

另外，在公元前480年，当薛西斯远征希腊时，也未见有立王位继承

---

① ［古希腊］希罗多德：《历史》第1卷，206～208。
② ［美］奥姆斯特德：《波斯帝国史》，第86～87页。
③ ［苏］丹达马耶夫：《阿黑门尼德帝国政治史》，第12页。

人的记载；希罗多德也未提到按波斯法律立王位继承人的事，虽然这次远征规模巨大，是吉是凶难以预料，立王位继承人十分必要。

而且为了统治需要，为防意外，在位国王在出征之前立嗣，即立王位继承人不仅必要，而且无论是在波斯还是别的国家都有过。在古代埃及是以立共治者的方式进行的；在波斯帝国本身，在阿塔薛西斯二世统治时期，在他率军出征卡都亚之前也曾立过王位继承人。但是，说在波斯有这样的法律却是不曾见过的。

第三节　其他关于王位继承的斗争

鉴于波斯帝国在其存在的 200 多年间，实际上并无王位继承的一定之规，没有一定的法律规范，而如此辽阔的一个大帝国（从大流士时代起成为一个地跨亚非欧三大洲的大帝国）的国王，其权力之大，其占有的财富之多，是十分诱人的。因此，波斯帝国时期的王位继承的争夺不仅层出不穷，而且极为残酷无情。常常，这种斗争在老国王还在世时就已展开，而在新国王即位后仍继续进行。其方式不仅有宫廷阴谋、政变、谋杀，而且有时还发展成战场上的兵戎相见。对于败者来说，其结局当然是非常悲惨的，不仅失败者本人性命难保，而且还会株连九族。

争夺王位继承权，或为巩固已夺取的王权而进行的斗争，从波斯帝国的开国之君居鲁士二世死后不久便已开始，这就是冈比西斯远征埃及时，在波斯境内爆发的，而后波及整个帝国的高墨塔事件。现代一些学者认为，高墨塔事件，实际上是冈比西斯的弟弟巴尔迪亚（据大流士的《贝希斯敦铭文》①，据希罗多德说，则为司美尔迪斯；② 此外，据其他一些古典作家，

---

① 林志纯主编：《世界通史资料选辑》（上古部分），第 186～202 页。
② ［古希腊］希罗多德：《历史》第 3 卷，61 及以下。

还有其他一些名字)① 发动的夺取王权的斗争。据《贝希斯敦铭文》，在冈比西斯远征埃及之前，在波斯国内已流言四起，冈比西斯就已将巴尔迪亚杀了；而据希罗多德说，则巴尔迪亚被杀是在冈比西斯远征埃及取得胜利之后，因为冈比西斯嫉妒巴尔迪亚，才将他杀了的。但不管不同的文献所记载的巴尔迪亚或司美尔迪斯被杀的时间有何不同，有两点是肯定的：一是冈比西斯及其弟弟发生过争权的斗争，他们二人均死于这一斗争；二是大流士夺取了王权，真所谓"鹬蚌相争渔人得利"，而且，这一事件实际上正是大流士在幕后操纵的。

但在大流士成为国王后，却爆发了大规模的延及整个帝国的起义和暴动。波斯帝国也几乎葬身于这些起义和暴动之中。据希罗多德说，冈比西斯的妻子和妹妹因替冈比西斯辩护而被杀；高墨塔取代冈比西斯执政期间，占有了冈比西斯留在后方的所有妻妾，包括居鲁士的女儿阿托撒；而大流士在夺取王权后，也占有了他们的所有妻室，包括阿托撒②。

关于大流士晚年他的两个儿子争夺王位继承权的斗争的情况，前已述及，此处不再赘述。要补充说明一点的是，这次争夺继承权的斗争，在波斯帝国史上是唯一一次"和平地"解决了的。虽然，希罗多德说，薛西斯与其异母兄弟之间是"处于敌对地位的"③。

薛西斯晚年，王位争夺再度激烈。薛西斯的长子名叫大流士，按照传统应由他继承王位，但他对其父恨之入骨，因为他的妻子阿尔塔翁铁被薛西斯诱奸了。④ 当时，薛西斯的王位大概不牢固，国内为饥饿所困扰，国库空虚，谷物价格飞涨。为了安定人心，薛西斯曾在一年内撤了 100 多个高级官吏，这引起了贵族们的强烈不满和愤怒。据克特西乌斯说，薛西斯

---

① ［苏］丹达马耶夫：《阿黑门尼德王朝统治初期的伊朗》，第 121 及以下。
② ［古希腊］希罗多德：《历史》第 3 卷，1、68、88。
③ ［古希腊］希罗多德：《历史》第 7 卷，2。
④ 见［古希腊］希罗多德：《历史》第 7 卷，2。

本人也处于王家卫队长阿尔塔邦和太监阿斯帕米特拉的强烈影响之下。公元前465年8月，薛西斯被阿尔塔邦和阿斯帕米特拉等人杀害于寝宫之中。除了阿尔塔邦和阿斯帕米特拉之外，参与阴谋的还有国王的女婿、佐庇努斯之子小麦伽比佐斯，他曾向国王指责自己的妻子（即薛西斯的女儿）阿米蒂斯是个荡妇，希望国王对她采取行动，但薛西斯对此置若罔闻，这激怒了麦伽比佐斯。①

参与阴谋的还有薛西斯的幼子阿塔薛西斯。因为最后坐上国王宝座的正是阿塔薛西斯（后称阿塔薛西斯一世），而不是其兄长大流士。并且，大流士还被杀了。显然，这后面有阿尔塔邦等人在挑动，是他们怂恿阿塔薛西斯一世杀了大流士，以便自己（即阿尔塔邦）夺权当国王的。不过，他的这一阴谋未能得逞，因为阴谋的参加者之一，薛西斯的女婿麦伽比佐斯不愿王朝被取代，因而揭露了阿尔塔邦。于是，阿尔塔邦被除掉，他的3个儿子也都被杀；其帮凶太监总管阿斯帕米特拉也被处死。

公元前464年，阿塔薛西斯一世的另一个兄弟海斯塔斯帕在巴克特里亚发动叛乱。他当时是该地的总督，他企图依靠该地贵族之助，夺取王权，但失败被杀。为免除其他兄弟进行宫廷政变的威胁，阿塔薛西斯一世下命令杀死了自己所有的兄弟。②

靠阴谋上台的阿塔薛西斯一世，和自己的王后达马斯派拉一起，在公元前424年末的同一天死去，继承其王位的是薛西斯二世。薛西斯二世在继承王位时没引起争议，但他在国王宝座上只待了45天，便被杀死在自己的寝宫之中。他是被毒死的。阴谋者在一次庆典上给国王的酒里下了毒，他喝了后回去便睡死过去了。阴谋是由阿塔薛西斯一世同一个出自巴比伦尼亚的妾阿隆古涅所生的儿子西库迪安所为。另有太监法尔纳西阿斯和西

---

① ［美］奥姆斯特德：《波斯帝国史》，第290页。
② ［美］奥姆斯特德：《波斯帝国史》，第289～290页。

库迪安的叔伯兄弟、巴比伦尼亚总督麦那斯坦等参与其事。前王最有影响的廷臣巴拉戈佐斯私自将阿塔薛西斯一世、其王后达马斯派拉和薛西斯二世的尸体运到帕尔撒埋葬，被西库迪安命人用石头砸死，其罪名是，未经过他的同意便埋葬了王室成员的尸体。

西库迪安的一个异母兄弟奥赫（是阿塔薛西斯一世同另一个出自巴比伦尼亚的妾所生之子）是基尔卡尼亚总督，大概实力很强，使西库迪安感到害怕，于是他便设计引诱奥赫到苏撒来，说是要把王权让给他，实际上是想杀了他以免后患。但奥赫已猜到这是在骗他，因此没有急于去首都。当时，骑兵长官阿尔巴尔、埃及总督阿尔沙马和太监奥尔多克沙尔支持了奥赫。西库迪安感到绝望了，于是投降了奥赫。奥赫于公元前 424 年 2 月即王位，是为大流士二世。

西库迪安本来希望奥赫在做了国王后能发慈悲饶他一命，但奥赫并未宽恕他，仍然把他杀了。他总共统治了六个半月时间，与西库迪安要求杀害薛西斯二世的人也被处死。奥赫兄弟阿尔希特想要夺取王权，在叙利亚发动叛乱，但其雇佣兵被收买，阿尔希特只好投降，他也以为国王会对他发慈悲，但落了空，也被处死。

公元前 413 年，波斯帝国驻吕底亚的总督皮苏丰起义反对大流士二世，皮苏丰的非婚生子阿摩尔格也在卡里亚叛乱。[1] 这次奉命前去镇压皮苏丰的是蒂萨弗尼斯，依靠的主要是雅典人利孔领导的希腊雇佣军，他在收买了皮苏丰的希腊雇佣军后镇压了起义，并处死了皮苏丰。蒂萨弗尼斯奖赏给出卖了希腊雇佣军的利孔以大量地产。

在波斯帝国 200 多年的统治中，王位争夺最明显的例子是公元前 404 年大流士二世的两个儿子之间的争斗，即长子阿尔沙克（阿塔薛西斯二世）与次子小居鲁士之间的争斗。这在前面已经述及。这次争斗以小居鲁士的

---

① ［美］奥姆斯特德：《波斯帝国史》，第 355 页。

死亡而告终。

在波斯帝国晚期，其王位争夺更加频繁。阿塔薛西斯二世统治时间长达45年之久（公元前404—前359年），在他统治晚年，争夺王位继承权的斗争空前激烈而残酷。阿塔薛西斯二世有366个王后和妃子，共生育了150个儿子，其中3个是王后斯塔提拉所生，拥有王位继承权，他们是：长子大流士、次子阿里阿斯、三子奥赫。在卡都亚战争时，国王要御驾亲征，临别前，他立长子大流士为王位继承人，允许他戴国王才能戴的直冠。然而，阿塔薛西斯二世不仅在卡都亚战争中凯旋，在后来又活了很长时间。长子大流士继承王位之心急不可耐。于是，他参加了由提里巴佐斯组织的有50个王子参加的谋害国王的阴谋，以图早日登基为王。但参与阴谋的一个太监出卖了他们，阴谋败露，大流士在寝宫中被捉，他和他的妻室儿女均被带到国王面前，由王家法庭进行审理。法官们一致判处他死刑，其儿子除一人外也被处死。

长子被处死，次子阿里阿斯按顺序成了王位继承人。但第三子奥赫想自己当王位继承人，于是，他耍弄阴谋，通过太监去恐吓阿里阿斯，说父王已经知道他参与了大流士反对国王的阴谋，要对他处以难以忍受的刑罚。阿里阿斯中计，十分害怕和绝望，于是自杀了。

阿塔薛西斯二世不喜欢奥赫，因此，在阿里阿斯死后，没有把王位传给奥赫，而是把王位继承人的资格给了他的一个妾所生的儿子阿尔沙马。奥赫怀恨在心，让提里巴佐斯之子将阿尔沙马给杀了。阿塔薛西斯二世无奈，只好让奥赫当了王位继承人，将王位传给了他。

公元前359年12月，在位45年之久，年已86岁的阿塔薛西斯二世因阿尔沙马之死伤心过度而死了，奥赫继承了王位，采用了阿塔薛西斯三世的王名[①]。艾利安说，当他成为国王时，一位马哥斯僧曾预言，在他统治

---

① ［美］奥姆斯特德：《波斯帝国史》，第424页。

时期将会获得丰收，也会有残酷的死刑。① 是否有丰收我们不得而知，关于死刑的预言则被证实了，他处死了自己所有最亲近的亲属，仅在一天之内就杀死了自己的 80 个兄弟，目的是防止他们发动反对自己的阴谋。

靠阴谋上台的阿塔薛西斯三世，也被阴谋所害。公元前 338 年，正当希腊的马其顿国王腓力二世在喀罗尼亚战败希腊各邦联军，并虎视眈眈地想要对波斯帝国发动战争时，波斯帝国再度发生宫廷政变阴谋，阿塔薛西斯三世极为信任的太监巴戈亚指使国王的私人医生下毒，毒死了阿塔薛西斯三世，国王和王后阿托撒所生的儿子阿尔西斯登上了国王宝座。由于巴戈亚的专横遭到新王的反对，于是没过两年，新王又成了巴戈亚阴谋的牺牲品，他同其家人被巴戈亚杀害。

公元前 336 年，王室的一个旁系成员利多曼被扶上国王宝座。他是阿塔薛西斯二世的兄弟奥斯坦涅斯之子阿尔沙马的儿子，时年 41 岁。他做国王后，取名大流士三世。太监巴戈亚又企图控制新国王，但实践证明他难以驾驭，于是便企图毒死新王。大流士三世发觉了他的阴谋，他让巴戈亚自己饮下了这杯毒酒，从而保住了自己的王位。② 在大流士三世统治时期，正是希腊马其顿王国兴起，波斯帝国末日降临的时期。大流士三世虽然在宫廷倾轧中取得了胜利，保住了王权，却在对外战争中屡遭败绩。他在战场上一再临阵脱逃，从而断送了波斯帝国和阿黑门尼德氏族的王权，自己也于公元前 330 年被亚历山大赶至巴克特里亚后，为当地人所杀。公元前 336 年上台的马其顿国王亚历山大，从公元前 334 年开始对波斯帝国的东征，其口号是"把战争带给东方，把财富带回希腊"，最终灭掉了波斯帝国。

---

① ［美］奥姆斯特德：《波斯帝国史》，第 90 页。
② ［美］奥姆斯特德：《波斯帝国史》，第 489 页。

第四节　王位争夺的原因和后果

波斯帝国从始至终不断发生王位争夺，其因安在？

在我看来，至少有下面几个原因：

一是没有明确而固定的、正常的王位继承法，从而引起了无休止的内宫和宫廷倾轧。

二是国王的无限权力，使每一个有可能问鼎王权的人都垂涎欲滴，都想得到它，因而不顾后果。

三是一些人虽然无缘得到王权，但希望从王权那里分得一杯羹，于是就鼓动、支持、挑唆，乃至策划了一次次的阴谋。这些人包括太监、近臣、地方总督、皇亲国戚、后宫嫔妃等。

屡屡发生的王位争夺，给波斯帝国的存在带来了致命的后果：

一是这种王位争夺，不仅兄弟阋于墙，而且还多次酿成波及全国或许多地区的战争。

二是统治者的注意力不在朝政，更不在人民的安定、国家经济的发展上，而是在争权夺利上，统治者争权夺利，受苦受难的是人民。

三是这种王位争夺战的屡屡发生，为一些野心家要阴谋夺取政权提供了机会（大流士一世上台就是一个例子）；上行下效，地方总督也如此。

四是一些有才能的统治者可能在这种宫廷阴谋中成为牺牲品，而一些庸才却可能上台。奥姆斯特德认为，阿塔薛西斯三世虽然残暴，但他是一个有才能的统治者，巴戈亚毒杀了他，也就摧毁了波斯帝国。他的被杀，改变了当时的整个国际形势。① 而大流士三世的上台和执政，给波斯帝国造成了灭顶之灾。

---

① ［美］奥姆斯特德：《波斯帝国史》，第489页。

第十六章　亚历山大的东征和波斯帝国的灭亡

　　公元前 4 世纪的东部地中海地区是一个混乱的地区：古典时代的希腊已成过去，由于城邦危机，雅典和斯巴达这两个古典时代的霸主因彼此之间的争夺而两败俱伤，而且各城邦之间也混战不已，希腊地区的社会经济遭到严重破坏，已大不如前。与此同时，在希腊的北部，原来被希腊人认为是蛮夷之地的马其顿，却在公元前 4 世纪中叶以后经过腓力二世统治时期采取的若干措施（包括借鉴希腊的文化、发展经济、改革军事等）而强盛起来。在公元前 338 年的喀罗尼亚战役中，腓力二世率领的马其顿军队打败了除斯巴达以外的希腊联军，并在次年（公元前 337 年）的科林斯会议上迫使希腊承认其为霸主。会上还提出以腓力二世为总司令东征波斯帝国，为希腊报仇（其口号是"把战争带给东方，把财富带回希腊"）。这在一定程度上符合了陷入困境中的希腊奴隶主的愿望：一方面可以转移人们的视线；另一方面可以借战争掠夺到奴隶和财富，以缓解希腊奴隶制的危机。而马其顿也可以借此转移视线，使希腊人不再把马其顿看作自己的敌人，达到其称霸希腊的目的。

　　当马其顿军队正咄咄逼人要东侵时，地中海东部的另一个强国波斯帝国此时却早已走过了自己的巅峰时代，当年居鲁士、冈比西斯、大流士所向披靡的时代已经不再。在公元前 5 世纪的希波战争中，波斯受到严重挫折（虽然在这次战争中波斯究竟是战败了还是战胜了看法不一，但在此次战争后波斯人已经没有了先前的那股锐气则是很明显的），而且它内部的各种矛盾重重叠叠（民族矛盾、统治阶级和被统治阶级的矛盾、统治阶级内部的矛盾——王权和总督的矛盾、王室内部的矛盾等），严重削弱了它的实力。特别是公元前 4 世纪末的小居鲁士叛乱后，波斯帝国的腐朽已暴露在希腊人的面前。公元前 4 世纪中叶以后，当马其顿对其虎视眈眈时，波斯帝国内部的矛盾更加严重，完全无视自己所面临的威胁，没有采取措施加强自己的实力，以应对即将到来的危险。因而，当亚历山大的东征军打来时，波斯帝国毫无还手之力，很快就被打败而灭亡了。

但就在东征开始前，在公元前 336 年，腓力二世被刺身亡，其子亚历山大登上王位，并成为东征波斯帝国的联军统帅。

亚历山大，国王腓力二世和王后奥林皮亚达之子，生于公元前 356 年，公元前 336 年即位时才 20 岁。腓力二世死后，希腊各邦中的反马其顿派纷纷起兵反抗马其顿，亚历山大镇压了这些反马其顿的势力以及马其顿国内反对自己继承王位的人，巩固了自己的统治之后，在公元前 334 年春率领希腊马其顿联军开始东征。

图 16.1　亚历山大像

关于东征的原因，亚历山大曾在致大流士三世的一封信中说：

虽然我国从来都未曾侵略过你们的祖先，但你的祖先却侵略过马其顿和希腊其他地区，对我为害极大。我已经正式被任命为全希腊总司令，并已率军进入亚洲，目的是攻打波斯，报仇雪耻。但坏事还是你们先挑起来的。你曾帮助坡任萨斯作恶，为害我父亲；欧卡斯曾派兵侵入属于我们主权范围的色雷斯；你还曾指使阴谋家刺杀我父亲，这件事你们竟然还在信件中向全世界公开吹嘘；你们还曾借助巴果斯之手暗杀阿西斯，以不正当的手段篡夺王位。按照波斯法律，这是非法的，对波斯国民也是莫大的侮辱。你还给希腊人写黑信，教唆他们向我宣战。你还向拉栖第梦人以及其他某些希腊人送大批钱，除拉栖第梦人外，其他城邦都未接受你的贿赂。最后你竟然派使者收买并腐蚀我的朋友，妄想破坏我在全希腊促成的和平局面。这时，我才忍无可忍，拿起武器来对付你。挑起争端的是你。现在，既然我已经在战场上先把你的众将领和督办征服，这回又把你自己和你的部队击溃，从而占领了这一带的土地，这是天意。既然我打胜了，我就应当对你那些未战死沙场而投奔到我这里来的所有官员负责。确实，他们投奔到我这里完全是出于自愿，而且还自愿在我部队服役。因此，你应当尊我为亚洲霸主，前来拜谒。如果你担心来到之后我会对你无礼，那你就可以先派你的亲信前来接受适当的保证，等你前来拜谒时，提出请求，就可以领回你的母亲、妻子和孩子以及你希望得到的其他东西。只要我认为你提的要求合理，就都可以给你。将来，不论你派人来还是送信来，都要承认我是亚洲的最高霸主。不论你向我提出什么要求，都不能以平等地位相称，要承认我是你的一切的主宰。不然，我就会把你当作一个行为不正的人对待。

如果你想要回你的国土，那你就应当据守阵地，为你的国土而战，不能逃跑。因为，不论你逃到哪里，我总是要追的。①

他统率的远征军的数量在古代就有不同的说法，从 3 万多人到 5 万人不等。② 不过，这当然只是战斗部队，而不包括从事后勤的部队和随军人员。

第一节　格拉尼库斯河之战

公元前 334 年春，亚历山大率领远征军离开希腊马其顿开始东征。阿里安说，他带去的步兵有轻装部队和弓箭手，总共 3 万多人；还有骑兵 5000 多人。远征军在塞斯塔斯比较顺利地渡过了赫勒斯滂海峡，到达小亚的阿布达斯。这些部队用了 160 艘战船和一大批货船。据说亚历山大是从埃雷昂乘船到阿卡安港，曾亲自在旗舰上掌舵，还传说他是远征军中第一个登上亚洲大陆的。③ 按说，波斯人应当在海峡处布置兵力，阻挡亚历山大的军队渡过海峡，因为，亚历山大没有海军，波斯海军完全可以在海峡处袭击渡海的敌方军队，但波斯人却没有在此布防，让亚历山大的军队毫无阻挡地渡过了海峡。

远征军和波斯军队的第一次交锋是在小亚的格拉尼库斯河。交战之前，亚历山大派了一支由阿明塔斯率领的侦察部队，侦察波斯部队的情况，知道波斯军队正沿格拉尼库斯河对岸集结，于是，远征军便赶赴此河，两军在河的两岸对峙。当时，波斯军队中的希腊雇佣军将领迈农建议不要和马其顿军队打仗，因为他们的步兵比波斯人的强得多，他劝波斯将领最好把部队转移；用骑兵践踏粮草，全部毁掉；放火焚烧地里的庄稼，甚至连城

---

① ［古希腊］阿里安：《亚历山大远征记》第 2 卷，14。
② 参见李铁匠：《伊朗古代历史与文化》，第 129 页。
③ ［古希腊］阿里安：《亚历山大远征记》第 1 卷，11。

市也别留下。这样到处没有粮草，亚历山大就无法在这一带立足。但波斯将领不同意，其中一个名叫阿西提斯的说，他绝不允许自己人的房子有一间被烧。出席会议的人支持他的意见，因为他们怀疑迈农是为了保住国王封给他的官位才有意拖延战争（据阿里安说，迈农被大流士三世任命为海军和沿海军区总司令）。[1]

　　开战前，亚历山大把骑兵部署在两翼，并加强了步兵方阵。波斯方面有大约两万骑兵以及稍小于此数的步兵和外籍雇佣兵。他们的部署是：骑兵沿河列队，形成一个拉长了的方阵；步兵在后，河岸以上的地势很高，形成居高临下之势。双方在河岸上先是展开了一场骑兵大混战。希腊人拼命要登上对岸，而波斯军则千方百计地阻止。波斯军的标枪铺天盖地，马其顿人的长矛左刺右扎。由于马其顿军队所处的地势极为不利，所以首批与波斯军交锋的马其顿军队几乎全部牺牲。但亚历山大率军冲了上去，很快，马其顿军队一队一队相继过河，双方一场激战，亚历山大的长矛也被折断，在换了一根长矛后，发现大流士三世的女婿米色瑞达提斯带着骑兵过来，便用长矛扎到了他的脸并将其甩到地上，但亚历山大的头盔却被一个波斯将领罗西帕斯砍掉一块。最后波斯军队没有能够挡住亚历山大军队的冲击而溃败了。这一仗的失败，使波斯帝国丧失了大片土地，亚历山大任命卡拉斯为新占领区的总督，命令当地居民按原来的额度交税。据阿里安提供的资料，在这次战斗中希腊人一共牺牲115人，其中有25人是地方部队的，亚历山大命令为他们铸铜像。对牺牲的60个骑兵和30个步兵，亚历山大命令豁免了战死者的父母子女的地方税、财产税和一切劳役。[2]

　　然后，亚历山大率军沿地中海东岸前进，一路顺利。例如，当他们到达吕底亚的首都撒尔迪斯时，该城的军队自动投降；当亚历山大的军队还

---

①　［古希腊］阿里安：《亚历山大远征记》第2卷，1。

②　［古希腊］阿里安：《亚历山大远征记》第1卷，16。

没有到达埃菲萨斯时，当地的雇佣军就逃跑了；就在此时，马格尼西亚和特拉利斯两地也派代表向亚历山大献城；马其顿军比较顺利地占领了小亚的内陆地区福瑞吉亚；沿海岸线一路向东占领了西里西亚，夺取了塔萨斯城和伊苏斯城等，波斯的海军虽然企图沿途骚扰，也有一些地区对马其顿军进行过抵抗，企图阻止亚历山大军队的进军，但未造成多大的困难，马斯顿军便占领了几乎整个小亚地区。亚历山大禁止当地人滥杀无辜以防止公报私仇、谋财害命的事情发生。可能一方面由于财政困难，另一方面亚历山大认为自己的海军力量太弱，无力和波斯人对抗，因此他下令解散了自己的海军，说要从陆上打败波斯的海军。[1]

第二节　伊苏斯会战

在亚历山大占领了小亚以后，波斯帝国皇帝大流士三世认为，亚历山大的目的只不过是要占领小亚西海岸的希腊人的城邦，为希腊人报仇，所以并未在意亚历山大在小亚的军事上的胜利；他曾任命希腊人迈农担任小亚细亚沿岸军区总司令，率领所部和全部海军进入爱琴海，想去攻打空虚的马其顿和希腊各邦，突袭亚历山大的总后方。但迈农很快死了，大流士三世的这一计划遭到了破产。后来，马其顿的军队不仅占据了小亚西海岸各地，更进而占领了西里西亚和整个小亚。这时大流士三世开始紧张了起来，他调集了大批军队到达了古代亚述境内的索契。当时，亚历山大的军队驻在米瑞安德拉斯，而大流士三世在一些人的怂恿下穿过了阿曼尼亚关口，从希腊人手中夺回了伊苏斯城，亚历山大闻听此消息后，立即回军伊苏斯，和大流士三世进行了一次对决。当时大流士拥有号称60万人的一支大军，他先派了3万骑兵去品那斯河，配以两万轻装步兵；又从希腊雇佣

---

① ［古希腊］阿里安：《亚历山大远征记》第1卷，20。

兵中抽出 3 万人部署在前方，面对马其顿方阵，然后在两翼各部署 6 万卡达克部队（都是重装部队）；又在面对亚历山大右翼的地方部署了两万兵力，这些部队实际上已经延伸到了亚历山大部队的后方。

亚历山大则把他的被称为"战友"的部队——色萨利部队和马其顿部队都调来，部署在右翼，由他自己指挥；所有的伯罗奔尼撒部队和其他联军部队都派往左翼，归帕曼纽指挥。大流士三世将大部分骑兵调至帕曼纽的对面，因为那里便于骑兵展开。大流士本人则像以往波斯人排兵布阵一样，自己位居中央。这时候亚历山大看到几乎波斯的所有骑兵都集中在他的比较弱的左翼，于是他暗自将色萨利骑兵调到左翼，以加强他们，又作了其他一些调动。

战斗开始以后，亚历山大就率领自己随身的部队从右翼快速前进，以雷霆万钧之势恫吓波军。交战一开始，波军左翼就顶不住压力而后撤。但波军中的希腊雇佣军却赶到马其顿方阵出现空缺的地方，竭力要把敌人赶到河里去，以便把波军正在退却的一翼稳住。希军有不少伤亡，但大流士本人看到自己军队中的左翼被亚历山大的军队猛扑，又看到他们和其他部队的联系被切断，吓破了胆，马上驱车逃跑了。正在奋战的波军看到大流士逃跑了，也就无心恋战，于是开始了大溃退。在逃跑中，只要能找到平地，大流士三世就驱车跑，遇到峡谷和崎岖的山路就弃车逃奔，把盾牌和斗篷也扔掉了。幸而夜幕降临，才没有当上俘虏。他一直逃到幼发拉底河，一路上纠集了一些波军和雇佣军约四千残兵败将，企图尽快形成和亚历山大隔河对峙的局面。马其顿军攻破大流士三世的营地时捉住了大流士的母亲、妻子（同时也是他的姐妹）和婴儿、他的 2 个女儿等。希军还在营地发现了大约 3000 塔兰特的现金。亚历山大决定保留大流士三世家眷们的皇家地位和一切皇家特有的东西以及皇亲公主等头衔。

阿里安说，这次战役中波斯军队中有 10 万人被杀，其中有骑兵 1 万多人。波军失败的直接原因显然与大流士三世临阵脱逃有关，而他的军队中虽然也有一些是在顽强战斗的，但总体上说是没有斗志的，一有风吹草动就溃不成军。大流士三世的这种表现和波斯帝国早期的国王们的精神状态是完全不一样的，倒是和希波战争中薛西斯的表现差不多。

第三节　占领腓尼基和埃及

在伊苏斯战役后，亚历山大面临着是去追击逃跑的大流士三世，还是去占领腓尼基和埃及，以解除自己的后顾之忧这样一个两难的选择。因为当时波斯帝国的海军还相当强大，如果去攻击希腊，会引起对亚历山大不满的希腊人的起义，从而使亚历山大的后院起火；或攻击空虚的马其顿，这也是亚历山大十分担心的。因为这并非空穴来风，在不久前，迈农曾经企图这么做过。当时迈农奉大流士三世之命率领迈农自己的雇佣军和波斯的全部海军，去攻击希腊和马其顿。只是因为迈农死了，才使亚历山大免去这一劫。但这并未完全消除亚历山大的担忧。因此，亚历山大决定先去夺取腓尼基和埃及，以消除自己的后顾之忧。

亚历山大从马拉萨斯出发，一直南下，一开始很顺利。他接受了腓尼基的毕不罗斯和西顿的归降。据说，西顿是自动迎接亚历山大进城的，因为那里的人们"极其厌恶波斯人和大流士"。但在推罗，亚历山大却遭到了坚决的抵抗。虽然，当亚历山大向推罗进军时，推罗人也曾派了代表在半道上去迎接亚历山大。这些代表说，推罗全体市民已决定接受亚历山大的治理。亚历山大也称赞推罗这座城市和他们的代表，要这些代表回去告诉推罗的市民，说他打算到推罗去向赫丘力士神献祭。推罗的代表们回去把亚历山大的话向市民宣布后，推罗的市民说，他们"接受亚历山大的一切命令，但决不能允许任何波斯人或马其顿人进城"。① 推罗人认为，他们的

①　［古希腊］阿里安：《亚历山大远征记》第2卷，11。

这个决定在当时是最妥善的。但亚历山大听到这个话以后却大冒肝火，他召集他的"伙友"们、部队的司令以及其他军官开会，鼓动他们攻打推罗。

推罗是腓尼基地区的一个重要城邦。在历史上，腓尼基地区没有形成一个统一的国家，而是形成了若干个独立的城邦：毕布罗斯、西顿、推罗等。因此，这里成为周围强国侵略和入侵的对象。推罗这个城市"位于一个海岛上，四周筑有高耸的城墙，使它更加难攻；而且，在附近的海面进行的任何军事活动都只会对推罗人有利，因为波斯军队仍然掌握着制海权，推罗人也还保有大批战船"。① 亚历山大决定由陆地修一条堤通往推罗。这一带海峡很浅，附近又有大批石头和木头，因此，在泥里打桩应该是很方便的。开始时筑堤工程进展很顺利，但当他们推进到接近推罗城时，水也越来越深，推罗人从高高的城墙上射来的箭使他们很难办，而且推罗人还掌握制海权。但后来亚历山大从西顿等地调来海军，并用掷石器抛掷石头。推罗人进行了英勇抵抗。不过，他们虽然在与亚历山大军队的对峙中取得过一些胜利，但终于被亚历山大的军队攻破了城池。远征军对推罗人进行了血腥的屠杀。阿里安说：

> 由于围城太久，马其顿人的火气早已按捺不住了；更因为推罗人曾活捉了从西顿坐船来的一些马其顿人，把这些俘虏拖到城墙上，故意叫在营地的希腊人都能看见，就这样在众目睽睽之下把他们砍死并扔到海里。这更激起了马其顿人的万丈怒火，因此，他们不论看到什么人都狠命砍杀。有八千推罗人被砍倒在血泊里。

马其顿人"在整个围城战役中，总共大约有 400 人牺牲"。② 有一些推

---

① ［古希腊］阿里安：《亚历山大远征记》第 2 卷，18。
② ［古希腊］阿里安：《亚历山大远征记》第 2 卷，24。

罗人逃到赫丘力士庙里，他们都是推罗的要人，其中包括国王阿则米卡斯，还有一些迦太基来客，被亚历山大赦免。其他人则都被当奴隶出卖了，一共约有3万人被卖为奴隶。[①]

在攻占了推罗后，巴勒斯坦的大部分都投到了亚历山大一边，只有一个加沙城例外。加沙城很大，建在高岗上，四周的城墙很牢固，是从腓尼基通往埃及路上在沙漠边缘上的最后一座城市。当时有一个名叫巴提斯的宦官占据着加沙城，有一支由阿拉伯人组成的雇佣军，而且储备了大量的粮草，打算长期死守。在这里，亚历山大又遇到了顽强的抵抗，他本人也被射伤。该城被攻破后，"加沙市民还是抱成一团顽抗。每个人都在自己的岗位上战斗到底，结果全部被歼。亚历山大把他们的妇孺都贩卖为奴"。[②]

在占领了加沙之后，亚历山大便率领远征军前往埃及。第七天到达埃及境内的白露西亚。他的舰队从腓尼基出发，沿岸和陆上的部队齐头并进，也已到达白露西亚。当地的波斯官吏马扎西斯拱手让亚历山大进了城。亚历山大一边派兵驻守白露西亚，一边命令海军沿尼罗河上溯直到孟菲斯。他自己则率部到赫拉奥波利斯。然后，他又乘船沿尼罗河顺流而下，到达后来以他的名字命名的地方上岸，觉得在这里修一座城市非常理想，于是，在他的命令下，建造了一座亚历山大里亚城。

> 据说亚历山大打算把城墙的具体位置在地面上勾画出来，留给筑城的人按线修建，但找不到画线的材料。后来有一个准备参加筑城的人异想天开，出了一个好主意：把士兵们随身用容器盛着做口粮用的粗粉收集起来，国王在前面走，后边跟的人就往地上撒，走到哪撒到哪。就这样，亚历山大设计的围绕市区的那道

---

① ［古希腊］阿里安：《亚历山大远征记》第2卷，24。
② ［古希腊］阿里安：《亚历山大远征记》第2卷，27。

城墙的具体位置就算划出来了。①

在埃及期间，亚历山大曾去拜访过利比亚沙漠中的阿蒙神庙，

一个原因是他打算去问卜，因为阿蒙的神谕被确认为总是千真万确的……另一个原因是……想对他自己了解得更准确一些，至少他事后可以说他对自己了解得更清楚了。②

据阿里安说：

阿蒙庙所在地区极目四望，一片荒凉，茫茫沙漠，滴水难得。但庙宇周围小小的中心地带（最宽的地方约有 40 斯台地），却是绿树成荫，有橄榄、棕榈等树。在所有这一带地方，只有这一处能有露水。还有一股泉水从地下涌出。这口泉和一般从地下冒出来的泉水大不相同。它冒出来的水一到中午，喝起来就非常清凉，用手一摸更觉得凉爽，简直凉到不能再凉了。但一到傍晚太阳落的时候，水就开始暖起来，越晚越暖，到半夜最暖。半夜以后就又慢慢变凉，天亮时就已经凉了，到中午时最凉。一年到头，每天都是这样循规变化。这一带还产天然食盐，是从地里采掘出来的……亚历山大视察了这个绿洲，赞不绝口。他还祈求神示，据他自己说是得到了他梦寐以求的那种回答，然后就回埃及了。

去绿洲中的阿蒙神庙，亚历山大是沿着海岸一直走到帕拉托尼亚，然

---

① ［古希腊］阿里安：《亚历山大远征记》第 3 卷，2。
② ［古希腊］阿里安：《亚历山大远征记》第 3 卷，3。

后转入内陆，向阿蒙神庙走去，路上一片荒凉，大部分是沙漠，无河水。途中，军队迷了路，连向导都不知道往哪儿走。据托勒密记载，是两条蛇指引了路；而阿瑞斯托布拉斯记载说是由于一只鸟引的路才使亚历山大走出了困境。至于从绿洲回来，阿瑞斯托布拉斯说他是由原路回去的，但托勒密却说他走的是另一条直奔孟菲斯的路。①

在孟菲斯，他接见了从希腊来的一些代表团，补充了军队，整顿了埃及的政务。他把全埃及分为两个省，分别任命埃及人多劳斯皮斯和坡提西斯为省长，但坡提西斯不愿就任，于是就叫多劳斯皮斯统辖全境。此外还任命了由希腊人担任的驻军司令等。

公元前331年春，亚历山大率领远征军离开埃及继续他同波斯人的战争。他途经尼罗河三角洲、西奈半岛、巴勒斯坦和叙利亚，到达两河流域，穿过幼发拉底河和底格里斯河，来到两河流域北部地区。在这里的高加美拉，公元前331年9月，远征军和波斯军队进行了最后一场大战——高加美拉之战。

第四节　高加美拉之战与波斯帝国的灭亡

高加美拉在古亚述首都阿淑尔附近，大流士三世在这里集结了号称百万大军（实际上不过8万左右，其中包括200辆配备有弯刀以对付方阵的战车和18头大象），准备和亚历山大再次进行会战。为了自己的战车和骑兵能发挥威力，大流士三世命令把高低不平的地方铲平。据阿里安的记载，会战时波斯军队的部署情况为：巴克特里亚骑兵掌握左翼。跟他们在一起的有达海人、阿拉科提亚人。和他们并排的部队是波斯骑兵混编部队。波斯人后面是苏西亚人，最后是卡杜西人……右翼是叙利亚、美索不达米亚

---

① ［古希腊］阿里安：《亚历山大远征记》第3卷，3。

部队，还有米底人。在他们后面是帕提亚人、塞种部落，然后是塔普里亚人、赫卡里亚人，再往后是阿尔巴尼亚人、塞克西尼亚人……在大流士国王全军中央，有亲王、波斯人、"苹果手"（按：波斯国王的侍从，因其长矛尾部刻有苹果状物而得名）、印度人、号称"移民"的卡里亚人、马尔吉安那弓箭兵。攸可西亚人、巴比伦人、红海各部族人及西塔刻尼亚人组成军队的纵深。在左翼之前，正对着亚历山大右翼的地方部署有西徐亚骑兵、约1000名巴克特里亚人和100辆刀轮战车。在大流士王家中队旁边还部署了象队和50辆战车。右翼的前方部署了亚美尼亚、卡帕多细亚骑兵及50辆刀轮战车。希腊雇佣兵部署在大流士身边的波斯人两侧，他们部署在马其顿方阵对面，他们是唯一能够对付这个方阵的部队。亚历山大军队部署如下：右翼是重装骑兵团。左翼马其顿军队有亚历山大之子克拉特拉斯团，他同时又是左翼所有步兵的指挥官。和该团并排的有拉里卡斯之子埃里吉亚指挥的联军骑兵。左翼和他们并排的还有迈尼劳斯之子菲利普指挥的帖撒利亚骑兵。整个左翼由菲罗塔斯之子帕曼纽指挥。他身边有帖撒利亚骑兵，他们是帖撒利亚骑兵的精华和多数。

在亚历山大军队的第一线后面还布置了第二道防线。这样他就有了双重防线。而且，他的指挥官得到命令，一旦对方的阵形发生变化，他们也要进行相应的变化，以应对敌人的变化。[①]

大流士三世的军队非常紧张，他们全副武装，一夜没睡地等待着，以为敌人会偷袭。所以，到战役开始时已经十分疲惫。而亚历山大的军队却安安稳稳地休息了一夜，精力充沛地迎接战斗。两军渐渐接近。亚历山大带领自己的右翼往右移动，波斯人左翼也作了相应的移动。他们的左翼远远伸到亚历山大方阵右翼之后。但亚历山大仍然继续向右移动。大流士三世深恐马其顿人开到崎岖不平的地方，使他的战车失去作用，便下令自己

---

① ［古希腊］阿里安：《亚历山大远征记》第3卷，11—12。

的左翼前沿的骑兵包抄亚历山大的右翼。对此，亚历山大下令自己的米尼达斯率领雇佣军骑兵冲击他们，双方战斗非常激烈。亚历山大军队遭到很大伤亡，但却经受住了波军的进攻，而且打乱了敌人的队形。波军的刀轮战车向敌军冲去，亚历山大军早有防备因而未起到任何作用，战车被敌人俘获。企图包抄马其顿军右翼的波军骑兵也被马其顿军的骑兵击溃。亚历山大高呼口号冲向大流士三世本人。方阵举起长矛冲向波军时，大流士三世再一次临阵脱逃。当时马其顿军的左翼阵线被突破。部分印度人和波军骑兵通过这个缺口冲到了马其顿辎重队旁边，在这里发生了一场激烈的战斗。但最后被马其顿军队击退，而且死伤了许多人。波军的右翼这时候还不知道大流士三世已经逃跑，因而他们的骑兵还去包抄了希军的左翼。亚历山大得知这一消息，立即停止了对大流士三世的追击。他带着精锐的重装骑兵攻向波军右翼。开始了整个战斗中最残酷的骑兵会战。在这里，亚历山大又取得了胜利。于是，亚历山大又回兵追击大流士三世，一直到天黑为止。高加美拉战役以亚历山大的胜利而告终。此次战役共进行了两天，波军伤亡人数当在六七万，而希军伤亡至少也在 1 万多人。不过没有准确的统计数字。

高加美拉战役以后，大流士三世就一路狂奔直至逃到巴克特里亚，被其部下所杀。波斯帝国实际上已经灭亡。此后亚历山大的东征还进行了 3 年多，但那只是同波斯帝国境内的地方部族的战争。最后，亚历山大的远征军一直到了印度河流域。由于该地居民的激烈抵抗，远征军又极不适应当地的气候，以及远征军的士兵和一些军官不想再打下去，所以亚历山大只好停止继续战争，而兵分两路回到巴比伦，从而结束了东征。亚历山大东征仅用了 10 年的时间。东征的结果一是摧毁了一个波斯帝国，二是形成了一个亚历山大帝国，三是远征军掠夺到了大批财富。据斯特拉波的《地理志》说：

　　据说不算巴比伦的库藏，也不算那些在营地中得到的库藏，仅苏撒和波斯行省库藏价值总计就有四万塔兰特。有些人说值 5 万塔兰特。还有人说，从各地运入埃克巴塔那的全部库藏就值 18 万塔兰特。大流士从米底出逃时，随身所带库藏总计 8000 塔兰特，但他被背信弃义的凶杀犯们抢劫一空。①

在这次远征中缴获的财富，亚历山大将其一部分分给了他的部下，作为对他们的奖赏，供他们养家。但大量的财富并没有带回希腊，而是留在了东方，因为亚历山大把他的帝国都城放在了东方，放在了巴比伦。

　　波斯帝国之所以会在如此之短的时间内就被亚历山大带领的不过 5 万人的远征军所摧毁，一是因为波斯统治集团的腐朽，统治集团内部长期的争权夺利的斗争严重地削弱了自己的实力，没有看到自己所面临的危险，从而认真准备去对付外敌的入侵；二是帝国内部尖锐的民族矛盾（埃及曾在公元前 5 世纪末至公元前 4 世纪后期摆脱波斯统治而独立，直到亚历山大东征前不久才重新被波斯人征服，表明了在波斯帝国境内民族矛盾的尖锐性），使得波斯帝国虽然地大物博，人口众多，资源丰富，但却形不成一股强大的力量，更不能发动群众来组织起有效的抵抗，不能在遇到挫折后顽强地坚持下去，而是一遇挫折便崩溃，特别是大流士三世两次在战场上带头逃跑，使得他的军队士气大受影响。

---

① ［古希腊］斯特拉波：《地理志》第 16 卷，Ⅲ，9。

第十七章 波斯帝国的灭亡与 西亚北非古代文明的终结

第一节 波斯帝国的重要历史地位

公元前 1000 年代中叶，当地中海东部古老的北非和西亚文明正处于极盛而衰，地中海北部的希腊罗马文明才刚刚兴起之时，在伊朗高原兴起的波斯帝国（公元前 6 世纪中叶至公元前 4 世纪末叶），在古代近东文明史上占有重要的地位，在古代地中海地区的文明史上起过承前启后的作用。它是近东地区的古代文明从小国寡民阶段到一个地区的若干小国逐步统一为领土国家，到跨地区的帝国这一发展过程的最高阶段。它是古代世界第一个地跨亚非欧三大洲的大帝国。之后的希腊马其顿亚历山大帝国继之而起，建立起了一个也是地跨亚非欧三大洲的大帝国。而后，罗马人又在征服希腊化各国的基础上形成了地跨三大洲的大帝国。

众所周知，早在公元前 4000 年代中叶（即公元前 3500 年左右），在西亚的两河流域南部的苏美尔地区和北非的尼罗河流域的埃及，就已进入了文明时代（两河流域南部的苏美尔时代和埃及的前王朝时代后期的涅伽达文化 II 时期），在这两个地区形成了若干个小国寡民的国家（埃及人称之为斯帕特）。虽然，这两个地区中的各小国之间有很多的交往和联系（包括政治的、经济的、军事的和文化的联系），但在当时，在这两个地区之间的联系却是很少的，几乎是彼此孤立地发展的（至少就目前拥有的确实可靠的资料而言是如此）。这些文明的出现，是各地区新石器文化、金石并用文化发展，从而引起社会大分工、阶级分化的结果，而不是外部影响、外部入侵的结果。

到公元前 3000 年代，最早在埃及（早王朝时期及其以后），而后又在两河流域南部（在阿卡德王国时期和以后）形成了统一国家。与此同时，在这两个地区还逐步地形成了君主专制的统治形式。统一无疑是当地社会经济发展的必然结果和要求；同时，也是统治阶级企图不断地扩大其剥削和统治范围的反映。在统一过程中充满了小国之间的战争和争霸战争，充满了屠杀和掠夺，这使统一打上了剥削阶级的烙印：无数财富被掠夺，无数人民被杀戮或变成奴隶。随着统一国家的形成，国家的版图扩大了，人口增多了，阶级关系也更复杂了，阶级矛盾十分尖锐，原来在一个小国范围内展开的阶级斗争扩大到了一个更大的舞台上来，阶级斗争的规模也更加扩大。因此，统治阶级已经不可能依靠原来小国寡民时代薄弱的国家机器来维持他们的统治了，国家机器需要强化。而在统一战争中取得胜利的那些小国的国王，他们的威望极大地提高了，权力极大地加强了，甚至被神化，似乎他们是不可战胜的，似乎他们的胜利是神保佑的结果。正是在这样的形势下，君主专制形成了。统一和君主专制的形成在当时的历史条件下是有利于社会经济的发展的，是有利于巩固刚刚出现的新的社会经济制度——奴隶制度（虽然这是一个极其残忍的剥削制度）的。

到公元前 2000 年代后期，埃及通过征服率先形成了跨地区的帝国（包括埃及本土、叙利亚、巴勒斯坦地区和努比亚地区）。此后，到公元前 1000 年代的前期，在西亚也形成了亚述帝国，其版图曾一度包括两河流域至尼罗河流域的埃及的广大地区，第一次将两大文明地区统一在一个帝国的版图之内。

从诺姆国家（即小国寡民的国家）到地域国家（即地区的统一领土国家），到帝国，这不仅是量的增加或扩大（即不仅是版图的扩大和人口的增多），而且在政治内涵上也有巨大的变化。

公元前 1000 年代中叶兴起的波斯帝国，不仅占有了整个伊朗高原，而且占有了中亚的若干地区、整个两河流域、小亚、叙利亚和巴勒斯坦、埃及、印度河流域以及巴尔干半岛的部分地区，即统治了 3 个古老的文明地区，接近了第四个文明地区——希腊的边缘地带（包括色雷斯地区）。它发动的希波战争，企图整个占领希腊，但遭失败。不过它并不甘心，此后，它长期插手希腊事务，在斯巴达和雅典之间游走，拉一方打一方，搅得希腊世界不得安宁，直到亚历山大东征。

波斯帝国不仅在规模上比埃及新王国和亚述帝国的人口要多得多，版图上要比它们大得多，而且在内涵上要丰富和深刻得多。埃及和亚述帝国的形成更多地表现为军事征服（虽然在某种程度上也是这些地区经济、政治、文化和军事长期发展、交流的产物），因而维持的时间都不是很长，统治也极不稳固。当时的经济、政治、军事发展水平也不允许它们有更大的发展。波斯帝国则不仅征服了这广大的地区，而且将这广大的地区作为一个国家维系和统治了 200 年左右。除了高墨塔事件曾几乎使刚刚形成的波斯帝国土崩瓦解以外，后来各地的其他起义，均未对帝国造成过严重的威胁。

由于波斯帝国统治的地区比它以前的埃及和亚述帝国大得多，而且在政治、经济、文化等方面也复杂得多，它所统治的各个地区之间的政治、经济发展极不平衡：埃及和两河流域等地的文明已发展了近 3000 年，而中亚的若干地区才接近于文明时代，或刚刚进入文明时代。因此，波斯帝国用以巩固其统治的许多政策和措施，既继承和发展了埃及的和亚述的，也有不少是它自己独创的。形势迫使它不得不采取一些更有效、更系统、更完善的政策和措施，如行省制度、赋税制度、驿道、军事组织、对被征服地区的统治阶级的政策等。

古代世界第一个地跨亚非欧三大洲的波斯帝国在公元前 4 世纪末叶灭

亡以后，西亚和北非的古代文明也就灭亡了，这一地区历史独立发展的进程被打断了，但代之而起的亚历山大帝国及以后的罗马帝国无疑从波斯帝国的传统中吸取了不少的东西。因此，波斯帝国既为西亚北非的古代文明作了总结，也为后来的希腊罗马文明提供了借鉴，它起了承先启后的作用。

第二节　铁器在波斯帝国的使用和传播

波斯帝国兴起和存在的时代，是铁器广泛使用和传播的时代。古代西亚和北非早期文明（埃及和两河流域南部）兴起之时的公元前 4000 年代中叶，是金石并用的时代，即一方面金属器已经开始使用；另一方面，它还不能完全取代石器工具，石器工具还广泛地被使用。所以，这两个文明地区的生产力仍然是很低的（更不用说其周围的尚未进入文明时代的广大地区了）。这些地区文明的兴起，无疑与其较为优越的自然条件有很大的关系。因为这些地方的自然条件在当时的生产力条件下，也能为人们所利用，使农业、畜牧业等能得到较快的发展。埃及和两河流域南部地区形成统一国家的时代逐渐进入青铜时代。到公元前 2000 年代后期青铜时代的鼎盛时代，埃及进入帝国时代，亚述帝国存在的公元前 1000 年代前期，则已是铁器时代了。

铁器的出现、广泛使用和传播，不仅是生产力的巨大进步，促进了社会经济更为迅速的发展，而且也对政治和军事的巨大发展产生了重大的影响。

铁器的广泛使用和传播，使当时的人们能够生产出更加锐利的农具和工具，从而能够开辟更多的土地，使以前运用铜制或石制的农具无法开垦的山地得以开垦（像亚述地区的许多山地都是在铁器时代才得以开垦的）。铁制工具的使用，也为开采更多的矿产品，从而生产出更多的手工业产品创造了条件。铁器时代，生产的分工更加精细，从而促进了商品生产的发展，交换的产品和内容更加丰富多彩，交换的地区更为广阔，交换的规模更为扩大，人们的视野更加开阔。后期埃及的法老尼科正是在这时期雇佣腓尼基的水手驾船绕航非洲获得成功；他还企图开凿尼罗河至红海之间的运河（这可以说是现在的苏伊士运河的前身），虽然未果，但不久之后，波斯帝国的大流士完成了这项巨大的工程，这绝非偶然。

铁器的广泛使用和传播，给那时的战争也带来了明显的影响。人们可以用铁制作出更加锐利的武器，从而在战场上显示出它的威力。亚述帝国，特别是波斯帝国时代的战争规模和激烈程度都是过去无法比拟的。尤其，铁器时代经济的巨大发展，为大规模的战争提供了更为雄厚的经济保证。波斯帝国进行的征服战争（包括对希腊的战争），如果没有雄厚的经济实力作后盾，那是完全不可想象的。

第三节　波斯帝国对西亚北非地区的影响

从表面上看，波斯帝国的建立似乎是纯军事征服的产物（的确，帝国的建立，从埃及帝国到波斯帝国，都是通过野蛮的征服战争而实现的，没有征服就没有帝国），但是，波斯帝国的形成，在某种意义上说也是西亚北非地区、东部地中海地区社会经济、军事技术、政治和文化综合发展的产物，是这些地区经济、文化交流，联系不断发展和扩大的产物。

从公元前4000年代中叶至公元前1000年代中叶波斯帝国建立，西亚北非的古代文明在近3000年的时期里，首先是在各个地区内部（即在埃及的各诺姆之间、在两河流域南部各城市国家之间）经济文化得到广泛而深入的发展和交流。在此基础上，这种发展和交流发展成各个地区之间的交流。公元前3000年代末至前2000年代初，有亚述在小亚建立的商业殖民地，其商业活动至少将小亚和整个两河流域地区联系了起来；另外，叙利亚北部的古国埃勃拉，其活动的辐射范围至少包括了两河流域和叙利亚。

据阿卡德王国的萨尔贡年代记，国王萨尔贡曾率军征服过埃勃拉。埃勃拉与埃及也有联系。考古发掘的资料表明，两河流域同印度在这时候也已有了接触，等等。到公元前 2000 年代后期，埃及新王国不仅占有了叙利亚和巴勒斯坦，还同小亚的赫梯、西亚的米丹尼、亚述、喀西特巴比伦有着频繁的政治、经济、军事和文化上的接触：或者结盟，或者对抗，甚至战争。埃及的阿马尔那书信以及西亚和小亚的许多档案文献、外交书信提供了丰富而可靠的信息（虽然人们推测，在此之前很久，在公元前 4000 年代中后期，埃及的涅加达文化 II 时期，埃及就同西亚、两河流域有了联系，甚至认为，埃及的涅加达文化 II 是由西亚的民族入侵的结果。不过，这似乎需要更为可靠的证据）。

波斯帝国的出现，给西亚北非，乃至整个近东的经济文化交流提供了一个更为广阔的舞台。波斯人为了巩固自己的统治，曾采取了若干政治的、经济的和军事的措施。这些措施在客观上也曾起过为西亚北非的经济文化交流，乃至更大地区的交流（如，波斯帝国占有了中亚广大地区、巴尔干的部分地区和印度河流域地区）创造若干条件的作用，从而使原已存在的这种交流、联系乃至融合，达到了一个更高的阶段。

例如，在西亚和北非，由于社会经济的发展，商品货币关系的发展，到波斯帝国时期出现了铸币制度（虽然，在此之前在小亚的吕底亚已经有了铸币，但它使用的范围很小，只是在小亚的一个很小的国家里流通，而波斯帝国却使它在全帝国范围内成为法定的货币）。大流士规定，波斯帝国中央政府有权铸造金币，称"大流克"，重 8.4 克，地方行省可铸造银币，自治市可铸造铜币。铸币的出现不是偶然的，它是商品货币关系长期发展的产物。但到大流士统治时期波斯帝国才不过 30 多年的时间，它的铸币出现的基础是什么？显然不完全是波斯人内部经济发展的产物，而应是东部地中海地区社会经济长期发展的产物，是商品货币关系长期发展的产物。众所周知，西亚和北非这两个地区都早已走过了以物易物，以金属重量

（铜、青铜、白银等的重量）为交换媒介的阶段，再进一步就应当是铸币了。但在波斯帝国出现以前，这个地区未能出现铸币，只是为铸币的出现创造了条件，奠定了基础。波斯帝国形成不久，在大流士统治时期，就出现了铸币。铸币制度的出现说明近东地区商品货币关系的发展已达到一个新阶段，并反过来为商品货币关系的发展，为整个社会经济的发展创造了客观条件。

但是，应当看到，波斯帝国时期虽然在某种程度上有为西亚北非地区的社会经济、商品货币关系的发展创造了客观条件的一面；同时却不能忽视它的另一方面的作用，即波斯帝国的征服和统治，也打断了西亚北非奴隶制经济独立发展的正常进程。我们看到，在埃及新王国时期、亚述帝国时期和新巴比伦王国时期，在剥削奴隶方面出现了一些新的方式，即允许奴隶独立经营（租佃土地、开办手工作坊、开钱庄等），这可能表明这个地区奴隶制已极盛而衰，甚至可能表明封建的生产方式要来敲门了。但波斯帝国的征服和统治，以及后来的马其顿希腊人的征服和统治、罗马人的征服和统治，打断了这一地区奴隶制由盛而衰，封建制取代奴隶制的进程，使这一地区的这一过程未能独立完成。

波斯人的入侵和统治，不仅给这些地区的人民带来了更大的灾难，使这里的人民受到更加沉重的剥削，而且，在某些方面隔断了这一地区同更为广泛的地区进行经济文化交流的可能性。例如在希波战争后，波斯帝国统治的地区同希腊地区的经济文化交流实际上已不可能，波斯统治者截断了希腊人进入波斯市场的道路，波斯帝国广大地区的市场已不再对希腊人开放，小亚西海岸原来的希腊城市失去了原来的重要性。

即使在西亚、北非、小亚、印度河流域和中亚地区，波斯帝国的存在，也在某种程度上对它们之间的交往、联系有破坏作用：波斯人的征服和统治，打乱了以往这些地区交流的正常秩序和规则，破坏了交流的某些条件。这种破坏作用是显而易见的：在波斯帝国内部各个地区之间的交往现在是在波斯征服者提供的舞台上进行的，它明显地打上了掠夺者和征服者的烙印；波斯人以一个落后民族征服了众多的先进民族和地区（埃及、西亚和印度河流域），于是交流和交往的方向发生了根本性的变化：过去落后地区和落后民族向先进地区和先进民族输出的奴隶、原料和财富，现在却因这些先进地区和民族被征服，这些地区的许多居民作为俘虏而变成了奴隶，输往了落后地区和落后民族。这种逆向的交往虽然在一定程度上促进了原来落后地区和民族的发展，但这种发展却是以破坏原来先进地区和民族进一步发展的基础为代价的。波斯人每年向被征服地区征收的大量贡赋，波斯人在各地强占了大量耕地就是证明。因而，这种交流是被扭曲了的交流。还有一个情况，就是波斯人征收的大量金银都被熔铸在波斯帝国的国库里，不再进入流通领域，这也破坏了交换的条件。

在波斯帝国兴起之前，西亚北非的古代文明地区，在近三千年的时期里，曾是世界文明的主要中心，是地中海地区其他民族学习的圣地。但是，经过 3000 年的发展，这些地区也背上了很多沉重负担。有些原本是它们值得骄傲的东西，是它们对文明的贡献的东西，是它们的优势的东西，在公元前 1000 年代时，可能已经变得陈旧，已经成了它们进一步发展的桎梏和障碍。

例如，曾经是古代埃及和两河流域文明象征之一，并对其文明做出过巨大贡献的象形文字和楔形文字，虽然在几千年的过程中有过发展和变化（如埃及的象形文字曾经演变为僧侣体文字、世俗体文字），但由于其体系繁杂，始终未能发展为字母文字，因而始终未能为广大的普通群众所掌握，一直只是由少数统治者掌握和垄断。到公元前 1000 年代时，这两种文字均已落伍，成为文化发展的障碍。而此时，在其基础上发展出了腓尼基字母文字、希腊字母文字和阿拉美亚字母文字。波斯人统治时期，虽然楔形文字仍在流行，但阿拉美亚文字也获得了广泛的运用，且被用于波斯人的官方文件中。

又如，在埃及和两河流域文明发展的初期即已出现的，在某种程度上对文明的发展做出过贡献的祭司这个群体（就其曾经掌握过文字、观察天文、医治疾病等方面而言），到公元前 1000 年代，由于他们聚敛财富，传播愚昧，甚至操纵权势（特别是在埃及更为明显），这个群体实际上已经成为顽固的保守势力的代表，成了社会发展的赘瘤。

另外，埃及和西亚的某些生产技术、某些典章制度、某些传统，在其文明之初，可能曾是先进的、起过进步作用的，是促进文明进步的因素，但是，随着时间的流逝，其他民族和地区已经在他们的基础之上改进了，进步了，而固守这些东西的埃及和西亚就变得落后了，那些曾是先进的生产技术可能已成了进一步改进的障碍，那些传统和典章制度也可能已成了历史进步的阻力。可能正是这些沉重的包袱拖了古老文明的后腿。而波斯人却以一个新兴民族的姿态出现于地中海之东，没有任何包袱和负担。它征服了埃及和西亚等许多比它先进的民族和地区，并吸收了这些地区和民族的先进文明（包括生产技术和典章制度等），建立起一系列有自己特点的政治、经济、军事制度。但它毕竟是在近东的土壤中成长起来的，并未能完全摆脱近东历史中的某些陈旧的东西，自觉不自觉地背上了西亚、北非古老文明的某些包袱。

此外，西亚和北非的古老文明在近 3000 年的发展过程中，也积累了不少的矛盾：奴隶、农民、手工业者同统治阶级的矛盾，统治阶级内部的矛盾（如王权与神权的矛盾、军事行政奴隶主同神庙奴隶主的矛盾、工商业奴隶主和神庙奴隶主的矛盾、中小奴隶主和贵族奴隶主之间的矛盾、王室内部的矛盾），民族矛盾等。当波斯人还处在国家形成初期，内部矛盾还未激化时，它在征服其他地区时，常常会利用各地的各种矛盾。如它在征服新巴比伦王国时，就曾利用过当地的王权和神权之间的矛盾，利用过当地的民族矛盾，因而它能兵不血刃地攻占了被认为是固若金汤的巴比伦城。但是，当波斯人征服了如此广大的地区，建立起地跨三大洲的大帝国之后，它也就把这一切矛盾（阶级的、民族的矛盾）统统集中到了自己的身上，它成了矛盾的焦点，一切被它征服的、压迫的阶级和民族，包括被征服地区的统治阶级都把仇恨集中到了它的身上，它成了众矢之的，从而促成了波斯征服者同被征服者之间的更为深刻、更为尖锐、规模也更大的不可比拟的矛盾。公元前522年发生的高墨塔事件和大流士上台执政以后各地的起义证明了这一点，这两个事件几乎震撼了整个波斯帝国。而原来各地区、各民族内部的矛盾则或暂时降为次要矛盾，或暂时消沉下去。波斯征服者（特别是在大流士统治时期）为了自身的生存，为了巩固对这广大地区的统治，曾不得不采取种种措施来缓和这些矛盾，如利用和拉拢各地原来的统治者，利用各地原来的若干法律，或在制定法律时考虑到原来的法律精神，利用原来各地的宗教，在某种程度上创造一些条件使各地原来的经济文化的发展和交流继续进行下去等。但波斯统治者毕竟是剥削者和征服者，不可能从根本上消除这些矛盾。并且，随着时间的推移，这些矛盾逐渐积累和激化起来。再加上波斯征服者上层腐朽性增强，失去了原来生气勃勃的精神，因而，公元前334—前325年的亚历山大东征，使一个如此庞大的波斯帝国，竟像纸房子一样轰然垮掉了。

波斯帝国地处东西方交往的交通要道上，它也曾对东西方的交往产生过重要影响，发挥过重要作用。

波斯帝国时期，特别是它统治的早期，比较重视开拓海外交通。如大流士时期曾派人从印度河河口沿海路前往红海；在薛西斯统治时期又曾派遣贴阿司披斯之子撒塔司佩斯去周航非洲，但未成功。①

波斯帝国征服了印度河流域，将其置于自己的统治之下，又在帝国境内建立了从巴比伦经哈马丹、帕提亚、巴克特里亚至印度河流域的驿道，大大方便了东西方交通，促进了东西方的交往，成为丝绸之路的主要干道。

---

①　［古希腊］希罗多德：《历史》第4卷，44。

由于波斯所处的地理位置，它在丝绸之路上的中介和桥梁作用是无可置疑的。据王新中、冀开运著《伊朗卷》说：

> 联系到埃及曾发现有属于公元前 11 世纪中国的蚕丝，中国的丝绸在前 1000 年代前半期很可能已经经伊朗由陆路（迪亚拉商路）或海路（波斯湾至红海）运往埃及，伊朗充当了交往中介。①

这也说明 3000 年前中国与伊朗已有经济往来。公元前 7 世纪，一条从中国经西伯利亚草原到黑海北岸的贸易线兴起，这就是所谓的斯基泰贸易之路。中国丝绸经该线路西段黑海东岸南下，进入伊朗，也经中亚草原进入伊朗。阿黑门尼德王朝大流士一世时，中国阿尔泰山的黄金进入伊朗，甘蔗与柑橘也传入伊朗。早在波斯帝国时期，中国出产的丝绸在公元前 5 世纪的后半期，已出现在波斯的市场上，说明那时波斯可能已同中国有了联系。②据朱龙华著《罗马文化与古典传统》说，在西方，关于丝绸的报道，最早的或许是《旧约》了，《圣经·以西结书》中说："我也使你身穿绣花衣服，脚穿海狗皮鞋，并用细亚麻布给你束腰，用丝绸为衣披在你身上……这样一来，你就有金银的妆饰，穿的是细亚麻衣和丝绸，并绣花衣……"该篇也属于波斯帝国时期写成的。这也说明在波斯帝国时期，中国的丝绸确实已经到了波斯帝国。在克特西乌斯的著作中提到"赛里斯"（"赛里斯"——Seres，是希腊人对中国的丝绸的称呼）。但在波斯帝国时期，中国的丝绸是从哪条路过去的呢？一般学者都认为是从丝绸之路的北路，即从中国的北方经过蒙古，再到南西伯利亚的斯基泰到达波斯。以后，

---

① 王新中、冀开运：《中东国家通史：伊朗卷》，北京：商务印书馆，2002 年版，第 63 页。

② 参见王新中、冀开运：《中东国家通史：伊朗卷》，北京：商务印书馆，第 63、88 页；王治来：《中亚史》第 1 卷，北京：中国社会科学出版社，1980 年版，第 36～37 页。

经过波斯，中国的丝绸传到了希腊和罗马，成为当地上流社会富人们争相使用的衣料佳品。

第四节　波斯帝国与周边地区的关系

古代世界的文明地区与其周边世界或外围世界的关系问题，是一个十分重要而又十分复杂的问题。它不仅关系到文明地区的前途与命运，也关系到其周围地区的前途与命运。在某种意义上可以说，这个问题就是农耕与游牧世界的关系问题。当然，也非绝对如此，特别是到公元前1000年代中期以后，有的原本落后的民族和地区，发展成了文明的中心，而原本先进的文明地区却落后了，在这时的中心（如希腊和罗马）与其周边的关系问题上，就不完全是农耕世界与游牧世界的关系问题，而是呈现出复杂的情况，即既有农耕与游牧世界的关系，也有早期文明与虽然后起但却超越了早期文明并成为新的文明中心的关系问题。

最早的西亚和北非的古代文明是在农耕地区发展起来的。这两个农耕文明中心不仅比其周围的游牧世界进入文明的时间早，而且也更富裕，发展速度也更快。但是，西亚和北非的农耕世界在其发展过程中，曾不断地与其周围的游牧部落发生过交往和冲突，甚至两河流域的农耕世界还数度被其周围的游牧部落所征服。在波斯帝国兴起以前，这种征服或入侵有：公元前3000年代后期的阿卡德人灭亡苏美尔人的城市国家，建立了两河流域南部第一个统一的国家，即阿卡德王国；古提人，来自两河流域东部山区的游牧部落，灭亡了定居于两河流域南部，且已学会了农耕的阿卡德人建立的阿卡德王国；与阿卡德人一样来自叙利亚草原的阿摩利人，同来自两河流域南部山区的埃兰人一起灭掉了苏美尔人的最后一个王朝——乌尔第三王朝，使苏美尔人从此退出了历史舞台（虽然他们创造的楔形文字几乎被西亚所有的民族所借用）。这些阿摩利人在两河流域南部建立了若干个小的国家，其中最重要的，也最著名的是古巴比伦王国，它重新统一了两河流域南部。

在古代埃及，情况稍有不同。在埃及的第二中间期（公元前 2000 年代中叶）曾发生过喜克索斯人的入侵和统治。不过，喜克索斯人并未完全征服埃及，它只占领了埃及的中部和北部，并且后来也被埃及人赶走了，埃及的传统没有中断。在公元前 1000 年代以前，埃及不曾完全被别人征服过，即使横扫了整个地中海东部，灭亡了著名的赫梯王国的"海上民族"入侵，也未使其倒下（虽然它曾给了埃及沉重打击），埃及人的传统一直保持到公元前 1000 年代中叶。

农耕世界与游牧世界的交往，不仅表现为游牧世界对农耕世界的入侵和征服，也有农耕世界对游牧世界的入侵和征服。最明显的例子大概莫过于埃及对其南部的努比亚地区的入侵。从古王国时期起，埃及对努比亚的入侵就有文献可考，而在中王国时期和新王国时期，埃及人对努比亚的入侵规模就越来越大：古王国时期埃及的南部疆界仅及于尼罗河第一瀑布，中王国时期则推到了第二瀑布以外，新王国时期更进到了第四瀑布以外。

在农耕世界与游牧世界的交往中，农耕世界有许多东西是游牧世界所需要的：多种多样的农产品、手工业产品、先进的生产技术（包括农业的和手工业的生产技术）、科学知识、文学艺术、建筑技术等。游牧世界也有许多东西是农耕世界所需要的，特别是牲畜、畜产品（皮毛、乳制品、肉等）。游牧世界也有自己的文化，其中也有农耕世界可以吸收和借鉴的东西。这种交流促进了双方经济文化的发展，因而是对双方有利的。历史证明，这种交流从总的方面说是促进了历史发展的，虽然其中不免有破坏、杀戮，有时甚至发生历史的暂时倒退。

从发展的趋势看，农耕世界与游牧世界之间的交流，规模越来越大，范围越来越广。

波斯人在其兴起之前，曾是一个比两河流域和埃及古老文明落后得多的民族。它在公元前 2000 年代末期从中亚地区或南俄罗斯草原迁徙到伊朗高原西南部之前，也是一个游牧部落。只是到伊朗高原定居之后，才学会了农耕，但也没有完全放弃游牧。据希罗多德记载，它的 10 个部落中有 6个已从事农业，但还有 4 个从事畜牧业。因此，从波斯与两河流域、埃及和印度河流域的关系而言，似乎也可以说是游牧世界与农耕世界的交往，它对西亚北非的征服，在某种意义上也可以说是游牧部落对农耕世界的征服。而且，它征服了 3 个古老的文明中心，接近于第四个文明中心（希腊世界），建立起地跨三大洲的大帝国，并君临其上，统治了这广大地区达200 年之久，在农耕世界与游牧世界的交往与冲突方面，表现出了更大的规模，也提供了一幅更为鲜明的图画。

　　游牧世界既然是落后的，发展较为缓慢的，为什么往往能征服并统治了先进的、发展更为迅速的农耕世界文明地区呢？这是因为，历史发展总是不平衡的，先进的不一定永远先进，落后的也不一定永远落后。游牧世界与农耕世界并非平行发展永不相交。相反，游牧世界长期与农耕世界为邻，彼此之间交往十分频繁，游牧世界长期受农耕世界文明的熏陶，吸收其先进生产技术、文化、军事技术和政治经验。这一切促进了与农耕世界为邻的游牧部落的迅速发展。而且，有些游牧部落的武器并不落后，它完全可以从农耕世界学到制作武器的技术，它的骑兵又具有更大的机动性，它的军事技术也不一定落后；而先进的农耕世界，由于长期的发展而内部矛盾重重，严重削弱了自己的力量，而游牧部落正因为其落后，内部矛盾较少且不那么尖锐，因而往往更为团结，可以组成一支较为强大的军事力量。许多入侵和征服农耕世界先进地区的游牧部落，都处在氏族社会的解体阶段，正如恩格斯所说，这些部落把掠夺当作最为光荣的事。当机遇来临时，即当其近邻的农耕世界衰落、内部矛盾严重而大为削弱之时，更会乘虚而入。波斯帝国兴起之时，正值西亚北非的文明古国处于衰落的时期，被内部矛盾困扰的时期，因此，它征服了这么广大的地区。后来，它又被比它更落后的马其顿亚历山大所灭，亚历山大建立了一个比波斯帝国更加广大的帝国——亚历山大帝国。"落后者"打败了、征服了"先进者"，这也许就是历史的辩证法。

波斯帝国的灭亡也就是西亚北非古代文明的终结，因为，在此以后，在西亚和埃及占统治地位的就不再是这些地方本地人的统治，而是外来人的统治，这个地区历史发展的连续性被打断了。

第十八章　古代波斯帝国史的研究状况

第一节　研究古代波斯帝国史的史料

在古代东方史中，有关波斯帝国的历史资料比较丰富，而且形式多样。由于波斯帝国地处一些古老文明的中间，所以，它的历史都有比较确切的年代记录，不像有些国家的历史那样年代不清。但关于波斯帝国历史的各个部分和各个问题上资料的分布并不平衡。

研究波斯帝国的资料包括国王的铭文、历史编年、总督的命令、波斯帝国一些高级官吏有关公务方面的通信、私人信件、波斯帝国一些高级官吏管理地产的指示、赋税的征收记录、司法审判的记录、婚约、租约、考古发掘的资料和古典作家的著作等。这些资料来自不同地区，使用了不同的语言和文字。

一、国王的铭文

我们见到的波斯人的最早的国王铭文，应当是阿里亚拉姆涅斯的金版铭文，这个铭文是用古波斯语楔形文字写成的。虽然严格地说，阿里亚拉姆涅斯还不是波斯人的国王，而是氏族部落的首领。但他在铭文中自称为王："阿里亚拉姆涅斯，伟大的王、众王之王、波斯之王。"李铁匠认为，他和居鲁士一世是兄弟①，而居鲁士一世又是后来建立了波斯帝国的居鲁士二世的父亲，所以，我们把他的铭文也算在国王铭文之列。他的铭文说，他是波斯之王，是阿胡拉·马兹达赐给他波斯这个国家，并且是阿胡拉·马兹达保佑他成了波斯人的国王。他的儿子阿尔沙马也有一个金版铭文，也是用古波斯语楔形文字写成，其内容和他父亲的铭文差不多。

真正的波斯国王铭文应当从居鲁士二世的一个铭文算起。这个铭文发现于帕萨尔加迪地方的一个接见大厅里，其内容很简单，只有一句话："我是居鲁士，阿黑门尼德宗室。"

图 18.1　居鲁士印章

居鲁士最著名的一个铭文刻在一个圆柱上面，它不是居鲁士自己写的，而是巴比伦的祭司以他的口气写成的。时间是在公元前 539 年，在居鲁士率领波斯军队征服新巴比伦王国后。铭文的前半部分充满了对巴比伦最后一个国王那波尼德的愤恨，说明居鲁士进攻巴比伦尼亚、灭亡新巴比伦王国是代表神意；后半部分则说明居鲁士在夺取巴比伦尼亚之后所采取的政策，充满了对居鲁士的感激之情，还有对居鲁士歌功颂德的内容。

此外，居鲁士还有两个短的铭文：一个出自乌尔，一个出自乌鲁克。这两个铭文都反映了居鲁士拉拢当地上层，以便巩固波斯人对巴比伦尼亚

---

① 《阿里亚拉姆涅斯金版铭文》题注，参见李铁匠选译：《古代伊朗史料选辑》，第 26 页。

的统治。

在居鲁士留下的铭文中有一个非常重要的铭文，就是关于允许犹太人从巴比伦尼亚返回耶路撒冷的诏令。这些犹太人是在新巴比伦王国国王尼布甲尼撒二世第二次征服耶路撒冷时从耶路撒冷带回来的。这使得犹太人对居鲁士感激不尽。

从大流士一世时起，古代波斯帝国国王的铭文几乎都采用多语言的形式（双语言的、三语言的，甚至四语言的），如埃兰、阿卡德、波斯、阿拉美亚文、埃及等。其中以埃兰、阿卡德和波斯这 3 种文字最多，因为它们是波斯帝国境内最主要的语言。现在已经发现的波斯国王的铭文大约有 200 多个。这些国王的铭文大多是在波斯、埃兰和米底地区发现的（但也有的是在别的地方发现的，如大流士的一个铭文是在苏伊士运河边发现的，其内容是有关开凿苏伊士运河的）。它们有的是在大的商道上发现的，有的是在国王的陵墓或宫廷的墙上和圆柱上发现的，还有的是在宫殿的奠基石上发现的。

在古代波斯国王的铭文中，最大、最长的要数《贝希斯敦铭文》。该铭文是刻在克尔曼沙赫城以东 30 千米一处高 105 米的陡峭山崖上，是 1853 年由罗林森发现的，其主要内容是关于冈比西斯和大流士统治时期的一些事件，特别是关于高墨塔暴动及大流士镇压这个暴动和镇压大流士上台后的其他暴动、起义的，它反映了波斯帝国初年尖锐的阶级矛盾和民族矛盾。铭文的总高度为 7.8 米，宽度为 22 米。除了铭文以外，还有浮雕，浮雕高 3 米，宽 4 米多，其内容是大流士在镇压各地暴动后，将一些暴动的首领带到他面前的情景。在这个浮雕中大流士高 1.8 米，是自然的高度。他头戴王冠，高举右手向阿胡拉·马兹达神（琐罗亚斯德教的善神）致敬或祈祷，左手握弓，右脚踏在被杀的高墨塔身上，在高墨塔身后是 9 个参加暴动的首领。这个铭文是用埃兰、阿卡德和波斯 3 种楔形文字写成的，这为古代波斯楔形文字的释读成功，进而为古代楔形文字的释读成功起过重要作用。

大流士曾经宣称，他把"这个铭文发送到了全国"。看来这是事实，因为在波斯帝国境内发现了这个铭文的多个抄本（虽然都已经是片断了）。例如，除了在贝希斯敦山崖上发现了这个铭文以外，在巴比伦的王宫废墟里还发现了一个这个铭文的阿卡德文的片断，它刻在一个大的石板上；在埃及的埃烈芳提那也发现有这个铭文的片断，它是用阿拉美亚文写成的，是在波斯军队中服役的犹太殖民者的档案中发现的，现在也只剩下一个片断。

在波斯帝国古都帕塞波利斯以北的纳克什-伊-鲁斯坦还发现了大流士的两个用楔形文字写成的铭文，其中一个包含了国王家谱和被波斯人征服的国家和地区的名单；另一个铭文是关于大流士在自己的政策中所遵循的法律的和道德的准则。除了铭文以外，还有浮雕，雕刻的是大流士和十几个被征服地区的统治者，这些人的人种特征和穿着特征都很明显。

在哈马丹（帕塞波利斯）出土的一个大流士的铭文，用古波斯、埃兰和巴比伦3种楔形文字刻在金板与银板上，其内容是关于大流士统治的范围："这就是我统治的王国，从萨克诸国（按：即斯基泰人，也译为西徐亚人）起，沿索格地安那，到埃塞俄比亚。从印度到（吕底亚王国的）撒尔迪斯。"

在纳克什-伊-鲁斯坦出土的大流士的铭文中谈到了波斯帝国和大流士对自己的评价。

在苏撒的一座废墟中发现的一个大流士的铭文，说到他调动全帝国的人力和物力来修建自己的王宫。

在苏伊士运河旁竖立的一个大流士的铭文，说到大流士为统治的需要而完成尼罗河与红海之间的苏伊士运河一事，这是在古代埃及国王尼科所修建的运河的基础上完成的。这应当是在他镇压了埃及人的起义之后的事。

大流士的一封用希腊语写成的信件，是大流士关于保护在玛格涅西亚的希腊神庙的一个指示，反映了波斯统治者对曾经帮助过波斯人的希腊神庙的态度。

大流士的统治结束以后，他的儿子薛西斯经过斗争继承了王位。薛西斯留下了一些铭文，如帕塞波利斯铭文（F）和另一个帕塞波利斯铭文（H）。他的前一个铭文的内容主要是说他继承王位的事，不过没有说到他们几个兄弟争权的事。后一个铭文说到他统治的范围，从铭文中可以看出，在薛西斯统治时期，波斯帝国的行省区划和大流士统治时期有所不同，显然有所变动。薛西斯还有一个所谓的反达沃夫敕令，是关于同被禁止的一些仪式做斗争的事。

苏联考古学家发现过阿塔薛西斯一世的一个用 4 种语言写成的铭文，是写在一个雪花石膏石瓶上的。

此外，还有一些晚期的波斯国王的铭文等。

二、波斯人统治下的其他各地的文献资料

（一）埃兰语文献

要塞墙铭文，这是 1933—1934 年由赫尔次菲尔德领导下的芝加哥大学考古队在帕塞波利斯要塞墙发现的，共有几千块楔形文字泥板文书，用埃兰语写成，它们是波斯帝国国家档案的一部分，铭文的时间是公元前509—前494年，即从大流士统治的第 13 年到其统治的第 28 年。这些文献可分为两部分：反映为适应经济需要而大规模地从一个地方把不同产品运到另一个地方的活动，以及产品分配的报告。在这些文献中提到了产品和牲畜的运输、赋税的征收、为王室经济的劳动者支付口粮，以及支付给国家官吏薪俸。此外还有一些波斯高级官吏的通信等。这些是研究波斯帝国早期经济的重要资料。

用埃兰语写成的另一个重要文献是宝库铭文。宝库铭文是因为它出土于帕塞波利斯地方的国王宝库而得名，是 1936—1938 年被发现的，总共发现了 753 块泥板和片断，其注明时间是公元前 492—前 458 年，即从大流士统治的第 30 年至阿塔薛西斯一世统治的第 7 年。铭文在形式上和内容上和要塞墙铭文有许多相似之处，记录了帕塞波利斯及其郊区的王室经济中的

领导者支付白银和实物产品。铭文可以说是王宫宝库和王宫库房之间支付工资的文件。按照文件的形式可以分成书信和"记账清单"两大类，记录了工作的执行、时间上的连续性、负责人、给工人工资的总额（按工人的熟练程度、性别和年龄而定）。在宝库铭文和要塞墙铭文中有国王的一些命令，其内容主要是给一些高级官吏以包括货币和牲畜在内的犒赏，因为他们有功的缘故，所以数量是很大的。

要塞墙铭文和宝库铭文提供了许多有关在伊朗地区的王室经济的规模和办事机构方面的资料。

（二）阿卡德语铭文

在阿卡德语铭文中，最早的大概是亚述国王亚述巴纳帕尔的一个铭文，在这个铭文中提到了公元前 7 世纪 40 年代早期波斯的统治者阿黑门尼德氏族的居鲁士一世。其次是新巴比伦王国国王那波尼德的西帕尔圆柱印章铭文，这是一个建筑铭文，在那里面提到了波斯国王居鲁士二世，这是较早提到波斯国王居鲁士二世的文献之一。铭文说，居鲁士二世灭亡了米底王国。

在阿卡德语文献中，与波斯帝国有关的是《巴比伦尼亚编年史》，这是巴比伦尼亚的祭司写的，其中记载了居鲁士二世战胜米底王国并战胜新巴比伦王国，夺取巴比伦尼亚的过程，是波斯人夺取巴比伦尼亚的最直接的资料之一，它几乎是当时人写成的。这些祭司因为对新巴比伦王国国王那波尼德不满，所以对那波尼德采取了敌视的态度，而对居鲁士二世对巴比伦尼亚的征服及其对巴比伦尼亚所采取的政策十分欣赏，甚至感激不尽。

古代巴比伦尼亚地区两个著名的商业高利贷家族埃吉贝商家和穆拉树商家的几千块泥板文书，是用阿卡德语写成的，其中，埃吉贝商家的文书有一部分是新巴比伦王国时期写成的，但也有相当一部分是在波斯人统治时期写成的，反映了新巴比伦王国时期和波斯帝国早期的社会经济状况；而穆拉树商家的文书则完全是在波斯人统治的中期写成的，它们是研究波斯人统治时期社会经济的十分重要的资料。

（三）阿拉美亚文的资料

阿拉美亚文几乎可以说是波斯帝国时期的一种官方文字，在帝国范围内广泛运用：从埃及的埃烈芳提那到帝国最东边与印度交界的地方，都发现有用阿拉美亚文写成的文书。阿拉美亚文献主要是写在纸草上和皮革上的文献，但在其他材料上也有，如在石头上、泥板上、铸币上等。在要塞墙铭文中就有很多泥板铭文是用阿拉美亚文写成的。所以，阿拉美亚文写成的资料是反映波斯帝国时期政治经济等方面的十分重要的文献资料。

阿拉美亚文铭文有的是单独用阿拉美亚文写成，有的则是用两种甚至三种语言文字写成的。如在小亚，有一些阿拉美亚文铭文是同吕底亚语一起写成的，还有用阿拉美亚文、吕底亚文以及希腊文三种文字写成的铭文。

在埃及，发现了为数不少的阿拉美亚文写成的文献，并且大部分保存得很好。

在这些用阿拉美亚文写成的文件中，最早的是公元前515年，即大流士统治的第7年写成的一份土地的租约，还有一份来自腓尼基城市西顿的移民文件。

1907—1908年，德国考古学家在埃烈芳提那发掘出100多份属于公元前5世纪的阿拉美亚文铭文，它们是生活在这里的犹太殖民者留下的，在这些铭文中有婚约、契据等，还有一些波斯国王的命令和其他官方的文件、文学作品。在埃及发现的波斯帝国的一个王子兼总督阿尔沙马的一些信件，具有十分重要的意义，这些信件是1954年由德莱维尔公布的，它们是写在皮革上的，有姓名、地址等，而在皮革的里层则是铭文的主要内容。这些信件中有关于获得劳动力，以及对待不驯服的奴隶的态度的指示，阿尔沙马和其他大官给地产管理人的指示等。

在赫尔墨波利斯发现的写于纸草上的阿拉美亚文文献，是藏于一个墓穴里的，它们可能是在埃及发生动乱时藏起来的，但由于藏匿者可能死于动乱，因此这些属于私人信件的文件没有送达收信人之手，在发现这些文件时文件尚未启封。这些文件是孟菲斯地方的阿拉美亚军事殖民者写给在埃及各地的其他塞姆人殖民者的信，信的内容包括了这些阿拉美亚人的宗教方面的问题。

1926 年，在埃及的萨卡拉发现了 112 个主要是写在纸草上的阿拉美亚文铭文，其主要内容是波斯帝国在孟菲斯建造和修理军舰的军工厂日志的一部分，其日期是公元前 5 世纪。

（四）埃及的世俗体铭文

世俗体文字是由古代埃及象形文字发展而来的一种变体，其使用时间正是公元前 1000 年代。所以，世俗体文字的铭文也成为波斯统治时期的重要资料来源。波斯人统治埃及时期除了世俗体文字以外，还有部分僧侣体文字文献。

在波斯人统治初期，埃及资料中最重要的是波斯人征服埃及前在埃及几个国王统治下担任大官的乌扎哥勒森特的一个铭文。此人在波斯人入侵时背叛了埃及人，投靠了波斯人，成为波斯人的奴才，在波斯国王冈比西斯和大流士统治时期为波斯人服务。铭文说到了波斯人入侵埃及以及不久之后埃及发生的反对波斯人的暴动。

有 100 多个冈比西斯二世、大流士一世、薛西斯和阿塔薛西斯一世统治时期的铭文保留了下来，其中一些铭文还是以国王的名义或以波斯官吏的名义起草或写成的，如以领导瓦迪-哈马马特采石场劳动的波斯官吏的名义写成的文件等。

冈比西斯二世和大流士一世的两个重要敕令保存在公元前 3 世纪写成的下埃及《世俗体年代记》的背面。其中冈比西斯二世的敕令是关于限制神庙财产的；大流士一世的敕令是关于编撰埃及法律（波斯人征服前在埃及生效的法律）的。而下埃及《世俗体年代记》则是反映波斯人统治晚期埃及人生活状况的。

（五）犹太人的旧约《圣经》提供的资料

在居鲁士占领两河流域后，答应让犹太人返回耶路撒冷，对此，犹太人感激不尽。因此，在犹太人的旧约《圣经》中，不仅有很多反映波斯人进攻新巴比伦王国的资料，而且是站在波斯人的立场上来叙述这些事件的，它们反映了犹太上层的思想情绪和观点。

《以赛亚书》第 41 章及以下谈及波斯人进攻美索不达米亚的事件。

《以斯拉记》的部分章节是用阿拉美亚文写成的，它记载了居鲁士关于允许犹太人恢复耶路撒冷神庙，以及耶路撒冷当局同波斯国王关于此事的通信。

《以斯帖记》是历史小说，其中所说的波斯宫廷生活和波斯人的风俗习惯等比较可靠。

《但以理书》说的是新巴比伦王国至波斯人统治时期的事，学者认为，它出自公元前 2 世纪，具有小说的性质，作为历史资料不甚可靠。

《哈该书》可能成书于公元前 7—前 6 世纪，记载了当时的一些历史事件，如大流士一世统治时期的一些事等。

《以西结书》也被认为是属于公元前 2 世纪的作品，是历史小说类的作品，但可能利用过可靠的传统，它谈到王宫的生活方式、波斯人的习俗等也为其他资料所证实。

三、希腊罗马古典资料

希腊罗马古典作家提供的资料对研究波斯帝国时期的历史具有重要而独特的意义，因为希腊和波斯帝国是近邻，相互之间来往很密切。希腊人中的一些人本来就是波斯帝国的臣民（他们生活在小亚），有些人还可以说是波斯帝国同时代的人，或波斯帝国存在前后的人，甚至是波斯帝国的一些事件的当事人（如修昔底德、色诺芬等人就是）。他们中的许多人曾经到波斯帝国统治下的地区去旅行，看到或听到了许多事情。有些人还在波斯帝国的统治下生活、工作过（如克特西乌斯作为波斯宫廷中的医生在波斯宫廷中生活了许多年）。一些希腊商人为了经商去过波斯帝国；一些政治家去波斯帝国属下的一些地方旅行或生活过，如泰米斯托克利、阿尔西比阿德等人，他们不仅提供了许多重要历史事件的资料，而且在年代方面也提供了重要的断代依据。特别是公元前 5—前 4 世纪发生的几乎全部外交和政治事件只是从古代希腊作家的记述中才为我们所知。当然，由于波斯帝国和希腊人有着恩恩怨怨，因此他们提供的资料不可能完全客观地加以叙述，必然会有许多的偏颇，其政治倾向性也十分明显。

最早写过波斯帝国情况的大都是小亚的希腊人，如米利都人赫卡泰乌斯和哈利卡尔那索斯人希罗多德。赫卡泰乌斯生活于公元前 560—前 460年，曾在波斯帝国内的许多地方旅行过，他的一部名为《旅行记》的著作，现在保存下来的有 300 多个片段。这部著作包括两大部分：欧洲和亚洲。其资料来源有前人的著作，如希拉克斯从印度到红海的《航行记》，通过自己亲身旅行进行的观察记载，以及他通过旅行收集到的材料等。在他的著作中，写了被波斯人征服的地区的一些情况，主要是地理方面的情况，不过非常简单，只是一个地理目录以及对这个目录的一些简单评论。但据学者们的意见，后来的希罗多德曾经利用过他书中的若干资料。例如，波斯帝国的行省表就来自赫卡泰乌斯（但这个说法未必正确，因为希罗多德本人也在波斯帝国境内旅行过，他必定有自己的信息来源，不一定完全依靠赫卡泰乌斯）。写希波战争的第一人不是希罗多德，而是一个名叫哈龙的希腊人，他是兰谱萨克地方的人。不过他的书实际上只是一个简短的编年史，还称不上是真正的历史著作。

有关波斯帝国历史最受人们推崇的是希罗多德的《历史》一书。该书的中心线索是写希波战争的，但并不局限于这次战争，在叙述希波战争的背景时，希罗多德将波斯帝国范围内的几乎所有地区和民族都包括了进去。可以说他是把历史著作和地理著作混在一起来写的，他以庞杂的《历史》一书"使地理学在很长的时间里处于历史学的从属地位，直到古代史末期，地理学仍未从历史学中完全摆脱出来"。由于希罗多德游历地区很广（当然主要是在有人类居住的世界的东部），又观察细致，所以收集的资料异常丰富。希罗多德的书一共有9卷，其前4卷都是写波斯帝国境内的各地区和民族的（包括政治、经济、文化、历史、风俗习惯等），只是在第五卷的第28节才开始写希腊波斯之间的战争。

第一卷中，希罗多德首先叙述了引起希波战争的各种原因（实际上都是传说），然后说到波斯和小亚的吕底亚之间的战争，波斯人征服吕底亚及小亚；进而引出了波斯人与米底之间的关系，讲述了米底的历史，以及波斯人和米底的战争，波斯人的独立并征服米底。此后，希罗多德叙述了居鲁士对巴比伦尼亚的征服以及他对巴比伦尼亚的印象：非常富有。在这一卷的最后，希罗多德叙述了居鲁士对马萨盖塔伊人（即马萨格特人）的征服战争以及居鲁士之死，冈比西斯二世的即位。在这一卷里，希罗多德还叙述了波斯人的风俗（第131～140节）。

第二卷中，希罗多德主要讲述了埃及的情况。

第三卷主要讲述了冈比西斯对埃及的征服、发生在波斯人中的高墨塔事件以及冈比西斯之死的种种情况，大流士夺取波斯的王位和大流士的各种措施，以及波斯帝国的行省和税收。

第四卷主要讲述大流士对斯基泰人的战争。

第五卷开始主要讲述与希波战争有关的事，首先是从第28节起讲希波战争的导火线——米利都起义及其经过。

第六卷讲述的是米利都起义的失败和大流士对希腊的战争，马拉松战役。

第七卷讲述的是公元前480年薛西斯对希腊的远征：对要不要远征希腊的争论，远征希腊的波斯军队组成及其规模，温泉关战役。

第八卷讲述了萨拉米海战。

第九卷讲述的是普拉提亚战役，以及波斯军队回撤至亚洲大陆等情况。

希罗多德在写作《历史》一书时，距离希波战争发生的时间不太久，可以掌握这次战争的各种资料，包括铭文、战争亲历者的叙述等，所以比较可靠。他的书不仅对希波战争做了最详细的叙述，而且他作为波斯帝国的臣民，对这次战争的描述比较客观，不像许多希腊人那样有着明显的亲希腊倾向。

修昔底德的《伯罗奔尼撒战争史》一书虽然是专门写希腊人内部各邦战争的，但也涉及波斯帝国，因为希腊交战各方都或多或少和波斯发生过关系，借助过波斯人的力量，因此，关于公元前5世纪后半叶的希波关系，修昔底德的记载是十分重要的。例如，这个时候波斯人和希腊人之间签订的几个条约，在他的著作中都有记载。但他的书只写到公元前411年。

不过在波斯帝国历史中，有一段时间的情况比较模糊不清，就是公元前478—前438年这一段。因为，希罗多德的书只写到公元前478年，而修昔底德的书却是从公元前438年才开始讲述的。

克特西乌斯的《波斯史》，23卷，其中的19卷是关于波斯的。他是波斯帝国国王阿塔薛西斯二世的宫廷医生，应当是阿塔薛西斯二世的同时代人（公元前404—前359年）。他在波斯宫廷中生活多年，曾经参加过阿塔薛西斯二世打击小居鲁士叛乱的战争，在色诺芬的《长征记》中说，他曾清点过阿塔薛西斯二世军队中死亡的人数。[①] 公元前398—前397年他才回到他的国家克里德。他对波斯帝国的情况有比较真实的了解。他把历史著作和地理著作分开来写。他的《波斯史》，涉及亚述、米底和波斯的历史，特别是波斯的历史。虽然它不一定利用过年代记，而主要是利用了一些自己在波斯时的观察和波斯人的口头传说，但他自称是根据国王年代记写成的。他毕竟在波斯生活多年，特别是作为阿塔薛西斯二世的私人医生，一直生活在波斯帝国的宫廷中，对波斯王室的一些事情，对波斯宫廷生活的

①　［古希腊］色诺芬：《长征记》，第28页。

细节，他一定知道不少，在这方面他的记述应当是可靠的。他也利用过希罗多德著作中的资料，虽然他并不承认。他在《亚洲的贡赋》中依据在苏撒收集到的内容，以更加丰富的资料，增补和修正了希罗多德关于向亚洲各民族征收贡赋的记载。他的《印度记》也比希罗多德的认识更确切、更广泛。可惜此书已经不存，现在只有一些别人从他书里引用的片断。戴奥多罗斯、普鲁塔克等人都在著作中引用过他的书。

但是，公元前 411 年以后一段时期的波斯史，特别是有关希波关系的情况大概主要得依靠色诺芬的《希腊史》和《长征记》两书中的资料。这不仅是因为色诺芬的著作保留得很完整，而且因为色诺芬自己曾经在波斯帝国境内待过一段时间，对波斯帝国西部的情况有实地了解，虽然其中会有偏见。他的《希腊史》结束于公元前 362 年，书中对这几十年里的希波关系提供了不可或缺的资料。

色诺芬对波斯历史不仅提供了许多有价值的史料，而且对波斯帝国历史中的一个问题——小居鲁士叛乱的来龙去脉进行了叙述，是有关小居鲁士事件最重要的资料，使我们对这一事件有了一个基本的了解。他在小居鲁士叛乱失败后，自己带领希腊雇佣军从波斯帝国的腹地撤退到小亚，然后回到希腊的过程中所看到的波斯帝国的腐朽做了一定的揭露。只是因为他本人参与了这个事件，所以难免有一些偏颇。

在波斯帝国晚期，出自小亚的科洛封城的狄龙写了一部《波斯史》，该书起自居鲁士二世时期，内容很广泛。其中详尽地介绍了波斯国家的国家制度和习俗。这本书也只有一些片断的内容保留了下来，但它为以后的普鲁塔克撰写阿塔薛西斯二世传、雅典的泰米斯托克利传和亚历山大传等提供了重要的资料。

阿里安的《亚历山大远征记》一书对波斯帝国晚期的政治、军事等方面的报道，特别是对亚历山大远征波斯的叙述是这方面最权威的著作，是我们了解这次远征的不可或缺的著作。该书叙述了这次远征中主要战役的过程（如格拉尼库斯河战役、伊苏斯战役、高加美拉战役等）、双方兵力部署和配置、力量对比等。

斯特拉波的名著《地理学》中也有关于波斯帝国的内容，这基本上是在第15卷里。该书有若干波斯的宗教和习俗的报道，其中许多是别的书中没有提到的。

在西西里的戴奥多罗斯的《历史丛集》一书中叙述了从阿塔薛西斯二世开始的波斯史。该书中有关波斯人统治时期的埃及状况以及希波关系的内容是非常珍贵的。

在伪亚里士多德的《经济学》一书中有关波斯的王室经济、地方总督的经济的内容，还有波斯帝国的赋税制度的描述很珍贵。

此外，有关考古发掘的资料也是研究波斯帝国政治、经济、文化的重要资料来源。

第二节　关于古代波斯帝国史的研究状况

对波斯帝国史的研究早在古代就已经开始了。前面我们说到研究古代波斯帝国的史料时曾经说到的那些古典作家的著作，就可以说是研究波斯帝国史的开始阶段，特别是希罗多德的著作《历史》不仅写了希波战争，而且写了波斯人及其国家的起源，波斯帝国的政治、经济、军事和波斯人的风俗习惯等。虽然其中有许多传说的色彩，有些荒诞不经的成分，但毕竟是一种很有价值的探索。该书不仅为研究波斯帝国史提供了许多有价值的史料，而且对波斯历史中的许多问题提出了自己的看法，有自己的史学思想。

近代以来，对古代波斯帝国的研究是从两方面进行的。一方面是对古代波斯帝国时期的历史遗迹进行考古发掘，以提供历史铭文等对研究历史十分重要的资料；另一方面是释读古代波斯帝国时期的文字。而这两方面的工作实际上是交叉进行的。因为，许多历史铭文必须通过考古发掘才能获得。如著名的《贝希斯敦铭文》就是通过考古发掘才得到的。

在释读古波斯楔形文字方面，英国人亨利·克瑞斯维克·罗林森有很大的功绩。他在1835年奉命前往波斯，担任库尔迪斯坦省总督的军事顾问。他是英国古典学者和多种语言的研究者，他到波斯后，就对波斯古代的楔形文字产生了兴趣，并开始收集3种语言的铭文。他很快就注意到了位于克尔曼沙赫约30千米远的贝希斯敦铭文。1835年他开始临摹这个铭文，由于是悬崖，又高，无法攀岩而上，罗林森不得不借助人工架梯，有时甚至要系绳悬空进行临摹。他首先临摹的是铭文的波斯文部分，并做成拓片，共5栏414行。到1839年，罗林森已经翻译出铭文的前200多行。此后，他由于军务而一度暂停了这项工作。1844年，他重返贝希斯敦，继续这项工作，直到完成全部414行古波斯文的铭文以及第二部分，即埃兰文部分（263行）。1846年他在《皇家亚洲学会杂志》上发表了《贝希斯敦铭文》的写生、古波斯楔形文字的拓片、拉丁化注音、英译文及注释、古波斯楔形文字字母符号表等。他利用这个三语言铭文，在完全不知道格罗特芬德在释读楔形文字方面的成就的情况下，采用了格罗特芬德的方法，成功地释读了古波斯楔形文字。

同时，爱尔兰的爱德华·兴克斯发表了一篇论文，文中的许多提法和罗林森的主要成果有共同之处。至此，古波斯楔形文字的符号和语言的重要之点已经很清楚了，释读工作基本完成，剩下的只需做一些微小的修改和纠正。古波斯楔形文字的释读成功，使《贝希斯敦铭文》中的埃兰文和巴比伦文的释读成为可能。而大量的来自亚述和巴比伦的考古发现为这两种文字释读成功提供了丰富的材料。罗林森等人很快就识别出埃兰文的200多个符号。1847年，罗林森再次来到贝希斯敦临摹了巴比伦文部分，共计112行。他和兴克斯对巴比伦楔形文字部分的释读很快取得了成功。

后来，经过许多学者的努力，对古波斯楔形文字的研究日臻完善。《贝希斯敦铭文》的释读成功，为波斯帝国史的研究创造了前提条件。

在释读古代波斯的楔形文字铭文的同时，对古代波斯历史遗迹的考察和发掘也在进行，并取得了许多的成果。如在苏撒、帕萨尔加迪等地进行的发掘，不仅提供了丰富的历史遗物，还提供了丰富的历史文献（包括古代波斯的楔形文字文献、阿拉美亚文的文献、阿卡德语的文献和埃及的世俗体文献等）。

在古代波斯帝国语言方面的问题基本解决以后，100多年以来，历史学家在继续运用古典作家提供的资料、《圣经》的资料的同时，又运用了波斯的楔形文字铭文方面的资料，对古代波斯帝国的历史进行了许多研究，取得了不少的成绩。这些成绩既反映在各种杂志上发表的论文中，也反映在有关世界古代史的一些重要书籍中，如苏联科学院的十卷集《世界通史》，阿甫基耶夫的《古代东方史》，《剑桥古代史》等；还有的是专著，如《剑桥伊朗史》，兴克斯的《波斯史》，丹达马耶夫的《阿黑门尼德王朝统治初期的伊朗》、《阿黑门尼德帝国政治史》、《公元前7—前4世纪巴比伦尼亚的奴隶制》，丹达马耶夫和卢康宁合著的《古代伊朗的文化和经济》，库克的《波斯帝国》，卡尔达西亚的《穆拉树档案》，斯托尔普尔的《企业家和帝国》，马尔提洛香的《埃吉贝商家》等。

我国学界对波斯帝国史的研究相对落后。在20世纪60年代时，主要在齐思和和周一良先生主编的《世界通史》（上古部分）和任凤阁的《希波战争》中有所反映；80年代后，孙培良写了《居鲁士二世》发表在《外国历史名人传》中，李铁匠发表了《巴尔迪亚政变辨析》、《贝希斯敦铭文介绍》等论文，还出版了《伊朗古代历史与文化》一书，其中，古代波斯帝国时期占有重要地位。近年来，我国翻译出版了两本关于波斯帝国史的著作，一本是伊朗人扎林库伯写的《波斯帝国史》，另一本是奥姆斯特德的《波斯帝国史》，这些必将促进我国对古代波斯帝国史的研究。

附录一 希罗多德谈波斯人的风俗习惯[①]

（131）波斯人所遵守的风俗习惯，我所知道的是这样。他们不供养神像，不修建神殿，不设立祭坛，他们认为搞这些名堂的人是愚蠢的。我想这是由于他们和希腊人不同，他们不相信神和人是一样的。然而他们的习惯是到最高的山峰上去，在那里向宙斯奉献牺牲，因为他们是把整个苍穹称为宙斯的。他们同样地向太阳和月亮、向大地、向火、向水、向风奉献牺牲。这是他们从古来就向之奉献牺牲的仅有的一些神。后来他们又崇拜乌拉尼阿·阿普洛狄铁，这是他们从阿拉伯人和亚述人那里学来的。亚述人称这个女神为米利塔，阿拉伯人称之为阿利拉特，而波斯人则称之为米特拉。

（132）波斯人用下列的方式向以上所说的那些神奉献牺牲的：在奉献牺牲的时候，他们不设祭坛，不点火，不灌奠，不吹笛，不用花彩，不供麦饼。奉献牺牲的人把他的牲畜牵到一个洁净的场所，就在那里呼叫他要向之奉献牺牲的那个神的名字。习惯上这个人要在头巾上戴一个大概是桃金娘的花环。奉献牺牲的人不允许只给自己祈求福祉，他要为国王，为全体波斯人的幸福祷告，因为他自己必然就在全体波斯人当中了。随后他把牺牲切成碎块，而在把它们煮熟之后便把它们全部放到他能够找到的最新鲜柔软的草上面，特别是车轴草。这一切办理停妥之后，便有一个玛哥斯僧前来歌唱一首赞美诗，这首赞美诗据波斯人说，是详述诸神的源流的。

① ［古希腊］希罗多德：《历史》第 1 卷，131～140。

除非有一个玛哥斯僧在场，任何奉献牺牲的行为都是不合法的。过了一会儿之后，奉献者就可以把牺牲的肉带走，随他怎样处理都可以了。

（133）在一年的各天中，他们最着重庆祝的是每个人的生日。他们认为在这一天吃的饭应当比其他的日子更要丰盛些。比较有钱的波斯人要在炉灶里烧烤整个的牛、马、骆驼或驴作为食品，较穷的人们则用较小的牲畜来替代。他们的正菜不多，却在正菜之后有许多点心之类的东西，而且这类点心又不是一次上来的。这就使得波斯人说，希腊人在吃完饭的时候仍然是饿着的，因为在正菜之后并没有很多点心上来，但如果把什么点心之类的东西给他们的时候，他们又会吃起来没个完。他们非常喜欢酒并且有很大的酒量。他们不许当着别人的面呕吐或是小便。在这些事上他们的习惯便是如此。

此外，他们通常都是在饮酒正酣的时候才谈论最重大的事件的。而在第二天当他们酒醒的时候，他们聚议所在的那家的主人便把前夜作的决定在他们面前提出来；如果这个决定仍得到同意，他们就采用这个决定；如果不同意，就把这个决定放到一旁。但他们在清醒的时候谈的事情，却总是在酒酣时才重新加以考虑的。

（134）如果他们在街上相遇的话，从下面的标志人们可以知道相遇的两个人的身份是相等的。即如果是身份相等的人，则他们并不讲话，而是互相吻对方的嘴唇。如果其中的一人比另一人身份稍低，则是吻面颊；如果二人的身份相差很大，则一方就要俯拜在另一方的面前。他们最尊重离他们最近的民族，认为这个民族仅次于他们自己，离得稍远的则尊重的程度也就差些，依此类推；离得越远，尊重的程度也就越差。这种看法的理由是，他们认为他们自己在一切方面比所有其他的人都要优越得多，认为其他的人住得离他们越近，也就越发优越。因此住得离他们最远的，也就一定是人类中最差的了。在美地亚人（即米底人）的统治时期，在各民族当中一个民族便这样地统治另一个民族，美地亚人则君临一切民族；他们统治他们边界上的民族，这些民族又统治和他们相邻的人们，而这些人们再统治与他们接壤的民族。美地亚人这个民族既然用这种循序渐进的统治和管理办法，那波斯人也便用同样的办法评价其他民族了。

（135）像波斯人这样喜欢采纳外国风俗的人是没有的。他们穿美地亚人的衣服，因为他们认为这种衣服比他们自己的衣服要漂亮；而在战时他们所穿的又是埃及的铠甲。他们只要知道有任何奢华享乐的事情，他们立刻把它拿过来变成自己的东西。在其他各种各样的新鲜玩意儿当中，他们从希腊人那里学来了鸡奸。他们每个人不单单有好几个妻子，而且有更多数目的侍妾。

（136）子嗣繁多，在他们眼中看来乃是男性的仅次于勇武的一项最大美德。每年国王都把礼物送给子嗣最多的那个人。因为他们认为人数就是力量。他们的儿子在 5 岁到 20 岁之间受到教育，他们教给他们的儿子的只有 3 件事情：骑马、射箭和说老实话。孩子在 5 岁之前不能见到父亲。而是要和母亲生活在一起。这样做的原因是一旦这孩子不能养大，父亲不致受到亡子的痛苦。

（137）在我看来，这确乎是一项贤明的规定。而下面的一种规定也是值得推荐的，即国王不能由于某人只犯了一个错误而把他处死，而任何一个波斯人也不能用无法治疗的伤害来惩罚自己仆人的仅有的罪过。但如果在计算一下之后而看到犯罪者的过错多于和大于他所做的好事情的时候，则主人是可以惩罚他以泄愤的。波斯人认为还没有人曾经杀死过自己的父亲或是母亲。而如果有这样的事情发生的话，他们就确信：一旦把这件事情弄清楚，就会发现干了这样的事情的孩子不是假儿子就是私生子。因为他们认为，儿子杀死自己的亲生父母，那是无法置信的事情。

（138）而且，凡是他们认为不能做的事情，他们是绝对不许讲的。他们认为说谎是世界上最不光彩的事情，其次就是负债了；他们对负债之所以抱着这种看法，有其他多种理由，特别是因为负债的人不得不说些谎话。

如果市民得了癞病或是白癞病，他就不许进城，也不许和其他的波斯人打交道。他们认为他所以得癞病，是因为他一定有了冒犯太阳的罪行。外邦人若有得了这样的病的，在许多地方必须被迫离开当地；甚至白鸽子得了同样的病也要被逐出境。他们对河是非常尊重的：他们决不向河里小便、吐唾沫或是在河里洗手，也不容许任何别的人这样做。

（139）此外，还有一件事常常发生在波斯人中间，这件事波斯人自己虽不曾注意到，然而我却观察到了。他们的名字凡是和他们的仪表与高贵的身份相符合的，其末尾的那个字母都是一样的，这个字母多里斯人称为桑，而伊奥尼亚人则称为西格玛。任何人只要注意一下，就可以发现波斯人的名字，不管是哪一个都毫无例外地是有着同样语尾的。

（140）关于波斯人，从我个人的知识而能够完全确实断言的就是这些。还有一些关于死者的风俗则是人们秘密地，而不是公开地谈论的。据说波斯人的尸体是只有在被狗或是禽类撕裂之后才埋葬的。玛哥斯僧有这种风俗那是毫无疑问的，因为他们是公然实行这种风俗的。但我还可以确定，波斯人是在尸体全身涂蜡之后才埋到地里面的。玛哥斯僧是非常特别的一种人，他们在许多方面和埃及的祭司，当然也和其他人完全不同。除去当作牺牲的畜类之外，埃及祭司不杀任何动物，这乃是他们的教规，否则即是亵渎神明；但相反地，玛哥斯僧却亲手杀害除人和狗以外的任何生物。他们不管是蚂蚁，是蛇，不管是爬虫类，还是有翅的东西一律加以杀害，甚至在这件事上引以自豪。但既然这种风俗在他们那里一向如此，因此我说到这里也就够了。

附录二　古代波斯帝王表

居鲁士（公元前 558—前 530 年）

冈比西斯（公元前 530—前 522 年）

巴尔迪亚（公元前 522 年）

大流士（公元前 522—前 486 年）

薛西斯（公元前 486—前 465 年）

阿塔薛西斯一世（公元前 465—前 424 年）

大流士二世（公元前 424—前 404 年）

阿塔薛西斯二世（公元前 404—前 359 年）

阿塔薛西斯三世（公元前 359—前 338 年）

阿尔息斯（公元前 338—前 336 年）

大流士三世（公元前 336—前 330 年）

附录三　古波斯历法

阿杜克尼什月（3—4月）

图拉瓦哈拉月（4—5月）

塔伊格拉契什月（5—6月）

加尔曼纳达月（6—7月）

德里阿巴吉什月（7—8月）

哈拉帕西亚月（8—9月）

巴伽雅狄什月（9—10月）

芙尔卡扎恩月（瓦尔卡扎纳月）（10—11月）

阿西雅迪雅月（11—12月）

阿纳马卡月（12—1月）

特瓦雅赫瓦月（恩特月）（1—2月）

维亚赫纳月（2—3月）

附录四　古代巴比伦尼亚历法

尼桑月（1月）

阿扎努月（2月）

西玛努月（3月）

都祖月（4月）

阿布月（5月）

乌努努月（6月）

提什里吐月（7月）

阿拉赫萨姆努月（8月）

基什里姆月（9月）

提别吐月（10月）

萨巴吐月（11月）

阿达努月（12月）

参考文献

一、古代印度文明部分

［澳］巴沙姆，A. L.：《印度文化史》，闵光沛、陶笑虹、庄万友、周柏青等译，北京：商务印书馆，1997 年版。

［苏联］邦伽尔德-列文、伊列印：《古代印度史》，俄文版，莫斯科：科学出版社，1985 年版。

［印度］高善必，D. D.：《印度古代文化与文明史纲》，王树英、王维、练性乾等译，北京：商务印书馆，1997 年版。

［巴基斯坦］汗，穆罕默德·瓦利乌拉：《犍陀罗艺术》，陆水林译，北京：商务印书馆，1997 年版。

马克思：《马克思印度史编年史》，张之毅译，北京：人民出版社，1957 年版。

［印度］恰托巴底亚耶，德：《顺世论》北京：商务印书馆，1996 年版。

［印度］沙尔玛，拉门·沙朗：《古代印度社会》，俄文版，圣彼得堡：前进出版社，1987 年版。

［英］渥德尔：《印度佛教史》，王世安译，北京：商务印书馆，1987 年版。

［印度］辛哈、班纳吉：《印度通史》，张若达、冯金辛、王伟译，北京：商务印书馆，1964 年版。

［印度］辛加尔，D. P.：《印度与世界文明》，庄万友等译，北京：商务印书馆，2015 年版。

［美］因伐尔特，H.：《犍陀罗艺术》，李铁译，上海：上海人民美术出版社，1999 年版。

《佛本生故事选》，郭良鋆、黄宝生译，北京：人民文学出版社，1985 年版。

《腊玛延那 玛哈帕腊达》，孙用译，北京：人民文学出版社，1962 年版。

《摩奴法典》，［法］迭朗善译，马香雪转译，北京：商务印书馆，1982 年版。

《摩奴法论》，蒋忠新译，北京：中国社会科学出版社，1986 年版。

陈峰君主编：《印度社会述论》，北京：中国社会科学出版社，1991 年版。

程刚编著：《佛教入门》，北京：宗教文化出版社，1999 年版。

崔连仲：《从佛陀到阿育王》，沈阳：辽宁大学出版社，1991 年版。

崔连仲等选译：《古印度帝国时代史料选辑》，北京：商务印书馆，1989 年版。

崔连仲等选译：《古印度吠陀时代和列国时代史料选辑》，北京：商务印书馆，1998 年版。

郭良鋆：《佛陀和原始佛教思想》，北京：中国社会科学出版社，1997 年版。

季羡林：《中印文化交流史》，北京：新华出版社，1991 年版。

宽忍编著：《佛教手册》，北京：中国文史出版社，1991 年版。

刘家和：《古代中国与世界——一个古史研究者的思考》，武汉：武汉出版社，1995 年版。

刘家和、王敦书主编：《世界史·古代史编》（上卷），北京：高等教育出版社，2004 年版。

刘欣如：《印度古代社会史》，北京：中国社会科学出版社，1990 年版。

刘志贤、黄冬有、吴年生编著：《佛教趣闻》，北京：华文出版社，1999 年版。

吕征：《印度佛学源流略讲》，上海：上海人民出版社，1979 年版。

汤用彤著，汤一介编选：《汤用彤选集》，天津：天津人民出版社，1995 年版。

王镛、孙士海：《印度雕刻》，北京：文化艺术出版社，1987年版。

许建英、何汉民编译：《中亚佛教艺术》，乌鲁木齐：新疆美术摄影出版社，
　　1992年版。

（唐）玄奘：《大唐西域记》，上海：上海人民出版社，1977年版。

叶公贤、王迪民编著：《印度美术史》，昆明：云南人民出版社，1991年版。

二、古代波斯文明部分

［古希腊］阿里安：《亚历山大远征记》，李活译，北京：商务印书馆，1997
　　年版。

［美］奥姆斯特德：《波斯帝国史》，李铁匠、顾国梅译，上海：上海三联书
　　店，2010年版。

［苏］丹达马耶夫：《阿黑门尼德帝国政治史》，莫斯科：苏联科学出版社，
　　1985年版。

［苏］丹达马耶夫：《阿黑门尼德王朝统治初期的伊朗》，莫斯科：东方文献
　　出版社，1963年版。

［古希腊］色诺芬：《长征记》，崔金戎译，北京：商务印书馆，1985年版。

［古希腊］希罗多德：《历史》，王以铸译，北京：商务印书馆，1997年版。

［古希腊］修昔底德：《伯罗奔尼撒战争史》，谢德风译，北京：商务印书
　　馆，1960年版。

［伊朗］扎林库伯，阿卜杜·侯赛因：《波斯帝国史》，张鸿年译，上海：复
　　旦大学出版社，2011年版。

李铁匠：《伊朗古代历史与文化》，南昌：江西人民出版社，1993年版。

刘家和、廖学胜主编：《世界古代文明史研究导论》，北京：高等教育出版
　　社，2001年版。

苏联科学院编：《世界通史》，北京：生活·读书·新知三联书店，1959 年版。

王新中、冀开运：《中东国家通史·伊朗卷》，北京：商务印书馆，2002 年版。

索 引

图书在版编目（CIP）数据

古代印度波斯文明/周启迪，沃淑萍著. —北京：北京师范大学出版社，2018.11（2022.3 重印）

（"一带一路"古文明书系）

ISBN 978-7-303-24067-8

Ⅰ．①古…　Ⅱ．①周…②沃…　Ⅲ．①文化史-研究-波斯帝国

Ⅳ．①K124.4

中国版本图书馆 CIP 数据核字（2018）第 183661 号

营　销　中　心　电　话	010-58807651
北师大出版社高等教育分社微信公众号	新外大街拾玖号

GUDAI YINDU BOSI WENMING

出版发行：北京师范大学出版社　www.bnup.com
　　　　　北京市西城区新街口外大街 12-3 号
　　　　　邮政编码：100088

印　　刷：鸿博昊天科技有限公司
经　　销：全国新华书店
开　　本：710 mm×100 mm　1/16
印　　张：47.25
插　　页：8
字　　数：686 千字
版　　次：2018 年 11 月第 1 版
印　　次：2022 年 3 月第 3 次印刷
定　　价：220.00 元

策划编辑：刘东明　　　　　责任编辑：王艳平
美术编辑：王齐云　　　　　装帧设计：王齐云
责任校对：陈　民　　　　　责任印制：马　洁